丛书主编

张小炜

丛书编委会

炜衡业务发展委员会

本书主编

杨　明　李　君

本书编委会

杨　明　李　君　底世清　李海涛　谭　军　刘汉文　沈　亢
孙正军　李　凯　张　丹　徐军辉　戴锡镇　王云生　孙世兵

本书作者

杨　明　邹新文　胡晓欣　栾云根　李晶晶　李　君　王传波　吴俍君
罗记永　杨学涛　郭晓桦　殷春芳　王　浩　华　晓　李秋莲　刘　爽
谭　军　伍　勇　刘汉文　宋丽琴　崇斯源　郭艳妮　花丁香　王云生
史万利　底世清　钱思洋　王小涛

炜衡法律实务丛书

房地产与建设工程纠纷案件胜诉策略

丛书主编 / 张小炜

本书主编 / 杨 明 李 君

中国法制出版社
CHINA LEGAL PUBLISHING HOUSE

炜衡法律实务丛书序

《炜衡法律实务丛书》经过一年筹备，终于要面世了，闻之甚喜，应邀作序。

前些年，律师圈内流传着一篇文章，以武林江湖比喻律师江湖，以武林人的快意恩仇、武功绝学而形成的少林、武当、华山等门派来比喻律师界各种规模的律师事务所，甚是有趣，在律师界引来热议，读后印象颇深。律师这个职业由来已久，但在中国，律师制度恢复而形成律师执业形态仅四十余年。任何一个执业形态都会依据自己的规律形成存在的“江湖”，律师执业的独立性、专业性与武林江湖“侠客”的快意闯荡确有相似之处。

武林大侠和门派的江湖地位在于独门的武学，律师在社会中立命在于专业的知识和能力，《炜衡法律实务丛书》便是炜衡人在法律人的“江湖”里，由炜衡多位法律理论功底深厚并具有丰富实战经验的专业领军律师和资深律师将其对所从事的法律业务进行梳理、总结，从而形成系列作品，以分享给业界更多的同仁，以期共同的进步，为中国律师业的发展做出炜衡人应有的贡献。

自2017年以来，炜衡在全平台30余家分所、3000余名专业律师中，推动纵向打造专业化领域，至今已形成20个法律服务专业领域。随着时间的推移，各专业领域一定会践行其强大的专业研究能力、实战经验的“秘笈”，形成在律师这个“江湖”中的地位。

基于炜衡的纵向打造专业领域，《炜衡法律实务丛书》应运而生，必将成为各专业领域“华山论剑”之地。同时，以此论丛为基地，广发“英雄帖”，让更多的法律人能参与其中，进行交流与探讨。

希望《炜衡法律实务丛书》能成为炜衡律师展现专业能力的平台，逐步奠定炜衡律师在律师这个“江湖”中的地位，并成为同行可以学习的“秘笈”。

北京市律师协会副会长

炜衡管委会主席

序 言

诉讼，从字面上说，诉是告诉，讼是争辩是非曲直。诉讼作为明是非、辩曲直、讨说法的重要手段和途径，其本身就如同一个双方鏖兵的战场。而根据司法最终解决原则，诉讼作为解决纠纷最终程序的性质又加剧了其激烈的对抗性。“凡事预则立，不预则废”，围绕着对抗的性质和制胜的目的，当事人和代理律师需要“算在敌先”，在两军对阵之前，先解决好诉讼策略的问题。

诉讼策略即诉讼的对策和谋略，也称诉讼思路。它是当事人和律师根据所掌握证据的基本情况，在对案件的事实、案件的定性和对方可能采取的攻防措施进行分析的基础上，确立案件的基本诉求，以及为了达到该诉求，而对计划采取的诉讼手段和诉讼技巧进行的整体谋划和把握。诉讼策略相对于诉讼技巧而言，确立的是涉及案件全局的整体思路和宏观问题。俗话说“一将无谋，累死千军”，诉讼策略关乎案件的方向和基础，诉讼策略不当，诉讼技巧也就失去了应用的基础和前提。

诉讼策略是当事人和诉讼代理律师排兵布阵的艺术。确立正确的诉讼策略，不仅需要代理人具备良好的法律意识、合理的知识结构、严密的逻辑思维、精湛的表达能力和审慎的工作态度，更需要其具有丰富的办案经验和灵活的应变能力。所谓“兵无常式，水无常形”，从这个意义上来说，与其说诉讼策略是否正确，倒不如说诉讼策略是否具有针对性，如同想在瞬息万变的战场出奇制胜一样，只有具有针对性的诉讼策略，才能有效避免纸上谈兵，在激烈的对抗中克敌制胜，实现当事人利益的最大化。

不同类型的案件具有不同的特点。要制定具有针对性的诉讼策略，首要的是对所代理案件的性质有清醒的认识。在纷繁复杂的各类民商事案件中，房地产与建设工程纠纷案件，有着其鲜明的特点。

从法规层面上看，虽然规范房地产与建设工程纠纷的法律、法规、规章繁多，但是普遍立法位阶较低，大量实践操作主要是由部门规章、地方政府规章，甚至各类规范性文件所调整，当事人往往对此存在认识和理解上的差异。

从纠纷成因上看，房地产与建设工程纠纷案件受经济周期及土地政策、金融政策等宏观调控措施影响较大，不同经济周期下的放松与紧缩调控措施，往往引发该类案件纠纷的潜伏与爆发。

从案件现实成因上看，地价的增值、房价的起伏、资金链的断裂、不同地域实务操作的差异化、合作方式的复杂化、招投标的流于形式、合同设计的不周延、合同签署的不规范均导致房地产与建设工程纠纷层出不穷。

从法律关系上看，物权与债权交叉，民事与行政甚至刑事法律关系交织，在房地产与建设工程纠纷案件中屡见不鲜。

从案件诉讼过程上看，房地产与建设工程纠纷案件普遍因案值大，当事人容易矛盾加重、冲突剧烈，难以息诉而导致诉讼周期长。

只有洞察房地产与建设工程纠纷案件的特点，才能针对性地制定适当的诉讼策略。古人云："运筹帷幄之中，决胜千里之外。"当事人和律师确立的诉讼策略得当，不仅在处于攻势时能够一招制敌，在处于守势时，亦能起到四两拨千斤的奇效。诉讼策略的确定包括以下内容：

首先，是确定请求权的策略。诉讼律师根据当事人的委托在处理一起房地产与建设工程法律纠纷时，首要工作就是对案件的性质作出分析判断，然后根据选择的案由即法律纠纷的类型，明确应当适用的法律法规并确定当事人的基本诉求或答辩对策，并据此判断对胜诉乃至执行和利益实现的把握程度。可以说，准确把握案件的性质不仅事关案件的走势，更是整个诉讼成败的基石。特别是在案件涉及多个法律关系，存在请求权竞合的情况下，准确界定各种法律关系的性质，并从中选择出适合委托人的诉求和对策，对于诉讼成败尤为重要。

其次，是确立不同诉讼阶段的诉讼策略。诉讼作为争辩是非曲直的过程，需要根据法律规定的一套完整而漫长的程序逐步进行。诉讼是矛盾不可调和的产物，而矛盾是发展变化的。在民事诉讼中，案件处在不同的诉讼阶段，矛盾的焦点和当事人所追求的目标就各不相同。这就需要当事人和律师因时而动，根据案件的具体情况，确立与不同诉讼阶段相对应的诉讼策略。

再次，要注重阶段性诉讼策略与当事人利益最大化策略的有机统一。胜诉是实现当事人利益的重要途径，但当事人利益的最大化绝不仅仅限于胜诉，在很多情况下，胜诉只是实现当事人利益最大化的一个手段。因此，追求胜诉只是确立诉讼策略的初级目标，而通过有效执行把胜诉判决切切实实地转化为当事人的物质利益，或者在诉讼中“不战而胜”，通过和解取得债务人的主动履行，才是诉讼策略的终极目标。

北京市炜衡律师事务所房地产与建设工程法律业务部门二十五年来为政府、开发商、建筑企业、购房人等各类客户提供了涉及房地产一、二级开发，建设、销售与物业管理，房地产项目转让、收购，房地产项目融资、股权并购，合作开发、政府与社会资本合作、项目代建，建设工程价款、质量、工期合同纠纷，房屋买卖、租赁、房产分割等各领域的全程法律服务。各类专业法律服务的经历与积累，使我们对房地产和建筑工程案件具备了深刻的洞察与理解，而对其中规律的熟练把握，使我们能够根据不同案件的性质与特点，制定和运用具有针对性的诉讼策略。

本书所选编的是炜衡律师事务所律师代理的20个房地产与建设工程胜诉案例，也是律师运用诉讼策略为当事人取得胜诉的具体展示。本书通过代理律师复盘案件、回顾代理思路、展示代理亮点与生效判决，展现了诉讼策略在具体案件中如何确定、落实和有效运用。这些典型胜诉案例具有广泛的代表性，涉及房地产开发的各个环节和建设工程的不同争议事项。同时，这些胜诉案例也具有很大的影响力，其中既有最高人民法院的公报案例，也有最高人民法院巡回法庭的精选案例。这些经典胜诉案例，也深刻地影响着我国房地产与建设工程领域的法律适用，比如有的胜诉案例确立了我国国有土地招拍挂的法律适用规则，有的胜诉案例确立了房地产项目公司股权回购的规则，有的胜诉案例确立了房地产项目保全错误损失赔偿额的计算规则等，具有很强的借鉴意义。

我们希望，通过展示这些具体案例的诉讼策略，能够给诉讼策略的理论研究提供实务支持，能够对读者有所启发和裨益。我们明白，客户的利益永远是第一位的，为此，我们对案例中的客户名称均作了替代性的脱敏化处理，本书案例仅为学术探讨使用。

我们深知，探索永无止境，我们对诉讼策略的理解和运用还有待于进一步提高，书中的不足之处，也恳请广大读者予以指正，以便我们再版时改进（联系邮箱：yangming@ weihenglaw. com）。

炜衡全国房地产与建设工程法律专业委员会主任

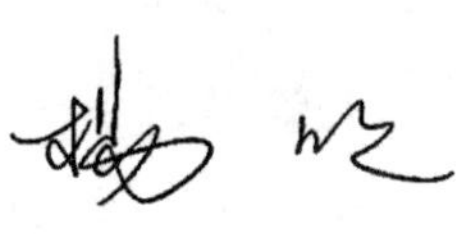

2020 年 2 月 1 日

目　　录

土地出让合同从无效到有效的最高法院二审改判胜诉策略[1]

——Y 市国土局与练达公司国有土地出让合同效力纠纷案

北京市炜衡律师事务所　杨明律师　邹新文律师

【争议焦点】

- 案涉出让土地是否涉及政府与社会资本合作?
- 案涉土地出让方式究竟是挂牌还是拍卖?
- 挂牌中的现场竞价是否属于拍卖?
- 土地招拍挂的效力判断是否适用拍卖法?
- 否认恶意串通的消极行为人是否要承担举证责任?

【关键词】

土地使用权　出让合同　成交确认书　挂牌　拍卖　恶意串通

【案情简介】

2003 年，练达公司在 Y 市投资进行市政道路建设，Y 市政府承诺以向其出让土地使用权的方式进行补偿。后因国家土地政策调整，Y 市政府将原定的协议出让改为招拍挂出让。2007 年 10 月 2 日，Y 市国土局委托 Y 市土地交易中心发布了挂牌出让公告，出让高凉路以北面积为 17 万平方米的土地，用途为居住用地，起拍价为 5548.84 万元。练达公司和另一竞买人陈某某（系曹某某、吴某某、陈某

---

① 案件来源：最高人民法院（2015）民一终字第 143 号二审民事判决书。本案例入选最高人民法院第一巡回法庭精选案例。

某三名自然人合伙）报名参加竞投，练达公司以5569万元的价格竞得土地。练达公司办理土地证后，用上述土地证分别向当地银行办理了借款抵押担保。2009年12月15日，Y市检察院出具阳检函（2009）42号文，称：练达公司在上述土地竞买过程中，利用阮某等黑恶势力，威胁、利诱曹某某等人退出竞拍，事后练达公司法定代表人支付了20万元给阮某，其父先后付给曹某某等人300万元。请政府督促国土部门依法撤销上述土地的拍卖成交确认书，对土地重新公开拍卖。2011年5月13日，Y市国土局向广东省高级人民法院提起诉讼，要求法院判决确认《土地使用权交易成交确认书》和《国有土地使用权出让合同》无效，由练达公司返还土地。

一审判决认为，虽然练达公司和陈某某均辩称是误以为受到黑社会的威胁而支付或收取相关款项，但并没有对此提供足够的证据予以证明，故应承担举证不能的不利后果，可以确认练达公司和陈某某存在恶意串通的行为。《中华人民共和国拍卖法》（以下简称《拍卖法》）第三十七条、第六十五条规定，竞买人之间、竞买人和拍卖人之间不得恶意串通、损害他人利益，否则拍卖无效，应当依法承担赔偿责任。据此，一审判决依据《拍卖法》的上述规定，认定Y市国土局与练达公司签订的《土地使用权交易成交确认书》和《国有土地使用权出让合同》无效。

收到一审判决后，练达公司到处咨询，希望能找到二审改判的有效方案，但此前咨询的结果，让他们倍感无望。因为，土地竞价环节确实存在练达公司相关人员支付另一竞买人300万元的情况，这一基本事实的存在，加之检察院出具的检察建议函让很多律师望而却步，当事人一直未看到让其充满信心与希望的诉讼策略和方案。

在当事人叙述的过程中，杨明律师注意到一审判决认定案涉土地是拍卖出让，而当事人叙述的却是挂牌出让。这一细节引起了他的注意，为此，他仔细查看了当事人带来的证据资料。同时，他又认真查阅了判决主文，发现一审法院适用的是我国《拍卖法》第三十七条、第六十五条规定，即竞买人之间、竞买人和拍卖人之间不得恶意串通、损害他人利益，否则拍卖无效，应当依法承担赔偿责任。

就在这边沟通、边询问、边查阅的过程中，凭借二十多年先后从事检察官和律师职业的丰富诉讼经验，杨明律师对本案作出了初步判断："这个案件的一审判决有问题，二审可以从认定事实与适用法律的角度争取改判，而且多年来从事房地产法律服务的经验告诉我，一旦最高法院改判本案，将会对我国土地招拍挂中的法律适用产生重大影响，这个案子我们可以接！"听到这一充满信心的断语，几位当事人眼前一亮。在听了杨明律师关于本案诉讼策略的初步思路后，当事人更是表示真是不虚此行，于是双方很快办理了委托代理手续。

【诉讼策略】

诉讼策略即关于案件代理的对策与谋略。杨明律师在其出版的《赢在庭外——诉讼策略的案例实证分析》一书中指出，诉讼策略是当事人和诉讼律师排兵布阵的艺术。确立正确的诉讼策略，不仅需要代理人具备良好的法律意识、合理的知识结构、严密的逻辑思维、精湛的表达能力和审慎的工作态度，更需要其具有丰富的办案经验和灵活的应变能力。所谓"兵无常式，水无常形"，从这个意义上来说，与其说诉讼策略是否正确，倒不如说诉讼策略是否具有针对性，如同想在瞬息万变的战场出奇制胜一样，只有具有针对性的诉讼策略，才能有效避免纸上谈兵，在激烈的对抗中克敌制胜，实现当事人利益的最大化。根据上述原则，杨明、邹新文律师为本案拟定了"层层递进证错误，攻防结合促逆转"的诉讼策略。在这一策略指引下，两名代理律师在所剩不多的短短上诉期内，加班加点完成了二审新证据的收集、分析、取舍和上诉状的撰写、提交工作。

凡事预则立，不预则废。精心的庭前准备和诉讼策略确立之后，本案在位于深圳的最高人民法院第一巡回法庭进行了公开开庭审理。而激烈的庭审质证、答辩过程，也成了两位代理律师落实、验证其诉讼策略的过程。

层层递进证错误。杨明、邹新文两位律师先从事实的角度剥茧抽丝，论证本案案涉土地出让方式是挂牌而非拍卖。根据案涉土地使用权出让当时适用的《招标拍卖挂牌出让国有土地使用权规定》和涉案土地使用权的挂牌公告，涉案土地出让程序显然为挂牌而非拍卖。两位律师进一步指出，不能将挂牌中的现场竞价等同于独立的拍卖。因为，按照上述出让规定，“在挂牌期限截止时仍有两个或者两个以上的竞买人要求报价的，出让人应当对挂牌宗地进行现场竞价，出价最高者为竞得人”。显然，本案中2007年10月31日在Y市国土局进行的现场竞价会是挂牌程序的组成部分，而非独立的拍卖行为。而且，当日现场竞价会的参与人数也印证了当时是挂牌中的现场竞价程序而非独立的拍卖出让土地方式。如果强行认定2007年10月31日的现场竞价会是独立于挂牌的拍卖程序，则按照《招标拍卖挂牌出让国有土地使用权规定》第十六条关于拍卖中“竞买人不足三人，或者竞买人的最高应价未达到底价时，主持人应当终止拍卖”的规定，由于当日仅有练达公司和陈某某两名竞买人，当日的拍卖实际上是无法进行的，竞价结果仍应以此前的挂牌报价为准。而按照Y市国土局提交的《国有土地使用权竞买报价表》，2007年10月30日11时，陈某某提交的竞买报价为5558.84万元，当日11时48分练达公司提交的竞买报价为5569万元。在此情况下，仍然是练达公司在挂牌竞价中成交。反过来说，如果认定现场竞价会是独立的拍卖出让，则基于当日竞买人人数为2人，拍卖会无法进行的客观情况，当天是否存在串通行为都不会对此前的挂牌竞价结果产生实质性影响，更谈不上损害国家利益。两位律师进而强调指出，由于《拍卖法》适用的对象是拍卖企业的拍卖行为，因此，即便认定本次土地出让是拍卖，由于其实施者是国土部门而非企业，也不应当适用《拍卖法》。

攻防结合促逆转。两位律师庭前即意识到在本案不适用《拍卖法》情况下，则要防止二审适用《中华人民共和国合同法》（以下简称《合同法》）第五十二条关于恶意串通的规定继续认定出让合同无效。那么，本案是否存在恶意串通就成了最大的焦点与难点。一审判决认定本案存在恶意串通的主要依据是检察建议函和另案刑事生效判决，貌似很扎实，但两位代理律师却指出了其在证据链上的漏洞：其一，该检察建议未被其上级机关认可；其二，刑事案件的被告均是另案当事人，刑事生效判决中并无明确认定练达公司参与恶意串通的证据；其三，当地工商机关的调查结论认为恶意串通证据不足。在并未形成完整证据链条的情况下，本案作为民事案件，仍应按照谁主张、谁举证的原则进行证明责任分配。但一审中对举证责任的分配严重错误。在练达公司和陈某某等人均否认恶意串通的情况下，练达公司对该消极事实并不承担举证责任。该恶意串通的举证责任在原告，而非是由被告举证其未恶意串通。

庭审战机稍纵即逝。在进行上述论证的同时，杨明律师利用庭审发问机会对本案的第三人即另一竞买人陈某某等人发问，第三人当庭承认系对当地投资环境没信心才放弃本次竞买土地，放弃竞买时并不知道练达公司给钱一事。杨律师及时将这一情况提请书记员记录在案。由于灵活应对，及时捕捉了庭审出现的良机，当庭固定了证据，进一步印证了练达公司之所以支付300万元是误以为对方是黑社会捣乱的，双方缺乏恶意串通的主观上的沟通。

庭审辩论中，两名代理律师还结合本案的前因后果加强对公平、效益等社会效果的论证。杨明律师指出，本案起因缘于练达公司为政府修路，政府承诺以土地补偿，练达公司仅前期投入就达7000余万元。而本案土地的出让价5569万元远远超过3985万元的评估价，政府并未产生损失。目前练达公司已取得了土地证，且为第三人设定了抵押权。如果认定土地出让无效收回土地，既不利于社会关系和交易秩序的稳定，增加社会管理成本，也不利于土地资源的有效利用，不利于公共利益。

庭审结束后，两位代理人在代理词中通过图表的方式对庭审中争议的五个焦点问题进一步进行了富有说服力的总结分析：一是本案地块系以政府和社会资本合作为前提而进行的补偿。由本案的缘起可以看出练达公司取得土地是基于为政府修建市政道路，而由政府进行的土地补偿，练达公司取得土地并未损害国家利益。二是案涉土地出让方式系挂牌而不是拍卖。对此，可以从挂牌公告上得出这一明确结论。三是挂牌中的现场竞价不改变案涉土地系挂牌出让的结论。四是鉴于《拍卖法》仅适用于拍卖企业的拍卖行为，故国土部门主持的土地招拍挂不应适用《拍卖法》。五是从举证责任分配上，提出恶意串通对练达公司而言系消极事实，故该消极事实不应由其承担举证责任。

上述“层层递进证错误，攻防结合促逆转”的诉讼策略有效还原了案件事实，把一审判决认定事实和适用法律错误的问题清晰地呈现在二审法官面前。

2015年12月5日，最高人民法院第一巡回法庭对该案作出民一终字第143号民事判决书，该终审判决全面采纳了杨明、邹新文律师代理练达公司提出的上诉观点，对一审判决作出了全面改判，确认本案《土地使用权交易成交确认书》及《国有土地使用权出让合同》合法有效。该终审判决确定了如下裁判规则：

其一，土地挂牌中的现场竞价属于土地挂牌程序中的一个操作环节，并非拍卖；

其二，《拍卖法》所规范的是拍卖企业的拍卖活动，因此土地出让中的拍卖不适用《拍卖法》；

其三，在当事人双方均否认串通、共谋的情况下，不能将对该消极事实的举证责任分配给该消极行为人。

最后，在本案诉讼费的承担上，最高法院认为本案并非财产型案件，故一审认定的160余万元的案件受理费应按100元收取。考虑到练达公司向陈某某等人给付钱款的事实，即使是迫于黑恶势力的恐吓所为，也毕竟不是一种适当、合理的解决问题的方式，他人因此而产生竞买人之间存在恶意串通的怀疑亦属正常。而Y市检察院、Y市国土局分别提出检察建议、提起本案诉讼的行为，正是基于合理怀疑而作出的，是为了维护市场秩序、保护国家利益而履职尽责的正当行为，并无过错，故而100元案件受理费应由练达公司承担。

【代理词】[①]

北京市炜衡律师事务所
关于代理Y市练达公司与Y市国土资源局
建设用地使用权出让合同纠纷案的代理词

尊敬的合议庭：

北京市炜衡律师事务所接受Y市练达房地产开发有限公司（本案上诉人，简称练达公司）的委托，指派我们担任其与Y市国土资源局（本案被上诉人，简称

① 本书“代理词”部分与“生效判决书”部分涉及的相关法律规定，均为案件审理当时有效的法律规定。

Y市国土局）建设用地使用权出让合同纠纷上诉案件的委托代理人。通过庭审调查，代理人认为：本案一审判决将挂牌认定为拍卖认定事实错误；依据《拍卖法》作出判决适用法律严重错误，一审判决应予撤销并改判。为此，发表如下代理意见，请予以采纳。

一、一审判决先入为主，在未经分析论证的情况下，将Y市国土局的土地挂牌直接认定为拍卖，对土地出让方式的事实认定错误

一审判决归纳的案件第一个争议焦点是："涉案出让合同的效力，即练达公司在涉案土地的拍卖过程中是否存在恶意串通损害国家利益的行为。"这一归纳与其此后径行适用《拍卖法》的做法体现了一审判决先入为主的审判思路，即涉案土地的出让方式就是拍卖。然而这一认定与本案的现有证据，甚至与一审法院已经查明的部分事实都明显矛盾：

Y市国土局一审提交的证据1－12，包括《挂牌委托书》《国有土地使用权挂牌出让公告》《挂牌规则》等充分证明了：Y市国土局于2007年9月30日委托Y市土地交易中心向社会公开挂牌出让位于Y市江城区高凉路北侧地的一幅国有土地使用权，面积为177113.63平方米，土地用途为居住用地，挂牌起拍价为5548.84万元。Y市土地交易中心于2007年10月2日在《Y市日报》上发布了国有土地使用权挂牌出让公告。

练达公司一审提供的证据45《挂牌公告费票据》、补充证据第四组证据1《挂牌服务费票据》均证明了涉案土地系挂牌出让。在此点上，一审原、被告双方的证据并无冲突，即双方的上述证据均证明本案中国有土地使用权的出让方式为挂牌出让而非拍卖出让。

二、一审判决将土地挂牌中的现场竞价，错误地认定为与挂牌并行的独立的土地拍卖方式

1. 招标、拍卖、挂牌方式是出让国有土地使用权的三种不同方式，三种出让方式程序不同，不能将挂牌中的现场竞价等同于独立的拍卖。

根据《招标拍卖挂牌出让国有土地使用权规定》（国土资源部发布，自2002年7月1日起施行，本案涉案土地出让时适用，2007年11月1日起施行对该规定

予以修改后的《招标拍卖挂牌出让国有建设用地使用权规定》)，招标、拍卖、挂牌方式是出让国有土地使用权的三种不同方式，三种出让方式程序不同，不能将挂牌与拍卖混为一谈。

根据上述规定第二条的规定，拍卖出让国有土地使用权，是指出让人发布拍卖公告，由竞买人在指定时间、地点进行公开竞价，根据出价结果确定土地使用者的行为。而挂牌出让国有土地使用权，是指出让人发布挂牌公告，按公告规定的期限将拟出让宗地的交易条件在指定的土地交易场所挂牌公布，接受竞买人的报价申请并更新挂牌价格，根据挂牌期限截止时的出价结果确定土地使用者的行为。因此，拍卖出让与挂牌出让体现了不同的竞价程序，不容混淆。根据本案涉案土地使用权的挂牌公告，本案中土地出让程序显然为挂牌而非拍卖。

2. 挂牌中的现场竞价仍是挂牌程序的组成部分，而非独立的拍卖出让方式。

无论是《招标拍卖挂牌出让国有土地使用权规定》第十九条的规定，还是Y市土地交易中心的挂牌公告（见Y市国土局一审证据2），都明确了“在挂牌期限截止时仍有两个或者两个以上的竞买人要求报价的，出让人应当对挂牌宗地进行现场竞价，出价最高者为竞得人”。显然，本案中2007年10月31日在Y市国土局进行的现场竞价会是挂牌程序的组成部分，而非独立的拍卖行为。

事实上，2007年9月21日国土资源部对《招标拍卖挂牌出让国有土地使用权规定》进行修订，并于2007年11月1日起施行的《招标拍卖挂牌出让国有建设用地使用权规定》第二条第四款更明确规定“本规定所称挂牌出让国有建设用地使用权，是指出让人发布挂牌公告，按公告规定的期限将拟出让宗地的交易条件在指定的土地交易场所挂牌公布，接受竞买人的报价申请并更新挂牌价格，根据挂牌期限截止时的出价结果或者现场竞价结果确定国有建设用地使用权人的行为。”这再次印证了现场竞价是挂牌出让程序的一个组成部分，而不是独立的拍卖。

3. 2007年10月31日现场竞价会的参与人数印证了当时是挂牌中的现场竞价程序而非独立的拍卖出让土地方式。

如果强行认定2007年10月31日的现场竞价会是独立于挂牌的拍卖程序，则按照《招标拍卖挂牌出让国有土地使用权规定》第十六条关于拍卖中“竞买人不足三人，或者竞买人的最高应价未达到底价时，主持人应当终止拍卖”的规定，由于当日仅有练达公司和陈某某两名竞买人，故当日的拍卖实际上是无法进行的，竞价结果仍应以此前的挂牌报价为准。而按照Y市国土局提交的《国有土地使用权竞买报价表》，2007年10月30日11时，陈某某提交的竞买报价为5558.84万元，当日11时48分练达公司提交的竞买报价为5569万元。在此情况下，仍然是练达公司在挂牌竞价中成交。反过来说，如果认定现场竞价会是独立的拍卖出让方式，则基于当日竞买人人数为2人，拍卖会无法进行的客观情况，当天是否存在串通行为都不会对此前的挂牌竞价结果产生实质性影响，更谈不上损害国家利益。

三、一审判决对（2009）阳中法刑一初字第18号一审刑事判决中的部分内容的认定加入了其主观推理，且断章取义，一审判决认定的事实并非该生效刑事判决所载明的事实

一审法院引用了Y市中级人民法院关于另案当事人阮某、阮某秋的（2009）阳中法刑一初字第18号一审刑事判决书。认为“由于阮某、阮某秋在涉案土地拍卖中的违法行为不具备黑社会组织犯罪的性质，虽然Y市中级人民法院在该案中的一审刑事判决书中认定其不构成黑社会性质，但认定了阮某、阮某秋非法干扰涉案土地拍卖的违法事实，对此，阮某、阮某秋亦未提出上诉或异议”。这一认定并非另案刑事判决的准确表述，更无法推理出练达公司与陈某某恶意串通的结论。事实与理由是：

1. 一审判决引用另案刑事判决时断章取义，且引用的内容并非另案刑事判决查明的事实，而是另案刑事判决中的法官评述。

另案一审刑事判决中涉及涉案土地的完整表述是“对于公诉机关指控被告人阮某、张某群、阮某秋所实施的闸坡旅游大道南区土地、闸坡海滨路边土地、市区高凉路北侧土地的恶意串通拍卖、非法干扰拍卖案中，虽有证据证明各被告人实施非法干扰拍卖、恶意串通拍卖的违法行为，但没有证据证明这些违法行为的黑社会性质组织犯罪属性”。

可见，另案一审刑事判决此段表述是法官的评述，是对另案犯罪嫌疑人此节不构成犯罪的理由阐述，而非事实认定，即不是生效判决所载明的事实，由于刑事判决书并未将此节作为犯罪事实认定，故另案当事人阮某、阮某秋才未提出上诉或异议，因此，刑事判决书中的此段表述并非清晰的与本案当事人相关的事实认定，根据《最高人民法院关于民事诉讼证据的若干规定》第九条之规定，并不能直接作为本案中无需证明的恶意串通的事实直接加以认定。

而且，另案一审刑事判决的此段表述是对三名犯罪嫌疑人涉及的对三块土地的非法干扰拍卖进行的集中评判，因重点是阐明其不构成犯罪的理由，所以并没有认定如何干扰土地拍卖的具体事实，更没有区别是挂牌出让还是拍卖出让。

2. 依据另案刑事判决无法推导出练达公司与陈某某恶意串通的结论。依据该刑事判决充其量只能得出被告人阮某、阮某秋非法干扰涉案土地拍卖的违法事实，而阮某、阮某秋并非练达公司员工，练达公司、陈某某也不是刑事案件的被告人，对于阮某、阮某秋与练达公司、陈某某等人是否直接存在明确的恶意串通的主观故意和意思沟通，根本不能依据该刑事判决得出明确的结论。所谓练达公司、陈某某恶意串通的事实根本就不是生效判决所载明的事实。

四、一审判决使用另案刑事判决书中对另案当事人的事实认定，推断出本案当事人存在恶意串通的结论与本案大量证据和生效法律文书相悖

一审判决仅仅依据另案刑事判决书认定了阮某、阮某秋非法干扰涉案土地拍卖的违法事实，就直接得出了练达公司与陈某某存在恶意串通的结论。而事实上，作为本案当事人的练达公司和陈某某均否认存在恶意串通。而一审判决也知道“练达公司和陈某某在本案均辩称是受胁迫支付收取相关款项”，但认为双方“并未对此提供足够的证据予以证明，显然，练达公司与陈某某的举证无法推翻刑事判决认定的违法事实”。

一审判决的这一认定存在一个明显的逻辑错误，即假定刑事判决已认定练达公司和陈某某存在恶意串通行为，而事实上，刑事判决并不存在这样的事实认定，刑事判决仅认定了阮某、阮某秋非法干扰涉案土地拍卖的违法事实。但是，阮某、阮某秋非法干扰涉案土地拍卖的违法事实与练达公司和陈某某存在恶意串通行为

不能直接画上等号。

实际上，是一审判决利用另案刑事判决中的只言片语得出了另外一个结论，即练达公司和陈某某存在恶意串通行为，但一审判决的这一事实认定不仅与当事人双方的陈述相矛盾，也与本案大量证据和生效法律文书相悖：

1. 这一认定与广东省人民检察院粤检发侦监字（2011）15号函相矛盾。本案肇始于Y市人民检察院阳检函（2009）42号《关于对高凉路北侧三幅国有土地重新拍卖处理的意见函》。但该函已被广东省人民检察院2011年5月17日粤检发侦监字（2011）15号《关于练达公司申诉案的处理意见函》（练达公司一审提交证据34号）所否定。此函明确指出42号函中“认定的练达公司竞拍高凉路北侧地块过程中的违法事实”，“鉴于终审判决对该事实未予认定，检察机关应尊重法院判决，该行为是否涉嫌行政违法，应由行政执法机关依职权作出判断和依法处理”。Y市人民检察院本身于2011年7月19日向练达公司出具的（2011）阳检群函复字2号《信访答复函》（练达公司一审提交证据35号）亦自我否决了42号函，认为“应由相关行政执法机关依职权作出判断和依法处理”。

2. 这一认定与Y市工商行政管理局阳工商（2010）11号文（练达公司一审提交证据32号）相矛盾。Y市工商行政管理局2010年6月13日向Y市人民政府出具的阳工商（2010）11号《关于相关竞买人涉嫌在国有土地使用权拍卖中恶意串通一案的情况报告》（练达公司一审提交证据32号）中认为，练达公司和陈某某的违法事实不清、证据不足、违法事实不成立，应予销案。

需要强调的是，招拍挂过程中的恶意串通是行政违法行为，应由行政执法机关依法调查认定。因此，Y市工商局11号文形成的调查结论远比生效刑事判决中的只言片语更具有针对性和权威性。

3. 这一认定与和阳工商支告字第（2010）06号文和生效的（2011）阳城法行初字第23号、（2011）阳中法行终字第1号行政判决书相矛盾。依据阳工商（2010）11号文，Y市工商局分别向练达公司和陈某某作出阳工商支告字第（2010）06号、07号《Y市工商行政管理局行政处理结果告知书》（06号文见练达公司一审提交证据33号，07号文见陈某某一审提交证据1），认定练达公司违法事实不清、证据不足、违法事实不成立，予以销案。此后，虽然Y市工商局又于2011年7月4日向练达公司发出阳工商支告字（2011）01号《告知书》，称撤销（2010）06号《告知书》，但这一决定先后被Y市江城区人民法院（2011）阳城法行初字第23号《行政判决书》（练达公司一审提交补充证据第五组第2号）和Y市中级人民法院（2011）阳中法行终字第1号《行政判决书》（练达公司一审提交补充证据第五组第3号）所撤销。因此，阳工商支告字第（2010）06号《Y市工商行政管理局行政处理结果告知书》关于练达公司违法事实不成立的认定已被生效的行政判决书所确认。

五、练达公司虽然在挂牌成功后向阮某、陈某某等人支付了款项，但系基于其对当地黑恶势力的恐惧，并非基于事前的恶意串通

恶意串通的基本构成要件是行为人事前达成主观故意上的相互沟通，在客观行动上相互配合，并在后果上损害了国家、集体或第三人利益。本案当事人的行为并不符合上述构成要件特征。

首先，一审判决书以另案一审刑事判决书已认定“阮某、阮某秋非法干扰涉案土地拍卖”，而练达公司向阮某等支付了20万元，得出了本案练达公司与陈某某等人之间恶意串通的结论。但是，这一认定明显缺乏证据链条印证。即便从Y市国土局一审提交的阮某、阮某秋的供述看，阮某、阮某秋均供述其并不认识练达公司的任何人员，阮某秋是和陈某某进行联系的。而Y市国土局一审提交的陈某某的证言则证明练达公司徐某和他讲过“这帮人如果真是想买此地皮，就由他们买，如果是来捣乱的，花170—180万元费用我都可以出”。很显然，即便是按照被上诉人提供的上述笔录，也不能证明练达公司与陈某某等人之间存在恶意串通，相反，其证明了练达公司事后付款主要是怕黑社会捣乱。

其次，练达公司虽然向曹某某等人支付了300万元，但其主观上是基于对方可能是黑恶势力的误判，基于花钱买平安的意图。而陈某某放弃现场竞价并非基于其事前已得到了练达公司付款的承诺，而是猜疑受到威胁以及对地块的开发信心不足，从陈某某等人的陈述看，其收受300万元亦是猜疑人身安全受到黑恶势力威胁。正是在这种相互猜疑的状态下，练达公司与陈某某等人均产生了认识错

误，而这种认识错误从客观上来看，导致了陈某某在现场竞价会上放弃举牌，练达公司虽然摘牌了土地，但基于破财消灾的错误认识，向曹某某等人支付了300万元。按照主客观相一致的事实认定原则，练达公司与陈某某既无恶意串通故意，也不存在恶意串通行为。

应当阐明的是，按照谁主张谁举证的基本诉讼原则，在练达公司和陈某某等人均否认恶意串通的情况下，练达公司对该消极事实并不承担举证责任。该举证责任在于作为原告的Y市国土局，而Y市国土局起诉书中依据的仅是Y市人民检察院阳检函（2009）42号《关于对高凉路北侧三幅国有土地重新拍卖处理的意见函》，但在该函已被上级检察机关所否定的情况下，一审法院将此消极事实的举证责任分配给练达公司显然是错误的。

六、一审适用《拍卖法》作出判决，适用法律严重错误

一审判决适用我国《拍卖法》第三十七条、第六十五条，认定《土地使用权交易成交确认书》和《国有土地使用权出让合同》无效，其适用法律严重错误，理由是：

1. 本案是国有土地使用权挂牌出让而非拍卖出让，因此根本不适用《拍卖法》。

2. 即便本案是国有土地使用权拍卖，也不适用《拍卖法》。我国《拍卖法》第二条明确规定，本法适用于中华人民共和国境内拍卖企业进行的拍卖活动。而Y市国土局及Y市土地交易中心均非拍卖企业，对其拍卖国有土地使用权的行为，依法不适用《拍卖法》。对此，国家工商行政管理总局也在批复中得出了相同的结论。《国家工商行政管理总局关于江西省东乡县土地使用权拍卖中串通行为法律适用问题的答复》已明确，“土地使用权拍卖活动是由当地土地管理部门举办的，属非拍卖企业举办的拍卖活动。根据《中华人民共和国拍卖法》第二条规定，此拍卖活动中的串通行为不适用《中华人民共和国拍卖法》”。

3. 即便强行认定练达公司在国有土地使用权出让中存在恶意串通，依法也不导致《国有土地使用权出让合同》无效。

我国《合同法》第五十二条第二项规定，导致合同无效的恶意串通，应当是

合同当事人之间的恶意串通，而本案中练达公司和Y市国土局显然不存在任何恶意串通行为。即便一审判决强行认定练达公司在国有土地使用权出让中与其他竞买人存在恶意串通行为，该行为违反的也是国土资源部发布的《招标拍卖挂牌出让国有土地使用权规定》，依据该政府部门规章，行为人应承担相应的行政责任，造成损失的，则应承担赔偿责任。但由于该行为并没有违反国家法律、行政法规的强制性规定，根据我国《合同法》第五十二条第五项的规定，并不能得出《国有土地使用权出让合同》无效的结论。

需要指出的是，民事合同效力的判断应当以法律、行政法规中关于合同效力的强制性规定为准。而按照《最高人民法院关于适用〈中华人民共和国合同法〉若干问题的解释（二）》第十四条的规定，《招标拍卖挂牌出让国有土地使用权规定》中关于招拍挂效力的规定，不应当作为民事合同效力的判断依据，而应当作为行政部门对招拍挂效力认定的依据，当事人对行政部门认定不服的可以对此提起行政诉讼。事实上，本案中，阳工商支告字第（2010）06《Y市工商行政管理局行政处理结果告知书》关于练达公司违法事实不成立的认定已经生效，并已被生效的行政判决书所确认。所以，除非依法推翻上述已生效的行政判决，否则，将出现同一法律行为被不同判决做出相互矛盾的认定结果的悖论。

七、练达公司向第三人付款的行为并未损害国家利益

练达公司摘牌土地系基于前期代Y市政府投资高凉路建设工程与Y市政府达成的一致意见，并非低价谋取不当利益。相反，练达公司还为政府额外无息代付了投资高凉路的建设资金。自2005年8月以来，练达公司投资高凉路本息合计达153296701.08元，包括投资高凉路预付征地款、契税、预付拆迁补偿款及征地前期费用55490552.11元，投资高凉路征地工资及村干部、村民丈量、征地工作费合计3824000.00元，投资高凉路征地青苗果树农作基肥补偿费、种植户拆迁遣散安置费、村场道路建设资金和填土不可预见工作费及填土方费用合计20776160.00元，融资利息73206018.97元。

练达公司取得土地的价格不仅高于土地评估价，甚至高于同类地块的出让成交价，根本不存在损害国家利益的问题。当时的挂牌成交价为5569万元，均价为

每平方米314.43元，而Y市国土局委托的评估价为3985.06万元，委托底价为5548.84万元、陈某某最后报价5558.84万元，均低于成交价，同时，涉案地块周边地价均价为每平方米225—240元，远低于涉案地块成交价。更何况，练达公司为涉案地块实际支出的费用远远超过成交价5569万元，国家利益不存在受损情形。

八、陈某某实际上并不具有竞拍资格，而一审法院对此事实却并没有查明

从挂牌过程看，作为所谓竞拍人的陈某某参与竞拍报名时，提交给Y市国土局的5455万元的资信证明，即2007年10月26日由工商银行广州番禺支行出具的《个人资信证明》既是虚假的，又没有原件印证，且该笔过桥资金于次日即2007年10月26日即被转走，而陈某某的报名竞拍时间是2007年10月30日，根据Y市国土局提交的一审证据3《Y市国有土地使用权挂牌规则（须知）》第五条之规定，其实际上根本就不具备报名资格，即练达公司才是涉诉土地的唯一实际竞拍人。但一审却对此事实根本就没有查明。况且，陈某某在2007年10月30日已经竞买报价5558.84万元，而当日练达公司的报价为5569万元，已超过其报价。之后在竞拍现场陈某某没有报价主要是因为当日有涉讼土地所在地的群众闹事，其考虑地块复杂、开发难度大等因素而主动放弃。国土局和公证处的现场竞价会记录均证明现场竞价系正常进行的。

综上，一审判决认定事实、适用法律均严重错误，且对关键证据的质证缺失，程序违法，故请求二审法院对一审判决依法撤销并改判，以维护上诉人的合法权益和交易安全。

附：

一审判决认定事实及适用法律错误示意图

一、依据2002年7月1日起施行的《招标拍卖挂牌出让国有土地使用权规定》，国有土地使用权竞价出让的三种方式如下：

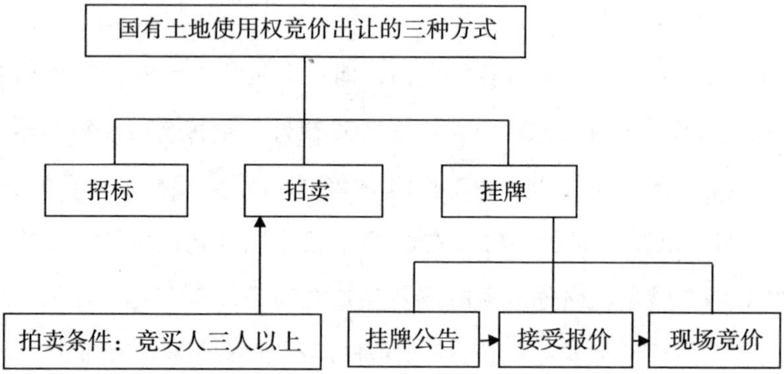

二、本案中的出让程序系挂牌而非拍卖

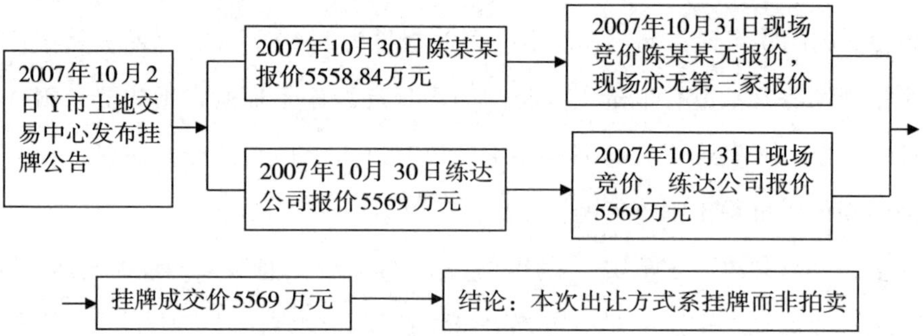

三、一审判决认定事实和适用法律均严重错误

我国《拍卖法》第二条规定，本法适用于中华人民共和国境内拍卖企业进行的拍卖活动。本案系挂牌而非拍卖，更非《拍卖法》所规制的以企业作为拍卖人的拍卖活动，故一审判决将本案的土地挂牌出让阶段的现场竞价认定为拍卖企业的拍卖活动，并适用《拍卖法》，在认定事实和适用法律上均存在严重错误。

【生效判决书】

中华人民共和国最高人民法院

民事判决书

（2015）民一终字第143号

上诉人Y市练达房地产开发有限公司（以下简称练达公司）因与被上诉人Y市国土资源局（以下简称Y市国土局）及第三人陈某某、吴某某、曹某某、广东Y市农村商业银行股份有限公司（以下简称Y市农商行）、广东某某农村商业银行股份有限公司（以下简称阳东农商行）建设用地使用权出让合同纠纷一案，不服广东省高级人民法院（2012）粤高法民一初字第1号民事判决，向本院提起上诉。本院受理后，依法组成由审判员周帆担任审判长，审判员高晓力、孙祥壮参加的合议庭，于2015年6月17日公开开庭进行了审理，法官助理苏国梁协助办理本案，书记员苏霜担任记录。上诉人练达公司的委托代理人杨明、邹新文，被上诉人Y市国土局的委托代理人刘某、黄某，第三人陈某某、吴某某、曹某某共同委托的代理人吴某，第三人Y市农商行的委托代理人何某，第三人阳东农商行的委托代理人陈某、何某到庭参加了诉讼。本案现已审理终结。

2011年5月13日，Y市国土局向广东省高级人民法院提起诉讼称，该局于2007年9月向练达公司挂牌出让了一幅国有土地的使用权，后该局收到一份当地人民检察院的函件，该函称练达公司在土地拍卖过程中实施了恶意串通行为。故依照《招标拍卖挂牌出让国有土地使用权规定》第二十五条第二项、《中华人民共和国合同法》第五十二条第二项的规定，请求判决：1. 确认Y市土地交易中心与练达公司签订的《土地使用权交易成交确认书》、Y市国土局与练达公司签订的《国有土地使用权出让合同》无效；2. 判令练达公司将所涉国有土地使用权退还Y市国土局；3. 由练达公司承担本案诉讼费。广东省高级人民法院一审过程中，以本案处理结果可能与陈某某、吴某某、曹某某及Y市农商行、阳东农商行存在利害关系为由，决定追加上述各方作为本案第三人参加诉讼。

广东省高级人民法院一审查明：Y市国土局于2007年9月30日委托Y市土

地交易中心向社会公开挂牌出让位于Y市江城区高凉路北侧的一幅国有土地使用权，土地面积为177113.63平方米，用途为居住用地，挂牌起拍价为5548.84万元。Y市土地交易中心接受委托后，于2007年10月2日在《Y市日报》发布国有土地使用权挂牌出让公告。练达公司及陈某某在公告期限内报名参加竞投，分别交付了竞买保证金并分别提出了各自的报价。2007年10月31日上午，Y市土地交易中心在Y市国土局举行现场竞价会，练达公司及陈某某均到场参加。陈某某没有举牌竞投，练达公司以5569万元的价格竞得案涉土地，并于当天与Y市土地交易中心签订了《土地使用权交易成交确认书》。2008年6月10日，练达公司与Y市国土局签订《国有土地使用权出让合同》。根据城市规划部门的意见，案涉土地中的46648.57平方米规划为公园用地，余下土地为130465.06平方米，成交价款为41022248元。Y市国土局确认练达公司于2009年9月18日前已全额支付了地价款。练达公司已领取了上述土地的国有土地使用权证，Y市国土局也已依约将案涉土地交付练达公司占有使用。

陈某某、吴某某、曹某某三人是基于合伙关系以陈某某的名义报名参加案涉土地使用权的竞买活动的。2007年10月31日竞价活动结束的当天下午及以后，练达公司先后以现金和转账的方式向陈某某等三人支付了300万元。后吴某某向Y市公安局江城分局上缴了该300万元，该局开具了《扣押物品、文件清单》。

练达公司于2013年7月15日与Y市农商行签订《抵押担保合同》，用案涉部分土地为广东新华建工程有限公司（以下简称新华建公司）向Y市农商行借款2000万元作抵押担保，借款期限至2015年6月20日止。2013年7月16日，Y市国土局为此核发了《土地他项权利证明书》。2014年4月25日，练达公司与阳东农商行签订《抵押担保合同》，用案涉部分土地为Y市世发物业服务有限公司（以下简称世发公司）向阳东农商行借款2200万元提供抵押担保，借款期限至2016年4月20日止。2014年4月30日，Y市国土局为此核发了《土地他项权利证明书》。

一审另查明：广东省Y市中级人民法院于2009年11月30日作出的（2009）阳中法刑一初字第18号《刑事附带民事判决书》载明，广东省Y市人民检察院在公诉意见"第（十四）其他黑社会性质的违法行为"部分陈述："2007年10月，Y市国土局挂牌出让市区高凉路北侧的土地。练达公司老板徐某华有意竞拍购买。徐某华的儿子徐某得知吴某某、曹某某、陈某某等人也有意竞拍该地，便找来被告人阮某、阮某秋和茹某志（另案处理）帮忙让对方退出竞拍，付180万元给阮某、阮某秋等人作报酬。随后，阮某、阮某秋等使用跟踪、威胁恐吓以及利诱等手段要吴某某等人退出竞拍，但吴等人不同意。10月31日上午该土地竞拍前，徐某华再次找曹某某、吴某某等商议，同意付给曹等人300万元，让曹放弃竞拍。最后练达公司一次举牌以5569万元竞拍到该地。事后，阮某、阮某秋向徐某收取了20万元"。对此，广东省Y市中级人民法院认定，对于公诉机关指控被告人阮某、阮某秋所实施的市区高凉路北侧土地的恶意串通拍卖、非法干扰拍卖案中，虽有证据证明各被告人实施非法干扰拍卖、恶意串通拍卖的违法行为，但没有证据证明这些违法行为的黑社会性质组织犯罪属性，换言之，就是违法行为的目的或利益未能证明具有组织性。因此，各被告人及其辩护人提出不能将此起违法行为纳入涉黑违法行为范畴的意见有理，予以采纳。因该刑事案件的被告人阮某、阮某秋在该案的上诉中未对上述认定提出上诉，故广东省高级人民法院于2010年10月15日作出的（2010）粤高法刑三终字第6号二审刑事判决未对相关事实进行审理。

2009年12月15日，Y市国土局收到Y市人民政府转来的Y市人民检察院阳检函（2009）42号《关于对高凉路北侧等三幅国有土地重新拍卖处理的意见函》，该函称："练达公司在参与竞买市区高凉路北侧177113.63平方米土地使用权中，利用阮某、阮某秋等黑恶势力，威胁恐吓及利诱其他竞买人曹某某等人退出竞拍。因曹某某等人不同意，练达公司法定代表人徐某之父徐某华找到曹某某等人商议，同意支付其300万元，条件是放弃竞拍，曹某某等人表示同意。最后练达公司在没有其他竞买人参加竞价的情况下一次举牌以5569万元竞拍到案涉地块。事后，徐某华指使练达公司财务人员先后支付300万元给曹某某等人。同时徐某还支付了20万元给阮某、阮某秋。练达公司在竞买上述土地过程中，与其他竞买人恶意串通操控国有土地的拍卖，为维护Y市公平、公正、公开的土地交易市场秩序，请市政府督促国土部门依法撤销上述土地的拍卖成交确认书，对该土地重新公开拍卖”。

广东省人民检察院于2011年5月17日向Y市人民检察院发出粤检发侦监字（2011）15号《关于练达公司申诉案的处理意见的函》，内容如下：“你院于2009年11月25日向Y市人民政府发出的《关于对高凉路北侧三幅国有土地重新拍卖处理的意见函》［阳检函（2009）42号］中认定的练达公司竞拍高凉路北侧地块过程中的违法事实，虽然你院已于林某钦、许某强等人涉嫌组织、领导、参加黑社会性质组织等一案中作为‘其他黑社会性质的违法行为’向Y市中级人民法院提起公诉，但一审判决［（2009）阳中法刑一初字第18号］对该事实没有认定为犯罪，且没有作出判决，广东省人民法院终审判决对该事实亦没有述及。鉴于终审判决对该事实未予认定，检察机关应尊重法院判决。该行为是否涉嫌行政违法，应由行政执法机关依职权作出判断和依法处理。请你们依法妥善处理相关事宜”。2011年7月19日，Y市人民检察院向练达公司制发了（2011）阳检群函复字2号《信访答复函》，内容如下：“你公司对我院于2009年11月向Y市人民政府发出《关于对高凉路北侧等三幅国有土地重新拍卖处理的意见函》［阳检函（2009）42号］不服提出申诉，经审查认为，对于你公司在竞拍高凉路北侧土地过程中的问题，应由相关行政执法机关依职权作出判断和依法处理。因此，请你公司直接与Y市人民政府相关部门联系有关事宜”。

此前，Y市工商行政管理局亦收到Y市人民政府转来的Y市人民检察院阳检函（2009）42号《关于对高凉路北侧等三幅国有土地重新拍卖处理的意见函》，并对练达公司、陈某某在案涉土地使用权挂牌出让过程中的行为进行了立案调查。2010年6月13日，该局向Y市人民政府提交了阳工商（2010）11号《关于相关竞买人涉嫌在国有土地使用权拍卖中恶意串通一案的情况报告》，报告称，该局经调查认为，练达公司和陈某某的违法事实不清、证据不足，违法事实不成立，应予销案。该局已分别向练达公司和陈某某制发了阳工商支告字第（2010）06、07号《Y市工商行政管理局行政处理结果告知书》，将上述处理结果告知了两名当事人。

广东省高级人民法院一审认为，综合当事人的诉辩意见，本案争议的焦点问题是：一、案涉出让合同的效力，即练达公司在案涉土地的拍卖过程中是否存在恶意串通损害国家利益的行为；二、练达公司分别与Y市农商行、阳东农商行签订的《抵押担保合同》的效力；三、案涉出让合同被认定无效的法律后果。对于上述争议焦点问题，该院认为：

一、关于案涉出让合同的效力问题。Y市国土局主张练达公司在参与案涉土地拍卖过程中实施了恶意串通的行为，损害了国家利益，依照《招标拍卖挂牌出让国有土地使用权规定》第二十五条第二项和《中华人民共和国合同法》第五十二条第二项的规定，Y市土地交易中心与练达公司签订的《土地使用权交易成交确认书》以及Y市国土局与练达公司签订的《国有土地使用权出让合同》依法应确认无效。经查，本案缘于Y市人民检察院向Y市人民政府出具的阳检函（2009）42号《关于对高凉路北侧等三幅国有土地重新拍卖处理的意见函》，该函称练达公司在参与竞买市区高凉路北侧177113.63平方米土地使用权中，利用阮某、阮某秋等黑恶势力，威胁恐吓及利诱其他竞买人曹某某等人退出竞拍。Y市人民检察院在Y市中级人民法院（2009）阳中法刑一初字第18号案中指控被告人阮某、阮某秋在本案讼争土地的竞拍过程中实施了非法干扰拍卖、恶意串通拍卖的黑社会性质的违法行为，并提供证人证言、被告人的供述和辩解等证据予以证实。本案可以认定的事实是，在当天的竞拍会上，陈某某没有举牌应价，练达公司则一次举牌以5569万元竞拍到该地块。事后，阮某、阮某秋向徐某华儿子徐某收取了20万元。练达公司向曹某某等人支付了300万元。曹某某等人收取的300万元已由Y市公安局江城分局收缴，并制作了《扣押物品、文件清单》。由于阮某、阮某秋在案涉土地拍卖中的违法行为不具备黑社会组织犯罪的性质，虽然Y市中级人民法院在该案的一审刑事判决书中认定其不构成黑社会性质犯罪，但认定了阮某、阮某秋非法干扰案涉土地拍卖的违法事实。对此，阮某、阮某秋亦未提出上诉或异议。阮某、阮某秋实施违法行为的目的是为了帮助练达公司取得案涉土地。另一方面，练达公司直接向案涉土地的其他竞拍人支付现金，意图利诱他人放弃竞拍。最终，陈某某等人收受款项并放弃举牌。练达公司与陈某某在本案中均辩称是受胁迫支付或收取相关款项，但并未对此提供足够的证据予以证明。显然，练达公司与陈某某的举证无法推翻刑事判决认定的违法事实，依照最高人民法院《关于民事诉讼证据的若干规定》第二条的规定，其应承担举证不能的不利后果。《中华人民共和国拍卖法》第三十七条、第六十五条规定，竞买人之间、竞买人与拍卖人之间不得恶意串通，损害他人利益；违反该法第三十七条的规定，竞买人之间、竞买人与拍卖人之间恶意串通，给他人造成损害的，拍卖无效，应当依法承担赔偿责任。据此，该院认定Y市国土部门与练达公司签订的《土地使用权交易成交确认书》和《国有土地使用权出让合同》无效。

二、关于练达公司分别与Y市农商行、阳东农商行签订的《抵押担保合同》的效力问题。经查，练达公司通过2007年10月31日的竞投购得案涉土地，继而Y市国土局向练达公司发放了案涉土地的《国有土地使用权证》。练达公司先后于2013年、2014年用案涉土地为他人向Y市农商行、阳东农商行借款作抵押担保，借款总额为4200万元，Y市国土局均为该抵押办理了登记，并签发了《土地他项权利证明书》。Y市农商行和阳东农商行也依约向借款人发放了款项。由此可见，上述《抵押担保合同》是当事人双方的真实意思表示，Y市农商行和阳东农商行基于对案涉土地使用权物权公示的信赖，与练达公司设定抵押担保。虽然Y市国土局与练达公司之间的《国有土地使用权出让合同》现被认定无效，但该院认为，依照《中华人民共和国物权法》第一百零六条的规定，Y市农商行和阳东农商行的抵押权构成善意取得，且双方当事人签订合同之后已履行各自的合同义务，Y市农商行、阳东农商行与练达公司在签订抵押担保合同之后，依照法律规定办理了相应的抵押登记手续，Y市国土局也均作出了《土地他项权利证明书》予以确认。故Y市农商行、阳东农商行与借款人世发公司和新华建公司之间的借款关系是真实有效的，而Y市农商行、阳东农商行通过善意取得的抵押权也是合法有效的。

三、关于案涉出让合同无效的法律后果。依照《中华人民共和国合同法》第五十八条的规定，由于案涉出让合同被认定无效，练达公司因该合同取得的土地使用权应当返还给Y市国土局。但另一方面，由于练达公司除交纳出让合同约定的41022248元土地出让金之外，其对案涉土地还存在大量的前期投入，而练达公司与Y市国土局至今并未对此进行相应的结算。如上所述，案涉土地使用权上仍有Y市农商行、阳东农商行善意取得的抵押权，依法受保护，但抵押权人在本案中未提出诉讼请求。故对于Y市国土局应向练达公司返还的土地价款数额，双方可作出最终结算后与案涉抵押权另循法律途径一并解决。对Y市国土局关于返还土地使用权的诉讼请求，该院不予支持。

综上，该院依照《中华人民共和国民事诉讼法》第十九条，《中华人民共和国合同法》第五十八条，《中华人民共和国物权法》第一百零六条，《中华人民共和国拍卖法》第三十七条、第六十五条的规定，判决：一、确认Y市土地交易中心与练达公司2007年10月31日签订的《土地使用权交易成交确认书》无效。二、确认Y市国土局与练达公司2008年6月10日签订的《国有土地使用权出让合同》无效。三、驳回Y市国土局的其他诉讼请求。案件受理费1607380.72元，由练达公司负担。

练达公司不服广东省高级人民法院的上述民事判决，向本院提起上诉称：一、原审判决认定事实严重错误。（一）原审判决将Y市国土局的挂牌出让行为认定为拍卖出让行为是错误的。案涉土地使用权是Y市国土局委托Y市土地交易中心向社会公开挂牌出让，根据挂牌公告，本案中土地出让程序为挂牌而非拍卖。挂牌期限截止日的现场竞价仅仅是确定挂牌成交的一种方式，是挂牌程序中的一个组成部分，而非独立的拍卖行为。2007年10月31日所谓拍卖实际上是挂牌中的最后竞价程序而已，而非独立于挂牌的拍卖程序。（二）原审判决以练达公司向曹某某等人支付了300万元，就认定竞买人之间存在恶意串通与现有证据明显相悖，属认定事实错误。1. 一审法院所引用的刑事生效判决仅认定了阮某、阮某秋非法干扰案涉土地拍卖的违法事实，并没有认定练达公司与陈某某等人之间存在恶意串通行为，不能得出所谓的竞买人之间恶意串通的结论。因练达公司向曹某某等人支付了300万元便将没有恶意串通的证明责任倒置给练达公司，免除Y市国土局的举证责任，该做法错误。2. 练达公司向曹某某等人支付300万元，是基于双方均猜疑对方为黑恶势力的错误认识，双方既无恶意串通故意，也不存在恶意串通行为。练达公司摘牌土地系基于前期代Y市人民政府投资高凉路建设工程与Y市人民政府达成的一致意见，练达公司还为政府额外无息代付了投资高凉路的建设资金，其并非低价谋取不当利益。练达公司取得的土地不仅高于土地评估价，甚至高于同类地块的出让成交价，不存在损害国家利益的问题。3. 原审判决关于练达公司与其他竞买人之间存在恶意串通的认定与现有证据明显相悖。原审判决认为，本案缘起Y市人民检察院出具的阳检函（2009）42号《关于对高凉路北侧等三幅国有土地重新拍卖处理的意见函》，但该函已被广东省人民检察院2011年5月17日粤检发侦监字（2011）15号《关于练达公司申诉案的处理意见函》所否定。Y市工商行政管理局阳工商（2010）11号《关于相关竞买人涉嫌在国有土地使用权拍卖中恶意串通一案的情况报告》表明，该行政机关已明确认定练达公司和陈某某的违法事实不成立。二、原审判决适用法律严重错误。（一）原审判决适用《中华人民共和国拍卖法》第三十七条、第六十五条，认定《土地使用权交易成交确认书》和《国有土地使用权出让合同》无效，其适用法律严重错误。本案是国有土地使用权挂牌出让而非拍卖出让，因此根本不适用拍卖法。即便本案是国有土地使用权拍卖，也不适用拍卖法。我国拍卖法明确规定，本法适用于中华人民共和国境内拍卖企业进行的拍卖活动。而Y市国土局及Y市土地交易中心均非拍卖企业，对其拍卖国有土地使用权的行为，依法不适用拍卖法。国家工商行政管理总局在《关于江西省东乡县土地使用权拍卖中串通行为法律适用问题的答复》[工商市字（2002）第160号]中已经明确："土地使用权拍卖活动是由当地土地管理部门举办的，属非拍卖企业举办的拍卖活动。因此，不应适用拍卖法"。（二）即便强行认定练达公司在国有土地使用权出让中存在恶意串通，依法也不导致《国有土地使用权出让合同》无效。《中华人民共和国合同法》第五十二条第二项规定，导致合同无效的恶意串通，应当是合同当事人之间的恶意串通。即便原审判决强行认定练达公司与其他竞买人存在恶意串通行为，该行为违反的也是国土资源部发布的《招标拍卖挂牌出让国有土地使用权规定》，依据该政府部门规章，行为人应承担相应的行政责任，造成损失的，则应承担赔偿责任。由于该行为并没有违反国家法律、行政法规的强制性规定，根据《中华人民共和国合同法》第五十二条第五项的规定，并不能得出《国有土地使用权出让合同》无效的结论。综上，原审判决认定事实、适用法律均严重错误，请求依法撤销该判决，驳回Y市国土局的全部诉讼请求。

被上诉人Y市国土局答辩称：一、Y市国土局于2007年9月30日委托Y市土地交易中心公开挂牌出让案涉土地使用权，挂牌出让公告发布后，练达公司和陈某某按规定缴纳保证金报名参加竞投。2007年10月30日，陈某某提出竞买报价5558.84万元，同日，练达公司提出了5569万元的竞买报价。2007年10月31日现场竞价会上陈某某未举牌竞投，最后确定练达公司为买受人，并签订《土地使用权交易成交确认书》。2008年6月10日，Y市国土局与练达公司签订《国有土地使用权出让合同》。练达公司已取得土地使用权证并占有使用。二、2009年11月27日，Y市人民检察院向Y市人民政府发出《关于对高凉路北侧等三幅国有土地重新拍卖处理的意见函》，认为该项土地拍卖过程中存在违法行为，土地拍卖无效，请市政府督促国土部门依法撤销上述土地的拍卖成交确认书，对该土地重新拍卖。Y市人民政府将该函转至Y市国土局。Y市国土局经与练达公司多次协商处理无果后，依法提起诉讼。经调取涉黑刑事侦查档案相关材料及Y市公安局300万元的扣押清单等，这些材料反映的本案土地竞买过程中所发生的违法行为与Y市人民检察院函件中所述一致。三、根据《中华人民共和国城市房地产管理法》第八条、第二十条及《招标拍卖挂牌出让国有土地使用权规定》第二十五条的规定，练达公司采取非法手段竞得本案土地使用权损害了国家利益，应确认无效。综上，一审判决认定《土地使用权交易成交确认书》及《国有土地使用权出让合同》无效具有事实及法律依据，依法应予维持。

第三人陈某某、吴某某、曹某某答辩称：其三人并非本案的适格主体，不应列为本案的诉讼当事人。本案系建设用地使用权出让合同纠纷，其三人并非合同关系的任一方，对于合同标的物亦无权主张，没有权益关联，且Y市国土局也未对其三人提出权利主张。一审判决处理的是原、被告双方土地使用权转让合同权利、义务，以及抵押的权利、义务关系，不涉及其三人的权益，与其三人无关。

第三人Y市农商行、阳东农商行分别答辩认为：练达公司先后用案涉土地为案外人的借款提供抵押担保，Y 市农商行、阳东农商行据此对案涉土地使用权分别享有的抵押权受法律保护。本案的任何处理结果都不能损害抵押权人依法享有的抵押权。Y 市国土局明知抵押土地的权属可能无效的情形，仍先后多次就案涉土地使用权办理抵押登记，说明其未尽审查和如实告知的义务，依法应赔偿抵押权人可能因此产生的相应损失。有关借款的主债务人和练达公司因本案可能无法履行借款债务，Y 市农商行和阳东农商行有权以拍卖、变卖、折价等方式处置被抵押的案涉土地使用权，所得价款由其优先受偿。请求查明事实依法判决，维护两农商行的合法权益。

二审期间，各方当事人均未提交新的证据。对于一审查明的事实，各方当事人在二审中亦明确表示没有异议，本院予以确认。

本院二审查明：案涉土地使用权出让前，广东国正土地房地产估价有限公司接受 Y 市征地储备中心的委托对该幅土地进行了地价评估，该公司于 2007 年 9 月 24 日出具的土地评估报告载明，案涉 177113.63 平方米土地的总地价为 3985.06 万元。

一审期间，练达公司提交了 Y 市发展计划局阳计资（2003）22 号《关于市区高凉路建设项目立项的批复》、Y 市人民政府办公室阳府办复（2003）50 号《关于高凉路工程建设有关问题的批复》、阳府办复（2005）55 号《关于变换市区高凉路工程建设投资单位的批复》、阳府办复（2006）1 号《关于高凉路阳东段建设有关问题的批复》和《市政道路工程施工合同》、征地预存款汇总表及票据等书证材料以及为案涉地块所投入资金的支付凭证等，用以证明由于在高凉路工程建设和受让土地使用权的过程中该公司投入了大量资金，Y 市人民政府承诺以出让本案所涉土地使用权的方式对其进行补偿，因而该公司不可能与第三方进行串通，同时也证明 Y 市国土局违反诚信。经质证，Y 市国土局除对练达公司主张的因履行合同总共支付 7323 万余元的数额认为需要进行核对外，对其他证据的真实性均不持异议。

根据练达公司与 Y 市国土局的诉辩主张及第三人的陈述并经各方当事人确认，本院确定本案二审争议的焦点问题是对于案涉《土地使用权交易成交确认书》及

《国有土地使用权出让合同》应否确认无效的问题。对此，本院认为：

一、关于确认案涉《土地使用权交易成交确认书》及《国有土地使用权出让合同》的效力所应当适用的法律

根据本案各方当事人确认并经一、二审查明的事实，案涉土地使用权出让交易是以挂牌出让的方式实施的。挂牌出让土地使用权交易作为一种特定的民事行为，应当按照国家有关土地使用权挂牌出让的规定执行并受合同法的规制。虽然土地使用权的挂牌出让与拍卖出让两种方式在部分操作程序上有相近之处，但却在交易的主体资格、竞买人人数要求、竞报价方式、成交条件等方面存有重大差异；而拍卖法约束和规范的只是拍卖行为。《中华人民共和国拍卖法》第二条明确规定，该法只适用于由拍卖企业所组织实施的拍卖行为，国家工商行政管理部门在执法实践中，不但对于土地使用权的挂牌出让行为不适用《中华人民共和国拍卖法》，而且对于不属于拍卖企业的土地管理部门组织实施的土地使用权拍卖行为，亦明确强调不适用该法。本案中，《土地使用权交易成交确认书》《国有土地使用权出让合同》是基于土地使用权的挂牌出让而非拍卖出让行为而签署，并且其组织实施的主体是当地土地管理部门设立的土地使用权交易机构，该机构属于专门的事业单位而非拍卖企业，故对于本案所涉土地使用权挂牌出让行为，不应适用《中华人民共和国拍卖法》的规定。对于本案当事人因该项挂牌出让活动所签署的《土地使用权交易成交确认书》和《国有土地使用权出让合同》的效力问题，应当依据《中华人民共和国合同法》的相关规定进行审查认定。原审判决依照《中华人民共和国拍卖法》第三十七条、第六十五条的规定确认上述成交确认书和出让合同无效，属于适用法律错误，本院予以纠正。

二、关于影响案涉《土地使用权交易成交确认书》及《国有土地使用权出让合同》之效力的事实情节

《中华人民共和国合同法》第五十二条规定："有下列情形之一的，合同无效：（一）一方以欺诈、胁迫的手段订立合同，损害国家利益；（二）恶意串通，损害国家、集体或者第三人利益；（三）以合法形式掩盖非法目的；（四）损害社会公共利益；（五）违反法律、行政法规的强制性规定。"本案中，根据各方当事

人的诉辩主张和一、二审查明的事实，案涉土地使用权挂牌出让行为及《土地使用权交易成交确认书》《国有土地使用权出让合同》并不存在《中华人民共和国合同法》第五十二条中所列的第一、三、四、五项的情形。就本案所涉合同效力问题，首先应当针对练达公司与陈某某等人之间是否存在恶意串通的事实进行审查。

本院认为，原审判决依据Y市人民检察院向Y市人民政府制发的阳检函（2009）42号《关于对高凉路北侧等三幅国有土地重新拍卖处理的意见函》和Y市中级人民法院（2009）阳中法刑一初字第18号刑事案件中的公诉意见，认定本案挂牌出让竞买人之间存在恶意串通行为，证据不够充分。

（一）对于徐某向阮某、阮某秋支付20万元的事实，练达公司在接受有关机关调查时以及在本案诉讼中均辩解称系由于受到黑恶势力的恐吓、威胁所为。尽管Y市中级人民法院在（2009）阳中法刑一初字第18号刑事案件中根据Y市人民检察院的公诉意见，经审理认定"有证据证明各被告人实施非法干扰拍卖、恶意串通拍卖的违法行为"，但是，这一认定是对于包括本案讼争土地在内的四项土地使用权挂牌出让活动中的行为一并作出的，并且仅是针对该刑事案件的被告人阮某、阮某秋等人的违法行为作出的认定，至于阮某、阮某秋等人实施相关行为是否确系受练达公司指使或请托，或者系与练达公司人员共同实施以及练达公司与陈某某等人是否存在恶意串通行为等情况，在该案判决中并未作出认定。在此情况下，应当认为Y市中级人民法院就（2009）阳中法刑一初字第18号刑事案件所作出的判决，尚不足以作为认定练达公司实施恶意串通行为或参与干扰拍卖之事实的证据采信。

（二）Y市人民检察院阳检函（2009）42号《关于对高凉路北侧等三幅国有土地重新拍卖处理的意见函》中，载有练达公司在案涉土地使用权挂牌出让活动中"利用阮某、阮某秋等黑恶势力，威胁恐吓及利诱其他竞买人曹某某等人退出竞拍""徐某华找到曹某某等人商议，同意支付其300万元，条件是放弃竞拍"等内容。这些内容表明练达公司参与了阮某等人干扰挂牌出让活动的违法行为以及练达公司与陈某某等人就其以300万元为条件退出挂牌竞价而进行串通、共谋的意思联络情况。然而，该函件内容所反映的这些情况是否能作为案件事实在本案中予以认定，仍需要有效证据予以证明。本院认为，根据现有证据，尚不能予以认定。第一，该函件中所表述的上述情况只是检察机关在其就另一刑事案件的审查、起诉过程中所查知和指控的事实，并不是经过法定程序认定的事实；第二，其指控的根据即有关案涉人员的供述、陈述中，并未充分说明练达公司人员与阮某等人以及练达公司人员与陈某某等人曾经进行过沟通或共谋的情况；第三，该函件中的有关表述及其结论与工商行政执法部门的调查结果相反，Y 市工商行政管理局经调查认定“该违法事实不成立”；第四，在上级检察机关针对该函件的内容提出有关意见后，Y 市人民检察院也对该函件中表述的内容和意见进行了自我修正，明确答复练达公司：对于该公司在竞拍案涉土地过程中的问题，应由相关行政执法机关作出判定和处理。故根据上述情况应当认为，对于 Y 市人民检察院阳检函（2009）42 号《关于对高凉路北侧等三幅国有土地重新拍卖处理的意见函》，不应作为认定本案争议事实的证据采信。

（三）在案涉土地使用权挂牌出让的过程中，练达公司先后向阮某、阮某秋支付 20 万元、向陈某某等人支付 300 万元。这些行为有可能是练达公司雇请阮某等人干扰土地使用权出让活动的共同行为，或者是基于利诱陈某某等人退出竞价的目的，与阮某及陈某某等人共谋实施的，但是，现有证据尚不足以证明练达公司确系出于如此目的或确实存在与陈某某等人串通、共谋的事实。第一，如上所述，生效的另案刑事判决中并没有认定相关事实，Y 市人民检察院阳检函（2009）42 号函件也不能证明上述事实；第二，有关机关在侦查、调查过程中形成的讯问笔录内容，亦没有明确肯定有关串通、共谋的事实，本案当事人在诉讼中也未申请有关人员出庭作证；第三，对于支付上述款项的缘由和目的，练达公司一直主张系因受到黑恶势力的恐吓，以求“花钱免灾”，而陈某某等人在诉讼中亦否认其与练达公司进行过串通、共谋，并称其放弃最终竞价的原因是“对当地各方面的投资环境越来越没有信心”。由此应当认为，原审判决在没有足以证明练达公司与陈某某等人存在串通、共谋之事实的其他有效证据的情况下，针对“练达公司与陈某某在本案均辩称是受胁迫支付或收取相关款项”的主张，仅以其“并未对此提供足够的证据予以证明”为由，令双方承担举证不能的不利后果，进而认定其行为构成恶意串通，属于举证责任分配不当。

三、关于案涉土地使用权挂牌出让的行为后果

根据一、二审查明的事实，在案涉土地使用权挂牌出让前，练达公司为Y市的市政工程建设投入了大量资金，Y市人民政府一直承诺以向其出让案涉地块的土地使用权的方式对其投资进行补偿。后因土地使用权管理政策的调整，至政府落实补偿计划时，须改协议出让方式为招拍挂方式出让。在此背景下，Y市国土局将Y市人民政府在上述文件中所指明的地块的土地使用权委托Y市土地交易中心进行挂牌出让。在具体的挂牌出让活动过程中，除本案争议的事实外，该项挂牌出让的手续齐备，规则明晰，程序合法，并且其实际成交价格高于评估的总地价和出让底价。出让成交后，Y市国土局不但为练达公司核发了土地使用权证书，而且将土地交由该公司占有使用；而练达公司不但先行支付了补充耕地指标、迁坟等前期费用，而且在取得该地块后亦实施了填土工程和种植户拆迁遣散、青苗补偿等开发准备工作，投入了大量资金，对此当地政府包括有关行政管理部门始终没有异议。这些情况表明，将案涉地块以有偿出让的方式交由练达公司开发建设，符合Y市人民政府有关当地经济建设的具体部署及其就该宗土地进行开发建设的合理预期，无损于国家、集体及第三人的利益。相反，如果仅因练达公司向陈某某等人给付钱款的事实而认定案涉《土地使用权交易成交确认书》《国有土地使用权出让合同》无效，双方须相互返还土地使用权和出让价款以及相关费用，不但其投入资金的具体金额难以确定、政府既定的建设计划以及对练达公司的投资补偿方案无法实现，而且，Y市人民政府、Y市国土局以及各有关当事人须在收回案涉土地使用权后另行安排对练达公司的投资补偿方案、重新组织土地使用权出让活动、另循法律途径解决投资结算和有关抵押权问题等，势必使趋于平稳的多重社会关系再次陷于不定状态，土地资源长期不能合理、有效利用，社会管理成本徒然增加，无益于国家和社会公共利益。

综合以上事实，根据现有证据，本院不能作出本案有关当事人在案涉土地使用权挂牌出让过程中的行为及其出让结果存在损害国家、集体或者第三人利益之

情况的认定。

总之，本案中没有充分证据证明有关当事人在案涉土地使用权挂牌出让过程中的行为构成恶意串通，其行为内容和结果也不损害国家、集体和第三人的利益；案涉《土地使用权交易成交确认书》《国有土地使用权出让合同》合乎当事人的真实意思表示，签订程序正当合法，不存在导致其无效的法定情形，故依法应当确认其合法有效。

根据《诉讼费用交纳办法》的有关规定，财产案件的受理费按照诉讼请求的金额或价额交纳，“其他非财产案件每件交纳50元至100元”。本案中，Y市国土局的诉讼请求虽然包括双方相互返还财产的内容，但是当事人在一、二审中所争议的以及一、二审法院审理的只是案涉《土地使用权交易成交确认书》《国有土地使用权出让合同》的效力认定问题，并且一审法院在判决书中已经阐明相关财产争议问题需另循法律途径解决。故对于本案一、二审诉讼费用，均应按照非财产案件受理费的收费标准收取。关于诉讼费用的负担，《诉讼费用交纳办法》之所以规定诉讼费用由败诉一方承担，是基于败诉方对于纠纷的产生和诉讼的形成负有过错这一一般情况。而就本案而言，对于练达公司向陈某某、阮某等人给付钱款的事实，即使如该公司所称是迫于黑恶势力的恐吓所为，但这毕竟不是一种适当、合理的解决问题的方式，他人因此而产生竞买人之间恶意串通的怀疑亦属正常。而Y市人民检察院、Y市国土局分别提出检察建议、提起本案诉讼的行为，正是基于对练达公司的这一不当行为的合理怀疑而作出的，是为维护市场秩序、保护国家利益而履职尽责的正当行为。据此应当认为，各方当事人之间的争议以及本案诉讼，完全是由于练达公司的上述不当行为所引发，Y市国土局并无过错。所以，尽管本院认为认定练达公司的行为构成恶意串通的证据不足，对该公司的诉讼主张应予支持，但并不能因此而否认练达公司对于引发本案争议和诉讼所负有的责任。故而，因本案诉讼所产生的案件受理费，理应由练达公司承担。

综上所述，Y市国土局的诉讼请求缺乏事实与法律根据，应当予以驳回；练达公司的上诉理由成立，对其上诉请求应当予以支持。原审判决认定本案当事人之间构成恶意串通、确认案涉《土地使用权交易成交确认书》《国有土地使用权出让合同》无效，证据不足，适用法律错误，应当予以纠正。本院依照《中华人民共和国民事诉讼法》第一百七十条第一款第二项的规定，判决如下：

一、撤销广东省高级人民法院（2012）粤高法民一初字第1号民事判决；

二、驳回Y市国土资源局的诉讼请求。

本案一、二审案件受理费各100元，均由Y市练达房地产开发有限公司承担。

本判决为终审判决。

【案件总结】

本案入选了最高人民法院第一巡回法庭精选案例。作为代理律师，本案最大的成就感，并不是个案的胜诉改判，而在于本案解决了长期以来我国土地招拍挂中一个悬而未决的问题，即招拍挂的效力判断是否适用《拍卖法》，正是在这一点上，本案对于规范我国土地招拍挂流程中的法律适用具有普遍性的示范意义。回顾本案，代理律师针对最高人民法院案件审理的特点，从厘清法律事实入手，紧紧抓住本案几个焦点问题进行了充分论证，从而打动并坚定了二审法官改判的决心，较好地发挥了诉讼策略的作用。

一、基于最高人民法院民商事案件的审理特点针对性地拟定诉讼策略

本案代理律师从长期代理最高人民法院诉讼案件的实践中，总结出最高人民法院民商事案件的审理有如下特点和风格：

其一，更为关注法律事实。法律事实是相对于客观事实而言。客观事实作为在特定时空发生过的事件无法完全还原，但通过取得该事件发生时留存的证据所印证的法律事实可以接近该客观事实。最高人民法院基于对审判规律的把握，尤其关注证据可以证明的法律事实。而提供证据证明尽可能还原客观事实的法律事实，正是我们律师代理的主要任务。

其二，善于归纳焦点。这一点源于最高人民法院法官深厚的法学理论功底。最高人民法院的法官对案件争议焦点的把握尤其精准，这对代理律师而言，可谓一把双刃剑：对高水平的代理律师而言，有助于其提前准备，未雨绸缪；对业务不精的代理律师而言，则可能会因预测焦点失误，在法庭上陷入答非所问、手忙

脚乱而被动挨打的局面。

其三，对适用法律非常自信。最高人民法院法官普遍具有法学硕士、博士学位，较高的法律理论素养和研究水平决定了他们在适用法律时非常自信，这也意味着法庭审理更侧重于查明法律事实。相应地，这一点也要求代理律师对适用法律的阐述要精准、简要，切忌进行大篇幅的法理论证。

其四，非常注重程序审查。最高人民法院的合议庭普遍做到实体与程序并重，不仅关注实体正义，还注意审查原审是否有悖于程序正义。

其五，庭审把控能力强。最高人民法院合议庭的庭审往往节奏紧凑，很少拖泥带水，能够有效地引导当事人聚焦争议焦点进行举证、答辩，庭审的节奏感很强。

正是基于上述对最高人民法院案件审理特点的把握，代理律师针对本案一审判决的具体情况，拟定了“层层递进证错误，攻防结合促逆转”的诉讼策略。

二、注意对实践操作的阐述，让法官清晰了解实践操作的惯例与做法

社会生活是丰富多彩的。法官是法律专家但未必是实务专家。而委托人由于长期从事其本职工作，对其从事的实务工作往往更为专业。因此，代理律师的一个重要工作，就是通过与委托人的提前沟通，把实践操作与法律规定结合起来，以法律人易于理解的方式呈现到法官面前。就本案来说，在实践当中，人们习惯用土地招拍挂来称谓国有土地使用权的市场化竞争性出让方式，但招拍挂究竟是如何进行的，三者之间即招标、拍卖、挂牌之间有何区别，很多人并不是很清楚。而本案中要解决法律适用的问题，就要先解决这一基础事实问题。因此，代理律师从厘清事实入手，通过对土地招拍挂实务操作的阐述，让法官对此有了一个清晰准确的认识。

三、抓大放小，准确预测焦点，突出重点

代理律师在接待当事人的过程中，当事人的叙述往往是散乱的，这就需要代理律师通过去粗取精、抽茧剥丝直抵问题的核心，并准确归纳出争议焦点。比如，本案中代理律师在庭前就预测出本案有如下争议焦点：案涉土地出让方式究竟是挂牌还是拍卖，挂牌中的现场竞价是否就是拍卖，恶意串通是否是另案生效刑事判决所载明的事实，否认恶意串通的消极行为人是否要承担举证责任。事实证明，这些焦点问题通过庭审得以解决之后，本案的改判也就顺理成章了。

四、化繁为简，通过图表方式围绕争议焦点进行法律事实的论证

研究表明，在同样的时间和视野范围内，图表给予受众的信息量是最大的。为了让法官一目了然地看清案件事实，代理律师可以有效利用图表方式，结合时间轴展现案件事实。本案代理律师在庭审和代理词中，都向法庭提供了本案的“一审判决认定事实及适用法律错误示意图”，在短短的一页纸中清晰地呈现出本案中的土地出让方式为何是挂牌而不是拍卖，一审判决错误的根源跃然于图表之上。

五、及时把握庭审中的战机，固定事实证据

实践中，很多代理律师不注重证据取舍，把当事人提交的证据“眉毛胡子一把抓”地提交给法庭，导致论证效果差，甚至对论证自己的诉讼观点起到负面作用。究其原因，是由于诉讼策略不清晰，缺乏自信而造成。如果诉讼策略清晰准确，则不仅不会犯这种事无巨细进行举证的错误，还有利于及时捕捉庭审战机，通过询问当事人固定事实证据。本案庭审中，代理律师就利用庭审发问机会对第三人发问，第三人当庭承认系对当地投资环境没信心才放弃竞买，当时放弃竞买时并不知道练达公司给钱一事。这一询问，当庭固定了证据，进一步印证了练达公司之所以支付300万元，是因为误以为对方是黑社会捣乱的，双方缺乏恶意串通的主观上的沟通。

六、从程序上论证举证责任分配不当

如前所述，法律事实是由证据来体现的。因此，举证责任的分配是代理律师应当在程序上重点关注的内容。就本案而言，代理律师指出，恶意串通属于积极事实，而否认恶意串通属于消极事实。一审法院将此消极事实的举证责任分配给练达公司显然是错误的。这种情况下要求练达公司对没有恶意串通这一消极事实进行举证，显然属于举证责任分配不当。

七、注重公平、效益原则的社会效果论证，在司法实践中缺乏明确结论的情况下，树立法官案例引导的决心

最高人民法院的案例往往对于审判实践具有一定的指导作用。因此，其法官尤为关注个案审判体现出的公平、正义和社会效益价值。本案庭审中代理律师就指出，本案缘于练达公司为政府修路，政府承诺以土地补偿，练达公司仅前期投入就达7000余万元。而本案土地使用权的出让价5569万元远远超过3985万元的评估价，政府并未产生损失。目前练达公司已取得了土地证，且为第三人设定了抵押权。如果认定土地使用权出让无效而收回土地，既不利于社会关系和交易秩序的稳定，增加社会管理成本，也不利于土地资源的有效利用。

正是由于本案的诉讼策略采用得当，最高人民法院全面采纳了代理律师提出的代理观点。首先，确认本案所涉土地使用权出让系挂牌出让，不应适用《拍卖法》的规定，而应依据《合同法》的相关规定进行审查认定。其次，最高人民法院采纳了一审判决对举证责任分配不当，认定练达公司与陈某某恶意串通证据不足的观点。再次，最高人民法院采纳了代理律师提出的练达公司的行为并没有损害国家利益的观点。

最后，在本案诉讼费的承担上，最高人民法院认为本案并非财产型案件，故一审法院认定的160余万元的案件受理费应按100元收取。考虑到练达公司向陈某某等人给付钱款的事实，即使是迫于黑恶势力的恐吓所为，也毕竟不是一种适当、合理的解决问题的方式，他人因此而产生竞买人之间恶意串通的怀疑亦属正常。而Y市检察院、Y市国土局分别提出检察建议、提起本案诉讼的行为，正是基于合理怀疑而作出的，是为了维护市场秩序、保护国家利益而履职尽责的正当行为，并无过错，故而100元案件受理费应由练达公司承担。应当说，最高人民法院对本案的判决既保障了法律的正确实施，又有效地平衡了各方利益，堪称一份经典判决。

【承办律师简介】

杨明，北京市炜衡律师事务所高级合伙人、党委副书记、炜衡全国房地产与建设工程法律专业委员会主任。

毕业于中国人民大学法学院，硕士学位。自 1992 年起先后从事检察官与律师工作。现任北京市海淀区律师协会副会长、北京市律师协会房地产法律专业委员会副主任。被聘为最高人民检察院民事行政案件咨询专家、中国政法大学研究生联合导师、境内外多家公司独立董事等。曾荣立个人三等功，被评为北京市十佳房地产律师、“中国律师风云榜”上榜律师、北京市优秀律师党员等。

擅长房地产、建设工程、PPP、投融资等领域的重大诉讼仲裁业务，所办案件多次入选最高人民法院公报案例、最高人民法院商事审判指导案例等。发表专业文章 120 余篇，出版有《赢在庭外——诉讼策略的案例实证分析》《房产纠纷的法律对策》《婚恋中的房产问题》三部专著。

邹新文律师毕业于中国政法大学，学士学位。

2004 年开始律师执业，系北京市炜衡律师事务所合伙人、房地产建设工程部资深律师，担任北京市劳动争议仲裁调解员、北京市律协物权法专业委员会委员，是工商银行总行个人金融业务部专家库律师。业务专长：民事经济案件诉讼与仲裁，土地征收过程中房屋拆迁安置补偿合同纠纷、建设用地使用权合同纠纷（出让、转让、临时用地）、房地产投融资、房地产并购、二手房买卖纠纷处理，为房地产开发商提供日常法律顾问服务，为工程建设发包方、承包方提供专项法律服务等。

从退地到交地，律师巧用模式切换成功引导先行判决化解七年纠纷[①]

——A 集团诉 H 市国土资源局等建设用地使用权出让合同纠纷案

北京市炜衡（南京）律师事务所　栾云根律师　李晶晶律师

【争议焦点】

◆ *本案是民事诉讼还是行政诉讼?*

◆ *已签订《成交确认书》但尚未签订《国有建设用地使用权出让合同》，双方国有建设用地使用权出让合同关系是否成立?*

◆ *在诉讼前，A 集团通过律师函，提出解除成交确认书。被告H 市国土局三个月内没有提出异议。按照《合同法》第九十四条、九十六条的规定，合同已经解除。在此前提下，A 集团能否要求继续履行土地出让义务?*

◆ *A 集团是《成交确认书》签约的竞买人，能否主张H 市国土局与项目公司（其控股的孙子公司）签订《国有建设用地使用权出让合同》?*

◆ *A 集团有4000 万元的土地出让金未交，是否构成违约?*

【关键词】

土地使用权　中标　成交确认书　毛地挂牌转让　解除合同

【案情简介】

A 集团于 2011 年 7 月 21 日通过招拍挂方式，以总价 28680 万元取得了位于 H

---

① 案件来源：安徽省高级人民法院（2015）皖民四初字第 00027 号民事判决书。

市S新区三和乡境内HTGP11042（A13）地块，并按照招拍挂文件一次性缴纳了保证金24219万元。当日，A集团与H市国土资源局签订《成交确认书》。

H市国土资源局的招拍挂文件中，提供了H市S新区管理委员会2011年6月28日出具的《关于按时拆除A13地块地上附着物的承诺函》，该承诺书称，本建设用地已经经过批准征地并依法补偿到位，只是部分房屋未拆除，并承诺全部拆除完毕。但A集团事后才发现该地实为“毛地”，存在着巨大的拆迁障碍。

因政府无法交地，A集团经济损失重大。多年来，A集团一直在与H市政府各方交涉，从催告履约到要求退地赔偿均没有得到答复。

2014年年底，A集团再次发函要求退地赔偿。2014年12月30日，S新区管委会向A集团出具《关于A13地块的复函》，承诺“在2015年3月31日之前完成全部拆迁工作，并将场地平整交付A集团”。

2015年8月5日，南京公证处现场调查结果显示，地块西南角仍有大量房屋未被拆除。

基于H市国土资源局一再违约，A集团于2015年4月3日向H市国土资源局发送《关于A13地块无法交付要求退地赔偿的告知函》，要求解除合同并退地赔偿，后又多次通过律师发函催促退地赔偿均无果。

【诉讼策略】

2015年12月8日，A集团以H市国土资源局、H市S新区管理委员会、H市人民政府为被告，向安徽省高级人民法院提起建设用地使用权出让合同纠纷之诉，诉讼请求如下：1. 请求确认原告与H市国土局建设用地使用权出让合同关系解除；2. 请求判令H市国土局返还244874000元及利息74948232元（利息从2011年7月19日暂算至2015年11月30日，2015年12月1日之后的利息以244874000元为基数，按中国人民银行同期贷款利率计算至实际给付之日止）；3. 请求判令H市国土局赔偿损失18902814.58元；4. 请求判令H市S新区管理委员会、H市人民政府对上述债务承担连带责任；5. 诉讼费用、保全费用由三被告承担。

2016年1月6日，被告方以《竞买人须知》中约定由H市仲裁委管辖以及本案属行政诉讼为由提出了管辖权异议申请。我方答辩称：第一，《成交确认书》确定了合同主要条款，土地使用权出让合同关系成立。第二，H市国土局向A集团出具了土地权属证明，进一步说明土地已拍卖成交，拍卖程序已经结束。第三，A集团的诉讼请求是确认合同解除，本案系合同履行中的纠纷，而非拍卖过程中产生的纠纷，故《竞买人须知》中的仲裁条款不能适用。第四，双方虽未签订《国有建设用地使用权出让合同》，但A集团支付了84.4%的土地价款，履行了主要义务，H市国土局也开具土地权属证明，说明双方合同成立且已实际履行，所有保证金均应转化为土地出让金。第五，本案是由于土地交付问题发生的纠纷，符合建设用地使用权出让合同纠纷的基本特征，应属民事诉讼案件受案范围。我方观点全部被安徽高院采纳，该院于2016年2月24日作出民事裁定书，驳回被告对本案管辖权提出的异议。被告提起上诉，2016年12月，最高人民法院裁定驳回上诉，维持原裁定，案件最终确认由安徽省高院审理。

诉讼中，案涉地块情况发生了重大变化，地价飞速上涨，而且该地块已经拆平，具备了交付的条件。管辖权确定后，A集团代理律师乘胜追击，数次前往H市政府谈判、施压，并与法院有效沟通，引导法院组织调解、释明裁判尺度，H市政府迫于压力主动提出和解方案：引进国企B公司，通过B公司收购项目公司100%股权和债权的方式实现A集团的项目退出和损失弥补。

鉴于客观情况发生变化，A集团认为项目转让的和解方案更有利于我方，故A集团与H市政府、B公司、项目公司四方达成《备忘录》，约定由H市国土局与项目公司签订土地出让合同后，再由B公司收购项目公司。各方积极推进和解过程中，H市国土局突然提出，《成交确认书》中竞买人是A集团，不同意与项目公司签订土地出让合同。在和解陷入僵局、可能面临政府再次违约情形下，代理律师提出变更诉讼请求为向项目公司交地的诉讼策略，遂于2017年11月6日向法院申请追加项目公司国基公司为第三人参加诉讼，并申请变更诉讼请求如下：1. 请求H市国土局依法向项目公司国基公司履行交地义务；2. 请求判决H市国土局承担延期交付土地的利息损失92920500.19元（利息损失从2011年7月19日暂算至2017年10月31日，2017年11月1日之后的利息损失以244874000元为基数，按中国人民银行同期贷款利率计算至实际给付之日止）；3. 请求判令H市国土局赔偿其他损失18902814.58元；4. 请求判令H市S新区管理委员会和H市人民政府对上述债务承担连带责任；5. 诉讼费用、保全费用由三被告承担。

2017年11月23日，H市国土资源局向安徽省高级人民法院提出反诉，反诉请求："1. 依法解除市国土局和A集团于2011年7月21日签订的《成交确认书》，A集团已缴纳的土地出让金不予退还。2. 依法判令A集团承担逾期缴纳出让金的利息损失计人民币约1558.2万元（按中国人民银行同期贷款利率标准计算，自2011年8月18日计算至2017年11月17日止）。3. 本案本诉和反诉各项诉讼费用均由A集团承担。"

H市国土局提出反诉之后，我方递交答辩状，认为H市国土局无法明确净地交付时间，多次违约在先，我方是依法行使同时履行抗辩权，不构成违约。且H市国土局出具的权属证明载明，A集团交纳的竞买保证金转化为土地出让金，尚欠土地出让金也未明确交纳时间，故反诉请求不能成立。安徽高院完全认可我方观点，并立即向H市国土局和H市政府释明反诉将无法得到支持。在法院释明后，H市国土局提出只要A集团撤回损失赔偿诉请，判决后将不会上诉并履行判决。但A集团对多次违约的H市政府已失去信任，不同意先行撤回诉讼请求。为化解信任危机，代理律师提出就交地诉请先行判决的思路，并向法院递交附条件（法院作出一审判决且H市国土局履行生效判决后）的撤回损失赔偿诉请申请书押在法院，引导法院作为双方建立信任的桥梁，该方案得到法院支持和认可。2017年12月8日，A集团以损失尚待进一步调查，为避免损失扩大为由向法院申请先行判决：请求先行判决H市国土局向国基公司履行交地义务，并与国基公司签订《国有建设用地使用权出让合同》。待一审判决生效并履行完毕后，法院作出准予A集团撤回损失赔偿诉请的裁定。

【代理词】

关于A集团诉H市国土资源局等建设用地使用权出让合同纠纷案的代理词

尊敬的审判长、审判员：

江苏诺法律师事务所受原告A集团委托，指派栾云根、李晶晶律师担任其与H市国土资源局等建设用地使用权出让合同纠纷一案的代理人，依法参加本次庭审程序，维护其合法权益。现根据法律规定，结合庭审程序和本案事实依据，发表如下代理意见：

一、本案属于民事诉讼受案范围

中华人民共和国最高人民法院（2016）最高法民辖终160号民事裁定书确认“后由于土地交付问题发生纠纷，符合建设用地使用权出让合同纠纷的基本特征。是否订立书面合同，不影响对双方是否构成合同关系的认定。本案符合《中华人民共和国民事诉讼法》第一百一十九条规定的民事诉讼受理条件”，这一生效的民事裁定书确认了本案属于民事诉讼受案范围。

二、第三人具备签订土地出让合同的主体资格

被告提供以下证据：2011年7月18日原告申请书，明确原告在竞得土地使用权后将成立新公司对该地块进行开发建设；2011年7月20日，被告向原告出具的《竞买资格确认书》，确认原告具备竞买资格；2011年7月20日《关于公司投资H市S新区项目的会议纪要》再次明确将成立项目公司及其持股比例。

原告和第三人提供以下证据：2011年8月30日《关于签订HGTP11042地块〈国有建设用地使用权出让合同〉的请示》，告知国土局已经按之前汇报注册成立了项目公司；2017年4月14日《备忘录》约定与第三人签订土地出让合同是收购前提。

上述证据均表明，原告从竞买至今，一直主张以第三人为主体履行出让合同的权利和义务，被告明知且默认同意。H市国土局对A集团竞买申请资料进行审查后，确认了其竞买资格，对A集团设立新公司对该地块进行开发未提出异议，

应视为认可该经营模式。国土资源部发布的《招标拍卖挂牌出让国有土地使用权规范（试行）》第10.2条规定："……（6）申请人竞得土地后，拟成立新公司进行开发建设的，应在申请书中明确新公司的出资构成、成立时间等内容。出让人可以根据招标拍卖挂牌出让结果，先与竞得人签订《国有土地使用权出让合同》，在竞得人按约定办理完新公司注册登记手续后，再与新公司签订《国有土地使用权出让合同变更协议》；也可按约定直接与新公司签订《国有土地使用权出让合同》。"故A集团起诉要求H市国土局向项目公司交付净地并与项目公司签订土地出让合同符合上述规定，也符合市场通行做法。

三、被告反诉的事实和理由不能成立

原告虽然未按约定时间签订出让合同、支付剩余土地价款，但根本原因和责任在被告H市国土局，理由如下：

1. H市国土局出让案涉土地时，土地尚不具备净地出让条件。国土局未如实披露且提供虚假承诺书误导原告，国土局重大违约在先。

2. 原告签订《成交确认书》后才发现涉案土地为毛地，存在重大拆迁障碍，交付土地时间不能保证。履行合同条件发生了重大变化，并因此必将导致合同内容发生实质性变更，此时，仍然要求当事人按照《成交确认书》内容签订出让合同并缴纳剩余土地价款，明显有违诚实信用和公平原则。

3. 被告不能明确交付土地时间这一土地出让合同中非常重要和关键的条款，原告未按约定时间签订土地出让合同并支付剩余土地出让金也是行使合法抗辩权，原告不构成违约。

4. 原告此后也多次与被告交涉，催告要求签订出让合同，国土局未予理睬。

四、被告应当履行交地义务并赔偿原告损失

1. 目前涉案地块已经拆迁完毕，具备净地交付条件。

2. 2017年3月，原、被告各方同意继续履行合同、交付土地，由被告国土局与第三人签订《国有建设用地使用权出让合同》，并引进案外人B公司收购第三人的股权，由第三人继续实施房地产开发。2017年4月14日，各方签署《备忘录》。

3. 原告和B公司为履行《备忘录》做了大量工作，双方股权转让行为获得两省主管部门同意批复，原告作为上市公司也依法进行了公告，且已经收取B公司履约保证金和首期股权转让款。目前，不履行合同的成本远远高于继续履行合同的成本，从民法公平和诚实信用原则出发，也应当维护合同的有效性，判定被告方继续履行合同。

4. 被告国土局已迟延交付土地长达近7年，现在具备交付条件后，又再次违反诚信，不按《备忘录》约定履行签订出让合同义务，违约情形极其恶劣。原告已为本项目投入了巨额土地出让金及设计、规划等前期费用，造成了已付土地出让金等资金的利息和已投入其他费用等损失，被告应当承担赔偿责任。

5. 虽然原告曾发函要求解除合同，但当时是基于被告长期不能提供净地，该地块客观上不具备交付条件，原告起诉后发现，被告已经具备了交地条件，作为守约方，自然有权选择是继续履行合同还是解除合同。

五、管委会和市政府主体适格

1. H市S新区管委会是适格主体。

招标文件中管委会出具了《关于按时拆除A13地块地上附着物的承诺函》，该承诺书称，"本建设用地已经经过批准征地并依法补偿到位，只是部分房屋未拆除，并承诺全部拆除完毕，该地块自公告之日起一切责任与纠纷由我管委会承担"。2014年12月30日，管委会又向原告出具《关于A13地块的复函》，承诺"在2015年3月31日之前完成全部拆迁工作，并将场地平整交付贵公司。如违约，违约责任另行协商"。

根据上述事实，管委会承诺承担一切责任与纠纷的意思表示，是对出让行为瑕疵的担保，故管委会应当承担相应法律责任。

2. H市政府是适格主体。

2017年4月14日签订的《备忘录》，管委会和市政府代表均在《备忘录》上签名，《备忘录》合法有效，管委会和市政府应当对《备忘录》的权利和义务承担责任。

综上，被告迟延交付净地，再三违约，现在承诺交地后又再次违约，为维护原告合法权益及政府公信力，恳请法院支持本诉原告诉讼请求，驳回反诉原告诉讼请求。

【生效判决书】

安徽省高级人民法院

民事判决书

（2015）皖民四初字第00027号

原告江苏A国际集团股份有限公司（简称A集团）诉被告H市国土资源局（简称市国土局）、安徽H高新技术产业开发区管理委员会（H市S新区管理委员会）（简称S管委会）、H市人民政府（简称市政府）建设用地使用权合同纠纷一案，本院于2015年12月9日立案受理，并依法组成合议庭审理本案。被告市国土局、S管委会及市政府在答辩期内提出了管辖权异议。本院于2016年2月24日作出民事裁定，驳回了三被告的管辖权异议。三被告均不服，向最高人民法院提起上诉。最高人民法院于2016年12月8日作出（2016）最高法民辖终160号民事裁定：驳回上诉，维持原裁定。在本院审理期间，原告A集团于2017年11月8日向本院提交书面申请，要求追加其项目公司国基房地产投资有限公司（以下简称国基公司）作为本案第三人参加诉讼，并变更了诉讼请求。国基公司也于2017年11月8日向本院提交书面申请，要求将其作为本案第三人参与诉讼。本院于2017年11月9日依法通知国基公司作为本案第三人参与诉讼。被告市国土局于2017年11月23日提起反诉。本院依法予以受理，并决定与本诉合并审理。本院于2017年11月29日公开开庭审理了本案。原告（反诉被告）A集团委托诉讼代理人栾云根、李晶晶，被告（反诉原告）市国土局委托诉讼代理人武友船、王永香，被告S管委会与被告市政府共同委托诉讼代理人何云朝、王永香，第三人国基公司委托诉讼代理人常爱民均到庭参加诉讼。本案现已审理终结。

A集团向本院提出诉讼请求：1. 确认A集团与市国土局建设用地使用权出让合同关系解除；2. 请求判令市国土局返还24487.4万元及利息74948232元（利息

从2011年7月19日暂算至2015年11月30日，2015年12月1日之后的利息以24487.4万元为基数，按中国人民银行同期贷款利率标准计算至实际给付之日止）；3. 判令市国土局赔偿损失18902814.58元；4. 判令S管委会和市政府对市国土局上述债务承担连带责任；5. 本案诉讼费用、保全费用由三被告承担。事实和理由：A集团于2011年7月21日通过招拍挂方式，以总价28680万元取得了位于H市S新区三和乡境内HGTP11042（A13）地块，并按招拍挂文件一次性缴纳了保证金24219万元和土地交易佣金268.4万元。当日，A集团与市国土局签订《成交确认书》。市国土局招拍挂文件中，S管委会出具的《关于按时拆除A13地块地上附着物的承诺函》称：本建设用地已经过批准征地并依法补偿到位，只是部分房屋未拆除，并承诺全部拆除完毕，一切责任与纠纷由S管委会承担。事后，A集团发现该地块存在巨大的拆迁障碍，经多次与三被告交涉未果，遂提起诉讼。

2017年9月21日，A集团向本院提交书面申请，要求将其诉讼请求第1至4项变更为：请求三被告履行土地出让义务，与A集团设立的项目公司（国基公司）签订书面的《国有建设用地使用权出让合同》。2017年11月8日，A集团再次向本院提交书面申请，请求追加其项目公司国基公司为第三人参与本案诉讼，并将诉讼请求变更为：1. 判决市国土局继续履行交付H市S新区三和乡境内HGTPl1042（Al3）地块国有建设用地使用权的义务，由市国土局与国基公司签订《国有建设用地使用权出让合同》，并向国基公司净地交付土地使用权；2. 判决市国土局承担延期交付土地的利息损失92920500.19元（利息损失从2011年7月19日暂计算至2017年10月31日，2017年11月1日之后的利息损失以24487.4万元为基数，按银行同期贷款利率标准计算至实际付清之日止）；3. 判决市国土局赔偿其他损失18902814.58元；4. 判决S管委会和市政府对市国土局应承担的上述损失承担连带赔偿责任；5. 本案诉讼费用、保全费用由三被告承担。新提出的事实和理由：2011年7月18日，A集团申请参与H市HGTP11042号地块的拍卖时，已书面明确竞得土地使用权后，在当地设立新公司对该地块进行开发建设，新公司由A集团的全资子公司南京金居房地产开发有限公司（以下简称金居公司）作为股东。2011年7月20日，市国土局对上述竞买资格资料进行审查后，确认A集团提交的资料符合出让文件的规定和要求，具备竞买资格，并出具了《竞买资格确认书》。2011 年 7 月 21 日，A 集团竞得了上述地块的国有建设用地使用权，并交纳土地出让金 24219 万元。之后，A 集团设立了国基公司。2011 年 8 月 30 日，A 集团致函市国土局，要求落实国基公司与市国土局签订《国有建设用地使用权出让合同》，并净地交付土地。因市国土局及地方政府未能完成上述地块的拆迁，不符合净地交付条件，交付日期也无法确定，暂未与国基公司签订出让合同并交付净地。2017 年 3 月，原被告各方同意继续履行合同、交付土地，由市国土局与国基公司签订《国有建设用地使用权出让合同》。但市国土局仍拖延签订合同。由于市国土局已迟延交付土地长达近 7 年，A 集团已为本项目前期投入了巨额土地出让金及设计、规划等前期费用，造成了已付土地出让金等资金的利息和已投入其他费用等损失。为此，请法院依法支持原告变更后的诉讼请求。

市国土局、S 管委会、市政府答辩称：1. A 集团变更诉讼请求和国基公司要求参加本案诉讼的申请，无事实和法律依据。（1）市国土局虽然与 A 集团签订了《成交确认书》，但没有签订土地出让合同，双方之间的土地出让、受让法律关系没有产生。（2）国基公司不是涉案地块的竞买人，也未支付拍卖成交的相关价款及费用，市国土局与其未产生出让合同约定的权利和义务，国基公司与涉案地块无法律和事实上的利害关系。（3）A 集团于 2011 年 7 月 18 日出具《承诺书》，承诺“在一个月内（2011 年 8 月 18 日前）签订出让合同，付清全部出让金”，证明涉案地块与第三人无任何关联。（4）安徽省高级人民法院和最高人民法院关于本案管辖权异议裁定中已认定涉案地块的竞得人为 A 集团。（5）市国土局与 A 集团签订的《成交确认书》和《竞买须知》均未规定 A 集团交纳的保证金应计付利息，更未约定双方如果终止招拍挂行为时，市国土局应承担 A 集团已支付保证金所产生的利息，因此，A 集团请求市国土局赔偿损失 18902814.58 元，没有事实和法律依据。2. S 管委会和市政府与 A 集团之间没有出让合同法律关系，也不是涉案地块的拍卖人，与本案没有法律上的利害关系，作为本案被告，主体不适格。3. A 集团没有按约定履行义务，构成违约，依法应承担违约责任。综上，恳请法院依法驳回 A 集团的各项变更诉讼请求和第三人参加诉讼的申请。

市国土局向本院提起反诉请求：1. 依法解除市国土局和A集团于2011年7月21日签订的《成交确认书》，A集团已缴纳的土地出让金不予退还。2. 依法判令A集团承担逾期交纳出让金的利息损失计人民币约1558.2万元（按中国人民银行同期贷款利率标准计算，自2011年8月18日计算至2017年11月17日止）。3. 本案本诉和反诉各项诉讼费用均由A集团承担。事实和理由：2011年7月21日，市国土局与A集团签订了标的编号为HGTP11042号地块的《成交确认书》。该《成交确认书》约定："竞得人交纳的竞买保证金，成交后自动转作受让地块的定金。成交买受人（A集团）应于10日内按规定交纳相应的佣金，持本《成交确认书》与市国土局签订《国有建设用地使用权出让合同》。不按期签订《国有建设用地使用权出让合同》的，视为竞得人放弃竞得资格，竞得人应承担相应法律责任。"2011年7月18日，A集团向市国土局出具《承诺书》载明：1. 我（单位）缴纳的竞买保证金人民币24219万元为我（单位）自有资金，不属于银行贷款、股东借款、转贷和募集资金。2. 我（单位）取得本次拍卖出让国有建设用地使用权后，在一个月内签订出让合同，付清全部出让款。但A集团至今未能履行《成交确认书》《竞买须知》确定的义务和《承诺书》的承诺，未与市国土局签订《国有建设用地使用权出让合同》，致使涉案地块无法发挥土地效能，损害了国有资产权益。请求法院依法支持反诉请求。

A集团针对反诉答辩称，市国土局反诉请求均不能成立。本案所涉地块未能在约定期限内签订出让合同的责任在市国土局，A集团无任何过错，不应承担违约责任。事实和理由：1. 市国土局应当承担出让合同未能签订的全部责任。市国土局将未拆迁完成的毛地挂牌出让系违法行为。涉案地块挂牌出让文件中有S管委会在2011年6月28日出具的《关于按时拆除A13地块地上附着物的承诺函》称，该建设用地只是部分房屋未拆除，并承诺全部拆除完毕。但其并未完成拆迁安置工作，案涉地块存在巨大的拆迁障碍。2. A集团竞买成功后多次发函催告要求明确土地交付时间并签订《国有建设用地使用权出让合同》，市国土局均未予理睬，市国土局一再违约，是出让合同无法签订的根本原因。3. A集团无违约事实，且竞买保证金已经转化为土地出让金，市国土局无权主张没收。4.《成交确认书》中关于地块的位置、面积、单价和总价等问题有了明确约定，双方当事人关于出让案涉地块土地使用权问题的主要合同条款已经协商并达成一致，虽然未签订正式的《国有建设用地使用权出让合同》，但A集团缴纳的竞买保证金已转化为土地出让金，而非定金，且支付的土地出让金已超过总出让价款的五分之四，双方之间土地使用权出让合同关系已经成立。5. 市国土局不能确定净地交付时间，A集团拒绝支付剩余土地出让金，是依法行使抗辩权，并不构成违约，故无需承担逾期交纳出让金的利息损失。综上，请求法院驳回市国土局的全部反诉请求。

国基公司述称：1. 案涉国有建设用地使用权出让合同已成立并生效，且已支付84.45%的出让合同价款。2. 市国土局应与国基公司签署《国有建设用地使用权出让合同》，并净地交付土地。3. 市国土局未能完成案涉地块的拆迁，致使土地交付时间不能确定，签订书面出让合同条件不具备，A集团不存在违约行为，市国土局无权解除《成交确认书》，并不予退还已缴纳的土地出让金。综上，A集团与市国土局均已确认，由本案第三人国基公司与市国土局签订书面的《国有建设用地使用权出让合同》，并交付净地。

当事人围绕诉讼请求依法提交了证据，本院组织当事人进行了证据交换和质证。各方当事人对相对方所举证据真实性均未提出异议，本院对各方当事人所举证据的真实性予以确认并在卷佐证。

本院认定事实：2011年7月1日，安徽省国土资源储备发展中心和市国土局发出国有建设用地使用权拍卖出让公告，决定于2011年7月21日16时在安徽省土地矿产交易市场对H市田家奄区三和乡境内的HGTP11042地块进行拍卖出让。2011年7月18日，A集团提交了竞买申请书，要求参与该地块的竞买，并按拍卖文件要求，提交了相关竞买资料。A集团在参加拍卖申请书中表示："若我公司最终竞得该国有建设用地使用权，我司将于竞得该使用权后一个月内在地块所在地成立新公司对该地块进行开发建设。新公司的出资构成如下：1. 金居公司出资比例81%，锦利公司出资比例19%。金居公司为我公司全资子公司，系我司房地产开发的运作平台，专业从事房地产开发及销售业务。"A集团于2011年7月18日交纳了竞买保证金24219万元。同日，A集团在给市国土局的承诺函中承诺：若我单位取得本次拍卖出让国有建设用地使用权，在一个月内签订出让合同，付清全部出让金。2011年7月20日，H市地产市场管理处对A集团上述竞买资格资料进行审查后，确认A集团提交的资料符合本次出让文件的规定和要求，具备竞买资格，并出具了《竞买资格确认书》。

2011年7月21日，在安徽省土地矿产交易市场举办的国有建设用地使用权拍卖出让活动中，A集团竞得案涉地块，成交总价款为28680万元。双方于当日签订《成交确认书》，确认：地块编号为HGTP11042，东至S土地储备中心、南经十二路，南至南纬三路，西至淮河大道，北至南纬二路。该地块面积为201.82亩、134547平方米（该地块内城市道路9171.53平方米，不计入出让范围）。出让用途为商服、住宅用地，出让年限为商服40年、住宅70年。成交价款：挂牌地块成交单价为每亩152.5万元，总价为28680万元。竞得人交纳的竞买保证金，成交后自动转作受让地块的定金。成交买受人应于10日内按规定交纳相应的佣金，持本《成交确认书》与市国土局签订《国有建设用地使用权出让合同》。不按期签订的，视为竞得人放弃竞得资格，竞得人应承担相应法律责任。

2011年8月12日，金居公司与锦利公司申请的国基公司依法成立，并办理了工商登记，经营范围是房地产开发及相关的配套项服务。

2011年8月30日，A集团给市国土局发出《关于签订HGTP11042地块国有建设用地使用权出让合同的请示》，表明专门从事拍得地块房地产开发的项目公司已注册成立，并已将资料发送给贵方，愿意早日付清全部出让金，请尽快签订该地块《国有建设用地使用权出让合同》。2011年10月31日，A集团再次发函给市国土局，要求签订出让合同，交付净地。之后，A集团委托律师多次发函催办。

2014年12月30日，S管委会给A集团发出《关于A13地块的复函》，称：因该地块存在部分拆迁问题，至今没有完成净地交付。现回复：1. S管委会承诺，在2015年3月31日之前完成全部拆迁工作，将场地平整交付贵公司。如违约，违约责任另行协商。2. 本着依法合规、尊重历史、互利共赢的原则，我方承诺在法律、政策允许的范围内对该项目给予扶持。具体事宜另行协商。

2014 年 12 月 31 日，市国土局在给 A 集团发出的《关于 HGTP11042 地块权属情况的证明》中表明：该宗地于 2011 年 1 月 17 日经市国有建设用地使用权出让工作领导小组 2011 年第一次会议纪要研究通过，以拍卖方式出让，根据 H 市城乡规划局提供的规划条件通知书，规划用途为居住（住宅、商服等）用地。该宗地于 2011 年 7 月 1 日发布土地出让公告，于 2011 年 7 月 21 日在安徽省土地和矿业权交易中心拍卖成交，面积为 134547 平方米（201.82 亩），成交单价为 152.5 万元/亩，成交总价为 28680 万元，由 A 集团竞得，已签订成交确认书，权属无争议。截止到本证明出具之日，A 集团已缴纳出让金 24219 万元，尚欠缴出让金 4461 万元。目前该宗地出让合同及土地登记正在依法办理之中。

之后，双方因案涉地块未交付协商未果，A 集团于 2015 年 12 月 8 日诉至本院。

2017 年 12 月 8 日，A 集团向本院提交书面申请，认为在庭审中已查明案涉地块已拆迁完毕，具备净地交付的条件。A 集团诉请的利息和赔偿数额还需审理调查，为防止损失的继续扩大，促进当事人之间纠纷的化解，特要求法院尽快先行判决市国土局继续履行交付案涉地块国有建设用地使用权的义务，与国基公司签订《国有建设用地使用权出让合同》，并净地交付土地使用权。

本院认为，综合各方当事人举证、质证及诉辩意见，归纳本案争议焦点是：1. 市国土局与 A 集团是否已形成国有建设用地使用权出让合同法律关系；2. A 集团要求市国土局向国基公司交付土地并订立正式的《国有建设用地使用权出让合同》是否有事实法律依据；3. S 管委会和市政府作为本案被告主体是否适格，应否承担连带责任；4. 市国土局反诉要求解除《成交确认书》并要求 A 集团承担逾期交纳出让金的利息损失是否有事实和法律依据。

关于争议焦点一。经查，A 集团在得知 H 市田家奄区三和乡境内的 HGTP11042 地块拍卖出让公告后，按拍卖文件要求，提交了相关竞拍材料，市国土局审查后，认为 A 集团提交的材料符合本次拍卖文件规定，并确认了其竞买人资格，A 集团竞得案涉地块后，签订了《成交确认书》。由于案涉地块拆迁未完成，双方一直未能按约签订正式的《国有建设用地使用权出让合同》。经 A 集团多次催办，市国土局于 2014 年 12 月 31 日给 A 集团发出《关于 HGTP11042 地块权属情况的证明》，再次确认了成交确认书的内容，明确了出让地块的面积、单价和总价，表明由A集团竞得，已签订成交确认书，权属无争议。还认可了“截止到本证明出具之日，A集团已缴纳出让金24219万元，尚欠缴出让金4461万元。该宗地出让合同及土地登记正在依法办理之中”。双方虽在《成交确认书》中未明确交地时间，但S管委会在2014年12月30日给A集团的复函中已明确，即在2015年3月31日之前完成全部拆迁工作，将场地平整交付A集团。上述事实证明，案涉地块的面积、单价、总价、交付时间等均有明确约定，具备了出让合同应有的主要内容，且投标保证金也已经转为土地出让金，市国土局在该证明中已明确了出让金尚缺的金额，A公司也已缴纳了84.45%的合同价款，市国土局已接受，证明双方正在履行各自的合同义务。

综上，市国土局与A集团之间已形成了国有建设用地使用权出让合同法律关系，只是未订立正式的《国有建设用地使用权出让合同》。市国土局辩称双方未产生国有建设用地使用权出让合同法律关系，与事实不符，也与其基于该法律关系提起的反诉诉讼行为相矛盾，本院不予支持。

关于争议焦点二。本案中，A集团在竞买申请中已表明竞得土地后，在当地成立新公司开发建设，并明确了新公司的出资构成。市国土局对A集团竞买申请相关资料进行审查后，确认了A集团具备竞买资格，并出具了《竞买资格确认书》，对A集团设立新公司进行该地块开发未提出异议，应视为其认可A集团该经营模式。国土资源部发布的《招标拍卖挂牌出让国有土地使用权规范（试行）》第10.2条规定：申请人竞得土地后，拟成立新公司进行开发建设的，应在申请书中明确新公司的出资构成、成立时间等内容。出让人可以根据招标拍卖挂牌出让结果，先与竞得人签订《国有土地使用权出让合同》，在竞得人按约定办理完新公司注册登记手续后，再与新公司签订《国有土地使用权出让合同变更协议》；也可按约定直接与新公司签订《国有土地使用权出让合同》。因此，A集团竞得案涉地块后，交由其项目公司开发，并要求市国土局直接与项目公司签订书面《国有建设用地使用权出让合同》，符合国土资源部的上述规定，也符合市场通行做法。故A集团起诉要求市国土局向其项目公司国基公司净地交付案涉地块，并与其订立书面《国有建设用地使用权出让合同》，有事实和法律依据，本院予以支持。市国土局主张其不应与国基公司签订出让合同的抗辩理由不能成立，本院不予支持。

国基公司作为A集团专门从事涉案地块开发的项目公司，系案涉地块的实际开发建设者，与本案有利害关系，其申请作为第三人参与本案诉讼，有事实和法律依据。市国土局关于国基公司参与诉讼主体不适格，案涉地块不应交付给国基公司的抗辩理由均不能成立，本院不予支持。

关于争议焦点三。经查，案涉地块的出让方是市国土局，S管委会与A集团不存在国有建设用地使用权出让合同法律关系，其在案涉地块出让过程中，只是负责拆迁工作，其承诺交付土地，属代市国土局履行合同义务的意思表示。根据合同法第六十五条“当事人约定由第三人向债权人履行债务的，第三人不履行债务或者履行债务不符合约定，债务人应当向债权人承担违约责任”的规定，S管委会未能在其承诺的2015年3月31日之前交付案涉地块，其法律后果仍应由市国土局承担。S管委会和市政府虽参与国有建设用地使用权出让的工作，但并非土地出让合同的主体。A集团将S管委会和市政府列为被告，有利于查明本案基本事实，但要求S管委会和市政府对市国土局的债务承担连带责任，无事实和法律依据。S管委会和市政府辩称其与A集团不存在国有建设用地使用权出让法律关系，不应承担本案民事责任的抗辩理由成立，本院予以支持。

关于争议焦点四。根据市国土局给A集团出具的《关于HGTP11042地块权属情况的证明》载明的内容，A集团交纳的竞买保证金已转化为土地出让金，该证明还明确了尚欠出让金数额，但并未要求何时交纳。根据《成交确认书》规定，双方当事人应当在成交后10日内签订《国有建设用地使用权出让合同》，A集团申请参与竞拍的承诺函中表示，竞得案涉地块国有建设用地使用权后，“在一个月内签订出让合同，付清全部出让金”，从该文意看，也属同时履行。由于案涉地块未完成拆迁，导致不能交付，正式的国有建设用地使用权出让合同未订立。根据合同法第六十六条规定，“当事人互负债务，没有先后履行顺序的，应当同时履行。一方在对方履行之前有权拒绝其履行要求。一方在对方履行债务不符合约定时，有权拒绝其相应的履行要求”。A集团未交纳剩余土地出让金，属于行使法律规定的同时履行抗辩权，不属违约行为。市国土局在挂牌拍卖案涉地块国有建设用地使用权之前，本应当按规定完成拆迁，但其却是毛地拍卖，经A集团催促，S管委会承诺在2015年3月31日之前完成全部拆迁工作，将场地平整交付给A集团，其该承诺视为市国土局的意思表示，A集团接该函后也未提出异议，据此认定双方当事人就案涉地块交付时间已变更为2015年3月31日。根据合同法第六十条“当事人应当按照约定全面履行自己的义务”的规定，市国土局应当于2015年3月31日前交付案涉地块，但其仍未交付，显然构成违约。因此，市国土局作为违约方无权要求解除双方之间的国有建设用地使用权出让合同法律关系，其关于不退还A集团已缴纳的土地出让金，并由A集团承担逾期交纳出让金利息损失等反诉请求，均无事实和法律依据，本院予以驳回。

另外，本案原告A集团起诉要求继续履行成交确认书和相关函件约定的出让合同关系，而市国土局反诉则要求解除双方出让合同法律关系，由于本案系一审案件，双方出让合同法律关系是继续履行，还是解除，有待于生效判决的最终确认，而A集团诉请的利息及其他损失等相关事实的认定，与此结果有直接因果关系。因此，本院依法对双方合同是否继续履行先行判决，对A集团起诉要求利息及其他损失诉讼请求，待相关事实查清后再予处理。依照《中华人民共和国合同法》第十一条、第六十条、第六十五条、第六十六条，《中华人民共和国民事诉讼法》第一百四十条、第一百五十三条的规定，判决如下：

一、H市国土资源局于本判决生效之日起15日内就H市田家庵区三和乡HGTP11042号地块与国基房地产投资有限公司签订《国有建设用地使用权出让合同》，并交付该地块。

二、驳回江苏A国际集团股份有限公司对安徽H高新技术产业开发区管理委员会（H市S新区管理委员会）和H市人民政府的诉讼请求。

三、驳回H市国土资源局的反诉请求。

本案反诉案件受理费1553710元，减半收取776855元，由H市国土资源局负担。

如不服本判决，可在判决书送达之日起十五日内向本院递交上诉状，并按对方当事人的人数提出副本，上诉于中华人民共和国最高人民法院。

【案件总结】

本案系国土局“毛地”挂牌转让引发的纠纷，因政府无法完成净地交付长达七年之久，土地出让合同也未能签订。多次催促后，基于政府一再违约，A 集团不得已通过诉讼主张退地赔偿。本案的特殊性在于：其一，原告中标后，并未与被告签订合同，仅有中标通知书，是否能认定合同已经成立，H 市国土局违约，本案是民事案件还是行政案件？其二，A 集团起诉后，被告提出反诉，原告并未交齐所有的土地出让金是否构成违约？其三，被告迫于诉讼压力，主动提出和解方案，是陷阱还是机遇？其四，土地价格上涨了，原告发出的解除合同通知已生效，原告能否主张继续履行合同，以创造和解的机会？这是一起巧用诉讼策略化解危机，将诉讼与和解完美配合的经典案例。

在本案各方沟通、谈判中，代理律师诉讼方案的制定以及诉讼技巧的运用均发挥了比较重要的作用，归纳如下：

第一，本案土地出让合同未签订，而招投标文件里约定了仲裁条款，原告起诉后，被告即提出了管辖权异议的申请。被告系政府方，如由仲裁委管辖则不利于我方。最终安徽高院和最高人民法院两级法院裁定管辖权异议不成立，我方管辖权异议的胜利先声夺人，重挫被告的自信，是本案得以胜诉的前提和基础。

第二，管辖权确立后，代理律师多次前往安徽高院，通过庭前有效的沟通，引导法院向对方传达可能的裁判尺度。H 市政府方迫于极有可能败诉的压力，恐政府信誉受损，由 H 市市长牵头，组成专项小组，主动寻求和解方案，最终达成引入国企 B 公司收购项目公司实现我方损失弥补的和解方案。鉴于客观情况发生变化，A 集团也认为项目转让的和解方案更有利于我方，于是各方达成和解《备忘录》。

第三，B 公司收购项目公司的前提是由项目公司与 H 市国土局签订土地出让合同。但在推进签订土地出让合同时遇到严重阻力，因为投标保证金的缴纳主体和成交确认书的签约主体是A集团，而项目公司是A集团的全资孙公司，对于其能否作为土地出让合同的签约主体，国土局法规部门和法律顾问提出否定意见。

几经沟通无果，被告坚持不同意与项目公司签订土地出让合同，眼看着和解陷入僵局，政府面临再次违约。而B公司与我方合作商谈愉快，此时叫停和解方案非常可惜。在这种背景下，代理律师迅速论证并调整诉讼方案，果断提出追加项目公司为第三人，并将诉讼请求由退地赔偿变更为向项目公司交地赔偿。庭上，H市国土局果然“变脸”，要求法院确认合同已经解除，且认为即使合同能够履行，其也无法与A集团的孙公司签订出让合同。

第四，将诉请变更为H市国土局与A集团设立的项目公司（孙子公司）签订《国有建设用地使用权出让合同》尚无先例，看似一步险棋，实际上是建立在代理律师反复论证的基础上。

有多份证据表明，A集团从竞买申请至今，一直主张以设立的项目公司为主体履行出让合同的权利和义务，H市国土局也对竞买身份予以确认。代理律师同时查询了大量案例、法律法规、规范性文件以及部门规章，终于找到原国土资源部发布的《招标拍卖挂牌出让国有土地使用权规范（试行）》第10.2条关于“申请人竞得土地后，拟成立新公司进行开发建设的，应在申请书中明确新公司的出资构成、成立时间等内容。出让人可以根据招标拍卖挂牌出让结果，先与竞得人签订《国有土地使用权出让合同》，在竞得人按约定办理完新公司注册登记手续后，再与新公司签订《国有土地使用权出让合同变更协议》；也可按约定直接与新公司签订《国有土地使用权出让合同》”的规定，让我方主张与项目公司签订出让合同有章可循。

第五，案件开庭审理后，我方据理力争，法院对H市国土局反复违约行为亦提出了警告，并根据法律向其作出了释明。H市政府方意识到反诉难以成立，但是如果判决政府承担违约损失赔偿，政府方也难以接受。于是政府方提出如果我方撤回损失赔偿请求，则承诺判决后不会上诉且遵照履行。不上诉的承诺对我方极具诱惑，因为本案二审在最高人民法院，诉讼周期极长，而房地产开发市场瞬息万变，二审后能否继续推进收购进程风险极大。为落地为安，我方倾向于同意撤回损失赔偿请求。但是，H 市国土局前期多次失信行为又让我方存有顾虑，双方陷入信任危机。

在此情形下，代理律师提出先行判决的建议，即申请法院就土地交付的诉讼请求先行判决，损失赔偿的诉请延后处理。经代理律师与法院的有效沟通，法院采纳了律师的建议。为了让 H 市国土局放心，代理律师引导法院作为双方信任的桥梁，将附生效条件的撤诉申请书押在法院，承诺待先行判决部分生效且 H 市国土局履约后即撤回损失赔偿的诉请。这一方案得到法院和被告的支持，最终化解矛盾，促成全案的成功代理。

综上，本案从立案到管辖权异议，到追加第三人并变更诉请，到被告反诉、开庭审理，再到最终判决生效并执行，历经整整两年的时间。本案的成功代理，离不开代理律师的精心策划、关键环节的果断抉择以及与各方积极有效的沟通，当然也离不开当事人的充分信任、积极配合以及法院和交易对手的大力支持。本案既是诉讼判决结案，也是和解结案，是诉讼与和解的完美配合，不仅化解了矛盾，也实现了各方共赢的友好局面。

【代理律师简介】

栾云根律师，法学本科，政治学研究生，南京市十佳律师、南京市五一劳动奖章获得者，2002 年开始从事律师工作。现北京市炜衡（南京）律师事务所主任，南京市泰州商会秘书长、副会长，河海大学法学校友会会长，南京市律师协会理事，南京市作风监督员，防城港仲裁委员会仲裁员。

栾云根律师多年的执业生涯，使其在建筑工程、房地产、合同法、公司法等领域积累了丰富的经验。曾成功参与苏州某广场的收购，不仅盘活了某银行 6 亿元的不良资产，而且使客户的资产更加优化。其代理的南京某知名企业利润分配纠纷、南京某企业股东代表权诉讼、周某再审无罪案、“离奇撞尸案”等案件获得了包括央视在内的媒体的报道。栾云根律师长期担任多家单位的法律顾问，其中既包括汇鸿集团、金轮集团、天泽信息、龙蟠科技等多家上市公司或大型企业，也包括建邺区人民政府、泰州市高港区人民政府、南京高新开发区、河西 CBD、新城科技园等政府单位。

联系方式：

电话：13305168119

地址：南京市建邺区奥体大街 68 号新城科技园国际研发总部园 5A 栋 15 层

邮箱：lunyungen@ wh – law. com

李晶晶律师，南京大学法学学士，2008 年开始从事律师工作至今，现为北京市炜衡（南京）律师事务所高级合伙人。南京市检察院人民监督员，江苏省青年商会理事，金陵国际友好协会法务，“龙虎网”特邀专家。具有上市公司独立董事资格证、证券从业资格证、基金从业资格证。

专业领域：投资并购，证券、基金法律事务，公司法律事务，民商事诉讼。

李律师为南京疏港大道和南京扬子江隧道江北连接线工程的全程法律顾问，并常年担任南京市市场管理局、建邺区发展和改革委员会、汇鸿集团、汉唐集团、长菱集团、汉典生物、润阳投资、路鑫物料公司等多家政府、企事业单位法律顾问。

联系方式：

电话：15050587675

地址：南京市建邺区奥体大街 68 号新城科技园国际研发总部园 5A 栋 15 层

邮箱：lijingjing818@ wh – law. com

房地产合作开发中项目公司股权回购纠纷案件的胜诉策略[①]

——某实业公司、项目公司、置业公司投资合作协议纠纷案

北京市炜衡律师事务所　杨明律师　胡晓欣律师

【争议焦点】

◆ *如何判断股权回购条件是否成就?*

◆ *判断股权回购条件是否成就是否必须对项目公司进行财务审计?*

◆ *协议关于置业公司的投资回报率的约定是否有效?*

◆ *项目公司是否有权自行决定项目销售?*

◆ *置业公司拒绝股权回购是否应承担赔偿责任?*

【关键词】

合作开发　项目公司　股权转让　股权回购　回购条件　项目销售

【案情简介】

一、项目合作开发及发生争议的基本事实

项目公司是Q市国际贸易中心项目的开发公司。因股东不能及时进行资金投入，项目公司开发的国际贸易中心项目面临因土地闲置被处罚的风险。在此背景下，作为项目公司股东之一的实业公司拟引入新股东——置业公司。为此，基于盘活项目的融资需要，2008年4月3日，包括实业公司在内的项目公司的各原股

① 案件来源：最高人民法院（2011）民二终字第108号二审民事判决书。本案入选《最高人民法院商事审判指导案例（2012）：公司与金融》。

东以及项目公司与置业公司共同签订了《合作框架协议》，约定置业公司在承担项目公司债务的基础上从原股东处受让取得项目公司92%股权，置业公司有义务向项目公司投资，保障房地产项目开发经营的资金等需要，同时置业公司有权享受项目销售的利润，并优先收回其投资和收益。股权转让完成后，实业公司保留项目公司8%的股权，项目公司其他原股东全部退出。

2008年4月13日和5月9日，置业公司、实业公司、项目公司又签订了《补充协议》和《投资合作协议》，约定了实业公司回购股权的5项前提条件，并约定项目达到预售条件后，项目公司即行销售，销售回款首先应偿还置业公司投资本金及收益。

上述协议签署后，置业公司支付了股权转让对价，承担了项目公司的相关债务，同时进行了股权变更的工商登记。此后，置业公司作为持股92%的大股东介入并全面接管项目公司，陆续以股东借款等形式向项目公司投入了大量资金，并为项目公司的融资提供了担保，推动了项目的开发建设。2010年下半年，地产回暖，随着项目封顶，在即将具备销售条件时，实业公司提出要求回购全部股权。置业公司认为其已投入巨额资金，而该项目尚未销售回款，未达到回购条件，因此拒绝了实业公司的回购要求。实业公司仍坚持要求收购置业公司持有的92%股权，置业公司发函予以拒绝。实业公司以项目定价过低为由反对项目销售，置业公司则认为项目定价符合市场定位，项目达到销售条件即应进行公开发售。为此，双方矛盾不断升级。

二、投资合作协议纠纷案件诉讼请求及一审判决结果

2011年1月24日，实业公司以置业公司、项目公司以及销售代理公司为被告向山东省高级人民法院提起诉讼，以其享有股权回购权为由，请求法院判令：(1)实业公司在置业公司履行合同约定的协助、配合义务的情况下，有权进行股权回购；(2)置业公司、项目公司配合实业公司实现投资合作协议第八条第二款约定的股权回购条件；(3)置业公司、项目公司协助实业公司将置业公司名下92%股权办理工商变更登记到实业公司或其指定的第三方战略投资者名下；(4)置业公司根据投资合作协议享有的年投资回报截止计算至2010年7月9日；(5)被告立

即停止对项目任何形式（包括但不限于销售、停止施工、抵押、资金占用等）的恶意处置行为，并承担因此所造成的损失约30亿元人民币，暂主张1.2亿元。2011年1月26日，根据实业公司的申请，在其关联公司豪运公司以其名下房产就财产保全提供担保的情况下，山东省高级人民法院裁定对置业公司和项目公司财产进行了诉讼财产保全，查封了置业公司和项目公司的银行账户，以及项目公司名下国际贸易中心项目的土地使用权。此后，为应对项目公司提出的解封申请，维持对项目土地使用权的查封，阻止项目销售，实业公司又6次变更诉讼请求，以提出更高数额的财产保全申请，直至2011年6月29日，实业公司最终将所主张的损失额度提高到4.8亿元，同时以需要查明置业公司收回投资和收益情况为由提出了对项目公司进行财务审计的要求。

北京市炜衡律师事务所杨明、胡晓欣律师接受了置业公司和项目公司的共同委托，代理其参与了本案各个阶段的诉讼。2011年9月，山东省高级人民法院就本案作出一审判决，采纳了我方的代理意见，认为：(1) 据《投资合作协议》约定，实业公司回购置业公司92%的股权，必须满足五个条件，因股权回购的第五个条件尚不成就，实业公司目前尚无权要求股权回购。(2)《投资合作协议》所约定的置业公司的协助配合义务，是一种辅助性义务，以具备股权回购条件为前提。(3) 关于应否对项目进行审计的问题。审计的目的是确定、证明置业公司已经实际收回了投资及收益，满足了股权回购的第二、三个条件，但因约定的第五个条件尚未成就，实业公司无权要求股权回购，因此也就没有通过审计确定第二、三项条件是否成就的必要。(4) 本案实业公司提起的是违约之诉，实业公司关于置业公司停止恶意处置项目行为的请求，没有法律依据，依法不能成立。如实业公司主张置业公司作为控股股东损害项目公司利益，应根据《中华人民共和国公司法》（以下简称《公司法》）第一百五十二条规定或根据《投资合作协议》约定，要求置业公司向项目公司赔偿。为此，一审法院以股权回购条件成就证据不足为由，依法判决驳回了实业公司的全部诉讼请求。

实业公司不服该一审判决，向最高人民法院提出上诉。2012年3月15日，最高人民法院判决驳回了实业公司的上诉。

【诉讼策略】

一、各阶段诉讼策略要点

（一）诉前法律服务，锚定案件走向，固定核心证据

关键一：纠纷伊始，准确预测争议焦点。

纠纷初见端倪，置业公司曾试图与作为小股东的实业公司协商解决争议，但实业公司拒不让步，坚持其必须一次性回购置业公司持有的全部92%股权。本案代理律师杨明、胡晓欣作为置业公司专项法律顾问介入该纠纷，对两股东间纷争的焦点问题进行了预测和分析：（1）股权回购条件是否成就。对此，代理律师认为鉴于项目尚未销售，置业公司的投资和收益尚未实现，故不符合合同约定的回购条件。（2）项目应否停止销售。对此，代理律师认为，在项目具备销售条件时，依法依约均应及时销售。（3）项目该如何定价。对此，代理律师认为项目定价应依据市场行情，由项目公司自主决定。（4）30%的年投资回报率的约定是否有效。对此，代理律师认为，虽然合作协议中约定了置业公司30%的收益率，但该约定仅是指用项目公司的销售回款优先偿还置业公司投资的30%的收益，而并非约定无论项目盈亏均应保证置业公司30%的投资收益率，也就是上述约定并不排除置业公司承担项目亏损的可能性。因此，该条款并非我国法律所规定的保底条款，更非变相借贷，而是股东间权利义务相平衡的约定，是合法有效的合同条款。

事实证明，代理律师预测的四项焦点与后来法院认定的焦点问题基本一致，仅因实业公司之诉讼请求，又在诉讼阶段增加了两个焦点问题，即项目是否是实业公司的，置业公司和项目公司的销售、担保和停工等行为是否构成对实业公司的侵权；要求赔偿4.8亿元是否成立。

关键二：围绕焦点固证据，未雨绸缪巧布局。

为了固定实业公司违约行为，在诉讼中占据主动，代理律师根据项目公司治理结构，帮助当事人设计了一次股东会、三次董事会、一次总经理办公会，形成了项目的销售及价格策略的决策过程，保证了项目销售决策及定价结果的客观性。

尤其考虑到置业公司为项目公司大股东，为保证实业公司小股东权益，在置业公司完全可以凭借其董事人数优势作出决议的情况下，仍建议项目公司就项目开盘时间及项目定价一事，先后召开三次董事会，方才作出决议。其间，还函告实业公司可向项目公司董事会提交销售方案，与项目公司经理层拟订的销售方案一并讨论。通过上述会议，严格按照公司治理结构作出决议，保证了开盘销售决议的合法性，保证了后续办理预售许可有据可依，证明了项目具备开盘条件但尚未开盘销售的事实，客观上为法院后来认定“由于实业公司通过诉讼查封了本案房地产项目土地，导致置业公司无法顺利进行项目建设和施工。实业公司没有履行积极协助与配合的义务，而不是置业公司”提供了有力依据。

（二）以不变应万变，有效应对讼争焦点

虽然实业公司先后6次变更诉讼请求，但代理律师代理置业公司始终紧紧围绕全部回购条件尚未成就这一事实，否定其股权回购权。投资合作协议约定的回购条件包括五项：（1）甲方（即置业公司）已实际受让乙方（实业公司）所持公司（即项目公司）17.5%的股权；（2）甲方收回了全部投资；（3）甲方获得了本协议约定的投资收益；（4）项目施工总承包单位的工程款支付已获得保证；（5）甲方其他关联方（不包括乙方及公司）在项目中的风险已释放完毕。代理律师代理置业公司提出，根据本案合作开发的合作模式，置业公司只有以项目销售回款方式方可回收投资收益，因实业公司保全查封项目土地、阻碍项目销售，项目迟迟无法开盘销售，故除第一项回购条件外，后四项回购条件客观上不可能成就。此观点为二审法院所采信，认定后四项条件未成就，实业公司无权回购股权。

对实业公司提出的对项目公司全面审计的主张，代理律师提出，审计的目的是确认销售回款是否已兑现了置业公司的投资和收益，以确认股权回购条件是否成就，而由于本案项目尚未销售，后四项股权回购条件客观上不可能成就，故目前审计实无必要。

（三）走一步，看多步，通盘考虑赢彻底

技巧一：巧用借贷纠纷反制对方。

因实业公司一直混淆股权回购权利与回购能力，本案审理期间，代理律师指导项目公司起诉实业公司追索4500万元借款，保全并最终处置了实业公司所持的项目公司剩余8%股权：一方面导致实业公司丧失项目公司股东资格，另一方面证实了实业公司当时根本不具备回购资金实力。置业公司后将该案判决及执行文书作为新证据在二审阶段提交法院，有力反击了对方的主张，最终影响二审法院在判决中认定，“实业公司的资金充足”不是本案“股权回购条件成就”的充分条件，二者没有必然的联系。

技巧二：准确选择预售许可证的取得时机。

2011年1月19日，项目公司就项目定价方案第三次召开董事会会议，会议以五名董事中四名同意，一名反对（实业公司委派），通过了国际贸易中心项目价格策略方案，同时责成公司经理层办理项目预售许可证，并授权其择机确定开盘时间。

本案进入诉讼后，由于实业公司对项目土地使用权申请采取了保全措施，为保证项目正常销售，项目公司从置业公司筹措了1.2亿元的存款作为担保，申请解除上述查封。2011年2月23日，山东高院裁定解除了对项目土地使用权的查封，同时冻结了该1.2亿元存款。在此情况下，代理律师建议项目公司抓紧办理预售证，以证明项目确已具备销售条件。2011年3月7日，项目公司取得了商品房预售许可证。此后，实业公司为了实现对项目土地使用权的再次查封，又多次变更诉讼请求，申请增加财产保全的数额，直至2011年6月29日，最终将诉讼请求标的额提高到4.8亿元。在豪运公司的担保支持下，原案财产保全的限额被提高到3.9亿元。项目的土地使用权再次被查封，由此导致项目公司已取得预售证的项目持续无法销售。考虑到项目的资金压力和解除担保的成本，同时，考虑到项目未能销售可以更便利地证明股权回购条件尚未成就，故代理律师建议置业公司和项目公司不再继续提供担保寻求解封。

技巧三：同步固定保全赔偿案件的证据。

针对项目国有土地使用权因实业公司申请保全被查封，为穷尽救济途径，建立损失与保全行为的因果关系，代理律师及时提出了复议申请，要求对保全的项目进行销售，并由项目公司提供1.2亿元存款作为担保置换项目土地，首次解封后立即办理取得项目预售许可证，使项目具备了预售条件。在实业公司随即提高诉讼标的额、再次查封项目土地权利的情况下，代理律师及时提出了实业公司滥用诉权的反对意见。这些措施为后来项目公司对实业公司另案提起的诉中财产保全错误损害赔偿案的胜诉奠定了基础。后来另案终审判决结果证明，这一提前布局成为最高人民法院认定项目公司在保全过程中并无过错的重要依据，并为法院认定项目公司的两项损失，即“1.2 亿元资金被冻结半年”，“土地使用权被查封逾一年两个月之久”所造成的损失，奠定了充分的事实基础。

二、核心代理意见

针对实业公司的上诉理由，代理律师代理置业公司认为，一审判决认定事实清楚、适用法律正确，实业公司的上诉理由完全不能成立，请求最高人民法院依法尽快驳回其上诉，核心代理意见如下：

（一）一审判决关于“股权回购条件尚不成就，实业公司目前尚无权要求股权回购”的认定事实清楚，实业公司关于一审判决认定事实错误的 6 点理由均没有任何依据

1. 实业公司仅是持有项目公司 8% 股权的股东，并非项目的实际所有者。置业公司收购项目公司股权前，实业公司也仅持有 25.5% 的股权，收购完成后，项目公司已依法完成了章程修改和工商变更登记，置业公司是在支付了巨额对价的基础上取得的 92% 的股权，不存在所谓返还股权的问题。

2. 置业公司不仅是项目公司的投资者，更是其控股股东，收回其投资与收益是置业公司退出项目公司的前提条件之一。

3. 合作协议约定的五项股权回购条件必须全部满足后，才能启动股权回购程序，在此之前实业公司要求股权回购没有任何依据。

4. 从举证责任上来说，实业公司的义务是证明股权回购条件已经全部实现，而不是证明其有进行股权回购的支付能力，有能力回购不等于有权回购。况且，实业公司提供的与第三人的合作意向也并不能证明其有股权回购的能力，更不能证明实业公司有能力实现股权回购条件。

5. 一审判决准确地对实业公司的六项诉讼请求及其依据逐一进行了审理，其

在认定第五项股权回购条件没有成就的基础上，认定实业公司目前尚无权回购股权是完全正确的。解除置业公司相关保证责任，促成回购条件成就，系实业公司自身的责任而非置业公司的义务。

6. 实业公司所谓的一审判决将使其遭受重大损失的说法没有任何事实基础。

（二）一审判决对实业公司一审的第五项诉求即认为置业公司管理项目的行为给其造成了损失而要求赔偿的处理，完全符合法律规定

首先，该项诉求不属于本案违约之诉的审理范围。其次，从事实上来看，置业公司并不存在任何违约行为或侵权行为。再次，从救济程序上说，如果实业公司认为置业公司存在恶意处置行为，受损害的也是项目公司利益，而不是实业公司，故一审判决对该诉求的处理，完全符合法律规定。

三、主要裁判观点

代理律师的上述诉讼策略及代理意见在法庭审理中得到了有效验证。本案一、二审法院对实业公司是否享有股权回购权，回购条件是否成就，置业公司是否违约等均采纳了我方的观点。

（一）山东省高级人民法院一审主要裁判观点

一审判决认为：（1）据《投资合作协议》约定，实业公司回购置业公司92%的股权，必须满足五个条件，因股权回购的第五个条件尚不成就，实业公司目前无权要求股权回购；（2）《投资合作协议》所约定的置业公司的协助配合义务，是一种辅助性义务，以具备了股权回购条件为前提；（3）审计的目的是确定、证明置业公司已经实际收回了投资及收益，即满足了股权回购的第二、三个条件，但因目前约定的第五个条件尚未成就，实业公司无权要求股权回购，因此也就没有通过审计确定第二、三项条件是否成就的必要；（4）实业公司本案提起的是违约之诉，实业公司关于停止恶意处置行为的请求，没有法律依据，依法不能成立。

（二）最高人民法院二审主要裁判观点

二审判决认为：（1）关于股权回购的五项条件，除第一项条件已具备外，对于其余四项条件的成就，实业公司均未能提交相应证据予以证明。故实业公司并

不享有回购该股权的权利。“实业公司的资金充足”不是本案“股权回购条件成就”的充分条件，二者没有必然的联系。故实业公司关于请求回购置业公司持有的项目公司92%的股权的上诉理由不成立，本院不予支持。

（2）关于实业公司是否有权请求置业公司、项目公司立即实现约定的股权回购条件的问题。置业公司为该项目公司的合法股东。根据双方约定的合作模式，股权回购条件的实现，有待于双方全面推进项目公司的开发进程，并依约完成项目的施工、建设及销售工作，进而实现置业公司作为投资方回收投资及获得收益等目标。因“项目还没有进行销售”，实业公司也未能提交证明置业公司“回收了投资”“获得了约定收益”等事实已发生的证据。该建设项目销售前，实业公司并不享有“请求置业公司立即实现约定股权回购条件”的权利。

（3）置业公司、项目公司是否负有协助义务，将涉案92%的股权变更到实业公司或其指定的第三方战略投资者名下。双方在《投资合作协议》第十一条第六项约定的“协助义务”产生的前提条件是另一方依法享有某项民事权利。实业公司目前并不享有回购置业公司所持项目公司92%股权的权利，所以，置业公司、项目公司也就不负有协助其变更、过户相应股权的义务。

（4）关于置业公司的投资回报率及其计算方法，依据《投资合作协议》约定，在置业公司收回投资及获得约定收益之日，即应为其“投资回报及收益计算的截止日期”。因此，在本案诸项股权回购条件未成就之时，实业公司提出年投资回报截止计算至2010年7月9日之请求，显然与《投资合作协议》的相关约定相悖，其该项主张没有证据支持。

（5）关于实业公司提出立即停止对项目任何形式的恶意处置行为，并主张由置业公司承担4.8亿元损失。实业公司没有提交相应的证据，证明置业公司存在上述不当行为及主张4.8亿元损失的事实依据和法律依据。

（6）股权回购条件还未成就，置业公司拒绝实业公司回购股权的要求，并不违反协议约定，实业公司称该“拖延回购的违约行为”对其造成了巨大损失并请求赔偿其损失，亦证据不足，不予支持。

据此，二审法院判决驳回实业公司上诉，维持原判。

【代理词】

北京市炜衡律师事务所
关于代理置业公司、项目公司与实业公司
合作开发合同纠纷一案的二审代理词

尊敬的合议庭：

北京市炜衡律师事务所接受置业公司和项目公司的委托，指派我们担任其与实业公司合同纠纷案件的二审委托代理人。通过2012年2月14日的二审庭审调查，代理人认为：山东省高级人民法院一审判决认定事实清楚，适用法律正确。实业公司的各项上诉请求缺乏基本的事实和法律依据，应依法驳回。为此，发表如下代理意见，请予采纳。

一、实业公司无理缠讼的根本原因在于其对合同的认知错误，为了实现其利益最大化，其对合同作了想当然的解读，并欲将其背离合同约定的片面解读强加给一审法院

（一）实业公司错误理解之一：想当然地认为实业公司是项目的实际所有者。

2008年5月《投资合作协议》（以下简称合作协议 ）签署之前，实业公司也仅持有项目公司25.5%的股权。合作协议签署后，置业公司收购了实业公司17.5%的股权和其他原股东74.5%的股权。收购完成后，置业公司持有项目公司92%的股权，其余8%的股权为实业公司所持有。同时，项目公司依法完成了章程修改和股东变更的工商登记。因此，实业公司并非其所称的项目实际所有者，而仅是持有项目公司8%股权的股东，置业公司也并非仅是项目公司的投资者，更是项目公司持股92%的控股股东。实业公司所谓置业公司应向其返还股权的说法完全是其主观臆想。

（二）实业公司错误理解之二：混淆了股东权利与公司权利，把项目公司的权利当成了实业公司的股东权利。

“Q中心”项目土地使用权证、建设工程规划许可证、施工许可证、预售许可

证等各项证照均登记在项目公司名下，故项目的实际所有者应当是项目公司，而非实业公司。有权决定项目建设、销售的是项目公司而非个别股东。况且各方达成的合作协议第七条第一款已明确约定“项目达到销售条件，公司即行销售”。因此，实业公司在上诉状中提出其“有权对项目物业进行处置，决定出卖或保留”，既违反了合同约定，也与我国《公司法》的法律规定不符。

（三）实业公司的错误理解之三：抛开合同约定条件，认为置业公司应当随时应其要求向其转让股权。

从签约背景上来看，置业公司收购项目公司92%的股权时，是在高风险状态下进行的。《合作框架协议》的“鉴于”条款及其第三条第十二款清楚地载明：当时，不仅实业公司持有的项目公司的股权处于被法院查封的状态，而且项目公司一直未取得《建设工程施工许可证》，正在被相关政府部门清查，并面临行政处罚的境况，项目建设无以为继。

从合同约定看，鉴于置业公司既要收购股权、垫付项目公司巨额欠款，又要进行建设投资，为了减轻置业公司的高投入而产生的高风险，本着权利与义务相平衡的原则，合作协议第二条第三款明确约定“项目物业达到销售条件后，公司物业销售的回款应首先满足甲方的投资及收益的回收”。该条第四款约定“待本协议约定的回购条件成就后，乙方可以回购甲方所持公司股权，甲方退出公司的经营和管理”。第八条第二款则相应地约定了股权回购的5项条件。

实业公司置上述明确的合同约定于不顾，认为其随时有权回购全部股权，显然没有任何合同依据。

（四）实业公司的错误理解之四：颠倒权利义务关系，把成就股权回购条件当成置业公司的义务。

股权回购的第二、三项条件是置业公司收回其投资和收益。根据合作协议第七条第一款的约定，项目达到销售条件，项目公司即行销售，销售回款首先应偿还置业公司投资本金及收益。实业公司无视合同约定的条件成就路径，要求停止销售，并通过申请查封阻止项目销售。这是股权回购的第二、三项条件不能成就的根本原因。

股权回购的第四、五项条件即施工方和相关关联方的风险释放，则需要实业公司凭据其资金担保实力取得施工方和相关关联方的认可，这些均非置业公司和项目公司所能自行解决的问题，实业公司要求置业公司立即配合其实现股权回购条件，是把其自身的义务与责任强加给置业公司，没有任何合同依据。施工方和银行都是独立的法人，是意思自治的民事主体，都有其自身的民事行为能力，置业公司和项目公司都无法强令其作出决策。取得其认可，必须由实业公司凭借其自身的资金实力、担保能力来证明之、说服之，这既不是置业公司、项目公司所能完成的工作，更不是其义务与责任范围。正如一审判决所指出的，置业公司的协助配合义务，只是一种辅助性义务，是在具备了股权回购条件的情况下，置业公司应积极予以协助，不得恶意阻碍。在本案中，由于股权回购条件尚未成就，也就不存在需要置业公司协助配合的义务。

（五）实业公司的错误理解之五：只要证明实业公司有能力进行股权回购，置业公司就必须将全部股权转让给实业公司。

按照合作协议的约定，实业公司应当配合项目公司进行项目销售，以尽快促成股权回购条件的成就。实业公司要求股权回购的前提是能证明股权回购的5项条件已经成就。然而，实业公司却置合同的约定于不顾，在不能证明股权回购条件业已成就的情况下，错误地把证明目标放在其有资金实力进行股权回购上。但是按照合作协议第二条第四款约定，“待本协议约定的回购条件成就后，乙方可以回购甲方所持公司股权，甲方退出公司的经营和管理”。因此，即便实业公司有能力回购也并不等于其有权回购。

况且，实业公司提供的证据并不能证明其有资金实力进行股权回购。在二审庭审中，实业公司又向法庭提交了一份新证据——H信托有限责任公司于2011年8月29日出具的《关于为实业公司回购项目公司股权提供融资的说明》。虽然对该证据的真实性我们并无异议，但对该证据内容的合法性及其证明的关联性我们均持异议。首先，早在2011年5月，包括H公司在内的十家信托公司的房地产信托业务就被监管部门叫停，中国银监会通过窗口指导等方式要求暂停房地产信托业务。因此，该份证明声称可提供30亿元的信托融资支持显然与当前的房地产政策调控不符，其内容的合法性堪疑。其次，该说明载明必须“在满足一定前提条件下”方提供融资支持，具有极大不确定性，仅仅表现了一种不确定的融资意向。因此，其并不能证明实业公司的资金实力。再次，置业公司在二审中已向法庭提供了5份新证据，实业公司对该等证据的真实性并无异议。该组证据充分证明实业公司连正常的债务都无力履行，根本不具有任何资金实力。所以在证据的关联性上，实业公司提供的该份证据不能达到其上诉状中所称的“已提供充足资金，确保置业公司的全部投资和约定收益的实现”的证明目的。由于股权回购条件并未实现，故实业公司要求将投资合作协议中既定的“项目达到销售条件，公司即行销售”变更为由其筹资兑现置业公司投资收益的方案根本不具有任何可行性。

（六）实业公司的错误理解之六：把项目公司的正常经营行为想象成置业公司的违法行为，罔顾法律要求赔偿。

首先，项目公司是一个独立法人实体，其有权按照公司章程自行决定项目的定价、建设、停工、销售、资金使用、担保等经营性问题。股东的意志必须按照公司章程通过股东会、董事会进行决议来落实和体现，项目公司的正常经营行为并非置业公司的指定行为，更不能直接视为置业公司的行为。

其次，从事实上来看，置业公司不存在任何擅自挪用项目公司资金、低价销售房产、指令项目公司停工、以项目公司资金提供担保等行为。实业公司在一、二审中均未提供任何有效证据证明置业公司存在上述行为（详细情况请见本代理词第六部分）。

再次，从救济程序上看，正如一审判决所指出的，即便实业公司认为置业公司存在上述行为，则该等行为在性质上亦属于控股股东损害公司利益的问题，根据我国《公司法》第一百五十二条和合作协议的约定，实业公司亦应要求置业公司向项目公司赔偿，而无权要求置业公司、项目公司直接向其赔偿。

二、由于合同约定的股权回购的五项条件同时成就是股权回购的充分必要条件，故一审判决本着诉讼效率原则，在认定第五项股权回购条件尚未成就的基础上，得出实业公司目前无权要求股权回购的结论是完全正确的根据合作协议第八条第二款约定，股权回购的条件是：(1) 甲方（即置业公司）已实际受让乙方（即实业公司）所持公司（即项目公司）17.5%的股权；(2) 甲方收回了全部投资；(3) 甲方获得了本协议约定的投资收益；(4) 项目施工总承包单位的工程款支付已获得保证；(5) 甲方其他关联方（不包括乙方及公司）在项目中的风险已释放完毕。上述五项股权回购条件中，后四项条件目前均未成就，具体理由如下：

（一）从定性的角度来分析，由于置业公司投资建设的项目迄今尚未销售，因此，置业公司不可能收回其投资和收益是一个仅凭已知事实和日常生活经验法则就能推定出的另一事实，故股权回购的第二项和第三项条件没有成就。

项目公司作为一家房地产开发公司，其唯一的收入来源是项目销售。而项目建设的资金来源只有置业公司的投资和置业公司通过包括银行在内的第三方对项目公司的融资。实业公司迄今对项目建设资金分文未投。如果项目已经销售，则在理论上存在置业公司收回投资的可能性，而由于项目至今未能销售，故项目公司只有支出没有收入，因此，项目投资不存在收回的任何可能性，这是仅凭已知事实和日常生活经验法则就可做出的判断。根据《最高人民法院关于民事诉讼证据的若干规定》第九条的规定，根据法律规定或者已知事实和日常生活经验法则能推定出的另一事实，当事人无需举证证明。当然，更无需通过审计进行判断。

（二）从定量的角度来分析，仅从置业公司收购股权时，除股权对价款外的前期投资1153222780.81元的投资数额来看，该等投资迄今尚未收回，故股权回购的第二项条件没有成就。

1. 置业公司向一审法院提交的证据所涉的第2类对项目公司的投资迄今未收回。根据合作协议第五条的约定，置业公司的投资类型主要包括四类：(1)“股权投资”；(2)“为介入并推进项目的开发建设而投入的除股权对价款之外的所有投资”；(3)“为履行或解除合同、为推进项目的开发建设而向项目公司提供的各种形式的借款”；(4) 向项目公司提供的“间接融资”。

鉴于第（3）、（4）类涉及大量财务凭证，不便于在法庭逐一举证。置业公司仅在一审中举证证明了第（2）类投资为1153222780.81元。该等投资本金迄今未还。对于此类投资，置业公司已经当庭提交了与财务凭证原件核对无误的复印件，并有合作协议约定的付款依据为佐证，该等书证原件与复印件均已在法庭上核对完毕。实业公司对该等投资数额也予以认可。故股权回购的第二项条件没有成就。

2. 实业公司关于置业公司已收回投资12亿元的说法与事实相悖。从银行给Q市房地产登记中心出具的证明上可以看出，仅截止到2010年10月，项目公司对项目投入的建设资金就已达到18.5592亿元。需要指出的是，置业公司提交的该项银行证明，系加盖Q市国土资源和房屋档案馆公章的档案资料，同时，也与实业公司向法庭提交的证据28中第181页证据完全相同，根据《最高人民法院关于民事诉讼证据的若干规定》第七十七条第二项的规定，档案或者经过登记的书证，其证明力一般大于其他书证、视听资料和证人证言。因此，该证明的效力显然大于实业公司所谓的银行资金转账单说明。而双方一致确认，目前项目公司取得的银行贷款系20.5亿元。虽然实业公司提出了其中12亿元可能被置业公司挪用从而收回投资的主张，但这一主张完全建立在其主观臆想的基础上。从上述证明可以看出，仅截止到2010年10月，项目公司对项目投入的建设资金就已达到18.5592亿元，那么，试问12亿元的所谓被挪用的资金又从何而来？更何况，目前项目已于2011年7月10日封顶，自从实业公司申请对项目土地使用权查封后，银行已经完全停止了对项目公司的开发贷款，如此庞大的建设工程的后续建设资金只能由置业公司竭力投入，基于此，实业公司主张的置业公司挪用银行贷款12亿元收回投资的说法不攻自破。

（三）置业公司尚未取得协议约定的投资收益，故股权回购的第三项条件没有成就。

1. 从合法性上说，协议关于项目公司融资属于置业公司的间接融资的约定，没有违反法律、法规的强制性规定，对此应依约计算置业公司的投资收益。从合同约定情况看，补充协议第七条第一项明确约定，项目公司融资视为甲方即置业公司投资。合作协议第五条第三款第四项再次明确，间接融资属于甲方投资。上述约定没有违反任何法律、行政法规的强制性规定，故为合法有效、对各方均有约束力的条款。因此，在考察股权回购的第三项条件是否成就时，必须确认置业公司是否已从项目公司取得了间接融资额百分之三十的投资收益。

2. 从合理性上说，协议约定的项目公司融资属于置业公司的间接融资，与置业公司和实业公司的权利义务是完全匹配的。

首先，如前所述，置业公司投资前，Q市国际贸易中心项目是无从融资、无法建设、面临被政府罚款收回的死项目，置业公司在这种情况下，背负巨大的投资风险介入该项目，取得了92%的股权，理应取得今后项目全部收益相应的92%的投资回报。但实业公司当时又要求设定股权回购机制，置业公司为了避免被人“借鸡下蛋”利用后，今后收益过低出现国资流失的风险，遂相应提出了将项目公司融资归入置业公司间接融资而应计算投资收益的条件，对此，各方达成了一致意见，并明确列为股权回购条件。显然，从条款达成的背景来看，该约定是完全合理的。

其次，实业公司目前提出该条款不公平是毫无依据的“过河拆桥”之举。如果真如实业公司所说，项目贷款很容易，与置业公司无关，那么，当时原股东为何不能完成项目公司的贷款而急于向置业公司出售股权呢？在置业公司利用自身的信用、人力、资金投入为项目公司融资创造了条件，并保障了项目建设顺利进行的情况下，实业公司现在提出这种说法，显然是违约之举。

再次，上述条件也是股权回购的合理性条件。试想，当时如果不约定这一条件，则实业公司出售给置业公司的仅是17.5%的股份，即使股权回购，一般也应当回购最多17.5%的股权，置业公司完全不可能答应对方回购所谓92%的股权。因为其中74.5%的股权根本就不属于回购之列。置业公司当时之所以能够答应把包括不在回购之列的全部股权进行回购，就是以严格的条件成就为前提。试问，如果抛开了这一条件，置业公司的投资回报又何以得到一个相应的合理体现呢？因此，如果实业公司毁约否认这一约定，则置业公司只能维持目前的股权状况，而绝不会以国有资产贬值为代价，向实业公司出售任何股权。况且，根据协议约定，实业公司并无必须回购的义务，如果其认为回购条件过高，完全可以选择不予回购，按照其持股比例来分享项目的利润收益。

3. 目前包括间接融资在内的置业公司所有间接、直接投资收益均未实现。

除了置业公司直接投资外，根据实业公司提交的证据和当庭陈述，诉讼双方一致确认：项目使用银行贷款20.5亿元、中铁信托有限责任公司4.1107亿元和中铁天丰建筑工程有限公司3.5亿元。该类款项依约均属于置业公司4类投资中的第（4）类间接融资。对此类间接融资应按30%计算置业公司的投资收益，则20.5亿元贷款对应的置业公司投资收益为830167789.93元，4.1107亿元贷款对应的置业公司投资收益为444693753.74元，3.5亿元转贷资金对应的置业公司投资收益为593483348.09元。以上这些间接投资收益以及置业公司的直接投资收益，迄今均未能实现。因此，股权回购的第三项条件没有成就。

（四）项目施工总承包单位的工程款支付尚未获得保障，故股权回购的第四项条件没有成就。

根据谁主张谁举证的证据规则，“项目施工总承包单位的工程款支付已获得保证”的成就标志是，实业公司提供项目施工总承包单位出具的证明，证明其认可工程款支付已获得实业公司或实业公司指定的第三方提供的保证，从而解除置业公司为工程款支付提供的担保。

理由与依据：根据置业公司提交的证据17.1即项目公司与中国工商银行Q市南第二支行签订的《开立担保协议》（银行据此为项目公司出具1.5亿元施工款相关的付款保函）和证据17.2即置业公司为前项协议与银行签署的《保证合同》，目前工程款支付是由置业公司通过银行为施工单位提供的付款保证。因此，实业公司应当向施工单位重新提交工程款支付保函，并取得施工单位的认可，从而解除置业公司的保证责任。

而根据施工单位向项目公司发出的《通知函》，施工单位要求“提供我公司认可的工程款支付担保方式”，可见目前股权回购的第四项条件没有成就。

（五）置业公司其他关联方在项目中的风险尚未释放完毕，故股权回购的第五项条件没有成就。

该项条件，即“甲方其他关联方（不包括乙方及公司）在项目中的风险已释放完毕”，成就的标志是：

1. 实业公司代项目公司偿还了对银行的全部贷款，或者取得了四家贷款银行对贷款保证人变更的书面同意意见，解除了置业公司16.2亿元的保证责任；

2. 实业公司取得了中国工商银行股份有限公司Q市南第二支行对就工程款支付担保而签署的《开立担保协议》及《保证合同》项下保证人变更的书面同意意见，解除了置业公司1.5亿元（156613441.00元）的保证责任；

3. 实业公司取得了四家银行同意借款人即项目公司股权变更的书面同意意见；

4. 中国农业银行书面同意把从置业公司关联单位中国中铁股份有限公司调剂给项目公司的6亿元授信额度返还给该公司，或书面同意不视为占用中国中铁股份有限公司的授信额度；

5. 中国银行书面同意把从置业公司关联单位中国铁路工程总公司授信限额调拨给项目公司的30亿元额度返还给该公司，或书面同意不视为占用中国铁路工程总公司的授信额度；

6. 深圳发展银行股份有限公司北京东城支行书面认可置业公司通过该银行向项目公司提供的9亿元委托贷款已得到了付款保证。

理由与依据是：

1. 四家贷款银行和中国中铁股份有限公司、中国铁路工程总公司均是置业公司关联方，银行的贷款回收风险和其他关联方授信额度继续占用的风险均应予以解除；

2. 根据置业公司提供的证据17.3：置业公司为30亿元的《联合贷款合同》与四家银行签订的《最高额保证合同》，置业公司为项目公司的贷款向银行提供了16.2亿元的保证担保，为此，实业公司应取得银行同意保证人变更的书面意见；

3. 根据项目公司与四家银行签署的《联合贷款合同》第12.2条限制事项第4项中关于“借款人不得进行任何合并、分立、重组、重大投资、被承包经营或类似安排，经各贷款人一致同意的除外”的约定，实业公司应取得四家银行同意项目公司在偿还全部借款和利息前，进行股权结构变动的书面同意意见；

4. 根据置业公司提交的证据19.1中国农业银行关于从中国中铁股份有限公司

本部调剂6亿元授信额度给项目公司的批复、证据19.2中国银行关于中国铁路工程总公司2008—2009年度授信限额调整的通知，银行向项目公司发放的贷款占用的是置业公司关联方的信用额度，该等信用额度应由实业公司与银行达成一致，由银行将该等信用额度返还给置业公司的关联方，或书面同意不视为占用置业公司关联方的授信额度；

5. 根据置业公司与深圳发展银行股份有限公司北京东城支行、项目公司于2008年7月1日签署的《委托贷款合同》，置业公司通过银行向项目公司提供了9亿元的委托贷款，贷款期限3年，为此，实业公司应提供银行认可的付款保证；

6. 根据置业公司提交的证据15.1银行《关于贷款事项的通知》和证据20银行通知，贷款银行已明确告知项目公司和置业公司在释放相关贷款回收风险前，不同意项目公司股权变动和贷款保证人变更。可见置业公司及其他关联方在项目中的风险尚未释放完毕，故第五项股权回购条件目前没有成就。

综上，置业公司和实业公司提交的证据均能证明股权回购的后4项条件均没有成就，由于这些条件必须同时成就，方能启动股权回购程序，故此一审法院从诉讼效率出发，在认定了第五项股权回购条件没有成就的基础上即得出实业公司目前无权要求股权回购的结论，无疑是正确的。

三、项目销售是实现股权回购条件的必经路径，置业公司和项目公司一直在严格履行合同，推动项目销售，而实业公司则违反合同，阻挠项目预售的正常进行，导致置业公司迟迟不能收回其投资和收益，因此，实业公司在阻碍股权回购条件实现的情况下，又要求法院判令置业公司配合其实现股权回购条件实属推卸责任、毫无依据

（一）项目销售是置业公司依约回收投资的必经路径和基本保证，实业公司以需要股权回购为由，要求停止项目销售没有任何合同依据。

1. 项目达到销售条件即应销售，实业公司要求停止销售毫无依据。合作协议第七条第一款约定，项目达到销售条件项目公司即行销售，项目销售回款首先应偿还置业公司投资本金及收益。合作协议第十一条第五款约定，项目开发经营过程中，除资产处置、股权转让、对外担保之外的其他经营活动，置业公司有权自

行决定。实业公司有权对项目的营销策划提供方案，最终方案须经项目公司董事会通过。该条第六款规定，为保证本协议约定的各项内容的顺利进行，一方遇有协助义务的，另一方应积极协助与配合。从上述合同约定来看，项目销售是置业公司回收投资的必经路径和基本保证，况且，即便启动股权回购也不以停止销售为前提，因此，项目公司在项目预售条件业已具备的情况下，启动预售程序是完全符合合同的约定的，也符合开发商不得捂盘惜售的房地产政策规定。而实业公司以需要股权回购为由，要求停止项目销售显然不符合合同的约定，也没有任何合同依据。

2. 实业公司故意混淆置业公司有权在 5 年后自行处置项目物业与项目公司对项目的正常销售这两个概念，是对合作协议的曲解。合作协议第七条第一款约定，项目达到销售条件项目公司即行销售，项目销售回款首先应偿还置业公司投资本金及收益。该条款是对项目公司销售物业的权利义务的界定，即项目公司必须对达到预售条件的项目进行销售，以实现股权回购条件。而协议第八条第四款约定，实业公司回购置业公司全部股权应在本协议签订后 5 年内进行，否则，置业公司有权处置公司的项目物业，实业公司同意并配合其处置行为。该条款是对置业公司处置物业的权利义务的界定，其适用条件为 5 年内股权回购不成时。可见，协议对项目处置履行的主体进行了明确界定，显然不能混为一谈。

（二）从项目销售的定价决策过程来看，实业公司一系列的行为表明其违反合同约定，故意阻挠项目销售。

1. 项目于 2010 年 10 月即达到预售条件。自各方签署协议后，置业公司承担了项目公司运营和项目开发建设的全部资金，且根据我国《城市商品房预售管理办法》第五条的规定，项目于 2010 年 10 月达到了项目销售条件。

2. 实业公司于 2010 年 11 月 11 日出具的《关于项目公司股权回购的函》明确提出暂不确定销售方案。对此，置业公司回函进行反驳，并指出："为实现回购条件，应当尽快进行项目销售，而不是暂不确定项目的销售方案。鉴此，如果因双方商讨提前回购事项而造成项目公司执行贵公司提出的暂不进行项目销售之意见，则因项目销售迟延造成的损失应全部由贵公司承担。"对于实业公司提出的股权提前回购要求，置业公司在与实业公司多次协商未果后，认为各方均应继续履行原协议约定。可见，在项目预售条件具备之初，实业公司即具有阻碍项目销售的主观故意，以期实现其利益最大化。

3. 2010 年 11 月 23 日的董事会充分考虑了实业公司的要求，没有对项目销售方案作出决议。由于项目已达预售条件，项目公司经理层早在 2010 年 11 月即向董事会提交了《Q 市中心项目价格策略报告》（销售方案），并列为 2010 年 11 月 23 日董事会议题之一。该次董事会上，虽然董事会中有四名董事同意项目公司经理层提交的销售方案，根据公司章程董事会完全可以通过该方案，并作出决议。但置业公司和项目公司仍然充分考虑了实业公司委派董事的意见，为慎重决策，会议决定由实业公司按照合作协议的约定向董事会提出新的销售方案，并决定在 2010 年 12 月 6 日再次召开董事会就销售方案作出决议。

4. 2010 年 12 月 6 日的董事会再次基于保证实业公司享有提交项目销售方案的权利考虑，没有对项目销售方案作出决议。在 2010 年 12 月 6 日第二届董事会第十次会议上，实业公司并没有按照董事会决议的意见和合作协议第十一条第五项的约定提交销售方案，其恶意拖延销售的意图明显。但即便如此，项目公司仍然根据实业公司意见，对销售方案没有作出决议，再次给了实业公司提交销售方案的机会。

5. 由于实业公司迟迟不提交销售方案，项目公司于 2010 年 12 月 15 日发出《关于尽快提交项目销售方案保证项目销售正常进行的催促函》，但实业公司仍未提交销售方案。

6. 在实业公司一拖再拖后，项目公司董事会才严格按照约定和公司章程，于 2011 年 1 月 19 日召开了董事会，全体董事参会，并以 4 票赞成、1 票反对的表决结果，通过了公司经理层于 2010 年 11 月提交董事会审议的销售方案。

从上述项目公司董事会对项目销售决策的全部过程来看，实业公司恶意阻挠项目销售的行为已完全违反了协议约定。

（三）项目销售方案依约依法确定后，实业公司继续实施了各种阻碍项目销售的行为，造成项目迄今不能销售。

1. 向行政机关举报。2011 年 1 月 19 日，项目公司依照各方协议约定和公司章程规定通过了“Q 国际贸易中心”的项目销售方案。置业公司的投资回报即将通过合同约定的项目销售之方式得到实现，但实业公司因其提出变更合同提前回购、停止销售的要求未得到满足，而于 2011 年 1 月下旬向 Q 市房地产交易中心举报项目公司收取了所谓 240 户的定金，该等举报毫无依据，但由于 Q 市房地产交易中心对项目的调查，客观上阻碍了预售许可证的取得。

2. 发表声明和召开新闻发布会。2011 年 1 月 21 日、1 月 24 日，实业公司连续在《半岛日报》《Q 市财经日报》发布《声明》对置业公司和项目公司进行正常销售的行为进行诋毁中伤，对项目销售制造障碍。

3. 对项目公司的土地使用权、销售账户申请保全。1 月 24 日，实业公司在起诉的同时申请对置业公司、项目公司名下 1.2 亿元人民币限额内的财产进行财产保全。2011 年 1 月 28 日，法院对置业公司持有的项目公司 92% 的股权和项目公司的销售账户、土地证采取了冻结、查封的保全措施。为了保证项目销售的正常进行，项目公司向法院提供了 1.2 亿元人民币存款作为担保，于 2011 年 2 月 25 日置换并解除了对置业公司和项目公司名下的股权、土地使用权和销售账户已采取的财产保全措施。2011 年 3 月 7 日，项目公司顺利拿到了预售许可证。但之后，实业公司又申请增加了 1.2 亿元的保全申请，导致法院再次于 2011 年 3 月 9 日在 2.4 亿元的限额内对置业公司、项目公司名下的财产采取了保全措施。此后，实业公司又通过凭空增加诉讼请求数额，继续申请对项目公司的财产保全，导致项目公司的土地使用权被查封至今，由此直接造成已达销售条件的房屋一套未能销售。可见，实业公司申请保全的目的就是为了阻碍项目销售。

综上，由于实业公司的恶意阻挠，客观上造成项目迄今一套未售的结果。而项目不能销售，则造成置业公司的投资与收益不能实现，这是股权回购条件第二、三项不能实现的根本原因。而股权回购条件中第四、五项施工方和置业公司相关关联方的风险释放，则需要实业公司凭据其资金担保实力取得施工方和银行等相关关联方的认可，这些均非置业公司和项目公司所能自行解决的问题，在此情况下，实业公司又要求置业公司、项目公司配合其实现股权回购条件，明显是把其自身的义务与责任强加给置业公司，这不仅背离了合同约定，客观上也是无法完成的。

四、置业公司持有的项目公司92%股权是其从三名转让方手中收购而来，置业公司不仅支付了对价款，还替项目公司偿还了债务，取得了股东的工商登记，并依法依约履行了各项股东义务，是真正的项目公司股东，实业公司要求将该等股权过户到其或其指定的第三方名下，是对国有资产赤裸裸的侵犯与掠夺

（一）置业公司收购股权前的项目状况。

在置业公司收购前，实业公司持有项目公司25.5%的股权，但由于其毫无资金实力，加之与其他股东纷争不断，当时项目公司欠债9亿多元，根本无力进行项目开发，陷入了既无资金又官司缠身、面临重罚甚至项目土地被政府收回风险的死局，2008年的Q中心成为了一个彻头彻尾的烂尾项目。对此各方签署的《合作框架协议》第三条第十二项清楚地记载，“乙方（即项目公司）自取得Q市国际贸易中心项目土地以来，一直未取得《建设工程施工许可证》，目前正在被相关政府部门清查”。该协议鉴于条款第五项载明：“戊方（即实业公司）为乙方现有股东，持有乙方25.5%的股权；该等股权现由于涉及戊方与Q建设集团有限公司的诉讼而处于查封状态。”

（二）置业公司为收购股权不仅支付了对价，还承担了大量义务，是项目公司毫无争议的控股股东。

在Q市招商局推介邀请下，为了重新启动Q市国际贸易中心项目建设，2008年4月3日置业公司与实业公司、项目公司及其他第三人就“Q市国际贸易中心”项目（以下简称项目）合作事宜签署了《合作框架协议》，2008年4月13日和2008年5月9日，置业公司、项目公司与实业公司又先后就项目公司及项目合作签署了《补充协议》和《投资合作协议》（以下简称合作协议）。根据上述协议，置业公司在替项目公司和实业公司偿还债务的同时，以股权收购的方式取得了项目公司92%的股权，具体从重庆渝能产业集团有限公司收购了50%，从山东基德生态科技有限公司收购了24.5%，从实业公司收购17.5%。置业公司除支付了9200万元的股权对价款外，还为项目公司垫付了1153222780.81元的各项欠款。

这其中还包括为解除实业公司被查封的股权所发生的借款。收购完成后，置业公司持有项目公司 92% 的股权，其余 8% 的股权为实业公司所持有。同时，项目公司依法完成了其章程变更和股东的工商登记。

（三）置业公司对项目公司进行了巨大的人力财力投入，使项目达到了预售条件。

合作协议约定，置业公司负责对项目公司投资，并负责项目的开发经营。相应地，合作协议第七条第一款约定，项目达到销售条件，项目公司即行销售，项目销售回款首先应偿还置业公司投资本金及收益。

接手项目三年来，置业公司的巨额资金投入，不仅解决了原股东留下的大量纠纷和债务，而且给项目提供了重要的资金保证。同时，在规范的管理模式与施工管控方面，得到了政府的高度评价，项目被评为优良工程并多次获奖。置业公司通过巨大的人力、财力的投入，依托置业公司的良好声誉，把一个烂尾项目盘活成为一个规模宏大的城市综合体、一个在 Q 市具有广泛影响的地标性建筑。在不到三年时间内项目即达到了预售条件 ，并于 2011 年 7 月 10 日作为 Q 市高达 237.7 米的第一高楼实现了封顶。而自置业公司控股项目公司以来，实业公司始终未对项目投入一分钱。

就在置业公司的投资回报即将通过股东之间合同约定的项目销售方式得到实现之际，实业公司背离合同的约定，为了追求其收益最大化，在合同约定的回购条件并未成就的情况下，突然提出回购要求，并要求停止项目销售，正是实业公司这一违约行为，直接导致了纠纷的发生。置业公司持有的项目公司 92% 股权属于国有法人股，系国有资产。实业公司在收购完成三年后，竟然宣称置业公司不是项目公司在公司法意义上的股东，并要求将 92% 的股权过户给其所有，这无异于对国有资产赤裸裸的掠夺。

（四）实业公司要求将置业公司持有的项目公司 92% 的股权过户到其指定的第三方战略投资者名下不具有可诉性。

1. 根据我国《民事诉讼法》第一百零八条的规定，实业公司的起诉必须有具体的诉讼请求和事实、理由。所谓具体的诉讼请求，是指实业公司要求人民法院予以确认或保护的民事权益的内容和范围必须具体，即实业公司通过诉讼要求达到什么具体目的。而在本案中引入战略投资者，根本就不能形成具体的诉讼请求，不具有可诉性。首先，根据双方的协议，引入战略投资者受让甲方所持一定比例的股权，客观上是需要由双方协商确定的，在受让股权比例没有约定的情况下，包括法院在内的第三方均不能强制双方进行交易。其次，作为第三方的所谓战略投资者，根本就不是系争合同的签约主体，甚至其现在是谁，都尚不清楚，从主体资格上说，其根本就不是本案的适格主体。法院也无从进行审理和裁判。因此，该项诉讼请求根本就不具有可诉性。

2. 实业公司提出该项诉讼请求的事实和理由也不成立。首先，合同约定的引进战略投资者，主要是置业公司的一项权利，其合同本意是作为置业公司股权融资的手段，减轻其投资风险。而目前，置业公司已独立完成了项目大部分投资，项目不仅取得了预售证，而且已于2011年7月10日封顶。尤其是自实业公司申请对项目公司采取保全措施后，银行已完全停止了对项目的开发贷款。而置业公司已自行筹资满足了项目的建设需要，在置业公司早已经可以依约通过项目销售实现投资收益的情况下，完全没有再引入战略投资者进行融资和实现投资收益的必要性。

五、由于股权回购条件迄今尚未成就，置业公司当然有权享有合同所约定的每年30%的投资回报率，实业公司要求将年计算回报率计算到2010年7月9日没有任何依据

（一）该投资回报条款并非用于确保置业公司固定收益的保底条款。

虽然合作协议中约定了置业公司30%的收益率，但该约定仅是说用项目公司的销售回款优先偿还置业公司投资的30%的收益，而并非是约定无论项目盈亏均应保证置业公司30%的投资收益率，也就是上述约定并不排除置业公司承担项目亏损的可能性。因此，该等条款并非我国法律所规定的保底条款，更非变相借贷，而是股东间权利义务相平衡的约定，是合法有效的合同条款。

（二）该投资回报条款并非实业公司所言的“企业借款”，而是根据权利义务对等原则，股东间约定的、置业公司实现股东权益的一种方式。

如果条款的实质是“企业借款”，则置业公司只要把款项借给项目公司，然

后坐享约定收益即可。而事实却是，置业公司不仅仅通过股权收购取得了92%的股权，更委派了四名董事，以及几乎全部的项目经营团队，从事项目的经营管理。而在符合股权回购条件的情况下，置业公司作为持股92%并承担了投资、运营全部风险的绝对控股股东，若其所能实现的最大收益，仅是每年2760万元（即9200万元×30% =2760万元）的股权溢价，这对于投资几十亿元的大项目的控股股东显然是极不公平的。基于此，双方在协议中明确约定在股权回购时，置业公司应享有从项目公司取得年投资收益30%回报的权利，这一股东收益权与置业公司作为负责项目全部投资的控股股东的义务是对等、平衡的。

（三）投资回报数额应计算到置业公司收回全部投资和收益为止。

合作协议第七条明确约定："若公司（项目公司）占用甲方（置业公司）投资超过半年（含半年），根据实际占用时间、额度，按年投资回报率30%计；若公司占用甲方投资不足半年的，则甲方投资收益按照半年计算，年投资回报率为30%。"可见，30%的投资回报收益实际上是股权回购的先决条件，投资回报条款应计算到置业公司收回投资和收益为止。至于实业公司提出2010年7月10日其就发出了股权回购函，置业公司从未收到。置业公司首次收到实业公司要求回购的函落款时间为2010年11月11日，置业公司于2010年12月2日即给予了书面答复。况且，即便发出股权回购函，这也是在股权回购条件没有成就条件下的提前回购，也不应当影响置业公司投资回报率的计算。

需要指出的是，从当初股权收购来源上看，置业公司仅从实业公司收购了17.5%的股权，且收购完成后，实业公司又对项目分文未投，在此情况下，之所以置业公司还赋予了一定条件下实业公司回购置业公司92%股权的权利，就是以全部股权回购条件的实现为前提条件的。因此，投资回报条款和股权回购条款是统一整体，密不可分，若调整则两者均应调整。否则，这不仅导致置业公司的股东权利义务不对称，更导致项目公司92%的国有法人股这一国有资产的严重低估与流失。这就成了对国有资产赤裸裸的侵吞与掠夺，是严重违反我国《企业国有资产法》《企业国有资产监督管理暂行条例》等相关法律、法规的规定的。综上，假如发生投资回报条款调整或无效的情形，只能导致第八条所约定的股权回购条款无效。在此情况下，法律后果必然也只能是双方不再按投资收益的约定进行股东权益分配，而是依法以股东之间的持股比例进行项目公司收益分配。

六、置业公司和项目公司不存在任何对项目的恶意处置行为，实业公司要求赔偿经济损失毫无依据

（一）项目公司按照合作协议和公司章程履行了项目销售的决策程序，项目销售是项目公司作为独立民事主体的正常经营行为，且定价与市场相符，置业公司不存在所谓低价销售项目的行为。

1. 项目公司的行为符合关于项目销售的基本约定和国家关于房地产销售政策的基本规定。

合作协议第七条第一款约定，项目达到销售条件，项目公司即行销售，项目销售回款首先应偿还置业公司投资本金及收益。合作协议第十一条第五款约定，项目开发经营过程中，除资产处置、股权转让、对外担保之外的其他经营活动，项目公司有权自行决定。实业公司有权对项目的营销策划提供方案，最终方案须经项目公司董事会通过。该条第六款规定，为保证本协议约定的各项内容的顺利进行，一方遇有协助义务的，另一方应积极协助与配合。从上述合同约定来看，项目销售是置业公司回收投资的必经路径和基本保证，况且，即便启动股权回购也不以停止销售为前提，因此，项目公司在项目预售条件业已具备的情况下，启动预售程序是完全符合合同的约定的，也符合开发商不得捂盘惜售的房地产政策规定。

2. 项目销售的定价决策过程完全符合协议约定和公司章程规定。

项目销售的定价决策过程完全符合协议约定和章程规定，详见第三部分（二）的内容。

以上充分证明，项目销售的决策过程，以及置业公司和项目公司在该过程中的行为，都是完全符合协议约定和公司章程规定的。

3. 项目定价与当地商品房市场价格相符，实业公司提出的所谓低价销售而造成的18亿元损失完全是无中生有，毫无依据。

如前所述，项目的销售定价是在项目公司经理层形成书面意见和具体议案后，项目公司董事会历经三次会议讨论形成的。项目公司经理层提交的《Q中心价格策略报告》仅分析论证定价依据就达31页，这是项目经理层在对项目的区域位置、市场环境、竞争项目的定价比较、项目优劣势充分分析的基础上提出的，具有客观务实、与当地商品房市场价格相符的特点。项目公司经过反复分析论证，才最终在董事会上通过了项目销售定价方案。根据该销售定价方案，项目公司向Q市国土资源与房屋管理局备案了项目预售价格，其中住宅均价41111元/平方米，办公楼均价41637元/平方米，商业楼均价73371元/平方米，公寓式酒店均价36667元/平方米。2011年3月7日Q市国土资源与房屋管理局就该项目颁发了预售许可证，也说明了政府部门对这一价格的认可。而实业公司为了一味实现其收益最大化，置国家关于房地产调控的政策于不顾，以股权回购为名，在分文未投的情况下，无视企业的社会责任而要求项目公司停止销售、捂盘惜售以哄抬房价，其行为不仅没有任何依据，也直接违反了《国务院关于坚决遏制部分城市房价过快上涨的通知》第五条第九款、《国务院办公厅关于促进房地产市场平稳健康发展的通知》第三条第六款等行政法规和政策的相关规定。

事实上，实业公司所谓的项目公司以内部销售方式收取了240户的购房定金毫无依据，项目至今尚未销售，所谓低价销售造成的损失根本无从谈起。需要指出的是，即便今后项目销售了，实业公司提出的所谓低价销售而造成的损失18亿元又是什么概念呢？从Q市楼市信息看，Q市楼盘的最高均价不超过4万至5万元。项目公司给出的项目均价实际已达47176.82元，以实业公司持有的8%股权比例计算，假设项目212252.8平方米可售面积全部售出，反算出本项目的销售单价，必须每平方米定价增加106005.67元，也就是说，项目在达到实际价值每平方米14万余元价格的时候，实业公司股权比例对应的销售总额方能达到18亿元，这一价格在北京、上海等一线城市顶级豪宅中尚难一见，在Q市更是天方夜谭，而这一荒谬的价格，恰恰印证了实业公司滥用诉权、恶意诉讼的行为极其典型与恶劣。同时，也充分说明实业公司提出的要求赔偿低价销售而造成的损失，完全是无中生有，毫无依据。

（二）项目春节后暂缓开工是因实业公司对项目销售的恶意阻挠行为所导致，相关损失应由实业公司承担。

在项目公司申领预售许可证期间，为了阻止该证的取得，2011 年 1 月 21 日、1 月 24 日实业公司连续在《半岛日报》《财经日报》发布《声明》对答辩人进行诋毁中伤，为项目销售制造障碍。2011 年 1 月 28 日实业公司又恶意申请对项目公司的销售账户和项目土地使用权进行了财产保全，直接导致本已符合预售条件的项目无法及时取得预售许可证。由于项目的正常销售受阻，银行因担心资金安全，向项目公司提出停止发放贷款的要求，而本来预期可以通过销售回款支付建设资金的计划受阻后，施工方也向项目公司发来了函件，要求行使合同履行不安抗辩权，在项目经营受到严重影响的情况下，项目公司迫不得已决定春节后暂缓开工，直到 2011 年 3 月 7 日预售许可证取得后才恢复了施工，这一暂缓开工的后果完全是实业公司所导致，暂缓开工期间每天造成上百万元的直接经济损失（对停工每日损失数额原置业公司双方均认可），应全部由实业公司承担。

实业公司在庭审中提出，暂缓开工是按置业公司领导指示所做出的决定。这实际上是颠倒了停工原因与暂缓开工结果之间的因果关系。实业公司阻碍销售的一系列违约行为是停工的根本原因。在其行为发生后，置业公司领导与其对话所提到的暂缓开工结果，则是对其行为所必然导致结果的客观表述而已。是实业公司的违约行为而不是置业公司领导的指示，导致了 2011 年春节后暂缓开工结果的发生。

（三）项目建设资金全部由置业公司直接提供或通过间接融资所提供，所谓置业公司挪用项目资金 12 亿元的说法根本不能成立。

首先，从项目公司的款项支付上看，对建设方的款项支付都是按与建设方的合同约定正常进行的，不存在实业公司所述的签订虚假合同、虚增建设成本的问题。其次，从资金的来源上看，项目公司的建设资金实业公司分文未投，全部由置业公司直接提供，或由置业公司通过向银行担保等方式为项目公司间接融资所提供，置业公司即便收回其对项目公司的周转资金也属于正常的回收行为，也谈不上挪用的问题，而实业公司分文未投又何来损失可言？最后，从定量分析来看，根据中国银行山东省分行给Q市房地产登记中心出具的证明，仅截止到2010年10月，项目公司对项目投入的建设资金就已达到18.5592亿元。自2010年10月至今的一年多时间内，项目仍在持续投资，而各方一致确认，目前项目公司取得的银行贷款系20.5亿元。那么，所谓12亿元的被挪用的资金又从何而来？因此实业公司的说法纯系主观臆断，毫无依据。

需要指出的是，实业公司提出所谓置业公司挪用资金的最主要证据就是国际贸易中心工程概算报告［鲁大信编字（2011）字第01100号］。但该证据内容明显是不真实的。首先，该报告称受项目公司委托，但事实上，项目公司从未委托该造价咨询有限公司出具该报告。其次，该报告缺少必要的工程基础数据，完全是在没有资料、严重缺项漏项、计算依据错误的情况下凭空编出本项目投资才6亿元的荒唐结论。可见，该报告不具有客观真实性，因此不应作为证据使用。

（四）项目公司对外担保均是按照合作协议的约定和公司章程的规定履行了决策程序，且为项目公司的利益而实施，没有给实业公司造成任何损害。

1. 实业公司提供的证据14显示，项目公司用其房地产权证为天丰公司在建设银行的贷款2.5亿元提供了担保，但天丰公司贷款的目的是将款项转给项目公司，且其取得的贷款已实际转贷给项目公司所使用，天丰公司向项目公司提供了金额分别为2.5亿元和1亿元的两笔借款，其中1亿元借款未得到任何担保，因此，项目公司的对外担保系为项目公司的自身利益所实施，且履行了董事会的决策程序，实业公司委派的董事也表示同意。因此，实业公司实际上是从中受益的，不存在任何利益受损的情形。

2. 实业公司提供的补充证据1即《民事裁定书》反映了置业公司用其持有的项目公司股权为项目公司申请的财产保全提供了担保。项目公司起诉实业公司并申请保全的目的是追债4750万元。由于项目公司的92%股权属于置业公司的自有财产，置业公司当然有权处置。况且，置业公司以自有财产，为项目公司提出的财产保全申请提供担保的目的，是保证项目公司向实业公司主张债权的诉讼目的顺利实现。这是有利于项目公司的。而既然实业公司的违约行为已经严重侵害了项目公司的利益，实业公司当然应就此向项目公司承担违约责任。

七、实业公司上诉请求的本质是要求改变当事人之间的合同约定，其依约依法均不应得到支持。

实业公司在上诉状中要求二审法院支持其一审中提出的各项诉讼请求，而实业公司一审提出的6项诉讼请求，正如前述分析，无论是从实体上还是从程序上均不能成立。其6项诉讼请求的本质是要求改变《投资合作协议》等合同中既定的股权回购条件和方式，以侵害国有资产为代价实现其自身利益最大化。对此，既无合同依据，更与法相悖。

虽然实业公司当庭提出愿意调解，但其迄今亦未提供出足以让被上诉人接受的调解方案。因此，置业公司和项目公司郑重声明不再接受实业公司提出的任何调解、和解方案，要求其严格按合同办事，由各方继续履行合同的各项约定。

综上所述，一审判决认定事实清楚、适用法律正确。实业公司无理缠讼，其上诉理由根本不能成立。而由于项目公司的土地使用权被实业公司申请查封后，造成已取得预售许可证的Q市地标性项目迟迟不能销售，国有资产的损失在与日俱增，置业公司的企业形象也在一天天遭受损害。鉴此，恳请二审法院在查明事实的基础上，尽快依法驳回实业公司的上诉请求，维持原判，以维护置业公司、项目公司的合法权益。

【生效判决书】

中华人民共和国最高人民法院

民事判决书

（2011）民二终字第108号

上诉及合议庭组成情况（略）。

山东省高级人民法院查明事实以及认为存在争议的事实（略）①。

① 详见威科先行裁判文书全文：https：//law. wkinfo. com. cn/judgment – documents/detail/MjAxMDAwMDU5MTU%3D？searchId = dc3a852659a44bb8943b1d22b70112af&index = 4&q = 中铁置业%20 中金实业 &module = 。

2011年1月24日，实业公司向山东省高级人民法院提起诉讼，请求该院判令：1. 实业公司在置业公司履行合同约定的协助、配合义务的情况下，有权进行股权回购；2. 置业公司、项目公司配合实业公司即日起（2011年6月29日，第二次开庭日期）实现《投资合作协议》第八条第二款约定的股权回购条件；3. 置业公司、项目公司协助实业公司将置业公司名下92%的股权办理工商变更登记到实业公司或实业公司指定的第三方战略投资者名下；4. 置业公司根据投资合作协议享有的年投资回报率30%截止日期计算至2010年7月9日；5. 被告立即停止对项目任何形式（包括但不限于销售、停止施工、抵押、资金占用等）的恶意处置行为，并承担因此所造成的损失约30亿元人民币，暂主张4.8亿元，以法院审核为准；6. 诉讼、审计、评估、保全等费用均由被告承担。原审中，项目公司提起反诉，请求判令实业公司赔偿因违反协议约定而造成其项目销售迟延半年的利息损失87867682.83元、1.2亿元资金被冻结半年的直接损失351万元及项目暂停施工22天的损失2200万元，合计损失113377682.83元。

山东省高级人民法院审理认为：本案实业公司虽然是以股权转让纠纷提起诉讼，但从其诉讼请求来看，是要求置业公司和项目公司依据投资合作协议履行协助配合义务、转让股权以及赔偿因为违反协议约定而造成的损失。因此，本案案由应当确定为投资合作协议纠纷。根据当事人的起诉及答辩情况，案件争议焦点是：一、实业公司是否有权要求股权回购；二、置业公司是否违反配合、协助义务；三、应否对项目进行审计；四、实业公司主张的停止恶意处置行为、赔偿损失能否成立；五、实业公司应否赔偿项目公司的损失。

一、关于实业公司是否有权要求股权回购的问题。该院认为，根据《投资合作协议》约定，实业公司回购置业公司92%的股权，必须满足五个条件：1. 置业公司已实际受让实业公司所持公司17.5%的股权；2. 置业公司收回了全部投资；3. 置业公司获得了本协议约定的投资收益；4. 项目施工总承包单位的工程款支付已获得保证；5. 置业公司其他关联方在项目中的风险已释放完毕。从本案事实来看，置业公司为了使中国工商银行开具施工款的付款保函，提供了1.5亿元的保证，为了使项目公司取得项目开发贷款向中国银行等四家银行提供了16.2亿元的最高额保证。目前，置业公司的上述保证责任尚未解除，置业公司在项目中的风险并未释放完毕，股权回购的第五个条件尚不成就。因此，实业公司目前尚无权要求股权回购。实业公司主张其有权进行股权回购，要求置业公司、项目公司配合将92%的股权转让给实业公司，以及要求将置业公司年投资回报率截止日期计算到2010年7月9日，没有事实和法律依据，该院依法不予支持。

至于实业公司所主张的依据协议约定可以在股权回购条件成就前引入战略投资者受让置业公司一定比例股权的问题，因为本案实业公司的诉讼请求是回购全部92%的股权，而非引入战略投资者受让部分的股权，因此对于实业公司的该主张依法不予处理。

二、关于置业公司是否违反配合、协助义务问题。本案中，实业公司主张其已经准备了足够的资金，完全可以释放置业公司的投资风险，偿还置业公司的投资收益，实现股权回购条件，但置业公司拒不履行《投资合作协议》第十一条约定的配合协助义务，恶意阻挠回购条件成就。对此，该院认为，《投资合作协议》所约定的置业公司的协助配合义务，是一种辅助性义务，是在具备了股权回购条件的情况下，置业公司应积极予以协助，不得恶意阻碍。本案中，对于置业公司所提供的担保能否解除，关键取决于相关贷款银行是否同意。目前，实业公司虽然向有关贷款银行发函请求解除置业公司的担保责任，但并未提交贷款银行同意解除担保的证据，也就尚不存在需要置业公司协助配合的问题。因此，实业公司诉请置业公司履行协助配合义务，以及关于置业公司恶意阻挠回购条件成就应视为条件已经成就的主张，证据不足，该院依法不予支持。

三、关于应否对项目进行审计的问题。该院认为，实业公司要求对项目进行审计的目的是确定置业公司的投资数额和挪用及侵占项目公司资金的情况，以此来证明置业公司已经实际收回了投资及收益，满足了股权回购的第二、三个条件。对此，根据《投资合作协议》的约定，必须在五个回购条件全部实现时，实业公司才有权回购股权。本案中因约定的第五个条件尚未成就，实业公司也就无权要求进行股权回购，因此也就没有通过审计确定第二、三项条件是否成就的必要。而且，本案中项目尚未通过销售产生收益，即便存在置业公司挪用侵占项目公司项目开发贷款的情况，该行为也因为违反法律规定而不具有合法性，置业公司应向项目公司予以返还或赔偿，而不能据此认定置业公司已合法地收回投资。综上，对于实业公司关于对项目公司进行审计的申请，该院依法不予支持。

另外，关于实业公司主张自己作为小股东无法掌握项目公司的财务状况和有关证据的问题，该院认为，实业公司作为项目公司的股东，其对项目公司的经营及财务状况依法享有知情权，在无法了解项目公司经营财务状况时，其可以依照《中华人民共和国公司法》第三十四条规定来维护自己的权益。

四、关于实业公司主张停止恶意处置行为、赔偿损失的问题。该院认为，实业公司本案提起的是违约之诉，就违约而言，只存在出现违约行为后的法律救济问题，因此实业公司关于停止恶意处置行为的请求，没有法律依据，依法不能成立。实业公司所主张的置业公司擅自挪用项目公司资金、低价销售房产、指令项目公司停工、以项目公司资金提供担保等行为，在性质上均属于置业公司作为控股股东损害项目公司利益的问题。实业公司如果认为存在上述行为，应根据《中华人民共和国公司法》第一百五十二条规定或根据《投资合作协议》约定，要求置业公司向项目公司赔偿，其在本案中主张置业公司、项目公司、销售代理公司直接向实业公司赔偿没有法律依据，该院依法不予支持。而且销售代理公司并非《投资合作协议》的主体，实业公司依据协议向其主张权利的请求，不能得到法律的支持。

五、关于项目公司反诉要求实业公司赔偿损失的问题。该院认为，项目公司主张的项目被查封导致无法销售以及1.2亿元资金被冻结所造成损失的问题，均是在本案中实业公司申请查封所致，实业公司是否应予赔偿应待本案作出生效判决后方能确定，项目公司现在要求赔偿应依法不予支持，其可待本案审理终结后另行主张。对于项目暂停施工22天的损失问题，项目公司所主张的实业公司登报声明、召开新闻发布会等行为，并不必然导致项目暂停施工，与项目停工所造成的损失没有因果关系，而且项目公司所主张的损失数额也没有法律依据。因此，对项目公司的反诉请求，该院依法予以驳回。

综上所述，实业公司的诉讼请求以及项目公司的反诉请求，证据不足，该院依法不予支持。经该院审判委员会研究，根据《中华人民共和国民事诉讼法》第六十四条、第一百三十八条之规定，判决：一、驳回原告实业公司的诉讼请求；二、驳回反诉原告项目公司的反诉请求。一审本诉案件受理费290.18万元，财产保全费5000元，由实业公司负担；反诉案件受理费304344元，由项目公司负担。

实业公司不服原审法院上述民事判决，向本院提起上诉称：一、一审判决以协议约定的五项回购条件未成就为由，认定实业公司无权回购，属认定事实错误。

1. 实业公司是项目土地使用权及开发经营权的获得者。在引入财务投资者重庆渝能公司及山东基德公司后，始终是项目公司的实际控制人。在与置业公司签订合作协议后，实业公司除直接持有项目公司8%的股权，还享有项目公司92%的股权的回购权，因此成为项目公司的实际所有者。

2. 置业公司只是项目公司的投资者。协议明确约定，置业公司仅仅是项目公司的投资者。其虽然持有项目公司92%的股权，但与《公司法》规定的股东存在本质区别。其不仅享有包括股权投资在内的30%年固定投资回报，还持有实业公司8%的股权质押，其实质是不承担公司经营风险。置业公司持有股权的行为，只是为了保证投资协议合法有效及保障其投资权益的实现。

3. 实业公司在五年内随时享有回购权，置业公司负有配合回购义务。协议明确赋予了实业公司五年内可随时对置业公司所持全部股权进行回购的权利，也明确了在一方需要协助时，另一方应予配合的义务。回购权的实现必须满足五项回购条件，但是回购条件的成就须由置业公司配合，具体体现在：置业公司对项目公司的投资数额，需由双方共同确认；置业公司提供的担保，均需要置业公司、项目公司以及实业公司共同向银行申请担保置换。回购权的行使与回购条件的成就必须且只能同时进行，二者缺一不可，相辅相成。

4. 实业公司为实现股权回购提供了充足资金保障，完全可以成就五项回购条件。实业公司已向多家金融机构融资，为股权回购提供了充足的资金保障；另外也可通过以项目地上建筑物抵押贷款的方式获得充足资金。这些资金保障完全可以满足置业公司的投资及收益，也完全可以置换置业公司及其相关方的风险。

5. 置业公司拒绝回购、执意销售项目的行为构成违约，其单方违约、拒绝回购所经过的期间，不应计入其投资回报周期，投资回报的计算应截止到2010年7月9日。

6. 置业公司拖延回购的违约行为对实业公司造成了巨大损失，应对实业公司进行赔偿。

二、一审判决认定实业公司应依公司法由项目公司主张赔偿，属适用法律错误。本案是投资合作法律纠纷，置业公司违约给实业公司造成的损失，应依协议约定进行赔偿。一审判决认定实业公司应以股东身份代表项目公司提起赔偿诉讼，与本案投资合作协议纠纷的定性相悖，属适用法律错误。

综上，一审判决认定事实错误，适用法律错误，请求二审法院依法撤销山东省高级人民法院（2011）鲁商初字第2号民事判决；支持实业公司一审诉讼请求；一、二审诉讼费用均由被上诉人承担。

被上诉人置业公司、项目公司答辩称：一、一审判决关于“股权回购条件尚不成就，实业公司目前尚无权要求股权回购”的认定事实清楚，实业公司关于一审判决认定事实错误的6点上诉理由均没有任何依据。1. 实业公司仅是持有项目公司8%的股权的股东，并非项目的实际所有者。置业公司收购项目公司股权前，实业公司也仅持有25.5%的股权，收购完成后，项目公司已依法完成了章程修改和工商变更登记，置业公司是在支付了巨额对价的基础上取得了92%的股权，不存在所谓返还股权的问题。2. 置业公司不仅是项目公司的投资者，更是其控股股东，收回其投资与收益是置业公司退出项目公司的前提条件之一。置业公司根据《投资合作协议》积极对项目公司投融资，并负责项目的开发经营，使得项目不到三年即达到了预售条件，并顺利实现封顶。而实业公司违反协议的约定，通过申请查封等方式阻挠项目销售，导致项目至今未能销售。显然，置业公司尚未能通过合同约定的项目销售收回任何投资与收益。3. 合作协议约定的五项股权回购条件必须全部满足后，才能启动股权转让程序，在此之前实业公司要求股权回购没有任何依据。首先，股权回购的五项条件，体现了权利与义务相对等，在其全部成就前，实业公司无权要求回购。其次，实业公司已认可该五项条件尚未全部成就。再次，引入战略投资者的诉讼请求不属于本案审理范围。因战略投资者不是本案的适格主体，且其受让股权的比例尚需由双方协商确定。4. 从举证责任上来说，实业公司的义务是证明股权回购条件已经全部实现，而不是证明其有进行股权回购的支付能力，有能力回购不等于有权回购。况且，实业公司提供的与第三人的合作意向也并不能证明其有股权回购的能力，更不能证明实业公司有能力实现股权回购条件。5. 一审判决准确地对实业公司的六项诉讼请求及其依据逐一进行了审理，其在认定第五项股权回购条件没有成就的基础上认定实业公司目前尚无权回购股权是完全正确的。解除相关保证责任，促成回购条件成就，系实业公司自身的责任而非置业公司的义务。6. 实业公司所谓的一审判决将使其遭受重大损失的说法没有任何事实基础。首先，项目为项目公司所有，而不是股东直接所有。其次，项目销售是置业公司回收投资的必经路径和基本保证；项目应否销售仅与项目是否达到销售条件相关，即使启动股权回购也无须停止销售。最后，实业公司错误地将项目公司对项目的正常销售决策视为置业公司处置项目的行为，由此得出错误结论。

二、一审判决对实业公司一审的第五项诉求的处理，完全符合法律规定。该项诉求不属于本案违约之诉的审理范围。从事实上来看，答辩人并不存在任何违约行为或侵权行为。从救济程序上说，如果实业公司认为置业公司存在恶意处置行为，受损害的也是项目公司的利益，故一审判决对该诉求的处理，完全符合法律规定。

综上所述，一审判决认定事实清楚、适用法律正确，实业公司的上诉理由完全不能成立，故请求二审法院依法尽快驳回其上诉。

被上诉人销售代理公司答辩称：对一审判决认定事实和适用法律没有异议，请求二审法院维持原判。

二审期间，双方当事人对原审认定的基本事实不持异议。二审时对有异议的证据，仍坚持原审时的质证意见。

本院二审除对一审查明的事实予以确认外，另查明：

《合作框架协议》第一条约定置业公司与实业公司之间的“合作模式”是：1. 置业公司通过原股东重庆渝能公司、山东基德公司、实业公司之间的股权转让，取得项目公司股东地位。2. 置业公司通过外资进入的方式向项目公司投资，进行项目的开发经营，并享受项目销售带来的收益。在该协议第二条“股权转让的程序”中，约定了股权转让后召开新的股东会，修改公司章程，以及选举新的董事会、监事会等内容。

此后，置业公司、实业公司、项目公司三方在《投资合作协议》第二条“合作模式”中约定：一、置业公司拟通过与公司原股东实业公司、重庆渝能公司、山东基德公司之间的股权转让（或参与拍卖）程序，取得公司的股权，成为公司的合法股东。二、置业公司通过利用外资及内资投资的方式向公司投资，进行项目的开发经营，并享受项目销售带来的收益。三、项目物业达到销售条件后，公司物业销售的回款应首先满足置业公司的投资及收益的回报。四、待本协议约定的回购条件成就后，实业公司可以回购置业公司所持公司股权，置业公司退出公司的经营和管理。五、在合作过程中，置业公司、实业公司双方均可以按照本协议的约定引入战略投资者。

三方在《投资合作协议》第九条中关于“战略投资者”的约定是：一、在本协议约定的实业公司对置业公司所持公司全部股权的回购条件全部成就之前，实业公司和置业公司均有权引入战略投资者，由战略投资者一次性或分阶段受让置业公司所持公司一定比例的股权。二、引入战略投资者受让置业公司所持公司股权，其对价方式按照本协议第七条约定的股权对价方式计算。三、双方引入的战略投资者受让置业公司所持公司一定比例的股权，必须同时受让公司相同比例的债务。同时，战略投资者同意本协议关于置业公司投资及收益的条款的约定。

二审中，实业公司提交一份H信托公司2001年8月29日出具的《关于为实业公司回购项目公司股权提供融资的说明》（以下简称《融资说明》），其意证明：H信托公司愿意为实业公司提供融资，实业公司引入的H信托公司，能够释放置业公司所有的风险，回购92%的股权。《融资说明》载明：H信托公司正与实业公司商讨开展业务合作。在满足一定前提条件下，H信托公司拟为实业公司提供总规模不超过30亿元人民币的融资支持，用于实业公司回购项目公司92%的股权及所属“Q国际贸易中心”房地产项目，包括偿还实际用于“Q国际贸易中心”

项目建设的银行贷款。具体融资金额和条件将在司法审计及法院裁决后由H信托公司与实业公司协商确定。

置业公司的质证意见是：该证据与本案没有关联，即使是真实的，也只是H信托公司与实业公司的合作意向，且注明了要满足一定的条件。在股权回购条件没有成就的情况下，实业公司无权进行回购。置业公司不同意对合同进行变更。因此，该份证据与本案无关。

置业公司二审新提交的证据有：1. 2011年9月6日项目公司向青岛市中级人民法院提交的《强制执行申请书》，请求该院执行该院（2011）青民四商初字第8号生效民事判决，强制执行实业公司拖欠的借款本金4750万元及利息等。2. 青岛市中级人民法院于同年9月14日给项目公司的《执行案件受理通知书》。3. 青岛市中级人民法院司法鉴定委托书（2011）青法鉴字第094号。4. 青岛市市南区人民法院2011年12月13日致项目公司的《协助执行通知书》，内容为：查封实业公司在项目公司8%的股权。5. 青岛市市南区人民法院（2012）南民保字第11004号民事裁定书。

置业公司认为，上述新提交的证据证明实业公司不具有履行正常债务的能力，不具有资金实力，其上诉称“已提供充足资金，确保置业公司的全部投资和约定收益的实现”完全是没有依据的。

实业公司对上述证据的质证意见是：对于证据的真实性没有异议。但认为，一家公司存有债务是很正常的情况，上述证据不能证明实业公司的资金能力。企业可以通过银行等进行融资。上述证据不能说明问题。

本院认为，本案二审争议的焦点问题是：一、实业公司是否有权回购置业公司持有的股份；二、实业公司是否有权请求置业公司、项目公司立即实现约定的股权回购条件；三、置业公司、项目公司是否负有协助义务，将涉案92%的股权变更到实业公司或其指定的第三方战略投资者名下；四、实业公司主张“置业公司根据投资合作协议享有的年投资回报率30%截止日期计算至2010年7月9日”是否有依据；五、实业公司关于“被告（实业公司）立即停止对项目任何形式的恶意处置行为，并主张由其承担4.8亿元损失”的请求，是否应予支持。

本案《投资合作协议》系实业公司、置业公司、项目公司在此前三方与重庆渝能公司、山东基德公司确定的《合作框架协议》，以及三方签订的《补充协议》内容的基础上自愿达成的协议，反映了三方的真实意思表示，其内容不违反法律及行政法规的强制性规定，应为有效协议，该协议对三方当事人具有法律约束力。

一、关于实业公司是否有权回购置业公司持有股份的问题。本案的《投资合作协议》第八条明确约定了实业公司回购置业公司全部股权的五项条件，除第一项“置业公司已实际受让实业公司所持公司 17.5% 的股权”的条件已具备外，对于其余四项条件的成就，实业公司均未能提交相应证据予以证明。二审中，实业公司表示对原审采信的证明“中国银行等四家银行提供了 16.2 亿元的最高额保证，置业公司的上述保证责任尚未解除”的证据的真实性不持异议，因此，原审据此认定相关各方“在项目中的风险并未释放完毕、股权回购的第五个条件尚不成就”并无不当。实业公司提出的关于其“在五年内随时享有回购权”的上诉理由，与《投资合作协议》的约定不符，证据不足。在协议约定的股权回购条件全部成就之前，实业公司并不享有回购该股权的权利。此外，“股权回购条件”中也并不涉及实业公司的资金状况问题，“实业公司的资金充足”不是本案“股权回购条件成就”的充分条件，二者没有必然的联系。故实业公司关于请求回购置业公司持有的项目公司 92% 的股权的上诉理由不成立，本院不予支持。

二、关于实业公司是否有权请求置业公司、项目公司立即实现约定的股权回购条件的问题。置业公司受让项目公司 92% 的股权后，已在工商管理部门正式办理了股权变更登记，成为该项目公司的合法股东。根据双方的约定，置业公司通过“向项目公司投资，进行项目开发经营，并享受项目销售带来的收益”的合作模式，进入项目公司，从事开发经营活动，在约定的五年时间内，如其实现“收回了全部投资”“获得了约定的投资收益”“相关风险释放完毕”等条件后，实业公司才能回购该部分股权。而要实现这些约定的股权回购条件，有待于双方全面推进项目公司的开发进程，并依约完成项目的施工、建设及销售工作，进而实现置业公司作为投资方回收投资及获得收益等目标。

本案中，双方曾在“决定项目的销售方案”问题上产生了争议。二审期间，双方亦均认可“项目还没有进行销售”的事实，实业公司也未能提交证明置业公司“回收了投资”“获得了约定收益”等事实已发生的证据。依照双方的约定，置业公司享有对该项目继续进行开发建设及销售的权利。因此，本案股权回购条件是否能够实现，与该建设项目的开发经营活动及整体的建设、销售进程密切相关，在没有完成这些工作之前，实业公司并不享有“请求置业公司立即实现约定股权回购条件”的权利。其该项主张没有事实和法律依据，本院不予支持。

三、置业公司、项目公司是否负有协助义务，将涉案92%的股权变更到实业公司或其指定的第三方战略投资者名下。双方在《投资合作协议》第十一条第六项约定“为保证本协议约定的各项内容的顺利进行，一方遇有协助义务的，另一方应积极协助与配合”。该约定是指当一方依照协议约定行使某项民事权利时，另一方负有予以协助、配合的义务，即该项“协助义务”产生的前提条件是另一方依法享有某项民事权利。如前所述，本案中，实业公司目前并不享有回购置业公司所持项目公司92%股权的权利，所以，置业公司、项目公司也就不负有协助其变更、过户相应股权的义务。故，实业公司请求判令“置业公司、项目公司协助实业公司将置业公司名下92%的股权办理变更登记到实业公司或实业公司指定的第三方战略投资者名下”，没有法律依据。

四、关于实业公司主张“置业公司根据投资合作协议享有的年投资回报率30%截止日期计算至2010年7月9日”是否有依据的问题。本案中，关于置业公司的投资回报率及其计算方法，三方当事人已在《投资合作协议》中有明确约定，应当按照该约定内容执行。同时，依据协议约定，置业公司的投资回报及收益计算截止日期，与股权回购条件中的“实质内容”相关联。在置业公司收回投资及获得约定收益之日，即应为其“投资回报及收益计算的截止日期”。因此，在本案诸项股权回购条件未成就之时，上诉人实业公司提出“置业公司根据投资合作协议享有的年投资回报率30%截止日期计算至2010年7月9日”之请求，显然与《投资合作协议》的相关约定相悖，其该项主张没有证据支持。

五、关于实业公司提出“被告（被上诉人）立即停止对项目任何形式的恶意处置行为，并主张由其承担4.8亿元损失”的主张问题。上诉人实业公司提出的被上诉人“恶意处置行为”，包括（但不限于）销售、停止施工、抵押、资金占用等行为，并暂主张4.8亿元。但二审中，实业公司没有提交相应的证据，证明本案被上诉人存在上述不当行为及主张4.8亿元损失的事实依据和法律依据。

本案的股权回购条件还未成就，置业公司拒绝实业公司回购股权，其行为并不违反协议约定，不存在其“拖延回购的违约行为”。实业公司称该“拖延回购的违约行为”对其造成了巨大损失并请求赔偿其损失，亦证据不足，不予支持。

原审中，针对实业公司主张其作为小股东无法掌握项目公司的财务状况和有关证据的问题，原审法院释明其可以依据《中华人民共和国公司法》的相关规定，维护其权益。同时，针对其提出的置业公司存在挪用项目公司资金等行为、损害项目公司利益的问题，从维护项目公司权益的角度，告知其应根据《公司法》第一百五十二条规定或投资合作协议约定，要求置业公司向项目公司赔偿。原审法院对实业公司提出的请求回购股权等诉讼请求已依法进行了审理，上述释明并无不当。

综上，本案事实清楚，证据充分。原审判决认定事实及适用法律正确，本院予以确认。上诉人实业公司关于请求撤销原审判决、支持其全部诉讼请求的主张，因证据不足，本院不予支持。本院依照《中华人民共和国民事诉讼法》第一百五十三条第一款第（一）项之规定，判决如下：

驳回上诉，维持原判。

本案一审案件受理费，按照原审判决执行。二审案件受理费2901800元，由上诉人实业公司负担。

本判决为终审判决。

【案件总结】

本案系由股权合作开发房地产项目所产生的投资合作协议纠纷，入选了2012年度最高人民法院商事审判指导案例。北京市炜衡律师事务所杨明、胡晓欣律师自2010年在置业公司、实业公司两股东就项目销售和股权回购发生分歧的时候，就作为置业公司专项法律顾问参与了大量的协商谈判工作，后续代理置业公司参与了该纠纷一审、二审、再审审查程序，取得了实业公司全部六项诉讼请求均被驳回的全面胜诉结果。综合本案代理过程，代理律师认为，房地产合作开发纠纷案件的代理工作，需贯彻以下原则：

一、统筹全盘、合理布局，走一步，看多步

凡事预则立，不预则废。代理律师在介入股东间协商过程时，即着手为后期可能发生的诉讼做准备，从项目公司关于项目销售决策的总经理办公会、三次董事会，到向实业公司发出的通知函、催促函，代理律师均严格按照公司法及项目公司章程，在给予小股东充分的知情权、表决权的基础上，谨慎地作出项目公司各项决议，以非诉服务方式，为诉讼中项目是否具备销售条件、项目销售定价是否合理、项目迟延销售的原因等核心事实认定做好证据准备，从而掌握了整个事件的主动权，为本案的胜诉做好了充分的前期准备。

在代理本案投资合作协议纠纷的同时，为了摆脱被动应诉的局面，代理律师在充分研判的基础上，建议项目公司适时对实业公司提起归还欠款之诉，给实业公司施压，也印证了其根本没有回购股权的资金实力。同时，代理律师同步关注实业公司恶意保全项目土地导致项目销售迟延造成的损失问题，提前准备好保全错误赔偿责任纠纷之诉的证据，以期下一步为项目公司弥补部分损失。

二、对合作方权利主张的依据和路径应有清晰准确的认识

合作开发中，债权、物权交织，股东权利与合同权利并行，法律关系相对复杂。在股权合作过程中，合作方应严格区分合作协议项下合同权益与项目公司股东权益，并注意行使合同权利和股东权利的不同路径。

本案中，实业公司混淆了合同权利与股东权利，一直以合同条款表述为由，强调置业公司仅为阶段性持股，故不具备真正的股东地位，认为其可无条件享有股权回购权，并要求项目公司按照其意愿对项目进行处置。但事实上，根据投资合作协议规定，实业公司的股权回购权是以五项回购条件全部成就为前提的，而条件成就又以项目对外销售实现销售回款为前提。项目公司是一个独立的法人实体，其对项目的销售决策需要通过董事会会议方式作出。实业公司对前述事项的误判，导致了其不断提出一系列不合理的诉求，并连连败诉的不利后果。

相反，置业公司在代理律师的指导下，准确研判合同条款，依据公司法和公司章程合法合理地行使股东权利，在不侵犯小股东权益的情况下，有针对性地固定了相关证据，奠定了胜局。

这一案例也提醒我们，股权合作开发过程中，合同的设计既要符合合同法与公司法的要求，也要根据个案实现合同权利与股东权利的相互传递、有效衔接，这是专项法律服务需重点关注的问题。

三、应建议合作方本着互利双赢的态度务实协商合作开发中遇到的问题，合理提出诉求

“不谋全局者，不足谋一域”。手段是为目的服务的，合作开发中不可逞一时之强，泄一时之愤，赌一时之气，因小失大。复盘本案，从对方的角度来看，实业公司的败诉教训可谓是策略错，步步错。

其一，实业公司放弃诉前置业公司提出的和解方案，意图以蛇吞象，追求利益最大化，结果反而丧失了利益最大化的良机。其二，实业公司在没有充分依据的情况下，反对项目销售，召开新闻发布会抹黑对方。结果是既使其成为股权回购条件不能成就的责任人，也因项目公司提起的反制诉讼，最终在执行中导致股权被拍卖。其三，实业公司采取赌气的方式，不断提高要求赔偿的数额，提升保全金额，阻碍销售，这种不顾后果的非理性诉讼，最终导致其因诉讼保全错误而被判巨额赔偿。其四，实业公司诉讼中不断更换代理人，不断变更诉讼请求，提交证据纷繁庞杂，缺乏条理。这一行为的发生原因正是其缺乏清晰的代理思路，缺乏对证据的合理取舍与分析。

本案中，实业公司由于错误理解合作协议，忽视项目公司治理结构，未能清醒预测发生争议后纠纷的发展走向及经济成本，想当然地提起诉讼，缺乏对投资合作协议实事求是的深入分析，并未能在此基础上提出合理诉求。而其在意气用事启动诉讼后，又不切实际地随意提高诉讼标的额，以阻碍项目公司楼盘销售为施压手段，非理性的最终结果是诉讼全面溃败、满盘皆输。

【承办律师简介】

杨明，北京市炜衡律师事务所高级合伙人、党委副书记、炜衡全国房地产与建设工程法律专业委员会主任。

毕业于中国人民大学法学院，硕士学位。自 1992 年起先后从事检察官与律师工作。现任北京市海淀区律师协会副会长、北京市律师协会房地产法律专业委员会副主任。被聘为最高人民检察院民事行政案件咨询专家、中国政法大学研究生联合导师、境内外多家公司独立董事等。曾荣立个人三等功，被评为北京市十佳房地产律师、“中国律师风云榜”上榜律师、北京市优秀律师党员等。

擅长房地产、建设工程、PPP、投融资等领域的重大诉讼仲裁业务，所办案件多次入选最高人民法院公报案例、最高人民法院商事审判指导案例等。发表专业文章 120 余篇，出版有《赢在庭外——诉讼策略的案例实证分析》《房产纠纷的法律对策》《婚恋中的房产问题》三部专著。

胡晓欣律师毕业于吉林大学法学院，硕士学位。

曾在安永华明（上海）会计师事务所工作，2008 年起开始从事律师工作。2010 年起担任执业律师。系北京市律师协会物业管理法律委员会秘书长、北京市海淀区律师协会业务培训委员会委员、北京市海淀区律师协会征收和产权保护法律研究会委员。曾有多篇论文获奖。

擅长房地产、建设工程、物业管理、房屋买卖及租赁、公司运营管理、投融资，以及合同纠纷等民商事领域非诉及诉讼、仲裁业务，曾参与办理了大量房地产合作开发及建设工程相关案件，并曾参与北京市律师协会物业管理法律委员会承办的物业管理相关专业文件起草工作。

合资、合作开发房地产合同纠纷的违约责任及损失赔偿数额的认定[①]

——A公司诉B公司、C公司合资、合作开发房地产合同纠纷案

北京市炜衡律师事务所　李君律师

北京市炜衡（沈阳）律师事务所　王传波律师

【争议焦点】

◆ *B公司是否构成违约?*

◆ *B公司应否向A公司返还投资款1.0045亿元?*

◆ *B公司应否向A公司赔偿损失，损失数额如何认定?*

◆ *C公司应否承担共同给付责任?*

【关键词】

借款转投资　解除合同　违约责任　损失赔偿

【案情简介】

2014年4月3日，韩某、刘某接受A公司委托与B公司签订了2份《借款合同》，约定二人各借给B公司2亿元（实际出借3.9亿元）。

2015年11月12日，A公司与B公司签订了《1112投资协议》，该协议将2014年4月3日韩某、刘某向B公司出借的3.9亿元变更为A公司对二期项目的投资款，并约定：1. 二期开发项目收益，B公司占51%份额，A公司占49%份

---

① 案件来源：最高人民法院（2019）最高法民终167号二审民事判决书。本案例入选最高人民法院第二巡回法庭法官会议纪要。

额；2. A公司除本金之外的投资收益部分可作为本案三、四期项目投资款；3. A公司将为本案三、四期项目投资8亿元。

2015年12月6日，B公司与A公司签订了《1206投资协议》，协议约定：1. A公司、B公司双方合作开发本案三期项目，A公司根据项目开发需求为三、四期项目投资8亿元；2. 该项目收益A公司占49%份额，B公司占51%份额；3. 双方共同负责三期项目的开发建设及经营管理。同时约定：本协议生效后，此前签署的《1112投资协议》即行废止。

2015年12月27日，B公司与A公司签订了《三马说明》，约定B公司支付给三马公司的2.05亿元补偿款由B公司和A公司共同承担，该补偿款系双方依据《1206投资协议》共同支付的本案三、四期项目前期征地拆迁投资款项，其中A公司占49%的份额（1.0045亿元）。并约定：如双方不再按协议约定合作开发本案三、四期项目，B公司须将A公司支付的投资款1.0045亿元返还后方可对该地块（该地块上房屋为三马轻纺城）实施拆迁；B公司还应适当考虑A公司投资回报，具体金额由双方根据实际情况协商确定；任何一方违反上述义务的，违约方需要赔偿守约方因违约行为所遭受的全部损失。

2017年4月，B公司在未告知A公司的情况下，强行拆除了《三马说明》中所涉地块上的三马轻纺城（该地块为三期项目土地）。2017年8月29日，B公司将本案三期项目土地使用权人由B公司变更为其全资子公司C公司。

2017年10月，A公司以B公司合同违约为由将B公司起诉至某地方高院，要求解除《1206投资协议》、B公司返还投资款1.0045亿元并赔偿A公司损失2亿元。一审法院判决：1. 解除A公司与B公司签订的《1206投资协议》；2. B公司于判决生效之日起三十日内返还A公司投资款1.0045亿元；3. B公司于判决生效之日起三十日内赔偿A公司投资款1.0045亿元的损失（其中7350万元自2015年11月14日起，2450万元自2016年1月27日起，245万元自2016年3月3日起，均按照中国人民银行同期同类贷款利率的二倍计算）；4. C公司对上述两项承担共同给付责任。

A公司、B公司均不服一审判决，上诉至最高人民法院。最高人民法院认为，一审法院酌定按照中国人民银行同期同类贷款利率的二倍计算A公司的损失赔偿数额，虽能一定程度上弥补A公司的损失，但此认定同A公司可能获得的投资回报有较大差距，裁量权行使失当。因此最高人民法院判决：1. 维持一审判决第一、二、四项；2. B公司于判决生效之日起三十日内赔偿A公司投资款1.0045亿元的损失（其中7350万元自2015年11月14日起，2450万元自2016年1月27日起，245万元自2016年3月3日起，以上均按照年利率24%的标准计算至实际清偿之日止）。

B公司对终审判决仍然不服，遂向最高法院申请再审，最高法院最终裁定驳回B公司的再审申请。

【诉讼策略】

一、诉讼策略及核心代理意见

（一）诉讼策略一：充分证明违约事实，为诉请赔偿额提供客观依据

B公司是否违约是本案的焦点问题，亦是我方重点向法庭证明的事实。代理律师梳理了一审判决书及证据资料后发现，B公司在擅自将三期项目土地转让给自己的全资子公司C公司时就已经构成了根本违约，但一审法院却并未对A公司的法定解除权予以认定。因此在二审程序中，代理律师围绕以下几点，重点阐述了B公司已经构成根本违约，A公司对项目合同具有法定解除权。

1. B公司在未告知A公司的情况下擅自拆除三马轻纺城，直接使双方失去互相信任的合作基础。

《1206投资协议》约定，由B公司和A公司双方共同负责三、四期项目的开发建设及经营管理。因此，三、四期项目的开发建设和经营管理应当为双方共同的权利义务，即使双方在项目工作的内容上各有侧重，但整个三期项目合作的前提仍然是双方共同开发建设与经营管理。B公司擅自拆除三马轻纺城就直接动摇了这一基础。

2. B公司擅自将三期项目的土地使用权转至B公司全资子公司C公司名下，侵犯了A公司对涉案项目的共同经营管理权。

B公司擅自将三期项目的土地使用权无偿转让给C公司后，C公司成为三期项目土地开发的主体，《1206投资协议》约定的应由A公司负责的项目工程建设及施工管理工作也转为由C公司负责，这就直接侵害了A公司对涉案项目的共同经营管理权，A公司对三期项目的利润分配权难以得到有效保护，亦有违合作开发房地产合同"共享利润""风险共担"的基本原则。因此，B公司擅自将三期项目土地使用权转至C公司的行为构成根本违约，《1206投资协议》已经实际履行不能，A公司对项目合同具有法定解除权。

（二）诉讼策略二：针对性制定答辩方案，进一步强化违约责任

B公司在本案及另案二期案件（与本案三期项目合作方式及合作主体一致，不同之处仅为合作地块不同，二期案件为A公司起诉要求B公司返还二期项目应得利润）的一审及二审上诉状中始终主张，本案三期项目与另案二期项目为一个整体，若A公司要求解除三期项目合同，那么二期项目合同则应一并解除。若二期项目合同解除，由于A公司在二期项目中未足额出资，A公司就无权收取二期项目可分配利润，所以对于双方用二期项目利润2.05亿元支付给三马公司的拆迁补偿款（此为三期项目投资款），A公司无权收回其所占的份额1.0045亿元。

为防止B公司以另案二期案件尚在审理中为由干扰法官审理本案，进而使B公司逃避本案违约责任，代理律师综合本案三期项目与另案二期项目合作情况，有的放矢地对B公司的答辩观点予以了反驳：

1. 在签订《1112投资协议》之前，A公司实际控制人韩某及A公司派出的其他人员就已经进入二期项目公司参与项目工作，因此B公司称签订《1112投资协议》时双方首次将借款转为投资款并确定二期、三期整体合作与事实不符。

2. 2016年6月6日A公司与B公司签订的《A公司向B公司投资协议补充说明》明确约定，A公司向B公司提供的借款自始即转变为A公司向B公司二期项目的投资合作款。因此在借款转入B公司之时双方即转变为投资合作关系。

3.《1206投资协议》是单独的三期项目合作协议书，并且《1206投资协议》中明确废止《1112投资协议》，因此三期项目合同应以《1206投资协议》为准。

4. 本案与另案二期项目案件各自起诉的合同依据不同，事实基础、诉讼标的

亦不同。并且本案的被告为B公司与C公司，二期项目案件的被告仅为B公司，两案的被告亦不同，完全是两个独立的案件。

5. 在法院受理二期项目案件前，二期项目就已经完工，A公司在二期项目中的义务也已经履行完毕，一审法院判决解除本案三期项目合同即《1206投资协议》并不影响二期项目中达成的合作关系。

6. B公司在本案中构成根本违约，A公司并无过错，因此《1206投资协议》解除后，对于A公司已经支付的1.0045亿元投资款，B公司应当返还。

（三）诉讼策略三：合理论证损失赔偿数额的构成，为判赔损失提供说理依据

在本案中，由于合同中并未约定一方违约的损失赔偿数额，因此在确定本案的损失赔偿数额时，法官需要综合全案对损失赔偿数额的确定行使自由裁量权。对此，代理律师综合考虑本案双方当事人的合作实际情况及合资、合作开发房地产合同纠纷案件的特点，从多个角度向合议庭论证了A公司对三期项目投资收益的可得利益损失。

1. 双方支付给三马公司的2亿元拆迁补偿款直接使三期项目土地征收成本有效降低，三马轻纺城实际征收补偿的市场公允价值减去双方购买三马轻纺城所支付的2亿元投资款后的差价所得即为三期项目已产生的投资收益，由于B公司的违约行为导致A公司无法取得该部分投资收益，B公司应当赔偿A公司此部分损失。

2. B公司恶意违约，排除A公司独自开发三期项目土地获益巨大。经计算，B公司在涉案三期项目中获利约为12.68亿元，因此B公司更应赔偿A公司损失。否则违约成本如此之低，这无异于保护当事人一方恶意违约的不诚信行为。

3. 一审法院仅以B公司履行合同中的过错行为，认定B公司按照中国人民银行同期同类贷款利率的二倍赔偿占用A公司1.0045亿元投资款的损失，赔偿数额明显偏少，显失公平，并不利于保护市场经济秩序。

4. B公司为了其单方的利益强行排除A公司参与三期项目土地开发，使A公司为三期项目准备的投资款无法按期进行投资，亦使A公司失去了投资其他项目的商业机会，累计使A公司造成了13946554.17元的资金闲置损失，B公司应赔偿该损失。

5. C 公司为 B 公司的全资子公司，B 公司无偿转让三期项目土地给 C 公司使得自身责任财产减少，因此，C 公司与本案具有高度的关联性，应当承担本案共同的给付责任。

二、主要裁判观点

二审法院在认定 B 公司构成根本违约、确定本案赔偿数额的考虑因素、C 公司是否承担共同给付责任方面充分采纳了我方的观点。

（一）B 公司是否构成违约

二审法院认为：《1206 投资协议》第二条约定，B 公司与 A 公司共同负责三、四期项目的开发建设及经营管理，并对双方负责事项作出明确分工；第三条约定工程发包、设备采购等事宜由双方共同审核确定。据此，B 公司与 A 公司共同合作开发三、四期项目的关系中，双方应共同经营管理该项目并审核确定项目开发的相关事宜。但是，在履行上述协议过程中，B 公司设立全资子公司 C 公司，并由 C 公司负责三、四期项目的开发经营，行使对外工程建设发包权，实质上剥夺了 A 公司共同经营管理权，违反了《1206 投资协议》关于双方共同经营管理三、四期项目的约定。

在 A 公司的合作对象为 B 公司而非 C 公司的情况下，B 公司将三、四期项目的国有土地使用权无偿转至其全资子公司 C 公司名下的行为，剥夺了 A 公司参与合作开发的经营管理权，明显增加了投资方 A 公司获取投资收益的风险，使 B 公司与 A 公司之间合作开发三、四期项目失去共享利润、共担风险的合作基础，造成 A 公司通过《1206 投资协议》所欲实现的目的可能无法实现。

（二）B 公司应否向 A 公司返还投资款 1.0045 亿元

虽然一审庭审时，B 公司明确表示同意解除《1206 投资协议》，双方当事人就解除该协议形成一致意见。但 B 公司违反合同约定，一方面排除 A 公司就三、四期项目合作开发的共同经营管理权，另一方面将案涉国有土地使用权变更登记至其全资子公司 C 公司名下。该两件事实符合《合同法》第九十四条第二项及第四项规定的情形，A 公司向法院请求解除《1206 投资协议》，理据充分。双方当事人基于合作开发三、四期项目已无可能而同意解除合资合作开发房地产关系的事实，并不能否定A公司基于B公司构成根本违约造成合同目的无法实现而享有的合同解除权，也不影响A公司根据上述法律规定，在B公司构成根本违约的情况下请求返还投资款和赔偿损失的权利。据此，《1206投资协议》解除后，B公司应当向A公司返还投资款，并承担因B公司违约而给A公司造成损失的赔偿责任。

（三）B公司应否向A公司赔偿损失及损失数额如何认定

本案中，双方在《三马说明》中明确约定“如双方不再按协议约定合作开发三、四期项目……B公司应适当考虑A公司投资回报”。根据该约定，因B公司根本违约导致合同解除时，在认定A公司的损失时应将A公司可能获得的预期投资回报一并考虑在内。据此，本案A公司的损失赔偿范围除包括A公司的实际损失之外，还应一并考虑A公司可能获得的投资利益。

因此，二审法院认为，B公司应以1.0045亿元为基数，按照《最高人民法院关于审理民间借贷案件适用法律若干问题的规定》第二十六条规定的年利率24%赔偿A公司的损失。主要理由在于：其一，符合双方当事人的合理预期和合理预见。其二，符合当事人之前合作的投资收益实际。其三，符合损益相抵原则。其四，符合民事活动的诚信原则。

（四）C公司应否承担共同给付责任的问题

C公司系B公司设立的全资子公司，B公司为其唯一股东。B公司与A公司合作期间，使用二期项目的合作收益支付了三、四期项目的拆迁补偿款后，B公司又自行决定将拆迁后的国有土地使用权等开发利益无偿转让给C公司，由C公司独自开发三、四期项目。此种无偿转让行为显然已经导致B公司责任财产的减少，进而可能损害合作开发方A公司进行投资后收回投资的权益。一审法院在C公司系B公司全资子公司，且C公司无偿从B公司取得案涉三马轻纺城土地及房产收益的情况下，判决作为受益人的C公司对B公司返还A公司投资款1.0045亿元及赔偿损失承担共同给付责任，并无不当。

【代理词】

关于代理A公司与B公司、C公司合资、合作开发房地产合同纠纷案的代理词

尊敬的审判员：

北京市炜衡律师事务所、北京市炜衡（沈阳）律师事务所接受A公司委托，指派李君律师、王传波律师作为本案代理人参加庭审。经过庭前详细了解案情、核实相关证据，代理律师对本案有了全面把握，现结合事实与法律，发表以下代理意见，请求法庭予以采纳：

一、（2017）黑民初224号（下称224号）案件所涉二期项目与本案所涉三期项目是两个具有独立的合作关系的项目，两者并非为整体合作关系，本案审理结果并不影响224号案件的审理结果。

（一）涉案二期、三期项目并非为双方合作的整体安排，两项目各自独立。

B公司仅根据双方在2015年11月12日签订的《1112投资协议》就推测涉案三期项目与224号案件所涉二期项目是一个合作整体，双方合作二期项目与A公司继续投资三期项目形成对价关系。A公司认为上述观点无事实依据，具体说明如下：

其一，在签订《1112投资协议》之前，A公司实际控制人韩某及A公司派出的其他人员就已经进入二期项目公司B二分公司参与项目工作，双方就二期项目已经达成合作合意。因此B公司称签订《1112投资协议》时双方首次将借款转为投资款并确定二期、三期开展整体合作与事实不符。

其二，双方于2015年12月6日签订了《1206投资协议》，已形成单独的三期项目合作协议书。此前双方虽已签订《1112投资协议》，但《1112投资协议》已经被后签订的《1206投资协议》所废止，因此三期项目合同应以《1206投资协议》为准。

其三，根据2016年6月6日A公司与B公司签订的《A公司向B公司投资协议补充说明》（下称《补充说明》）约定，A公司向B公司提供的借款自始即已转

变为A公司向B公司二期项目的投资合作款。由此可知，并非在签订《1112投资协议》时双方才决议将借款转投资，事实上在借款转入B公司之时双方即转变为投资合作关系。并且《补充说明》也并未就二期、三期项目合作作出统一安排，B公司称和A公司合作二期项目与A公司继续投资三期项目形成对价关系与事实不符，且并无合同依据。

（二）本案审理结果并不影响224号案件的审理结果。

本案系B公司单方违约，A公司行使法定解除权诉请解除《1206投资协议》、返还投资款和赔偿损失，所依据的合同为《1206投资协议》和《三马说明》；而224号案件A公司是诉请B公司返还二期项目应得利润、相应收益及利息，所依据的合同是《1117投资协议》和《二期项目利润2016年预分配方案》《二期项目利润2016年预分配方案未尽事宜》等。两案提起诉讼的合同依据不同，事实基础、诉讼标的亦不同。此外，本案的被告为B公司与C公司，224号案件的被告仅为B公司，两案的被告不同，完全是两个独立的案件。

并且，在法院受理224号案件前，二期项目就已经完工，A公司在二期项目中的义务也已经履行完毕，一审法院判决解除《1206投资协议》并不影响224号案件所涉及二期项目中达成的合作关系。因此，B公司上诉状中所述观点，即"双方当事人就二期和三、四期签订的一系列合作协议是整体合作安排，一审判决解除《1206投资协议》，则双方就二期项目达成的合作合同关系（即224号案件的诉讼标的）亦应一并解除。由此，A公司并不享有二期项目应分配利润的债权"，是完全不成立的。

二、在本案中，B公司构成根本性违约，《1206投资协议》已经实际履行不能。A公司诉请解除《1206投资协议》是行使法定解除权，并非与B公司协商一致解除合同。一审法院"对双方当事人协商一致解除合同的行为予以确认"系事实认定错误。

一审法院在事实认定部分既确认B公司在未通知A公司的情况下将涉案三期项目土地转让给C公司已构成根本性违约（一审判决书第18页），又确认双方当事人系协商一致解除合同（一审判决书第17页）。一审法院对本案上述事实认定部分存在前后矛盾。我们认为本案系B公司单方违约而导致《1206投资协议》实际履行不能，A公司诉请解除《1206投资协议》是行使法定解除权，并非与B公司协商一致解除合同。至于B公司单方违约的问题在以下第（一）、第（二）点中作详细阐述。

（一）首先，B公司擅自强行拆除三马轻纺城的行为已经使双方失去了互相信任的合作基础。

一审法院在事实认定部分确认B公司强拆三马轻纺城不违反《1206投资协议》关于合同义务的约定（一审判决书第18页）系事实认定错误。

《1206投资协议》第二条约定，由B公司和A公司双方共同负责三、四期项目的开发建设及经营管理。B公司侧重负责项目的前期征地拆迁等工作，A公司侧重负责该项目工程建设及施工管理。协议第三条约定："三、四期项目的工程发包、设备（材料）采购和经费支取由双方共同审核确定。"由此可知，三、四期的开发建设和经营管理为双方共同的权利义务，即使双方在项目工作内容上各有侧重，但不可否认，对于整个三期项目，双方应当共同开发建设及经营管理，这也是双方合作的前提和基础。

《三马说明》第一条约定了B公司用于支付《土地房屋安置补偿协议》中土地及房产（即三马轻纺城）补偿款的2亿元为B公司与A公司双方共有，系B公司及A公司共同支付的三、四期项目前期征地拆迁投资款项，《1206投资协议》约定了A公司对三、四期项目享有49%的投资收益分配权。由此可知，对于双方共同购买三马轻纺城之投资行为所产生的项目投资收益，A公司有49%的投资收益分配权。B公司在与三马公司签订的《土地房屋补偿协议》中又约定了在政府房屋征收部门进行房屋征收时，由B公司全权办理及签署征收补偿协议，房屋征收补偿款无论多与少均归B公司所有。《土地房屋补偿协议》虽然对外与三马公司约定房屋征收补偿款无论多与少均归B公司所有，但实际上该征收补偿款对内应属于B公司和A公司共同所有。

然而在三马轻纺城被拆除前，B公司未向A公司告知征收补偿一事，与项目开发成本相关（根据《1206投资协议》精神应当双方共同审核决定）的征收补偿协议条款未与A公司协商，甚至也未将B公司经三马公司授权办理的道外区人民政府房屋征收办公室与三马公司签订的《征收补偿协议》出示给A公司知悉（事实上从2019年2月11日道外区人民政府房屋征收办公室出具的《关于A公司申请政府信息公开事项的答复》可知，该《征收补偿协议》是客观存在的）。因此A公司为保护自身权益雇请了保安公司为三马轻纺城提供安全防范服务，表示若B公司要强行拆除三马轻纺城，必须按照《三马说明》的约定返还A公司投资款并适当考虑投资回报及赔偿损失。然而B公司依然违反《三马说明》的约定，在未返还A公司投资款，亦未支付A公司投资回报的情况下将三马轻纺城强行拆除，以实际行为表示不再与A公司继续合作三期项目，B公司的上述行为已经严重违反了《1206投资协议》中双方共同负责三期项目开发建设及经营管理的约定，直接动摇了双方的合作基础。

（二）其次，B公司擅自将涉案合作项目（三期项目）的土地使用权转至B公司全资子公司C公司名下，强制排除了A公司对三期项目的参与，侵犯了A公司对涉案项目的知情权和参与权，B公司的上述行为已经使《1206投资协议》实际履行不能。

B公司擅自将双方合作的涉案项目的土地使用权无偿转让给C公司，C公司成为三期项目土地开发主体，并且《1206投资协议》约定的应由A公司负责的项目工程建设及施工管理工作也转为由C公司负责，此时A公司已完全被B公司从三期项目中排除。

B公司在上诉状（第四页）称“B公司不让A公司管理施工，并不构成违约，也不影响A公司的利润分配”，这是完全不能成立的。《1206投资协议》约定的合作开发主体是A公司与B公司，合作方式为“共同开发、共同经营”，A公司对于三期项目土地开发的经营管理享有知情权和参与权，B公司在未征得A公司同意的情况下将三期项目土地转让给C公司，其行为已经违反了《1206投资协议》。按照B公司上诉状（第四页）的上述说法，A公司即使不参与三期项目的经营管理也并不影响A公司的利润分配，但事实情况是，三期项目经营管理的好坏与项目利润息息相关，A公司并非收取固定数额的利润，三期项目所得利润的多与少与A公司所应分得的利润息息相关。B公司强行排除A公司参与三期项目，使A公司对三期项目的知情权、参与权均无法行使，在这种情况下，A公司的利润分配权难以得到有效保护，亦有违合资、合作开发房地产“共享利润”“共担风险”的基本原则。

根据《合同法》第九十四条第二项规定，在履行期限届满之前，当事人一方以自己的行为表明不履行主要债务的，另一当事人可以解除合同；第四项规定，当事人一方有其他违约行为致使不能实现合同目的，另一当事人可以解除合同。

B公司的上述行为强行剥夺了A公司在三期项目中应享有的权利，强制将A公司从三期项目中排除，其行为已经违反《1206投资协议》，构成根本性违约，根据《合同法》第九十四条第二项规定，A公司对《1206投资协议》享有法定解除权。

三、《1206投资协议》因B公司单方违约已实际履行不能，合同解除后B公司应当返还A公司1.0045亿元投资款，并应赔偿A公司对于项目投资收益的可得利益损失。

（一）B公司应当返还A公司已支付的1.0045亿元投资款。

《合同法》第九十七条规定：“合同解除后，尚未履行的，终止履行；已经履行的，根据履行情况和合同性质，当事人可以要求恢复原状、采取其他补救措施、并有权要求赔偿损失。”

B公司在本案中构成根本违约，A公司并无过错，因此《1206投资协议》解除后，对于A公司已经支付的1.0045亿元投资款，B公司应当返还。

（二）《1206投资协议》解除后，B公司应赔偿A公司对于项目投资收益的可得利益损失。由于项目部分投资收益在双方不合作之前就已经产生，双方支付的2亿元投资款就直接使项目征收成本有效降低，三马轻纺城实际征收补偿的市场公允价值减去双方购买三马轻纺城所支付2亿元投资款后的差价所得即为三期项目已产生的投资收益。由于B公司故意违约的行为损害了A公司享有的对涉案项目合作期间已产生的投资收益分配权，因此在计算违约损害赔偿额时，应以涉案土地房屋即三马轻纺城实际征收补偿的市场公允价值减去双方购买三马轻纺城支付的2亿元投资款后所产生的差价所得的49%（包含利息损失）来确定B公司的赔偿数额。

《合同法》第一百一十三条第一款规定："当事人一方不履行合同义务或者履行合同义务不符合约定，给对方造成损失的，损失赔偿额应当相当于因违约所造成的损失，包括合同履行后可以获得的利益，但不得超过违反合同一方订立合同时预见到或者应当预见到的因违反合同可能造成的损失。"

根据《三马说明》，B公司应承担的违约损害赔偿应包括：在合同解除时A公司因B公司违约所遭受的全部损失（包含合同解除时点已经产生的投资收益及其利息损失、A公司的资金闲置损失）。

一审法院认为双方支付三马轻纺城按份补偿款后只能形成债权债务关系，A公司亦无开发管理行为物化到三期项目（一审判决书第19页）。上诉人认为该处系法律评价不当。

首先，B公司支付《土地房屋补偿协议》约定的2亿元补偿款的性质在《三马说明》中就已经被明确为涉案三期项目的前期征地拆迁投资款，其中A公司占有49%的份额。在本案中，因双方先期投入的上述2亿元投资款，双方实际共同取得了获取三马轻纺城实际征收补偿款的权利，这是在双方签订《三马说明》和《1206投资协议》时可以预见的；并且，双方在合作期间已投资的2亿元实际有效降低了项目开发时对于三马轻纺城的征收成本，应当认为《1206投资协议》被解除前就已经产生了项目投资收益，根据《1206投资协议》，对此部分投资收益，A公司享有49%的收益分配权。

A公司在一审诉讼请求中提出的赔偿数额是以鉴定评估数额为准，因此请求法院委托鉴定机构对三马轻纺城土地房屋的市场价格进行评估确认。就申请评估及A公司的可得利益损失确认事宜，A公司作出进一步说明：

第一，双方以一口价2亿元补偿款买下三马轻纺城的行为本身就是一种投资，并且当时支付的补偿款2亿元远远低于市场价，因为2013年7月5日评估的三马轻纺城的正常市场价格为5.1亿元。据A公司了解，三马轻纺城的实际征收补偿款的市场公允价值远高于双方所支付的2亿元，因此在双方投资这2亿元时就已经产生了项目投资收益，而B公司代理三马公司签订征收补偿协议时该部分的投资收益就已经可量化可实现，由于B公司的违约行为导致A公司无法取得该部分投资收益，B公司应当赔偿A公司此部分损失。

第二，三期项目的利润通过C公司单方开发也已经完全实现，在本案一审审理过程中，涉案三期房产项目已经进入预售许可阶段。经计算，B公司在涉案三期项目中获利约为12.68亿元（具体计算明细见二审证据四），B公司违约实际获益巨大，其更应对此予以赔偿。

第三，B公司在本案中违约，却没有承担任何违约责任，与法律规定不符。一审法院仅以B公司履行合同中的过错行为认定B公司按照中国人民银行同期同类贷款利率的二倍赔偿占用A公司1.0045亿元投资款的损失，赔偿数额明显偏少，显失公平，并不利于保护市场经济秩序。

第四，根据上诉人A公司提供的证据，即2013年7月8日某房地产估价咨询有限公司出具的《房地产估价报告》，三马轻纺城13处房地产在2013年7月5日的正常市场价格为5.1亿元，并且这5.1亿元仅为三马轻纺城房产的价值，还未包含三马轻纺城的土地价值。就当前房地产交易的市场情况来看，三马轻纺城目前的市场价值远远不止5.1亿元。在一审程序中，A公司仅以三马轻纺城经评估的市场价值减去2亿元后的项目增值投资收益的49%诉请B公司赔偿可得利益损失完全是合情合理的。一审法院认定（一审判决书第七页）："对于A公司举示《房地产评估报告》复印件及副本，鉴于B公司及C公司不认可其真实性，又无其他证据予以佐证其真实存在，本院对该证据不予确认。"该处系事实认定错误，事实上A公司在一审庭审中向法庭及B公司、C公司举示的是《房地产评估报告》的原件，并非一审法院所认定的复印件及副本，一审法院以A公司提交的《房地产评估报告》为复印件及副本为由不认可《房地产评估报告》的真实性系事实认定错误。

退一步讲，即使法院不委托评估机构对三马轻纺城土地、房屋的市场价值进行评估，根据三马轻纺城的征收补偿方案、征收补偿协议及作出征收补偿协议的评估报告也可计算出三马轻纺城土地、房屋的投资收益，A公司在三期项目中的投资回报可得利益已经实现，B公司的违约行为给A公司造成的损失通过鉴定机构或调取其征收补偿方案、征收补偿协议及作出征收补偿协议的评估报告完全可以确定，因此请求贵院委托鉴定机构对三马轻纺城土地房屋被拆除时点的市场价值进行评估确认。如二审仍不同意评估，则请求贵院向人民政府房屋征收办公室调取三马轻纺城的征收补偿方案、征收补偿协议及作出征收补偿协议的评估报告，以此作为计算出三马轻纺城土地、房屋的投资收益的依据，维护守约方A公司的合法权益。

最终确定了三马轻纺城土地、房屋的投资收益数额后，鉴于B公司在强行拆除三马轻纺城时就应将该投资回报支付给A公司，因此，B公司应从该时点起就三马轻纺城的投资收益向A公司支付利率损失，计算至实际给付之日止，利息标准按照同期银行贷款利息的两倍计算。对于B公司强行拆除三马轻纺城的时点，A公司已向贵院申请调查取证。

四、B公司为了其单方的利益强行排除A公司参与三期项目土地开发，致使A公司投入的巨额开发资金造成巨大闲置损失，B公司应赔偿该损失。

为了履行《1206投资协议》，A公司及其关联企业自2015年12月6日至2017年4月15日在其银行账户上准备了大量的三期项目投资款资金，现由于B公司单方违约，使A公司该笔投资款无法按期进行投资，亦使A公司失去了投资其他项目的商业机会，累计使A公司造成了13946554.17元的资金闲置损失（具体计算方式见二审证据三）。

五、C公司是本案的适格被告，应当承担B公司返还A公司投资款1.0045亿元及赔偿A公司全部损失的共同给付责任。

B公司在上诉状中称“在土地使用权过户至C公司前提下，A公司的利润分配请求权不受影响，只不过利润流向变更为‘C公司—B公司—A公司而已’”。按照B公司所述，C公司直接成为了涉案合作项目的受益人。

正如一审法院所查明的事实，B公司在未通知A公司的情况下将涉案三期项目土地转让给C公司已构成根本性违约。并且，C公司为B公司的全资子公司，B公司无偿转让项目土地给C公司也使得其自身的责任财产减少。因此，C公司与本案具有高度的关联性，应当承担共同的给付责任。

综上，因B公司单方违约导致三期项目合同《1206投资协议》实际履行不能，A公司有权行使法定解除权诉请解除《1206投资协议》。合作协议解除后，B公司应当返还A公司投资款1.0045亿元，并应赔偿A公司全部损失，损害赔偿的计算方式为：1. 以三马轻纺城土地房屋拆除时的市场价值减去双方购买三马轻纺城支付的2亿元投资款后所产生的差价所得的49%（包含利息损失）来计算B公司的赔偿数额；2. 以三马轻纺城的实际征收补偿的市场公允价值减去双方购买三马轻纺城支付的2亿元投资款后所产生的差价所得的49%（包含利息损失）来计算B公司的赔偿数额。A公司请求贵院委托鉴定机构对三马轻纺城土地房屋的市场价值进行评估确认，退一步如二审仍不同意评估，则请求贵院向哈尔滨市道外区人民政府房屋征收办公室调取三马轻纺城的征收补偿方案、征收补偿协议及作出征收补偿协议的评估报告，以此作为计算出三马轻纺城土地、房屋的投资收益的依据。在最终确定了三马轻纺城土地、房屋的投资收益数额后，从B公司强行拆除三马轻纺城起就三马轻纺城的投资收益支付两倍的同期银行贷款利息。另外，B公司应向A公司赔偿为履行《1206投资协议》所准备资金的闲置损失13946554.17元。C公司应当承担本案B公司返还A公司投资款1.0045亿元及赔偿A公司全部损失的共同给付责任。

【生效判决书】

中华人民共和国最高人民法院

民事判决书

（2019）最高法民终167号

上诉人A公司因与上诉人B公司、C公司合资、合作开发房地产合同纠纷一案，不服黑龙江省高级人民法院（以下简称一审法院）作出的（2017）黑民初212号民事判决，向本院提起上诉。本院依法组成合议庭，于2019年2月22日公开开庭审理了本案。A公司委托诉讼代理人李君、王传波，B公司委托诉讼代理人牟善志、张小健，C公司委托诉讼代理人刘阳、纪梦瑶到庭参加诉讼。本案现已审理终结。

A公司向一审法院起诉称，2015年11月17日A公司与B公司签订《澜山项目投资协议书》（以下简称《1117投资协议》），约定A公司与B公司合作开发二期项目。之后双方于2015年12月6日签订《三、四期项目投资协议书》（以下简称《1206投资协议》）。A公司、B公司在《关于购置三马轻纺城的情况说明》（以下简称《三马说明》）中约定用于支付三马贸易公司的补偿款A公司占49%，B公司占51%；并约定如双方不再继续合作三、四期项目，B公司必须向A公司返还该笔投资款后方可实施对三马轻纺城的拆迁，并应适当考虑A公司投资回报，具体金额由双方根据实际情况协商确定。2017年4月15日，B公司独自对三马轻纺城进行拆迁，B公司的行为严重违反双方约定，构成根本违约。由于A公司的投资款用于购买三马轻纺城的土地及房屋，应参照同类地段相同性质的房产、土地的补偿款与三马轻纺城实际价值的差额部分确定A公司的预期可得利益，请求人民法院委托鉴定机构对该数额进行评估认定，B公司按照该项差额的49%赔偿A公司的损失。据此，请求判令：一、解除《1206投资协议》；二、B公司返还投资款1.0045亿元；三、B公司赔偿损失2亿元。

B公司辩称，本案需要以另案的审理结果为依据，本案应中止审理。《三马说明》约定的共同投入是双方在二期项目中的收益，系以包括该2.05亿元二期项目净利润在内为前提。因A公司对二期项目出资不足，双方收益分配比例需重新调整，不能将此作为本案款项分配的依据。根据《三马说明》的约定及背景，A公司解除协议之后，案涉投资款应返还至宝宇天邑二期项目而非直接返还给A公司。A公司根据《三马说明》的约定行使任意解除权，无权要求B公司赔偿损失。案涉2.05亿元的用途为支付三、四期项目前期征地拆迁款，其性质为投资款，用于合作后获取利润，并非是购买拆迁土地房屋转让获取差额利润，A公司主张以拆迁土地房屋的市场价格差额作为其损失的计算依据，没有事实依据，也超出了双方签订合同时所能预见到的范围。综上，请求驳回A公司的诉讼请求。

C公司辩称，本案为A公司与B公司之间的合资、合作开发房地产合同纠纷，

C公司作为独立的法人主体，非案涉合同的签约当事人，与本案无直接利害关系，亦非适格被告，不应承担法律责任。C公司以出让方式取得的土地使用权合法合规。即使B公司系C公司的唯一股东，案涉协议也不能直接约束C公司。C公司未从B公司受让案涉项目所涉土地使用权，三、四期项目所涉土地使用权系哈尔滨市国土资源局通过合同变更的方式直接出让给C公司，A公司不能仅因C公司系土地使用权人而请求其承担连带责任。

一审法院经审理查明：韩某、刘某于2014年4月3日与B公司签订2份《借款合同》，约定二人各出借B公司2亿元。A公司与B公司均认可该款系A公司出借给B公司。

B公司与A公司于2015年11月12日签订《开发项目投资协议书》（以下简称《1112投资协议》）约定，双方于2014年4月3日和12月17日签署了两份借款合同，A公司借给B公司共计3.6亿元用于澜山项目（即二期项目）开发建设，截至2014年12月17日，A公司借给B公司的资金实际到位3.9亿元。经双方友好协商，一致同意将该3.9亿元款项变更为A公司对二期项目的投资款，并就相关事宜达成协议如下：1. A公司为开发建设二期项目共计投资3.9亿元。二期开发项目收益：B公司占51%份额，A公司占49%份额。2. 双方共同负责二期项目的开发建设及经营管理。其中B公司侧重负责项目的前期征地拆迁、规划设计、项目建审报批、报验及营销等工作；A公司侧重负责该项目工程建设及施工管理。3. 二期项目的工程发包、设备（材料）采购和经费支取由双方共同审核确定。4. 在保障二期项目工程建设的前提下，在该项目商品房销售个人银行按揭贷款到账后，A公司有权优先收回其全部投资本金3.9亿元。A公司除本金之外的投资收益部分可作为三、四期项目（具体项目名称待定）投资款。双方还约定了A公司优先收回投资三、四期项目收益分配比例及争议解决的问题。

同日，B公司与三马贸易公司签订《土地房屋补偿协议书》约定，B公司依法取得三马棚户区改造02—07地块开发建设用地土地使用权，并为该地块开发建设单位和房屋征收（拆迁）补偿安置出资主体。三马贸易公司的土地、房屋位于改造范围内，应三马贸易公司请求，双方就改造范围内三马贸易公司土地、房屋补偿安置事宜进行充分协商，自愿达成协议：1. 三马贸易公司房屋位于：道外区新马路61号（土地使用权面积23200.6平方米）；房屋所有权人：三马贸易公司；用途：非住宅；建筑面积：35720.09平方米，私建面积3160平方米。2. 三马贸易公司自愿选择货币补偿方式进行补偿，补偿价款一口价为贰亿元，上述款项包含三马贸易公司取得土地使用权以及见诸于该宗土地上的房屋（不含胜利办事处约60平方米和农行约200平方米）征收（拆迁）补偿安置相关的全部费用。

2015年11月16日B公司又与A公司签订《澜山项目投资协议书》（以下简称《1116投资协议》），该协议与《1112投资协议》内容基本相同并明确，在保障二期项目工程建设的前提下，在该项目商品房销售个人银行按揭贷款到账后，A公司有权优先收回其全部投资本金3.9亿元，本协议签订生效后《1112投资协议》即行废止。

2015年11月17日B公司与A公司签订《澜山项目投资协议书》，即《1117投资协议》，该协议与《1116投资协议》约定的事项基本相同，只是将A公司的投资数额变更为2.21亿元，双方对二期项目收益分配份额依然约定为51%比49%。

2015年12月6日B公司与A公司签订《1206投资协议》约定，A公司决定向三、四期项目进行投资，由双方共同合作开发三、四期项目：1. A公司将依据三、四期项目开发建设需求与进度，累计为三、四期项目投资8亿元。三、四期开发项目收益：B公司占51%份额，A公司占49%份额。A公司对三、四期项目所投资金，B公司不得挪作他用（包括但不限于偿还贷款、放贷、担保等）。2. 双方共同负责三、四期项目的开发建设及经营管理。其中B公司侧重负责项目的前期征地拆迁、规划设计、项目建审报批、报验及营销等工作；A公司侧重负责该项目工程建设及施工管理。3. 三、四期项目的工程发包、设备（材料）采购和经费支取由双方共同审核确定。双方还约定了A公司优先收回投资本金、剩余资产分配、争议解决等事项。

B公司与A公司于2015年12月27日签订《三马说明》约定，就B公司于2015年11月12日与三马贸易公司签订的《土地房屋安置补偿协议书》作出如下说明：1. B公司用于支付《土地房屋安置补偿协议书》中土地及房产的补偿款出自B第二分公司。该笔资金为双方共有，其中B公司占51%，A公司占49%，上述补偿款系双方依据2015年12月6日签署的《1206投资协议》约定，双方共同支付的三、四期项目前期征地拆迁投资款项。2. B公司依据《土地房屋安置补偿协议书》所支付的补偿款为双方共同所有，其中B公司占51%的份额，A公司占49%的份额（A公司权益为1.0045亿元）。3. 如双方按《1206投资协议》约定合作开发三、四期项目，上面所涉及的补偿款作为双方前期投资款的性质不变。如双方不再按协议约定合作开发三、四期项目，B公司须在该地块拆迁前将A公司支付的投资款返还后方可实施拆迁。B公司应适当考虑A公司投资回报，具体金额由双方根据实际情况协商确定。4. 任何一方违反上述义务的，违约方需要赔偿守约方因违约行为所遭受的全部损失。

2016年9月5日，B公司与A公司签订《0905预分配方案》，决定对A公司分配利润2.6亿元，此利润为税后利润。双方最终利润分配以最终财务决算为准，多退少补。

B公司与A公司于2016年12月7日签订《1207未尽事宜》对《0905预分配方案》进行了补充，以及结合二期项目的实际情况，在对利润预分配方案落实执行后，仍有9项事宜未完结并确认，截至2016年8月31日，二期项目实现销售收入30亿元，扣除成本费用、税金，实现利润9.89亿元，应缴企业所得税2.47亿元，可供分配利润7.42亿元，其中B公司可分得利润3.78亿元，A公司可分得利润3.63亿元，两股东可分得的利润均为税后利润。A公司作为股东之一，已收回利润2亿元。因此前B二分公司占用资金2.05亿元，购买三、四期项目地上建筑（三马轻纺城大楼），A公司拥有49%所有权，因此，A公司在二期项目上的预分配利润预计还可收回9603.33万元。

一审法院另查明，2015年5月4日B公司设立哈尔滨第二分公司，并取得营业执照。此前，B公司即设立开发二期项目的项目部，负责之后的二期项目开发工作，管理二期项目的相关款项。B二分公司成立后，继续履行二期项目部的职能。

2015年11月13日B二分公司向B公司转款1.5亿元，2016年1月26日B二分公司向B公司转款0.5亿元，2016年3月2日B二分公司向B公司转款0.05

亿元，合计2.05亿元。B公司陆续将该款作为三马轻纺城的补偿款支付给三马贸易公司。

一审法院还查明，2014年7月21日C公司设立，股东为B公司。

2017年8月29日，C公司与哈尔滨市国土资源局签订《国有建设用地使用权出让合同》，将案涉三期项目“土地受让人由B公司变更为C公司……”。此后，C公司开发建设了三期项目。

一审法院认为，B公司与A公司签订的《1112投资协议》《1116投资协议》《1117投资协议》《1206投资协议》系双方的真实意思表示，依法有效。案涉B公司与三马贸易公司签订的《土地房屋安置补偿协议书》所涉补偿款2亿元源自B二分公司，B公司也已将该款作为补偿款支付给三马贸易公司，应认定B公司与A公司已经履行了《1206投资协议》；该投资款系双方共有，其中A公司投资份额为1.0045亿元。《1206投资协议》解除，A公司已经支付的投资款1.0045亿元应予返还。B公司在未通知A公司的情况下，由其全资子公司C公司发包施工三、四期项目，以及C公司取得案涉三、四期项目土地使用权并独自作为开发主体时，《1206投资协议》已经履行不能，B公司构成根本性违约。鉴于B公司的违约行为，按照《三马说明》中“B公司应适当考虑A公司投资回报”的约定，考虑到案涉款项的性质系来自二期项目利润，以及A公司作为投资公司追求资金收益不限于银行的贷款利率标准，酌情认定B公司按照中国人民银行同期同类贷款利率的二倍赔偿占用A公司1.0045亿元投资款的损失，该损失自B二分公司支付之日起分别计算至一审判决生效之日止。C公司作为B公司设立的全资子公司，作为受益人无偿获取利益后亦应承担相应责任，故C公司应对B公司返还A公司投资款1.0045亿元及损失承担共同给付责任。据此，一审法院于2018年10月15日判决：一、解除《1206投资协议》；二、B公司于判决生效之日起三十日内返还A公司投资款1.0045亿元；三、B公司于该判决生效之日起三十日内返还A公司投资款1.0045亿元的损失（其中7350万元自2015年11月14日起，2450万元自2016年1月27日起，245万元自2016年3月3日起，均按照中国人民银行同期同类贷款利率的二倍计算至该判决生效之日止）；四、C公司对该判决第二项、第三项承担共同给付责任；五、驳回A公司的其他诉讼请求。

一审判决作出后，A公司、B公司、C公司均不服一审判决，上诉至本院。

A公司上诉称，一审判决认定事实错误。B公司将三、四期项目施工发包权交给C公司，由C公司独自开发该项目构成根本违约。一审判决认定B公司拆迁三马轻纺城的行为不违反合同义务，认定事实错误。一审判决认定的损失赔偿数额错误。因B公司的行为构成根本违约，致使《1206投资协议》的目的无法实现，B公司应承担相应的赔偿责任。A公司投入的1.0045亿元投资款，系用于购置三马轻纺城，A公司应按照合同约定的比例享有三马轻纺城的物权人权利。考虑到A公司与B公司合作购买的三马轻纺城土地、房产已经出现巨大升值，B公司应向A公司赔偿三马轻纺城土地、房产的价值差，A公司主张的2亿元经济损失，具有合同和法律依据。一审法院仅判决B公司向A公司赔偿双倍银行利息，显失公平。综上，请求：撤销一审判决第三项，改判B公司、C公司共同赔偿A公司经济损失2亿元；本案诉讼费用、保全费由B公司、C公司负担。

B公司上诉并答辩称，三、四期项目未能合作的根本原因，是A公司恶意阻碍三马轻纺城的拆迁工作，A公司的行为构成根本违约。B公司为避免案涉三、四期项目开发进度受阻而自行实施开发，一审法院认定B公司构成根本违约，认定事实错误。《1112投资协议》将双方之间的借贷关系变更为整体合作关系，二期和三、四期项目合作相互依存。《预分配方案》不能作为阶段性结算依据，一审法院认定用于支付三马轻纺城拆迁补偿款的2.05亿元属于二期项目未分配收益以及A公司享有49%份额，亦存在错误。基于整体合作基调，如三、四期合作关系解除，则二期合作关系也应一并解除，《预分配方案》丧失适用基础，一审法院据此认定1.0045亿元属于A公司缺乏事实依据。综上，请求：撤销一审判决；将本案发回重审或驳回A公司全部诉讼请求；A公司承担本案全部诉讼费用。

C公司上诉并答辩称：一、同意B公司的上诉请求及答辩意见。二、C公司不是《1206投资协议》及《三马说明》的合同当事人，A公司向C公司主张权利，突破了合同相对性原则。一审法院追加C公司为共同被告，诉讼主体认定错误，程序违法。三、承担连带责任应根据法律的规定或当事人约定。本案中，B

公司的土地使用权被政府重新出让给C公司，此系政府行为。且即使转让土地使用权的行为损害A公司的债权，根据《中华人民共和国合同法》第七十四条的规定，A公司仅可以请求撤销该无偿转让行为，而不能主张B公司、C公司承担连带责任。一审判决认定B公司、C公司承担共同给付责任，适用法律错误。综上，请求：撤销一审判决第四项，A公司承担本案全部诉讼费。

A公司针对B公司和C公司的上诉答辩称：一、二期项目与三、四期项目是两个独立的合作关系，并非整体合作关系。二、B公司擅自将案涉土地使用权转至C公司名下，使《1206投资协议》实际履行不能。在B公司构成根本违约的情况下，A公司诉请解除《1206投资协议》是行使法定解除权，并非与B公司协商一致解除合同，一审法院认定双方合意解除合同错误。三、合同解除后B公司应当返还A公司1.0045亿元投资款，并应赔偿A公司对于项目投资收益的可得利益损失。应以三马轻纺城实际征收补偿的市场价值减去双方支付的投资款后所产生的差价，按49%的比例确定B公司的赔偿数额。四、为了履行《1206投资协议》，A公司及其关联企业自2015年12月6日至2017年4月15日在银行账户上准备了大量投资款，因B公司单方违约而给A公司造成了13946554.17元资金闲置损失，B公司应承担赔偿责任。五、C公司是本案的适格被告，B公司无偿转让项目土地给C公司的行为使得其自身的责任财产减少。因此，C公司与本案具有高度的关联性，应当承担共同给付责任。综上，请求驳回B公司和C公司的上诉请求，支持A公司的上诉请求。

本院审理期间，A公司向本院提交了四组新证据。第一组证据包括：1. A公司与哈尔滨壹鸿翔保安服务有限公司（以下简称保安公司）于2017年4月16日签订的《保安合同》；2. 保安公司出具的《情况说明》；3. A公司雇请保安公司的费用发票；4. 三马轻纺城被B公司强拆的现场照片；5. 保安公司为三马轻纺城提供安全防范服务的工作人员名单。该组证据拟证明B公司违反《三马说明》的约定，在未与A公司协商也未披露政府征收拆除补偿价格、补偿协议的情况下强行拆除三马轻纺城，构成根本性违约。第二组证据包括：1.《房屋拆迁补偿协议》；2. 靖宇街和三马轻纺城的距离地图。该组证据拟证明三马轻纺城附近商业地产的征收补偿价格为 17397 元/平方米，间接证明 A 公司的可得利益损失。第三组证据包括：1.《三四期项目准备资金损失计算表》计算说明；2.《三四期项目准备资金损失计算表》；3. A 公司关联公司营业执照；4. A 公司关联公司工商信息网络查询单；5. 中国人民银行贷款利率表；6. A 公司中国农业银行分户行资金明细、关联公司中国邮政储蓄银行账户明细对账单、活期账户交易明细。该组证据拟证明 A 公司在双方停止合作前已经为履约准备了大量银行存款，由于 B 公司单方违约致使双方停止合作，给 A 公司造成 12268537.5 元的资金闲置损失。第四组证据包括：1. 三期项目利润估算表；2. 环球港 A 区 48 户业主购房信息统计表；3. 购房人李某购买环球港 A 区房屋的证明材料；4. 购房人李某某购买环球港 A 区房屋的证明材料。该组证据拟证明 B 公司单方违约停止合作后，将三期项目无偿转让给 C 公司并进行了充分开发，现已实际获利 12.68 亿元。

B 公司、C 公司质证意见为：对上述证据的真实性、合法性、关联性均不予认可，无法证明 A 公司的主张。

B 公司向本院提交了两组新证据。第一组证据为 2017 年 5 月 8 日 A 公司向哈尔滨市道外区房屋征收办公室发出的《关于暂停三马轻纺城拆迁的请示》，拟证明 A 公司主张获得三马轻纺城 49% 的资产份额。第二组证据为三份《建设工程施工合同》，拟证明 C 公司系在 B 公司与 A 公司终止合作之后，对三期项目进行的开发。

A 公司的质证意见为：对第一组证据的真实性予以认可，但对证明目的不予认可，该请示表明因 B 公司单方违约，A 公司主张与 B 公司协商解决。对第二组证据的真实性、合法性、关联性均不予认可，无法证明 B 公司的主张。

C 公司对 B 公司提交的新证据无异议。

本院认为，因 B 公司、C 公司对 A 公司提交的四组证据的真实性、合法性、关联性均提出了异议，A 公司提交的四组证据真实性无法核对，且无法证明其主张，本院不予采信。B 公司提交的第一组证据，A 公司对其真实性虽予认可，但该证据无法证明 B 公司的主张，本院不予采信；因 A 公司对 B 公司提交的第二组证据的真实性、合法性、关联性均不予认可，证据的真实性无法核实，本院不予采信。

在本院审理过程中，A公司向本院提出调查取证申请，申请本院向黑龙江省哈尔滨市道外区人民政府房屋征收办公室调取涉案项目拆迁日期相关证明文件，拟证明因B公司违约而给A公司造成的损失。本院经审查认为，鉴于本案系平等民事主体之间的法律关系，黑龙江省哈尔滨市道外区人民政府房屋征收办公室关于案涉项目拆迁日期等材料即使存在，与本案A公司的损失并无实质关联，根据《最高人民法院关于适用〈中华人民共和国民事诉讼法〉的解释》第九十五条的规定，对A公司提出的调查取证申请，本院不予准许。

本院经审理查明，2014年4月3日，韩某、刘某与B公司签订2份《借款合同》，关于借款利率均约定：从借款之日起借款利率为月2.5%。

本院另查明，黑龙江省高级人民法院于2018年10月15日作出（2017）黑民初224号民事判决，该判决查明：A公司在与B公司合作开发天邑澜山项目期间，陆续收回全部投资本金并获得利润2.499亿元。B公司二期天邑澜山项目截至2017年12月31日，共获得销售收入3057630869.86元，尚余未销售资产为347510000元。该判决判令：B公司向A公司支付澜山项目阶段性可分配利润24853702.79元。A公司、B公司均不服该判决，向本院提起上诉。目前，该案正在本院审理过程中。

本院查明的其他事实与一审法院查明的事实相同，本院对一审法院查明的事实予以确认。

本院认为，根据双方当事人的诉辩主张，本案的争议焦点为：一、B公司是否构成违约；二、B公司应否向A公司返还投资款1.0045亿元；三、B公司应否向A公司赔偿损失及损失数额如何认定；四、C公司应否承担共同给付责任。针对上述争议焦点，本院分析认定如下：

一、关于B公司是否构成违约的问题

本争议焦点又包括以下两个争议问题：

（一）关于案涉二期和三、四期项目是否为双方合作的整体安排及案涉《预分配方案》是否丧失适用基础的问题。经查明，2015年11月12日、11月16日B

公司与A公司先后签订《1112投资协议》《1116投资协议》，主要约定了双方将基于借贷关系产生的3.9亿元借款变更为A公司对二期项目的投资款，并就双方合作开发、经营管理及收益等事宜作出约定。2015年12月6日B公司与A公司就双方共同合作开发三、四期项目签订《1206投资协议》约定，A公司需要累计为三、四期项目投资8亿元，双方共同负责三、四期项目的开发建设及经营管理，其中B公司侧重负责项目的前期征地拆迁、规划设计、项目建审报批、报验及营销等工作，A公司侧重负责该项目工程建设及施工管理；该协议签订生效后，双方此前签订的《1112投资协议》即行废止。从协议约定的内容来看，双方基于《1206投资协议》合作开发三、四期项目系在废止《1112投资协议》基础上所形成的法律关系。在《1206投资协议》所约定的法律关系中，双方合资合作开发房地产的标的为三、四期项目，而非二期项目。

从《1206投资协议》《预分配方案》《三马说明》等协议的执行及本案双方当事人合作过程来看，B公司与A公司已经按照《1116投资协议》及《预分配方案》等协议的约定，对二期项目进行了利润分配。据此，《1206投资协议》系双方在对二期项目初步清算的基础上，对三、四期项目合作开发作出的约定，而非二期项目的延续。B公司关于二期和三、四期项目为双方合作的整体安排及案涉《预分配方案》已经丧失适用基础的上诉理由，缺乏事实和法律依据，本院不予支持。

（二）关于B公司是否构成根本违约的问题。一方面，《1206投资协议》第二条约定，B公司与A公司共同负责三、四期项目的开发建设及经营管理，并对双方负责事项作出明确分工；第三条约定工程发包、设备采购等事宜由双方共同审核确定。据此，B公司与A公司共同合作开发三、四期项目的关系中，双方应共同经营管理该项目并审核确定项目开发的相关事宜。但是，在履行上述协议过程中，B公司设立全资子公司C公司，并由C公司负责三、四期项目的开发经营，行使对外工程建设发包权，实质上剥夺了A公司共同经营管理权，违反了《1206投资协议》关于双方共同经营管理三、四期项目的约定。另一方面，经一审法院查明，基于B公司的申请，C公司与哈尔滨市国土资源局于2017年8月29日签订《国有建设用地使用权出让合同》，将案涉三、四期项目的土地受让人由B公司变更为C公司，C公司独自开发建设了三期项目，并进行了销售。《最高人民法院关于审理涉及国有土地使用权合同纠纷案件适用法律问题的解释》第十四条规定，合作开发房地产合同，是指当事人订立的以提供出让土地使用权、资金等作为共同投资，共享利润、共担风险合作开发房地产为基本内容的协议。在A公司的合作对象为B公司而非C公司的情况下，B公司将三、四期项目的国有土地使用权无偿转至其全资子公司C公司名下的行为，剥夺了A公司参与合作开发的经营管理权，明显增加了投资方A公司获取投资收益的风险，使B公司与A公司之间合作开发三、四期项目失去共享利润、共担风险的合作基础，造成A公司通过《1206投资协议》所欲实现的目的可能无法实现。一审判决结合上述两方面因素认定B公司构成根本性违约，具有事实和法律依据。B公司以C公司为其全资子公司，C公司开发案涉项目不影响A公司的利润分配为由主张B公司的行为不构成违约，缺乏事实和法律依据，本院不予支持。至于B公司关于A公司恶意阻碍三马轻纺城拆迁工作构成根本违约的主张无事实依据，且与其自身构成根本违约的事实相左，本院不予采信。

综上，一审法院认定B公司构成根本违约，理据充分。

二、关于B公司应否向A公司返还投资款1.0045亿元的问题

《中华人民共和国合同法》第九十七条规定："合同解除后，尚未履行的中止履行；已经履行的，根据履行情况和合同性质，当事人可以要求恢复原状、采取其他补救措施，并有权要求赔偿损失。"A公司以B公司构成根本违约为由向一审法院诉请解除《1206投资协议》。虽然一审庭审时，B公司明确表示同意解除该协议，双方当事人就解除《1206投资协议》形成一致意见。但B公司违反合同约定，一方面排除A公司就三、四期项目合作开发的共同经营管理权，另一方面将案涉国有土地使用权变更登记在其全资子公司C公司名下，该两节事实符合《中华人民共和国合同法》第九十四条第二项及第四项规定的情形，A公司向法院请求解除《1206投资协议》，理据充分。双方当事人基于合作开发三、四期项目已无可能而同意解除合资合作开发房地产关系的事实，并不能否定A公司基于B公

司构成根本违约造成合同目的无法实现而享有的合同解除权，也不影响 A 公司根据上述法律规定，在 B 公司构成根本违约的情况下请求返还投资款和赔偿损失的权利。据此，《1206 投资协议》解除后，B 公司应当向 A 公司返还投资款，并承担因 B 公司违约而给 A 公司造成损失的赔偿责任。

双方在《三马说明》中明确约定，B 公司用于支付《土地房屋安置补偿协议书》中土地及房产的补偿款为双方按份共有，该补偿款系根据《1206 投资协议》的约定由双方共同支付的三、四期项目的前期征地投资款，A 公司占 49% 份额的投资权益为 1.0045 亿元。根据前述约定，应认定 A 公司对三、四期项目投入的前期征地投资款为 1.0045 亿元。一审法院据此判决 B 公司向 A 公司返还投资款 1.0045 亿元，符合《中华人民共和国合同法》第九十七条的规定，具有事实和法律依据。

三、关于 B 公司应否向 A 公司赔偿损失及损失数额如何认定的问题

该争议问题又包括以下两方面问题：

（一）关于 A 公司是否有权要求 B 公司赔偿损失的问题。《中华人民共和国合同法》第九十七条规定："合同解除后尚未履行的中止履行；已经履行的，根据履行情况和合同性质，当事人可以要求恢复原状、采取其他补救措施，并有权要求赔偿损失。"在已经能够确定 A 公司对三、四期项目投入的投资款为 1.0045 亿元的情况下，一审法院判决 B 公司返还该笔款项，系适用上述法律规定的恢复原状。上述法律还规定，在恢复原状之外，守约方尚有请求违约方赔偿损失的权利。因 B 公司构成根本违约，A 公司要求 B 公司赔偿损失，具有事实和法律依据。

（二）关于一审法院判决 B 公司赔偿损失范围是否适当的问题。A 公司上诉主张，应以三马轻纺城现有价值和购买时的价差来确定 B 公司的损失赔偿范围。对此，在 B 公司与 A 公司合资合作开发房地产的法律关系中，双方当事人的合作目的并不是共同购买案涉三马轻纺城的土地和房产，而是包括取得国有土地使用权、实施工程发包、管理、房地产对外销售等一系列合资合作开发经营行为，故 A 公司主张应按照三马轻纺城的现有价值和购买价值之差来赔偿其损失的上述主张，不符合房地产开发的实际，也无明确的法律依据。一审法院未支持 A 公司关

于对案涉三马轻纺城土地、房产价值进行评估鉴定的申请，并无不当。在本院审理过程中，A 公司亦申请对案涉三马轻纺城房产、土地价值进行评估，以及向本院申请调查取证所涉三马轻纺城拆迁相关文件，目的亦在于确定三马轻纺城房产、土地的价值，本院不予支持。

关于一审法院酌定的损失赔偿范围是否恰当的问题。在合同基于一方根本违约而解除且当事人对于损失赔偿未作约定的情况下，由于合同并未实际获得履行而难以精确计算守约方因合同解除所遭受的损失，人民法院往往在认定损失赔偿数额上行使裁量权。但即便如此，人民法院仍应以合同解除可能给对方当事人造成的损失为基础行使裁量权。本案中，双方在《三马说明》中明确约定“如双方不再按协议约定合作开发三、四期项目……B 公司应适当考虑 A 公司投资回报”。根据该约定，因 B 公司根本违约导致合同解除时，在认定 A 公司的损失时应将 A 公司可能获得的预期投资回报一并考虑在内。据此，上述法律规定的损失赔偿范围除包括 A 公司的实际损失之外，还应一并考虑 A 公司可能获得的投资利益。

本院认为，B 公司应以 1.0045 亿元为基数，按照《最高人民法院关于审理民间借贷案件适用法律若干问题的规定》第二十六条规定的年利率 24% 赔偿 A 公司的损失。主要理由在于：其一，符合双方当事人的合理预期和合理预见。双方合资合作开发房地产关系肇始于双方之间的民间借贷关系。在 B 公司、A 公司之间的民间借贷法律关系中约定的借款利率为月利率 2.5%，该标准已经明显高于《最高人民法院关于审理民间借贷案件适用法律若干问题的规定》第二十六条所规定的司法保护民间借贷利率的上限，这对于民间借贷当事人来说，属于均应知晓的事实。故按照上述司法保护的合法利率上限年利率 24% 认定 A 公司的损失，符合当事人的合理预期，也符合 B 公司的合理预见。其二，符合当事人之前合作的投资收益实际。一审法院查明，双方当事人确认自 2014 年 4 月 3 日双方约定 A 公司对二期项目投资 3.9 亿元起至 2017 年 12 月末，A 公司在收回全部投资成本之外尚已分得利润 3.5035 亿元。而在（2017）黑民初 224 号案中，黑龙江省高级人民法院还判决 B 公司给付 A 公司阶段性利润款 24853702.79 元，再加上本案所涉 1.0045 亿元系源于二期项目的利润款，A 公司的获利约为 4.75 亿元；即使不将

（2017）黑民初224号判决中尚存争议的24853702.79元计算在内，A公司在二期项目中获得的收益远高于二倍银行贷款利率。故以年利率24%作为确定损失赔偿的标准，也基本符合当事人投资收益的客观实际。其三，符合损益相抵原则。虽然A公司在二期项目的实际投资收益已超过民间借贷合法利率上限24%的年利率，但是A公司的预期投资收益的获得，系在A公司还需支出项目开发经营管理成本的基础之上。本案中，因三、四期项目的开发实际由C公司进行，A公司并未参与三、四期项目的开发经营管理，就此而言，A公司亦客观上因未参与经营管理而节省了该部分管理成本的必要支出，故原则上在赔偿其损失时应适当扣除该部分获益。因此，以年利率24%为基数计算其损失也符合适当扣除其管理成本后可能实际获利的实际。其四，符合民事活动的诚信原则。《中华人民共和国民法通则》第七条规定，民事主体从事民事活动，应当遵循诚信原则，秉持诚实，恪守承诺。在本案B公司根本违约的情况下，如果在解除合同赔偿A公司的损失时不包括A公司履行合同可能获得的利益，则无异于通过保护当事人恶意违约剥夺另一方合同履行利益的不诚信行为，有违《中华人民共和国民法总则》规定的诚信原则的指导精神。故综合当事人的合理预期、前期的合作投资收益、损益相抵原则以及诚信原则，应以年利率24%的标准认定A公司的损失。一审法院酌定按照中国人民银行同期同类贷款利率的二倍认定A公司的损失赔偿数额，虽能一定程度上弥补A公司的损失，但此认定同A公司可能获得的投资回报有较大差距，裁量权行使失当，本院予以纠正。

至于一审法院认定的计算利息的起止日期，鉴于投资收益原则上应以资金的实际收回为截止日期，故按照年利率24%计算资金收益损失应截止到B公司实际清偿A公司的投资款之日止。一审法院判决计算至该案判决生效之日且案涉款项于判决生效之后三十日内支付，不符合在判决生效之日至当事人实际清偿日期间B公司仍占用A公司资金并享有资金收益的实际，故本院一并将之纠正为：计算至实际清偿之日止。

四、关于C公司应否承担共同给付责任的问题

C公司系B公司设立的全资子公司，B公司为其唯一股东。B公司与A公司

合作期间，使用二期项目的合作收益支付了三、四期项目的拆迁补偿款后，B公司又自行决定将拆迁后的国有土地使用权等开发利益无偿转让给C公司，由C公司独自开发三、四期项目。此种无偿转让行为显然已经导致B公司责任财产的减少，进而可能损害合作开发方A公司进行投资后收回投资的权益。一审法院在C公司系B公司全资子公司，且C公司无偿从B公司取得案涉三马轻纺城土地及房产收益的情况下，判决作为受益人的C公司对B公司返还A公司投资款1.0045亿元及赔偿损失承担共同给付责任，并无不当。C公司关于其不是适格被告及不应承担共同给付责任的上诉理由及请求，与本案实际不符，依据不足，本院不予支持。

一审法院未将C公司承担共同给付责任限定在C公司无偿获得B公司转让利益的范围内，但考虑到本案C公司所无偿受让B公司的三马轻纺城土地及房产价值在购买时已经超过2亿元，这实际上远远超过上述1.0045亿元加上按照民间借贷24%年利率标准计算的损失之和，故一审法院对C公司承担责任的范围虽然并未加以限制，但是就本案的处理而言并不会增加C公司在其无偿取得B公司财产范围之外的额外负担，故本院对此予以确认。

综上，A公司的上诉请求部分成立；B公司、C公司的上诉请求均不成立，应予驳回。本院根据《中华人民共和国合同法》第九十七条、《中华人民共和国民事诉讼法》第一百七十条第一款第二项规定，判决如下：

一、维持（2017）黑民初212号民事判决第一、二、四、五项；

二、变更（2017）黑民初212号民事判决第三项为：B公司于判决生效之日起三十日内赔偿A公司投资款1.0045亿元的损失（其中7350万元自2015年11月14日起，2450万元自2016年1月27日起，245万元自2016年3月3日起，均按照年利率24%的标准计算至实际清偿之日止）；

三、驳回A公司的其他上诉请求；

四、驳回B公司的上诉请求；

五、驳回C公司的上诉请求。

如果未按本判决指定的期间履行金钱给付义务，应当依照《中华人民共和国民事诉讼法》第二百五十三条的规定，加倍支付迟延履行期间的债务利息。

一审案件受理费1541800元，由B公司、C公司负担85万元，A公司负担691800元。二审案件受理费1541800元，由B公司负担100万元，C公司负担20万元，A公司负担341800元。

本判决为终审判决。

【案件总结】

本案最主要的两个问题是如何认定B公司的违约责任及损失赔偿数额如何计算。最高法院在确定本案的裁判原则时充分运用了《最高人民法院关于审理涉及国有土地使用权合同纠纷案件适用法律问题的解释》第十四条规定，认为在A公司的合作对象为B公司而非C公司的情况下，B公司将案涉土地使用权无偿转让至全资子公司C公司名下的行为，剥夺了A公司参与合作开发的经营管理权，明显增加了投资方A公司获取投资收益的风险，使A公司与B公司之间合作开发三、四期项目失去共享利润、共担风险的合作基础，造成A公司通过《1206投资协议》所欲实现的目的可能无法实现，因此，B公司该行为构成根本违约。

在涉案合同并未约定因一方违约而解除合同的损失赔偿数额时，本案二审法院亦综合考虑双方合作目的、法律规定与合同约定，以及合作的实际情况和诚实信用原则，酌情以投资额1.0045亿元为基数，以年利率24%计算A公司的损失数额。这虽然与A公司请求的损失赔偿数额仍有一定差距，但相较一审裁判的二倍银行同期贷款利率亦有所突破。

回顾本案代理过程，代理律师在接手本案之初即敏锐地察觉到，如何落实B公司在本案的违约责任及如何计算本案的损失赔偿数额是本案的重点问题。因此，代理律师围绕上述问题在二审代理意见中作出了以下重点阐述：1. B公司擅自将项目土地使用权转让给全资子公司C公司的行为直接破坏了合资、合作开发房地产“共享利润”“共担风险”的基本原则；2. B公司因恶意违约而独自开发三期项目土地获益巨大；3. A公司的项目投资可得利益遭受了重大损失。

由于本案合同中并未约定因一方违约而解除合同的损失赔偿数额，因此在确定本案A公司的损失赔偿数额时，法官充分考虑双方的合作目的、法律规定与合同约定，以及合作的实际情况和诚实信用原则，酌情认定了本案A公司的损失赔偿数额，总结起来主要有以下几点：

一、合作一方擅自将项目土地使用权转让给他人是否构成根本违约

合作开发房地产合同的最重要特征就是“共享利润”“风险共担”。在本案中，B公司擅自将三期项目土地转让给全资子公司，由C公司独自开发建设三期项目，虽然B公司辩称该项目土地转让给C公司不会使A公司的利润受到影响，但是A公司与C公司之间不存在直接的合作关系，A公司无法通过其与B公司的合同关系约束C公司，C公司成为三期项目的开发建设主体之后，A公司亦无任何理由可以参与到项目经营管理中。因此，即使B公司可以通过控制C公司使利润流向变为C公司→B公司→A公司，但这直接使得A公司获取项目投资收益的风险增加，双方“共享利润”“共担风险”的合作基础也就不复存在了。

因此，在合资、合作开发房地产合同纠纷案中，若一方擅自将项目土地使用权转让给第三人，使合作另一方失去了对项目土地开发的经营管理权，直接增加了另一方获取项目投资收益的风险，那么就可以认定擅自转让土地的一方构成了根本违约。

二、合同未约定因一方违约而解除合同的损失赔偿数额时，如何确定守约方应获得的赔偿范围

由于本案中对于因一方违约而解除合同的损失赔偿数额并未明确约定，那么法院通常在确定赔偿数额时行使裁量权，因此，双方的合作目的、合作实际情况以及违约方的过错就成了法院认定赔偿数额的重要考量因素。具体则有以下几点：

（一）合作目的——购买土地进行开发经营

由于双方购买三期项目土地的目的是开发经营，因此二审法院并未支持A公司要求以三期项目土地的市场价值与购买该土地时的差价来确定其损失赔偿数额的请求，而是综合考虑后酌定判决以1.0045亿元为基础，以年利率24%的标准计算A公司的损失。

（二）法律规定与双方约定

《合同法》第九十七条规定，合同解除后，守约方可以要求对方赔偿损失。本案双方协议《三马说明》约定，“如双方不再按协议约定合作开发三期项目……B公司应适当考虑A公司的投资回报”。因此二审法院在确定本案的损失赔偿范围时认为，除A公司的实际损失外，还应包括A公司可能获得的投资利益。

（三）双方合作的实际情况

1. 本案当事人合作始于借款，后转为投资合作，双方的借款合同中约定的月利率是2.5%。因此按照司法保护的合法利率上限年利率24%计算A公司的损失，符合当事人的合理预期，也符合B公司的合理预见。

2. 借款转投资后，双方先合作了二期项目，后继续合作本案三期项目。在二期项目中A公司获益近4.75亿元，但前提是A公司参与了整个二期项目的经营管理、建设施工。

3. 就本案三期项目而言，A公司并未参与该项目开发经营管理，因此A公司就直接节省了该部分的管理成本支出，根据损益相抵的原则，在认定A公司的损失时应当扣除该部分获益。因此，以年利率24%为基数计算损失也符合适当扣除A公司管理成本后可能得到的实际获利。

（四）诚实信用原则

在本案B公司根本违约的情况下，如果在解除合同、赔偿A公司的损失时不包括A公司履行合同可能获得的利益，则无异于通过保护当事人恶意违约剥夺另一方合同履行利益，有违《中华人民共和国民法总则》（以下简称《民法总则》）规定的诚信原则的指导精神。因此二审法院综合上述因素，改判以年利率24%的标准计算A公司的损失。

在房地产市场上，因合作开发房地产合同产生的纠纷屡见不鲜，尤其是合同当事人一方违约，守约方需要解除合同，但双方当事人并未约定违约损失赔偿数额的案件。此时，确定守约方的损失赔偿数额需要法官合理地运用司法裁量权。本案二审法院在确定守约方的损失赔偿数额时，充分考虑了双方合作的目的、法律规定与合同约定、合作的实际情况以及诚实信用原则，酌情认定了A公司的损失赔偿数额，既有效地平衡了当事人各方的利益，又给社会上其他类似的纠纷案件作出了良好示范。通过这一案例，也提醒商业合作中的各方当事人，商业合作需秉承诚实信用原则，切勿为了自身利益而违背商业道德。

【承办律师简介】

李君，北京市炜衡律师事务所高级合伙人，党委纪委书记、炜衡全国房地产与建设工程法律专业委员会副主任兼秘书长。

毕业于中国政法大学，1999 年获首届法律硕士学位，自 2004 年起从事律师工作。系第十届北京市律师协会土地与房地产法律专业委员会委员、第十一届北京市律师协会政府与社会资本合作（PPP）法律服务研究会副秘书长、湖南省财政厅政府专项债券评审专家库专家。办理了大量具有广泛社会影响力的案件，担任多家中央国家机关、企事业单位常年法律顾问，被北京电视台“现场说法”“法制进行时”栏目邀请为律师嘉宾，曾先后荣获“奥运期间法律服务工作先进个人”“海淀区优秀律师”“海淀区优秀专业律师”“2015—2016 年度北京市律师行业优秀共产党员”等荣誉称号。

擅长房地产与建设工程领域法律事务，包括房地产开发及建设工程领域重大诉讼仲裁业务、房地产公司并购及破产重整、为房地产开发商提供法律顾问、PPP 项目咨询及政府专项债券项目等。所办房地产合作开发案件入选《最高人民法院第二巡回法庭法官会议纪要（第一辑）》。

王传波律师毕业于中国政法大学，法学学士，北京市炜衡（沈阳）律师事务所高级合伙人律师，主要专业领域为：商事诉讼，合同审核和企业风险管理，公司设立、治理、并购、重组等业务。王传波律师自 2006 年开始执业，根据中国经济的快速发展对法律服务的要求，在立足于传统的民事、经济诉讼、仲裁业务的同时，致力于成为一名在相关法

律事务领域专业性较强的律师。

法律服务单位包括：中国华融资产管理有限公司辽宁分公司、沈阳燃气集团、中国移动通信集团辽宁有限公司、保利（沈阳）房地产开发有限公司、沈阳市大东区前进街道望花村民委员会、沈阳向明长益置业有限公司、内蒙古玉峰矿业集团有限公司、博广热能股份有限公司、明达意航企业集团有限公司、浙江明达市政安装工程有限公司、锡林郭勒市龙旺土石方工程有限公司、沈阳清华同方信息港有限公司、沈阳建设监理有限公司等。

因不可抗力因素导致的商业地产租赁合同履行障碍纠纷诉讼代理策略①

——A 公司与 B 公司商业地产租赁合同纠纷案

北京炜衡（上海）律师事务所　吴俍君律师

【争议焦点】

◆ *合同履行过程中遇到不可抗力时是否可立即解除合同?*

◆ *不可抗力导致的合同履行障碍程度如何证明?*

◆ *不可抗力导致的合同目的不能实现如何证明?*

◆ *合同履行过程中遇到一时性不可抗力情形时，各方应采取何种措施维护自身权益?*

【关键词】

房屋租赁　不可抗力　履行障碍　合同解除

【案情简介】

2015 年 3 月 30 日，A 公司向 B 公司承租上海市静安区北京西路×××号×××楼整层。涉案房屋所在大楼即国×大厦于 2000 年 7 月 25 日取得消防验收合格的意见书。2014 年、2015 年，国×大厦消防设施检测合格。A 公司进驻后进行了二次装修。

2015 年 4 月 24 日，A 公司向上海市静安区公安消防支队（下称静安消防支

① 案件来源：上海市黄浦区人民法院（2016）沪 0101 民初 633 号一审判决书。

队）申报涉案房屋办公室内装修工程消防设计审核。5月13日，静安消防支队出具建设工程消防设计审核意见书，同意该工程消防设计，另就设计方面和消防设施部分等提出意见。5月28日，A公司申请消防验收，提供材料中包括“消防设施检测合格证明文件复印件”。6月24日，静安消防支队出具建设工程消防验收意见书：“该建设工程不符合国家有关消防规范、地方标准和原审核要求，具体情况如下：一、未提供消防设施的检测报告，不符合《建设工程消防监督管理规定(119号令)》第二十一条规定。二、部分走道两侧的隔墙未隔至楼板底部，不符合《建筑设计防火规范》（GB50016－2014）第6.2.4条规定。鉴于以上情况，该建设工程消防验收不合格。根据《中华人民共和国消防法》第十三条之规定，你单位申报消防验收改建工程经消防验收合格后方可投入使用，否则将承担一切法律责任，且我支队将依法进行处罚。”

之后，B公司向C集团公司（国×大厦为C集团公司产权房，B公司受委托出租）申请国×大厦消防排风系统改造，获批准，由C集团公司进行改造招标采购和施工，至2015年10月20日完成，后A公司拒绝再次申请消防验收。

2015年9月17日，A公司向B公司发送电子邮件，称：因B公司原因导致国×大厦未取得消防验收合格证，大厦存在安全隐患，不符合使用标准，导致不能实现合同目的。B公司在A公司给予的几个月宽展期内仍未解决消防事宜，至今未能取得消防验收合格证，故A公司通知解除双方签订的租赁合同，要求退还已付全部款项并赔偿装修费用、经济损失。2015年9月19日，B公司复函A公司，称：国×大厦于2000年消防验收合格；A公司装修消防验收未通过，系因今年5月消防验收标准的提升，消防排烟量不能达到新标准，B公司将于10月20日前完成该整改工程，并递交审批；A公司未因此受到行政处罚并导致不能正常办公，B公司不认可A公司以此事由解除租赁合同。

2015年10月30日，A公司搬离涉案租赁房屋。物业部在交割表上备注：门口不锈钢台盆需要复原，搬场时部分弱电线和地插拆除。2015年3月至10月，国×大厦人员出入登记簿上记载了出入涉案房屋的A公司人员的姓名、事由及进出时间。

2015年10月31日，即A公司搬离后的第二天，A公司将B公司诉至上海市黄浦区人民法院，请求解除合同并要求B公司赔偿A公司损失。后B公司提出反诉，请求确认从A公司搬离日起，合同解除，并要求A公司承担违约责任。

A公司的诉状、代理意见及庭审陈述围绕合同解除作以下主要陈述：1. 因消防部门已认定租赁房屋不符合租赁标准，且继续使用会受到行政处罚，所以B公司交付的房屋不符合合同约定，存在严重安全隐患，导致A公司合同目的不能实现；2. B公司超过四个月仍未完成排风系统的改造，导致A公司长期不能取得消防合格证，合同目的不能实现。

吴俍君律师代理B公司在答辩状、反诉状、代理意见及庭审陈述中围绕合同解除作以下主要陈述：1. 因消防标准提升导致消防不达标属于合同履行过程中出现的不可抗力，且该不可抗力属于一时性不可抗力；2. B公司在收到A公司的消防整改意见反馈后一直努力进行消防整改；3. B公司在整改期限内一直口头告知A公司整改进程，A公司在未作任何告知的前提下提出解除合同于法无据；4. A公司在2015年4月至2015年10月30日期间，一直正常使用房屋，不存在因不可抗力导致合同无法继续履行的客观情况。

法院判决认为：B公司承租涉案房屋时，该房符合消防验收标准；2015年5月1日起颁布实施新版《建筑设计防火规范》，消防验收标准提升，涉案房屋所在国×大厦需进行消防排风排烟系统改造。A公司于2015年6月24日的涉案房屋装修工程消防验收未通过，原因一是上述消防验收标准的提升，二是A公司装修的部分走道两侧的隔墙未隔至楼板底部。新的部门规章的实施属于不可抗力因素，B公司据此于2015年6月底启动对涉案房屋所在国×大厦进行整改的进程，A公司未举证证明其因此影响房屋使用或B公司不合理拖延整改，故A公司以此为由解除合同，不符合法律规定和合同约定，其要求B公司退还已付租金、支付违约金的诉请，本院不予支持。A公司未支付2015年10月1日至30日的租金和物业管理费，并于10月30日搬离涉案房屋，构成违约。因此，B公司要求确认双方签订的租赁合同于2015年10月30日解除的诉请，本院予以支持。

后A公司提起上诉但又撤回上诉，本案一审判决生效。

本案有多方面的启示意义。一方面，该案作为涉及不可抗力（一时性不可抗力）制度的典型案件，对其法律适用规则作出了明确解答；另一方面，本案原、被告双方在诉前所采取的各类措施，诉中的陈述、抗辩，以及所采用的诉讼策略等均直接关系到本案的裁判结果，博弈过程值得反复思考和学习。

【诉讼策略】

一、本案涉及的主要法律问题

（一）不可抗力致使合同目的不能实现的，应重点区分不可抗力导致合同不能履行的时间状态（一时或永久）

由于不可抗力导致不能实现合同目的的，可以解除合同。但值得注意的是，需甄别不可抗力所导致的合同履行障碍是否有可排除性，如果履行障碍在一定期限内可予以排除的，解除合同则需谨慎。

如果不可抗力只是导致合同暂时不能履行的，当事人不能随意解除合同，在不可抗力事件排除后（守约方应依据合同法第九十四条第三项规定，对相对方进行书面催告，在合理履行期限后，相对方仍迟延履行或不履行合同主要义务的，守约方才能行使合同解除权），应当继续履行合同。只有在不可抗力的发生致使合同部分或者全部不能履行，且导致当事人订立合同的主要目的在采取一切必要合理措施后仍无法实现时，当事人双方才可以解除合同。

具体到本案，消防规范的更新导致租赁房屋二次消防审查不通过属于典型的不可抗力因素导致的合同履行障碍，对于该不可抗力因素，B 公司可以采取补救措施予以排除，因此该不可抗力属于一时性不可抗力。此时，A 公司应依法履行催告义务，督促 B 公司在合理的期限内完成大楼消防的整改，提供符合消防标准的房屋。但 A 公司在合理期限内并未履行催告义务，而是直接发函解除了租赁合同。由于 A 公司的不当行为，其诉讼不仅无法实现所期望的目的，还需承担相应的不利后果。

（二）合同目的不能实现应如何证明

因合同目的不能实现而解除合同适用于迟延履行、不能履行、不适当履行、拒绝履行等各种违约形态，且无需进行催告。司法实务中，判断某一违约行为是否导致合同目的不能实现（根本违约），需根据违约的具体形态，结合案件情况，通过各种因素和标准斟酌判断。根据一些国家，特别是英美国家法院的判例以及学者的观点，判定违约后果是否重大、是否导致合同目的不能实现一般可以综合考查以下因素：

1. 违约部分的价值或金额与整个合同金额之间的比例。例如，在不适当履行中，如果卖方交付的不符合约定的标的物的价值占全部合同金额的较大比例，一般可以认为构成根本违约。

2. 违约部分对合同目标实现的影响程度。在某些案件中，尽管违约部分的价值并不高，但对合同的实现有着重大影响。例如，在成套设备中，某一部件或配件的瑕疵可能导致整套设备无法正常运转。此时，该违约也可以认定为根本违约。

3. 在迟延履行中，时间因素对合同目的实现的影响程度。一般来说，时间因素不是合同中的决定性要素，一方迟延履行往往也不会导致另一方的合同目的落空，原则上不允许债权人立即解除合同。此时，应先由债权人向债务人进行催告，只有经催告后债务人在合理期限内仍未履行的，债权人才可以解除合同。但在定期债务中，依照合同性质或当事人的特殊合同目的，不在特定时日或期间履行，即不能达到合同目的的，当事人一方迟延履行时，可以认定为相对人的合同目的无法实现，相对人可以不经催告而直接解除合同。例如，在端午节前订购的一批粽子，出卖方迟延交货，致使买受人在端午节销售的商业目的无法实现，应认定为根本违约，买受人可以直接解除合同。

4. 违约的后果及损害能否得到修补。在适用《联合国国际货物销售合同公约》的条件下，即使违约行为十分严重，可能导致剥夺受害方所期待的东西，但如果这种违约是可以修补的，一般也不认定其构成根本违约。

5. 在分批交货合同中，某一批交货义务的违反对整个合同的影响程度。如果该合同是可分合同，即某一批交货义务的违反并不影响其他交货义务的履行，则对某一批交货义务的违反一般不构成根本违约。如果该合同是不可分的，如某一成套设备的组成部分分批交付，则某一批交货义务的违反将导致整个合同目的无法实现。

6. 在合同不能继续履行的情形下，当事人期待通过合同而达到的交易目的往往无法实现（行为需与目的一致）。如果合同不能继续履行是由于一方当事人的违约行为所引起的，则这种违约行为应属于根本违约，合同可以解除。

具体到本案中，A 公司承租房屋的根本目的是办公，而非其他用途，在 A 公司接到消防部门的整改意见书时，应当停止使用房屋，向 B 公司重申合同目的并表明合同履行现状，同时督促 B 公司在合理期限内尽快完成整改。另外在阐释合同目的时，A 公司的客观行为需与其所陈述的合同目的一致。即 A 公司在接到消防整改意见书后，应停止使用租赁房屋而不是将其投入面试使用，因为一旦投入他用，即表明了其合同目的的多样性，最终难以在不履行催告手续的前提下，证明其合同目的不能实现并解除租赁合同。

二、A 公司败诉的主要原因及可挽救的途径

（一）A 公司未能正确认识基础事件的法律性质，其解除合同的请求权基础不明

首先，A 公司在收到消防部门的验收意见书后应在第一时间明确，该消防验收不通过的原因系不可抗力因素。A 公司在承租房屋时，国 × 大厦的消防整体验收是合格的，而后 A 公司在二次装修时消防验收不通过的主要原因是法律规范的变更，这属于不可抗力因素。但直至诉讼中，A 公司仍不明确界定该事件起因的法律性质，这是其败诉的重要原因。

其次，A 公司合同解除请求权基础不明确。A 公司给 B 公司发送的合同解除函提及解除合同的依据为合同约定，但在诉讼过程中，又变成了法律规定，前后表述混乱。事实上，本案在合同没有约定的情况下，解除合同所依据的法律规范比较复杂。即 A 公司所依据的第一层法律规范应是《合同法》第九十四条第一项："因不可抗力致使不能实现合同目的"，第二层法律规范应是《合同法》第九十四条第三项：当事人在相对方迟延履行主要债务，经催告后在合理期间内仍未履行时可以解除合同。

再次，如果A公司认识到消防验收未能通过系不可抗力因素造成，并明确请求权基础，A公司可在2015年6月24日收到消防部门的《验收意见书》后，停止使用房屋，并立即发函给B公司，向其陈述消防验收未能合格的原因并给出合理期限请求B公司尽快修复房屋。事实上，如果A公司在第一时间给B公司发函，要求其尽快进行消防整改，并给出合理的整改期限（例如3个月），B公司则很难在第一时间证明A公司给出的期限不合理，A公司或许能实现合同解除的目的。

（二）A公司对合同目的不能实现的依据解释错误

本案第三次开庭审理时，A公司答复审判长询问，认为解除合同理由为“消防不过关”，并确认其作为“合同目的不能实现的依据”，但A公司也承认之后曾使用该房屋用来面试。

试想，消防不过关是合同目的不能实现的依据吗？A公司承租房屋是为了使用，其做何使用才是承租房屋的真正目的。因此，本案中A公司合同目的不能实现的证据应当是其在合理的期限内“不能正常办公”，而不是“消防不过关”。消防不过关只是不可抗力因素，并不是合同目的不能实现的证明。法院最终判决：“新的部门规章的实施属于不可抗力因素，B公司据此于2015年6月底启动对涉案房屋所在国×大厦进行整改的进程，A公司未举证证明其因此影响房屋使用或B公司不合理拖延整改，故A公司以此为由解除合同，不符合法律规定和合同约定，其诉请不予支持。”

（三）A公司应锁定其租赁房屋的目的并进行举证

A公司在诉讼过程中，提出合同目的不能实现系其不能正常使用租赁房屋。但法院在审查合同目的不能实现时，一般会考察合同签订时约定的目的及实际使用情况。为此，B公司补充提供A公司员工进出大楼的登记记录，证明A公司使用租赁房屋是用来面试员工的，即使在存在消防问题期间，A公司也一直在使用房屋。A公司并未对此直接回应。

具体到本案中，房屋使用可区分为：为合同目的进行的使用和不能实现合同签订时的目的而进行的使用。如果A公司举证：该房屋在合同签订时是为办公用途，并提供证据予以佐证（其有这样的证据），但因消防问题无法正常投入办公使用而只进行了人员面试，便可以说明其租赁房屋不能实现合同签订时的目的。且不论其诉讼请求权基础是否正确，从抗辩效果看，至少法院在合同履行的违约责任认定上不会将过错完全归咎于A公司。

（四）A公司未能就合同目的不能实现或B公司迟延履行合同义务提出证据，给B公司留下了反证的空间，为B公司摆脱责任提供了机会

事实上，在消防部门作出消防整改意见书时，A公司未在第一时间书面向B公司提出整改要求，整改近5个月后才完成。B公司在收到诉状后，经过代理人的综合评判，认为在当时的情况下，B公司很难说明自身在合同履行过程中没有过错，因此需要对“整改合理期限”这一事实进行补强说明。庭审时，因A公司在事件发生后不作为，不能明确“合理的整改期间”，以及B公司有行为瑕疵，B公司代理人遂通过诉讼技巧将“整改合理期限”的说明义务由法庭赋予了B公司，并提供了补强证据，这为B公司获得胜诉奠定了重要基础。

（五）A公司提起诉讼时未考虑到本案可能引起的社会效果

本案看起来系单个案件，但本案判决后可能引起强烈的社会反响。2015年5月1日起实施新版《建筑设计防火规范》，消防验收标准提升，上海市数百家商业楼盘均需进行消防排风排烟系统改造，为此上海市消防局在实践操作中实行“老人老办法、新人新办法”。即已经通过消防审查的单位不要求整改。而新报审的单位，需要符合消防规范，但该排烟要求并非严重导致消防安全隐患的项目（事实上亦可以通过对租赁面积的调整回避该项规定）。因此，消防部门在该规范实施后也未立即对相关单位进行严格的限制，而是给其足够时间进行整改，至本案判决出来后，上海市消防局在六个月期限内未对任何需进行整改的单位进行消防处罚。

本案的法律适用及裁判结果直接关系到上海市众多楼宇消防改造进程和房屋租赁的延续性和稳定性。如不可抗力所导致的消防问题不会造成严重的社会隐患，则维护整个商业租赁市场的稳定和正常运行就是法院裁判所需首先考量的因素。

【代理词】

北京炜衡（上海）律师事务所
关于A公司与B公司房屋租赁合同纠纷一案代理词

尊敬的审判长、审判员：

根据《中华人民共和国民事诉讼法》规定，北京炜衡（上海）律师事务所接受本案［案号为：（2016）沪0101民初633号］B公司的委托，并指派我担任本案B公司的诉讼代理人。接受委托之后，本诉讼代理人对案件事实进行了全面调查并参加了庭审，对于该案有了较为全面的了解。根据法律和事实，本诉讼代理人发表如下代理意见，请合议庭在合议时能予以考虑：

一、租赁合同签订时B公司有房屋历年消防验收报告，《房屋租赁合同》签订时B公司出租的房屋完全符合消防验收标准，系合法出租。

本案租赁合同签订时，B公司出租给A公司的大楼有安全监测报告，符合防火规范，B公司交付A公司的租赁房屋符合法律安全规定，租赁合同合法有效。《建筑设计防火规范》系消防规章，B公司作为置业公司，其主业并非消防，B公司每年均会聘请专业的消防机构对大楼进行消防安全监测，其已经尽到相应的注意义务。另外，在《建筑设计防火规范》实施后，《建筑防烟排烟系统技术规范》尚未批准，且公安部消防局亦是在2015年4月27日才发布《关于执行新版消防技术规范有关问题的通知》［公消（2015）98号］，确定具体如何实施。综上所述，消防操作并非B公司专业，且相关规范的实施亦有待权威部门进行解释，因此对B公司而言，无明确知晓应当如何执行该规范的情形或义务。

二、A公司装修后未通过验收系多种因素构成，B公司主观和行为上没有过错。

A公司装修后未通过验收的原因既有客观因素（不可抗力），也有A公司自身过错因素，B公司在此问题上并没有主观过错。

首先，上海市静安区公安消防支队建设工程消防验收意见书［沪静公消验字

（2015）第0088号］第一项未能提交报告的原因系2016年5月1日起颁布实施新的《建筑设计防火规范》。A公司承租装修后提交二次消防审核的时间是2015年4月24日，早于新《建筑设计防火规范》的实施日期，而B公司亦是接到该建设工程消防验收意见书时才明确知晓需要进行整改，整个过程B公司没有过错，该情况系不可抗力因素导致的。

其次，上海市静安区公安消防支队建设工程消防验收意见书［沪静公消验字（2015）第0088号］第二项的过错系A公司自身原因。

综上所述，A公司承租房屋后二次装修未通过消防验收的原因在于消防标准的提升（不可抗力）和A公司自身的过错，B公司在这一过程中没有过错。

三、尽管消防验收标准提升系不可抗力，但B公司接到通知后及时和消防部门取得联系并尽最大努力进行工程整改。

第一，B公司及时至消防机关了解情况并进行整改工程申报。接到相应的整改通知后，B公司至消防部门了解情况，得知静安区有数十栋物业大楼均需要进行整改。而整改的措施亦系老人老办法，新人新办法（对于5月1日以前总体设计文件经公安机关消防机构审核同意的新建、扩建建设工程，若施工图于5月1日后送审图公司审查的，消防设计应执行新版规范）。了解情况后，B公司及时和消防部门进行沟通，希望考虑到实际情况给予一定的改造期限，且国×物业原有的通风系统并不会对A公司租赁产生实质的安全影响，并对A公司的营业行为予以一定的宽容，消防部门对此表示理解。后B公司立即对包括A公司在内的整栋国×大厦物业进行消防整改设计并将其汇报至业主单位。

第二，B公司的消防整改设计需服从大楼的整体消防设计，且B公司和房屋的业主单位（上海C实业集团）系国有单位（央企，上市企业），负有对国有资产管理及保值增值的义务，本消防整改工程的报批及物资采购亦需依据国有资产管理规定进行项目论证、财政预算以及招标采购，需要一定的时间。另外，从建筑整体需要角度考虑，此次消防整改需从4楼直至24楼进行通风设备的采购安装设计，而不能仅考虑24楼一家。因此B公司对此次整改工程的设计及向业主单位汇报的结果均是对整栋大楼的整改，而业主单位对大楼整改的审批及招标采购直至最终的改建完毕也需要一定的时间。在此期间 B 公司亦将上述情况及时向 A 公司反映，A 公司未提出过异议。

第三，至 A 公司搬离前，B 公司已经完成房屋整改。至 2015 年 10 月 20 日，B 公司对房屋的消防整改已实施完毕，当时 A 公司仍在正常使用房屋，但其拒绝在整改完毕通知单上签字。A 公司的行为客观上阻碍了合同履行条件的成就，造成其合同目的不能实现的假象。

四、A 公司一直使用房屋至搬离，其间并未受到消防部门及其他部门的处罚，不影响其租赁合同目的的实现。

A 公司自从房屋租赁合同签订完成后一直使用该房屋进行办公，直至 2015 年 10 月 31 日。在此期间，其并未遭到消防部门的处罚。B 公司认为，A 公司在房屋租赁期间虽未能办理二次消防验收，但其一直在实际使用租赁房屋，至 A 公司二次装修完毕之日，其并未受到消防部门及其他行政部门的处罚，亦在正常办公，未造成其合同目的不能实现。

B 公司业务人员曾向 A 公司业务人员核实，A 公司租赁本租赁房屋的真实目的为 A 公司临时租赁办公，为搬至他处豪华场所作为铺垫，他处办公场所完成装修后即从本临时租赁处撤离。另外，A 公司的电费清单、大楼综合管理记录、大楼人员出入记录等亦表明 A 公司一直在使用房屋，并未导致其在租赁期间的任一时段合同目的不能实现。

五、A 公司解除合同不符合合同约定及法律规定，A 公司系无权解除。

首先，A 公司解除合同的行为不符合因不可抗力可解除合同的情形，系无权解除。从法理而言，因不可抗力致使合同目的不能实现的，如该不可抗力只是导致合同暂时不能履行的，则当事人不能随意解除合同，在不可抗力事件排除或消失后，应继续履行合同。只有在不可抗力的发生致使合同部分或全部不能履行，并导致当事人订立合同的目的完全无法实现时，当事人才可以解除合同。具体到本案中，消防标准的提升系不可抗力因素，但该不可抗力因素系可排除因素，并未导致租赁合同完全不能履行。B 公司的整改过程符合法律规定和实际要求，不构成迟延履行。B 公司租赁房屋的业主系上海 C 实业集团，作为央企和上市企业而言，负有对国有资产管理且保值增值的重要使命，B 公司对国 × 大厦进行消防改造需征得业主的同意，并应进行整体改造。依据相关国有资产管理规定，该改造需要经过系统的流程并花费一定的时间（具体流程证据已提交给法院和 A 公司）。B 公司在该问题上已经尽到合理的管理义务，不存在过错。

其次，依据合同法九十四条第三项规定，如 A 公司认为 B 公司迟延履行合同主要义务需解除合同，应对 B 公司进行书面催告，只有在 A 公司对 B 公司给予合理的履行期限且经过催告后 B 公司仍迟延履行或拒绝履行合同主要义务时，A 公司才能行使合同解除权。事实上，A 公司在整个事件过程中并未对 B 公司进行书面催告，反而 B 公司向 A 公司解释了整改工程施工的过程并对工程完工的时间进行了释明。A 公司在明知 B 公司按期进行整改工程施工的前提下未提出异议，后突然单方解除合同，用意叵测。

再次，从社会效果和法律效果的角度而言，整个上海市因本次消防标准提升需整改的大楼众多，但均未出现租赁合同解除的情况。一方面，各业主方均积极配合新法规的实施进行整改，消防部门亦积极配合业主的整改及法律的过渡实施。另外，各租赁户亦认识到凭此单方解除合同不符合法律规定。设想，如仅凭消防标准提升一项即可单方解除租赁合同，势必会造成整个上海商业租赁市场的严重混乱。

六、B 公司认为合同已经事实解除，但解除时间应为 A 公司搬离日，合同解除的原因系 A 公司客观上阻碍了合同履行条件的成就，恶意造成其合同目的不能实现的假象，A 公司应当对合同解除后果承担全部责任。

首先，因 A 公司实际从租赁处搬离，合同已经事实解除，合同解除的原因系 A 公司违约，解除的日期为 A 公司搬离日。

其次，消防未能审核通过系合同正常履行后遇到了不可抗力因素，虽该因素不能归责于双方，但 A 公司在 B 公司进行工程整改期间，并未因该不可抗力的因素导致不能正常使用该物业，且其直至消防整改工程完毕后一直使用该物业，并未导致合同目的不能实现。

再次，B 公司在整改工程完工后，将相关消防整改确认文件交 A 公司审核，A 公司拒绝审核，其行为客观上阻碍合同履行条件的成就，恶意造成其合同目的不能实现的假象。且A公司在搬离B公司住处时，尚有2015年10月的房租未向B公司缴纳，搬离时亦损毁了B公司的部分固定财产设备，造成了B公司的财产损失。A公司应当给付上述房屋租金、赔偿损失并承担违约责任。

综上所述，鉴于消防未能通过的原因一方面系不可抗力因素，另一方面系A公司自身存在过错，且A公司在不可抗力事件发生后一直实际使用房屋，未受到处罚，现其单方解除合同无事实和法律依据。但A公司已搬离物业，租赁合同已经事实解除。因此，A公司应向B公司给付未付租金、承担违约责任并赔偿B公司的损失。B公司请求法院驳回A公司对B公司的所有诉讼请求并支持B公司的反诉请求。

【生效判决书】

上海市黄浦区人民法院民事判决书

（2016）沪0101民初633号

A公司与B公司房屋租赁合同纠纷一案，本院于2016年1月5日立案后，于3月30日受理反诉。本院依法先适用简易程序，后转入普通程序，公开开庭进行了审理。A公司委托诉讼代理人金某某和蔡某某、B公司委托诉讼代理人吴佷君到庭参加诉讼。本案现已审理终结。

A公司向本院提出诉讼请求：B公司退还押金560526元和2015年6月25日至同年9月30日的租金503491.20元、支付违约金472023元。事实和理由：2015年3月30日，双方签订上海市房屋租赁合同（下称租赁合同），约定B公司向A公司出租上海市静安区北京西路×××号×××楼整层（面积为1077.68m^2，下称涉案房屋），租期自2015年3月16日至2016年4月15日；每月租金157341元，支付方式为2015年3月20日前支付同年3月16日至同年6月30日租金550693.5元，2015年7月1日至2016年4月15日按季度支付，每季度首月5日前支付472023元；其中2016年3月16日至同年4月15日为免租期（仅免收租金，物业管理费按实支付）；合同总金额为1888092元。根据公安部消防局《关于执行新版消防技术规范有关问题的通知》（公消［2015］98号），2015年5月1日开始执行新版《建筑设计防火规范》，其中关于防烟与排烟系统设置场所执行新版《建筑设计防火规范》（GB50016－2014），故涉案房屋是不符合消防要求的，从2015年5月1日开始，B公司花费近4个月都未能完成整改。静安区消防支队2015年6月24日的行政文书明确指出，相关房屋在再次检验合格后方可使用，违反规定的将会被追究法律责任。A公司若继续承租，存在巨大的安全隐患，根据房屋出租安全协议书第2.7条，A公司有权解除合同，故于2015年9月17日按约发邮件通知B公司解除租赁合同，B公司于同年9月19日回复。住房与城乡规划部、公安部消防局等均以公告形式要求执行新版《建筑设计防火规范》，B公司作为一家上市公司、中国物业管理协会常务理事、上海物业管理行业协会副会长单位、中国物业管理综合实力百强企业，其作为行业的佼佼者应当知悉。B公司从一开始将涉案房屋出租给A公司时就知道存在安全隐患，不符合新版《建筑设计防火规范》，在新标准执行之后未立即整改，在A公司给予的宽展期内亦未完成消防整改。依据合同法、消防法、城镇房屋租赁合同纠纷案件的司法解释等规定，租赁房屋所在的整栋建筑物即国×大厦存在严重安全隐患，不符合使用标准，A公司不能实现合同目的，因此，A公司解除合同，并要求追究B公司的违约责任。

B公司辩称并反诉称，不同意A公司的诉请，并提出反诉请求：1. 确认双方签订的租赁合同于2015年10月30日解除；2. A公司支付2015年10月租金157341元、物业管理费29501元及同年9月电费1321.25元、10月电费126元，合计188289.25元；3. A公司赔偿财产损毁及维修损失28720元。事实和理由：涉案房屋系上海C实业集团的产权房，B公司负责代管。2015年3月30日，双方签订租赁合同，约定B公司向A公司出租涉案房屋，每月租金157341元。A公司承租房屋后，于2015年4月24日完成装修并进行消防备案登记，同年6月24日消防部门出具验收意见书，整体意见为消防验收不合格。消防验收不合格的原因一方面系同年5月1日消防验收标准的提升，另一方面系由于A公司自身过错所导致，B公司并无过错。后B公司配合法律的实施，积极实施消防通风改造工程。因该工程的实施不仅针对涉案房屋，还需针对整栋大楼进行，大楼每一层均需预留通风管道并采购大排量的风机进行系统改造。另外，B 公司的改造亦需得到业主单位的批准，并依照国家法律规定进行改造招标采购和施工，施工无需 A 公司配合，不影响 A 公司使用涉案房屋。该改造工程于同年 10 月 20 日完工。消防工程公司于同年 10 月 28 日请求 A 公司对改造工程签字确认，遭拒。同年 10 月 30 日，A 公司搬离涉案房屋。A 公司承租涉案房屋期间一直正常使用房屋进行办公，并未因消防原因（包括其自身的消防过错整改问题）遭到本市静安区消防支队的行政处罚。至 B 公司 2015 年 10 月 20 日改造完毕为止，静安区消防支队未针对全区任何一栋因本次消防验收标准提升而需改造的大楼进行行政处罚。B 公司认为，在 A 公司承租涉案房屋时和提交二次装修消防验收报告时，涉案房屋符合消防安全法律规定，后法律变更导致消防验收标准提升，系不可抗力因素，B 公司对此没有过错，后亦积极对大楼进行改造；A 公司消防验收未通过审核的部分原因系其自身过错导致，且其在搬离之前一直正常使用涉案房屋，未导致其租赁合同目的不能实现，其恶意单方面解除合同的行为无事实和法律依据，B 公司不予认可。因 A 公司的违约行为，导致合同不能继续履行而事实解除，故应以其实际搬离的日期即 2015 年 10 月 30 日为合同解除日。截至该日，A 公司尚欠付 9 月电费 1321.25 元、10 月电费 126 元、10 月租金 157341 元和物业管理费 29501 元。A 公司在搬离时恶意损毁涉案房屋的部分设施，包括：1. 损毁吊顶 5 块（80 元/m^2，损毁面积 1.5m^2，合计 120 元）；2. 损毁高档不锈钢台盆一个（3500 元）；3. 损毁地插 30 个（50 元/个，合计 1500 元），损毁弱电线路 500 米左右（5000 元）。4. 工费：修复损毁合计需要人力采购、运输、维修成本 3 万元。

A 公司对 B 公司的反诉辩称，不同意 B 公司的反诉请求，理由同本诉。

经审理查明，涉案房屋系上海 C（集团）有限公司（下称 C 公司）的产权房，B 公司受委托出租。

涉案房屋所在大楼即国×大厦于 2000 年 7 月 25 日取得消防验收合格的意见书。2014 年、2015 年，国×大厦消防设施检测合格。

2015 年 3 月 16 日，B 公司和 A 公司签订租赁合同，约定：A 公司向 B 公司承租涉案房屋，2015 年 3 月 16 日前交房，租期自 2015 年 3 月 16 日至 2016 年 4 月

15 日；每日每平方米租金 4.8 元，每月租金 157341 元，2015 年 3 月 20 日前支付同年3 月 16 日至6 月 30 日的租金550693.5 元，2015 年7 月1 日至2016 年4 月 15 日按季度支付，每季度首月 5 日前支付 472023 元，其中 2016 年 3 月 16 日至同年 4 月 15 日为免租期（仅免收租金，物业管理费按实支付）；A 公司应支付相当于三个月租金和物业管理费的租赁保证金 560526 元，租赁关系终止时，该款除用以抵充合同约定由 A 公司承担的费用外，剩余部分无息归还；租赁期间，使用该房屋发生的水、电、煤气、通讯、设备、物业管理等费用由 A 公司承担，物业管理费 0.9 元/日/m^2，其余费用每季按实结算，支付方式和时间与租金一致。第 9 - 2 条约定，有下列情形之一的，一方可书面通知另一方解除本合同，违反合同的一方，应向另一方按月租金的三倍支付违约金，给对方造成损失的，支付的违约金不足抵付一方损失的，还应赔偿造成的损失与违约金的差额部分：（二）B 公司交付的房屋不符合本合同的约定，致使不能实现合同目的的，或房屋存在缺陷、危及 A 公司安全的；（六）A 公司逾期不支付租金累计超过一个月的。10 - 6 条约定：租赁期间，非本合同规定的情况，A 公司中途擅自退租的，应按提前退租天数的三倍支付违约金，若违约金不足抵付损失的，还应负责赔偿，B 公司可从租赁保证金中抵扣，保证金不足抵扣的，不足部分则由 A 公司另行支付。

双方另签署房屋出租安全协议书（未记载签约时间），约定：二、1. B 公司应认真执行安全生产法、消防法、机关、团体、企事业单位消防安全管理规定及上海市安全生产条例等国家、市政府和上级主管部门颁发的有关安全生产、消防、治安工作的法律、法规，以及本公司相关安全工作的管理规定及要求；2. B 公司依照国家有关法律法规与 A 公司签订租赁合同并订立本协议书；4. B 公司出租房屋内的附属设施、安全生产、消防设施设备（包括特种设备）等，经双方确认符合国家有关规定，处于安全可用状态；7. 在承租期间，对国家有关安全监管部门检查发现非 A 公司原因造成的安全隐患，B 公司应立即整改，违反此款，A 公司有权解除租赁合同。三、4. A 公司应在租赁合同生效前对租赁的房屋环境及相关设施设备的状况进行认定，租赁合同生效后，就表示 A 公司确认房屋设施处于安全状态；7. 在承租期间，对国家有关安全监管部门检查发现因 A 公司原因造成的安全隐患，A 公司应立即整改，违反此款，B 公司有权解除租赁合同。

同年 3 月 18 日，A 公司支付 B 公司押金 560526 元。

同年 4 月 24 日，A 公司向上海市静安区公安消防支队（下称静安消防支队）申报涉案房屋办公室内装修工程消防设计审核。5 月 13 日，静安消防支队出具建设工程消防设计审核意见书：同意该工程消防设计，另就设计方面和消防设施部分等提出意见。5 月 28 日，A 公司申请消防验收，提供材料中包括“6. 消防设施检测合格证明文件复印件”。6 月 24 日，静安消防支队出具建设工程消防验收意见书：“该建设工程不符合国家有关消防规范、地方标准和原审核要求，具体情况如下：一、未提供消防设施的检测报告，不符合《建设工程消防监督管理规定（119 号令）》第二十一条规定。二、部分走道两侧的隔墙未隔至楼板底部，不符合《建筑设计防火规范》（GB50016－2014）第 6. 2. 4 条规定。鉴于以上情况，该建设工程消防验收不合格。根据《中华人民共和国消防法》第十三条之规定，你单位申报消防验收改建工程经消防验收合格后方可投入使用，否则将承担一切法律责任，且我支队将依法进行处罚。”

之后，B 公司向 C 公司申请国×大厦消防排风系统改造，获批准，后 C 公司进行改造招标采购和施工，至同年 10 月 20 日完成，后 A 公司拒绝再次申请消防验收。

同年 4 月 27 日，中华人民共和国公安部消防局发布《关于执行新版消防技术规范有关问题的通知》规定（公消［2015］98 号）：一、新版《建筑设计防火规范》（GB50016－2014）将于今年 5 月 1 日起实施，自新版规范实施之日起，新建、改建、扩建的建筑工程消防设计审核和消防验收，应执行新版规范。二、新版规范实施之前，建设工程的消防设计已经公安机关审核合格或者备案的，可按原审核或者备案时适用的规范执行，但鼓励建设、设计、施工及使用单位积极采用新版规范。三、鉴于新制定的《建筑防烟排烟系统技术规范》尚未批准发布，防烟排烟系统的设计与审核按照以下规定执行：防烟与排烟系统设置场所执行新版《建筑设计防火规范》（GB50016－2014），其他具体系统设计仍执行《建筑设计防火规范》（GB50016－2006）及《高层民用建筑设计防火规范》（GB50045－

95）（2005 年版）的有关规定。

同年 9 月 17 日，A 公司向 B 公司邮寄电子邮件，称：因 B 公司对国 × 大厦未取得消防验收合格证，存在安全隐患，不符合使用标准，不能实现合同目的，在 A 公司给予的几个月宽展期内仍未解决消防事宜，至今未能取得消防验收合格证，故通知解除双方签订的租赁合同，要求退还已付全部款项并赔偿装修费用、经济损失。

同年 9 月 19 日，B 公司复函 A 公司，称：国 × 大厦于 2000 年消防验收合格；A 公司装修消防验收未通过，系因今年 5 月消防验收标准的提升，消防排烟量不能达到新标准，B 公司将于 10 月 20 日前完成该整改工程，并递交审批；A 公司未因此受到行政处罚并导致不能正常办公，B 公司不认可 A 公司以此事由解除租赁合同。

同年 10 月 30 日，A 公司搬离涉案房屋。物业部在交割表上备注：门口不锈钢台盆需要复原，搬场时部分弱电线和地插拆除。

同年 3 月至 10 月，国 × 大厦人员出入登记簿上记载至涉案房屋的 A 公司人员姓名、事由及进出时间。

审理中，双方确认：A 公司已付 B 公司三个月租金和物业管理费的租赁保证金 560526 元，至 2015 年 9 月 30 日的租金、物业管理费（29501 元/月，0.9 元/日/m^2），2015 年 4 月至 8 月的电费 1217.5 元、1368.75 元、2002.5 元、1730 元、1503.75 元，同意支付 2015 年 9 月电费 1321.25 元和 10 月电费 126 元。B 公司确认于 2016 年 9 月 19 日将涉案房屋另租他人。

审理中，A 公司提交其与案外人上海 D 投资管理有限公司（下称 D 公司）签订的房屋租赁合同，约定：A 公司向 D 公司承租上海市闸北区洛川中路 XXX 号 B 栋 701 室，租期自 2015 年 5 月 15 日至 2018 年 5 月 14 日，以此证明涉案房屋消防验收不合格，未能实现租赁目的，A 公司以向第三方租赁的方式满足自己的办公需求。鉴于该房屋的起租日位于 A 公司对涉案房屋的消防设计审核刚通过时，处于装修期间，尚未申请消防验收审核，故本院不予采信该证据及证明目的。

以上事实，由 A 公司提供的租赁合同、补充（修改）协议、押金发票、房屋出租安全协议书、静安消防支队建设工程消防设计审核申请受理凭证和审核意见书、建设工程消防验收申请受理凭证和意见书、电子邮件及解除通知书、B公司复函，B公司提供的上海市公安局建筑工程消防验收意见书、静安消防支队建设工程消防设计审核申请受理凭证、解除房屋租赁通知书回复函、国×大厦退租房及设备交割表、房租单、电费单、委托物业服务合同、上海市建筑消防设施检测报告、建筑消防设施维修保养检测报告、房地产委托租赁合同、上海市房地产权证、会议记录、进度说明、上海技汇建筑安装有限公司情况说明和照片图纸以及当事人的庭审陈述等予以证明。

本院认为，A公司承租涉案房屋时，该房符合消防验收标准；2015年5月1日起颁布实施新版《建筑设计防火规范》，消防验收标准提升，涉案房屋所在国×大厦需进行消防排风排烟系统改造。A公司于同年6月24日的涉案房屋装修工程消防验收未通过，原因一是上述消防验收标准的提升，二是A公司装修的部分走道两侧的隔墙未隔至楼板底部。新的部门规章的实施属于不可抗力因素，B公司据此于同年6月底启动对涉案房屋所在国×大厦进行整改的进程，A公司未举证证明其因此影响房屋使用或B公司不合理拖延整改，故A公司以此为由解除合同，不符合法律规定和合同约定，因此其要求B公司退还已付租金、支付违约金的诉请，本院不予支持。

A公司未支付2015年10月1日至30日的租金和物业管理费，并于10月30日搬离涉案房屋，构成违约。因此，B公司要求确认双方签订的租赁合同于2015年10月30日解除的诉请，本院予以支持，A公司应支付2015年10月1日至30日的租金155185.92元（4.8元/日/m^2 × 1077.68m^2 × 30日）和物业管理费29097.36元（0.9元/日/m^2 ×1077.68m^2 ×30日）、同年9月电费1321.25元和10月电费126元。B公司要求A公司赔偿财产损毁及维修损失，因未举证证明损毁的具体财物型号和数量，故本院不予支持。B公司主张A公司已付保证金作为违约金和损失赔偿而不予退还，因双方合同解除后，B公司负有防止损失扩大的义务，故本院以B公司的实际损失为基础，兼顾合同的履行情况、当事人的过错程度以及预期利益等综合因素，根据公平原则和诚实信用原则予以衡量，确定A公司已付保证金中的472023元用于抵扣违约金，剩余保证金88503元用于抵扣部分

A公司欠付的租金、物业管理费、电费。

依照《中华人民共和国合同法》第九十四条第四项、第九十七条、第九十八条、第一百零七条、第一百一十四条、第一百一十七条、第一百一十九条、《最高人民法院关于适用〈中华人民共和国合同法〉若干问题的解释（二）》第二十九条、《最高人民法院关于适用〈中华人民共和国民事诉讼法〉的解释》第九十条规定，判决如下：

一、A公司（反诉被告）要求B公司（反诉原告）退还押金560526元的诉讼请求，不予支持；

二、A公司（反诉被告）要求B公司（反诉原告）退还2015年6月25日至同年9月30日的租金503491.20元的诉讼请求，不予支持；

三、A公司（反诉被告）要求B公司（反诉原告）支付违约金472023元的诉讼请求，不予支持；

四、确认A公司（反诉被告）与B公司（反诉原告）就上海市北京西路×××号×××楼签订的上海市房屋租赁合同于2015年10月30日解除；

五、A公司（反诉被告）应于本判决生效之日起十日内支付B公司（反诉原告）2015年10月1日至30日的租金155185.92元和物业管理费29097.36元、同年9月电费1321.25元、10月电费126元，合计185730.53元（与已付保证金中的88503元抵扣后，A公司实际还应再支付97227.53元）；

六、B公司（反诉原告）要求A公司（反诉被告）赔偿财产损毁及维修损失28720元的诉请，不予支持。

如果未按本判决指定的期间履行给付金钱义务，应当按照《中华人民共和国民事诉讼法》第二百五十三条规定，加倍支付迟延履行期间的债务利息。

本诉案件受理费18624.36元，由A公司（反诉被告）负担；反诉案件受理费2317.57元，由A公司（反诉被告）负担1417.71元，由B公司（反诉原告）负担899.86元。

如不服本判决，可在判决书送达之日起十五日内，向本院递交上诉状，并按对方当事人的人数提出副本，上诉于上海市第二中级人民法院。

【案件总结】

一、本案为一时性不可抗力事件的法律处理给出了标准范式

本案是新版《建筑设计防火规范》实施后，上海市范围内第一例承租方以该规范更新，业主方未能及时整改，导致合同目的无法实现为由提出的解除租赁合同案件，本案的法律适用及裁判结果直接关系到上海市众多楼宇消防改造进程和房屋租赁的延续性和稳定性，也为后续商铺承租者和出租者提供了类似案件处理的方法和范式。

我们认为：因不可抗力致使不能实现合同目的而向相对方提出解除合同时，守约方应慎重考虑是否能提供客观证据证明以下两个法律核心要件：第一，不可抗力因素是否导致合同永久不能履行；第二，不可抗力因素是否导致合同目的完全不能实现。如不可抗力因素在合同履行过程中出现，但并非完全导致合同无法继续履行或仅为一时履行不能的，守约方应向相对方履行催告手续，督促并赋予相对方合理的期限排除不可抗力导致的合同履行障碍，并提供守约方合同目的不能实现的客观依据。只有在相对方迟延履行或者以自己的行为表示不履行上述义务且导致守约方主要合同目的不能实现时，守约方才能依法提出解除合同。

二、事实是案件的基础，把握案件事实并选择有利的请求权基础是案件获胜的关键

有经验的诉讼律师应该都会理解，准确把握案件事实对案件成败有多么重要，而这也是诉讼律师工作中最困难的部分。一个案件，很可能是有多少律师知晓案情便有多少种关于案件事实的看法，而且随着时间的推移，这些看法还可能会发生实质性的变化。一个律师选择、组织和强调法庭所需要的那些对自己有利事实的能力才是衡量其智慧的重要尺度。律师在了解所有事实的基础上，必须巧妙地将所要出示给法庭的东西限于那些最有说服力的事实。

本案“整改的合理期限”这一核心事实争议在开庭前被我们反复论证评估。该事实提出的主体不同是否会对案件结果造成影响？由不同主体提出会对案件的

进程造成怎样的影响？如果由 B 公司提出比较有利，如何提出？B 公司是否可以提交相应的证据对该事实予以补强？最终达到何种证明标准，法官会形成对 B 公司有利的心证？经过反复研究，我们向当事人提出了处理意见，后通过庭审的质证和发问环节，我们成功将这一事实的论证权赋予了 B 公司，为案件胜诉奠定了重要基础。

另外，请求权基础的确定也很重要。如果 A 公司在事件发生的第一时间就准确认清合同解除的请求权基础，即 A 公司所依据的第一层法律规范应是合同法第九十四条第一项："因不可抗力致使不能实现合同目的"，第二层法律规范应是合同法第九十四条第三项：当事人在相对方迟延履行主要债务，经催告后在合理期间内仍未履行时可以解除合同。A 公司完全可以在事件发生后发函给 B 公司，要求其尽快履行整改义务，若其发函后，B 公司一直未完成整改义务且不能准确告知 A 公司整改的合理期限，则 A 公司很有可能会实现其诉讼目的。

三、代理人应具备对案件具体的事实在抽象的法律、复杂的个性和错综的社会背景之间进行合乎逻辑和社会价值观念的推理的能力

案件绝不会在真空中审判。因此，律师必须知道其案件的经济、政治、社会和文化背景以及时代的趋向，即律师必须知道自己的工作是否符合"这个时代所给予的假设"。这也要求律师能够对案件具体的事实在抽象的法律、复杂的个性和错综的社会背景之间进行合乎逻辑和社会价值观念的推理。

本案是新版《建筑设计防火规范》实施后，上海市范围内第一例承租方以该规范更新，业主方未能及时整改，导致合同目的无法实现为由提出的解除租赁合同案件，本案的法律适用及裁判结果直接关系到上海市众多楼宇消防改造进程和房屋租赁的延续性和稳定性。A 公司在提起诉讼的时候，应当对上述情况进行客观评估，并确定有证据证明 B 公司违约达到相当严重程度后再提出诉讼。因为法院在裁判时亦会考虑到本案可能引发的社会效果，如 A 公司不能提出有效证据证明 B 公司存在严重的违约事由，且不可抗力所导致的消防问题不会造成严重的社会隐患时，则维护整个商业租赁市场的稳定和正常运行就是法院裁判所需首先考量的因素。

法院的判决不但要符合法理，更要遵守社会的一般信仰和信念，并符合公众利益。因此，律师必须对案件中所蕴含的除法律之外的各类因素非常敏感。否则，今天的工作可能难以符合以后司法探究的标准。

【承办律师简介】

吴俍君，男，汉族，华东政法大学民商法学硕士，北京炜衡（上海）律师事务所高级合伙人律师，争议解决业务部主任。

目前担任多个央企子公司、中外合资企业及大型民营企业的常年法律顾问。兼任华东理工大学法学院校外导师，并为华东政法大学、华东师范大学法学院学生讲授“民商事诉讼”实务课程。公开发表民商事领域专业学术论文十余篇。曾获“上海市大文科学术新人”“上海市长宁区最具潜力新执业律师”等荣誉称号。

业务领域：擅长商业地产开发及租赁、建设工程、公司法律事务等民商事领域的重大、复杂纠纷处理。执业以来，以专业的法律服务水平和精益求精的服务态度为客户处理各类重大复杂民商事案件数十起，挽回各类经济损失数十亿元。

公证受托人与买房人恶意串通变卖房产案的胜诉策略与启示[1]

——王某与郭某、张某华房屋买卖合同纠纷案

北京市炜衡律师事务所　罗记永律师　杨学涛律师

【争议焦点】

◆ 如何认定房屋出售的公证受托人是否善意履行了受托人义务?

◆ 如何认定房屋出售事宜的公证受托人与买房人恶意串通?

◆ 房屋出售的公证受托人与买房人签署的房屋买卖合同是否有效?

◆ 公司受托人与买房人恶意串通的，已经过户给买房人的房屋是否应当恢复登记?

【关键词】

房屋买卖　公证受托人　恶意串通　合同无效　恢复登记

【案情简介】

王某与吴某原系夫妻关系，王某名下原有位于北京市海淀区××院×号楼×××号房屋（以下简称涉案房屋）一套。

2014年10月28日，王某、吴某（乙方）与毛某（甲方）签订《借款协议》，约定甲方于2014年10月28日将350万元出借给乙方，借款用途为资金周转，借款利息按国家规定的同期贷款利率的四倍计算，还款的担保条件为房产担保/名下的全部财产。借款期限为五个月。同日，王某与毛某签订《借款抵押合同》，将涉案

---

① 案件来源：北京市第一中级人民法院（2018）京01民终1892号二审民事判决书。

房屋抵押给毛某，并办理了抵押登记。当日，王某、吴某、毛某还签订了《还款协议书》，协议约定，乙方（吴某、王某）应于二〇一五年三月二十七日之前向甲方（毛某）偿还上述人民币本金叁佰伍拾万元整以及相关的利息，并自愿以涉案房屋作为上述款项的担保财产，如乙方未能够依据本协议书约定的还款期限向甲方偿付上述借款，甲方（毛某）有权依据法定程序实现上述担保。三方向北京市国立公证处申请办理上述《还款协议书》的公证，并申请确认《还款协议书》为具有强制执行效力的债权文书。同日，毛某与A公司让王某向张某华出具售房委托书，内容为："王某、吴某系夫妻关系，我们夫妇是坐落于北京市海淀区401房产（涉案房屋）的所有权人。现我们夫妇拟将上述房产有偿转让给他人，故委托张某华为我们夫妇的合法代理人，全权代表我们夫妇办理与上述房产有偿转让相关的事宜（列明了房屋买卖涉及的全部授权事项）。"2014年11月5日，上述委托书经北京市国立公证处公证确认。后王某在内容未填写的房屋买卖合同首页及尾页签字，但其仅是为了担保借款，并非真正委托张某华出售房屋。

据王某陈述，因A公司要在还款中扣除手续费，故毛某和A公司都要求王某还款时将钱打给A公司的张某国、郝某、张某华等，再由张某国支付给毛某。2015年5月，王某认为其已偿还了全部本息，要求毛某及A公司办理房屋的抵押注销手续，但A公司及张某国以王某逾期还款为由，要求其支付高额罚息，否则不配合办理抵押注销手续，双方产生争议。

后王某在房产登记部门了解到，张某华在未告知她的情况下，将涉案房屋私自出售给郭某，房屋已过户到郭某名下。

王某认为其权益受到严重侵害，向北京市海淀区人民法院提起诉讼，要求法院依法判决确认房屋买卖合同无效，由郭某协助将涉案房屋恢复登记至王某名下。2017年7月，北京市海淀区人民法院作出一审判决，以张某华与郭某恶意串通导致涉案房屋过户至郭某名下为由，依法判决房屋买卖合同无效、郭某协助将涉案房屋恢复登记至王某名下（恢复登记产生的各种税费，由郭某、张某华负担），支持了王某的全部诉讼请求。随后，张某华、郭某向北京市第一中级人民法院提出上诉。2018年3月，北京市第一中级人民法院经审理后作出二审终审判决：驳回上诉，维持原判。

【诉讼策略】

一、各阶段诉讼策略要点

（一）诉前策略：调查了解案件关键事实，以弄清楚诉讼的事实基础，及时申请诉前财产保全

关键一：调取房屋被过户的档案资料。

王某来咨询代理律师时只是知道涉案房屋被过户了，至于什么时候过户的，以什么价格过户的，王某并不清楚。因为王某本人是涉案房屋的原所有权人，按照不动产登记机构的相关规定，其本人可以调取在不动产登记中心存档备案的交易资料。为了在诉讼中占据主动，代理律师指导当事人王某到海淀区不动产登记事务中心，调取了张某华代王某与买房人郭某签订的《存量房屋买卖合同（自行成交版）》（网签合同）、张某华代理王某与毛某的代理人刘某 1 签订的《解除抵押权的协议》、王某委托张某华卖房的公证《委托书》。查询到关键事实是：《存量房屋买卖合同（自行成交版）》（网签合同）签订的时间是 2015 年 11 月 30 日，约定房屋价款为 204 万元；房屋买卖系自行成交，未通过房地产经纪公司居间服务。

关键二：调取借款时在公证处签署的相关协议及委托书。

王某陈述，其做公证时签署了还款协议、委托书等文件，但公证处也没有给其公证书，王某只记得拿涉案房屋抵押借款 350 万元，其他协议约定的细节均记不清了。为了了解借款的相关事实，代理律师指导当事人到北京市国立公证处调取借款相关的档案资料，经多次去公证处沟通，调取到《还款协议书》《借款协议》等材料，了解到了出借人、借款金额、借款利息、抵押条款等事实。

关键三：及时申请诉前财产保全，防止对方再将房屋过户给其他人，也便于判决执行。

王某找到代理律师时，明确表示，其房屋被他人用公证的委托书过户给了第三人，其想追回房屋。在指导当事人调取了房屋交易相关文件，明确了买受人的相关信息后，代理律师就建议王某先申请财产保全，查封涉案房屋，防止买受人郭某再转移房屋所有权（尤其是如善意第三人再购买涉案房屋，通过法律途径追

回房屋的难度将大大增加）。王某听从了代理律师的建议，第一时间申请了诉前财产保全。因为海淀区法院对诉讼财产保全要求较高，经王某与代理律师找诉前财产保全法官沟通，法院受理了诉前财产保全申请，作出裁定查封了涉案房屋。这一步骤非常关键，避免了房产被再次转移和案件复杂化，为案件审理及执行奠定了良好的基础。

（二）诉求策略：根据已掌握的事实和证据，结合法律法规、司法文件的规定，确定了要求撤销房屋买卖合同、恢复房屋登记的诉讼请求

分析诉前调取的证据，《还款协议书》与委托张某华售房的《委托书》的公证系同一天由同一个公证处同一个公证员作出。代理律师根据多年的办案经验，判断公证的售房委托书系担保债权实现的手段（以便在王某未还款或未按要求偿还高额利息的情况下，出售房屋抵债）。但从还款协议及售房委托书的内容，以及从公证笔录上根本看不出二者有何关联。关键是直接证明借款已经还清的证据尚不充分，此时我方以公证售房委托书仅是借款的担保，借款已经还清，再出售房屋没有任何依据来主张返还房屋被法院采信的概率较小。而且当时不知道郭某的身份及其与A公司、张某华有何关系，若郭某为善意第三人，以上述理由主张，法院同样不会支持王某要求返还房屋的请求。

结合之前调取的证据，代理律师认为房屋出售的价格是个突破点，因为调取的《存量房屋买卖合同（自行成交版）》（网签合同）约定房屋价款为204万元，而据王某陈述及查询历史成交数据，涉案房屋交易时的市值应该在600万元以上，本案交易价格明显过低。代理律师根据多年代理房产纠纷及借贷纠纷的经验，帮当事人制订了主张受托人张某华未告知委托人，擅自以远低于市场均价的价格将涉案房屋出售给郭某，郭某以明显不合理低价购买房屋，显失公平，合同应予撤销的诉讼方案。

这一诉讼策略的优势在于，我方的举证比较容易，若对方不认可涉案房屋市价，我方申请对房屋价值进行评估即可，法律依据也很充分。在我方对房屋交易过程完全不清楚的情况下，相当于把举证责任推给了对方，因为我方对房屋交易不知情，法官可能会就相关交易细节向对方核实，对方需要陈述及证明的事项多，

就容易露出破绽。后来的庭审情况完全如我们所料，对方关于交易细节的陈述不合常理、相互矛盾，为我们下一步主张恶意串通奠定了事实基础。

（三）诉中策略：因为王某未参与房屋买卖过程，第一次开庭定的策略是尽量少说，相关事实让法院向对方核实，对方可能存在恶意串通的情况，为了掩盖事实，“言多必失”，事后证明该策略是完全正确的

在第一次庭审中，法官询问了几个问题，对方为了掩饰相关事实，作出了相应回答，为下一步我方变更诉讼请求，主张张某华与郭某恶意串通，损害王某利益，房屋买卖合同无效提供了有利的支撑。

对方回答露出破绽的问题如下：

1. 法官问：张某华工作单位是哪儿？答：无业。

2. 法官问：郭某的工作单位？答：郭某家拆迁，这几年一直做投资。

3. 法官问：郭某购房时是否去看房？答：毛某去看过，且原告应该不在诉争房屋内居住，当时应该出租了，郭某本人没有去看过。

4. 法官问：原告与张某华的关系？为什么委托张某华出售房屋？张某华答：原告与毛某的借款是张某华撮合的，原告无法还款，就出售房屋还款，故委托的张某华，张某华认识毛某，毛某推荐的郭某，郭某购买了诉争房屋，张某华之前不认识郭某，是通过毛某认识的。郭某答：公证过程我方不清楚，毛某和郭某是朋友，毛某和郭某说有一套房屋，问我方要不要，诉争房屋是学区房，价钱合适，郭某认为可以购入，因此才认识了张某华，毛某处理的其他事情，郭某只是最后签字。

上述张某华和郭某对于职业及相互之间是如何认识的，作了不实陈述，经我方申请调查取证，查出郭某、张某华这几年均在 A 公司缴纳社保。在客观证据面前，郭某与张某华才承认系同事关系，这一事实也是法院认定他们恶意串通的重要理由之一。

（四）诉中策略：在证据发生变化时，及时变更诉讼请求，发现对方破绽，及时申请调查取证，予以证实

开庭当天，对方一答辩就抛出了“重磅炸弹”证据，王某当场就被“炸晕

了”。对方答辩的主要理由是，郭某并没有以不合理低价购买涉案房屋。原告王某提交的仅是过户时的网签合同（阳合同），郭某与王某线下还签署了一份《北京市房屋买卖合同》，约定成交价格是515万元，符合市场价格，郭某实际也支付了515万元房款，而且该份房屋买卖合同还有王某的亲笔签字。正是对方声称的有王某亲笔签字的《北京市房屋买卖合同》这一“重磅炸弹”，把当事人王某“炸晕了”。因为若如对方所说，该份买卖合同有王某亲笔签字且价格为515万元（未低于市场价格的30%），就不存在我方所主张的“擅自出卖房屋”“不合理低价”问题了，我们的诉讼请求肯定会被驳回。代理律师也大吃一惊，因为虽然也预测到对方会伪造一份“阴合同”，但由于王某从未说过曾亲笔签署过买卖合同，以为对方只会提交张某华代为签署的文本。在对方将证据复印件及原件拿过来时，王某对律师说签名看着有点像自己的笔迹，有可能是在公证处给一大摞材料时签署的。代理律师翻了一下该合同，发现只有首页和尾页有王某签字，事关重大，马上向法院指出“该合同第二、三、四页没有王某签字，而且首页、尾页笔迹与中间三页笔迹粗细不一致，主文部分应该是后填的”；同时利用程序上的规则向法庭申请“被告在收到起诉状后，在开庭前未提交证据，现被告提交与案件审理有关的重要证据，我方需要庭下认真核实后才能质证，这也直接影响到我方是否需要变更诉讼请求”。法官对代理律师意见予以采纳，同时向双方释明举证期限为一个月，过期不再收取双方证据，并要求我方在一个月内提交书面质证意见，若需变更诉讼请求，需要在此之前一并提交。

经庭下认真核实及回忆，王某认为应该是在公证处签署了空白买卖合同，当时让签署了好多文件，因为间隔时间比较长，之前未想起来。在确认该合同首页确实是王某签署之后，代理律师又仔细研究了该买卖合同的约定和房款的转账记录，发现该买卖合同没有通过中介居间，系私下成交，不符合正常二手房买卖习惯；合同明确约定先过户后付款，亦不符合正常交易习惯，而且郭某也承认未去看房，这么大标的额的房屋不去看房就直接购买了，也不符合善意购房人的表现；最后一笔尾款65万元与前几笔付款间隔时间长，且是我方起诉以价格过低显失公平为由要求撤销合同后支付，不排除是郭某与张某华为了使成交价不低于市场价的70%而故意走的假账。律师根据经验怀疑郭某也是A公司的员工。基于上述理由，代理律师向王某详细解释原来的诉讼请求已经不能适用，需要变更诉讼请求并对怀疑的事项申请调查取证予以证实。王某经律师详细解释后，同意变更诉讼请求为：张某华与郭某恶意串通，损害王某利益，要求确认合同无效，涉案房屋应恢复登记。

在举证期间，我方申请调取郭某、张某华的社保缴纳记录，调取郭某、张某华支付全部房款前后一个月的银行转账明细。调取的证据证明郭某和张某华均是A公司的员工，郭某并未实际给付张某华购房款，资金来源为A公司相关人员，转账情况明显不符合常理。

最终法院认定郭某与张某华在房屋买卖的过程中存在恶意串通的事实行为，损害了王某的利益，判决签署的《存量房屋买卖合同》及《北京市房屋买卖合同》无效，并判决郭某协助将涉案房屋恢复登记至王某名下，我方大获全胜。

二、核心代理意见

针对郭某、张某华的上诉理由，就本案二审法院确定的焦点问题，北京市炜衡律师事务所罗记永律师代理王某提出了如下二审代理意见：

第一，上诉人郭某提出“被上诉人无力偿还借款而出售房屋；上诉人郭某因孩子上学的需求而购房；被上诉人王某因为房价猛涨，所以反悔，郭某与张某华不存在恶意串通”的上诉理由不能成立。理由如下：

1. 郭某主张王某因无力偿还借款而出售房屋，与事实不符。一审、二审庭审中，郭某尤其是张某华未列举任何证据证明，王某表示过其无法偿还借款委托张某华出售房屋。相反张某华出售房屋未告知王某，王某对房屋出售给郭某一事完全不知情，郭某的该项主张不能成立。

2. 郭某说其因为孩子上学需求而买房，也不符合常理。既然是为孩子上学需求买房，为何不去查看房屋，也从来没有到涉案房屋要求收房，郭某明显不属于善意购房人。郭某上诉主张我方系因房价猛涨而反悔起诉，完全不符合事实。我方是在2016年2月就提起诉讼，并保全房屋，而2016年2月房屋价格并没有猛涨。

3. 郭某主张其与张某华不存在恶意串通，不能成立。通过被上诉人举证和调查的证据以及法院查明的事实，完全可以认定郭某与张某华存在恶意串通。具体如下：

（1）郭某与张某华在第一次庭审中故意隐瞒系同事关系，谎称系购买涉案房屋时才认识，可以证实郭某非善意购买人。

（2）郭某与张某华的房屋买卖过程明显不符合常理，存在恶意串通行为。具体表现如下：

①郭某购买房屋非通过公开市场，而是与张某华私下成交，而且张某华与郭某系同事关系，郭某还故意隐瞒这层关系，主观上非善意。

②郭某购买金额高达五百多万元的房产，竟然不看房，明显不符合常理。郭某“支付完毕全部房款后”，竟然不收房，也从来未到涉案房屋要求收房，亦明显不符合正常买房人的行为。

③郭某支付的房款竟然全部来自A公司的相关人士账户，而且款项经过张某华回到了A公司相关人士账户，上述转账，明显不符合常理，郭某显然未支付购房款，相关转账记录系为了虚假房屋交易。

④郭某关于房屋买卖合同签署过程的陈述明显不符合常理，不属于善意购房人的行为，而且与张某华、毛某关于房屋买卖合同签署过程的描述自相矛盾。

⑤郭某签署的《北京市房屋买卖合同》内容也不符合正常的交易习惯，合同约定过户几个月后再付款，明显不符合常理；而且最后一笔65万元，是在我方起诉后，法院已经送达开庭传票，郭某才付款，明显不符合善意购房人的交易习惯。

第二，张某华作为代理人，未履行代理人的基本告知义务，已经严重损害了委托人王某的权益，张某华主张的“张某华作为代理人维护了王某的利益，不存在恶意串通行为”的上诉理由，也完全不能成立。

1. 张某华作为王某的代理人在房屋出售前未告知王某，未尽代理人的基本告知义务。

2. 张某华作为代理人，在出售涉案房屋前，未与委托人核实欠款的具体数额，未与委托人确认出售的价格及出售的对象。

3. 张某华作为代理人，没有通过公开的二手房交易市场出售房屋，而选择同一部门的同事作为买受人，显然在主体选择上，张某华已经违背了作为善意代理人的义务。

4. 张某华作为受托人，未将处理委托事项的情况及结果告知委托人王某，收取房款后未将房款交给王某，反而又交还给 A 公司或毛某，也未与毛某核实欠款数额，亦未告知王某售房款与剩余欠款是否一致。

第三，本案的焦点是：张某华和郭某是否存在恶意串通行为、郭某是否为善意购房人、合同是否因恶意串通损害第三人利益而无效。上诉人一直在模糊本案争议的焦点，认为一审判决已明确表述了“本案中无法直接判断王某对毛某的借款是否全部偿还”，在无法判断借款是否还清的情况下，不影响认定郭某与张某华是否恶意串通损害王某的利益，故郭某关于“一审法院未查明欠款是否还清、未追加毛某为第三人程序错误”的上诉理由不能成立。

三、主要裁判观点

代理律师的上述诉讼策略及代理意见在法庭审理中得到了有效验证，对方果然如我方所料为了掩盖某些事实，“言多必失”，陈述自相矛盾，出现了明显的漏洞。一、二审法院在争议焦点认定、张某华是否存在恶意串通行为、是否损害了委托人利益、合同是否有效等方面均采纳了我方的观点。

（一）海淀区人民法院一审主要裁判观点

1. 受托人应为委托人利益，勤勉尽职地履行义务。本案中，张某华作为受托人，在出售房屋前未与王某核实欠款的具体数额，收取房款后未将房款给付王某，未勤勉尽职履行义务，一定程度上损害了委托人王某的利益。

2. 受托人应履行报告义务。受托人在办理委托事务的过程中，应当根据委托人的要求，随时或定期向委托人报告事务处理的进展情况、存在的问题，以使委托人及时了解委托事务的状况。委托合同终止时，受托人应当报告委托事务的办理结果。本案中，张某华作为受托人，理应将处理委托事项的情况及结果告知王某，但张某华在处理委托事项的过程中以及委托事项办理完毕后，均未向委托人王某履行报告义务，损害了王某利益。

3. 从《北京市房屋买卖合同》的签署及履行情况来看，存在明显不符合常理之处，据此可以认定郭某与张某华在房屋买卖的过程中存在恶意串通的事实行为。郭某、张某华、证人毛某关于合同签署的情况陈述自相矛盾，而且合同约定房屋过户数月后才付清尾款也不符合常理，亦损害了出卖人王某的利益。而且作为买方的郭某，未实际查看房屋、未参与合同内容的确定，亦不符合正常房屋买卖过程中买方对其购买房屋所涉事项进行审慎审查的通常做法。购房款的支付亦不符合常理，郭某辩称其从A公司提取理财金支付的购房款，未能提供相应证据予以佐证。

4. 张某华和郭某在第一次庭审中隐瞒双方系事先认识的同事关系，存在串通的故意，张某华未谨慎选择交易对手，也损害了王某的利益。

一审法院根据以上几点，认定郭某与张某华在房屋买卖的过程中存在恶意串通的事实行为，损害了王某的合法权益。

（二）北京市第一中级人民法院二审主要裁判观点

1. 恶意串通，损害国家、集体或者第三人利益的，合同无效。

2. 张某华作为受托人，未履行对委托人的基本告知义务，损害了委托人王某的权益。

3. 从购房款的支付情况来看，资金来源为A公司相关人员，王某作为买受人未实际收到上述款项，上述转账情况明显不符合常理。

4. 郭某与张某华在本案审理初期均表示双方因此次房屋买卖事件才得以相识，直到王某调取证据证明双方均系A公司的职员后，双方才承认系事先认识的同事关系。

根据以上四点，二审法院认为一审判决认定事实清楚，适用法律正确，应予维持，驳回了郭某、张某华的上诉请求。

【代理词】

北京市炜衡律师事务所
关于代理王某诉郭某、张某华房屋
买卖合同纠纷一案的二审代理词

尊敬的合议庭：

北京市炜衡律师事务所接受被上诉人王某的委托，指派我们担任其与上诉人郭某、张某华房屋买卖合同纠纷案件二审阶段的委托代理人。通过刚才的二审庭审调查，代理人认为：海淀区人民法院（2016）京0108民初7279号民事判决书，认定事实清楚，适用法律正确、程序合法，应予以维持。上诉人郭某、张某华的各项上诉请求缺乏基本的事实和法律依据，应依法驳回。围绕本案的几个焦点问题，发表如下代理意见，请予采纳。

一、上诉人提出“一审判决未查明王某是否还清借款这一重要事实，一审张某华请求追加王某的债权人毛某为第三人，一审法院没有准许，程序违法”的上诉理由，缺乏事实和法律依据，上诉人一直在模糊或转移本案争议的焦点，应依法驳回上诉请求。

首先，本案的焦点问题是张某华和郭某是否存在恶意串通行为、郭某是否为善意购房人、合同是否因恶意串通损害第三人利益而无效？一审法院和二审法院均指明了本案双方争议的焦点问题，而上诉人却一直在故意模糊或转移本案争议的焦点问题为“王某的欠款是否还清”，一审判决已明确表述了“本案中无法直接判断王某对毛某的借款是否全部偿还”，在无法判断借款是否还清的情况下，不影响认定郭某与张某华是否恶意串通损害王某的利益。

其次，从法律程序上，不同的法律关系通常不能一并审理，法院对于两个以上的法律关系一并审理是有条件要求的。王某与案外人的借款关系明显属于不同法律关系，而且王某是否还清借款与认定郭某与张某华是否存在恶意串通没有直接关联性，法院鉴于借款关系事实复杂且涉及案外人利益，未准许追加毛某为本案第三人完全正确。

再次，一审法院为查明案件事实，已经向毛某进行了调查，查明了与本案争议焦点相关的事实，再将毛某追加为第三人完全没有必要。

因此，上诉人上述上诉理由无事实和法律依据，依法应予以驳回。

二、郭某上诉称“郭某因孩子上学正常购买学区房，与张某华不存在恶意串通行为”，与事实不符。庭审查明的事实，完全可以证实郭某与张某华存在恶意串通损害王某的利益。

（一）郭某与张某华在第一次庭审中故意隐瞒系同事关系，谎称系通过购买涉案房屋才认识，可以证实郭某非善意购买人。

二审庭审中，郭某对一审查明该事实提出异议，认为一审查明该事实错误，并解释说，“第一次讯问的时候，法庭问张某华和郭某是否认识，因为当时张某华和郭某都没有到庭，都是代理人出庭的，所以我们说回去进行核实，之后答复审判员”。我方认为这是郭某与张某华歪曲事实和反言，一审中我方对郭某和张某华就该问题的回答做了客观记录，当时的情况是：“1. 法官问：张某华工作单位是哪儿？答：无业。2. 法官问：郭某工作单位？答：郭某家拆迁，这几年一直做投资。3. 原告与张某华关系？为什么委托张某华出售房屋？张某华答：原告与毛某的借款是张某华撮合的，原告无法还款，就出售房屋还款，故委托的张某华。张某华认识毛某，毛某推荐的郭某，郭某购买了诉争房屋，张某华之前不认识郭某，是通过毛某认识的。郭某答：公证过程我方不清楚，毛某和郭某是朋友，毛某和郭某说有一套房屋，问我方要不要，诉争房屋是学区房，价钱合适，郭某认为可以购入，因此才认识的张某华，毛某处理的其他事情，郭某只是最后签字。”

郭某和张某华一审中均明确回答因涉案房屋买卖才认识，请法庭核实一审笔录，郭某和张某华刚才的解释完全与事实不符，一审判决关于“张某华与郭某表示此前并不认识，系通过毛某在办理涉案房屋的买卖手续时相识”属于依法查明的事实，完全正确，法庭应禁止反言，二审中郭某和张某华对此事实予以反言，不应采信，此事实也可证明双方恶意串通。

（二）郭某与张某华的房屋买卖过程明显不符合常理，存在恶意串通行为。

1. 郭某购买房屋非通过公开市场，而是与张某华私下成交，而且张某华与郭某系同事关系，而郭某还刻意隐瞒这层关系，主观上非善意。

房屋买卖是否通过公开的二手房交易市场，是否通过合理的市场价格出售给正常的购房人，是判断房屋买卖中是否存在恶意串通重要考虑因素。本案中，张某华完全可以通过正常的二手房市场，通过中介挂牌出售该房屋。张某华没有通过公开二手房交易市场出售房屋，而是选择同一公司同一部门的同事作为买受人，私下成交，而且串通对委托人及法院故意隐瞒这层关系，完全可以认定双方非善意，属恶意串通。

2. 郭某购买金额高达五百多万元的房产，竟然不看房，明显不符合常理。

北京的房产，标的额巨大，即便如郭某购买涉案房屋，房屋买卖约定的标的额也高达515万元。郭某声称因孩子上学购买学区房，却未看一次房，就签署了房屋买卖合同，明显不符合正常购房人的行为，不符合常理，由此可以判断郭某并非正常善意的购房人。

3. 郭某“支付完毕全部房款后”，竟然不收房，也从来未到涉案房屋要求收房，而且在收到王某的一审起诉状后还继续支付65万元房款，明显不符合正常买房人的行为，不符合常理。

作为一个善意购房人，在支付了房款并过户后，一般都会要求出售人交房，郭某在交易前未看房，过户后也不收房，明显不是正常善意购房人的行为。而且郭某在收到一审起诉状后，仍向张某华支付尾款65万元，明显不符合正常购房人的行为，不符合常理，这也印证了我方主张的最后一笔65万元，是A公司及郭某、张某华担心房屋成交价格不到市场价格的70%，为了做账，恶意串通所为。

4. 经王某一审申请调查取证，查明了郭某支付的房款竟然全部来自A公司的相关人士账户，而且款项经过张某华又回到了A公司相关人士账户，上述转账，明显不符合常理，郭某显然未支付购房款，相关转账记录系为了虚假房屋交易而故意制作的购房款支付记录。

经王某申请，一审法院调取了郭某与张某华的银行账户明细，相关转账记录显示：2015年12月2日，A公司法定代表人（实际控制人，最大股东）张某国向郭某转账300万元，当日郭某转给张某华300万元，张某华同日又转给A公司财务李某300万元。同日，A公司财务李某又转给郭某150万元，郭某转给张某华150万元。同时A公司财务李某转给张某华50万元，张某华将200万元转给解某。2016年4月14日，A公司法定代表人张某国转给郭某65万元，郭某转给张某华65万元，张某华又转账张某国65万元。张某华、郭某均认可李某系A（北京）投资管理有限公司负责财务的工作人员。通过上述转账情况，明显可以看出郭某所谓其支付的515万元购房款，全部来源于A公司，经过张某华，又回到了A公司的法定代表人张某国及财务李某账户，显然购房款并不是郭某本人支付的，而是为了虚假房屋交易而制造的购房款交易记录。上述购房款的支付情况，可以证实郭某与张某华恶意串通，A公司及其法定代表人张某国指示由A公司出资虚构了购房款支付的假象，放贷公司为了违法收取高额罚息，恶意过户王某房屋。

5. 郭某关于房屋买卖合同签署的过程、合同内容的确定等相关陈述明显不符合常理，不属于善意购房人的行为，而且与张某华、毛某关于房屋买卖合同签署过程的陈述自相矛盾。

关于《北京市房屋买卖合同》，只有首页和尾页的签字是王某在2014年10月28日与张某华办理委托公证时签署的，当时该合同中的其他内容均系空白，从郭某提交合同其他页和首页、尾页的字迹粗细程度明显不同可以佐证，而且无人告知王某要出售房屋，也没有人去查看涉案房屋。而在本案一审庭审时，法官询问《北京市房屋买卖合同》的签署过程，郭某表示其并未实地查看涉案房屋，是毛某看房，合同内容均是毛某与张某华沟通确定的。张某华将上述房屋买卖合同给他时，合同内容均已填写完毕，郭某只负责最后签字。而张某华则说，该合同是王某给他的，王某给他合同时他对该合同内容如何确定并不知情。而一审法院找毛某调查了解合同签署过程时，毛某则表示，她没有去看过涉案房屋，都是张某华去看的，合同签署及买卖过程，其均没有参与，具体合同如何签署及履行其均不清楚。从上面郭某、张某华、毛某相互矛盾的陈述可以看出，该合同并不是各方在场协商确定，该合同的形成过程明显不符合常理，而郭某作为需要支付巨额房款的买受人，不参与协商合同内容，直接在已填好内容的合同上签字，显然不是善意买受人，该合同显然不是各方真实的意思表示。

6. 郭某签署的《北京市房屋买卖合同》内容也不符合正常的交易习惯，双方恶意串通确定的交易条件，明显损害了王某的利益。

《北京市房屋买卖合同》约定过户后几个月再付款，明显不符合常理，而且最后一笔65万元，是在我方起诉后支付，法院已经送达诉讼材料，郭某还在付款，明显不符合常理，不是善意购房人的行为。

三、张某华与郭某在房屋买卖过程中，恶意串通，损害了房屋所有权人王某的利益，按照法律规定，相关的房屋买卖合同应当认定无效。

《合同法》第五十二条规定："有下列情形之一的，合同无效：……（二）恶意串通，损害国家、集体或者第三人利益……"《北京市高级人民法院关于审理房屋买卖合同纠纷案件若干疑难问题的会议纪要》第二十四条规定："民间借贷与代理售房的处理：民间借贷关系的借款人在借款时出具委托书，授权贷款人（或其指定的第三人）出售借款人的房屋，贷款人（或其指定的第三人）在借款人未偿还借款的情况下，以借款人名义转让其房屋，借款人主张买卖合同无效的，一般不予支持，但贷款人与买受人存在恶意串通行为，或者买受人明知或应当知道代理人实际没有代理权或滥用代理权的除外。贷款人应当将收取的购房款扣除贷款本金、合法利息等后剩余的款项及时退还给借款人。借款人认为合同约定的房屋转让价格明显过低，显失公平的，可以依据《合同法》第五十四条第一款第二项的规定行使撤销权。转让价格是否明显过低的标准可以参照《最高人民法院关于适用〈中华人民共和国合同法〉若干问题的解释（二）》第十九条的规定予以确定，即合同约定的房屋转让价格达不到当时交易地的市场交易价百分之七十的，一般可以视为价格明显过低。法院应当严格审查授权委托书的内容、买卖合同的订立和履行是否符合市场交易习惯、买受人是否实际支付购房款并实地查看房屋、买受人的身份等因素综合予以认定。"

上面已详细论述，本案房屋买卖合同的订立和履行均不符合市场交易习惯，买受人郭某也未实际支付购房款（购房款均来自A公司相关人员，转账情况明显不符合常理），买受人郭某也未实地查看房屋，且郭某的身份是代理人张某华的同事，而二人还故意隐瞒双方的身份关系，很显然郭某与张某华在房屋买卖的过程中存在恶意串通行为，损害了王某的合法权益，张某华代王某与郭某签署的《存量房屋买卖合同》及《北京市房屋买卖合同》应当依法被确认无效。

四、房屋买卖合同被确认无效后，郭某因合同取得的财产应当返还，其应当协助王某将涉案房屋恢复登记至王某名下。

《合同法》第五十八条规定：“合同无效或者被撤销后，因该合同取得的财产，应当予以返还；不能返还或者没有必要返还的，应当折价补偿。有过错的一方应当赔偿对方因此所受到的损失，双方都有过错的，应当各自承担相应的责任。”

本案房屋买卖合同被确认无效后，郭某因该合同取得的房屋应当予以返还，而返还的形式就是协助王某将涉案房屋恢复登记至王某名下，因为在此过程中郭某、张某华因恶意串通导致合同无效，其二人存在过错，故应当由郭某、张某华承担涉案房屋恢复登记产生的各种税费。

综上所述，本案中张某华取得了涉案房屋出售的相关委托代理授权，但张某华在出卖涉案房屋的过程中却暗箱操作，对委托人王某完全不公开、不透明。王某根本不知晓涉案房屋在何时被以何价格出卖给何人，张某华作为受托人没有履行基本的告知义务。本案房屋买卖合同的订立和履行均不符合市场交易习惯，存在多处不合常理的情况，买受人郭某未实际支付购房款（购房款均来自 A 公司相关人员，转账情况明显不符合常理），也未实地查看房屋，且郭某的身份是代理人张某华的同事，而二人还故意隐瞒双方的身份关系，完全可以证实郭某与张某华恶意串通。郭某和张某华根据涉案房屋市场价格的波动肆意伪造买卖合同订立时间，伪造房款支付记录，令房屋交易价款数额从形式上未低于市场价格的 70%，实际上却套取增值差价，严重损害了王某的利益，涉案房屋买卖合同依法应被确认无效，郭某应协助王某将涉案房屋恢复登记至王某名下。一审判决事实认定清楚、法律适用正确、程序合法，上诉人的上诉没有事实及法律依据，恳请贵院依法驳回上诉，维持原判。

【生效判决书】

北京市第一中级人民法院

二审民事判决书

（2018）京01民终1892号

上诉人郭某、上诉人张某华因与被上诉人王某房屋买卖合同纠纷一案，不服北京市海淀区人民法院（2016）京0108民初7279号民事判决，向本院提起上诉，本院于2018年2月6日立案后，依法组成合议庭进行了审理。上诉人郭某之委托诉讼代理人李某1、丹某某，上诉人张某华之委托诉讼代理人侯某某，被上诉人王某及其委托诉讼代理人罗记永、杨学涛，到庭参加诉讼。本案现已审理终结。

郭某上诉请求：撤销原判，改判驳回王某的一审诉讼请求；被上诉人承担诉讼费。事实和理由：1. 被上诉人无力偿还借款而出售房屋，上诉人因孩子上学的需求而购房，因为房价猛涨，所以被上诉人反悔；2. 一审张某华请求追加被上诉人的债权人作为第三人，法院没有准许。

张某华辩称，同意郭某的上诉请求和理由。

张某华上诉请求：撤销原判，改判驳回王某的起诉；王某承担诉讼费。事实和理由：1. 张某华作为代理人依据授权出售涉案房屋，没有超越权限；2. 上诉人张某华作为代理人维护了委托人的利益；3. 张某华是被上诉人王某房款的收取人，贷款的偿还人，还是案外人毛某借款的代理人，其身份具有多重竞合。被上诉人王某出售房屋偿还贷款后，借贷关系消灭，王某的利益得以实现。

郭某辩称，王某无力偿还贷款，通过张某华出售房屋。王某的民间借贷关系和张某华的委托代理关系不能混同。

王某共同辩称，一审判决正确，不同意二上诉人的上诉请求和理由。张某华和郭某系同事关系，其二人恶意隐瞒事实；张某华违背了善意代理人的义务，签订合同过程中，与买受人之间恶意串通，滥用代理权；购房款的支付不合常理。

王某向一审法院起诉请求：1. 判决确认张某华以我委托代理人的身份与郭某

于2015年11月30日签订的《存量房屋买卖合同》(自行成交版)无效，2. 判决确认关于北京市海淀区401号房屋(以下简称涉案房屋)的《北京市房屋买卖合同》无效；3. 郭某协助我将位于北京市海淀区401号房屋所有权和国有建设用地使用权恢复登记至我名下(因办理该房屋恢复登记产生的各种税费由郭某、张某华负担)；4、诉讼费由郭某、张某华承担。

一审法院认定事实：王某与吴某原系夫妻关系，王某名下原有涉案房屋一套。2014年10月28日，王某、吴某(乙方)与毛某(甲方)签订《借款协议》，约定甲方于2014年10月28日将350万元出借给乙方，借款用途为资金周转，借款利息为：按国家规定的同期贷款利率的四倍计算，还款的担保条件为房产担保/名下的全部财产。借款期限为五个月。

同日，王某与毛某签订《借款抵押合同》，合同约定："第一条，借款详情，借款金额350万元，债务履行期限自2014年10月28日起至2015年3月27日止，借款利率为月利率1.5%。第二条，抵押详情，抵押房屋权属证书号：京房权证海私字第××××号，抵押房屋坐落：北京市海淀区401，抵押房屋建筑面积：88.5平方米，被担保主债权数额：人民币叁佰伍拾万元整，抵押担保范围：本金、利息及罚息。"

当日，王某、吴某、毛某还签订了《还款协议书》，协议内容为："一、乙方(吴某、王某)应于二〇一五年三月二十七日之前向甲方(毛某)偿还上述人民币本金叁佰伍拾万元整(RMB3500000.00)以及相关的利息。如延期违约还款，乙方还应向甲方支付未能够偿还部分10%的违约金，同时还应当依据中国人民银行的有关规定向甲方支付双方约定利息数额30%部分的罚息。二、乙方自愿以其所有的位于北京市海淀区401的房产(建筑面积为：88.50平方米)作为上述款项的担保财产，如乙方未能够依据本协议书约定的还款期限向甲方偿付上述借款，甲方有权依据法定程序实现上述担保。三、甲乙双方均同意本协议为具有强制执行之效力的债权文书，如乙方未按约定的期限偿还上述借款及相应的借款利息，甲方有权向公证机关提出强制执行申请，并有权持公证机关出具的强制执行证书向有管辖权的人民法院申请执行。"同时，三方向北京市国立公证处申请办理上述

《还款协议书》的公证，并申请确认《还款协议书》为具有强制执行效力的债权文书。2014 年 11 月 5 日，北京市国立公证处出具公证书，确认三方签订《还款协议书》的行为及内容均符合我国有关法律的规定，该公证书赋予《还款协议书》为具有强制执行之效力的债权文书。毛某向公证处提出强制执行申请的期间为二年，自 2015 年 3 月 28 日起开始计算。

2014 年 10 月 28 日，王某、吴某与张某华签订《委托书》，内容为："王某、吴某系夫妻关系，我们夫妇是坐落于北京市海淀区 401 房产的所有权人。现我们夫妇拟将上述房产有偿转让给他人，故委托张某华为我们夫妇的合法代理人，全权代表我们夫妇办理与上述房产有偿转让相关的事宜，其中包括：一、提前偿还贷款、办理解除抵押登记手续、收回房产证及他项权利证书、确定房屋受让人；二、办理网上签约手续、签署房屋有偿转让合同、办理房屋产权过户登记、进行物业交接、领取售房款、交纳相关税费、协助购房人办理银行抵押贷款手续、提供委托人户籍和身份证件及与上述房屋有偿转让事宜有关的其他事务；三、在办理上述房产有偿转让的过程中，如涉及公积金贷款，则有权在北京住房公积金管理中心代为签订《划转协议》或者《证明书》《首付款收据》《存量房交易结算资金划转协议》《存量房交易结算资金自行划转声明》等相关事宜。"2014 年 11 月 5 日，上述协议书经北京市国立公证处予以公证确认。

2015 年 6 月 6 日，王某与吴某离婚。《离婚协议书》约定："夫妻有坐落在北京市海淀区 401 号的楼房一套，价值人民币 400 万元，现协商归女方所有。"

2015 年 8 月，王某与郭某签署《北京市房屋买卖合同》，约定王某将涉案房屋以 515 万元的价格出卖给郭某，该房屋已经设定抵押，抵押权人为毛某，王某应于 2015 年 12 月 15 日前办理抵押注销手续。签约后，王某应于 2015 年 12 月 15 日前办理完毕房屋过户登记手续，房屋过户后，郭某应于 2016 年 4 月 30 日前将房屋总价款 515 万元支付给王某。王某应当于 2016 年 5 月 30 日前将房屋腾空交付给买受人。2015 年 11 月 30 日，张某华代王某与郭某签订《存量房屋买卖合同（自行成交版）》，约定王某将涉案房屋出卖给郭某，房价为 204 万元。张某华还代理王某与郭某签订《存量房交易结算资金自行划转声明》，约定自行划转交易结算资金，交易过程中发生的资金及权属风险由双方自行承担。

2015 年 11 月 30 日，张某华代理王某与毛某的代理人刘某 1 签订《解除抵押权的协议》，约定王某将涉案房屋抵押给毛某，借款金额为 350 万元整，并于 2014 年 10 月 29 日办理了抵押登记手续，现王某已将贷款本息还清，双方经过协商，同意解除该套房产的抵押权。当日，张某华代理王某与毛某的代理人刘某 1 办理了抵押权注销手续。2015 年 11 月 30 日，涉案房屋过户到郭某名下。2015 年 12 月 8 日郭某领取到涉案房屋不动产权属证书。现涉案房屋由王某家人居住使用，经王某申请，法院已查封了涉案房屋。

另查，在法院 2016 年 5 月 4 日的开庭笔录中，张某华与郭某表示此前并不认识，系通过毛某在办理涉案房屋的买卖手续时才相识。后经王某调取郭某与张某华的社保记录，记载张某华与郭某的社保单位系 A 公司，该公司法定代表人为张某国，张某华与郭某才认可双方均系 A 公司员工。在 2016 年 9 月 2 日的笔录中，郭某表示是毛某介绍其到 A 公司工作的。

2015 年 8 月，毛某为张某华出具《授权书》，授权张某华收取王某所欠的全部借款，包括本金及利息。2016 年 9 月 26 日，毛某书写说明，表明因本人经常出国不在国内，所以委托张某华代理收取与王某还款协议中约定的借款本息及其他款项。张某华收到王某出售房屋偿还的借款本息及其他款项后，毛某委托张某华继续投资理财。

为证明自己的主张，王某向法院提交其于 2016 年 5 月 3 日与毛某之间的电话录音，录音中王某问毛某：我不是抵押房子从您那里借钱吗？张某国把钱都还您没有呀？毛某说：利息给了，本金没有给……你还了本金怎么不解押呀，你那房子不是押在我这儿了吗？王某说：他把我房子解押了，解了后，所以我才问您呢，就说您收到本金没有。毛某说：我一直没有收到本金。王某说：您借我 350 万元，然后我们把钱都还给他，因为都是听他指挥嘛，把钱都还给他，就两个途径，一个是还给他，一个是还给郝某，结果他把房子解押了呢。毛某说：那就怪了，抵押权在我名下，我不出面他能解押吗？我在国外，我委托他们公司的刘某 1，委托刘某 1 给我解押做的公证委托，节前我给刘某 1 打电话，我说委托你的那个公证解押了没，他说没解。王某问：是五一节吗？毛某回答：对呀，是五一前。因为解押的话，公证时我也跟他说清楚，给你公证就是本金到我账里必须立刻给人家解押呀，本金我也没有收到呀，咱那个做公证时不是说了本金必须还到我这个账户的……他每个月都按时给我利息。

同时，王某申请证人郝某出庭作证，郝某曾系A公司的总监，其到庭表示其与张某国合作开办A公司，与王某系朋友。王某曾经缺钱时，郝某给A公司与王某介绍了该笔业务，毛某将钱借给王某，王某陆续还款时，有时候向郝某还款，有时候向郭某、张某华或者张某国还款。因为要保证中介利润，还款不可能直接给付毛某。2015年4月、5月时，王某还清了本金和利息，但是因为有时候还款会晚，张某国给其计算了高额的罚息，到2015年11月、12月的时候，罚息就累积到了房价，故张某华将房屋过户给郭某。毛某每月只收取利息，所有的汇款最终都到了张某国处。一般情况下，借款人在公证处会填写几份空白合同，其中包括房屋买卖合同，购房款是产生罚息后工作人员自行填写。购房款应该是张某国汇给郭某，郭某汇给张某华，张某华再汇给张某国，形成一个三角关系。后郝某因为此事与张某国产生矛盾而离职。郭某与张某华对上述郝某证言不予认可。

就王某与郭某于2015年8月签署的《北京市房屋买卖合同》，王某表示只有首页和尾页的签字是其2014年10月28日办理与张某华的委托公证的时候签署，当时该合同中的其他内容均系空白。后无人告知其要出售涉案房屋，也没有人去查看涉案房屋。就上述买卖合同的签署过程，郭某表示其并未实地查看涉案房屋，是毛某看房的，合同内容均是毛某与张某华沟通确定的。张某华给付其上述买卖合同时内容均已填写完毕，郭某只负责最后签字。张某华亦表示该合同是王某给付的，王某给付该合同时内容都已填写完毕，对合同内容如何确定并不知情。该合同中并未书写具体日期。

就王某与毛某的借款还款情况，王某表示已经将所欠毛某的本息偿还完毕，偿还款项系汇款给张某国、郝某及张某华。但张某华只认可王某偿还了一个月的利息，不认可汇款给其他人的款项系偿还对毛某的借款。王某表示除对毛某的借款外，王某及吴某在A公司还有其他借款。

就涉案房屋的付款情况，郭某向法院提供了转账记录，显示 2015 年 12 月 2 日，郭某分两次向张某华付款 300 万元及 150 万元，2016 年 4 月 14 日，郭某又向张某华付款 65 万元。房屋出售后，张某华未将售房款给付王某，张某华表示在毛某的委托下将售房款继续放在 A 公司为毛某做理财。

为查明付款情况，因王某申请，法院调取了郭某与张某华的银行账户明细，得知 2015 年 12 月 2 日，张某国向郭某转账 300 万元，当日郭某转给张某华 300 万元，张某华转给李某 1300 万元。同日，李某又转给郭某 150 万元，郭某转给张某华 150 万元。同时李某转给张某华 50 万元，张某华将 200 万元转给解某。2016 年 4 月 14 日，张某国转给郭某 65 万元，郭某转给张某华 65 万元，张某华又转给张某国 65 万元。对上述转账情况，双方均认可李某系 A 公司负责财务的工作人员，王某表示该汇款证明购房款不是郭某本人支付的，是为了虚假房屋交易而制作的购房款交易。而郭某及张某华则表示郭某自有的资金也在 A 公司做理财，郭某系从上述公司提取自己的理财金后再转给张某华，钱到张某华处相当于偿还对毛某的借款了。但就郭某的理财情况，其未向法院提供相应证据。

本案审理中，为查明案件事实，法院向毛某进行调查了解，毛某告知法院其是通过郭某的一个亲戚李某 2 认识的 A 公司的张某华，并在该公司做理财，郭某也是李某 2 介绍到 A 公司工作的，其曾借款给王某 350 万元，王某用涉案房屋做了抵押。因长期在国外，关于此事均委托张某华办理。借款后，王某向其或者张某华的还款才是偿还向其的借款，王某只给付张某华一个月的利息。2015 年 1 月，王某曾想出售涉案房屋以偿还借款，并让其回国办理抵押权注销手续。2015 年 10 月，张某华表示王某无法偿还借款，问其是否想要诉争房屋，其表示不要房屋，只想要借款，但其向张某华表示郭某有能力购买房屋，但对具体合同的签署及履行并不知情。其未告知王某出售涉案房屋偿还借款，但让张某华去与王某沟通。对王某所欠的具体数额并没有计算，全部都听张某华的，郭某是否实际向张某华支付购房款并不知情，但委托张某华把收取的款项继续做理财。毛某表示对王某提交的录音材料不予认可。对上述毛某的证言，张某华与郭某予以认可，但王某认为因毛某在 A 公司做理财，与该公司有利害关系。故毛某的陈述多处与事实不符。

就2015年11月张某华出售涉案房屋的市场价值，王某表示当时涉案房屋的市场价值应在550万元以上，郭某认为应为520万元。

一审法院认为，委托合同是委托人和受托人约定，由受托人处理委托人事务的合同。受托人应当按照委托人的要求，报告委托事务的处理情况。委托合同终止时，受托人应当报告委托事务的结果。本案中，王某因资金困难通过A公司向毛某借款，双方之间形成了债权债务关系。王某委托张某华出售房屋，双方之间形成了委托合同关系，张某华作为受托人，理应将处理委托事项的情况及结果告知王某。同时，因张某华系A公司的员工，参与了王某向毛某借款的全过程，故张某华亦知晓王某委托其出售房屋的前提条件是王某无法偿还对毛某的借款。

从王某向毛某的借款的偿还情况来看，本案无法直接判断王某对毛某的借款是否全部偿还，即使王某向毛某的借款尚未偿还完毕，张某华作为受托人，在出售房屋前未与王某核实欠款的具体数额，收取房款后未将房款给付王某，如果张某华将售房款给付毛某，但是张某华未与毛某核算欠款数额，亦未告知王某售房款与剩余欠款是否一致。故张某华作为受托人，未履行受托人的基本告知义务，一定程度上损害了委托人王某的权益。

从王某与郭某签署的《北京市房屋买卖合同》的签署情况来看，王某否认合同的实体内容系其签署，张某华表示该合同是王某给付的，不知晓合同内容如何签署，郭某则表示合同是张某华给付的，内容是毛某与张某华协商确定，其并未实际查看房屋，而毛某到庭表示并未参与合同的订立过程。从上述完全不一的陈述中，可以确定该合同并非双方在场协商确定，法院对该合同的形成过程无法确定，亦无法核实该合同是否系双方真实意思表示，且合同关于过户后长达数月才付款的约定亦损害了正常房屋买卖中作为卖方王某的利益。同时，作为买方的郭某，未实际查看房屋，未参与合同内容的确定，亦不符合正常房屋买卖过程中买方对其购买房屋所涉事项进行审慎审查的通常做法。

从购房款的履行情况来看，通过法院查询张某华与郭某的银行流水明细，可以看出郭某并未实际给付张某华购房款，郭某辩称其从A（北京）投资管理有限公司提取理财金支付的购房款，未能提供相应证据予以佐证，法院不予采信。

同时，郭某与张某华在本案审理初期均表示双方因此次房屋买卖事件才相识，直到王某证明双方均系A公司的职员后，双方才承认系事先认识的同事关系。故法院认为依据毛某与王某的公证书，如果王某不能按期偿还借款，毛某可依据公证书向法院申请强制执行。即使需要出售涉案房屋来偿还王某对毛某的借款，张某华亦应核算欠款数额，与王某共同确定出售房屋的具体价格及出售房屋后售房款的处置情况。但张某华在本案中并未履行上述义务，作为买受人的郭某亦未履行实际付款义务，故据此法院认定郭某与张某华在房屋买卖的过程中存在恶意串通的事实行为，损害了王某的合法权益。

综上所述，王某起诉要求确认双方签署的《存量房屋买卖合同》及《北京市房屋买卖合同》无效，并要求郭某协助其将涉案房屋恢复登记至其名下之请求，于法有据，法院予以支持。因张某华与郭某恶意串通才导致现涉案房屋过户至郭某名下，故王某起诉要求涉案房屋恢复登记产生的各种税费由郭某、张某华负担，理由正当，法院予以支持。依照《中华人民共和国合同法》第五十二条、第三百九十六条、第四百零一条、第二百三十条之规定，判决如下：一、确认张某华作为王某的委托代理人与郭某于2015年11月30日签订的《存量房屋买卖合同（自行成交版）》无效；二、确认王某与郭某于2015年8月签订的《北京市房屋买卖合同》无效；三、郭某于本判决生效后七日内协助王某将位于北京市海淀区401号房屋恢复登记至王某名下，因办理该房屋恢复登记产生的各种税费由郭某、张某华负担。

本院经审理查明，一审法院查明的事实属实，本院予以确认。

上述事实，有《委托书》《公证书》《还款协议书》《借款抵押合同》《北京市房屋买卖合同》《存量房屋买卖合同（自行成交版）》《借款协议》《解除抵押权的协议》《北京社会保险个人权益记录》及当事人陈述等证据在案佐证。

本院认为，恶意串通，损害国家、集体或者第三人利益的，合同无效。王某委托张某华出售房屋，张某华作为受托人，理应将处理委托事项的情况及结果告知王某。而根据本案查明的事实，张某华作为受托人，在出售涉案房屋前未与王某核实欠款的具体数额，收取房款后未将房款给付王某，如果张某华将售房款给付毛某，但是张某华未与毛某核算欠款数额，亦未告知王某售房款与剩余欠款是否一致。故张某华作为受托人，未履行受托人的基本告知义务，损害了委托人王某的权益。

从购房款的履行情况来看，通过法院查询张某华与郭某的银行流水明细，2015 年 12 月 2 日，A 公司工作人员张某向郭某转账 300 万元，当日郭某转给张某华 300 万元，张某华转给 A 公司负责财务的工作人员李某 300 万元。同日，李某又转给郭某 150 万元，郭某转给张某华 150 万元。同时李某转给张某华 50 万元，张某华将 200 万元转给解某。2016 年 4 月 14 日，张某国转给郭某 65 万元，郭某转给张某华 65 万元，张某华又转给张某国 65 万元。资金来源为 A 公司相关人员，王某作为买受人未实际收到上述款项，上述转账情况明显不符合常理。

同时，郭某与张某华在本案审理初期均表示双方因此次房屋买卖事件才相识，直到王某证明双方均系 A 公司的职员后，双方才承认系事先认识的同事关系。根据以上情况，一审法院认定郭某与张某华在房屋买卖的过程中存在恶意串通的事实行为，损害了王某的合法权益，因此判决确认双方签署的《存量房屋买卖合同》及《北京市房屋买卖合同》无效，并要求郭某协助其将涉案房屋恢复登记至其名下之请求，具有事实及法律依据，本院予以确认。

综上所述，郭某、张某华的上诉请求均不能成立，应予驳回；一审判决认定事实清楚，适用法律正确，应予维持。依照《中华人民共和国民事诉讼法》第一百七十条第一款第一项规定，判决如下：

驳回上诉，维持原判。

二审案件受理费 95700 元，由郭某负担 47850 元（已交纳），由张某华负担 47850 元（已交纳）。

本判决为终审判决。

【案件总结】

一、案件代理历程回顾

本案系由房屋买卖公证受托人滥用代理权与买受人恶意串通所引起的房屋买

卖合同纠纷案，涉及民间借贷与公证代理售房等复杂法律问题。代理律师在接手本案之时，就向当事人讲明其主张“借款已还清，恶意出售房屋的行为无效”的策略很难成立。因为相关借款文件及委托书中没有将借款与代理售房联系起来的表述（当事人诉讼目的就是要追回房屋，无意向代理人追要房款），最关键的是其还款行为不规范，还款未直接还给债权人，也没有债权人指定收款人的证据。因放贷中介公司为了其利润，王某所还利息及本金都按照A公司口头指示转账给了A公司的员工，若债权人不认可，要直接证明借款已还清难度太大。另一个诉讼策略就是以“恶意串通，损害第三人利益”为由要求确认合同无效，但该诉讼策略难度也很大，主要是因为“恶意串通”很难举证证明，需要了解与案件有关的更多事实，才能判断是否存在恶意串通。代理律师协助调取了涉案房屋被过户的档案资料、借款公证、委托公证等材料，发现涉案房屋买卖属于自行成交，而且买受人未看房也是对我方有利的点，初步判断存在恶意串通的可能。但是关于合同签署过程、房款支付情况、买受人身份等我方当时并不清楚。虽网签合同约定的房屋价格很低，但代理律师根据多年经验判断，二手房买卖中阴阳合同比较普遍，若开庭时买受人拿出真实意思表示的“阴合同”，房屋价格合理且有合理的房款支付记录，网签价格低并不能说明什么。但要证明存在恶意串通就是要让对方露出破绽，故诉讼策略上，代理律师与当事人商定先以房屋成交价格过低、显失公平为由主张撤销合同，若买受人未提供“阴合同”，仅凭房屋价格过低、显失公平，我方撤销合同的诉讼请求就能得到实现，举证责任比较轻，我方只需举证网签合同的价格，以及申请价格鉴定就可以了。若对方原来没有“阴合同”，其必然会临时“伪造阴合同”，必然会露出破绽，此时我方再根据发现的破绽变更诉讼请求为存在恶意串通，要求确认合同无效就可以了。该诉讼策略进可攻，退可守，而且代理律师制定了“第一次开庭尽量少说，相关事实让法院向对方核实，对方可能存在恶意串通的情况，为了掩盖事实，言多必失”的诉中策略，事后证明该策略完全是正确的。之后的诉讼过程证明，诉前准备与诉讼策略的选择为本案取得胜诉奠定了基础。对方在抛出有王某签字的《北京市房屋买卖合同》后，就以为其已锁定胜局，在法官核实相关问题时，却出现了破绽：否认双方之前认识，对房屋买卖合同签署过程、房款支付的描述出现了漏洞和矛盾。于是我方第一次开庭后马上申请调取了张某华与郭某的社保缴纳记录和银行卡交易记录，完成了本案证据的及时固定和收集。在掌握这些证据后，及时变更了诉讼请求，从而掌握了整个诉讼的主动权，为本案的胜诉做好了充分的前期准备。

同时，本案起诉前，代理律师代当事人提出了诉前财产保全，断了郭某及A公司再转手处置涉案房屋的可能。

诉前的充分准备为本案诉讼打好了坚实的基础，在案件诉讼过程中，代理律师根据前期收集的有利证据有效地证明了本案房屋交易的诸多不合市场交易习惯及不合常理之处。在庭审过程中，针对张某华与郭某是否存在恶意串通行为而损害了王某利益这一焦点问题，代理律师进行了充分论证，最终被海淀区人民法院和北京市第一中级人民法院接受和认可，案件取得了全面胜诉。

二、民间借贷与公证代理售房案的重要启示

（一）借款人之风险防范要点

1. 还款最好还至出借人本人账户，若放贷中介公司或债权人要求还款至第三方账户，务必要求债权人对收款账户信息进行书面确认，否则可以拒绝还款。

2. 务必注意签署的合同名称与内容，与借款无关的合同不签、空白合同不签。

3. 可以同意房屋抵押，但不应同意办理公证委托售房的全权委托，若已办理，要及时申请撤销该公证并送至不动产登记机构，防止受托人恶意出售房屋。

4. 若发现房屋已被过户，应尽快申请财产保全，以防房屋再被过户，造成追回困难。

（二）公证售房受托人之风险防范要点

1. 作为受托人应善意履行代理人的注意义务，及时告知委托事项的办理情况，房屋价格要征得委托人的同意。

2. 要通过公开的二手房交易市场交易，最好是通过房产中介寻找正常的购房人，如选择亲朋好友作为买受人，必须征得委托人同意。

3. 尽量不代收房款，可让买受人直接将房款支付至出卖人名下账户。

（三）债权人之风险防范要点

1. 在债权未获清偿时，应通过合法的途径实现债权，如通过诉讼、强制执行程序评估拍卖、变卖抵押财产。

2. 通过放贷中介借款要小心，以防参与到高利贷、套路贷等违法行为之中。

3. 若已通过放贷中介公司获得借款本息，切不可配合放贷中介公司虚假陈述甚至虚假诉讼，以免因此受到法律的处罚。

【承办律师简介】

罗记永律师系北京市炜衡律师事务所高级合伙人，北京市海淀区优秀律师，曾代理多起社会影响较大案件，被多家媒体报道，并多次接受中央电视台、北京电视台等各大媒体采访，在业内享有较高的知名度。

罗记永律师从事法律工作多年，具有丰富的非诉与诉讼案件的实务经验，工作认真、细致、负责，思维敏捷、应变能力强，擅长处理法律关系复杂的诉讼与仲裁业务。在房地产与建设工程、公司法律顾问、重大民商事诉讼与仲裁、职务犯罪辩护等领域理论和实务经验丰富，能够从多角度分析问题，最大限度地维护当事人的合法权益。

杨学涛律师毕业于中国政法大学法律硕士学院，获法律硕士学位。

杨学涛律师系北京市炜衡律师事务所律师，曾在中建二局下属子公司担任过法务，在房地产开发建设领域、房屋买卖和房屋租赁领域具有丰富的实务经验和专业法律知识。杨学涛律师还办理过许多其他领域民商事案件，在公司劳资纠纷、金融借贷纠纷方面代理过大量相关案件。

明确约定“价税分立”的房屋价款不因增值税下调而调整之胜诉策略①

——关某与某地产公司房屋买卖合同纠纷案

北京市炜衡律师事务所　郭晓桦律师

【争议焦点】

◆ *房屋买卖合同补充协议将房屋总价款明确约定为不含税价格与增值税税金，在增值税税率下调后，房屋总价款是否随之下调？*

【关键词】

房屋买卖合同纠纷　价税分离　真实意思表示　增值税下调　房屋总价固定不变

【案情简介】

2016 年 10 月 30 日，关某与某地产公司签署《北京市商品房预售合同（自住型商品住房）》（以下简称《预售合同》），约定关某购买某地产公司开发建设的房地产项目 10#自住房 2 单元 902 号房屋一套，房屋按套内建筑面积计算，每平方米单价 22051.17 元，总价款为 1611720 元。

2017 年 1 月 7 日，关某与某地产公司签订《北京市商品房预售合同（自住型商品住房）之补充协议》（以下简称《补充协议》），约定：原房屋的总价款为人民币 1611720 元，该价格为含增值税总价款，不含增值税总价款为人民币 1452000 元，

① 案件来源：北京市通州区人民法院（2019）京 0112 民初 3359 号民事判决书。

增值税金额为人民币159720元，适用增值税税率为11%。本协议生效后，双方在原合同中约定的购房款项金额部分自动失效，购房款金额以本协议为准，原合同其余条款继续有效。

2018年9月30日，房屋交付时，某地产公司为业主关某开具不动产发票，增值税税率为10%。

关某认为，《补充协议》中约定增值税按照11%税率计算，自己负担的增值税金额为159720元，但因增值税税率下降为10%，被告某地产公司应将自己多支付的增值税金14520元退还，同时返还多支付的契税金额138.02元，双方产生纠纷。

同时，如果关某诉求得到支持，本案房地产项目近500户自住型商品住房业主均可能起诉要求退还税款，极易引发群体性诉讼。

【诉讼策略】

本案发生在我国房地产行业由缴纳营业税全部改征增值税且国家为企业“减税降费”调减适用增值税税率的背景下，因为涉及领域众多，如不能妥当地进行处理，不仅是某地产公司的正常经营将受到巨大冲击，其他房地产企业及受减税影响的诸多企业也将会面临类似纠纷，很可能会演变为群体性诉讼，进而影响全国类似商事交易的稳定性。郭晓桦律师通过对某地产公司提供的资料、某地产公司相关人员的案情介绍的分析，就案件的基本法律事实作了梳理，准确地界定了案件争议的法律关系，结合自己从业多年来的工作经验，拟定了合理的诉讼策略。

一、探寻案件争议的由来，明确诉讼策略的工作重心

本案的争议焦点是：房屋买卖合同补充协议将房屋总价款明确为不含税价格与增值税税金，增值税税率下调后，房屋总价款是否随之下调？如是，则某地产公司应当退还价差；反之，则不然。正如常规合同纠纷一样，本案需要探求原被告诉求的权利与事实基础，郭晓桦律师经过对关某的诉讼请求、某地产公司对本案基本情况介绍的综合分析后，认为关某提起本次诉讼的合同基础为《补充协议》。《补充协议》的核心内容是对原合同约定的购房款项金额部分进行了明确，修改后的条款为“原房屋的总价款为人民币1611720元，该价格为含增值税总价

款，不含增值税总价款为人民币 1452000 元，增值税金额为人民币 159720 元，适用增值税税率为 11%”。根据关某的诉求来看，其想当然地认为此价格约定将房屋的价款作了价税分离的安排，房屋的基础价为不含增值税的总价款，增值税由其额外承担，所以降税就要退还差价。而根据某地产公司介绍，该约定并没有调整合同总价款的意思表示。从以上情况分析不难得出，本案纠纷系因双方对《补充协议》的真实意思理解不一而产生，如何还原《补充协议》中双方的真实意思无疑成为解决本案的核心，而这也就是案件诉讼策略制定的重心。

二、多角度还原《补充协议》中双方的真实意思表示，为法官判决提供事实、法规政策及法理支持

（一）以整体视角看《补充协议》的真实意思

《补充协议》作为《预售合同》的补充约定，应当将这两份合同作为一个整体来分析各方的目的。《预售合同》第五条“计价方式与价款”中约定：该商品房为单套住宅，出卖人与买受人约定按照预测房屋套内建筑面积乘以该商品房单价计算该商品房总价款。而综观整个《预售合同》，可能对房屋总价款产生影响的为第十五条的“面积差异处理”，其余条款均不能导致房屋总价款发生变化。由此可以看出，双方在《预售合同》中的真实意思表示为：房屋单价和总价与增值税税率无关，不因增值税税率的调整而发生变化。而反观《补充协议》，并没有对房屋总价、单价作出调整的意思表示及约定；另外，双方并未如一般买卖中约定增值税由买受人或出卖人负担，亦可予以反证。

（二）以《房屋面积补差确认单》佐证双方的真实意思

2018 年 10 月 11 日，案涉房屋完成交付。关某与某地产公司签订《房屋面积补差确认单》，载明合同预测建筑面积 89. 54 平方米，合同预测套内建筑面积 73. 09 平方米，合同预售套内单价 22051. 17 元/平方米，合同预售总价 1611720 元。实测建筑面积 89. 82 平方米，实测套内建筑面积 73. 12 平方米，实测面积比合同预测面积大 0. 03 平方米，出卖人应向买受人收取面积误差房款共计 662 元，实际房屋总价款为 1612382 元。通过《房屋面积补差确认单》，可知案涉房屋单价不变，合同双方亦是以单价乘以面积差而计算补差价款，证明双方无改变房屋单价以及原房屋总价的意思。

（三）以国家税收法规演变还原《补充协议》签署的合理性及双方的真实意思

法律法规是调整法规规制对象的制度，每个受其规制的主体都会因其变动而调整自己的行为，郭晓桦律师通过对相关法规进行细致的梳理，并结合某地产公司的介绍，还原了双方签署《补充协议》的特殊的法规演变背景。2016 年 5 月 1 日，税收“营改增”政策全面推广后，商品房买卖开具的不动产发票正式停用，改为开具增值税发票。同时，“营改增”后，《中华人民共和国营业税暂行条例》并未同时废止，而是至 2017 年 10 月 30 日才被国务院决定废止，晚于《财政部、国家税务总局关于全面推开营业税改征增值税试点的通知》（财税〔2016〕43 号）的施行时间，因而，现实中就存在必须对房屋买卖合同总价款适用的税种及税率进行明确的要求。

“营改增”后，根据财政部、国家税务总局于 2016 年 4 月 25 日发布、2016 年 5 月 1 日生效的《财政部、国家税务总局关于全面推开营业税改征增值税试点的通知》（财税〔2016〕43 号）的规定，计征契税的成交价格不含增值税。此亦为当事人明确价款的另一动因。经与某地产公司沟通，某地产公司表示签订此《补充协议》也是为了方便买受人计算、缴纳契税，未有改变《预售合同》的总价款及其他内容的意思表示。

（四）以房地产增值税缴纳的主体、商事交易稳定性及法理探求双方的真实意思

增值税是以商品（含应税劳务）在流转过程中产生的增值额作为计税依据而征收的一种流转税。从计税原理上讲，增值税是对商品生产、流通、劳务服务中多个环节的新增价值或商品的附加值征收的一种流转税。某地产公司作为开发商销售争议商品房后，发生了增值税应税销售行为，应当缴纳增值税，故增值税的纳税义务人为某地产公司。如增值税上调，某地产公司不会要求原告另行支付上调的增值税金额，那么，如增值税下调就需要向商品房买受人支付该部分税收利好，则有违公平正义的朴素法律观念。如果支持关某的诉讼请求，会导致房屋总价格计算的混乱，合同交易秩序的紊乱和不稳定，从长远角度看，也不利于维护

整个交易的稳定性。

（五）以国家减税降费利国利民的政策方针及法院判决的社会影响性分析关某诉求的不合理性

国家降低增值税的税率，直接目的是给企业减轻税负，激发企业活力，但降税后必将产生一系列的积极效应和连锁反应，不应违背国家降税的初衷和目的。

民商事活动应当遵循公平原则，公平原则是指在民事活动中以利益均衡作为价值判断标准，在民事主体之间发生利益关系摩擦时，应以权利和义务是否均衡来平衡双方的利益。2018 年 5 月 1 日后，因政策而产生的税率调整没有给关某带来任何损失，该税率变化也没有给合同的履行带来变化，不影响合同的继续履行，因此不应变更合同。否则，将会导致特殊性质的自住型商品房交易习惯被打破，交易秩序紊乱，从而导致其公平性、公正性受到社会公众的质疑，将影响政府的公信力，违背公序良俗，助长社会的不良风气，影响国家政策的正确实施。

以上相关问题的提出与解答不仅确定了诉讼策略，而且也明确了律师工作的重点，同时这些问题也是法官在审理案件过程中绕不开的问题，如果能够合法合理地解释、解决这些问题，关某的诉讼请求将不会得到支持，这样不仅意味着某地产公司该类问题的根本解决，更将在我国全面“营改增”“降税减费”的大背景下，为类似问题的解决提供很好的参考。

【代理词】

因律师接受委托时，本案已经过了提交答辩状的期限，所以郭晓桦律师将自己的代理成果融入被告的答辩意见中，具体内容如下：

一、某地产公司没有预收房屋增值税款，涉案自住型住房房屋价格为固定单价，房屋总价款仅与面积和单价有关，与房屋增值税税款无关。

（一）某地产公司与关某签署的《北京市商品房预售合同（自住型商品用房）》（下称《预售合同》）、《预售合同》之补充协议（下称《补充协议》）及《房屋面积补差确认单》显示，房屋套内建筑面积单价为人民币 22051. 17 元/平方米，固定不变。

1. 从《预售合同》看，合同单价与增值税税率无关，不因增值税税率的调整而发生变化。

2016年10月30日，双方签署了合同编号为Y1969895号的《预售合同》。合同第五条“计价方式与价款”中约定：该商品房为单套住宅的，出卖人与买受人约定按照下列第一种方式计算该商品房价款。第一种方式约定，按照预测房屋套内建筑面积计算，该商品房单价每平方米人民币（币）22051.17元，总价款为人民币壹佰陆拾壹万壹仟柒佰贰拾元整。根据《预售合同》的约定，可能导致合同总价款发生变化的只有第十五条“面积差异处理”，其余条款均不能影响合同总价款。

2. 就《补充协议》而言，无论是从《补充协议》的内容来讲，还是从《补充协议》的真实意思表示来看，房屋单价和总价均与增值税税率无关，不因增值税税率的调整而发生变化。

（1）从《补充协议》的内容来看，房屋计价方式没有发生变化，房屋单价固定不变，房屋总价款仅与面积和房屋单价有关。

2017年1月7日，某地产公司与关某签署了《补充协议》。《补充协议》第一条约定了房屋的总价款为1611720元，根据预测房屋套内建筑面积计算，该商品房单价为每平方米人民币（币）22051.17元。《补充协议》第二条约定，原合同约定的购房款项金额部分自动失效，购房款金额以《补充协议》为准；原合同其余条款继续有效。可见，《预售合同》关于计价方式的约定依然有效。

（2）从《补充协议》的真实意思表示来看，该协议并不是对房屋价款及计价方式的修改，而是根据国家税收法律法规的变化，明确适用的税种及税率。

①签署《补充协议》是因为“营改增”过程中法规政策变动，需要对政策变动导致的适用的税种及税率进行明确。“营改增”后房地产销售发票由“不动产发票”变更为增值税发票。2016年5月1日“营改增”全面推广，不动产发票正式停用，改为开具增值税发票，就政策变动后的交易事项需明确适用的税种及税率。基于这个目的，某地产公司与关某签署了《补充协议》。

②“营改增”后《中华人民共和国营业税暂行条例》并未同时废止。

《中华人民共和国营业税暂行条例》至2017年10月30日才被国务院决定废止，晚于《财政部、国家税务总局关于全面推开营业税改征增值税试点的通知》（财税〔2016〕43号）的施行时间，需要就房屋买卖合同总价款适用的税种及税率进行明确。

③“营改增”后契税计价依据变更为不含增值税的价款。

根据财政部、国家税务总局于2016年4月25日发布、2016年5月1日生效的《财政部、国家税务总局关于全面推开营业税改征增值税试点的通知》（财税〔2016〕43号）的规定，计征契税的成交价格不含增值税。双方当事人系为了方便买受人契税的计算、缴纳而签订《补充协议》，未有改变《预售合同》的总价款及其他内容的真实意思表示。

综上，《补充协议》仅是为了明确税种、税率而签署，并不是关某和某地产公司对合同总价款、合同单价变更的真实意思表示；且《补充协议》中关于合同总金额的约定与《预售合同》一致，合同预售单价和合同总价款未发生任何变化。

（3）因政策调整产生的降税，非降税即降价。

增值税税率的变化与房屋总价款无关，房屋总价款仅与房屋单价和面积相关，非降税即降价。

3. 从《房屋面积补差确认单》看，房屋单价和总价与增值税税率无关，不因增值税税率的调整而发生变化。

2018年10月11日，双方签署了《房屋面积补差确认单》，其中显示合同预测套内建筑面积为73.09平方米，合同预售套内单价为22051.17元/平方米，面积误差值为实测面积比合同面积大0.03平方米，面积误差款为662元，由关某向某地产公司支付。实际房屋总价为1612382元。该确认单签署时间在2018年10月11日，表明关某对于合同单价没有任何异议，对于合同总价的计价方式也没有任何异议，即合同总价款=合同预售套内单价×合同实测面积。

（二）从《自住房选房确认单》《商品房认购书》来看，房屋总价款亦仅与面积和单价有关，与增值税税率无关，不因增值税税率的调整而发生变化。

从《自住房选房确认单》来看，房屋总价款为单价和面积总乘积，客户选房方案栏显示的内容为：10－2－902、18000.00、89.54、1611720。其中18000.00元为房屋建筑面积单价，89.54为房屋预测建筑面积，1611720.00元为房屋总价款。该选房确认单经公证处现场公证，并在北京市住房和城乡建设委员会备案。

从《商品房认购书》来看，第一条约定原告认购房屋房号为10号楼－2－902，房屋预测建筑面积总计89.54平方米，套内建筑面积总计73.09平方米。按照建筑面积计算，单价为18000元/平方米；按照套内建筑面积计算，单价为22051.17元/平方米；总房价为1611720元。

（三）某地产公司是增值税的缴纳义务人，增值税税率发生变化，与原告无关。

增值税是以商品（含应税劳务）在流转过程中产生的增值额作为计税依据而征收的一种流转税。从计税原理上讲，增值税是对商品生产、流通、劳务服务中多个环节的新增价值或商品的附加值征收的一种流转税。某地产公司销售涉案商品房后，发生了增值税应税销售行为，应当缴纳增值税，故增值税的纳税义务人为某地产公司；如增值税上调，某地产公司不会要求原告另行支付上调的增值税金额。

根据《预售合同》第65页附件十一补充协议第五条“对本合同正文第五条的补充约定”，“该商品房单价”，“总金额”中不包含产权契税、印花税以及根据法律、法规及政府部门的有关规定应由买受人承担的税费和各种规费等费用。根据该补充约定，如果判令将降低的增值税税额给付给关某，则等于认可了关某承担增值税，与法律规定的增值税纳税义务人和上述补充条款也产生了逻辑上的悖论。

（四）预售商品住宅按照套内建筑面积和预售单价计价为预售商品房交易惯例，房屋总价款与税率的调整无关。

根据《最高人民法院关于适用〈中华人民共和国合同法〉若干问题的解释（二）》第七条，在交易行为当地或者某一领域、某一行业通常采用并为交易对方订立合同时所知道或者应当知道的做法，人民法院可以认定为合同法所称“交易习惯”；根据北京市《关于北京市商品房预售合同实行网上签约和预售登记管理工作的通知》第十六条第八项的规定，房地产开发企业预售商品住宅未按套内建筑面积计价为违规行为，北京市建设委员会可在开发企业信用系统上进行公示。

综上，预售商品住宅按照套内建筑面积和预售单价计价为商品房交易惯例，合同总价款与税率的调整无关。

二、契税的纳税义务人为关某，应由关某承担合同总价款的契税。

契税是指不动产（土地、房屋）产权发生转移变动时，就当事人所订契约按产价的一定比例向新业主（产权承受人）征收的一次性税收。

《预售合同》附件十一“补充协议”中第五条“对本合同正文第五条的补充约定”规定：1. 本条所指“该商品房单价”，“总金额”中不包括：……（3）产权契税、印花税以及依照法律、法规及政府部门的有关规定应由买受人承担的税费和各种规费等费用……（7）其他政府公共部门等的收费。

附件十一“补充协议”中第十条“对本合同正文第十二条的补充约定”中第六款约定：“如遇下列情况，除双方协商同意解除合同或变更合同外，出卖人有权拒绝与买受人办理该商品房的验收交接手续及履行本合同的其他义务而无需承担任何逾期交付责任或其他违约责任，且该商品房涉及的费用、风险、责任等自出卖人通知的交房日起由买受人承担：（1）买受人在出卖人交房书面通知规定的交房日前未向出卖人付清该商品房所有应付房款及由出卖人代收代缴费用［包括但不限于：该商品房所有应付房款（包括面积补差款）、专项维修基建、违约金和/或赔偿金、税费（契税、印花税）、公证费、办理产权过户的登记费、手续费、律师费等应由买受人承担的费用］以及具有按揭贷款未放或未补足及/或买受人未按时还贷情形的……”

附件十一“补充协议”中十三条“对本合同正文第十六条的补充约定”第二项约定：“若因政府、法律法规等调整导致该商品房实际交付时买受人办理该商品房交接手续及房屋产权证等税费（包括但不限于契税、印花税、专项维修资金等）调整的，买受人均应按该商品房实际支付时或前述税费实际支付时的政府相关标准自行足额支付。”

2018 年 10 月 11 日，关某与某地产公司签署的《房屋面积补差确认单》中，购房人同意对该房屋涉及的税费按此前约定的最终房屋总价进行缴纳。

综上所述，若因增值税调整导致该商品房实际交付时买受人办理该商品房交接手续及房屋产权证等税费（包括但不限于契税、印花税、专项维修资金等）调整的，买受人均应自行足额支付，某地产公司代关某交付契税为适当合理交付，不存在多付的情形。

三、国家降低增值税的税率，直接目的是给企业减轻税负，激发企业活力，但降税后必将产生一系列的积极效应和连锁反应，应不违背国家降税的初衷和目的。

2016 年《政府工作报告》、2017 年《政府工作报告》、2019 年《政府工作报告》中均体现，减税降费，是为了减轻企业税收负担。

四、不动产买卖为大额财产交易，应维护商品房交易的秩序和稳定性，尊重行业习惯，遵守公序良俗。自住型商品住房更是涉及社会公共利益，应维护其交易秩序的稳定性、公平性、公正性。

（一）低价位自住型改善型商品住房即自住型商品住房为特殊性质的商品住房，为限价房类型，有公平、公正、体现社会公共利益的特殊功能，其交易受社会公众的监督。

根据《北京市自住型商品住房销售管理暂行规定》，自住型商品住房交易是特殊性质的商品住房买卖，首先要经过政府的购房资格审核。开发商在向市住建委网站申请办理自住型商品住房预售许可或者现房销售备案手续前，会在市住建委网站和销售现场进行不少于 15 天的公示，公示项目名称、企业名称、项目位置、套数、户型面积和销售均价等信息。摇号、选房过程应当由公证机关全程公证，接受所在区、县住房城乡建设主管部门监督，并可以邀请社会公众现场监督。

涉案自住型商品住房销售公示过程显示，自住型商品住房的总价格仅与房屋建筑面积和单价有关。另自住型商品住房的价格在公示和网签后不得随意调整，否则有损社会公共利益和公平、公正原则。

（二）2018 年 5 月 1 日后因政策而产生的税率调整没有给关某带来任何损失，

该税率变化也没有给合同的履行带来变化，不影响合同的继续履行，不应变更合同。否则，将导致特殊性质的自住型商品房交易习惯被打破，交易秩序发生紊乱，从而导致交易的公平性、公正性受到社会公众的质疑，不利于政府的公信力和公序良俗的维护。

（三）如果支持关某的诉讼请求，会导致房屋总价格计算的混乱，合同交易秩序的紊乱和不稳定，故应维护交易的稳定性。

五、如果支持关某的诉讼请求，将导致某地产公司缴纳的增值税永远无法与房屋总价相对应，陷于房屋总价和应缴增值税始终对不上的逻辑悖论。

综上，根据《预售合同》等一系列文件，涉案房屋单价固定不变，房屋总价款仅与房屋单价和房屋面积有关，与增值税税率无关；某地产公司为纳税义务人，因为政策调整导致的增值税税率降低，与关某无关；某地产公司与关某签署补充协议的真实意思表示为明确纳税义务人适用的税种、税率，没有任何变更房屋总价款的意思表示；另外，不动产交易为大额财产交易，应维护其交易秩序的稳定性；自住型商品住房具有社会公共利益等特殊性，更应维护其交易秩序的稳定性。故恳请法院驳回原告的全部诉讼请求，以维护自住型商品房交易秩序的稳定性、公平性、公正性，维护社会公共利益和公序良俗，遵守不动产买卖、商品房预售买卖的交易习惯。

【生效判决书】

北京市通州区人民法院

民事判决书

（2019）京0112民初3359号

原告关某诉被告某地产公司房屋买卖合同纠纷一案，本院受理后，依法由审判员薛某独任审判，公开开庭进行了审理。本案原告关某，被告某地产公司的委托代理人郭晓桦、刘金升到庭参加诉讼。本案现已审理终结。

原告关某向本院提出诉讼请求：1. 判令被告返还原告支付多预收的房屋增值

税税款 14520 元及多预收的房屋契税税款 138.02 元，以上合计 14658.02 元；2. 诉讼费由被告承担。事实和理由如下：原告与被告签订的编号为 Y1969895 的《北京市商品房预售合同（自住型商品住房）》，约定原告所购自住型商品房总价款（含税）为 1611720 元，双方在 2018 年 9 月 30 日签订补充协议，约定房价款（不含税）1452000 元，增值税金额 159720 元（适用增值税税率为 11%），原合同约定购房款项金额部分自动失效。后经了解，2018 年 4 月 4 日国家税务总局发布关于调整增值税率的通知（财税〔2018〕32 号），纳税人发生增值税应税销售行为或者进口货物，原适用 11% 税率的部分已调整为 10%。被告隐瞒国家下调商品房增值税的事实，多收取原告税款 14520 元，并致使原告多支付房屋契税 138.02 元。原告知此情况后，多次要求被告返还多缴部分的预收税款，被告拒不理会。因此，为维护原告合法权益，特向贵院提起诉讼，望判如所请。

被告某地产公司辩称：本案的争议焦点是因涉案自住型商品住房销售而产生的应税销售行为适用的增值税税率由 11% 降为 10% 后，增值税税率的变化是否影响房屋总价款。

某地产公司并没有多预收房屋增值税款 14520 元及多预收房屋契税税款 138.02 元，关某的诉讼请求是对房屋总价款的错误理解，应予以全部驳回。

……

经审理查明：2016 年 10 月 30 日，原告关某（买受人）与被告某地产公司（出卖人）签订《北京市商品房预售合同（自住型商品住房）》（以下简称《预售合同》），合同编号 Y1969895。约定关某购买某地产公司开发的位于北京市通州区台湖镇 B－07 地块 R2 二类居住用地（配建“限价商品住房”）10#自住房 9 层 2 单元 902（以下简称 902 室）。预测建筑面积为 89.54 平方米，套内建筑面积 73.09 平方米，共用部位及共用房屋分摊建筑面积 16.45 平方米。按套内建筑面积计算，902 室每平方米单价 22051.17 元，总价款 1611720 元。合同签订当日，关某交付首付款 411720 元，余款 120 万元以按揭贷款方式支付。

2017 年 1 月 7 日，关某与某地产公司签订《北京市商品房预售合同（自住型商品住房）之补充协议》（以下简称《补充协议》），约定：“一、现双方确认，关于原合同价格特作约定如下：原房屋的总价款为人民币1611720元，该价格为含增值税总价款，不含增值税总价款为人民币1452000元，增值税金额为人民币159720元，适用增值税税率为11%。二、本协议自双方签章之日起生效。本协议生效后，双方就原合同约定的购房款项金额部分自动失效，购房款金额以本协议为准，原合同其余条款继续有效。三、本补充协议一式五份，具有同等法律效力，出卖人三份，买受人一份，产权登记机关一份。”

另查，根据财政部、国家税务总局《关于全面推开营业税改征增值税试点的通知》（财税〔2016〕36号）规定，自2016年5月1日起，在全国范围内全面推开营业税改征增值税试点，建筑业、房地产业等全部营业税纳税人纳入试点范围，由缴纳营业税改为缴纳增值税，其中销售不动产增值税税率为11%。

2016年4月25日，《关于营改增后契税、房产税、土地增值税、个人所得税计税依据问题的通知》（财税〔2016〕43号）颁布，于2016年5月1日生效，规定计征契税的成交价格不含增值税。

2018年4月4日，财政部、税务总局作出《关于调整增值税税率的通知》（财税〔2018〕32号），通知称：纳税人发生增值税应税销售行为或者进口货物原适用17%和11%税率的，税率分别调整为16%、10%；通知自2018年5月1日起执行。

2018年9月4日，某地产公司向关某出具902室的增值税发票，税率为10%，其中房屋价款金额为1465200元，税额为146520元，价税合计1611720元。

2018年10月11日，902室交付。关某与某地产公司签订《房屋面积补差确认单》，载明合同预测建筑面积89.54平方米，合同预测套内建筑面积73.09平方米，合同预售套内单价22051.17元，合同预售总价1611720元。实测建筑面积89.82平方米，实测套内建筑面积73.12平方米，实测面积比合同面积大0.03平方米，出卖人应向买受人收取面积误差房款共计662元，实际房屋总价款为1612382元。关某向某地产公司支付面积补差款662元，同时支付某地产公司代收的契税14658.02元。

原告关某认为，《补充协议》中约定按照11%税率计算，自己负担的增值税金额为159720元，但因增值税税率下降为10%，被告某地产公司应将自己多支付的增值税税金退还，同时返还多支付的契税金额，是为本案。

上述事实，有预售合同、补充协议、增值税发票、房屋面积补差确认单、代收契税收据及双方当事人陈述等证据在案佐证。

本院认为：依法成立的合同具有法律约束力。本案中原告关某与被告某地产公司签订的预售合同及补充协议，系买卖双方的真实意思表示，不违反法律行政法规的强制性规定，系有效合同，双方均应按照合同约定全面履行各自义务。本案争议的焦点问题为增值税税率下调后，房屋总价款是否随之下调。

原、被告签订的预售合同约定房屋价款为1611720元，其后通过补充协议的形式明确该价款为含税价，并将其按11%的增值税税率分割为不含税价格1452000元，增值税税金159720元。虽然增值税作为流转税，纳税义务人为出卖货物一方，但其通过含税价的形式将增值税税额转嫁给买受人符合交易惯例，此举并无不妥。

在总价款为含税价的前提下，增值税税率的变化是否导致总价款变化呢？本院认为，此论若成立，需买卖双方存在总价款随增值税税率浮动而浮动的约定或存在相应交易习惯。而关某与某地产公司签订的预售合同及补充协议中均无相关约定。同时，若买卖双方存在此项约定，则买卖合同的总价款必然无法明确，遇增值税税率上调，则总价款上升；遇增值税税率下调，则总价款下降。此举必然增加交易成本，不利于交易顺畅、安全，自然也无相应交易习惯。

具体到本案中，购房款总价为1611720元，非因面积误差等客观原因不发生变更乃是双方买卖合同关系中的应有之义。其一，关某与某地产公司签订的补充协议仅是依11%的增值税税率将房屋总价款1611720元分割为不含税价格1452000元及增值税税额159720元，并非将购房款降低为1452000元，亦无“降税即降价”的意思表示。其二，关某与某地产公司签订的房屋面积补差确认单中确认的补交面积差额款662元系22051.17元/平方米×0.03平方米计算得来，而22051.17元/平方米的单价亦是依据1611720元的总价款核算而来，并无任何变更。

需要指出的是，本案被告某地产公司作为开发商，是房屋买卖合同关系中增值税的纳税义务人，现国家降低增值税税率，直接目的是给企业减轻税负，激发企业活力，并不意味着企业已签订尚未履行完毕的合同必须重新核算合同价格，立即“让利”于买受人。但是，从长远看，降税后必将产生一系列积极效应和连锁反应，最终必然惠及广大消费者。

综上所述，增值税税率由11%降为10%后，对房屋总价款并无影响，被告某地产公司依1611720元开具增值税发票及代收契税的行为并无不妥，对原告的诉讼请求本院不予支持。依照《中华人民共和国合同法》第八条、第六十条之规定，判决如下：

驳回原告关某的全部诉讼请求。

案件受理费83元，由原告关某负担（已交纳）。

如不服本判决，可在判决书送达之日起十五日内，向本院递交上诉状，并按对方当事人的人数提出副本，交纳上诉案件受理费，上诉于北京市第三中级人民法院。如在上诉期满后七日内未交纳上诉案件受理费的，按自动撤回上诉处理。

【案件总结】

本案系发生在国家为企业“减税降费”大背景下的特殊类型案件，具有比较重大的影响和典型意义。当下国家处于经济转型期，“减税降费”将是未来的趋势。减税降费不仅会激发市场主体活力，而且还关系到我国经济长远规划和社会的稳定。减税降费虽然减少了眼前财政收入，但会增强企业投资与发展的信心和动力，带动扩大就业，最终实现经济持续增长。从长远看，降税后必将产生一系列积极效应和连锁反应，最终必然惠及广大消费者。此为本案特殊的时代背景及其妥善解决的时代意义。

在前述时代背景下，如果此类案件处理不慎，将会引起数量众多的类似案件产生，不仅会增加法院的工作，消耗大量的司法资源，而且正常的民商事交易亦会受到严重冲击。律师接触案件时，需要就案件的基本情况作全局了解与分析，找出引发案件的核心事项，准确地界定出案件的争议焦点，进而提炼出案件核心的法律关系。在提炼出法律关系后，不仅需要熟悉、精通该领域现行有效的法律法规，而且还要关注该领域法规的演变过程，比如要对各项法规生效废止时间、新法与旧法过渡期的安排等事项有准确清晰的了解。除此之外，律师需要有更高层次的思维，站在国家战略规划的层面，响应国家号召，承担法律人应有的责任，推动社会的发展。法院对本案中代理律师思路的认可，亦是对律师深耕于该领域，对法律法规、国家政策持续学习的鼓励与肯定。

【承办律师简介】

郭晓桦毕业于中国人民大学，法学硕士学位，2008 年开始律师执业，系北京市炜衡律师事务所高级合伙人、证券资本市场部主任、房地产建设工程部资深律师，北京市律师协会证券委员会委员，海淀企业培训中心高级讲师、北京破产协会会员、中关村法律服务中心会员。专业领域：金融，房地产开发及项目转让、建筑工程、商品房销售等房地产法律业务，现主要从事企业法律顾问，企业改制、资产重组、并购，股权激励、股票发行与上市（IPO）、债券发行、私募股权投资、新三板挂牌、信托、股权交易中心挂牌等公司和证券、信托法律业务。

限购下的房屋买卖合同解除后果分析①

——夏某与王某二手房买卖纠纷案

北京市炜衡律师事务所　殷春芳律师

【争议焦点】

◆ *限购政策下，丧失购房资格且无违约情形的购买人，能否无责解除房屋买卖合同?*

◆ *涉案房屋买卖合同解除后，出卖人除了退还购房款，是否还应该支付占用购房款期间的利息?*

【关键词】

交付　利息　不可抗力　限购政策

【案情简介】

2017 年 3 月 12 日，夏某（购买人/买受人）与王某（出卖人）通过中介公司三河市某房产经纪有限公司（以下简称中介公司）的居间介绍，签订了《存量房买卖合同》。双方约定夏某购买王某位于三河市燕郊开发区燕灵路西侧首尔园项目用地南侧天佑家园某号房屋，房屋总价 223 万元人民币。该合同内容分为十二条，其中第四条约定，买受人在签订本合同时支付购房定金 5 万元；第五条约定，在房屋交付日以前发生的物业管理费……费用由出卖人承担，交付日以后（含当日）发生的费用由买受人承担。当天，买卖双方以及中介公司还签订了《居间服务合同》

---

① 案件来源：河北省廊坊市中级人民法院（2018）冀 10 民终 2517 号二审民事判决书。

《过户、按揭代理合同》《补充协议》。其中《补充协议》共五条，第一条明确买卖双方签订房屋买卖合同时，出卖人尚未取得房产证，此点买卖双方和案外人中介公司知晓。第二条约定，购买人交付的定金5万元，在《买卖合同》签订时视为首付款的一部分。首付款100万元，购买人于2017年3月18日之前支付给出卖人。出卖人承诺取得房屋所有权证，且必须在取得房屋产权证时通知购买人和中介公司，并积极配合办理房屋产权转移登记手续；买卖双方应当在过户或公证当天自行办理物业交割手续，中介公司陪同。第五条约定，购房款在2017年3月18日之前交付100万元，50万元在2017年4月5日前交付，40万元在还尾款当天支付，余下房款在过户或公证当天交付；本协议与《买卖合同》《居间服务合同》《过户、按揭代理合同》约定不一致的，均以本协议为准。

房屋买卖相关协议签订后，购买人按照约定，履行了支付购房款的义务。截至2017年4月5日，共向出卖人支付了190万元购房款，并于2017年10月替出卖人缴纳了物业费2379元。但出卖人一直怠于履行协议，办下房屋产权证后一直都不告知购买人，直到2017年11月，购买人才从中介公司已经离职的某人员处了解到廊坊颁布了限购政策，而自己正是被限购的购房人，于是找到出卖人和中介公司协商协议的解除事宜。但出卖人认为限购不是自己的原因导致，另外，产权证是由开发商统一办理后交付给业主，所以办下产权证的时间不是自己可以控制的，自己也没有过错，故不同意解除涉案房屋买卖合同，也不同意退还房款，双方经过2个月的协商，毫无进展。

购买人无奈，找到殷律师代理维权，殷律师制定了本案的诉讼策略，并一步一步予以实施，先是指导购买人进行谈判协商解决问题，协商不成，即提起了一审诉讼，后法院判决支持了购买人关于解除房屋买卖合同的诉讼请求，也支持了要求出卖人退还购买人购房款和利息，以及返还代付物业费的诉讼请求。出卖人不服一审判决，提起上诉，认为自己没有过错，一审判决不应该支持购买人请求的房款利息和物业费。

【诉讼策略】

2018年的元旦没过几天，购买人通过朋友介绍找到房产专业律师殷律师，说他们夫妻在二手房购买过程中因为限购政策出台导致无法购买房屋，并在确定不能购买后一直在和出卖人沟通所购房屋的解除合同事宜，但是出卖人态度强硬，认为自己没有过错，不是自己违约不卖房，还说因为房价下降，如果解除房屋买卖合同，再卖给别人，自己一定有损失，因而不同意解除房屋买卖合同。

购买人无奈，便委托殷律师代理其处理涉案纠纷。殷律师了解到本案出卖人其实是一位刚刚工作、没有稳定资产的单身女孩，替其姐夫倒卖房屋赚取差价。本案中，出卖人收取购买人的购房款后就已经转给其姐夫，其姐夫也立即将款项挪作他用。此外，殷律师还了解到本案中涉案房屋买卖双方没有进行网签，出卖人如果没有信用，可以随时一房二卖或设定抵押，导致购买人的债权得不到保护。

于是，殷律师制定了以下诉讼策略：首先，指导当事人与对方进行谈判沟通，从法律和情理角度劝说对方协商解决纠纷，如果对方愿意协商解决，可以节约双方的时间和金钱成本，另外，通过谈判沟通，也可以试探对方究竟有无解决问题的诚意；其次，如果通过谈判，感觉对方毫无解决问题的诚意，就需要马上进行诉讼，鉴于出卖人是替别人炒房，自己又刚工作没有资产，因此，决定起诉时，必须马上进行诉前财产保全，并做好立即起诉准备。在此过程中，要抢时间，以最快的速度完成诉前财产保全，防止对方当事人恶意转移涉案房产，一房二卖或对房屋进行恶意抵押，最终导致出卖人名下无任何可供执行的财产，即使购买人赢了官司，判决也不一定能够得到有效执行。

2018 年 1 月 5 日（周五），委托协议签订当天下午，殷律师和购买人就立即分工，兵分两路：一是购买人赶往诉讼案件管辖法院，联系法官准备提交诉前财产保全申请书；二是殷律师加紧起草诉前财产保全申请书电子版发送给购买人打印签字，并指导购买人向管辖法院提交，同时核实受案法院接受何种担保财产，以便去法院完成提供担保手续。1 月 8 日（周一），购买人按照法院要求准备了部分现金提供担保，同时申请法院许可以第三人名下房产提供担保。法院于 1 月 9 日裁定对涉案房屋进行保全，同时受理了购买人的起诉书。至此，殷律师与购买人用两个半工作日即完成了诉前财产保全及起诉事宜，避免了出卖人恶意转移房产导致购买人被动局面的出现。

殷律师为购买人设计的诉讼请求具体为：1. 解除买卖双方之间签订的《房屋买卖合同》及附件，以及相关的协议；2. 判令出卖人退还购买人本金 190 万元人民币；3. 判令出卖人支付购买人利息，以 190 万元本金为基数，按照银行同期贷款利率4. 35%，从2017 年4 月5 日暂计算至2018 年1 月9 日，并顺延到出卖人实际支付之日止；4. 判令出卖人返还购买人替其垫付的 2379 元物业费；5. 本案诉讼费用由出卖人承担。

案件审理阶段，法官先是主持了调解，希望双方各让一步，但出卖人声称自己没有钱，说原来的房款都已经转给其姐夫了，希望购买人解除涉案房屋的保全，等待出卖人出卖房屋后再还钱。殷律师与购买人协商后，考虑到出卖人的信用问题，觉得不能在出卖人不提供任何担保的情况下，就解除房屋的保全，若如此，风险太大。最后双方协商未果。在庭审中，双方在对房屋买卖合同解除达成共识后，对于涉案房款的返还也基本没有大的争议，但是对于房款占用期间的利息是否应该予以赔偿以及物业费是否应该返还给购买人争议比较大。最后只能等待法院判决。

一审判决下来后，法院基本支持了购买人的全部诉讼请求，出卖人不服，提起上诉，就购房款占用期间的利息及物业费的判决部分不服，要求改判。上诉人认为房款占用期间不应该支付利息，因为房屋买卖合同没有约定需要支付利息，况且，出卖人对于房屋买卖合同的解除也没有过错。另外，对于物业费的返还问题，出卖人认为其已经向购买人交付了房屋，购买人占用涉案房屋期间就应该支付物业费，不应该要求出卖人支付此项费用。

购买人继续委托殷律师作为案件二审的代理人出庭诉讼。因一审诉讼策略制定恰当，收集证据充分，尤其是对于房屋是否交付问题，收集到了中介公司证明未交付的证据，为诉讼抗辩打下了很好的基础，所以，二审法院最终驳回了出卖人的上诉，维持了一审判决。至此，该起房屋买卖纠纷最终以购买人完胜而画上了圆满的句号。

【代理词】

北京市炜衡律师事务所
关于代理夏某与王某二手房买卖
合同纠纷案的二审代理词

尊敬的合议庭：

北京市炜衡律师事务所接受夏某（本案被上诉人）的委托，指派殷春芳律师担任其与王某（本案上诉人）房屋买卖合同纠纷上诉案件的委托代理人。通过庭审调查，代理人认为：本案一审判决认定事实准确，适用法律正确，请求维持一审判决，驳回上诉人的上诉请求。为此，发表如下代理意见，请予以采纳。

本案是由于限购政策出现，导致购买人失去对涉案房屋的购买资格，双方都已经无法实现合同目的，只能解除合同，恢复原状，出卖人退还购买人的购房款和垫付的物业费，并支付购房款的占用利息，故一审判决完全正确，应该驳回上诉人的上诉请求。具体代理意见如下：

一、购买人完成了双方所签《房屋买卖合同》及《补充协议》的约定义务。

（一）购买人于 2017 年 3 月 18 日前按照协议的约定，共向出卖人支付购房款 100 万元人民币。

1. 2017 年 3 月 12 日购买人按照协议约定，向出卖人支付 5 万元人民币定金。

2. 2017 年 3 月 18 日购买人按照协议约定，向出卖人支付 95 万元人民币购房款。

3. 出卖人对以上收到的房款，均出具了收据，确认收到了购买人的 100 万元购房款。

（二）购买人按照协议的约定，于 2017 年 4 月 5 日向出卖人支付购房款 90 万元人民币。

1. 购买人在同一天即 2017 年 4 月 5 日分两次向出卖人支付购房款 90 万元人民币。

2. 出卖人在2017年4月5日向购买人出具收据确认收到以上90万元人民币购房款。

（三）购买人于2017年10月替出卖人缴纳2379元人民币的物业费。

1. 出卖人在庭审中一直辩称涉案房屋已经交付给购买人，但其实并没有实际交付，购买人也没有实际占有使用涉案房屋。因出卖人没有证据证明其已经实际交付，所以法庭应该不予采纳其意见。

2. 尽管出卖人没有把涉案房屋实际交付给购买人，但是购买人接到物业公司收取物业费的电话通知，还是替出卖人缴纳了物业费2379元人民币。

3. 涉案房屋买卖合同无法继续履行，那么涉案房屋的物业费如果由购买人承担，对购买人来说，显失公平。

二、限购政策的出台，导致买卖双方房屋买卖合同无法继续履行，只能解除。

1. 2017年3月22日《廊坊市人民政府办公室转发市房管局等部门关于进一步加强房地产市场调控的意见的通知》出台。

该通知明确了非本地户籍居民家庭限购1套住房且购房首付款比例不低于50%，包括新建商品住房和二手住房；本地户籍居民家庭购买第1套住房，申请商业性个人住房贷款的，首付款比例不低于30%；对拥有1套住房的本地户籍居民家庭，为改善居住条件再次申请商业性个人住房贷款购买住房的，首付款比例不低于50%，包括新建商品住房和二手住房；对购买第三套及以上住房的本地户籍居民家庭，暂停办理商业性个人住房贷款。

2. 2017年6月2日《廊坊市人民政府办公室关于进一步促进全市房地产市场平稳健康发展的实施意见》出台。

该实施意见明确：非本市户籍居民购房需提供3年及以上当地社保证明或纳税证明，且限购1套。

3. 购买人是非廊坊地区户籍人口，工作地和常住地均是北京，在廊坊本地没有社保或纳税记录，故属于廊坊地区被限购人员。

综上，由于限购政策出台，购买人属于被限购人员，涉案房屋买卖合同只能解除。

三、房屋买卖合同解除，出卖人所收取购买人的购房款、物业费应该退还给购买人，同时支付占用购买人大额购房款的利息。

1. 庭审中，出卖人认可购买人的第一项诉讼请求，同意解除涉案房屋买卖合同，同意退还购房本金。

2. 物业费是购买人替出卖人支付给物业公司的，在涉案房屋买卖关系解除后，出卖人应该返还购买人替其交纳的物业费。

3. 在房屋买卖合同解除后，对于出卖人占用购买人大额房款的情形，根据公平原则，出卖人应该返还占用购买人的大额购房款项的利息。

综上，一审判决事实认定准确，法律适用正确，故应驳回上诉人的上诉请求，维持一审判决。望法庭予以采纳。

【生效判决书】

河北省廊坊市中级人民法院

民事判决书

（2018）冀10民终2517号

上诉人王某因与被上诉人夏某房屋买卖合同纠纷一案，不服河北省三河市人民法院（2018）冀1082民初52号民事判决，向本院提起上诉。本院于2018年3月23日立案后，依法组成合议庭，不开庭进行了审理。本案现已审理终结。

王某上诉请求：请求廊坊市中级人民法院依法改判上诉人只返还被上诉人购房款而不需要支付利息，诉讼费由被上诉人承担。事实和理由：一审判决认定上诉人领取房产证后没有按照合同约定协助被上诉人办理过户手续，与事实不符。上诉人领取房产证后，积极与中介公司联系，由中介公司通知被上诉人商量继续履行合同的相关事项，但未能就合同履行与否协商一致，因为三河市的楼市限购政策而导致被上诉人不能继续办理过户事宜，所以上诉人不同意支付被上诉人利息。

夏某辩称，原审判决认定事实清楚，且判决按照银行存款利率计算利息，已极大地维护了上诉人的利益。请求二审法院驳回上诉，维持原判。

夏某向一审法院起诉请求：1. 请求法院判令解除买卖双方签订的《存量房买卖合同》及附件《补充协议》及其他相关合同；2. 判令出卖人退还购买人的购房款本金 190 万元；3. 判令出卖人支付购买人购房款利息 63135.42 元，计算方法为以 190 万元为基数，从 2017 年 4 月 5 日起计算，按银行一年期贷款利率 4.35% 暂计算至 2018 年 1 月 9 日，并自动顺延至出卖人履行完毕之日；4. 出卖人支付购买人垫付的物业费 2379 元；5. 本案诉讼费、保全费由出卖人承担。

认定事实：2017 年 3 月 12 日，买卖双方通过案外人三河市夏威夷房产经纪有限公司（以下简称夏威夷房产经纪公司）居间介绍，以购买人作为买受人，以出卖人作为出售人，签订了《存量房买卖合同》。双方约定购买人购买出卖人位于三河市燕郊开发区燕灵路西侧首尔园项目用地南侧天佑家园某室房屋，房屋总价 223 万元。该合同内容分为十二条。其中第四条约定，买受人在签订本合同时支付购房定金 5 万元；第五条约定，在房屋交付日以前发生的物业管理费，费用由出卖人承担，交付日以后（含当日）发生的费用由买受人承担；第六条约定，出卖人应当在交付首付款前，将该房移交给买受人，移交该房屋房门钥匙。2013 年 3 月 12 日，买卖双方和案外人，以出卖人为甲方、以购买人为乙方、以夏威夷房产经纪公司为丙方，三方还订立了《居间服务合同》《过户、按揭代理合同》《补充协议》。三份合同（协议）从内容上看，存在两个法律关系：其中《居间服务合同》《过户、按揭代理合同》虽是三方当事人，但买卖双方是作为共同委托人出现的，案外人夏威夷房产经纪公司是作为居间人出现的，以上两个合同约束的是案外居间人夏威夷房产经纪公司和买卖双方之间的权利义务关系，案外居间人夏威夷房产经纪公司是合同的一方，买卖双方是合同的另一方，未涉及买卖双方之间的权利义务关系。《补充协议》涉及两个法律关系，一个是约束买卖双方与案外居间人夏威夷房产经纪公司的权利义务关系的，是居间服务合同条款；一个是约束买卖双方之间的权利义务关系的，是房屋买卖合同条款。《补充协议》共分五条。第一条，明确买卖双方签订房屋买卖合同时，出卖人尚未取得房产证，此点买卖双方和案外居间人夏威夷房产经纪公司知晓。第二条，购买人交付的定金

5万元，在《买卖合同》签订时，该定金视为首付款的一部分。首付款100万元，购买人于2017年3月18日支付出卖人；出卖人承诺在“下房本”取得该房所有权证，且必须在取得房屋产权证后通知购买人和案外居间方夏威夷房产经纪公司，并积极配合办理房屋产权转移登记手续；购买人、出卖人双方应当在过户或公证当天自行办理物业交割手续，案外居间人夏威夷房产经纪公司陪同。第五条，双方约定2017年3月18日之前交付100万元，剩余50万元在2017年4月5日前交付，剩余40万元在还尾款当天支付，余下房款在过户或公证当天支付；本协议与《买卖合同》《居间服务合同》《过户、按揭代理合同》约定不一致的，均以本协议为准。在《存量房买卖合同》及《补充协议》中，买卖双方之间未约定双方解除房屋买卖合同后，出卖人支付购房款利息的条款。出卖人对购买人提交法庭的四份合同（协议）没有异议，本院予以确认。购买人依约交付了190万元购房款（含定金转为首付款）；购买人因限购政策原因不具有购房资格，对购买人主张的上述事实，出卖人予以认可，本院予以确认。庭审中，出卖人称房产证已经办理。开发商通知出卖人于2017年11月与案外居间人夏威夷房产经纪公司一起去领房产证，出卖人已经领取。出卖人提交法庭的房产证显示：房产证的登记日期为2017年7月28日，权利人是王某，该房产坐落在“三河市燕郊开发区燕灵路西侧、首尔园项目用地南侧天佑家园A7#楼A7－2－402”。

本案的争议焦点为：1. 出卖人是否应支付购买人190万元购房款的贷款利息；2. 出卖人是否应支付购买人替出卖人交纳的物业费款项。关于出卖人是否应支付购买人190万元购房款的贷款利息问题。购买人认为出卖人应支付利息。其理由是：该房屋因为限购而无法购买，出卖人也同意解除合同，出卖人收了购买人的购房款，理应返还购房款及利息，关于支付利息的依据为最高院的司法解释，具体名称记不清了。出卖人认为，出卖人完全按照法律规定及合同约定履行义务，不存在不及时办理房产证的行为，我国是由开发商统一办理房产证的通行模式，在开发商通知王某可以领取房产证的情况下，出卖人积极与中介、购买人联系，只是遇到房屋限购，这是政府的政策变化原因，是不可抗力，而且该原因是购买人也应清楚的，而不是出卖人通知购买人后购买人才知道。所以遇到不可抗力应免责，出卖人不应承担首付款 190 万元的利息。对该争议焦点，买卖双方均未向法庭提供证据。关于出卖人是否应支付购买人替出卖人交纳的物业费款项问题。购买人认为，物业费 2379 元是购买人替出卖人交纳，应返还购买人。至于为什么购买人缴纳物业费，是因为物业交接单显示双方签字，物业方就认为房屋联系人已经变为购买人，所以联系购买人交纳物业费。此时，购买人并不知道房屋已经限购，所以去替出卖人交纳物业费，但根据补充协议的约定以及庭审中出卖人认可房屋并没有真正交付购买人，此项物业费交纳主体应为出卖人，购买人是代理行为，在合同解除的情况下出卖人应返还物业费。购买人针对自己的主张，向法院提交了《物业交接单》、给三河市乾和物业服务有限公司的汇款凭证、三河市乾和物业服务有限公司出具的《收费凭证》。出卖人质证意见是：收费凭证上缴费人姓名为王某，无购买人名字，无法证明是购买人交的费；收费凭证时间为 2017 年 10 月 13 日，双方房屋交接完毕的时间为 2017 年 4 月 5 日，在 2017 年 3 月 12 日签订的协议中，第六条约定购买人交付出卖人首付之后出卖人将房屋实际交付给购买人，出卖人按照协议履行，所以即使该物业费是购买人交的，也是购买人应该交的，而非替出卖人交的。出卖人对自己的主张未向法庭提供证据。

一审法院认为，出卖人承认购买人的诉讼请求部分，不违反法律规定，予以支持。购买人购买出卖人房屋，双方所订立的《存量房买卖合同》是双方涉案房屋买卖合同的主要组成部分，买卖双方与案外居间人夏威夷房产经纪公司三方签订的《补充协议》中涉及买卖双方之间的权利义务关系条款，也是买卖双方涉案房屋买卖合同组成部分。买卖双方与案外居间人夏威夷房产经纪公司三方所订立的《居间服务合同》《过户、按揭代理合同》与买卖双方之间的权利义务关系无涉，不是买卖双方涉案房屋买卖合同组成部分。所以，解除买卖双方之间的《存量房买卖合同》时，《补充协议》中涉及买卖双方之间权利义务关系条款也应一并解除。对买卖双方争议的解除双方房屋买卖合同后，出卖人是否应支付购买人 190 万元购房款利息问题，买卖双方各执一词。因买卖双方在合同中没有约定，购买人此项请求没有合同依据。因为庭审中购买人没有提出支持该项请求的法律规范，所以购买人主张出卖人应从 2017 年 4 月 5 日起计算，至履行完毕之日，按银行一年期贷款利率4.35%支付购买人利息，其利息起算时间和计算标准，理据不足，不予采纳。但是，出卖人领到房产证后，按照买卖双方之间的合同约定，理应协助购买人办理过户手续。但出卖人却保持沉默，一是没有履行合同义务，二是应当知晓购买人不具有购房资格而不提出解除合同，继续占有购买人支付的购房款，对此，应从其自认的领取房产证日期（2017年11月）的次月起，按中国人民银行同期存款利率支付购买人购房款利息。也就是说，购买人要求出卖人支付190万元购房款利息的请求，只作部分维护，其他不予支持。对买卖双方争议的出卖人是否应支付购买人为出卖人交纳的物业费款项问题，因出卖人不能举证证明已经将涉案的房屋交付购买人，所以，按照双方合同约定条件由购买人支付物业费的条件没有成就，购买人没有支付物业费的义务。购买人主张自己交纳了物业费，并自己持有交费凭证等相关证据，应予认定。因此，合同解除后，出卖人应将购买人支付的物业费款项支付给购买人。综上所述，依照《中华人民共和国合同法》第九十三条第一款、第九十七条，《中华人民共和国民事诉讼法》第六十四条第一款的规定，判决：一、解除购买人夏某、出卖人王某双方签订的《存量房买卖合同》和买卖双方、案外居间人夏威夷房产经纪公司三方签订的《补充协议》中涉及买卖双方之间权利义务关系的条款；二、出卖人王某返还购买人夏某购房款190万元，并支付利息（自2017年12月1日起，至购房款付清之日止，按中国人民银行同期存款利率标准计算）；三、出卖人王某支付购买人夏某支付的物业费2379元；四、驳回购买人夏某的其他诉讼请求。以上二、三项于本判决生效后十日内履行。

本院二审期间，当事人没有提交新证据。对一审法院查明的事实，本院予以确认。

本院认为，原审判决依据王某领取房产证后，没有按照合同约定履行合同义务，且知晓夏某没有购房资格而继续占有使用夏某已支付购房款，故判决王某支付相应的利息，于法有据，本院予以确认。王某请求改判其不承担支付利息的上诉请求，本院不予支持。综上所述，王某的上诉请求不能成立，一审判决认定事实清楚，适用法律正确。依照《中华人民共和国民事诉讼法》第一百七十条第一款第（一）项规定，判决如下：

驳回上诉，维持原判。

二审案件受理费91元，由上诉人王某负担。

本判决为终审判决。

【案件总结】

本案是限购政策下发生的存量房买卖常见纠纷，也显示了限购政策带给交易主体的各种影响：有时是购房资格的影响，有时是贷款额度的影响等。而对于购房资格的影响，又分不同情形：有时是因为购房人存在违约行为导致自己丧失购房资格；有时虽然是新政导致丧失购房资格，但是原房屋买卖协议里却有约定可以由有购房资格的第三方代为购房等。所以，其实新政的出台，并不必然导致房屋买卖合同的解除，或者导致其中一方违约或不违约。可见，我们除了需要关注新政导致的客观影响，也需要关注双方主观上有无违约行为在先，如果有，则新政的客观影响并不必然导致违约责任的免除，此时，就不能以新政为由免除自己的违约责任。对于新政的影响，还要根据具体情况，分不同情形予以适用。

一、关于限购政策导致法律适用问题

住房限购政策新政的出台一方面对遏制投资投机性购房、促进房地产市场平稳健康发展起到重要作用，另一方面对房屋买卖当事人的利益也会产生重大影响。目前各地已经出现大量的因住房限购政策导致的房屋买卖合同纠纷。

就该类案件的法律适用问题，评析如下：

第一，住房限购政策在司法实践中属于一种“不可归责于当事人双方的事由”，买房人被新政限购后，除合同另有约定外，可以主张解除合同并返还定金、购房款。但是合同约定的过户时间在新政出台前，因一方迟延履行义务导致合同无法履行的，守约方除可要求解除合同外，还可以要求另一方承担赔偿损失等违约责任。

第二，对于限购政策导致房屋买卖合同解除后，出卖人占用购买人的大额购房款是否应该支付利息问题，应该根据公平原则，判令出卖人适当支付资金占用期间的利息。

本案诉讼后，出卖人经过法庭释明因限购政策无法继续履行房屋买卖合同，同意解除房屋买卖合同，但是不同意支付占用购买人购房款期间的利息。购买人认为本案的房屋购房款近二百万元人民币，属于大额资金，如果出卖人明知房屋买卖合同无法继续履行，仍然不退还购买人的房款还恶意占用，这种情况下出卖人不支付房款占用期间的利息，显然有失公平。

本案中房屋买卖合同遭遇政策限购事由解除后，出卖人是否应该支付购买人房款利息？虽然本案所涉合同没有明确约定，相关的司法解释也没有明确规定，但从公平原则角度出发，本案法院还是支持了购买人的部分诉求，即按照存款利率从双方明确房屋买卖合同无法继续履行的节点开始计算利息，还是相对公平的。

二、本案带来的几点启示

本案纠纷是由于限购政策的出台引发，但却是因为出卖人占用购买人的大额资金不退、拖延不决导致诉讼。主要有以下几点启发：

第一，房屋买卖合同需要认真填写各项条款，不能草率签订。

本案中的房屋买卖合同，很多条款随意修改涂抹，尤其一些重要的条款也是含混不清，互相矛盾，合同权利义务约定不明确，对一些重要的时间节点也约定不明，因此而产生纠纷几乎是不可避免的。

第二，房屋买卖合同履行中，不能完全依赖中介公司，购买人自己要积极关注合同履行状况。

本案中，购买人认为有中介公司参与，就完全放手不管，一直被动等待出卖人和中介公司通知自己合同履行状况，但是本案中的限购政策早就出台，在长达几个月的时间内，在限购地居住的出卖人和专门从事房屋买卖并在限购地办公的中介公司却一直不告知居住在外地的购买人。同时，中介公司对合同条款的审核和把关也不专业，对合同的履行，也未特别关注，这就需要购房人自己认真关注履行过程。

第三，诉讼前，一定要考虑好诉讼策略和方案，以及执行的可行性问题。

本案中，因为完全信任中介公司和出卖人，购买人向出卖人直接支付了大部分房款，但是房子没有办理网签，涉案房屋出卖人随时可以一房二卖，对于出卖人的其他财产，购买人也一无所知。这都决定了诉前保全涉案房屋的重要性，诉前保全不仅可以防止出卖人将涉案房屋再卖给别人，也可防止出卖人再对涉案房屋恶意设定抵押，避免将来购买人打赢了官司也无法执行的情况发生。

第四，为了防患于未然，建议购买房屋时请专业的房产律师“陪购”。

律师陪同购买房屋，可以在签订合同前审核并排除各种问题房屋；可以在签订合同时对各个条款进行严谨把关，避免条款权利义务约定不明确，甚至互相矛盾的情况发生，从源头上杜绝纠纷的发生；可以在合同履行过程中提示购买人需要注意的权利义务履行的时间节点；购房人可以在出现问题或纠纷时得到第一时间的专业指导，避免不利情形的扩大化。

【承办律师简介】

殷春芳律师，系北京市炜衡律师事务所专职律师、工程建设与房产部秘书长、炜衡北京所女联秘书长、宣传部委员、十届与十一届北京市律协土地与房地产专委会副秘书长、北京市海淀区人民法院调解员、海淀律协 PPP 研究会委员。

2005 年度北京市海淀区优秀律师，2008 年 10 月被中共北京市朝阳区委、北京市朝阳区人民政府授予“北京奥运会、残奥会个人贡献奖荣誉证书”，2016 年 4 月被评为 2015 年度北京市律协十届宣传联络与表彰工作委员会优秀委员，2017 年 3 月被北京市朝阳律协女工委和朝阳妇联评为“爱心公益律师”。专注于房地产建设工程、公司法等领域诉讼业务。

联系电话：13391709328

E－mail：yls2828@163. com

地址：海淀区北四环西路 66 号中国技术交易大厦 A 座 16 层

房地产项目不当得利案二审反败为胜的策略与启示[①]

——A地产开发公司与B建筑施工公司、C银行湖南省分行不当得利纠纷案

北京炜衡（成都）律师事务所　王浩律师　华晓律师

【争议焦点】

◆ *A 地产开发公司（以下简称A 公司）对B 建筑施工公司（以下简称B 公司）是否构成不当得利?*

◆ *A 公司向C 银行湖南省分行（以下简称C 银行）提出保函索赔要求是否具备合法依据?*

【关键词】

建筑房地产　保函　不当得利

【案情简介】

2007年1月8日，A公司与B公司签订建设工程施工协议书，约定A公司将位于成都市温江区某地块一（1A期）总包工程发包给B公司，合同总价188902623.10元，对各区域工期均作了明确约定。合同对总承包方提供履约保证作了明确约定，约定由保险公司或银行按合同条件、附录所列的金额共同及分别向发包方保证总承包方会正确地履行本合同。该保险公司或银行以及履约保证书的内容须经发包方批准，而获得履约保证书的费用由总承包方负责。获批准的履

① 案件来源：四川省高级人民法院（2013）川民终字第453号二审民事判决书。

约保证书须交由发包方保管。附带条件为在总承包方提交有效及经审批认可的履约保证书前，发包方可以从应支付或将支付与总承包方的款项中全数扣除履约保证书的金额后才予以支付。当竣工证书按本合同约定条件发出时，上述保险公司或银行可解除履约保证责任。合同附录载明的履约保证书金额为1889万元。

上述协议签订之前，B公司于2006年12月11日向C银行出具《关于开具银行履约保函/备用信用证的申请书》，向C银行申请按B公司提供的要素及所附格式开出履约银行保函/备用信用证，其中：工程/合同总金额为188902623.10元；保函/备用信用证金额为18890000元，占总金额的10%；受益人为A公司；有效期为无固定期限（约2008年8月5日止）。

同日，B公司向C银行出具《承诺书》，主要内容为确定该银行履约保函性质为见索即付。

2006年12月13日，B公司作为总承包方与担保人C银行签署《履约保证书》，约定鉴于发包方A公司对总承包方的委托，总承包方与担保人向发包方作出全面承诺与保证。

2009年9月15日，A公司作为甲方与乙方B公司签订《解除合同协议》，双方经过友好协商就案涉工程之合同决算金额及退场事宜达成一致意见，但该《解除合同协议》签订后，B公司与A公司并未就因工期延误导致双方蒙受的直接损失另行协商达成一致。

2012年2月14日，A公司向C银行发出《关于××××号〈履约保证书〉之索款通知》，A公司认为保函约定的担保事由现已发生，根据A公司与B公司之间施工合同要求，2006年11月27日开工日后，B公司的施工进度严重滞后，A公司多次书面督促但B公司并未作出有效改善，B公司持续严重违约，致使合同项下的工程无法按期完工和对外销售，已给A公司造成重大经济损失，损失金额远超过保函项下的担保金额。A公司根据保函第二条规定，通知C银行依据保函赔偿因B公司违约造成的损失共计1889万元，并请C银行收悉函件后尽快按照A公司提供的收款账号履行保函项下的支付义务。

2012年2月17日，C银行将A公司提出的上述索赔通知事项告知了B公司，但B公司回函拒绝主动办理支付。

2012年2月24日，C银行向A公司发出《“关于××××号〈履约保证书〉之索款通知”的回复函》，以要求A公司提供所谓违约证明文件和损失证明文件（双方认可的书面文件或仲裁、司法机构生效的裁判文书）为由，实际拒绝了A公司的索赔要求。

2012年3月8日，A公司对C银行的《“关于××××号〈履约保证书〉之索款通知”的回复函》作出回复，指出若银行坚持A公司须提交与B公司协商一致的文件或相关生效的裁判文书作为承担保证责任的前置条件，A公司将遗憾地视为C银行拒绝履行赔付义务，并保留通过法律途径追究C银行保证责任的权利。

2012年3月19日，C银行在向B公司通知无果的情况下，向A公司支付了《履行保证书》项下的索赔款项1889万元。A公司于2012年3月23日向C银行作出《履约保证书》索赔的收款说明，告知C银行通过支付业务存欠账户汇出的1889万元已入账收讫，并将《履约保证书》原件予以退还。

B公司得知C银行向A公司支付1889万元并依据双方建立的保证金质押关系将上述等额资金从其账户予以扣划后，于2012年4月6日向成都中院提起本案一审诉讼，主张A公司不当得利，要求全额返还1889万元本息。

成都中院一审判决支持了B公司全部诉请，判决：“一、被告A公司应于本判决生效后七日内返还B公司1889万元；二、被告A公司应于本判决生效后七日内支付B公司1889万元的资金占用利息损失（从2012年3月19日起按中国人民银行同期贷款利率计算至付清本金之日止）。”A公司不服，委托本案代理律师向四川省高院上诉启动二审。

【诉讼策略】

一、各阶段诉讼策略要点

（一）一审答辩状主要观点

1. 从程序上来说，A公司作为本案被告主体完全不适格，法院应驳回原告对A公司的诉讼。本案的法律事实是C银行扣划了B公司1889万元资金，是基于他们双方之间的委托约定。但不论怎样该法律关系仅是在B公司与C银行之间的合同关系，按照合同相对性原则，A公司并非该扣款法律关系项下的当事人，即便银行扣款有误也应该是银行退款给B公司。故此，B公司起诉将A公司作为被告完全不适格，从程序上讲应予以裁定驳回，被告仅保留C银行。

2. 即便暂且撇开本案程序问题不谈，原告B公司在施工合同履行过程中存在工期延误、工程质量缺陷等诸多严重违约情形，给A公司造成的经济损失远远超过履约保证金额1889万元，故此A公司向C银行全额索偿履约保证书约定的赔付金额是完全正当合法的。

总之，本案从程序上来说，A公司作为本案被告主体不适格，法院应裁定驳回B公司对A公司的诉讼；从实体上讲，B公司在建筑施工期间存在诸多严重违约行为，给A公司造成的经济损失远远超过履约保证金额1889万元，故此A公司向C银行全额索偿履约保证书项下金额是完全正当合法的，B公司的诉请依法应予以驳回。

（二）一审代理词主要观点

1. 本案的《履约保证书》是一份见索即付履约保函，对此性质原告B公司非常清楚且以实际行动自愿履行完毕。

2. B公司认为A公司“不当得利”完全错误，A公司由于B公司的违约行为遭受了重大损失，远远超过履约保证书的赔付上限1889万元，故此A公司向C银行全额索赔履约保证书项下金额是完全正当合法的。

3. 本案C银行向A公司全额赔付《履约保证书》项下1889万元，完全是在保证期间内进行的合法行为。

4.《最高人民法院关于适用〈中华人民共和国合同法〉若干问题的解释（一）》第四条明文规定：“合同法实施以后，人民法院确认合同无效，应当以全国人大及其常委会制定的法律和国务院制定的行政法规为依据，不得以地方性法规、行政规章为依据。”故此，本案B公司一再援引的所谓建设部的任何文件不得作为影响本案合同效力的法律依据。

总之，本案的《履约保证书》是一份见索即付履约保函，对此性质原告B公司非常清楚且以实际行动自愿履行完毕，B 公司认为 A 公司“不当得利”是完全错误的。A 公司由于 B 公司的违约行为遭受了重大损失，远远超过履约保证书的赔付上限，故此 A 公司向 C 银行全额索赔履约保证书项下金额并获得赔付是完全正当合法的。

（三）二审上诉状主要观点

1. 一审法院认定本案争议法律关系是“不当得利”纠纷，而对“总承包方 B 公司是否违约”这一事关本案所谓“不当得利”成立与否的前提事实完全不加审理，是极其严重的事实认定不清，二审法院依法应予以纠正。

2. 一审法院未依法行使释明权，构成严重程序错误，二审法院应予以纠正。

3. 本案的《履约保证书》是一份见索即付履约保函，对此性质 B 公司非常清楚且以实际行动自愿履行完毕，一审判决实际上已经查明该部分事实，但就是不愿作出“见索即付”的认定，这是极其露骨的偏袒，二审应予以纠正。

4. 本案争议法律关系并非不当得利纠纷，而应是 B 公司与 C 银行之间的保证金质押合同纠纷，A 公司不应是本案适格被告。

（四）二审代理词主要观点

1. 本案的《履约保证书》是一份见索即付的保函，C 银行仅作形式审查即予赔付是完全正确的。

（1）B 公司申请开立本案《履约保证书》时多份文件均显示“见索即付”字样，本案保函见索即付性质是明确无误的。

（2）C 银行对本案《履约保证书》作形式审查后作出赔付是完全正确的。

2. B 公司在开立保函时选择了见索即付保函，本案保函的性质就已确定、唯一；且 B 公司将保函交予 A 公司，并未声明赔付时需要其他任何附加证明文件，故 B 公司庭审时所举的建设部文件［《关于在房地产开发项目中推行工程建设合同担保的若干规定（试行）》（建市〔2004〕137 号）］，其效力不能凌驾于双方约定之上。

3. 即使退一万步讲，撇开本案履约保函是否见索即付性质不谈，判断 A 公司占有 1889 万元赔款是否构成不当得利，应当以 B 公司是否存在违约、占有赔款是否为不当利益为前提，一审判决以该部分“宜通过独立的诉请予以明确”予以回避不审即认定A公司不当得利成立，逻辑上明显错误。

4. 一审法院在事实查明上明显偏袒B公司，采用选择性查明的办法，遗漏了大量对A公司有利的能证明本案保函“见索即付”性质的事实证据，属于典型的认定事实不清。

二、核心代理意见

本案一审判决最大的错误是事实认定不清，未充分查明本案的《履约保证书》是一份见索即付履约保函，对此性质B公司非常清楚且以实际行动配合自愿履行完毕，B公司认为A公司“不当得利”是完全错误的。A公司由于B公司的违约行为遭受了重大损失，远远超过1889万元《履约保证书》的赔付上限，故此A公司向C银行全额索赔《履约保证书》并获得赔付是完全正当合法的。

【代理词】

四川恒成律师事务所［北京炜衡（成都）律师事务所前身］
关于代理A公司与B公司、C银行不当得利纠纷一案的二审代理词

尊敬的合议庭：

上诉人A公司与B公司、第三人C银行不当得利纠纷一案［（2013）川民终字第453号案，下称“本案”］，四川恒成律师事务所接受上诉人A公司的委托，指派本律师担任其二审诉讼代理人。通过庭前的调查取证及参加庭审活动，我们对案件情况有了全面的了解，现在已经提交法院的《民事上诉状》的基础上，就本案开庭中存在的主要争议焦点，依据有关事实和法律法规发表如下代理意见，恳请合议庭采信。

一、本案的《履约保证书》是一份见索即付的保函，C银行仅作形式审查即予赔付是完全正确的。

（一）B公司申请开立本案《履约保证书》时多份文件均显示“见索即付”字样，本案保函见索即付性质是明确无误的。

在一审C银行提交的证据材料中，证据编号为2－1《关于开具银行履约保函/备用信用证的申请书》的文件中，B公司明确表示“同意贵行按国际惯例及国家有关规定以及贵行有关规定办理保函/信用证项下的一切事宜”。前述国际惯例并非是空洞的，即指《国际商会见索即付保函统一规则》（URDG.458），该规则的b项指出：“担保人的义务是在收到表面上与保函条款相一致的书面付款要求及保函所规定的其他文件后支付保函所规定的金额”，而本案保函并未规定须提交“其他文件”。证据编号为2－2的B公司出具的《承诺书》载明：“保函见索即付风险我单位已经知晓……由此引起的一切经济纠纷由我承担，上述保函原件退回贵行后保函方失效。”证据编号为2－3的B公司盖章确认的《履约保证书格式样本》中特别手写注明：“以上格式已由我单位确认无误，见索即付的风险我单位已经知晓，由此导致的一切责任概由我单位承担。”B公司多次这样的书面表态，可以说是对本案《履约保证书》中“如果总承包方违约时，担保人需向发包方赔偿因此而蒙受的损失……”见索即付性质的有力注解，非常清楚无误地明确了本案《履约保证书》的见索即付性质，不容B公司狡赖。

（二）C银行对本案《履约保证书》作形式审查后作出赔付是完全正确的。

本案《履约保证书》内容中，并未约定A公司在向C银行索赔时还需要附加任何证明材料甚至司法认定文书。一审判决认定银行应当要求A公司提出B公司违约证明材料，这不仅没有任何事实法律依据，也不符合银行保函作为支付结算工具的独立性和公信力，也完全超出银行的职能——银行作为普通金融机构，根本不具备实质审查违约证明材料的资格和能力。

二、B公司在开立保函时选择了见索即付保函，本案保函的性质就已确定、唯一；且B公司将之交予A公司，并未声明需要其他任何附加证明文件，故B公司庭审时所举的建设部文件［《关于在房地产开发项目中推行工程建设合同担保的若干规定（试行）》（建市〔2004〕137号）］，其效力不能凌驾于双方约定之上。

保函分为见索即付和非见索即付，即便总包合同对保函性质的约定不够明确，但通过B公司的申请开立行为，该保函性质已确定。B公司在递交保函时并未声明该保函要按非见索即付性质适用，该保函显然也不会由开立时的见索即付性质自行变更为其他性质，由此A公司按见索即付性质使用该保函完全符合保函本身的法律性质，也未超出双方对使用保函的约定和预见。

B公司在庭审时所举建设部文件规定条件，其适用效力低于双方约定。B公司开立见索即付保函所载内容及递交A公司等行为属于对总包合同条款的履行和明确，其中并未规定任何其他附加条件，部委颁布文件效力显然低于合同约定之效力，故在此无适用余地。《最高人民法院关于适用〈中华人民共和国合同法〉若干问题的解释（一）》第四条明文规定："合同法实施以后，人民法院确认合同无效，应当以全国人大及其常委会制定的法律和国务院制定的行政法规为依据，不得以地方性法规、行政规章为依据。"故此，本案B公司援引的所谓建设部的任何文件均不得作为影响本案合同效力的法律依据。

三、即使退一万步讲，撇开本案履约保函是否见索即付性质不谈，判断A公司占有1889万元赔款是否构成不当得利，应当以B公司是否存在违约、占有赔款是否为不当利益为前提，一审判决以该部分"宜通过独立的诉请予以明确"为由回避不审即认定A公司不当得利成立，逻辑上明显错误。

所谓不当得利，按照《中华人民共和国民法通则》第九十二条规定："没有合法根据，取得不当利益，造成他人损失的，应当将取得的不当利益返还受损失的人。"也就是不当得利成立的首要条件就是取得利益"没有合法根据"。反观本案，一审法院对A公司提供的大量证明B公司违约及造成A公司巨额损失的证据完全不加审理，却又认为是否构成违约及所涉损失数额"均处于待定状态"，就径行认定A公司没有合法根据获取银行赔款，即该利益属于不当利益、造成了他人损失，其判决逻辑非常荒谬。一审法院既认为该等情形需诉讼审理，又在本案中不加审理，却又认为构成不当得利，其审判逻辑完全自相矛盾。

四、一审法院在事实查明上明显偏袒B公司，采用选择性查明的办法，遗漏了大量对A公司有利的事实证据，属于典型的认定事实不清。

一审判决中列明的事实部分，一审法院采用选择性查明的方式，对A公司有利的不查少查，对A公司不利的大查特查，因此大量证据未出现在判决书当中。其中主要有两部分，一部分是一审C银行提交的证明本案履约保函"见索即付"

性质的材料，如C银行证据编号2－3的《履约保证书格式样本》；另一部分就是一审A公司提交的大量证明B公司违约及造成损失的证据，具体指A公司提交从编号5—35的大量证据，均未载入判决书。

综上所述，本案的《履约保证书》是一份见索即付履约保函，对此性质B公司非常清楚且以实际行动自愿履行完毕，B公司认为A公司“不当得利”是完全错误的。A公司由于B公司的违约行为遭受了重大损失，远远超过《履约保证书》1889万元的赔付上限，故此A公司向C银行全额索赔并获得赔付是完全正当合法的。望二审法院撤销一审错误判决，改判驳回一审原告B公司的全部诉讼请求！

【生效判决书】

四川省高级人民法院

民事判决书

（2013）川民终字第453号

上诉人A公司因与被上诉人B公司、原审第三人C银行不当得利纠纷一案，不服四川省成都市中级人民法院（2012）成民初字第821号民事判决，向本院提起上诉。本院于2013年6月27日受理后，依法组成合议庭于2013年7月31日公开开庭进行了审理。上诉人A公司的委托代理人王浩、华晓，被上诉人B公司的委托代理人巩某某，原审第三人C银行的委托代理人肖某某到庭参加诉讼。本案现已审理终结。

原审法院经审理查明，2007年1月8日，A公司与B公司签订建设工程施工《协议书》，A公司将位于D市××区某某项目总包工程发包给B公司。合同总价188902623.10元。合同工期约定为：区域甲第1阶段由开工日起计180日历天内，即完工日为2007年5月25日，第2阶段由开工日起计405日历天内，即完工日为2008年1月5日；区域乙（区域乙之完工须包括区域丙之地下室及其顶板工程）由开工日起计280日历天内，即完工日为2007年9月2日；区域丙由开工日起计405日历天内，即完工日为2008年1月5日；区域丁由发包方/建筑师于区域丙完工前另行通知的开工日起计120日历天内。合同第31条“履约保证书”条款约定，总承包方须获得一保险公司或银行（担保人）的不可撤销的履约保证书，按合同条件、附录所列的金额共同及分别向发包方保证总承包方会正确地履行本合同。该保险公司或银行的履约保证书的内容须经发包方批准，而获得履约保证书的费用由总承包方负责。获批准的履约保证书须交由发包方保管。附带条件为在总承包方提交有效及审批认可的履约保证书前，发包方可以从应支付或将支付与总承包方的款项中全数扣除履约保证书的金额后才予以支付。当竣工证书按本合同条件15发出时，上述的保险公司或银行可解除履约保证责任。若本工程的部分按本合同条件16（b）视作实际完工，则履约保证书的金额可随发包方的决定而减低。合同附录载明的履约保证书金额为1889万元。

上述协议签订之前，B公司于2006年12月11日向C银行出具《关于开具银行履约保函/备用信用证的申请书》，向C银行申请按B公司提供的要素及所附格式开出履约银行保函/备用信用证，其中合同总金额为188902623.10元；保函/备用信用证金额为18890000元，占总金额的10%；受益人为A公司；有效期为无固定期限（约2008年8月5日止）。B公司向C银行主要承诺：贵行有权按照贵行的有关规定开出保函/备用信用证，或报请贵行的上级机构代为开出保函/备用信用证。我司保证承担保函/备用信用证项下的一切风险，同意贵行按国际惯例及国家有关法规以及贵行的有关规定办理保函/备用信用证项下的一切事宜，并确认贵行是根据我司要求，按照我司同意接受并承担相应风险的保函/备用信用证格式开出，如保函/备用信用证受益人提出符合保函/备用信用证条款的索赔时，我司保证在接到你行通知后三日内办理付款手续，否则，贵行可直接借记我司的任何账户办理支付，如因我司不能及时支付致使贵行发生垫付，则贵行可根据上述反担保措施落实对我司该保函项下索赔的权利。同时贵行有权要求我司将未到期偿还/支付的款项提前全部存入贵行，由贵行监控按时偿还/支付或提前偿还/支付，我司将不提任何异议。我司绝不以合同执行情况或一切事实背景为依据拒绝偿付，并放弃一切抗辩及追索的权利。

同日，B公司向C银行出具《承诺书》，内容为：我局现在贵行申请办理D

市某某项目总包工程及××商住发展项目的1B期总包工程的银行履约保函，业主为A公司，保函金额分别为人民币壹仟捌佰捌拾玖万元和人民币壹仟伍佰柒拾玖万叁仟元。保函见索即付风险我单位已经知晓，由于业主要求的保函格式为无固定期限保函，我恳请贵行按照业主要求格式办理。针对保函条款要求，我在此承诺如发生业主索赔事项，我将在7天内筹集好上述款项交至贵行，由此引起的一切经济纠纷由我承担，上述保函原件退回贵行后保函方失效。

2006年12月13日，B公司作为总承包方与担保人C银行签署编号为×××号的《履约保证书》，鉴于发包方A公司对总承包方的委托，总承包方与担保人向发包方作如下的保证：1. 总承包方会正确地履行和遵守合同中根据其真正目的、意图和含义需由总承包方履行和遵守的条件和规定。2. 如果总承包方违约时，担保人需向发包方赔偿因此而蒙受的损失，直至赔偿额达到人民币壹仟捌佰捌拾玖万元后，此履约保证书的责任才可解除。3. 发包方与总承包方双方同意对合同条件的更改，或工程的范围或性质的更改，和发包方按合同所宽限的时间，或发包方对合同有关事物的任何认可忍让皆不会将担保人的责任解除。4. 当工程"竣工证书"发出或赔偿额达到上述第2条所述之限额时，此履约保证书的责任才告终止。5. 此履约保证书对总承包方及担保人双方本身、其继任人及受让人均共同和分别地有不可撤销的约束力。B公司在上述《履约保证书》签署后将其提交给了A公司。

2009年9月15日，A公司作为甲方与乙方B公司签订《解除合同协议》，双方经过友好协商就A公司某某总包工程之合同决算金额及退场事宜达成一致意见：一、甲乙双方同意上述合同决算金额为人民币153570858.56元。二、乙方同意全面退场并完成移交手续。退场于本协议签订之日起十日内完成，将其所有设备、临时设施（不包括临时道路及工地围墙）、物品及工作人员（包括并不限于乙方直接雇用的人员及乙方分包商雇用的人员）撤离完毕，且移交工地的管理权于甲方及/或甲方指定的后续总承包商。三、甲方累计支付金额共151748100元，其余款将于乙方完成退场、各项工程资料移交及完成办理所有手续并将人防合同转移给甲方后七天内支付。四、甲方、乙方须承担因各自原因造成之工期延误的责任，由于工期延误以致双方蒙受的直接损失双方另行协商解决。五、若乙方未能按时全部完成上述相关退场移交事宜，本协议自行终止失效。该《解除合同协议》签订后，B公司和A公司并未就因工期延误以致双方蒙受的直接损失另行协商达成一致。

2012年2月14日，A公司向C银行发出《关于××××号〈履约保证书〉之索款通知》，A公司认为保函约定的担保事由现已发生，根据A公司与B公司之间施工合同要求，区域甲第一及第二阶段的合同完工日应分别为2007年5月25日及2008年1月5日，区域乙、区域丙及区域丁的合同完工日则应分别为2007年9月2日、2008年1月5日及2008年5月2日。自2006年11月27日合同开工日后，B公司的施工进度严重滞后，A公司多次书面督促但B公司并未作出有效改善，B公司持续严重违约，致使合同项下的工程无法按期完工和对外销售，已给A公司造成重大经济损失，损失金额远超过保函项下的担保金额。A公司根据保函第2条规定，通知C银行依据保函赔偿因B公司违约造成的损失共计1889万元。并请C银行收悉函件后尽快按照A公司提供的收款账号履行保函项下的支付义务。

2012年2月17日，C银行将A公司提出的上述索赔通知事项告知了B公司，要求B公司在审核无误后立即办理赔付手续。2012年2月23日，B公司向C银行发出委托函，委托C银行依照后附的《关于××××号〈履约保证书〉之索款通知的回复》样本以C银行的名义回复A公司。

2012年2月24日，C银行向A公司发出《关于××××号〈履约保证书〉之索款通知的回复函》，就索赔通知答复如下：一、我行愿意严格按照《履约保证书》：相关约定和现行法律规定履行保证人责任。二、按照《履约保证书》第2条约定，敬请贵司提供下列文件，以便我行进行相应赔付：1. 违约证明文件（可以是双方签章确认关于B公司工期违约的书面文件或仲裁、司法机构生效的裁判文书）。2. 损失证明文件（可以是双方签章确认关于B公司工期违约而造成贵司经济损失具体金额的书面文件或仲裁、司法机构生效的裁判文书）。三、上述证明文件（原件）各壹份送达我行经审核确认无误，我行即启动相应赔付工作。

2012年3月8日，A公司对C银行的《关于××××号〈履约保证书〉之索款通知的回复函》作出回复，内容是：我司与B公司曾签订《总包工程合同》，在该合同履行过程中，因B公司违约，工期一再延误，致使合同项下的工程无法按期完工和对外销售，给我司造成重大经济损失，该等事实均系客观存在，正是由于我司与B公司就其违约责任涉及的赔偿多次商洽未果，我司依据贵行出具的《履约保证书》向贵行索赔。该保证书第2条约定：“如果总承包方违约时，担保人需向发包方赔偿因此而蒙受的损失……”该约定并未赋予我司向贵行提交相关证明文件的义务，且贵行要求我司提供违约及损失证明文件明显不合情理。贵行明知我司与B公司就赔偿事宜不能达成一致意见，却要求我司提供B公司同意赔偿的证明文件，此举令我司对贵行承担保证责任的诚意存疑。贵行另提出我司须提供生效的裁判文书，证明B公司违约及应赔偿的违约金后，贵行方承担保证责任。表明贵行要求我司直接寻求司法救济，无意履行担保义务，这完全不符合履约保证书的精神，也使履约保证书失去意义。若贵行坚持我司须提交与B公司协商一致的文件或相关生效的裁判文书作为承担保证责任的前置条件，我司将遗憾地视为贵行拒绝履行赔付义务，并保留通过法律途径追究贵行保证责任的权利。

2012年3月14日，C银行致函B公司，告知B公司速办理案涉保函索赔款的自行划账支付手续，如未在2012年3月16日上午之前办理付款手续，则C银行将履行担保责任，最迟于2012年3月16日下午进行对外赔付。B公司收悉此函后未办理自行划账支付手续。

2012年3月19日，C银行向A公司支付了《履约保证书》项下的索赔款项1889万元。A公司于2012年3月23日向C银行作出《履约保证书》索赔的收款说明，告知C银行通过支付业务存欠账户汇出的1889万元已入账收讫，并将《履约保证书》原件予以退还。

B公司得知C银行向A公司支付1889万元并依据双方建立的保证金质押关系将上述等额资金从其账户予以扣划后，于2012年4月6日向原审法院提起本案诉讼。

原审法院认为，B公司与A公司建立施工合同关系后，依据合同约定向A公司提供了其与C银行签署的《履约保证书》，C银行与A公司之间形成担保法律关系。A公司在与B公司解除施工合同关系后，基于《履约保证书》第2条“如果总承包方违约时，担保人需向发包方赔偿因此而蒙受的损失，直至赔偿额达到人民币壹仟捌佰捌拾玖万元后，此履约保证书的责任才可解除”的约定，认为保函约定的担保事由已发生，要求C银行在1889万元保证限额范围内赔偿因B公司违约给其造成的损失。C银行基于担保责任予以支付后，B公司以履约保证书为非见索即付保函，A公司要求C银行支付履约保证金无法律和事实依据为由，提起诉讼，引发本案纠纷。诉讼中，A公司从程序上抗辩，其根据见索即付保函向履约保证人C银行索赔，B公司不是该扣款法律关系项下当事人，根据合同相对性原则，A公司不是本案适格被告。A公司同时从实体上抗辩，B公司在施工过程中存在诸多严重违约行为，给A公司造成的经济损失远远超过履约保证金金额1889万元，其向C银行全额索赔正当合法。根据当事人双方的诉辩意见，本案存在以下争议焦点：一是A公司与B公司之间存在何种法律关系，A公司是否是本案适格被告；二是A公司向C银行提出索赔要求时是否具备了三方约定的条件，该索赔是否具有合法依据。关于双方的法律关系以及A公司诉讼主体资格的问题。根据案件查明的事实可知，虽然B公司与A公司之间建立的是建设工程施工合同关系，但纠纷引发的起因源于A公司依据履约保证书向C银行提出担保索赔，该担保法律关系建立在A公司与B公司存在的建设工程施工合同关系中，C银行基于担保责任向A公司支付争议款项，其实质是代为履行主债务人B公司的支付义务，且事后C银行又依据B公司与之的质押关系直接扣划了B公司同等金额的存款，故基于索赔请求发生的支付行为所产生的法律效力及于B公司，B公司可以据此对上述索赔支付行为提出异议并以不当得利为由向A公司提出返还主张，A公司是本案适格被告，原审法院对此予以确认。根据双方的诉辩意见内容，本案争议不是建设工程施工合同纠纷，也不是保证合同纠纷，而是审查B公司诉请A公司索赔获取的争议款项是否应予返还的不当得利纠纷。

关于A公司向C银行提出索赔要求时是否具备了三方约定的条件，该索赔是否具有合法依据的问题。本案中，A公司依据B公司与C银行签署的履约保证书第2条的约定向保证人进行索赔。在索赔过程中，A公司和B公司对履约保证书是否属见索即付性质产生严重分歧，A公司认为履约保证书是见索即付保函，C银行应在保函约定的担保事由发生后按约承担支付责任，而B公司则认为履约保证书是非见索即付保函，保证金应在双方认可或生效文书确认的前提下才可支付。原审法院认为，见索即付保函系指银行、保险公司、其他机构或者个人以书面形式出具的担保书、保证书或其他付款承诺，不论其名称或描述如何，规定在收到符合承诺条款的书面付款要求以及保函可能规定的其他单据（例如，由建筑师或者工程师出具的证明书、判决或仲裁裁决）时即予以付款。就其性质而言，保函与可能作为其基础的合同或者投标条件是相互独立的交易，保函项下担保人的义务是在收到表面上与保函条款相一致的书面付款要求及保函所规定的其他文件后支付保函所规定的金额。本案中，履约保证书第2条约定“如果总承包方违约时，担保人需向发包方赔偿因此而蒙受的损失，直至赔偿额达到人民币壹仟捌佰捌拾玖万元后，此履约保证书的责任才可解除”，协议内容对款项赔付是否属见索即付性质约定不明，但明确约定有担保人承担担保责任的前提即“如果总承包方违约时”，故A公司提出索赔要求，应提供总承包方违约事实以及损失数额的基础证据。根据索赔中各方的往来函件内容可知，A公司提出索赔要求时并未提供违约证明文件和损失证明文件，其获取争议款项不符合履约保证书的约定，没有合法依据，C银行承担担保责任的条件不成就，A公司获取争议款项的行为，构成不当得利，根据《中华人民共和国民法通则》第九十二条“没有合法根据，取得不当利益，造成他人损失的，应当将取得的不当利益返还受损失的人”的规定，其索赔获取的争议款项1889万元应当返还给B公司。诉讼中，虽然A公司就B公司工期延误、存在工程质量缺陷、项目经理缺乏法定资质等违约行为以及造成财产损失等提供了相应证据并据此予以抗辩，但违约事实是否成立和损失具体数额均处于待定状态，是否符合履约保证书约定的启动赔付条件并获取赔付款项，宜通过独立的诉请予以明确。由于A公司和B公司在解除施工合同关系后未就工期延误以及蒙受的直接损失协商达成一致，A公司现阶段以B公司违约并给其造成损失为由要求保证人C银行按履约保证书支付赔付款项的事实依据不足，其获取的争议款项应依法予以返还。B公司诉请主张的资金占用利息损失，予以支持，A公司在返还争议款项1889万元的同时应向B公司支付该款从扣划之日即2012年3月19日起至实际付清之日止的资金占用利息损失。

综上，B公司的诉讼请求成立，予以支持。依照《中华人民共和国民法通则》第九十二条，《中华人民共和国民事诉讼法》第一百三十四条第一款，第一百四十二条，第一百四十八条第一、二、三款之规定，判决如下：一、A公司应于本判决生效后七日内返还B公司1889万元；二、A公司应于本判决生效后七日内支付B公司1889万元的资金占用利息损失（从2012年3月19日起按中国人民银行同期贷款利率计算至付清本金之日止）。案件受理费135140元，由A公司负担。

上诉人A公司上诉称：1. 原判将争议的法律关系认定为不当得利，对基础法律关系中建设施工合同谁违约未审理属于事实认定不清。2. 原审法院将建设施工合同的法律关系认定为不当得利后未依法行使释明权，属于程序违法。3. 未认定保函为见索即付应予纠正。上诉请求：1. 撤销原判，改判驳回B公司全部诉讼请求。2. 诉讼费全部由B公司承担。

被上诉人B公司辩称：原判事实清楚，应予维持。

原审第三人C银行认为，双方当事人的争议不是因自己的原因造成的，与自己无关。

本案的争议点：A公司是否构成不当得利。

经二审审理查明，上诉人A公司与被上诉人B公司及原审第三人C银行均对原判查明的事实没有异议，本院予以确认。

本院认为，C银行作为保证人向A公司出具了银行保函，该保函没有违反法律、行政法规的强制性规定，符合国家的金融法规的相关规定，合法有效。A公司与B公司并没有合意对保函进行变更或者解除。依据B公司于2006年12月11日向C银行出具的《关于开具银行履约保函/备用信用证的申请书》第一条“我司保证承担保函/备用信用证项下的一切风险，同意贵行按国际惯例及国家有关法规以及贵行的有关规定办理保函/备用信用证项下的一切事宜，并确认贵行是根据我司要求，按照我司同意接受并承担相应风险的保函/备用信用证格式开出，如保函/备用信用证受益人提出符合保函/备用信用证条款的索赔时，我司保证在接到你行通知后三日内办理付款手续，否则，贵行可直接借记我司的任何账户办理支付，如因我司不能及时支付致使贵行发生垫付，则贵行可根据上述反担保措施落实对我司该保函项下索赔的权利。同时贵行有权要求我司将未到期偿还/支付的款项提前全部存入贵行，由贵行监控按时偿还/支付或提前偿还/支付，我司将不提任何异议。我司决不以合同执行情况或一切事实背景为依据拒绝偿付，并放弃一切抗辩及追索的权利”，以及《承诺书》“保函见索即付风险我单位已经知晓”，还有B公司与C银行于2006年12月13日签署的编号为××××号的《履约保证书》第5条“此履约保证书对总承包方及担保人双方本身、其继任人及受让人均共同和分别地有不可撤销的约束力”的内容，C银行为B公司提供的担保关系属于脱离基础法律关系的独立担保关系，案涉银行保函是不可撤销的、见索即付的独立保函。

见索即付的独立保函系指银行、保险公司、其他机构或者个人以书面形式出具的担保书、保证书或其他付款承诺，不论其名称或描述如何，规定在收到符合承诺条款的书面付款要求以及保函可能规定的其他单据（例如，由建筑师或者工程师出具的证明书、判决或仲裁裁决）时即予以付款。就其性质而言，保函与可能作为其基础的合同或者投标条件是相互独立的交易，保函项下担保人的义务是在收到表面上与保函条款相一致的书面付款要求及保函所规定的其他文件后支付保函所规定的金额。

案涉履约保证书是见索即付的独立保函，出具保函的银行在收到符合承诺条款的书面付款要求时，予以支付保函所规定的金额。根据查明的事实，A公司依据保函向C银行提出了索赔请求，C银行依据保函约定承担支付义务，事实依据和法律依据均是充分的。B公司亦未对C银行的行为提出异议，该行为并无不当。A公司上诉认为案涉保函是见索即付的主张，依据充分。A公司依据有效的银行保函取得案涉金额，具有合法依据。依据《中华人民共和国民法通则》第九十二条“没有合法根据，取得不当利益，造成他人损失的，应当将取得的不当利益返还受损失的人”的规定，A公司不构成不当得利。B公司认为A公司取得C银行支付履约保证金的行为构成不当得利的理由不能成立，其诉讼请求应予驳回。原审判决支持B公司的诉讼主张不当，本院予以纠正。B公司因案涉建设施工合同产生的纠纷可以依据双方当事人《解除合同协议》的约定另行处理。

综上，A 公司上诉主张其取得保函约定履约保证金具有合法依据的理由成立，本院予以支持。原审判决适用法律错误，本院予以纠正。依照《中华人民共和国民事诉讼法》第一百七十条第一款第（二）项的规定，判决如下：

一、撤销四川省成都市中级人民法院（2012）成民初字第 821 号民事判决；

二、驳回 B 公司的诉讼请求。

一、二审案件受理费各 135140 元，共计 270280 元，由 B 公司负担。

本判决为终审判决

【案件总结】

本案是一个比较典型的不当得利纠纷案件，双方争议焦点就是 A 公司获得银行保函赔付金额 1889 万元是否正当合法，是否构成不当得利。针对这一核心问题，一、二审法院作出了完全相反的判决认定，何以如此？值得研究。

要回答这个问题，就要从事实和法律两个层面来讲。

从事实层面，虽然一、二审查明的大部分事实相差不大，但对 A 公司有利的关键事实，一审法院则采用“选择性查明”的方式，即对 A 公司有利的不查少查，对 A 公司不利的大查特查，因此遗漏了不少重要证据，大量证据未出现在一审判决书当中。其中主要有两部分，一部分是一审 C 银行提交的证明本案履约保函“见索即付”性质的材料，如 C 银行证据编号 2 - 3 的《履约保证书格式样本》；另一部分就是一审 A 公司提交的大量证明 B 公司违约及造成损失的证据，具体指 A 公司提交的从编号 5—编号 35 的大量证据，均未载入判决书。这样就人为造成所谓的“保函是否见索即付约定不明”的感觉，而实际上 B 公司在提交 C 银行的资料中对保函见索即付性质是清楚无误的知晓且同意的。在一审 C 银行提交的证据材料中，证据编号为 2 - 1《关于开具银行履约保函/备用信用证的申请书》的文件中，B 公司明确表示“同意贵行按国际惯例及国家有关规定以及贵行有关规定办理保函/信用证项下的一切事宜”。前述国际惯例并非是空洞的，而是指《国际商会见索即付保函统一规则》（URDG. 458），该规则的 b 项指出：“担保人的义务是在收到表面上与保函条款相一致的书面付款要求及保函所规定的其他文件后支付保函所规定的金额”，而本案保函并未规定须提交“其他文件”。证据编号为2-2的B公司出具的《承诺书》载明：“保函见索即付风险我单位已经知晓……由此引起的一切经济纠纷由我局承担，上述保函原件退回贵行后保函方失效。”证据编号为2-3的B公司盖章确认的《履约保证书格式样本》中特别手写注明：“以上格式已由我单位确认无误，见索即付的风险我单位已经知晓，由此导致的一切责任概由我单位承担。”B公司多次这样的书面表态，非常清楚无误地明确了本案《履约保证书》的见索即付性质，不容B公司狡赖。

二审能够成功改判，很大程度上就依赖于代理律师提请法院对事实部分的全面查明，在此基础上再正确适用法律。

第一，关于《履约保证书》是否已变更或解除的问题。B公司认为《履约保证书》仅为双方施工合同项下的担保条款，应当随着主合同的解除而终止履行。《最高人民法院关于适用〈中华人民共和国担保法〉若干问题的解释》第十条规定：“主合同解除后，担保人对债务人应当承担的民事责任仍应承担担保责任。但是，担保合同另有约定的除外。”2006年12月13日，C银行应B公司申请向A公司出具《履约保证书》，第五条约定：“此履约保证书对总承包方及担保人双方本身、其继任人及受让人均共同和分别地有不可撤销的约束力。”2009年9月15日，B公司与A公司签订的《解除合同协议》，对担保事宜亦未作任何说明。综上，B公司的该项理由不能成立。

第二，C银行支付A公司1889万元是否有合法根据。2006年12月11日，B公司向C银行出具《关于开具银行履约保函/备用信用证的申请书》，要求C银行“按照国际惯例及国家有关法规以及贵行的有关规定办理保函/备用信用证项下的一切事宜”，并承诺“我司绝不以合同执行情况或一切事实背景为依据拒绝偿付，并放弃一切抗辩及追索的权利”。同日，B公司还向C银行出具《承诺函》，表明“保函见索即付风险我单位已经知晓”等。据此，C银行向A公司开具涉案《履约保证书》。2012年2月16日，A公司向C银行发出索款通知后，C银行书面通知了B公司，B公司仅向C银行发出委托函，C银行根据该委托回复并要求A公司提供相关文件。A公司回复C银行，认为要求其提交与B公司协商一致的文件或相关生效裁判文书作为承担保证责任的前置条件，是不符合《履约保证书》约定的。后C银行致函B公司，告知其速办理案涉保函索赔款的自行划账支付手续。B公司未再提出异议。综上，B公司认为A公司取得履约保证金没有合法依据的主张不能成立。

第三，关于二审判决适用法律是否正确的问题。二审判决认定C银行为B公司提供的担保属于独立担保关系，案涉银行保函是不可撤销的、见索即付的独立保函。我国有关担保的相关法律虽未对独立保函作出专项规定，但根据《中华人民共和国担保法》（以下简称《担保法》）第五条第一款关于“担保合同是主合同的从合同，主合同无效，担保合同无效。担保合同另有约定的，按照约定”的规定，双方约定的独立担保关系成立并生效，A公司取得独立保函项下钱款具有合同依据，因此不属于《中华人民共和国民法通则》第九十二条规定的情形，不构成不当得利，二审适用法律正确。

另，2009年9月15日B公司与A公司签订的《解除合同协议》解除了双方的建设工程施工合同，并约定：“甲方、乙方须承担因各自原因造成之工期延误责任，由于工期延误以致双方蒙受的直接损失双方另行协商解决”。本案实质是因双方未能及时对各自违约责任及损失协商一致而形成的纠纷。双方可对各自责任及损失继续梳理，然后与本案保函项下已支付的担保数额一并清算，实体上也不会存在A公司不当得利的情形。事实上后续清算索赔诉讼也是由本案代理律师代理，事实证明也的确如此。

本律师有幸作为本案A公司的一、二审代理人，一审败诉、二审胜诉，的确有可以总结的经验教训和成功心得。一审代理意见着重强调被告诉讼主体适格问题和B公司实体违约事实查明的问题，对保函本身独立性质强调、查明不够；二审及时调整代理思路，举证查明一审法院遗漏重要事实，突出本案保函“见索即付”之独立担保性质，继而成功改判。

代理律师建议，经济活动特别是建筑施工领域银行保函的出具，一定要在保函中清楚注明“见索即付”或“非见索即付”字样，或对索赔是否需要提供其他前置材料作出明确约定，不留下任何模棱两可的空间。

【承办律师简介】

王浩律师本科毕业于西南政法大学经济法系，后于西南财经大学获得法律硕士学位。

先后在太极集团和高新发展两家上市公司从事法务工作，自2001年起从事专职律师工作，2005年在四川恒成律师事务所任合伙人，2014年至今任北京炜衡（成都）律师事务所高级合伙人，成都市政府PPP中心专家、成都市律协房地产专业委员会委员、成都市律协战略发展委员会委员、深圳市成都商会理事。从事专职律师工作以来，先后承办了上千起各类法律事务案件，服务的房地产类客户主要有和记黄埔地产（成都）有限公司、和记黄埔地产（成都）温江有限公司、中建三局西部投资有限公司、华能西藏雅鲁藏布江水电开发投资有限公司、成都倍特建筑安装工程有限公司、浙江鸿翔建设集团股份有限公司、中冶建工集团有限公司四川租赁分公司等。2015年后特别专注于研究PPP业务并参与不少PPP法律服务实践案例，深入介入项目识别、项目准备、项目采购、项目执行等各阶段，先后担任成都地铁有限责任公司IT大道有轨电车PPP项目和都江堰有轨电车PPP项目专项法律咨询顾问、成都兴蓉集团李家岩水库PPP项目物有所值专家评审，为雅安市名山区政府及其各相关部门作PPP法律知识专题讲座，为成都市国资委所属单位提供各类型PPP法律专业服务。

擅长处理房地产与建筑工程、高端商务诉讼、PPP法务等领域的诉讼及有关非诉业务。

华晓律师毕业于扬州大学建工学院，建筑工程工学士，中国政法大学法学院双学士。

1998年至2001年在无锡二建建设集团公司、2003年至2005年在中海发展（北京）有限公司从事法律工作，2008年至2014年在四川恒成律师事务所从事专职律师工作，2014

年至今在北京炜衡（成都）律师事务所任一级合伙人。先后为和记黄埔地产成都有限公司、成都华盛集团发展有限公司、上实置地有限公司、恩威投资集团有限公司、中国长城资产管理公司成都办事处、中国联通四川分公司、中国烟草总公司四川省公司、四川省江洪建筑有限公司、四川九鼎珠宝有限公司等提供法律顾问、诉讼及非诉服务。

擅长处理企业兼并、资产重组、房地产建设工程法律事务等领域的非诉及诉讼业务。

房地产公司的楼盘名称侵犯他人商标专用权的责任认定及损失赔偿[①]

——北京A公司诉北京B公司侵犯商标专用权纠纷案

北京市炜衡律师事务所　李君律师

【争议焦点】

◆ *B公司使用“紫玉公馆”“海润紫玉公馆”名称是否侵害A公司“紫玉”商标的专用权?*

◆ *若B公司侵犯了A公司的商标专用权,B公司应承担何种民事责任?*

【关键词】

楼盘名称　侵犯商标专用权　法定赔偿额

【案情简介】

A公司是位于北京的一家房地产开发公司,“紫玉”以及“PJY紫玉山庄”是A公司的注册商标。“紫玉”文字商标注册号第6839452号,核定使用服务项目为第36类金融评估(保险、银行、不动产)、艺术品估价、商品房销售、不动产管理等,专用权期限自2010年5月7日至2020年5月6日止。“紫玉”注册号第6839453号,核定使用服务项目为第37类建筑信息、建筑、商品房建造、供暖设备的安装和修理、电器设备的安装与修理等,专用权期限自2010年5月7日至2020年5月6日止。“紫玉”注册号第9221376号,核定使用服务项目为第42类

① 案件来源:北京知识产权法院(2015)京知民终字第1878号二审民事判决书。

工程、质量评估、地质勘探、室内装饰设计、建筑项目的开发等，专用权期限自2012年3月21日至2022年3月20日止。A公司开发的“紫玉”系列项目别墅是北京最为著名的别墅之一，在全国范围内拥有极高的知名度，在房地产业内拥有良好的评价及信誉。

2015年，A公司得知北京另一房地产开发公司B公司将其名下开发的房地产项目名称定为“紫玉公馆”“海润紫玉公馆”，并在网站上进行宣传。A公司认为B公司在其开发的房产项目名称上使用“紫玉”二字侵犯了A公司的注册商标专用权。

因此，A公司于2015年3月9日向B公司发送律师函要求B公司停止侵权行为，但B公司在收到律师函后仍未停止侵权行为。

2015年5月，A公司以侵犯商标权为由将B公司起诉至北京某基层法院，要求B公司立即停止商标侵权行为、赔偿A公司经济损失人民币300万元以及合理支出三千余元、在全国发行的报纸上赔礼道歉、承担本案诉讼费用。一审法院审理认为B公司使用A公司的“紫玉”商标侵犯了A公司的注册商标专用权，B公司应当对其侵权行为承担相应的法律责任，但一审法院认为A公司提出的赔偿请求额过高，仅判决B公司赔偿A公司100万元。A公司不服一审判决，上诉至北京市知识产权人民法院。

北京市知识产权人民法院审理后认为，在适用《中华人民共和国商标法》（以下简称《商标法》）第六十三条第三款确定赔偿数额时，应当考虑涉案商标的显著性与声誉、不动产商标的特殊性、侵权行为的性质及持续时间、侵权行为的地域等因素综合确定。在《商标法》第六十三条第三款规定的权利人的损失及侵权人的获利难以确定的情况下，还应当将涉案商品的市场价值作为确定侵权赔偿数额的重要因素并予以充分考虑。2016年12月，北京市知识产权人民法院二审改判B公司赔偿A公司经济损失300万元及合理开支三千余元，并支持了A公司全部的诉讼请求。

【诉讼策略】

一、诉讼策略与核心代理意见

（一）诉讼策略一：诉前及时固定证据，为诉讼请求提供有力依据

诉讼前，为有效固定证据，代理律师协助A公司对B公司的侵权楼盘信息进行了网页公证，并申请公证处对B公司售楼处的取证过程进行了证据保全；为查明B公司侵权的主观态度，本案代理律师还向B公司发送了《律师函》，要求B公司停止侵权。为证明A公司“紫玉”商标的知名度，代理律师及时联系A公司，调取了A公司从成立至诉讼前所获得的一系列荣誉证书及媒体对“紫玉”系列房地产项目进行报道的证据。对上述证据的有效固定和收集成为法院支持我方诉讼请求的有力客观依据。

（二）诉讼策略二：诉中充分证明侵权事实成立，为诉请法定最高赔偿额奠定基础

1. B公司使用“紫玉公馆”“海润紫玉公馆”作为楼盘名称是商标性使用。

根据《商标法》第四十八条规定，判断侵权楼盘名称是否为商标性使用，主要需要证明该楼盘名称是否用于广告宣传或商品交易文书上等被用来识别商品来源。从我方诉前固定的证据可以看出，B公司的楼盘海报、宣传手册上均载有“紫玉公馆”“海润紫玉公馆”文字标识，而且突出使用“紫玉”二字。因此B公司使用该楼盘名称的情形应属于商标性使用。

2. B公司使用“紫玉公馆”“海润紫玉公馆”作为楼盘名称侵害了A公司享有的“紫玉”注册商标专用权。

（1）侵权楼盘名称与权利人享有的“紫玉”注册商标相同或类似。

B公司将其开发的房地产项目楼盘命名为“紫玉公馆”“海润紫玉公馆”，其中“紫玉”二字与A公司享有的“紫玉”注册商标在读音、构造、字义等方面完全相同。“紫玉”二字非一般的通用词汇，显著性较高，而“公馆”二字属于特指房屋的通用词汇，显著性不强，因此B公司使用“紫玉公馆”“海润紫玉公馆”作为楼盘名称，其显著性在“紫玉”二字。由此可知侵权楼盘名称“紫玉公馆”

“海润紫玉公馆”与A公司享有的“紫玉”注册商标构成类似。

（2）侵权楼盘名称所属房地产项目与权利人享有的“紫玉”注册商标所核定使用的服务项目相同或类似。

B公司与A公司同为专业的房地产开发公司，均通过开发房地产并销售相应楼盘获得利润，侵权楼盘所属房地产项目与“紫玉”注册商标核定使用的服务范围，在商品房销售、建筑、商品房建造、建筑项目开发等领域范围内，在功能用途、消费对象等方面联系密切，应当认定为商品与服务之间存在特定联系，B公司的行为构成在相同或近似商品上使用与注册商标近似的商标。

（3）侵权楼盘名称所属房地产项目容易导致相关公众混淆误认。

通过我方提交的A公司从成立至诉讼前获得的一系列荣誉证书及媒体对“紫玉”系列房地产项目进行报道的证据，可以证明A公司所开发楼盘在北京市范围内享有较高的知名度与广泛的公众认可度。同时，我方还通过指出A公司使用“紫玉”商标的时间以及“紫玉”商标通过A公司的使用所积累的商誉、所代表的优良服务质量（参与的公共活动、媒体报道），充分论证了侵权楼盘名称极易引起相关公众的混淆误认。

（三）诉讼策略三：多角度论证侵权损害赔偿额的提出依据

在本案中，由于A公司并未收集到B公司因侵权而获益、A公司因侵权而受到损失的直接证据，因此在确定本案的赔偿额时，代理律师向合议庭提出：由于涉案侵权楼盘与“紫玉”注册商标核定使用的服务项目均指向不动产，利润空间较大，因此本案赔偿额的确定除应当考虑《最高人民法院关于审理商标民事纠纷案件适用法律若干问题的解释》第十六条第二款规定外，还应当考虑涉案商品的市场价值，侵权赔偿数额应与涉案侵权商品的市场价值相对应。

1. B公司及其开发的侵权楼盘与A公司及“紫玉”系列房地产项目同属北京地区，“紫玉”注册商标在北京地区具有较高的知名度与显著性。

我方向法庭提交了“紫玉”品牌房产历年获得的荣誉证书及媒体报道文件，包括“紫玉”品牌房产获得的最佳社区景观楼盘、2003年北京十大首席别墅、最具投资潜力推荐楼盘、首都绿化美化花园式单位、改变城市·影响中国十大典范别墅、2006 年中国北京典型别墅指数样本项目、国际居住建筑艺术社区生态环境金奖等多种奖项，以此证明“紫玉”注册商标在北京地区的知名度及显著性。

2. 不动产的依附性较强，“紫玉”注册商标通过 A 公司多年使用已成为 A 公司的无形资产，“紫玉”承载着 A 公司在房地产业内拥有的较好商誉及良好的服务质量。

A 公司在 1993 年就已经成立，为打造“紫玉”品牌，A 公司每年在该品牌房产环境建设方面均投入巨额资金，从项目开发之初至今已付出数亿元才营造出目前的优美环境，获得诸多荣誉和社会公众的广泛认可。现如今，“紫玉”商标已经成为 A 公司所开发的高端房地产代表，“紫玉”作为 A 公司字号名称，亦标志着 A 公司所开发房地产项目产品和服务的质量。

3. B 公司侵权主观恶意明显。

起诉前，代理律师已经代理 A 公司向 B 公司发送《律师函》要求其停止使用涉案侵权楼盘中的“紫玉”名称，然而 B 公司在收到《律师函》后仍然使用涉案侵权楼盘名称，由此可见 B 公司存在侵权故意且主观恶意明显。

4. 房地产项目价值巨大，开发商盈利空间较大。

侵权楼盘获益数额：我方通过统计侵权楼盘的项目总面积、均价，计算出 B 公司的侵权楼盘销售收入约人民币 7.8 亿元。

对比侵权楼盘附近楼盘销售价格：通过对比侵权楼盘与侵权楼盘附近楼盘的销售价格发现，侵权楼盘的销售均价明显高于附近楼盘。因此可知 B 公司销售侵权楼盘获益数额巨大。

5. 国家提高商标侵权赔偿金额，不但可以保护知识产权人的合法权益，亦可以起到遏制市场不正当竞争、促进创新的效果。

二、主要裁判观点

法院在认定 B 公司侵权以及赔偿数额方面充分认可了代理律师的代理意见。

（一）商标是否构成近似及是否会导致相关公众混淆

二审法院认为，A 公司在北京的“紫玉山庄”项目实际上已经成为高端房地产项目的代表，因此可以认定 A 公司的涉案商标具有较高的知名度。第 7639 号公证书显示，B公司将“紫玉公馆”“海润紫玉公馆”作为涉案楼盘的名称并在售楼处、楼盘围挡、宣传资料等处进行突出使用，意图在于体现该楼盘与其他楼盘的区别性，“紫玉公馆”“海润紫玉公馆”作为楼盘名称，在事实上起到了楼盘的识别作用，实质上也属于一种商业标识。该商业标识中的“公馆”为楼盘的一般用语，故其显著的识别部分在于“紫玉”“海润紫玉”，此与A公司涉案商标的显著识别、认读部分“紫玉”在文字构成、读音等方面非常接近，相互之间亦不存在可明显区分的含义。B公司使用“紫玉公馆”与“海润紫玉公馆”作为涉案楼盘名称的行为易使相关公众认为涉案楼盘与A公司存在一定的关联，从而使相关公众在购买时产生混淆误认。

（二）赔偿数额如何确定

二审法院认为，在适用《商标法》第六十三条第三款①确定赔偿数额时，应当考虑涉案商标的显著性与声誉、不动产商标的特殊性、侵权行为的性质及持续时间、侵权行为的地域等因素综合确定。具体到本案而言：（1）如上述分析，A公司涉案商标具有较高的显著性与知名度。（2）不动产商标具有一定的特殊性。（3）B公司的侵权恶意明显。除合议庭已经确定的上述考量因素外，在《商标法》第六十三条第三款规定的权利人的损失及侵权人的获利难以确定的情况下，还应当将涉案商品的市场价值作为确定侵权赔偿数额的重要因素并予以充分考虑，侵权赔偿的数额应当与涉案商品的市场价值相对应。

首先，A公司的涉案商标实际使用的项目与B公司的涉案楼盘均指向商品房，市场价值巨大，在建造成本相对稳定而商品房价格较高的情况下，开发商的利润空间相对较大。

其次，将涉案商品的市场价值纳入确定赔偿数额的考虑因素，也会使得侵权成本提高，从而达到有效防止侵权、制止侵权行为、保护权利人的合法权益的效果。综合审判委员会的评议及合议庭考虑的上述因素，二审法院认为，一审法院判决B公司赔偿A公司经济损失及合理开支100万元的数额过低，A公司关于B

① 《商标法》第六十三条第三款已于2019年4月23日进行了修改。

公司应当赔偿其经济损失300万元及其为制止侵权行为支出的公证费与照片冲洗费3770元的上诉主张具有合理的事实依据及法律依据，予以支持。

【代理词】

北京市炜衡律师事务所关于代理A公司诉B公司侵犯商标专用权纠纷案的二审代理词

尊敬的合议庭：

北京市炜衡律师事务所接受A公司的委托，指派李君律师作为其在本案的代理人参加庭审。经过庭前详细了解案情、核实相关证据，代理律师对本案有了全面的把握，现结合事实与法律，发表以下代理意见，请法庭予以参考并采纳：

一、A公司是“紫玉”系列注册商标的专用权人，对其注册商标享有专用权。

A公司经国家工商总局商标局的核准，依法取得了“紫玉”［商标注册号第6839452号，核定服务项目第36类］、［商标注册号6839453号，核定服务项目第37类］、［商标注册号9221376号，核定服务项目第42类］，“PJV紫玉山庄”［商标注册号第5980086号，核定服务项目第37类］、［商标注册号第5980087号，核定服务项目第36类］；“purple Jade”［商标注册号第6960172号，核定服务项目第36类］、［商标注册号第6960173号，核定服务项目第37类］、［商标注册号第9221371号，核定服务项目第42类］的专用权，A公司是上述商标的专用权人。

根据我国《商标法》第三条第一款的规定：“经商标局核准注册的商标为注册商标，包括商品商标、服务商标和集体商标、证明商标；商标注册人享有商标专用权，受法律保护。”A公司作为上述商标合法的专用权人，依法享有商标专用权。

二、A公司及其“紫玉”系列注册商标历史悠久，享有极高的知名度、美誉度及商誉，并多次经国内外媒体广泛报道，社会公众认可，市场价值巨大。

1. A公司及其“紫玉”系列注册商标历史悠久，在中国大陆地区存续及使用超过20年。

A 公司成立于 1993 年，是北京市政府第一次赴港招商引进的最大的台资企业。1996 年 7 月起首次对“紫玉”系列商标提交注册申请，成功注册并持续使用至今。

历经二十年时光，以数十亿元的资金投入，“紫玉”系列注册商标已经被 A 公司打造成为世界知名的绿色产业品牌，在国内外享有极高的知名度、美誉度及商誉。此外，北京“紫玉山庄”项目附近的市政道路亦以“紫玉”命名，A 公司的营业地址即为“北京市朝阳区紫玉东路 1 号”，“紫玉”系列注册商标的分量举足轻重。

2. A 公司及其“紫玉”商标享有极高的知名度，并多次经国内外媒体广泛报道。

“紫玉山庄”项目先后获得如下众多房地产行业的荣誉：

获得“最佳社区景观楼盘”

获得“2003 年北京十大首席别墅”

获得“最具投资潜力推荐楼盘”

获得“首都绿化美化花园式单位”

获得“改变城市·影响中国十大典范别墅”

获得“2006 年中国北京典型别墅指数样本项目”

获得“国际居住建筑艺术社区生态环境金奖”

三、B 公司未经 A 公司允许，擅自将其开发的房地产项目名称定为“紫玉公馆”“海润紫玉公馆”并通过网络及其他途径宣传，造成混淆，严重侵犯了 A 公司的注册商标专用权。

《商标法》第五十七条第二项规定，“未经商标注册人的许可，在同一种商品上使用与其注册商标近似的商标，或者在类似商品上使用与其注册商标相同或者近似的商标，容易导致混淆的”，属于侵犯注册商标专用权的行为。

1. B 公司开发的房地产项目与“紫玉”“PJV 紫玉山庄 PURPLEJADEVILLAS”注册商标核定使用的服务项目构成类似。

本案中，B 公司开发的涉案房地产项目属于不动产商品房项目，与 A 公司享有专用权的第6839452号“紫玉”注册商标第36类核定服务项目中的商品房销售、不动产管理，第6839453号“紫玉”注册商标第37类核定服务项目中的建筑、商品房建造、建筑信息、室内装潢、供暖设备的安装和修理、电器设备的安装与修理、卫生设备的安装和修理、防盗报警系统的安装与维修，第9221376号“紫玉”注册商标第42类核定服务项目中的工程、建筑项目的开发，以及第5980087号“PJV紫玉山庄PURPLEJADEVILLAS”注册商标第36类核定服务项目中的住所（公寓）、不动产管理、公寓管理，第5980086号“PJV紫玉山庄PURPLEJADEVILLAS”注册商标第37类核定服务项目中的建筑、建筑信息，两者在功能用途、消费对象、销售渠道等方面联系非常密切，应当认定为商品与服务之间构成类似。

2. B公司所使用的涉案名称与A公司的“紫玉”系列注册商标构成近似，容易导致相关公众混淆。

A公司“紫玉”系列注册商标中的显著识别、认读部分“紫玉”非汉语中具有约定俗成含义的日常词汇，作为商标使用在核定服务项目上具有较高的显著性。B公司将其作为涉案楼盘的名称并在宣传时突出使用，事实上起到了楼盘的识别作用，属于一种商业标识，构成商标使用。B公司所开发的涉案侵权楼盘的商业标识中的“公馆”为楼盘的一般用语，故其显著部分在于“紫玉”，此与A公司涉案商标的显著识别、认读部分“紫玉”在文字构成、读音等方面相同，相互之间亦不存在可明显区分的含义。B公司使用涉案名称作为楼盘名称的行为易使相关公众认为涉案楼盘与A公司存在一定的关联，从而使相关公众在购买时产生混淆误认。

3. B公司实施了侵犯A公司商标专用权的行为。

本案中，B公司与A公司同为房地产开发公司，A公司早将其开发的房地产命名为“紫玉山庄”并对其商标进行了注册，享有该商标的专用权。A公司开发的“紫玉山庄”项目在北京市乃至全国范围内都拥有较高的知名度，在房地产业内拥有良好的声誉。B公司未经A公司允许将其开发的房地产项目名称定为“紫玉公馆”“海润紫玉公馆”系未经商标注册人的许可，在同一种商品上使用与其注册商标近似的商标并造成混淆的情形，严重侵犯了A公司的商标专用权，损害了A公司的声誉。

4. B公司实施侵犯A公司商标专用权行为，主观上存在故意。

2015年3月9日，A公司委托律师向B公司发送了律师函要求B公司停止侵权行为，但B公司至今未回复，亦未停止其侵权行为。可见，B公司存在侵犯A公司的商标专用权的故意。

四、B公司侵犯了A公司的商标专用权，且主观上存在故意，因此B公司应当赔偿由此对A公司造成的损失以及A公司为制止该侵权行为所支出的合理费用。

1. A公司的商标"紫玉""紫玉山庄"拥有极高的品牌影响力，A公司开发的"紫玉山庄"别墅项目在国内外享有很高的知名度和美誉度。

我国《商标法》第六十三条规定："侵犯商标专用权的赔偿数额，按照权利人因被侵权所受到的实际损失确定；实际损失难以确定的，可以按照侵权人因侵权所获得的利益确定；权利人的损失或者侵权人获得的利益难以确定的，参照该商标许可使用费的倍数合理确定。对恶意侵犯商标专用权，情节严重的，可以在按照上述方法确定数额的一倍以上三倍以下确定赔偿数额。赔偿数额应当包括权利人为制止侵权行为所支付的合理开支。人民法院为确定赔偿数额，在权利人已经尽力举证，而与侵权行为相关的账簿、资料主要由侵权人掌握的情况下，可以责令侵权人提供与侵权行为相关的账簿、资料；侵权人不提供或者提供虚假的账簿、资料的，人民法院可以参考权利人的主张和提供的证据判定赔偿数额。权利人因被侵权所受到的实际损失、侵权人因侵权所获得的利益、注册商标许可使用费难以确定的，由人民法院根据侵权行为的情节判决给予三百万元以下的赔偿。"

本案中，A公司开发的"紫玉山庄"别墅项目是北京最为著名的别墅之一，在国内外拥有较高的知名度，在房地产行业拥有良好的评价和信誉。为打造该知名品牌，A公司每年在小区环境建设方面均投入巨额资金，从项目开发之初至今已付出数亿元才营造出目前的优美环境，获得了诸多荣誉和社会公众的广泛认可。

2. B公司因"搭便车"的商标侵权行为获利巨大。

B公司使用"紫玉公馆""海润紫玉公馆"为案名的项目总面积为10839.43

平方米，均价为人民币 72000 元/平方米，并已于 2015 年 1 月份正式销售，B 公司可获得销售收入共计人民币约 7.8 亿元；而该项目附近的“嘉慧苑”楼盘的销售价格仅为人民币 25165 元/平方米。由此可见，B 公司因侵犯 A 公司商标专用权而获得的不法利益之数额相当巨大。

3. B 公司在一审、二审中均依然不认可其商标侵权行为。

B 公司在收悉 A 公司委托律师发送的律师函后持续其侵权行为，且在一审、二审中均依然不认可其商标侵权行为。因此，B 公司的行为应属于恶意侵犯商标专用权，情节严重。

4. 国家对侵犯知识产权的行为已着力严惩，改判赔偿人民币 300 万元符合国家保护知识产权的态度和决心。

国务院总理李克强在 2014 年 9 月 10 日至 12 日的夏季达沃斯第八届年会（天津举办）上致辞，表示：“对严重侵犯知识产权的行为，更要依法惩处，包括实行巨额赔偿惩罚，使违法者付出难以承受的代价，为创新助力。”本案一审法院判决 B 公司赔偿 A 公司经济损失及合理开支共计人民币 100 万元，赔偿数额明显偏低，与 A 公司的商标所拥有极高品牌影响力以及 B 公司巨额的侵权获利极不相称。实际上，即使根据《商标法》第六十三条的规定判决 B 公司赔偿 300 万元，也不足以弥补 B 公司对 A 公司商标品牌造成的负面影响；对 B 公司来说，其商标侵权的违法成本相对于侵权获利而言也是微不足道的。

综上，B 公司未经 A 公司允许将其开发的房地产项目命名为“紫玉公馆”“海润紫玉公馆”，与 A 公司的注册商标“紫玉”“PJV 紫玉山庄”“purple Jade”近似，并且与上诉人开发的房地产项目“紫玉山庄”名称近似，容易使消费者误以为“紫玉公馆”“海润紫玉公馆”与 A 公司及其开发楼盘项目存在关联。B 公司上述“搭便车、傍名牌”的行为侵害了 A 公司注册商标专用权，其侵权获利数额非常巨大，并且主观恶意明显、情节严重。一审法院判决 B 公司赔偿 A 公司经济损失及合理开支共计 100 万元，明显与 B 公司获得的不法利益不相称，故 A 公司依法向贵院提出上诉，请求贵院撤销原判决第二项内容，依法改判 B 公司向 A 公司赔偿经济损失人民币 300 万元以及合理支出费用人民币 3770 元。

【生效判决书】

北京知识产权法院民事判决书

（2015）京知民终字第1878号

上诉人A房地产开发有限公司（以下简称A公司）、上诉人B房地产开发有限公司（以下简称B公司）因侵害商标权纠纷一案，不服北京市海淀区人民法院（2015）海民（知）初字第22346号民事判决，于法定期限内向本院提起上诉。本院受理后，依法组成合议庭，于2015年12月29日公开开庭审理了本案，上诉人A公司的委托诉讼代理人龙婧、李君，上诉人B公司的委托诉讼代理人范某刚、翟某到庭参加了诉讼。庭审后，合议庭对于本案涉及的不动产商标侵权赔偿标准的问题存在争议，为规范不动产商标侵权案件赔偿数额确定应予考虑的因素、统一法律适用标准，经主管院长决定，提交本院审判委员会讨论决定。2016年8月12日，审判委员会到会委员宿某、陈某川、宋某水、杜某辉、姜某、张某津、张某霞根据A公司与B公司的诉辩意见及相关证据材料进行了书面审查、讨论，并最终形成决定。本案现已审理终结。

A公司上诉请求：依法改判B公司赔偿A公司经济损失300万元及合理开支3770元，并由B公司承担本案一审、二审的全部诉讼费用。事实和理由：B公司未经A公司许可将其在北京市海淀区北洼路西里23号院开发的房地产项目（以下简称涉案楼盘）命名为“紫玉公馆”“海润紫玉公馆”，与A公司的“紫玉”“PJY紫玉山庄”和“Purple Jade”注册商标构成近似，并与A公司开发项目“紫玉山庄”名称近似，系搭便车、傍名牌行为，致使消费者误认为是A公司开发的项目，并借此获得巨额不法侵权利益。一审法院判决B公司赔偿A公司经济损失和合理开支100万元，赔偿数额明显偏低，与B公司的巨额侵权获利不相称。

B公司上诉请求：撤销一审判决，驳回A公司的全部诉讼请求，并由A公司承担一审、二审的全部诉讼费用。事实和理由：“海润紫玉公馆”与A公司的注册商标有明显区别，不构成近似。B公司使用“海润紫玉公馆”无主观恶意，不存在借助A公司的商标获取利益的情形。“海润紫玉”是一个整体观念，不能人为割裂出“紫玉”二字。“紫玉”是对项目地理位置的反映，且商品房属于价值巨大的商品，消费者会投入更多的注意力，B公司无任何明示或暗示与A公司及其商标存在关联，一审法院认定B公司使用“海润紫玉公馆”导致与A公司商标混淆，存在错误。在A公司主张的B公司侵害其商标权的期间，B公司仅销售了部分商品房，而且，A公司没有证据证明B公司使用“海润紫玉公馆”项目案名对其造成损失，更没有证据证明B公司使用该案名获取了额外利益，故关于赔偿损失的请求缺乏依据，不应予以支持。B公司使用“海润紫玉公馆”案名并未对A公司造成影响，关于刊登声明、消除影响的判决不当。

A公司向一审法院起诉称：“紫玉”和“紫玉山庄”是A公司的注册商标，依法享有商标专用权，A公司开发的“紫玉山庄”项目是北京最为著名的别墅之一，在全国范围内享有极高的知名度，在房地产业内拥有良好的评价和信誉。B公司将其名下开发的房地产项目名称定为“紫玉公馆”“海润紫玉公馆”并在网站上进行宣传，使购买者误认为该项目与A公司有关，造成混淆，严重侵害了A公司享有的注册商标专用权；A公司发律师函并多次与B公司进行交涉，但B公司的商标侵权行为仍在持续。故A公司请求法院判令B公司立即停止商标侵权行为，赔偿A公司经济损失300万元及公证费、照片冲洗费3770元，并在全国发行的报纸上赔礼道歉、消除影响，承担诉讼费用。

B公司一审答辩称：B公司开发项目案名的主要词汇为海润和紫玉，海润是我公司的企业字号，紫玉是代表项目位置处于紫竹桥、昆玉河和玉渊潭之间，“海润紫玉”与A公司的商标有明显区别，不构成近似；商品房作为价值较大的商品，消费者会投入更多的关注和注意力。B公司开发的项目为普通住宅，A公司开发的是别墅，而且B公司在宣传中明显标示了项目地点、英文等，也从未以明示或者暗示的方式让消费者对双方项目的来源产生联系。因此，B公司的使用行为不会与A公司享有的商标权构成混淆，不构成商标侵权；A公司未提供证据证明其经济损失，要求赔礼道歉没有法律依据。因此，请求法院驳回A公司的诉讼请求。

一审法院经审理查明：

A公司注册有下列三类商标，主张享有下列商标的专用权：

1. “紫玉”文字商标。

（1）注册号第6839452号，核定使用服务项目为第36类金融评估（保险、银行、不动产）、艺术品估价、商品房销售、不动产管理等，专用权期限自2010年5月7日至2020年5月6日止。

（2）注册号第6839453号，核定使用服务项目为第37类建筑信息、建筑、商品房建造、供暖设备的安装和修理、电器设备的安装与修理等，专用权期限自2010年5月7日至2020年5月6日止。

（3）注册号第9221376号，核定使用服务项目为第42类工程、质量评估、地质勘探、室内装饰设计、建筑项目的开发等，专用权期限自2012年3月21日至2022年3月20日止。

2. “PJY紫玉山庄×××”文字商标。

（1）注册号第5980086号，核定服务项目为第37类建筑施工监督、建筑结构监督、建筑信息、维修信息、建筑、仓库建筑和修理，专用权期限自2010年2月28日至2020年2月27日止。

（2）注册号第5980087号，核定服务项目为第36类不动产出租、不动产代理、不动产中介、不动产评估等，专用权期限自2010年2月28日至2020年2月27日止。

3. “Purple Jade”文字商标。

（1）注册号第6960173号，核定服务项目为第37类建筑信息、建筑、商品房建造、供暖设备的安装和修理、电器设备的安装与修理等，专用权期限自2010年6月14日至2020年6月13日止。

（2）注册号第6960172号，核定服务项目为第36类保险信息、金融评估（保险、银行、不动产）、艺术品估价、商品房销售、不动产管理等，专用权期限自2010年6月21日至2020年6月20日止。

（3）注册号第9221371号，核定服务项目为第42类工程、地质勘探、化妆品研究、工业品外观设计、建筑项目的开发、室内装饰设计等，专用权期限自2012年3月21日至2022年3月20日止。

A公司主张，其紫玉山庄房地产项目于1993年开发，位于北京市安立路和北苑路之间，至今一直使用紫玉文字商标。为证明其商标享有较高的知名度，A公司向一审法院提交了紫玉山庄项目获得各类奖项的荣誉证明，包括“最佳社区景观楼盘”“首都绿化美化花园式单位”和“改变城市·影响中国十大典范别墅”等。B公司不认可该组证据，认为上述奖项的颁发单位无相关资质。

2015年4月23日，A公司向北京市长安公证处提出申请，对其从互联网下载相关网页的过程及下载网页的内容进行证据保全。（2015）京长安内经证字第7638号公证书（以下简称第7638号公证书）显示，通过百度搜索引擎搜索“紫玉公馆”，点击首页第七项搜索结果“海润紫玉公馆3—4居室在售均价72000元/平_ 网易北京房产频道”，跳转至网易房产频道，该页面标题为“海润紫玉公馆3—4居室在售均价72000元/平”，正文信息显示：海润紫玉公馆开发商为B公司，地址位于北京市海淀区北洼路西里23号，开盘时间为2015年1月1日，均价为72000元/平方米及效果图片等。点击第二页第四项搜索结果“紫玉公馆－楼盘详情－北京腾讯房产”，跳转至腾讯房产频道，该页面显示为紫玉公馆在售，标题为“城市核心区最稀缺的地段配套成熟交通便利”，正文信息为开盘时间为2015年1月3日，售楼地址为北京市海淀区北洼路西里12号中建紫竹酒店3层，开发商为B公司。B公司不认可上述信息为其主动发布，并认为其中的信息不准确。

同日，A公司申请北京市长安公证处对前往北京市海淀区海润紫玉公馆取证的过程进行证据保全。（2015）京长安内经证字第7639号公证书（以下简称第7639号公证书）显示，照片中显示B公司的售楼处位于北京市海淀区北洼西里12号的中建紫竹酒店，酒店一层大厅的宣传海报显示“PURPLE PARKHOUSE 海润紫玉公馆西三环最后珍藏130—201m^2 城市精装公馆”，一层、三层的指示牌均显示“紫玉公馆接待中心（水龙吟厅）”，三层水龙吟厅接待中心外电子屏显示“紫玉公馆”，接待中心内摆放了楼盘模型、户型模型及模型底部“PURPLE PARKHOUSE 紫玉公馆”的显示牌。现场取得宣传手册封面印有“PURPLE PARK-

HOUSE 紫玉公馆”，底部印有项目地址：北京市海淀区北洼路西里 23 号院；接待中心：北京市海淀区中建紫竹酒店三层水龙吟厅；发展商：B 公司等。宣传册标注项目位置图中突出注明“紫玉公馆”。公证照片还显示涉案在建大楼围挡上标示“PURPLE PARKHOUSE 海润紫玉公馆”等字样。

B 公司认可涉案楼盘于 2015 年 1 月对外销售，限价 6 万多，一开始基于位置取名，称“紫玉公馆”，意为楼盘位于紫竹桥、昆玉河和玉渊潭之间，后发现与其他项目有冲突，于 4 月更名为“海润紫玉公馆”并使用至今。之所以 A 公司取证时仍获得名称为“紫玉公馆”的宣传册，是当时的宣传册还未及时更改。B 公司提交了其修改名称后的宣传册，其中在“紫玉公馆”前增加了“海润”二字。B 公司解释，其使用“海润紫玉公馆”为项目名称，同时结合图标、英文字母“PURPLE PARKHOUSE”以及开发商名称等信息，与 A 公司主张的注册商标有明显区别，不构成相同或近似。当一审法院问及 B 公司“紫玉公馆”的项目名称与何名称发生冲突，B 公司当庭表示不清楚。

A 公司认可 B 公司提交的宣传册之真实性，但认为该宣传册中项目名称仍含有“紫玉”字样，与其享有的涉案注册商标构成近似，会误导消费者认为是 A 公司开发的楼盘。

一审中，A 公司提交了其于 2015 年 3 月 9 日向 B 公司发送的律师函、快递回执及 2015 年 3 月 10 日 B 公司签收上述律师函的查询结果网页打印件，据此证明 B 公司对侵权事实存在主观恶意。B 公司认可收到了上述律师函，但辩称收到律师函时其已经准备更改项目名称，且更改后的名称与 A 公司的商标有明显区别，不会造成混淆。

A 公司为证明其合理开支，向一审法院提交了金额共计为 3630 元的公证费发票，金额共计为 140 元的照片冲洗费票据。B 公司认可该部分证据的真实性。

一审法院经审理后认为：根据现有证据，A 公司为“紫玉”文字商标、“PJY 紫玉山庄”文字商标和“Purple Jade”字母商标的注册人及注册商标专用权人，B 公司对此不持异议，法院对此予以确认。

未经商标注册人的许可，在同一种商品上使用与其注册商标近似的商标，或者在类似商品上使用与其注册商标相同或者近似的商标，容易导致混淆的，属侵害注册商标专用权的行为。

B公司在其房地产项目上将“紫玉公馆”“海润紫玉公馆”作为项目名称使用，突出使用“紫玉”二字，构成在相同或类似服务上使用与“紫玉”文字商标、“PJY紫玉山庄”文字商标相近似的商标，容易导致混淆的情形，构成对A公司所享有上述商标专用权的侵害。对于B公司提出其项目名称反映了楼盘所处的地理位置，添加了“海润”二字并与其图标、英文字母等结合使用，与A公司的注册商标存在明显区别，因商品房作为价值较大的商品，消费者不会对此混淆的辩称。一审法院认为，A公司享有注册商标专用权的“紫玉”文字商标、“PJY紫玉山庄”文字商标中最具显著性的部分为“紫玉”文字，该文字非汉语中具有约定俗成含义的日常词汇。同时，上述注册商标主要核定服务项目与商品房、建筑、不动产等相关，且在A公司多年开发经营的紫玉山庄项目中使用，使“紫玉”文字在房地产开发领域具有一定的知名度和品牌价值。B公司与A公司同为北京市的房地产开发公司，理应对A公司所享有的注册商标专用权及将相关商标用于房地产项目的情况有所了解。尽管B公司在诉讼中将其使用的“紫玉”二字解释为紫竹桥、昆玉河和玉渊潭，但一审法院注意到其宣传册对该商品房项目的介绍中并未作此解释。另外，虽然房地产项目价值巨大，但不意味着房地产企业的商标价值可以忽略而不作为引起消费者混淆误认的因素。综合以上因素，由于缺乏证据证明B公司在多个显著位置突出使用“紫玉公馆”“海润紫玉公馆”存在合理理由，故对B公司的上述辩称，不予采信，对A公司的主张，予以支持。

另外，A公司认为B公司的涉案行为还侵害了其“Purple Jade”字母商标的注册商标专用权，一审法院认为，虽然B公司的售楼处、宣传册等亦使用有“PURPLE PARKHOUSE”等字样，但其中的“PURPLE”中文含义为紫色，仅以该英文单词不足以认定构成与A公司商标的近似，对A公司主张B公司侵害其享有“Purple Jade”字母商标的主张不予支持。

B公司应对其侵权行为承担相应的法律责任。对于A公司提出停止侵权的主张，依法予以支持。对于A公司提出的消除影响的主张，亦予以支持，消除影响的范围以北京市范围为宜。关于赔偿损失，因双方未能提交证据证明A公司的侵权损失或B公司的违法所得，故考虑A公司商标的知名度、使用情况，B公司的侵权使用方式、持续时间，在接到A公司律师函后仍继续使用等情节，酌情确定赔偿数额，A公司提出的赔偿请求额过高，不予全部支持。因所付合理开支，B公司应一并予以赔偿。

综上，依照《中华人民共和国商标法》（以下简称《商标法》）第五十七条第（二）项、第六十三条第三款之规定，一审法院判决如下：一、一审判决生效之日起，B公司停止本案侵权行为；二、一审判决生效之日起十日内，B公司赔偿A公司经济损失及合理开支共计一百万元；三、一审判决生效之日起三十日内，B公司在北京市发行的报纸上刊登声明，为A公司消除影响（声明内容须经法院核实，逾期不刊登，法院将依据A公司的申请，在相关媒体公布判决主要内容，费用由B公司承担）；四、驳回A公司的其他诉讼请求。

本院二审期间，双方当事人表示对于一审法院认定的事实不持异议，本院予以确认。本院另查明事实如下：

二审庭审中，上诉人A公司明确表示，其在本案中仅主张B公司侵害了其下述商标（以下简称涉案商标）的专用权：第6839452号“紫玉”商标在核定使用的“商品房销售”服务项目上的专用权；第6839453号“紫玉”商标在核定使用的“建筑；商品房建造”服务项目上的专用权；第9221376号“紫玉”商标在核定使用的“建筑项目的开发”服务项目上的专用权；第5980087号“PJV紫玉山庄×××”商标在核定使用的“不动产管理”服务项目上的专用权。A公司还向本院提交了相关光盘以证明其商标及使用其商标的房地产项目具有较高知名度，但B公司认为前述证据已经超过了举证期限，二审法院不应采纳。

经查，B公司使用“紫玉公馆”“海润紫玉公馆”作为楼盘名称的房地产项目经北京市规划委员会核定使用的名称为“海蔚家园”。B公司向本院提交了其他公司房地产项目的名称核准信息及前述公司在实际对外推广时使用的楼盘名称等材料，用以说明其不使用“海蔚家园”作为楼盘名称对外推广符合行规，没有违反法律规定。对此，A公司表示，前述材料不能说明B公司侵害其商标权具有正当理由。

二审中，B 公司向本院提交了一份“阿那亚城市公馆上刊验收单”，用以证明其已经于 2015 年 9 月停止实施 A 公司所主张的第 7639 号公证书中的侵权行为，并将涉案楼盘名称更改为“阿那亚城市公馆”。2015 年 12 月 29 日，本院组织双方当事人到涉案楼盘处进行了现场勘验，经勘验证实涉案楼盘的围挡、楼书等处已经将楼盘名称变更为“阿那亚城市公馆”，A 公司表示对于 B 公司提交的前述材料的真实性及证明目的均予认可。B 公司还表示，其并未实施第 7638 号公证书中涉及的将“紫玉公馆”“海润紫玉公馆”作为涉案楼盘名称在网络上进行宣传的行为，前述行为与其无关，A 公司对此表示不予认可，但并未提交反证。

再查，A 公司的营业执照显示其经营地址为“北京市朝阳区紫玉东路 1 号”，A 公司提交的“北京市商品房预售许可证”等证据显示其在北京开发的“紫玉山庄”项目地址亦为“北京市朝阳区紫玉东路 1 号”。

上述事实有 A 公司提交的商标注册证、第 7638 号公证书、第 7639 号公证书、荣誉证明、发票、律师函、快递回执、网页打印件，B 公司提交的宣传册、一审及本院开庭笔录、本院勘验笔录以及各方当事人的陈述等证据在案佐证。

本院认为，根据双方当事人的诉辩主张，本案二审审理期间的争议焦点为：B 公司使用“紫玉公馆”“海润紫玉公馆”是否侵害 A 公司涉案商标的专用权；若 B 公司侵害了 A 公司涉案商标的专用权，其应当承担何种民事责任。

一、关于 B 公司是否侵害 A 公司涉案商标专用权的问题

《商标法》第五十七条第（二）项规定，未经商标注册人的许可，在同一种商品上使用与其注册商标近似的商标，或者在类似商品上使用与其注册商标相同或者近似的商标，容易导致混淆的，属于侵犯注册商标专用权的行为。

（一）关于第 7639 号公证书中涉及的行为是否构成侵权的认定。

首先，关于商品或服务是否构成类似的问题。最高人民法院《关于审理商标民事纠纷案件适用法律若干问题的解释》第十一条第三款规定，商品与服务类似，是指商品和服务之间存在特定联系，容易使相关公众混淆。

本案中，A 公司享有专用权的第 6839452 号“紫玉”注册商标核定使用的商品房销售、第 6839453 号“紫玉”注册商标核定使用的建筑与商品房建造、第

9221376号"紫玉"注册商标核定使用的建筑项目的开发以及第5980087号"PJV紫玉山庄×××"注册商标核定使用的不动产管理服务项目与B公司的商品房项目在功能用途、消费对象、销售渠道等方面联系非常密切，应当认定为商品与服务之间构成类似。

其次，关于商标是否构成近似及是否会导致相关公众混淆的问题。

《中华人民共和国民事诉讼法》第一百七十条规定，二审法院对于原判认定事实不清的案件可以依法改判、撤销或者变更。由此可见，我国民事诉讼法并未将二审审理范围仅限于法律适用问题，也应当包括事实问题的审理，故二审阶段并不绝对限制当事人举证。A公司二审阶段补充提交的证据用于证明涉案商标的知名度，在商标侵权案件中与赔偿责任的确定直接相关，属于《最高人民法院关于适用〈中华人民共和国民事诉讼法〉的解释》第一百零二条规定的与案件基本事实有关的证据。并且A公司在举证期内已对涉案商标知名度进行了主张并举证，一审法院也进行了相应的审查认定，二审中提交该方面的补强证据不会导致诉讼请求发生变化，也不会形成新的诉争焦点。因此，对该证据本院予以采纳。

本案中，A公司涉案商标中的显著识别、认读部分"紫玉"非汉语中具有约定俗成含义的日常词汇，作为商标使用在核定服务项目上具有较高的显著性。根据A公司提交的相关证据以及本院查明的事实可以认定，从1993年起，A公司即在北京北四环与北五环之间持续分多期开发"紫玉山庄"高端房地产项目并在多地从事以"紫玉"为楼盘主要名称的房地产项目的开发，其在北京的"紫玉山庄"房地产项目还先后获得"2003年北京十大首席别墅""最佳社区景观楼盘""首都绿化美化花园式单位""2006年中国北京典型别墅指数样本项目""'改变城市·影响中国'十大典范别墅"等荣誉；而从A公司的营业执照、"北京市商品房预售许可证"等证据也可以看出，"紫玉"已经依法被核准为北京"紫玉山庄"项目附近道路名称使用，A公司在北京的"紫玉山庄"项目实际上已经成为高端房地产项目的代表。因此，可以认定A公司的涉案商标具有较高的知名度。第7639号公证书显示，B公司将"紫玉公馆""海润紫玉公馆"作为涉案楼盘的名称并在售楼处、楼盘围挡、宣传资料等处进行突出使用，意图在于体现该楼盘与其他楼盘的区别性，“紫玉公馆”“海润紫玉公馆”作为楼盘名称，在事实上起到了楼盘的识别作用，实质上也属于一种商业标识，该商业标识中的“公馆”为楼盘的一般用语，故其显著的识别部分在于“紫玉”“海润紫玉”，此与A公司涉案商标的显著识别、认读部分“紫玉”在文字构成、读音等方面非常接近，相互之间亦不存在可明显区分的含义，B公司使用“紫玉公馆”与“海润紫玉公馆”作为涉案楼盘名称的行为易使相关公众认为涉案楼盘与A公司存在一定的关联，从而使相关公众在购买时产生混淆误认。

基于上述理由可以认定，第7639号公证书中涉及的B公司将“紫玉公馆”“海润紫玉公馆”作为涉案楼盘的名称，并在售楼处、楼盘围挡、宣传资料等处进行突出使用的行为侵害了A公司涉案商标的专用权，B公司认为其没有构成侵权的上诉理由不能成立，本院不予支持。

（二）关于第7638号公证书中涉及的行为是否构成侵权的认定。

根据第7638号公证书显示的内容可知，其中涉及的在网络上将“紫玉公馆”“海润紫玉公馆”作为涉案楼盘名称进行宣传的内容并不在B公司网站上，而且，B公司亦明确表示其并未实施第7638号公证书中涉及的前述行为，A公司虽对此表示不予认可，但并未提交反证。因此，根据前述证据，并不足以认定B公司实施了第7638号公证书中所涉及的侵权行为，A公司的该项主张缺乏事实依据，本院不予支持。鉴于一审判决对该问题没有作出明确认定，本院予以指出。

二、关于赔偿数额的问题

《商标法》第六十三条第三款规定：“权利人因被侵权所受到的实际损失、侵权人因侵权所获得的利益、注册商标许可使用费难以确定的，由人民法院根据侵权行为的情节判决给予三百万元以下的赔偿。”

本院认为，在适用《商标法》第六十三条第三款确定赔偿数额时，应当考虑涉案商标的显著性与声誉、不动产商标的特殊性、侵权行为的性质及持续时间、侵权行为的地域等因素综合确定。具体到本案而言：

（一）如本院上述分析，A公司涉案商标具有较高的显著性与知名度。

（二）不动产商标具有一定的特殊性。首先，不动产商标承载着权利人的商誉，直接代表了不动产项目的质量、品质、配套设施及环境等特点。其次，不动产商标因不动产的特殊物理属性而对相关公众产生持续甚至越来越强的影响力。随着时间的延展，相关公众对于楼盘的识别、区分、不动产价值的认可等事宜，通常将会以楼盘的名称作为初步认知与判断标准，商标对于不动产商品的识别、价值认定等方面所占的比重会逐渐加大。亦即，A 公司涉案商标的知名度并非仅停滞于其获得相关荣誉的时间节点，而是会因不动产的存在呈持续状态。而且，“紫玉”同时也是 A 公司的企业字号。因此，虽然相关公众会对不动产商品施以较高注意力，但仍易将“紫玉公馆”“海润紫玉公馆”与涉案商标相混淆，认为涉案楼盘与 A 公司存在一定关联。

（三）B 公司的侵权恶意明显。首先，B 公司与 A 公司同处于北京地区，作为相同行业的经营者，B 公司对于 A 公司具有较高知名度的涉案商标理应知晓。其次，B 公司使用“紫玉公馆”及“海润紫玉公馆”缺乏正当理由。尽管 B 公司在诉讼中称其使用“紫玉”作为楼盘名称是因为涉案楼盘位于紫竹桥、昆玉河和玉渊潭附近，但其宣传册对该商品房项目的介绍中并未作此解释。而且，无论 B 公司使用其他名称代替“海蔚家园”作为楼盘名称对外进行推广是否符合行规，均不构成其可使用“紫玉公馆”或“海润紫玉公馆”作为楼盘名称的正当理由。再次，B 公司在接到 A 公司发送的律师函后仍将“紫玉”作为涉案楼盘名称的主要识别因素，继续实施侵权行为，致使侵权行为长达八个月左右，具有明显的恶意。

合议庭将本案提交审判委员会后，审判委员会经讨论决定：

除合议庭已经确定的上述考量因素外，在《商标法》第六十三条第三款规定的权利人的损失及侵权人的获利难以确定的情况下，还应当将涉案商品的市场价值作为确定侵权赔偿数额的重要因素并予以充分考虑，侵权赔偿的数额应当与涉案商品的市场价值相对应。

首先，A 公司的涉案商标实际使用的项目与 B 公司的涉案楼盘均指向商品房，市场价值巨大，在建造成本相对稳定而商品房价格较高的情况下，开发商的利润空间则相对较大。A 公司与 B 公司以及本案中的侵权行为地均在北京，B 公司也明确表示在侵权行为持续期间涉案楼盘的单价在每平方米 6.8 万元左右，尽管 B

公司表示其仅在侵权行为持续期间销售了少部分商品房，但其未向本院提交相应证据，而且楼盘的单价说明了前述部分商品房的销售金额不菲，B 公司的利润空间也比较大。

其次，将涉案商品的市场价值纳入赔偿数额确定的因素，也会使得侵权成本提高，从而达到有效防止侵权、制止侵权行为、保护权利人的合法权益的效果。

综合审判委员会的评议及合议庭考虑的上述因素，本院认为，一审法院判决 B 公司赔偿 A 公司经济损失及合理开支 100 万元数额过低，A 公司关于 B 公司应当赔偿其经济损失 300 万元及其为制止侵权行为支出的公证费与照片冲洗费 3770 元的上诉主张具有合理的事实依据及法律依据，本院予以支持。

三、关于 B 公司是否应当承担其他民事责任的问题

二审中，B 公司向本院提交了一份“阿那亚城市公馆上刊验收单”，用以证明其已经于 2015 年 9 月停止实施第 7639 号公证书中涉及的侵权行为。2015 年 12 月 29 日，本院组织双方当事人到涉案楼盘处进行了现场勘验，经勘验证实 B 公司已经在涉案楼盘围挡、宣传资料等处将涉案楼盘名称变更为“阿那亚城市公馆”，A 公司表示对于 B 公司提交的前述材料的真实性及证明目的均予认可。因此，本案已不存在判决 B 公司停止侵权行为之必要。鉴于 B 公司侵害了 A 公司涉案商标的专用权，已经对 A 公司产生了一定的影响，一审法院判决 B 公司应当承担消除影响的民事责任正确。

综上，B 公司将含有“紫玉”字样的“紫玉公馆”“海润紫玉公馆”作为涉案楼盘名称使用，侵害了 A 公司涉案商标的专用权，应承担相应的民事责任。A 公司的上诉理由部分成立，其上诉请求本院予以支持。B 公司的上诉理由缺乏事实及法律依据，其上诉请求本院不予支持。据此，依照《中华人民共和国商标法》第五十七条第（二）项、第六十三条第三款、《中华人民共和国民事诉讼法》第一百七十条第一款第（二）项之规定，本院判决如下：

一、撤销北京市海淀区人民法院（2015）海民（知）初字第 22346 号民事判决第一项、第二项、第四项；

二、维持北京市海淀区人民法院（2015）海民（知）初字第 22346 号民事判

决第三项；

三、自本判决生效之日起十日内，B 公司赔偿 A 公司经济损失三百万元及合理开支三千七百七十元；

四、驳回上诉人 B 公司的上诉请求。

如 B 公司未按判决指定的期间履行给付金钱义务，应当依据《中华人民共和国民事诉讼法》第二百五十三条之规定，加倍支付迟延履行期间的债务利息。

一审案件受理费三万零八百三十元，由 B 公司负担（于本判决生效之日起七日内向北京市海淀区人民法院交纳）；二审案件受理费共三万六千六百三十一元，由 B 公司负担（已交纳一万三千八百元，余额于本判决生效之日起七日内向本院交纳）。

本判决为终审判决。

【案件总结】

本案是一件涉及楼盘名称侵犯他人注册商标专用权的典型案件。北京知识产权法院综合考虑商标的显著性与声誉、不动产商标的特殊性及市场价值、侵权行为的性质等因素后，撤销了一审确定的 100 万元赔偿额，以法定赔偿额上限 300 万元①确定赔偿数额，这也是在楼盘名称商标侵权案件中判赔数额的重大突破。

回顾本案，在代理律师接手本案之初，即积极协助当事人在诉前及时收集、保全证据，向对方送达《律师函》，及时对侵权楼盘做网页公证，对在售楼部现场获取的证据进行保全等，这些证据对认定 B 公司构成商标侵权起到了至关重要的作用。在诉讼过程中，代理律师总揽全局、步步为营，牢牢把握住以下几点，充分论证了 B 公司的侵权事实。

1. B 公司使用“紫玉公馆”“海润紫玉公馆”作为楼盘名称，并在其楼盘海报、宣传手册上突出使用该楼盘名称，该行为构成商标性使用。

---

① 《商标法》已于 2019 年 4 月 23 日进行了修改，其中对第六十三条第三款规定的法定赔偿额上限进行了修改。

2. B公司使用“紫玉公馆”“海润紫玉公馆”作为楼盘名称侵害了A公司享有的“紫玉”注册商标专用权。具体为：（1）侵权楼盘名称“紫玉公馆”“海润紫玉公馆”与A公司享有的“紫玉”注册商标构成类似；（2）侵权楼盘所属房地产项目与“紫玉”注册商标核定使用的服务范围中的商品房销售、建筑、商品房建造、建筑项目开发等在功能用途、消费对象等方面联系密切，应当认定为商品与服务之间存在特定联系；（3）A公司所开发楼盘在北京市范围内享有较高的知名度与广泛的公众认可度，相关公众在购买侵权楼盘时极易产生混淆误认。

在上述基础上，为证明A公司诉请判赔金额的合理性，代理律师抽丝剥茧，重点向法庭论述了以下几点，为A公司诉请的赔偿金额提供了有力支撑。

1. 由于涉案侵权楼盘与“紫玉”注册商标核定使用的服务项目均指向不动产，利润空间较大。因此，本案除应当考虑《最高人民法院关于审理商标民事纠纷案件适用法律若干问题的解释》第十六条第二款规定外，还应当考虑涉案商品的市场价值，侵权赔偿数额应与涉案侵权商品的市场价值相对应。

2. B公司及其开发的侵权楼盘与A公司及“紫玉”系列房地产项目同属北京地区，“紫玉”注册商标在北京地区具有较高的知名度与显著性。

3. 不动产的依附性较强，“紫玉”注册商标通过A公司多年使用已成为A公司的无形资产，“紫玉”承载着A公司经营房地产的较高商誉及良好的服务质量。

4. 在A公司向B公司发送律师函要求停止侵权后，B公司仍然实施被诉侵权行为，侵权主观恶意明显。

5. 通过计算B公司侵权楼盘的获益数额、侵权楼盘附近楼盘的销售价格，证明房地产项目价值巨大，B公司作为开发商盈利空间较大。

6. 个案应兼顾社会效应，将涉案商品的市场价值作为赔偿数额考虑的因素，使侵权成本提高，能有效防止侵权，保护知识产权人的合法权益。

二审法院充分采纳了代理律师提出的上述观点，在判决书中即认定：（1）A公司享有的“紫玉”注册商标具有较高的显著性及知名度；（2）不动产商标的特殊性使得不动产商标因不动产的特殊物理属性会对相关公众产生持续甚至越来越强的影响力；（3）B公司在接到A公司发送的律师函后仍将“紫玉”作为涉案楼盘名称的主要识别因素，具有明显的恶意；（4）除上述考量的因素外，将涉案商品的市场价值纳入赔偿数额考虑的因素，也会使得侵权成本提高，从而达到有效防止侵权、制止侵权行为、保护权利人的合法权益的效果。

在实践中，楼盘名称涉及侵犯他人注册商标的现象屡见不鲜，但是在商标侵权案件中适用法定最高赔偿额的却少之又少。由于不动产项目的销售利润不仅会受到自身品牌效应、同行业房地产项目的市场影响，亦会因国家政策、地区发展水平、相关行业发展及消费者的主观意识变化而波动，因此权利人很难确定其中一种因素影响所造成的损失数额。同时，因为权利人无法掌握侵权公司的会计账簿、销售数据，所以实践中要求权利人举证证明因商标侵权所受到的损失很难执行。此类案件的普遍情况是：权利人很难举证自己受到的损失，亦难以证明侵权人因此获利的数额。

如何确定侵权赔偿额是本案的重点问题，也是代理律师在诉讼中着重举证证明的一点。北京知识产权法院分别从涉案商标的显著性及声誉、不动产商标的特殊性、侵权行为的性质及持续时间、侵权行为的地域等因素综合确定了本案的赔偿额，还将涉案商品的市场价值作为确定侵权赔偿数额的重要因素并予以充分考虑。这很好地弥补了权利人无法证明侵权损失和侵权获利的不足，充分地维护了知识产权人的合法权益，因此本案具有良好的社会效益，亦是房地产楼盘名称侵犯他人注册商标专用权的典型案例！

【承办律师简介】

李君，北京市炜衡律师事务所高级合伙人，党委纪委书记、炜衡全国房地产与建设工程法律专业委员会副主任兼秘书长。

毕业于中国政法大学，1999 年获首届法律硕士学位，自 2004 年起从事律师工作。系第十届北京市律师协会土地与房地产法律专业委员会委员、第十一届北京市律师协会政府与社会资本合作（PPP）法律服务研究会副秘书长、湖南省财政厅政府专项债券评审专家库专家。办理了大量具有广泛社会影响力的案件，担任多家中央国家机关、企事业单位常年法律顾问，被北京电视台“现场说法”“法制进行时”栏目邀请为律师嘉宾，曾先后荣获“奥运期间法律服务工作先进个人”“海淀区优秀律师”“海淀区优秀专业律师”“2015—2016 年度北京市律师行业优秀共产党员”等荣誉称号。

擅长房地产与建设工程领域法律事务，包括房地产开发及建设工程领域重大诉讼仲裁业务、房地产公司并购及破产重整、为房地产开发商提供法律顾问、PPP 项目咨询及政府专项债券项目等。所办房地产合作开发案件入选《最高人民法院第二巡回法庭法官会议纪要（第一辑）》。

最高法院史上最高额房地产项目保全错误赔偿案的胜诉策略与启示①

——A 公司与 B 公司、C 公司申请诉中财产保全损害责任纠纷案

北京市炜衡律师事务所　杨明律师　胡晓欣律师

【争议焦点】

- *如何认定申请财产保全错误?*
- *申请人是否应因财产保全错误赔偿被申请人的损失?*
- *房地产项目被错误申请财产保全之赔偿数额如何确定?*
- *财产保全的担保人是否应当承担赔偿责任?*

【关键词】

合作开发　房地产项目财产保全　申请保全错误　保全错误赔偿

【案情简介】

一、项目合作、发生争议、原案诉讼及诉中财产保全的基本事实

2008 年 4 月 3 日，A 公司作为某市国际贸易中心房地产项目的项目开发公司，与包括 B 公司在内的 A 公司的各原股东以及 D 公司签订了《合作框架协议》，约定 D 公司受让取得 A 公司的 92% 股权，并有权向 A 公司投资，进行房地产项目的开发经营，享受项目销售的收益。股权转让完成后，B 公司保留 A 公司 8% 的股权，A 公司其他原股东全部退出。

---

① 案件来源：最高人民法院（2017）最高法民终 118 号二审民事判决书。本案例入选 2018 年第 10 期最高人民法院公报案例。

2008年4月13日和5月9日，D公司、B公司、A公司又签订了《补充协议》和《投资合作协议》，约定了B公司回购股权的前提条件，以及项目达到预售条件后，A公司即行销售，销售回款首先应偿还D公司投资本金及收益。

之后，D公司开始介入A公司管理，陆续投入和筹集资金，推动了项目的开发建设。2011年1月19日，A公司召开董事会会议，对其开发的国际贸易中心项目价格策略方案进行审议。会议以五名董事中四名同意，一名反对（B公司委派），通过了该价格策略方案，同时责成公司经理层办理项目预售许可证，并授权其择机确定开盘时间。2011年3月7日，A公司取得了商品房预售许可证。

2010年下半年，随着当时地产回暖，B公司单方提出提前回购全部股权。D公司认为其已投入巨额资金，而项目尚未销售回款，未达到回购条件，因此拒绝了B公司的回购要求。

2011年1月24日，B公司以D公司、A公司、E公司（销售代理公司）为被告向山东省高级人民法院提起诉讼，要求回购D公司对A公司所享有的92%股权，立即停止对项目任何形式（包括但不限于销售、停止施工、抵押、资金占用等）的恶意处置行为，并承担因此所造成的损失约30亿元人民币，暂主张1.2亿元（此案件，以下简称“原案”）。

2011年1月26日，原案一审审理期间，根据B公司的申请，山东省高级人民法院裁定对A公司财产进行了诉讼保全，并实际查封了国际贸易中心项目的土地使用权；C公司以其名下房产就财产保全提供担保。为保证项目正常销售，A公司以1.2亿元的存款作为担保，申请解除上述查封。2011年2月23日，山东高院裁定解除了对土地使用权的查封，同时冻结了该1.2亿元存款。2011年3月7日，A公司取得了商品房预售许可证。但2011年2月25日，B公司将诉讼标的额增加至2.4亿元，申请提高财产保全额度，C公司相应提供担保。2011年3月2日，山东高院再次裁定查封项目土地使用权。此后，B公司又多次变更诉讼请求，申请增加财产保全的数额，直至2011年6月29日，最终将其诉讼标的额提高到4.8亿元。在C公司的担保支持下，原案财产保全的限额被提高到3.9亿元。因土地使用权被查封，A公司已取得预售证的涉案项目持续无法销售。

北京市炜衡律师事务所杨明、胡晓欣律师代理D公司应诉，2011年9月，山东省高级人民法院作出原案一审判决，以股权回购条件成就证据不足为由，依法判决驳回了B公司的全部诉讼请求。随后，B公司向最高人民法院提出上诉。2012年3月，最高人民法院经审理后作出二审终审判决，驳回上诉，维持原判。

二、诉中财产保全损害责任纠纷案件诉讼请求及一审判决结果

2012年3月27日，A公司委托北京市炜衡律师事务所杨明、胡晓欣律师代其提起诉讼，要求B公司赔偿因错误申请财产保全造成的损失1.9亿元，要求C公司因错误提供担保承担连带赔偿责任。

一审判决认为B公司财产保全申请，尤其是屡次增加保全申请数额的行为，不但主观上存在过错，客观上也给A公司造成了经济损失，该损害结果与B公司的行为之间具有直接的因果关系，因此B公司应当承担赔偿责任。赔偿数额包括1.2亿元资金被冻结的利息损失和迟延销售项目房产的利息损失。针对B公司不断提高财产保全额度的行为，C公司自愿不断提供担保，且其对提供担保可能造成申请错误而需承担的赔偿责任，应当是明知的，故依法应当承担连带赔偿责任。综上，一审法院依据《中华人民共和国侵权责任法》（以下简称《侵权责任法》）和《中华人民共和国民事诉讼法》（以下简称《民事诉讼法》）的相关规定，判决B公司赔偿A公司因申请财产保全错误造成的损失6669万余元，并判决C公司承担连带赔偿责任。

B公司和C公司不服一审判决，以本案应当中止审理、申请保全没有错误、保全期间房价上涨没有造成损失、不应承担连带责任等理由向最高人民法院提起上诉。

【诉讼策略】

一、各阶段诉讼策略要点

（一）诉前策略，把握关键点以奠定索赔的事实基础

关键一：彻底赢得原案，奠定索赔的基本前提。为了在原案诉讼中占据主动，

代理律师帮助当事人设计了一次总经理办公会、三次董事会，形成了项目的销售及价格策略的决策过程，保证了销售决策及定价结果的客观性。

关键二：及时提出复议申请，要求对保全的项目进行销售，并提供了1.2亿元的存款作为担保，以便穷尽救济途径，建立损失与保全行为的因果关系。事后终审判决结果证明，这一提前布局成为最高法院判决认定我方在保全过程中并无过错的重要依据。

关键三：首次解封后及时申请取得预售许可证，使项目具备预售条件，奠定项目二次被查封后保全错误赔偿的基础前提。

关键四：有效固定证据，通过收集资金监管银行出具的投资证明、抵押银行出具的同意销售的证明、代理销售公司的销售建议分析报告，及时对涉案项目当地同类楼盘的销售数据和销售进度进行网页公证，证明了项目的可售性及未及时销售所产生的损失。

（二）诉求策略，合理提出本案保全错误的损失构成

其一，资金被冻结的利息损失。按半年期贷款利率计算，1.2亿元资金被冻结半年的直接损失达351万元。此点得到了法院的完全支持。

其二，项目迟延销售的损失。结合房地产特点，在商品房价格动态变化的情况下，选择主张项目销售迟延一年的销售款利息损失，并充分利用预售许可证载明的内容，以项目销售后的回款为基础，依据银行同期贷款利率，计算并提出项目迟延销售的损失数额。最终一、二审法院均采纳了代理律师提出的计算方法，并酌定以全部销售额的10%为基数，计算一年的利息损失，即6318万余元。

（三）答辩策略，防止侵权责任人金蝉脱壳

1. 本案不应该因为部分股权回购案而中止审理。判断B公司申请保全是否错误，是要看其在原案中的诉讼行为是否存在过错，而非该案之后其是否享有回购权。另案结果如何，均不影响本案依据原案作出裁判。而且，本案判决结果确定的损失赔偿属于A公司独立的财产，不仅与B公司的股东利益相关，还涉及A公司其他债权人的利益。因此，即使今后B公司与A公司双方构成母子公司关系，本案诉争也应独立作出判决，中止审理缺乏事实和法律依据。

2. B公司认为其没有过错的理由不成立。B公司原案的起诉缺乏事实基础，其保全行为缺乏适当性，主观上明显存在过错，客观上给A公司造成了损失，应就其申请保全错误承担赔偿责任。

3. B公司提出当地房产价格自2011年以来持续上涨，故保全并没给A公司造成损失的理由不成立。

首先，国际贸易中心项目是已建成并具备预售条件、主要用于销售并通过销售而获取房地产开发利润的房屋，由于土地使用权被查封，房屋不能销售，A公司作为开发商不能及时回笼售房款，同时还要负担投资成本的贷款利息，因此，A公司存在财产利益的实际损失。其次，B公司并没有提供证据证明，10%的项目房屋在查封结束时，实际销售价款或市场价值减去查封开始时预计销售的价款，再减去保全查封期间的融资损失，大于一审判决酌定的房款利息损失。故其关于项目延迟销售没有损失而无需赔偿的理由不能成立。

4. B公司将保全错误责任推给法院的理由不成立。法院是根据保全申请而采取的查封措施，并不存在超标的、超限额查封的问题，故应由申请人自负其责。

二、核心代理意见

针对B公司的上诉理由，就本案二审法院确定的焦点问题，北京市炜衡律师事务所杨明、胡晓欣律师代理A公司提出了如下二审代理意见：

（一）本案是否应中止审理

对于B公司提出的中止审理申请，因B公司另行提起的部分股权回购案与本案并无任何关联性，本案审理所涉原审案件事实已齐备，无需以另案的审理结果为依据，故应依法驳回其申请，继续本案二审审理程序。

（二）B公司申请财产保全是否错误

1. 关于财产保全错误的判断依据。

如果申请人的诉请最终并没有获得法院的支持，则申请人先前的财产保全申请失去应有的基础，保全了被申请人不应承担实体责任的财产，保全申请必然是错误的。

2. B公司申请财产保全的目的就是阻碍项目销售，其主观过错与其先前一系列阻碍A公司项目销售的行为是一脉相承的，而原案中其诉讼请求最终被全部驳回，充分证明其财产保全申请是错误的。

（1）从原案诉讼背景情况看，B公司申请财产保全目的就是查封A公司的土地使用权阻止项目正常销售，并非为了保证胜诉判决的执行。

（2）B公司在原案中始终希望并追求A公司项目土地使用权被查封的结果，滥用财产保全措施，其主观过错极其典型和严重。

（三）B公司的错误保全申请是否给A公司造成了损失，损失应如何计算

1. B公司的错误保全申请直接造成A公司1.2亿元资金被冻结半年，土地使用权被查封逾一年两个月之久。

2. 因B公司的错误保全申请造成的仅A公司资金被冻结、项目不能销售而产生的利息损失至少达到193063873.1元。

案涉国际贸易中心项目是已建成并具备预售条件、需通过销售而获取房地产开发利润的房地产项目，由于土地使用权被查封，房屋不能销售，A公司作为开发商不能及时回笼售房款，同时还要负担投资成本的贷款利息，已实际遭受财产利益损失。

根据损害赔偿的“填平原则”，赔偿责任的大小要与损失的大小相适应。由于B公司的恶意诉讼和错误保全申请，造成已达预售条件的项目不能及时取得预售许可证，而取得预售许可证后项目土地使用权又再次被查封，导致项目不能开盘销售达一年两个月之久，错过了最佳销售时机，并造成A公司1.2亿元存款被冻结半年，造成了严重的经济损失和恶劣的社会影响。其中，仅项目销售迟延一年的销售款利息的直接损失最低就达189553873.1元，1.2亿元资金被冻结半年的直接利息损失达351万元，以上经济损失合计193063873.1元。

3. 一审判决两上诉人赔偿A公司66694625.35元的经济损失仅仅是A公司全部损失中的很小部分。

项目土地使用权被查封后，遭遇房屋限购令出台，房地产市场陡然低迷，项目销售错过了最佳的开盘时机，实际销售时不得不下调销售价格，降价又将导致逾20亿元人民币的巨额损失。项目不能及时销售同时还造成A公司对项目施工

方、贷款银行、供货商等合同相关方的违约责任损失等各项惨重损失。因此，一审判决酌情确定的经济损失，仅仅是A公司全部损失中的很小部分。

三、主要裁判观点

代理律师的上述诉讼策略及代理意见在法庭审理过程中得到了有效验证，一、二审法院在保全过错责任的认定、损失的计算方式、被告免责主张的否定等方面均采纳了我方的观点。

（一）山东省高级人民法院一审主要裁判观点

一审判决认为：B公司为对抗A公司解封项目土地使用权屡次增加保全申请数额的行为，主观上存在过错，同时客观上也给A公司造成了经济损失，B公司应当承担赔偿责任。损失包括两项：一是A公司1.2亿元资金被冻结半年的利息损失，按中国人民银行同期贷款利率计算为351万元；二是迟延销售楼房的利息损失，综合考量后酌情确定以项目全部销售额的10%为基数计算，利息损失为63184624.35元。B公司应赔偿两项损失合计66694624.35元。

（二）最高人民法院二审主要裁判观点

二审判决认为：首先，基础案件的起诉缺乏合理性。在D公司投资入股A公司，推动项目开发经营后尚未通过项目销售获得收益的情况下，B公司以行使股权回购权为由，对D公司和A公司提起诉讼并要求巨额赔偿，不符合各方所签协议中关于股权回购的约定。

其次，诉讼保全的行为缺乏适当性。一方面，B公司在可以通过冻结A公司房屋销售账户以保护其实现股权回购后的利益的情况下，采取保全措施查封A公司土地使用权，阻止了案涉项目的正常销售，其申请保全的对象和方式不适当。另一方面，在A公司提供1.2亿元存款作为担保置换解封了项目土地使用权的情况下，B公司为对抗A公司的解封不断增加诉讼请求标的额及查封限额，导致项目土地使用权长达一年多时间处于被查封状态，该保全行为也明显不适当。最终，最高法院驳回了B公司的上诉请求。

【代理词】

北京市炜衡律师事务所
关于代理 A 公司诉 B 公司、C 公司因申请诉中财产保全损害责任纠纷一案的二审代理词

尊敬的合议庭：

北京市炜衡律师事务所接受被上诉人 A 公司的委托，指派我们担任其与上诉人 B 公司、C 公司因申请诉中财产保全损害责任纠纷案件二审阶段的委托代理人。通过 2017 年 7 月 25 日的二审庭审调查，代理人认为：山东省高级人民法院（2014）鲁民一重初字第 1 号一审判决认定事实清楚，适用法律正确、程序合法，应予以维持。上诉人的各项上诉请求缺乏基本的事实和法律依据，应依法驳回。为此，围绕本案的几个焦点问题，发表如下代理意见，请予采纳。

一、上诉人提出的中止审理申请，缺乏事实和法律依据，应依法驳回其申请，继续审理程序

上诉人以另案部分股权回购权案件尚未审理完毕为由，要求中止本案审理，但部分股权回购案与本案并无任何关联性，本案审理所涉案件事实已齐备，无需以另案的审理结果为依据，依法应继续进行审理程序。

首先，本案诉讼保全是否错误的判断依据是原案即全部股权回购案是否已经尘埃落定，即原案是否有了生效判决。而事实上，原案不仅有了二审生效判决［最高人民法院（2011）民二终字第 108 号］，还有生效的再审裁定书［最高人民法院（2013）民申字 161 号］在案佐证，上诉人申请诉讼保全错误与否的判断标准一清二楚，无需以另案的审理结果为依据。

其次，正在审理的另案即部分股权回购案的诉讼标的、诉讼请求、当事人、诉讼依据与原案均不同，而且上诉人诉讼请求依据的合同条款不同，被上诉人的诉讼主体地位也不同，分别是被告和第三人，另案与本案没有任何关联性，如果以等待另案判决结果为由中止本案审理，则意味着另案与原案在本质上是同一的，

这就违反了一事不再理的民事诉讼基本原则，由此悖论也可以推断出另案与原案并非同一个案件，与本案没有关联性。

再次，上诉人的观点混淆了本案的基础法律关系。本案的基础法律关系是诉讼保全错误损害赔偿法律关系，判断诉讼保全是否错误只能是看原案中的本诉是否得到了支持，而不是看上诉人 B 公司对 D 公司是否享有股权回购权。即使另案认定上诉人对 D 公司享有部分股权回购权，就能认为上诉人对被上诉人申请财产保全正确吗？这两者之间根本画不上等号。

最后，无论上诉人是否对 D 公司持有的股权享有回购权，被上诉人作为独立法人无论依据原案还是另案，均无需承担任何赔偿责任，而且事实上，上诉人在另案中根本没有对被上诉人提出要求赔偿的主张，即无论另案处理结果如何，上诉人均无法证明其原财产保全是正确的，均无权查封被上诉人独立的公司法人财产。

此外，上诉人将另案审理中的调解意见作为新证据提交，但根据《最高人民法院关于适用〈中华人民共和国民事诉讼法〉的解释》第一百零七条，该调解意见根本不应作为证据使用，也与本案毫无关联性。

因此，上诉人中止审理的请求无事实和法律依据，其申请应依法予以驳回。

二、B 公司申请财产保全是否错误

（一）关于财产保全错误的判断依据

申请财产保全是法律赋予民事诉讼当事人的一项诉讼权利，由于财产保全是对被申请人的财产使用权和处分权附加的某种限制，往往会给被申请人带来一定损失。虽然财产保全是法院对被申请人财产施加的强制控制，但该保全行为系依申请人的申请而作出，介入了申请人的私权意志，法院仅进行有限的程序性审查。从财产保全程序来看，无论是诉讼中的财产保全，还是诉前财产保全，该程序的启动条件是有人申请和申请人对其申请提供担保，在本质上就是无因的，法院不去审查申请人申请保全的原因是否存在和正确与否，并由申请人承担申请错误的法律后果。为了平衡申请人和被申请人双方的利益，防止申请人滥用该权利，避免恶意诉讼，法律在规定财产保全制度的同时，又规定申请人负有审慎行使该诉讼权利的义务。如果申请人申请财产保全错误，须赔偿由此给被申请人造成的损失。如果申请人的诉请最终并没有获得法院的支持，则意味着申请人先前的财产保全申请失去应有的基础，保全了被申请人不应承担实体责任的财产，必然是错误的。诉讼中的财产保全，从形式上看，是诉讼的一方当事人对另一方当事人作出的，故作为申请人的一方当事人如果败诉，则可以认为其申请保全错误同时存在，申请人即应当赔偿作为被申请人的对方当事人因财产保全而遭受的损失。

（二）本案中上诉人申请财产保全的目的就是阻碍项目销售，其主观过错与其先前采取的一系列阻碍被上诉人项目销售的行为是一脉相承的，其诉讼请求最终被全部驳回，充分证明上诉人的财产保全申请是错误的

1. 从上诉人制造恶意诉讼的背景情况看，其目的就是通过申请保全被上诉人的土地使用权阻止项目销售的正常进行，并非为了保证胜诉判决的执行

各方签署的《投资合作协议》第七条明确约定："项目达到销售条件后，公司（即被上诉人）即行销售，项目销售回款首先应偿还甲方（即 D 公司）投资本金及收益。"据此，被上诉人在 2010 年 10 月项目预售条件业已具备的情况下，启动预售程序是完全符合合同约定的，也符合开发商不得捂盘惜售的房地产政策规定。而上诉人为了满足一己私利，却开始故意拖延项目销售进程，要求停止项目销售。对此，上诉人一审提交的第三组证据——A 公司董事会决议及项目销售催促函清楚地证明了这一事实。而最高人民法院（2011）民二终字第 108 号民事判决书第 4 页、第 5 页更清楚地认定了如下事实：

"2010 年 11 月 23 日，A 公司召开董事会会议，对公司总经理办公会议确定提交的国际贸易中心项目价格策略方案进行审议。在该策略方案中，建议开盘时间为 12 月 5 日……会议上，因 B 公司委派董事认为时机不成熟，销售方案不合理，会议决定由 B 公司提出新的销售方案，在 12 月 6 日的董事会上进行决议。12 月 6 日，A 公司召开的董事会会议上，B 公司认为销售条件尚未成熟而未提供书面的营销方案，且提出目前股东之间正商谈股权回购，暂不能确定项目的销售方案。本次会议由此决定暂不表决，待 B 公司提出项目销售方案后再次召开董事会进行决议。12 月 14 日，D 公司向 B 公司发出催促函，催促其尽快提交项目销售方案供

董事会决议，但B公司未予提交。

2011年1月19日，A公司再次召开董事会会议，对国际贸易中心项目价格策略方案进行审议。该次会议最终以五名董事中四名同意，一名反对（B公司反对），通过了该价格策略方案，同时责成公司经理层办理项目预售许可证，并授权其择机确定开盘时间。

本次会议之后，2011年1月22日、24日，B公司分别在《半岛都市报》《青岛财经日报》发表声明，要求对项目名称、项目预售及项目贷款情况予以纠正。"

上述事实均系"已为人民法院发生法律效力的裁判所确认的事实"，根据《最高人民法院关于民事诉讼证据的若干规定》第九条的规定，被上诉人无需再举证证明。从上述项目销售的定价决策过程来看，上诉人B公司一系列的行为表明其具有阻挠项目销售的主观故意，正是为了进一步阻止项目销售的进行，上诉人B公司于2011年1月24日向山东省高级人民法院提起诉讼，并对被上诉人财产申请了财产保全。因此，上诉人实际上是把财产保全措施当作了其阻碍被上诉人项目销售的手段，这不仅是对被上诉人权利的侵犯，更是对有限司法资源的滥用与浪费，充分证明了上诉人恶意诉讼的主观故意。

2. 上诉人在本案中始终希望并追求发生被上诉人项目土地使用权被查封的结果，滥用财产保全措施，其主观过错极其典型和严重

2011年1月28日，在上诉人的申请下，法院对被上诉人的销售账户、土地使用权采取了冻结、查封的保全措施。为了保证项目销售的正常进行，被上诉人向法院提供了1.2亿元人民币存款作为担保，于2011年2月25日置换并解除了对D公司和被上诉人名下的股权、土地使用权和销售账户已采取的财产保全措施。2011年3月7日，被上诉人顺利拿到了预售许可证。但上诉人随即又增加了1.2亿元的保全申请，导致法院于2011年3月8日再次在2.4亿元的限额内对被上诉人名下的财产采取了保全措施。被上诉人已经取得预售证的项目再次因土地使用权被查封而陷入了无法销售的境况。此后，虽然被上诉人又不断提供了股权、房地产作为担保以解除对项目土地使用权的查封，但上诉人B公司却坚决反对，并于2011年4月7日向法院提交了《针对被告恶意担保解封的增加诉讼请求申请

书》，导致被上诉人的解封申请落空。为了对抗被上诉人的解封申请，上诉人还不断凭空增加诉讼标的额，并申请追加查封限额，直接导致2011年9月8日法院根据上诉人B公司的申请以及上诉人C公司的担保，将对被上诉人财产的保全数额提高到3.9亿元，被上诉人的项目土地使用权长达一年多处于被查封状态，项目销售无法进行。上诉人在该案庭审中声称其本来在该案中是打算将本案被上诉人列为第三人的，但为了实现对项目土地使用权的保全，才将本案被上诉人列为被告。可见，上诉人申请保全的目的就是为了阻碍项目销售，其主观过错极其典型和严重。

三、上诉人的错误保全申请是否给被上诉人造成了损失，损失应如何计算

（一）上诉人的错误保全申请直接造成被上诉人1.2亿元资金被冻结半年，土地使用权被查封逾一年两个月之久

法庭调查表明，在上诉人B公司的申请和C公司的担保下，被上诉人项目的土地使用权于2011年1月28日被查封，被上诉人申领预售许可证受阻。为了解除该查封，保证项目的正常销售，被上诉人被迫从D公司筹措了1.2亿元的存款作为担保，申请解除上述查封。山东省高级人民法院于2011年2月23日解除了对项目土地使用权的查封，同时冻结了被上诉人的1.2亿元存款。被上诉人于2011年3月7日取得了预售许可证。但B公司又凭空将诉讼请求增加到2.4亿元，继续申请对被上诉人的财产保全，C公司继续以其相应价值房产提供担保，致使2011年3月8日被上诉人的项目土地使用权再次被查封，已取得预售证的项目无法销售。尤为恶劣的是，此后为了阻止被上诉人解封申请的实现，B公司又多次毫无依据地随意变更诉讼请求，申请增加财产保全的数额。2011年9月8日，在C公司的担保下，对被上诉人财产保全的限额被提高到3.9亿元。直到上诉人B公司在一、二审均败诉后，2012年4月10日山东省高级人民法院才依法裁定解除对被上诉人土地使用权和银行账户的查封。

（二）因上诉人的错误保全申请造成的仅被上诉人资金被冻结、项目不能销售而产生的利息损失至少达到193063873.1元

我国《民事诉讼法》第一百零五条规定，“申请有错误的，申请人应当赔偿

被申请人因保全所遭受的损失”。侵权损害赔偿责任的确定一般应当以受害人遭受的实际财产损失为依据。国际贸易中心项目是已建成并具备预售条件、主要用于销售并通过销售而获取房地产开发利润的房屋，由于土地使用权被查封，房屋不能销售，被上诉人作为开发商不能及时回笼售房款，同时还要负担投资成本的贷款利息，因此，被上诉人的确存在财产利益的实际损失，上诉人否认被上诉人存在损失没有依据。

赔偿责任的大小要与造成损失的大小相适应，这就是通常所说的损害赔偿的“填平原则”。在确定被上诉人具体损失时要考虑到，由于B公司的恶意诉讼和错误保全申请，先是造成已达预售条件的项目不能及时取得预售许可证；后又造成已取得预售许可证的项目不能开盘销售达一年两个月之久，并造成被上诉人1.2亿元存款被冻结半年的后果，使本来可以在青岛市限购令实施前开盘销售的项目错过了最佳销售时机。上诉人的侵权行为给被上诉人造成了严重的经济损失和恶劣的社会负面影响。其中，仅项目销售迟延一年的销售款利息的直接损失最低就达189553873.1元，1.2亿元资金被冻结半年的直接利息损失达3510000元，以上经济损失合计193063873.1元。这两部分的计算依据是：

1. 项目销售迟延一年的利息损失189553873.1元

A. 项目全部销售后的总价值：10013411148.72元，依据如下：

（1）住宅240套，共计55067.25平方米，每平方米销售均价41111元，销售款应为2263869714.75元；

（2）办公用途房产39处，共计67509.66平方米，每平方米销售均价41637元，销售款应为2810899713.42元；

（3）商业用途房产6处，共计44967.73平方米，每平方米销售均价73371元，销售款应为3299327317.83元；

（4）酒店式公寓371套，共计44708.16平方米，每平方米销售均价36667元，销售款应为1639314102.72元。

以上可销售款合计10013410848.72元。

以上面积和均价依据：预售许可证及最高人民法院民事判决书第5页。

B. 按开盘销售月销售进度最低30%计算，该等款项仅一年的利息损失就达189553873.1元。按一年期贷款利率6.31%（2011年4月6日中国人民银行公布）计算：

10013411148.72元×30%×6.31%=189553873.1元

若非上诉人申请财产保全，被上诉人项目正常销售，当月即可实现30%的销售率。

2. 1.2亿元资金被冻结半年的利息损失3510000元

按半年期贷款利率5.85%（2011年4月6日中国人民银行公布）计算（2011年2月23日至8月23日）：

1.2亿元×5.85%×（180/360）=3510000元

上述两项损失合计为193063873.1元。

其中，针对被上诉人为置换项目土地对外借款的1.2亿元的利息损失，上诉人以1.2亿元的资金来源问题加以混淆。被上诉人起诉要求赔偿1.2亿元资金被冻结、无法实际使用的损失，而该资金无论是被上诉人的自有资金或其他途径获取的资金，在被上诉人账户内被冻结期间，均无法用于实际经营，上诉人客观上需要另行筹措资金用于项目开发建设。其中，向公司股东借款一项的融资成本"每年为该年度公司实际占用甲方（公司股东）投资总额的30%"，而一审判决按照半年期银行贷款利率所支持的1.2亿元资金利息损失，显然远低于被上诉人的实际融资成本。再者，该项损失显然与资金来源问题无关，且企业间借款的合法性也有明确的司法解释支持；上诉人意图以资金来源涉及企业间资金拆借为由，否定被上诉人的损失，质疑一审判决的事实认定及法律适用，显然是对本案诉讼请求的曲解，其主张缺乏基本的事实依据。

（三）一审判决两上诉人赔偿被上诉人的66694625.35元的经济损失仅仅是被上诉人全部损失中的很小部分

侵权损害赔偿责任的确定依法应当以受害人遭受的实际财产损失为依据。众所周知，项目的土地使用权被查封后，由于依法被禁止出售，房地产交易中心不给办理预售登记，项目的所有权人无法完整行使对项目房地产的占有、使用、处分、收益权，必然发生经济利益上的损失。更何况本案中国际贸易中心项目是业已建成、具备销售条件的、主要用于销售并通过销售而获取房地产开发利润的项目。土地使用权被查封后，项目不能销售，被上诉人作为开发商不能及时回笼售楼款，同时还要负担投资成本的贷款利息，并面临对项目施工方、贷款银行、供货商等合同相关方的违约责任，还要面临房价下降的损失。因此，被上诉人财产利益的实际损失远远大于目前所实际主张的利息损失数额。事实上，如果项目不是因上诉人的错误保全申请所累，则在2011年1月即可拿到预售许可证并开盘，由于当时市场状况良好，青岛沿海一线无新的竞争项目推出，而国际贸易中心项目当时形象健康、定价合理、具有标志性，备受客户瞩目与期待，当月实现至少30%的销售率毫无问题。此点也得到了专业的房屋销售代理机构E公司出具的报告的印证。

而在被上诉人的项目土地使用权被查封后，2011年1月28日青岛市人民政府办公厅发布了《关于进一步做好房地产市场调控工作促进房地产市场平稳健康发展的意见》，由于房屋限购令出台，整个青岛市的房地产项目成交市场陡然低迷，对此，从青岛市房地产登记中心和青岛市房地产交易中心主办的“青岛市网上房地产”（网址：http：//www. qdfd. com. cn）可以清晰地看到：同类项目限购令前的销售量占全部成交量的至少68. 35%，高的则达90%。可见，限购令出台后，国际贸易中心项目销售错过了最佳的开盘时机，目前被上诉人不得不根据市场调研的具体情况，拟下调销售价格20%，仅此一项降价又将导致被上诉人共计逾20亿元人民币的巨额损失。而考虑到上诉人的实际赔偿能力，出于诉讼成本考虑，被上诉人虽未请求上诉人赔偿全部损失，但被上诉人因项目不能及时销售而产生的对项目施工方、贷款银行、供货商等合同相关方的违约责任损失、降价损失等各项惨重损失无疑均是客观存在的。因此，一审判决酌情确定上诉人赔偿被上诉人66694625. 35元的经济损失，这仅仅是被上诉人全部损失中的很小部分，被上诉人出于避免讼累，尽快获得赔偿之目的，选择尊重并服从一审判决。

四、一审判决两上诉人承担连带赔偿责任，适用法律完全正确

（一）两上诉人依法系共同侵权人

人民法院的保全裁定是依据申请人的申请和担保人的担保作出的，二者缺一不可。仅有申请人的申请或仅有担保人的担保，人民法院都不可能裁定查封被申请人的财产。正是因为申请人的申请和担保人的担保两个行为的直接结合，才导致人民法院采取财产保全措施，给被申请人造成财产损失。担保人和申请人行为的共同性、过错的共同性、结果的共同性以及原因的共同性，构成了共同侵权行为客观上的关联性，完全符合共同侵权的构成要件。显然，申请人的申请错误和担保人的担保错误是造成被申请人财产损失的共同致害原因。担保人和申请人之间的行为与被申请人的损害结果具有客观的共同关联的因果关系，B 公司作为申请人、C 公司作为担保人，在申请保全错误的情况下无疑构成共同侵权。针对 B 公司多次恶意通过提高诉讼标的额保全项目土地权利、阻碍项目销售，C 公司均持续提供了充分的支持，且 C 公司在其先后于 2011 年 1 月 24 日、2011 年 2 月 27 日、2011 年 7 月 14 日提供担保的三份《财产保全担保书》中均声称“如因财产保全不当给被告造成损失，担保人愿承担相应责任”，现上诉人财产保全错误，C 公司却又无视当初承诺，否认其连带赔偿责任，意图金蝉脱壳，显然既不合法也背离诚信。

（二）一审法院依据我国《侵权责任法》和《民事诉讼法》相关规定判决两上诉人承担连带赔偿责任适用法律正确

本案中上诉人 B 公司明知被上诉人的项目达到销售条件应即行销售，仍坚持对项目的土地使用权进行保全，并在被上诉人提供担保财产要求解封的情况下，屡屡随意提高索赔数额，进一步增加保全限额，以达到继续对项目土地使用权进行保全，阻止项目销售的目的。上诉人 C 公司则不断为 B 公司的保全申请提供担保财产，最终导致错误保全的发生，并客观上造成被上诉人的资金被冻结、本来可以在青岛限购令出台前开盘的项目一年又两个月均无法销售的结果。两上诉人的行为已构成对被上诉人的共同侵权。

我国《侵权责任法》第八条规定：“二人以上共同实施侵权行为，造成他人

损害的，应当承担连带责任。”

因此，一审法院的判决完全符合法律规定，适用法律正确，也符合我国《民事诉讼法》设定财产保全担保制度的立法意旨。

五、上诉人提出上诉的几个理由均不成立

（一）B公司申请保全没有过错的说法毫无依据

上诉人提出B公司不具有错误申请保全的主观故意和重大过失，因为其在合法权益遭受被上诉人和E公司损害的情况下起诉，有合同依据，并非虚构的诉讼。这一说法根本不值一驳。因为，其与生效的判决完全相悖。究竟是谁侵害了谁的权益？对此，2014年12月18日最高人民法院作出的（2013）民申字第161号《民事裁定书》，第5页明确认定：“由于B公司通过诉讼查封了本案房地产项目土地，导致D公司无法顺利进行项目建设和施工。B公司没有履行积极协助与配合的义务，而不是D公司。”B公司明知自己的主张缺乏合同依据，却执意提起诉讼，并不断凭空提高诉讼标的额和保全数额，积极追求发生被上诉人项目土地使用权被查封的结果，在B公司诉讼请求被全部驳回的情况下，却强说其保全申请并无过错，如果说这样的保全申请都没有过错，那还会有什么样的保全错误。

（二）所谓申请财产保全与损失没有因果关系的说法与事实相悖

上诉人对此提出的理由是被上诉人怠于行使权利，未及时通过申请复议或采取其他措施解封土地。这一指责与事实严重相悖。事实上，被上诉人积极申请采取了解除查封的措施，筹措了1.2亿元资金作为担保，直接申请解除了查封。可是，刚解除查封，两名上诉人一个又提高保全数额，另一个又提供新的担保申请对土地使用权再次进行了查封。2011年3月9日，被上诉人财产再次被查封的当日，被上诉人及D公司即提出《解除财产保全申请书》，申请以某公司股权置换解除保全措施，后又提交《关于请求驳回并停止受理B公司恶意诉讼和恶意保全请求的申请书》，以及提供“预担保”的《申请书》。但B公司随即于2011年3月18日针对上述申请提交了《复议申请书》反对解封，后又于2011年4月7日提交了《针对被告恶意担保解封的增加诉讼请求申请书》，提出“为防止被告提供担保后法院依职权解除其财产保全，避免经济损失的进一步扩大，申请人自愿增加诉讼请求并向法院提供财产担保”。

上述保全措施的申请解封与反解封对抗过程充分证明，为解除查封，置换出被查封的项目土地使用权，被上诉人已充分穷尽了提交存款、股权、房产等各种措施，揭示了上诉人恶意申请财产保全行为的主观过错。上诉人现在却又说，为什么被上诉人不提出查封销售监管账户作为替换，这一苛责是可笑的，因为当时销售账户已经被上诉人 B 公司申请查封了，因此，上诉人现在所谓被上诉人未尽力降低财产保全损失的指责，十分荒谬。

（三）关于所谓申请财产保全没有给被上诉人造成实际损失的问题

首先，上诉人以所谓楼盘价格攀升为由认为查封并没有给被上诉人造成实际损失，这一说法是荒谬的。被上诉人是国际贸易中心项目的开发商。国际贸易中心项目是已建成并具备预售条件、主要用于销售并通过销售而获取房地产开发利润的房屋，由于土地使用权被查封，房屋不能销售，被上诉人作为开发商不能及时回笼售房款，同时还要负担投资成本的贷款利息，因此，被上诉人的确存在财产利益的实际损失，上诉人否认被上诉人存在损失没有依据。而且这一因保全查封造成的损失无论房价涨跌都是客观存在的。其次，所谓房价上涨与否和错误保全并无因果关系。况且，在本案中，由于查封后的调控政策，项目所在地的房价是下跌的，不存在不断攀升的暴涨情形。

（四）一审判决酌定按全部销售额的 10% 为基数计算一年的利息损失并无不当

如前所述，一审判决酌情确定按全部销售额的 10% 为基数计算一年的利息损失，判令上诉人赔偿被上诉人 66694625. 35 元的经济损失，这仅仅是被上诉人全部损失中的很小部分，被上诉人出于避免讼累，尽快获得赔偿之目的，选择尊重并服从一审判决。而上诉人认为一个月不可能销售 10%，其这一说法有几点错误：

其一，上诉人认为被上诉人 2011 年 3 月 7 日才有权销售房屋。事实上，本案中被上诉人的项目土地使用权于 2011 年 1 月 28 日被查封，此时预售证已随时可以颁发。也就是说，要不是财产保全的原因，被上诉人早就有可能销售房屋。

2011 年 3 月 7 日才颁发预售证，恰恰是上诉人的行为所造成的。

其二，上诉人关于“即便不查封，其销售无论如何也超不过周边相关楼盘，一个月能卖一套就不错了”的说法自相矛盾，且与事实不符。

首先，上诉人 B 公司反对项目销售的根本理由就是，项目定价过低，把项目卖成了“白菜价”。既然定价低，又怎么会出现“一个月能卖一套就不错了”的状况呢?

其次，本项目土地使用权于 2011 年 1 月 28 日被查封。为了解除查封，保证项目的正常销售，被上诉人被迫筹措了 1.2 亿元的存款作为担保，申请解除上述查封。山东省高级人民法院于 2011 年 2 月 23 日解除了对项目土地使用权的查封，同时冻结了 1.2 亿元存款。2011 年 3 月 7 日被上诉人取得了预售许可证，但次日项目土地又被查封，直到 2012 年 4 月 10 日才解封。从首次查封到最后解封共计 14 个月零 13 天，即便从第二次查封到解封也达 13 个月零 4 天。按照 E 公司出具的《关于国际贸易中心项目销售情况预测报告》，即便在限购政策发布后的 2011 年 3 月开盘，开盘一个月内销售进度也能达到 19%（如果项目在限购前及时开盘，当月则可实现至少 30% 的销售率）。目前一审法院酌定的 10% 的销售额实际上几乎只有预测数额的一半。更何况，该项目在 2011 年 1 月 28 日即被查封，如果不被查封，该项目取得预售许可证的时间会更早，销售的比例会更高。而且，在此后的一年时间内，随着销售的进度推进，还会有超过 19% 的更多的销售回款，产生更多的利息损失。因此，被上诉人认为上诉人所谓酌定 10% 的进度过高，毫无依据。

再次，上诉人的这一说法完全不顾房地产项目的销售常识。任何一个楼盘在开盘前都要进行蓄客，这些潜在的购房人在开盘时会集中购买，然后，该楼盘未被蓄客认购的部分会进入散客认购期。因此，任何一个楼盘必然都是开盘时销售比例最大。这一点从青岛 E 公司的预测报告中也可以得到印证。上诉人提到的 4 个楼盘中 3 个系限购前已经开盘的存量盘，房屋总量均 300 余套，且截至 2011 年 2 月剩余房屋数量有限，上诉人不以存量盘开盘阶段销量，而以存量盘同期尾盘销量预测国际贸易中心项目在查封期间开盘的销量，但这两者之间根本不具有可比性。其中，万丽海景项目2009年10月开售，均价约3.8万元/平方米，开盘三个月即签约110套，约占总量25%，而2011年2月后剩余约一半房屋；鲁商首府项目2010年10月开盘，均价约3.2万元/平方米，开盘三个月即签约354套，而2011年2月后仅剩19套未售，不足总量的5%；海信·天玺·贺府项目2010年1月开盘，平均单价约4.5万元/平方米，远高于周边售价，2011年2月后剩余房屋占比约为2/3。上诉人以存量盘的同期销售比例，类比国际贸易中心项目的开盘销量，主张本项目2011年开盘销量每月“正常情况下销售一套就不错了”，显然与事实严重不符。事实上，案涉楼盘国际贸易中心项目是一个尚未开盘的新盘，开盘前已经进行了长期蓄客，本项目开盘前三个月的销售比例及销售总额，必然远高于前述3个已开盘多年项目的尾盘的同期销售情况，因此，对于一个仅住宅和公寓合计就达611套的地标性楼盘项目来说，如果说开盘当月仅销售一两套，那简直是背离基本常识的天方夜谭。

其三，C公司错误地以其他项目剩余尾盘价格和其他项目回迁安置房限价和销售进度来类比计算本项目整体售价和销售进度明显与事实不符，是错误的，是故意低估项目售价。

（1）C公司所谓“万丽海景的大部分房价也只有每平方米3万元左右”，是其将该项目尾盘低价曲解为该项目已售房屋均价而得出的错误结论。根据被上诉人证据5.4，该项目截至2012年5月7日项目销售比例刚刚过半阶段，其1—3号楼在售房价分别为69388元/平方米、69734元/平方米、50137元/平方米，均价约6万元/平方米，而截至C公司证据一取证的2017年4月14日，万丽海景项目已销售殆尽，仅剩最后3套房源，其中1号楼1套房屋售价30156元/平方米，3号楼2套房屋售价26200元/平方米，项目已处于尾盘低价销售阶段，C公司以该项目尾盘房价作为项目整体售价来类比，显然以偏概全，严重低估项目售价。

（2）关于鲁商首府项目已售房屋均价，C公司将2014年才开始回迁的安置房项目限价10600元/平方米作为已售普通商品房均价的计算依据，同时将该项目384套普通商品房中截至2017年4月14日仅剩2套的尾盘房屋售价作为已售房屋均价，从而得出了鲁商首府均价“最高的也在3万元以下”的错误结论，并以该错误结论来类比本项目。可见，C 公司认为被上诉人项目房屋售价达不到《商品房预售方案》的标准，缺乏基本的事实依据。

因此，C 公司认为国际贸易中心项目开盘也“卖不动”，“青岛 E 公司提供的《关于国际贸易中心项目销售情况预测报告》缺乏客观性”，质疑一审判决酌定的销售数量及价格，显然缺乏事实依据。

（五）关于 C 公司提出财产保全担保未经股东会决议，担保行为无效的问题

首先，我国《公司法》第十六条并未规定未经董事会或者股东会、股东大会同意的对外担保无效。其次，该规定是公司内部决议程序，该项规定不得约束第三人。再次，该条款并非效力性强制规定，而是管理性规定。最后，财产保全程序的启动条件是有人申请和申请人对其申请提供担保，在本质上就是无因的，法院并不去审查申请人申请保全的担保书是否经过了股东会决议。因此，是否经过股东会决议属于公司的内部决策程序，不得对抗第三人。

综上所述，一审判决事实认定清楚、法律适用正确、程序合法，上诉人的上诉没有事实及法律依据，恳请贵院依法驳回上诉，维持原判。

【生效判决书】

中华人民共和国最高人民法院

民 事 判 决 书

（2017）最高法民终 118 号

上诉人 B 公司、C 公司因与被上诉人 A 公司申请诉讼财产保全损害责任纠纷一案，不服山东省高级人民法院（2014）鲁民一重初字第 1 号民事判决，向本院提起上诉。本院依法组成合议庭公开开庭进行了审理。B 公司的委托诉讼代理人官某某，C 公司的委托诉讼代理人孙某雪、孙某磊，A 公司的委托诉讼代理人杨明、胡晓欣到庭参加诉讼。本案现已审理终结。

B 公司上诉请求：撤销一审判决，驳回 A 公司的诉讼请求；诉讼费用及保全费均由 A 公司承担。

事实与理由：一、关于 B 公司是否应当承担赔偿责任，主要应当查明在诉讼财产保全过程中 B 公司是否存在恶意，以及保全行为是否违法。山东省高级人民法院（2015）鲁民一初字第 39 号民事判决支持了 B 公司股权回购的主张，说明 B 公司的保全行为没有过错，主观上没有任何恶意，也没有任何违法性。如果该案最终支持 B 公司诉请，本案双方当事人将变成母公司和子公司之间的关系，本案诉争将变得没有意义。二、即使认定 B 公司存在违法查封问题，因 1.2 亿元在查封账户内仍然会产生利息，故一审判令 B 公司承担 1.2 亿元贷款利息损失没有事实和法律依据；因房屋销售款不能完全由 A 公司掌握，即使存在账户中产生的也是存款利率，故一审判决支持贷款利率，明显不符合法理。应等待山东省高级人民法院（2015）鲁民一初字第 39 号案最终判决结果，故申请中止审理本案。另，B 公司庭审后提交《关于请求追加案件当事人的申请》，请求追加 D 公司、E 公司为本案被告或者第三人参加诉讼。

C 公司上诉请求：撤销一审判决，改判 C 公司不承担连带赔偿责任，一审、二审诉讼费用及保全费由 A 公司承担。

事实和理由：一、B 公司申请保全的行为没有过错，不构成申请保全错误。B 公司提起诉讼、变更诉讼请求及申请财产保全，均是为保护自身合法权益，不具有错误申请保全以损害 A 公司合法权益的主观故意和重大过失，一审法院仅以 B 公司的诉求没得到支持就认定保全错误没有事实和法律依据。一审法院在查封时未对保全资产的真实价值进行核实，严重超标的查封，违反法律规定，侵犯 A 公司的合法权益，让 C 公司为其违法行为买单，有违公平正义的价值追求。二、B 公司申请财产保全与 A 公司所称损失之间没有因果关系。1. A 公司怠于行使保全复议等权利，未采取请求用销售资金账户换封土地使用权等措施减少损失，存在重大过错。2. 查封土地的价值完全覆盖冻结的 1.2 亿元，A 公司未及时申请解冻存在过错。3. A 公司的销售状况受地方政策及自身存在重大纠纷等多种因素影响，与 B 公司申请财产保全没有直接关系。三、B 公司申请财产保全并没有给 A 公司造成实际损失，一审判决依据不足。1. 侵权人赔偿的财产损失应是确定的或将来必然发生的。按照青岛市 2011 年以来持续上涨的房产价格，A 公司房产推迟销售不但没有受损而且还有可能因此盈利。2. 一审判决酌情确定按全部销售额的10%为基数计算一年的利息损失，超出A公司提供证据证明的范围，严重违背A公司提交的《公证书》证明的事实。3. 被冻结1.2亿元的利息损失不存在，即使存在也系因A公司未申请解冻的过错，还因违法借贷应予收缴，否则也应按照损益平衡原则扣除冻结期间的存款利息。四、C公司为股东的财产保全提供担保未经股东会决议，该担保行为无效。即使承担责任也应仅就其提供的担保财产承担责任，而非连带保证责任。一审判决以共同侵权为由判决C公司承担连带赔偿责任属于适用法律错误。

A公司答辩称，B公司、C公司的各项上诉请求缺乏事实和法律依据，应予驳回。

事实和理由：一、一审判决认定B公司申请保全错误有充分的事实和法律依据。1. 最高人民法院（2011）民二终字第108号民事判决第4页、第5页认定的B公司在项目销售定价决策过程中的一系列行为事实证明，B公司申请保全的目的就是通过对A公司土地使用权的查封阻止案涉项目销售的正常进行。2. A公司不断提供股权、房产作为担保以解封项目土地使用权，但B公司不断凭空增加诉讼标的额及查封限额来进行阻碍，其在原案庭审中亦声称本拟将A公司作为第三人，但为实现项目土地使用权的保全才列为被告，B公司始终追求发生土地使用权被查封的结果，其主观过错极其严重。二、一审判决酌情按全部销售额的10%作为基础计算一年的利息损失，也远低于实际损失。1. 因错误保全申请造成项目不能销售的利息损失最低也达189553873.1元。2. B公司认为一审判决酌定按全部销售额的10%为基数计算一年的利息损失过高没有任何依据。3. B公司认为即使不查封也销售不出去的说法与其反对项目销售定价过低的理由自相矛盾，且与周边项目的实际销售情况不符。三、B公司关于一审判决1.2亿元被冻资金的利息损失错误的几个理由均不成立。A公司从股东处筹措资金按照民间借贷司法解释的规定属于合法借款，一审判决按半年期贷款利率计算已远低于实际的资金成本。四、C公司关于“被上诉人未采取妥善有效措施，自身存在重大过错”的指责与事实完全相悖。A公司在项目具备销售条件的情况下，必须通过项目销售回笼资金才能减轻巨大的资金压力，项目销售也符合政府关于不得捂盘惜售的要求，C公司关于没有必要筹措1.2亿元解封土地使用权的说法完全没有依据；A公司筹措1.2亿元刚解除土地使用权的查封，B公司、C公司又提高保全数额和提供新的担保再次查封，按照其阻止项目销售不达目的不罢休的做法，查封复议和换封没有可能。五、B公司、C公司将自身错误保全责任推卸给法院没有依据。B公司、C公司为阻止项目销售的正常进行，五次随意变更诉讼请求及诉讼保全，是典型的滥用诉权行为，其指责法院违法超标的查封，本质是推卸责任。六、D公司、E公司与本案争议无关，B公司在上诉状中申请追加前述两公司为本案被告或者第三人参加诉讼，没有事实和法律依据。七、A公司因项目不能及时销售而面临的对项目施工方、贷款银行、供货商等的违约责任损失以及降价损失等客观存在，一审判决酌情判处的66694625.35元损失仅是全部损失的一小部分。A公司出于避免诉累、尽快获得赔偿的目的，选择尊重并服从一审判决。

A公司一审诉讼请求：一、B公司赔偿A公司因申请财产保全错误造成的损失193063873.10元；二、C公司与B公司对A公司因财产保全错误造成的损失193063873.10元承担连带赔偿责任。

一审法院认定事实：2005年9月22日，A公司经青岛市工商行政管理局市南分局注册成立，公司类型为有限责任公司，企业法人，经营范围为房地产开发及销售等。本案所涉“国际贸易中心”项目由其开发建设。

2008年4月3日，为解决项目资金短缺问题，A公司的股东一、股东二、股东B公司、D公司、A公司五方签订《合作框架协议》。该协议约定，A公司的股东一、股东二、股东B公司同意分别将其对A公司享有的50%、24.5%、17.5%的股权转让给D公司。D公司通过外资进入的方式向A公司投资，进行项目的开发经营，并享受项目销售带来的收益。

2008年4月13日和5月9日，D公司（甲方）、B公司（乙方）、A公司（丙方）就项目具体合作事项先后签订了《补充协议》和《投资合作协议》。《投资合作协议》第五条约定甲方对公司的投资属战略性投资、阶段性持股，甲方在收回投资（股权投资除外）及收益后，同意乙方对甲方所持公司股权进行回购。第七条约定项目达到预售条件后，公司即行销售，销售回款首先应偿还甲方投资本金及收益。该条还约定投资收益按年计算，每年为该年度公司实际占用甲方投资总额的30%，并于当年12月20日前清算并支付完毕。第八条约定了乙方回购甲方所持公司全部股权的条件。回购对价按照甲方股权投资额加上股权投资额每年溢价30%的金额计算；乙方回购甲方全部股权应在协议签订后5年内进行。第十一条第五款约定项目开发经营过程中，除资产处置、股权转让、对外担保之外的其他经营活动，甲方有权自行决定，但乙方享有知情权。另外，乙方有权对项目的营销策划提供方案，最终方案须经公司董事会通过。第六款约定为保证本协议约定的各项内容的顺利进行，一方遇有协助义务的，另一方应积极协助与配合。第十二条约定各方应当按照协议约定全面履行各自的义务，一方违约给其他方造成损失的，应对其他方赔偿相应损失。

上述协议签订后，A公司召开股东会，通过了协议约定的股权转让事宜，作出了章程修正案，A公司股东变更为D公司（出资额9200万元）和B公司（出资额800万元）。在章程修正案中还同时删除了原章程第二十八条关于“公司利润分配按照《公司法》及有关法律、法规，国务院财政主管部门的规定执行”的规定。

之后，D公司开始介入A公司，陆续投入和筹集资金，推动了项目的开发建设。2010年3月31日，A公司与E公司签订了《国际贸易中心项目销售代理合同》，委托E公司对项目进行销售。2011年1月19日，A公司召开董事会会议，对国际贸易中心项目价格策略方案进行审议。该次会议最终以五名董事中四名同意，一名反对（B公司），通过了该价格策略方案，同时责成公司经理层办理项目预售许可证，并授权其择机确定开盘时间。2011年3月7日，A公司取得了国际贸易中心项目的预售许可证。在其备案的商品房预售方案中载明，预售部分楼房的价格为：住宅均价41111元/平方米，办公楼均价41637元/平方米，商业楼均价73371元/平方米，公寓式酒店均价36667元/平方米。

2011年1月24日，B公司以D公司、A公司、E公司为被告提起诉讼称，2008年5月9日，B公司、D公司、A公司签订《投资合作协议》，根据该协议，在回购条件成就时，B公司有权回购D公司对A公司所享有的92%股权，同时，在回购条件成就前B公司有权引入战略投资者受让D公司一定比例的股权。B公司享有进行股权回购及引进战略投资者的权利。2010年7月9日，B公司向D公司及A公司发出配合股权回购的函，要求配合启动相应的股权回购程序。D公司及A公司拒绝配合实现股权回购条件，恶意阻挠条件成就，严重违反了投资合作协议第十一条约定的“积极协助与配合”的义务。而且股权回购条件均需D公司和A公司的协助与配合方能成就。D公司及A公司恶意阻挠股权回购条件成就，根据《中华人民共和国合同法》规定，应当视为条件已经成就。而且B公司2010年7月9日就提出了回购请求，只是因为D公司和A公司拒不配合未能完成，D公司无权再享有7月9日之后的年投资回报率。投资合作协议签订后，D公司利用其阶段性股东身份，挪用项目公司资金达12亿元；恶意以低于市场价的内部销售方式造成B公司18亿元的损失；强行对项目进行停工，每天造成上百万元的损失；擅自用项目公司1.2亿元的现金提供担保。这些行为严重违反了投资合作协议第十一条的约定，依法应赔偿B公司所遭受的损失。遂请求法院判令：1. B公司在D公司履行合同约定的协助、配合义务的情况下，有权进行股权回购；2. D公司、A公司配合B公司自即日起（2011年6月29日）实现投资合作协议第八条第二款约定的股权回购条件；3. D公司、A公司协助B公司将D公司名下92%的股权办理工商变更登记到B公司或B公司指定的第三方战略投资者名下；4. D公司根据投资合作协议享有的年投资回报率30%截止计算至2010年7月9日；5. 被告立即停止对项目任何形式（包括但不限于销售、停止施工、抵押、资金占用等）的恶意处置行为，并承担因此所造成的损失约30亿元人民币，暂主张4.8亿元（经多次变更后），以法院审核为准；6. 诉讼、审计、评估、保全等费用均由D公司、A公司承担。

2011年1月26日，根据B公司的申请，山东省高级人民法院作出（2011）鲁商初字第2-1号民事裁定，对A公司的财产进行了诉讼保全。C公司以在其名下的山东省滨州市渤海十七路以东、黄河七路以南都心世贸广场192号的房产提供担保。2011年1月28日，该院对A公司所开发建设的国际贸易中心项目的土地使用权予以实际查封。为了解除该查封，保证项目的正常销售，A 公司从 D 公司筹措 1.2 亿元的存款作为担保，申请解除上述查封。2011 年 2 月 23 日，该院作出（2011）鲁商初字第 2－3 号民事裁定，解除了对国际贸易中心项目土地使用权的查封，同时冻结了 A 公司的 1.2 亿元存款。2011 年 3 月 7 日，A 公司取得了商品房预售许可证。2011 年 2 月 25 日，B 公司将诉讼请求标的额增加至 2.4 亿元，继续申请对 A 公司的财产保全，C 公司继续以其相应价值房产提供担保。2011 年 3 月 2 日，该院作出（2011）鲁商初字第 2－5 号民事裁定，裁定对 A 公司的国际贸易中心项目土地使用权进行查封。2011 年 3 月 9 日，该院对国际贸易中心项目土地使用权进行了实际查封。此后，B 公司又多次变更诉讼请求，申请增加财产保全的数额。截至 2011 年 6 月 29 日，B 公司最终将其主张的经济损失赔偿数额提高到 4.8 亿元。在 C 公司的担保支持下，2011 年 9 月 8 日，该院作出（2011）鲁商初字第 2－8 号民事裁定，将对 A 公司财产保全的限额提高到 3.9 亿元。

2011 年 9 月 13 日，山东省高级人民法院作出（2011）鲁商初字第 2 号民事判决，以证据不足为由，判决驳回了 B 公司的诉讼请求。B 公司向最高人民法院提起上诉，最高人民法院 2012 年 3 月 15 日（2011）民二终字第 108 号民事判决驳回了 B 公司的上诉请求。

2012 年 4 月 10 日，根据 D 公司和 A 公司的申请，山东省高级人民法院作出（2011）鲁商初字第 2－11 号民事裁定，解除了对 A 公司国际贸易中心项目土地使用权的查封，解除了对 A 公司在中国银行股份有限公司山东省分行账户 23×××56 的冻结。

2010 年 10 月 26 日，中国银行股份有限公司山东省分行向青岛市房产登记中心出具证明一份，该证明载明，A 公司开发的国际贸易中心项目，位于青岛市××××，计划总投资 418000 万元（不含地价款），现工程已投入建设资金 85592 万元（不含地价款），其中：前期工程费 24530 万元、建安工程费 104853 万元，开发间接费 56209 万元，占总投资额的 44%。同日，中国工商银行股份有限公司青岛市南第二支行出具证明称，A 公司开发的国际贸易中心项目，位于青岛市××××，土地证号为：青房地权市字第×××号，已将使用权抵押给我行，属于土地抵押（抵押范围不包含公共配套设施），我行同意该公司办理预售许可证，对外销售。同日，中国农业银行股份有限公司青岛市南支行也出具了与中国工商银行股份有限公司青岛市南第二支行相同的证明。2011 年 3 月 7 日，A 公司取得了青房注字（2011）第×××号青岛市商品房预售许可证。该证载明的项目名称为国际贸易中心，坐落地点为市南区香港××路××乙××，地上部位建筑面积为 212252.80 平方米。2011 年 3 月 7 日，A 公司制作的商品房预售方案载明，预售总套数 656 套，预售面积 212252.80 平方米。在该项目土地使用权被查封期间，商品房预售许可证所许可销售的商品房未能实际销售。

2011 年 1 月 28 日，青岛市人民政府办公厅发布青政办发［2011］8 号《关于进一步做好房地产市场调控工作促进房地产市场平稳健康发展的意见》，决定实行限定购房套数政策，严格限制投机性购房。该政策自该意见发布之日起至 2011 年 12 月 31 日，在青岛市市区（市××区）实行住房限购措施。

国际贸易中心项目的销售机构为 E 公司。2012 年 4 月 14 日，E 公司向 A 公司提供的《关于国际贸易中心项目销售情况预测报告》载明，开盘时间 2011 年 1 月 28 日前，开盘一周内预计销售进度为 22%，开盘一月内预计销售进度 30%，开盘一年内预计销售进度为 61%。开盘时点所处背景为市场状况良好，沿海一线无新的竞品项目推出，项目形象健康、定价合理，具有标志性，备受客户瞩目与期待。开盘时间 2011 年 3 月，开盘一周内预计销售进度为 17%，开盘一月内预计销售进度为 19%，开盘一年内预计销售进度为 47%。开盘时点所处背景为项目官司缠身，财产被查封，引起社会广泛质疑，客户渐渐流失，“新国八条”、青岛限购令相继出台，项目处于尴尬局面。开盘时间 2012 年 3 月，开盘一周内预计销售进度为 10%，开盘一月内预计销售进度 13%，开盘一年内预计销售进度为 30%。开盘时点所处背景为房地产市场调控一年来，青岛高端房产价格回落明显，项目维持原价销售已不现实，建议降低销售价格。

A 公司主张的损失额为，项目销售迟延半年的利息损失 189553873.10 元，1.2 亿元资金被冻结半年的利息损失 351 万元。其计算方法为，项目全部销售后的总价值为 10013411148.72 元，按开盘销售最低 30% 计算，该等款项仅一年利息损失为189553873.10元；1.2亿元资金被冻结按半年期贷款利率5.85%计算（2011年2月23日至8月23日）利息损失为351万元（1.2亿元×5.85%×0.5）。上述两项合计为193063873.10元。

2014年12月18日，最高人民法院作出（2013）民申字第161号民事裁定，驳回了B公司对于（2011）民二终字第108号民事判决的再审申请。

另查明，本案申请及实施保全措施时，中国人民银行公布的贷款利率为：半年期利率5.85%，一年期利率6.31%。

一审法院认为：本案系因当事人在诉讼过程中申请财产保全错误造成对方当事人财产损失而引起的纠纷，在山东省高级人民法院（2011）鲁商初字第2号一审案件和最高人民法院（2011）民二终字第108号二审案件中，B公司和C公司分别是财产保全的申请人与担保人，A公司是被申请人。在本案中原告与被告的主体资格均适格。本案争议的焦点问题有三个，一是B公司是否存在申请保全错误的问题；二是A公司因申请财产保全错误而造成损失数额的确定问题；三是C公司是否应承担连带赔偿责任的问题。

关于第一个焦点问题，对于B公司是否存在申请保全错误的问题。该院认为：错误申请财产保全造成被申请人财产损失的行为，属于《中华人民共和国民法通则》和《中华人民共和国侵权责任法》所规定的行为人由于过错侵害他人的财产，依法应当承担民事责任的行为。《中华人民共和国民事诉讼法》第一百零五条规定，申请有错误的，申请人应当赔偿被申请人因保全所遭受的损失。根据审理查明的事实，2011年1月28日，根据B公司的申请，在另案中该院对A公司的销售账户、土地使用权采取了冻结、查封的保全措施。但案件审理结果是B公司的诉讼请求被该院和最高人民法院驳回，其诉讼请求未获支持。另外，在保全措施实施中，为了保证项目销售的正常进行，A公司提供了1.2亿元存款作为担保，于2011年2月25日置换并解除了对项目土地使用权的保全措施。2011年3月7日，在A公司取得商品房预售许可证后，B公司又增加了1.2亿元的保全申请，将对A公司财产保全数额提升到2.4亿元。A公司已经取得预售许可证的项目再次因土地使用权被查封而无法销售。为了对抗A公司解封申请，B公司不断增加诉讼请求标的额，并申请追加查封限额，至2011年9月8日，其申请保全的数额提高到3.9亿元，导致A公司的项目土地使用权长达一年多处于被查封状态，影响了项目销售。因此，B公司财产保全申请尤其是屡次增加保全申请数额的行为，不但主观上存在过错，客观上也给A公司造成了经济损失。该损害结果与B公司的行为之间具有直接的因果关系，B公司应当承担赔偿责任。

关于第二个焦点问题：A公司因申请财产保全错误而造成损失数额的确定问题。A公司主张的损失包括以下两个部分：

一是关于1.2亿元资金被冻结的利息损失问题，因A公司1.2亿元资金被冻结半年（2011年2月23日至8月23日），影响其资金周转，造成了相应的损失。对于C公司提出的借款系违法借贷及应为存款利息等抗辩事由，既无事实和法律依据，又缺乏资金被冻结造成损失的关联性，该院不予采纳。现A公司按中国人民银行同期贷款利息主张此项损失，应当予以支持。根据2011年4月6日中国人民银行公布的半年期贷款利率5.85%计算，A公司1.2亿元存款被冻结半年的利息损失为351万元（1.2亿元×5.85%×0.5）。

二是关于迟延销售楼房的利息损失。A公司主张按预计全部销售额的30%计算一年的利息，作为其损失的赔偿数额。因该预计销售额系备案的商品房预售方案中载明的价格，且B公司提起诉讼申请保全的原因也包括售价过低的问题，以该销售额作为计算损失的依据，既可以反映当时的市场交易价格，也不会侵害B公司的权益，可以作为计算损失数额的依据。对于计算损失的比例问题，根据B公司的申请，该院于2011年1月28日裁定查封、冻结A公司相关财产。由于青岛市政府于2011年1月20日就发布了商品住宅限购的相关政策，本案所涉住宅、办公、商业、酒店式公寓的销售，即使不被诉讼保全亦必然受到影响。因房地产的价格波动及销售进度受政策、市场等各方面影响较大，且尽管B公司对申请查封存在过错，但提起诉讼存在一定的合同及事实依据，并非为阻止房产销售虚构的诉讼。综合考量各种因素后酌情确定为：以全部销售额的10%为基数计算一年的利息损失。按照中国人民银行公布的同期银行贷款利率6.31%计算，B公司应赔偿A公司项目销售迟延一年的销售款利息损失63184624.35元（1639314102.72

元×10%×6.31%=63184624.35元）。

综上，B公司应向A公司赔偿因申请财产保全错误而造成的损失66694624.35元。

关于第三个焦点问题，C公司是否应当承担连带赔偿责任的问题。C公司抗辩其提供担保，未经过股东会或者股东大会决议，违反了公司法第十六条第二款、第三款关于公司提供担保的规定，且在提供担保过程中，B公司存在欺诈行为，担保应为无效，C公司不应承担担保责任。对此，该院认为：根据《中华人民共和国民事诉讼法》第一百条、第一百零五条规定，人民法院采取保全措施，可以责令申请人提供担保，申请有错误的，申请人和担保人应当赔偿被申请人因保全所受的损失。

B公司在A公司提供担保财产要求解封的情况下，屡屡提高保全数额，C公司自愿不断增加提供担保财产，为B公司的保全申请提供担保。根据《中华人民共和国民事诉讼法》关于保全及担保的规定，C公司对于其提供担保可能造成申请错误而带来的赔偿，应当是明知的。C公司提供担保的行为，造成A公司的资金被冻结、项目土地使用权被查封，根据《中华人民共和国侵权责任法》第八条规定，依法应当承担连带赔偿责任。C公司关于提供担保违反了公司法的规定及B公司存在欺诈行为的抗辩，属于公司内部管理及股东权利行使的问题，C公司为保全提供担保，已被人民法院审查接受，其担保是合法有效的。对于C公司与B公司之间的纠纷，可另行解决。故对于C公司的这一答辩理由，该院不予采信。C公司应当对B公司申请保全错误造成的损失承担连带赔偿责任。

综上所述，依照《中华人民共和国侵权责任法》第六条、第八条，《中华人民共和国民事诉讼法》第一百条、第一百零五条、第一百五十二条之规定，判决如下：一、B公司于本判决生效之日起十日内赔偿A公司因申请财产保全错误造成的损失66694624.35元；二、C公司对本判决第一项承担连带赔偿责任；三、驳回A公司的其他诉讼请求。案件受理费1007119元，由A公司负担671413元，B公司和C公司共同负担335706元；财产保全费5000元，由A公司负担2500元，B公司和C公司共同负担2500元。

本院经审理，对一审法院查明的事实予以确认。

二审中，各方当事人均提交了新证据。B 公司提交山东省高级人民法院（2015）鲁民一初字第 39 号民事判决、最高人民法院（2016）最高法民终 584 号民事裁定、山东省高级人民法院开庭传票及 A 公司在最高人民法院（2016）最高法民终 584 号案件审理过程中出具的调解意见等四份新证据，拟证明其对 A 公司股权有回购权，在山东省高级人民法院（2011）鲁商初字第 2 号案件中采取诉讼保全是否错误应等待山东省高级人民法院（2015）鲁民一初字第 39 号案件的重审结果，本案应中止审理。A 公司质证认为，虽然前述证据真实，但判断本案诉争诉讼保全是否错误应以山东省高级人民法院（2011）鲁商初字第 2 号案判决结果为准，与山东省高级人民法院（2015）鲁民一初字第 39 号案最终是否支持 B 公司股权回购无关，本案不应中止审理。

C 公司提交了四份新证据，证据一、二为《目前关于鲁商首府和万丽海景项目销售情况的公证书》《目前 A 公司的项目的销售情况公证书》，拟证明一审法院酌定的销售数量及价格与事实明显不符；证据三为《青岛市新建商品房预售资金监管暂行办法》，拟证明 A 公司未向法院提出查封复议申请存在过错，即使存在查封损失也应自行承担。证据四为 C 公司为 B 公司财产保全出具的担保书及山东省高级人民法院（2011）鲁商初字第 2 号、第 2 -7 号民事裁定书，拟证明其系以相应价值的财产提供的担保，而非连带责任担保。A 公司质证认为对前述证据真实性认可，但对关联性及证明目的不认可。证据一 C 公司以其他项目的剩余尾盘或回迁安置房的价格和销售来类比案涉项目的销售不具有可比性；证据二恰恰证明因诉争诉讼保全行为导致案涉项目错过最佳销售时机造成项目销售情况不理想；证据三不能证明 A 公司没有采取其他措施来减损；证据四的三份担保书中 C 公司均陈述如因财产保全不当造成损失愿承担相应责任，C 公司以此主张不承担连带责任与事实不符。

A 公司提交了两份新证据，证据一为《复议申请书》，拟证明 C 公司指责 A 公司没有及时提出复议或申请解封措施与事实不符；证据二为《青岛“海景豪宅”版回迁房问世，燕儿岛路片区居民回迁选房（组图）》，拟证明 C 公司提供的所谓鲁商首府的销售价格与本案项目不具有可比性。B 公司质证认为，证据一为复印件，真实性暂不发表意见；证据二未进行公证和核对，对真实性不认可。C公司质证认为，证据一其并不知情，即使真实也与怠于申请权利无关；证据二是网上自行打印，对真实性无法确认，即使真实也因该信息显示的是回迁房而与C公司提交的商品房销售价格不对应。

对各方当事人在二审中提交前述新证据是否采信作为本案认定事实的依据问题，本院在后一并评述。

本院认为，根据双方当事人的上诉请求和答辩意见，本案争议焦点是：一、本案是否应当中止审理；二、B公司是否应因申请财产保全而赔偿A公司的损失；三、B公司赔偿的数额如何确定；四、C公司是否应当承担连带赔偿责任。根据本案审理查明的事实和相关法律规定，分析评判如下：

一、关于本案是否应当中止审理的问题

B公司上诉主张应当中止审理本案的理由是两方面，一是认为如果山东省高级人民法院（2015）鲁民一初字第39号案重审后最终判定其对A公司股权有回购权，则B公司在山东省高级人民法院（2011）鲁商初字第2号案中申请财产保全就不存在错误；二是B公司回购A公司股权后，其与A公司系母公司与子公司的关系，本案诉争将因双方利益一致而没有实质意义。本院认为，《中华人民共和国民事诉讼法》第一百五十条第一款第五项规定，本案必须以另一案的审理结果为依据，而另一案尚未审结的，中止诉讼。本案中，首先，判断本案B公司在山东省高级人民法院（2011）鲁商初字第2号案中申请财产保全是否错误是要看其当时在该案中的诉讼行为是否存在过错，而非该案之后其是否还享有回购权，不管山东省高级人民法院（2015）鲁民一初字第39号案最终判决结果确定其是否回购A公司股权，均不影响本案的裁判。其次，本案判决结果确定的损失赔偿属于A公司独立的财产，不仅与其股东利益相关，还涉及A公司债权人的利益，即使B公司回购股权后与A公司系母公司与子公司的关系，对本案诉争也应作出判决。因此，B公司关于本案应当中止审理的上诉主张不能成立。

二、关于B公司是否应因申请财产保全而赔偿A公司损失的问题

B公司上诉主张其财产保全行为没有过错，主观亦无恶意；C公司上诉主张B

公司不具有错误申请财产保全以损害A公司合法权益的主观故意和重大过失，一审法院仅以B公司的诉求没有得到支持就认定申请保全错误，没有事实和法律依据。本院认为，《中华人民共和国民事诉讼法》第一百条规定，“人民法院对于可能因当事人一方的行为或者其他原因，使判决难以执行或者造成当事人其他损害的案件，根据对方当事人的申请，可以裁定对其财产进行保全、责令其作出一定行为或者禁止其作出一定行为”；第一百零五条规定，“申请有错误的，申请人应当赔偿被申请人因保全所遭受的损失”。财产保全制度的目的在于保障将来生效裁判文书的执行，申请财产保全是当事人重要的诉讼权利。依当事人申请裁定的财产保全，虽系人民法院对申请进行形式审查后作出的司法措施，但其前提和基础是当事人的财产保全申请。如因申请保全人权利行使不当造成他人财产损失的，应由申请保全人承担侵权赔偿责任。侵权责任的认定，应当适用《中华人民共和国侵权责任法》第六条“行为人因过错侵害他人民事权益，应当承担侵权责任”规定。申请保全人是否有过错，不仅要看其诉讼请求最终是否得到支持，还要看其是否存在故意或重大过失。申请保全人是否存在故意或重大过失，要根据其诉讼请求及所依据的事实和理由考察其提起的诉讼是否合理，或者结合申请保全的标的额、对象及方式等考察其申请财产保全是否适当；申请保全人提起的诉讼合理且申请财产保全适当的，不属于故意或重大过失，否则系存在过错。本案中，首先，B公司提起山东省高级人民法院（2011）鲁商初字第2号案的诉讼缺乏合理性。按照《合作框架协议》《补充协议》《投资合作协议》的约定，D公司投资A公司是为获得项目销售带来的收益，股权回购的前提也是D公司要已按约定比例获得正常经营期间的投资收益。根据最高人民法院（2011）民二终字第2号生效民事判决的认定，案涉项目尚未进行销售，D公司在项目中的投资风险并未释放完毕，在案涉项目的建设、销售完成之前，B公司不享有请求D公司立即实现约定股权回购条件的权利，最终驳回了B公司的全部诉讼请求。在D公司投资入股A公司推动项目开发经营后尚未通过项目销售获得收益的情况下，B公司以行使股权回购权为由，对D公司提起山东省高级人民法院（2011）鲁商初字第2号案的诉讼，并要求巨额赔偿，明显不符合双方在合同中关于股权回购的约定；B

公司在没有相应证据证明 A 公司的经营行为明显损害公司利益的情况下，将 A 公司列为共同被告，并要求 A 公司停止项目任何形式的处置行为，缺乏事实基础。其次，B 公司的诉讼保全行为缺乏适当性。一方面，B 公司在可以通过冻结 A 公司房屋销售账户以保护其实现股权回购后的利益的情况下，采取保全措施查封 A 公司土地使用权，阻止了案涉项目的正常销售，其申请保全的对象和方式不适当。另一方面，在 A 公司提供 1.2 亿元存款作为担保置换解封了项目土地使用权的情况下，B 公司为对抗 A 公司的解封不断增加诉讼请求标的额及查封限额，导致项目土地使用权长达一年多时间处于被查封状态，该保全行为也明显不适当。因此，在山东省高级人民法院（2011）鲁商初字第 2 号案件中，不仅是 B 公司的诉讼请求被全部驳回，而且其提起该案诉讼缺乏合理性、申请财产保全措施缺乏适当性，主观上明显存在过错，客观上也给 A 公司造成损失，按照《中华人民共和国民事诉讼法》第一百零五条的规定，B 公司应因其申请财产保全错误而赔偿 A 公司所遭受的损失。

三、关于 B 公司赔偿数额如何确定的问题

A 公司在本案中主张的损失为两个方面，一是其提供 1.2 亿元换封资金被冻结半年的利息损失，二是项目因诉讼财产保全而迟延销售一年对应的房款利息损失。

（一）关于 A 公司 1.2 亿元被冻结的利息损失。B 公司、C 公司上诉主张 A 公司未及时申请解除冻结存在过错，该损失不存在，即使存在也应为存款利息，并因系违法借贷而应予收缴。本院认为，申请财产保全冻结被保全人的资金，影响了被保全人对资金的使用收益，必然造成相应的利息损失，申请保全人应当赔偿。被保全人提供证据证明该资金系向他人借贷或被冻结之前已签订合同借贷他人的，该利息损失为实际损失，但该利息损失加上被冻结资金的银行利息之和不应超过《最高人民法院关于审理民间借贷案件适用法律若干问题的规定》规定的年利率 24% 的上限；否则，被保全人的资金利息损失，可参照中国人民银行同期贷款基准利率，或者《最高人民法院关于审理民间借贷案件适用法律若干问题的规定》关于未约定期内及逾期利率的情况下资金占用利息为年利率 6% 的标准确定。本

案中，首先，A公司提供1.2亿元换封案涉项目土地使用权后，B公司却提高诉讼标的额及保全限额，A公司申请解除资金冻结及人民法院审查作出裁定均需要相应的时间，B公司、C公司关于A公司未及时申请解除冻结存在过错的主张不能成立。其次，A公司为解除案涉项目土地使用权的查封而从其股东D公司处借款1.2亿元，并不违反有关民间借贷的法律法规及司法解释的规定，B公司、C公司主张因违法借贷而应予收缴缺乏法律依据。再次，A公司作为房地产开发的企业，其巨额资金被冻结必然要产生相应的资金损失，在案涉合同中亦约定D公司每年要按A公司实际占用投资总额的30%计算投资收益，B公司、C公司关于没有损失及损失应为存款利息的上诉主张与事实不符。因此，一审判决根据A公司的诉讼主张，按照中国人民银行同期贷款利率判处B公司赔偿A公司1.2亿元被冻结半年的资金利息损失351万元，并无不当。

（二）关于项目迟延销售的损失。A公司诉讼主张按预计全部销售额的30%计算一年的利息，一审法院酌情按其全部销售额的10%为基数计算一年的利息损失。B公司上诉主张即使其不保全查封，房屋销售款也不能完全由A公司掌握，存在账户中也只是存款利率而非贷款利率。C公司上诉主张，A公司房屋销售受地方政策等多种因素影响，其损失与B公司的财产保全没有因果关系；按照青岛市2011年以来持续上涨的房产价格，A公司房产推迟销售不但没有损失而且还因此盈利，一审判决酌情确定的房屋销售款利息损失，缺乏事实依据。本院认为，《最高人民法院关于人民法院办理财产保全案件若干问题的规定》第二十条规定，“财产保全期间，被保全人可以请求对被保全财产自行处分，人民法院经审查，认为不损害申请保全人和其他执行债权人合法权益的，可以准许，但应当监督被保全人按照合理价格在指定期限内处分，并控制相应价款。被保全人请求对作为争议标的的被保全财产自行处分的，须经申请保全人同意。人民法院准许被保全人自行处分被保全财产的，应当通知申请保全人；申请保全人不同意的，可以依照民事诉讼法第二百二十五条规定提出异议。”错误财产保全赔偿的是被保全人的实际损失，且该损失的发生与申请保全人的行为有直接的因果关系。被保全人依据前述司法解释规定有权选择对被保全财产是否处分，被保全人未请求或者其请求不当而未获人民法院准许的，被保全财产因市场变化而产生的价值贬损，系被保全人应自行承担的风险，与申请财产保全行为没有直接的因果关系。但申请保全人不同意被保全人自行处分的，则被保全人因不能行使处置权而发生的财产损失与申请保全人的行为有直接的因果关系，在财产保全错误时应由申请保全人承担相应的赔偿责任；被保全人的实际损失，应为被保全财产在保全开始与保全结束两个时点的价差，以及开始时的价款对应的资金利息损失。本案中，首先，A公司筹措1.2亿元换封了案涉项目的土地使用权欲进行房屋销售，但B公司不断增加诉讼请求标的额及查封限额，其错误财产保全行为阻却了A公司的房屋销售，应赔偿A公司在此期间遭受的实际损失，B公司、C公司关于保全查封与房屋销售损失没有因果关系及A公司怠于行使保全复议、未采取换封措施减少损失存在重大过错等上诉理由，均不能成立。其次，一审判决以A公司全部销售额的10%为基数，并按同期银行贷款利率计算的利息，酌定为B公司应赔偿的项目迟延销售损失，有相应的事实和法律依据。B公司、C公司虽主张青岛市房产价格2011年以来持续上涨，但并未提供证据证明10%的项目房屋在查封结束时实际销售价款或市场价值与在查封开始时预计销售的价款之差，减去A公司10%的项目房屋查封开始时预计销售的价款在错误保全查封期间的融资损失，大于一审判决酌定的房款利息损失，故B公司、C公司关于A公司房产推迟销售没有损失而不用赔偿的上诉主张亦不能成立。一审判决酌定B公司赔偿A公司项目迟延销售的利息损失63184624.35元并无不当，本院予以维持。

四、关于C公司是否应当承担连带赔偿责任的问题

C公司上诉主张其担保因未经股东会决议而无效，即使承担责任也应仅就其提供的担保财产承担责任，而非连带保证责任。本院认为，为财产保全提供的担保系向人民法院出具的司法担保，而非平等民事主体之间的担保。财产保全措施系因申请而采取，财产保全错误的，申请保全人是侵权行为人。第三人提供担保的，对被保全人的损失，应当按照承诺承担相应的担保责任。本案中，首先，C公司在山东省高级人民法院（2011）鲁商初字第2号案中提供的担保，经该院审查接受后合法有效，C公司关于其担保因未经股东会决议而无效的上诉主张，缺

乏法律依据。其次，山东省高级人民法院（2011）鲁商初字第2号案中错误财产保全的行为主体是B公司，而非C公司，C公司为B公司提供保全担保，并不属于共同侵权行为。一审判决依据《中华人民共和国侵权责任法》第八条的规定认定C公司与B公司构成共同侵权并承担连带赔偿责任，属于适用法律不当，本院予以纠正。再次，C公司出具的三份《财产保全担保书》中明确表示以其名下滨州市渤海十七路以东、黄河七路以南×××号房产为B公司的保全提供财产担保，如因财产保全不当给被保全人造成损失的，愿承担相应责任，故应在担保财产的价值范围内承担担保责任。C公司出具的担保书中没有承担无限连带责任的意思表示，A公司关于C公司应按照担保书承诺而承担连带责任的主张与事实不符。

此外，根据本案诉争焦点及查明的事实，D公司、E公司是否参加诉讼，并不影响本案的审理，本案的审理结果亦与D公司、E公司没有关系，B公司在二审中申请追加D公司、E公司为本案被告或者第三人参加诉讼，缺乏事实和法律依据，本院不予支持。另，根据本院前述分析，除C公司出具的担保书外，各方当事人在二审中提交的其他新证据与本案事实及争议焦点的认定没有关联性，在本案中均不予采信。

综上，B公司的上诉请求不能成立，予以驳回；C公司的上诉请求部分成立。本院依照《中华人民共和国民事诉讼法》第一百七十条第一款第二项之规定，判决如下：

一、维持山东省高级人民法院（2014）鲁民一重初字第1号民事判决第一项、第三项；

二、变更山东省高级人民法院（2014）鲁民一重初字第1号民事判决第二项为A公司有权就本判决第一项确定的债权对C公司名下滨州市渤海十七路以东、黄河七路以南×××号房产折价或者拍卖、变卖价款优先受偿。

一审案件受理费1007119元，由A公司负担671413元，B公司和C公司共同负担335706元；财产保全费5000元，由A公司负担2500元，B公司和C公司共同负担2500元。二审案件受理费1007119元，由B公司和C公司共同负担。

本判决为终审判决。

【案件总结】

一、案件代理历程回顾

本案系由合作开发纠纷所引起的诉讼保全错误赔偿案，入选了2018年第10期最高人民法院公报案例。该系列案件中，D公司和项目公司A公司的代理人均为北京市炜衡律师事务所杨明、胡晓欣律师。代理律师在接手本案之初，即敏锐地意识到本案的诉前准备对本案的后期诉讼将会产生重大的影响。因此代理律师在提起诉讼前就代理相关单位取得原案的胜诉，为本案索赔奠定了充分的事实基础。为了取得原案的胜利，代理律师帮助A公司设计了一次总经理办公会、三次董事会，并及时对B公司发出催促函，从而掌握了整个事件的主动权，为原案乃至本案的胜诉做好了充分的前期准备。

同时，涉案项目在原案中被保全伊始，代理律师即提出应当及时提出复议申请，要求对保全的项目进行处分，并指导A公司提供了1.2亿元的存款作为担保置换项目土地使用权，建立损失与保全行为的因果关系，这一布局成为最高法院判决认定A公司在保全过程中并无过错的重要依据。而项目被二次查封后顺水推舟，又奠定了错误赔偿的基础。代理律师的上述布局，客观上完成了本案证据的及时固定和收集。

诉前的充分准备为本案诉讼打好了坚实的基础，在案件诉讼过程中，代理律师根据前期收集的有利证据有效地反驳了对方提出的上诉理由。在庭审过程中，针对如何确定项目迟延销售的损失数额这一焦点问题，代理律师充分利用预售许可证载明的内容确定项目全部销售后的总价值、查封期可能达到的销售进度及利息损失等，该计算方式最终被最高人民法院接受和认可，作为酌定项目迟延销售损失额的重要标准。

二、保全损害赔偿案件代理的重要启示

（一）保全申请人之风险防范要点

1. 提起诉讼应合理，在有可能败诉的情况下，要慎用财产保全措施。

2. 保全申请额度应适当，避免远超胜诉标的额提出保全申请，更不能出于情

绪发泄或单纯施压之目的，在冲动之下不计后果进行财产保全。

3. 申请保全前应委托专业律师就诉讼的风险和保全的后果进行法律分析和评估，作出理性判断。

（二）保全被申请人之风险防范要点

1. 应及时就财产保全申请提出复议，穷尽救济程序，奠定损害赔偿的程序基础。

2. 对保全错误造成的损失，作为证据加以固定。

3. 因保全行为是否存在过错之认定存在不确定性，一般建议在原案完全胜诉的情况下，再提起诉讼财产保全损害赔偿之诉，这样得到支持的可能性才比较大。

（三）保全担保人之风险防范要点

1. 无论是普通的保全担保人还是开展诉讼保全责任险业务的担保人，均需对所承担风险责任的周期有充分的了解与判断。本案自 B 公司 2011 年年初申请保全，到 2018 年年初最高人民法院就保全错误作出终审判决，就历经了 7 年时间。

2. 提供保全担保前，要充分考量诉讼合理性和保全适当性。最高人民法院在本案中明确了考虑方法，即“申请保全人是否存在故意或重大过失，要根据其诉讼请求及所依据的事实和理由考察其提起的诉讼是否合理，或者结合申请保全的标的额、对象及方式等考察其申请财产保全是否适当；申请保全人提起的诉讼合理且申请财产保全适当的，不属于故意或重大过失，否则系存在过错”。

3. 要对土地使用权、房屋所有权等不动产权的查封可能造成的损失予以充分关注。实践中，因为土地使用权查封造成的保全错误赔偿案例极少，未能引起实践中对此类保全担保风险的重视，甚至有人认为该类保全不影响土地、房屋的实际使用，所以是零风险，而本案已确认保全措施导致地产项目无法销售客观上会给开发商造成损失，本案的判决结果必将改变这种错误认识。

【承办律师简介】

杨明，北京市炜衡律师事务所高级合伙人、党委副书记、炜衡全国房地产与建设工程法律专业委员会主任。

毕业于中国人民大学法学院，硕士学位。自 1992 年起先后从事检察官与律师工作。现任北京市海淀区律师协会副会长、北京市律师协会房地产法律专业委员会副主任。被聘为最高人民检察院民事行政案件咨询专家、中国政法大学研究生联合导师、境内外多家公司独立董事等。曾荣立个人三等功，被评为北京市十佳房地产律师、“中国律师风云榜”上榜律师、北京市优秀律师党员等。

擅长房地产、建设工程、PPP、投融资等领域的重大诉讼仲裁业务，所办案件多次入选最高人民法院公报案例、最高人民法院商事审判指导案例等。发表专业文章 120 余篇，出版有《赢在庭外——诉讼策略的案例实证分析》《房产纠纷的法律对策》《婚恋中的房产问题》三部专著。

胡晓欣律师毕业于吉林大学法学院，硕士学位。

曾在安永华明（上海）会计师事务所工作，2008 年起开始从事律师工作。2010 年起担任执业律师。系北京市律师协会物业管理法律委员会委员、北京市海淀区律师协会业务培训委员会委员、北京市海淀区律师协会征收和产权保护法律研究会委员。曾有多篇论文获奖。

擅长房地产、建设工程、物业管理、房屋买卖及租赁、公司运营管理、投融资，以及合同纠纷等民商事领域非诉及诉讼、仲裁业务，曾参与办理了大量房地产合作开发及建设工程相关案件，并曾参与北京市律师协会物业管理法律委员会承办的物业管理相关专业文件起草工作。

通过申请先行部分裁决破解未完工程撤场难题的仲裁策略[①]

——A医院与名达公司建设工程施工合同纠纷案

北京市炜衡律师事务所 杨明律师 李秋莲律师

【争议焦点】

- 工程长期停工后是否应解除合同?
- 因采购价格争议导致停工是否是解除合同的事由?
- 工程价款未结算前发包方能否主张撤场?
- 未完工程解除合同时工作界面如何确定?
- 未完工程撤场如何进行工程移交?
- 申请撤销部分仲裁裁决是否应该得到支持?

【关键词】

建设工程 施工合同 停工 工程延期 部分仲裁 撤场 复工

【案情简介】

2006年7月21日，A医院通过招标与名达建筑公司（以下简称名达公司，本文中当事人为化名）签署了《建设工程施工合同》（以下简称施工合同），约定由名达公司承建A医院的病房楼工程。该工程的中标合同价为1.06亿元，设计总建

① 案件来源：北京仲裁委（2009）京仲裁字第0343号裁决书。本案例因其社会效果被《北京晚报》进行了整版报道。2013年7月17日，该报以《破解工程纠纷撤场难题，推动烂尾楼工程及时复工》为题，对杨明律师的办案事迹进行了专题报道。

筑面积31474.55平方米，共12层，是2006年度的重点建设项目，合同约定的工程竣工日期为2008年5月1日。然而，工程开工后，双方因材料认价、费用调整等原因多次发生争议，工程先后三次停工，到约定的竣工日期时，才仅仅完成结构施工。更严重的是，自2008年7月20日起，工程处于长期停工状态，成了烂尾楼。A医院认为这是名达公司为追求暴利，不断要求增加人工费、材料高报价的要求未得到满足而故意制造的停工事件，遂多次发出通知要求名达公司复工，可是却在2008年11月，等来了北京仲裁委员会送达的名达公司的《仲裁申请书》。名达公司以A医院更换图纸、存在大量变更洽商为由申请仲裁，要求A医院立即支付欠付的工程款9128万余元，支付利息、律师费等四项费用共计1.05亿余元。A医院大呼冤枉，认为自己已按时支付了各期进度款总计5354万余元，但目前的工程量尚未过半，按照名达公司的要价，不仅工程造价要超预算一倍以上，工程竣工也遥遥无期，遂萌发了解除合同、另聘施工单位，以有效控制工程造价、尽快完成工程的想法。然而，许多律师在看了A医院提供的相关材料后，都倒抽了一口凉气。原来施工合同约定的工程价款为可调价格，并约定大宗材料、主要装修材料及暂估价材料由双方共同考察确认价格，其他材料随时认价，甲方（A医院）逾期不作答复的视为认可。而A医院由于施工管理经验不足，对于乙方（名达公司）许多材料的高报价没有及时答复。在这种情况下，A医院要想挽回被动局面、解除合同，难度可想而知。更为困难的是，A医院还希望能够尽快让名达公司撤场，以便另择其他公司进场复工。而众所周知，“低中标、勤签证、高索赔”是一些施工企业的操作惯例，名达公司在未达目的前，必然会以案件尚在处理中为由拒不撤场，以增加自己要价的筹码。

由于案情复杂，目标难度大，A医院对多家律所进行了考察，在经过与多位律师的交流后，A医院最终选择了北京市炜衡律师事务所的资深房地产、建设工程专业律师杨明担任其代理人。

【仲裁策略】

一、查微析疑，果断提出仲裁反请求为撤场奠定基础

接案后，杨明律师和助手李秋莲律师夜以继日地在A医院资料室对所有工程资料进行了深入分析。他发现，名达公司有三大过错导致了工期延误：一是名达公司的三次停工并没有经过监理单位同意，可定性为擅自停工；二是名达公司在施工过程中组织不力，没有有效落实已批准的施工组织设计，在实际进度严重落后于计划进度时，拒不优化施工组织、改进施工措施；三是名达公司并未对其提出的“施工过程中更换图纸导致工程多次停工”的主张进行有效举证。于是，杨明律师在完成答辩状的同时，果断建议A医院立即在答辩期内提出仲裁反请求。A医院倍感振奋，决定采纳杨明律师的建议，提出了解除双方签署的施工合同，赔偿工程延期损失，立即撤离施工现场并向A医院移交已完工程、相应资料和已购材料、设备等5项反请求。

可A医院担心的是，双方共计提出了9项仲裁请求和反请求，证据材料几十本，涉及的问题越来越多，案情越来越复杂，这案件何时才能审结，病房楼工程何时才能复工呢？人满为患的门诊楼里病人实在等不起啊！

二、申请部分裁决，先行撤场请求获支持

面对这一棘手的问题，为了尽快撤场、恢复施工，杨明律师凭借丰富的执业经验，提出了就A医院5项反请求中的两项请求申请先行部分裁决的建议。他向A医院解释，所谓部分裁决是指仲裁庭对提交仲裁的民商事争议中的某一个或几个问题已审查清楚，为了及时保护当事人的合法权益或利于继续审理其他问题，而先行作出对某一个或某几个实体问题的终局性裁决。民商事仲裁的部分裁决与仲裁的最终裁决一样均是执行根据，一旦作出，就可以据此申请强制执行。

可是，名达公司早就扬言不付款谁也别想把他们清出去，仲裁委能支持这样的申请吗？对于A医院的担心，杨明律师胸有成竹。他指出，从法律规定上来说，“仲裁庭仲裁纠纷时，其中一部分事实已经清楚，可以就该部分先行裁决”。而且《北京仲裁委员会仲裁规则》中也规定，仲裁庭认为必要或者当事人提出经仲裁

庭同意时，可以在最终裁决作出前，就案件争议问题作出中间裁决或者部分裁决。于是，2009年1月A医院提出了《关于对反请求申请书中部分请求事项先行裁决的申请书》，要求对反请求中的第1项解除合同和第3项撤场移交先行裁决。为了给部分裁决奠定一个可执行的事实基础，防止名达公司以撤场会破坏施工现场、妨碍下一步的工程量认定为由反对部分裁决，A医院又及时提出了对施工现场进行盘点鉴定的申请。2009年3月，仲裁委委托工程造价咨询公司组织双方对工程已完部位和现场材料、设备进行了测量、清点和确认，出具了《病房楼工程施工现状盘点鉴定报告》。撤场的最大障碍顺利排除。

正如代理律师的预测，2009年4月20日北京仲裁委作出了《部分裁决书》，认为：涉案工程已停工半年多，A医院要求解除合同，而名达公司对此虽不同意，但并无继续履约的方案和行动，双方的全部争议仲裁庭一时无法作出结论，如听任停工状态继续，将无端扩大损失，现鉴定部门已对现场盘点完毕，解除合同的条件已具备，故裁决解除双方的施工合同，名达公司在50日内撤离施工现场并向A医院移交已完工程、相应资料和已购材料、设备。A医院的这两项请求得到了全面支持。

三、一波三折应对诉讼，三家法院裁定“铸铁案”

名达公司不出意外地强烈反对这一部分裁决，还没等A医院申请强制执行，A医院就接到了北京市第二中级人民法院送达的应诉通知书。名达公司以事实没有查清、不具备撤场条件、存在漏裁等为由向仲裁委所在地法院申请撤销仲裁裁决。在法庭辩论时，杨明律师指出：“部分裁决并非终局裁决，只需就涉及的请求查明事实即可，不存在漏裁的问题，该工程的现场盘点已经完毕，不影响下一步的造价鉴定需要，况且解除合同并不导致施工现场当即变化，相反，若放任停工继续下去，对双方都是损失，更是社会资源的严重浪费，是对广大病患的不负责任。因此，部分裁决不仅程序合法合规，且体现了法律效果与社会效果的统一。而且需要强调的是，名达公司所述的各项理由均非司法解释所规定的撤销仲裁裁决的法定事由。”经双方激烈辩论，2009年7月9日，法院全部采纳了杨律师的观点，作出了民事裁定书，驳回了名达公司申请撤销仲裁裁决的请求。

由于名达公司拒不履行撤场裁决，A医院向工程所在地的北京市第一中级人民法院申请强制执行。然而风波再起，名达公司又以所谓仲裁程序违法、裁决显失公平为由向执行法院提出了不予执行仲裁裁决申请书。对此，杨明律师据理力争："名达公司所提的各项事由均不能证明仲裁程序违法，且包括显失公平在内的各项理由已被北京市第二中级人民法院的生效裁定全部否决。"由于A医院论证充分，2009年9月3日，北京市第一中级人民法院作出《执行裁定书》，驳回了名达公司的申请。

但名达公司仍拒绝撤场，又向北京市高级人民法院提交了复议申请书，要求撤销北京市第一中级人民法院的裁定。北京高院于2009年10月9日作出了《执行裁定书》，采纳了A医院的观点，认为仲裁裁决和北京一中院的裁定认定事实清楚、程序合法、适用法律正确，名达公司的复议申请缺乏事实和法律依据，故裁定驳回其复议申请。至此，工程撤场与移交在穷尽了仲裁委、二中院、一中院、北京高院的所有法律程序后，终于作为一个"铁案"，进入强制执行环节。

四、撤场移交获执行，工程造价得控制

法院于2009年10月23日发布了执行公告，但执行并非一帆风顺。名达公司煽动一些不明真相的工人在工地制造事端。为避免矛盾激化，撤场前，代理律师多次与A医院保卫部门、法院执行庭和当地派出所沟通，针对各种可能出现的不稳定因素，作出详细的应对预案，提出了切实可行的撤场建议，并多次到现场向工人宣讲仲裁结果和法院的公告。经过其耐心细致的工作，2009年年底最终实现了安全、平稳、有序撤场。

撤场完成后，A医院在代理律师的帮助下选聘了新的施工单位，工程建设迅速恢复。2010年7月29日，北京仲裁委员会采纳了代理律师提出的人工费调整缺乏合同依据的主张，依据工程造价鉴定报告，在对该案经过长达1年8个月的审理后，作出了终局裁决书，裁决由A医院支付名达公司已完工程尾款及材料款等3027万余元。至此，代理律师凭借专业能力和责任担当，为A医院减少经济损失7400余万元。

【代理词】

鉴于本案代理词长达60多页，故本部分附上本案代理词提纲及关于要求先行撤场部分的代理意见如下：

北京市炜衡律师事务所

关于A医院与北京名达公司建设工程施工合同纠纷仲裁案的

代理词（提纲）

一、名达公司不能按照施工合同约定的竣工日期实现工程按期竣工，是由于其三次擅自停工、施工组织不力所导致，名达公司已构成了对施工合同的根本性违约。

1. 名达公司的三次停工均没有经过监理单位同意，更未经监理单位签发停工令，属于擅自停工，直接造成工程不能按期完工。

2. 名达公司在施工过程中组织不力，不能落实已批准的施工组织设计，在实际进度与计划进度严重不符的情况下，拒不优化施工组织、改进施工措施是导致施工不断停滞、工期延误的又一直接原因。

3. 名达公司不能按期实现工程竣工，又未取得监理单位同意顺延工期，是施工合同的根本违约方。

二、名达公司将工程多次停工的原因归结为A医院更换图纸与事实不符。

1. 更换图纸与停工之间根本就不存在因果关系。

2. 名达公司迄今并未对其提出的“施工过程中更换图纸导致工程多次停工”的主张进行举证。

3. 虽然本工程中存在图纸变更，但变更后图纸均是至少提前实际施工进度15日下发，并没有影响施工进度。

4. 本案工程图纸数量多只是一个表象，不少图纸变更是因名达公司采取不合作的态度所造成。

三、名达公司提出的工程工期因A医院的原因应当顺延至少480天的理由均不能成立。

1. 关于所谓“图纸会审和设计交底工作比合同约定的日期晚了36天”的说法不能成立。

2. 名达公司提出的“因合同约定的建筑面积由30047平方米增加为31474.55平方米，故工期应当顺延31天”的说法不能成立。

3. 名达公司关于由于A医院的原因首次停工应予以顺延工期96天的说法不能成立。

4. 名达公司关于“A医院没有及时提供八、九、十层施工图纸和冬施材料，应就第二次停工顺延工期191天”的说法不成立。

5. 由于名达公司违约在先，故其提出的奥运期间的工期应顺延60天的说法也不能成立。

6. 名达公司提出的关于没有按期支付工程款导致第三次停工，工期应顺延66天的说法不能成立。

7. 名达公司负有完成装修设计图的合同义务，其一再强调图纸问题恰恰说明了其并没有完成合同义务。

四、名达公司在施工过程中不断提出的关于上调人工费的要求，不仅违反合同约定，也缺乏事实依据。

五、名达公司为了追求暴利而不断提出增加人工费和材料高报价的无理要求，由于没有得到A医院全部认可，而不断以停工相要挟，这才是名达公司一再擅自停工的根本原因。

1. 名达公司在履约过程中始终坚持材料高报价，对此事实有大量证据足以证明。

2. 名达公司为了排斥正常报价的供应商，设定了极其苛刻的付款条件。

3. 名达公司还直接向供应商索取高额回扣。

4. 名达公司在履约过程中拒不执行设计标准和采购标准，瞒天过海、以次充好，直接影响了工程质量和进度。

5. 名达公司经常在A医院批价后拖延采购，严重影响工程进度。

六、名达公司的装修资质等级不足以完成A医院的工程施工。

七、名达公司承包工程后并未自己履行合同，而是将工程违法转包给北京天龙亨通建筑工程有限公司实际履行，这才是施工方频繁违约停工的根源。

1. 名达公司承包工程后将其违法转包给了另一独立主体“天龙公司”，实际上是“天龙公司”的员工在履行对建设工程施工合同的义务。对此事实，有大量证据可以印证。

2. 工程施工中的材料采购、接收，专业分包等实际履行主体也不是名达公司而是天龙公司。对此，亦有相应证据相印证。

3. 因名达公司将工程违法转包给天龙公司，而实际施工主体天龙公司的施工资质仅为四级，其各项能力均不能满足本工程的实际需要。根据对天龙公司的工商档案查询，实际施工主体天龙公司的建筑资质等级仅为四级，其“允许承建的工程限制为：承担8层以下、18米跨度以下的建筑物、高度30米以下的构筑物的建筑施工”，而本工程招标所要求的施工企业的资质等级为一级，证明本工程的实际施工主体的资质能力远低于承建本工程所必须具备的资质能力，天龙公司在施工中也是以追求暴利为目的。这才是本工程频繁停工的根源所在。

八、A医院一直抱着极大的诚意履行合同，对合同做到了全面适当履行，对此，可以从以下几方面得到印证：

1. A医院全面适当地履行了合同义务，包括对一些不合理条款也按合同的约定进行了认真履行。

2. A医院对合同的全面适当履行可以从其对名达公司三次擅自停工的处理过程中得到进一步的印证。

九、名达公司的仲裁请求与事实严重不符，应予驳回。

1. 名达公司在仲裁申请书和增加仲裁请求申请书中关于支付所谓的工程款91282427.63元（即先主张的工程款81719850.03元加上后增加的工程款9562577.60元）的要求与事实严重不符。

2. 名达公司在增加仲裁请求申请书（二）中要求支付其2008年11月12日至

今停工损失费6911951元的请求完全不能成立。

3. 由于A医院不应支付名达公司所谓的工程欠款，因此，名达公司的所谓利息损失根本不存在。

4. 由于在施工合同履行中，违约的是名达公司而不是A医院，因此，名达公司所谓的预期利润损失及律师代理费和仲裁费用均应由其自行承担。

十、名达公司反对先行部分裁决的理由不能成立，根据本工程的实际情况，为保证工程的顺利进行，A医院关于先行部分裁决的主张理应得到支持。

本案A医院病房楼工程约定的竣工日期为2008年5月1日，但由于名达公司的违约行为，工程至今尚未进展过半，目前仍处在停工状态，竣工遥遥无期。而本案的全案裁决可能尚需时日，为避免A医院损失的进一步扩大，尽快开展对未完工程的施工，保障军队重点建设项目的顺利进行，A医院依照贵会的仲裁规则请求贵会就反申请事项中的第1项、第3项内容先行裁决。即先行裁决确认双方的施工合同已经解除或者裁决解除双方的施工合同并裁决名达公司立即撤离施工现场并向反申请人移交已完工程及相应资料和已购材料、设备。上述请求有仲裁规则和充分的事实、合同依据，理由如下：

1. 贵会的仲裁规则第四十四条第六项明确规定：“仲裁庭认为必要或者当事人提出经仲裁庭同意时，可以在最终裁决作出前，就案件争议问题作出中间裁决或者部分裁决。”A医院请求先行就部分争议事项作出裁决完全符合上述规定。而名达公司以仲裁规则只规定了中间裁决或部分裁决而没有规定先行裁决为由进行抗辩是典型的断章取义，因为很显然，部分裁决相对于最终裁决而言就是对部分事项的先行裁决。

2. 目前双方的合同无法继续履行是一个显而易见的事实，建设施工合同本质上属于承揽，发包人作为定作人随时可以解除合同。况且即便按照施工合同通用条款第44.4条的约定，合同无法履行的情况下也应立即解除合同，因此本案施工合同的解除是必然的，争议的关键无非是合同解除后由哪一方承担违约责任的问题。而这一问题完全可以在合同解除后由仲裁庭继续审理解决。

3. 如果不就合同解除先行裁决，工程就必然继续停留在漫长的停工状态，本已延期的工程将继续拖延下去，工程将进一步产生难以挽回的巨大损失，造成社会资源的极大浪费。同时，本工程矗立在北京繁华要道的中央电视塔旁边，作为军队工程长期不能施工，更会进一步造成恶劣的社会、政治影响。

4. 先行解除合同后立即撤场完全符合合同的约定。根据施工合同通用条款第44.6条的约定，合同解除后，承包人应妥善做好已完工程和已购材料、设备的保护和移交工作，按发包人要求将自有机械设备和人员撤出施工场地。因此，A医院关于名达公司立即撤离施工现场并移交已完工程及相应资料和已购材料、设备的主张完全符合合同约定。名达公司提出的只有在工程竣工验收后，其才能撤离施工现场，也才能移交已完工程、相应资料的说法是没有依据的。

5. 名达公司以工程造价鉴定为由认为不能先行解除合同的说法不能成立。目前鉴定机构对工程现场的清点工作已经结束。三方已在鉴定现场勘察记录表中对工程的现状和现场进行了签字认可。名达公司现在撤场已不会对下一步的造价鉴定产生影响。退一步说，即便鉴定机构认为个别工程部位需要进行现场复核，名达公司也完全可以就脚手架、临时设施等先行撤场，因为该等撤场需要时间较长，先行撤场可以缩短集中撤场的时间，减少双方的损失。

6. 名达公司所谓先行部分裁决后将造成A医院可以不付钱而将已完工程、现场材料和设备全部拿走的说法，完全是其片面理解。A医院从未提出该种主张，而是一直主张对已完工程和已进场的设备材料的价款，将在造价和质量鉴定的基础上，充分尊重仲裁庭的意见，按照仲裁庭裁决的工程价款执行。对于已经采购完成但尚未进场的设备、材料，为了避免各方损失，只要名达公司提供其真实的采购合同及已付款的凭证，可以由名达公司将采购合同的权利义务转让给A医院。这种公平合理的做法既符合合同的约定，也是切实可行的方案。

关于名达公司移交已完工程的相应资料，该等资料的范围应当以《建设工程文件归档整理规范》（GB/T50328—2001）所规定的建设工程文件归档和保管期限表所列的文件目录作为移交依据。

十一、名达公司的违约行为造成本工程竣工严重拖后，到2009年11月6日，工期滞后原定计划至少27个月，给A医院造成了重大经济损失，A医院关于赔偿损失等各项仲裁请求依法依约均应得到支持。

1. 名达公司应赔偿因违约行为给 A 医院造成的全部损失。

2. 名达公司应赔偿工程截止到 2008 年 10 月 31 日不能按期竣工而给 A 医院造成的经济损失 2537 万元。

3. 名达公司应赔偿从 2008 年 11 月 1 日到 2009 年 11 月 6 日因其拒不撤场又给 A 医院造成的新的经济损失 13184210 元。

4. 名达公司在施工过程中，违反合同约定和建筑法规的规定，在工程二次结构的施工中使用容重超过设计标准的空心砌块，属违约行为，因此产生的相关工程造价款 10158338.42 元应予扣除。

5. 名达公司作为违约方应承担 A 医院支出的律师费、鉴定费和仲裁费。

附件：1. 施工进度网络图（与施工进度计划比较的工期滞后表）（略）

2. 名达公司三次停工示意图（略）

3. 因砌块质量不合格应扣除的造价款清单（略）

【生效裁决书】

北京仲裁委员会

部分裁决书

（2009）京仲裁字第 0343－1 号

北京仲裁委员会（以下简称本会）根据申请人北京名达公司（以下简称申请人）向本会提交的仲裁申请书和申请人与被申请人 A 医院（以下简称被申请人）于 2006 年 7 月 21 日签订的《建设工程施工合同》中的仲裁条款，于 2008 年 11 月 12 日受理了申请人与被申请人之间上述合同项下争议仲裁案（以下简称本案）。本案编号为（2008）京仲案字第 1727 号。

本案适用本会自 2008 年 4 月 1 日起开始施行的《北京仲裁委员会仲裁规则》（以下简称仲裁规则）。

本会受理本案后，将答辩通知、仲裁申请书及其附件、仲裁规则、仲裁员名册发送被申请人。

被申请人向本会提交了答辩书及反请求申请书，并提出了要求对反请求中部分事项先行裁决的申请书，本会决定受理被申请人的反请求。

鉴于本案被申请人提出了反请求，为行文之便利，无论是涉及本请求还是反请求，本裁决书所指申请人均为名达公司、被申请人均为A医院。

由于双方未按期共同选定首席仲裁员，依据仲裁规则，本会主任指定陈某某担任本案首席仲裁员，与申请人选定的仲裁员冯某某，被申请人选定的仲裁员赵某某于2009年1月4日组成仲裁庭，适用普通程序审理本案。由于申请人原选定的仲裁员冯某某退出本案审理，本会主任指定的首席仲裁员陈某某，与申请人重新选定的仲裁员闫某，被申请人选定的仲裁员赵某某于2009年1月15日重新组成仲裁庭，适用普通程序审理本案。仲裁庭决定，已进行的仲裁程序不再重新进行。

仲裁庭审阅了申请人提交的仲裁申请书、反请求答辩书及有关证据材料，被申请人提交的答辩书、反请求申请书及有关证据材料，并于2009年2月11日在北京对本案进行了首次开庭审理。双方的委托代理人均到庭。在开庭审理中，申请人就其提交的仲裁申请书及有关证据材料进行了陈述和说明，被申请人就申请人的仲裁请求进行了答辩；被申请人就其提出的仲裁反请求及有关证据材料进行了陈述和说明，申请人进行了答辩；仲裁庭对本案有关事实进行了调查、核实，组织双方当事人对证据材料进行了举证和质证，听取了双方当事人就本案的事实情况、法律问题进行的辩论。

根据本案审理需要，仲裁庭认为应对争议所涉工程的已完工部位进行确认，并清点施工现场的材料、设备。由于双方当事人未共同选定鉴定机构，仲裁庭委托北京华建审工程造价咨询事务所有限公司（以下简称鉴定部门）进行确认和清点工作。鉴定部门工作后出具了《A医院干部病房楼施工现状盘点鉴定报告》（以下简称《现状盘点鉴定报告》）。

2009年3月27日，仲裁庭在北京对本案进行了第二次开庭审理，双方的委托代理人均到庭，鉴定部门派鉴定人员参加开庭审理，接受双方当事人的询问。

2009年4月15日，仲裁庭在北京对本案进行了第三次开庭审理，双方的委托代理人均到庭，双方对相关证据进行了质证，仲裁庭主持双方进行了调解，但未获成功。本次庭审结束前，双方对被申请人仲裁反请求中请求先行裁决的部分发表了最后陈述意见。

本案被申请人仲裁反请求中请求先行裁决的部分已审理完毕，仲裁庭经合议，就被申请人要求先行裁决的部分作出本部分裁决。

现将相关案情、仲裁庭意见和部分裁决分述如下：

一、案情

申请人于2008年11月12日向本会提出仲裁申请，称与被申请人因《建设工程施工合同》发生争议，要求被申请人向申请人支付工程款、利息、律师代理费等。

被申请人于2008年11月28日提出仲裁反请求称：2006年7月21日申请人与被申请人签署了《建设工程施工合同》，由申请人承建被申请人的干部病房楼工程。施工开始后申请人为追求暴利，不断要求增加人工费、材料高报价，并擅自停工，导致合同约定的2008年5月1日竣工日期严重拖延。2008年9月20日以来，申请人在没有任何约定或法定事由的情况下，再次单方擅自停工，虽经被申请人多次催促和监理单位两次书面函告，仍不复工，致使工程竣工遥遥无期。在履约过程中，被申请人还发现申请人不具备承揽干部病房楼装饰工程的施工资质，且将工程转包给北京天龙亨通建筑工程有限公司施工，其施工企业资质仅为四级，根本不能满足该工程的施工需要。目前申请人的违约行为已使工期拖延达15个月，给被申请人造成经济损失达2537万元（指人民币，下同）。

被申请人认为：申请人已经以行为表明不履行合同的主要义务，构成了根本违约，其行为已致合同无法实际履行，并给被申请人造成了严重损失和恶劣的负面影响。为避免损失进一步扩大，被申请人先后数次向申请人送达了关于解除合同的通知函，但申请人拒不接收，被申请人无法确认施工合同已经解除。

被申请人于2008年11月28日提出的仲裁反请求为：解除双方签署的《建设工程施工合同》，申请人赔偿因其违约行为给被申请人造成停工和工程延期而产生的经济损失共计2537万元，申请人立即撤离施工现场并向被申请人移交已完工程及相应资料和已购材料、设备，申请人赔偿被申请人因此支出的本案律师代理费320513元等。

被申请人于2009年1月8日提出“关于对《反请求申请书》中部分请求事项先行裁决的申请书”称：发生争议的A医院干部病房楼工程是为改善军队老干部、飞行指战员等空军广大官兵医疗诊治条件，提高空军战斗力而建设的2006年度全军重点工程，该工程约定的竣工日期为2008年5月1日，但至今仍处在停工状态，竣工遥遥无期。而本案的全案裁决可能尚需时日，为避免被申请人损失的进一步扩大，尽快开展对未完工程的施工，保障军队建设项目的顺利进行，被申请人请求本会就反请求事项中的两项内容先行裁决，即先行裁决如下事项：

1. 解除双方签署的《建设工程施工合同》；

2. 申请人立即完成撤离施工现场并向被申请人移交已完工程及相应资料和已购材料、设备。

申请人针对被申请人先行裁决的仲裁反请求的主要答辩意见为：仲裁庭不应该作出先行裁决。本案工程是未完工程，做工程造价需结合施工现场的实际情况，否则造价不准确、不客观。先行裁决会造成施工现场被破坏，会造成材料和设备丢失或被破坏，鉴定部门将无法计价鉴定。被申请人仍拖欠申请人工程款，如果被申请人不付钱而将已完工程、现场材料和设备全部拿走，不仅不公平，而且从法律上和情理上都不成立。仲裁规则中没有先行裁决的规定。被申请人要求先行裁决的事项不是独立的，而是与整个案件有密切联系，不符合中间裁决或部分裁决的条件。申请人不能按照合同约定完工是由于被申请人的原因所导致的，工期应当顺延，申请人没有任何违反合同的地方，被申请人要求解除合同没有事实依据，也没有法律依据，其无权单方解除合同。如果被申请人把拖欠申请人的工程款给申请人后，申请人同意解除。在此之前，申请人不同意解除合同。只有在工程竣工验收后，申请人才能撤离施工现场和移交已完工程、相应资料，被申请人无权要求申请人撤离现场、向其移交已完工程、相应资料和已购材料设备。

就合同是否解除问题，双方在第二次开庭时各自发表了意见。

申请人辩称：目前不具备先行裁决的条件。现正在造价鉴定中，虽然鉴定部门对现场进行了盘点，但是该现场还不能移交，否则会造成破坏，鉴定部门在《现状盘点鉴定报告》中也提到“在造价鉴定阶段需到现场进一步核实”。被申请人认为申请人拖延工期了，但本案审理到现在，还没有确定申请人是否存在拖延工期的问题，需要到审理终止才能确定。

被申请人辩称：申请人施工组织不力，擅自停工，不能按期竣工这一点是明摆着的事实。工程早就该竣工了，但是到现在竣工还遥遥无期，无法实现合同目的，被申请人有权解除。申请人以行为表明不履行合同义务。2008 年 9 月 20 日以来，申请人在没有任何约定或法定事由的情况下，未经监理单位同意，再次单方擅自停工，虽经被申请人多次催促和监理单位两次书面函告，但申请人不复工。申请人也主张了全部工程款，表明其也无意再履行合同。施工合同第 44 条也载明了在合同无法履行的情况下，为了避免损失，也应当解除合同。因此，合同解除是必然选择，拖延下去会给双方带来不必要的损失。申请人认为现场的清点工作还需要复核，被申请人认为清点已经结束了，三方已经签字确认了。下一步的撤场对鉴定工作不会造成实质性影响。假使鉴定部门认为还有部分工程需要复核，现场还有临时设施和脚手架需要拆除，这部分可以先行拆除和撤场。交叉进行是完全可行的，也是最经济、可行的办法。

经仲裁庭询问，对于可能出现的解除合同后施工现场的处理和交接，双方陈述了如下意见：

申请人称：如果解除合同，《现状盘点鉴定报告》中提到七类中，现场材料、半成品、设备，这些是申请人为本案合同定做的，被申请人应该拿走，并支付款项；对于施工机械、周转材料、临建，是申请人施工用的，申请人可以拆走，如果被申请人愿意要，以提高被申请人的施工速度，也可以以合理的价格转给被申请人，如果被申请人不要，申请人可以拉走；其他材料也是这样。

被申请人称：《现状盘点鉴定报告》中提到七类中，现场材料、半成品、设备，被申请人原则上同意接收，但是还需要核对图纸，不是图纸上有的，被申请人不收；如果申请人进多了，被申请人不收；质量有问题的，被申请人也不收。其他的被申请人都不要，让申请人拉走。

在双方当事人的参与下，鉴定部门对工程现场进行了确认、测量和清点，以鉴定现场勘察记录表的形式记录了工程现状和现场材料、设备等，并附录于《现状盘点鉴定报告》。

仲裁庭已查明如下事实：双方当事人于2006年7月21日签订《建设工程施工合同》，约定由申请人承建被申请人位于北京市海淀区某某路30号的A医院干部病房楼，约定的开工日期为2006年7月21日，竣工日期为2008年5月1日，合同价款为106837856元。签约后，申请人完成了工程主体结构及部分内外装修、安装工程的施工。合同履行过程中，双方曾就部分建筑材料的采购价格产生争议。2008年7月20日工程停工，至今未复工。施工现场存放有材料、半成品、设备、机械等，现场由申请人管理。

二、仲裁庭意见

（一）关于先行裁决

根据《中华人民共和国仲裁法》第五十五条关于“仲裁庭仲裁纠纷时，其中一部分事实已经清楚，可以就该部分先行裁决”的规定，以及仲裁规则第四十四条第（六）款关于“仲裁庭认为必要或者当事人提出经仲裁庭同意时，可以在最终裁决作出前，就案件争议问题作出中间裁决或者部分裁决”的规定，鉴于本案被申请人仲裁反请求中要求先行裁决的有关事实已经查清，部分裁决的条件已经具备，仲裁庭可以对该部分仲裁反请求进行裁决。

（二）关于合同解除

仲裁庭认为，本案工程自2008年7月20日停工，至今已达半年多，客观上造成了损失；被申请人主张解除合同，说明其并无继续履行合同之意，申请人虽不同意解除合同，但亦无继续履行合同的方案和行动；本案双方全部争议仲裁庭一时无法作出结论，如听任停工状态继续，将无端扩大损失；经鉴定部门现场盘点，工程完工部位和现场材料设备等已查明，解除合同的条件已经具备。至于申请人所担心的造价鉴定时鉴定部门需考察现场的问题，因造价鉴定程序已着手进行，而解除合同并不导致施工现场当即变化，故申请人的抗辩理由不能成立。因此，仲裁庭支持被申请人关于解除本案合同的仲裁反请求。

与解除合同相关的双方当事人责任的判定，因本案尚未全部审理完结，故仲裁庭在本部分裁决中并不作出结论。

（三）关于工程移交

由于本案合同已经解除，被申请人申请先行裁决的第2项仲裁反请求即申请人立即完成撤离施工现场并向被申请人移交已完工程及相应资料和已购材料、设备自应得到支持。

前述“已购材料、设备”指鉴定部门出具的《现状盘点鉴定报告》所附“现场材料、设备等勘察记录表”的前三类，即“现场材料类”“半成品类”和“设备类”。

三、裁决

基于上述事实和理由，仲裁庭经合议，依法裁决如下：

（一）解除申请人和被申请人签订的《建设工程施工合同》；

（二）申请人撤离北京市海淀区某某路30号A医院干部病房楼施工现场，并向被申请人移交已完工程、相应资料和已购材料、设备。

前述裁决中的第（二）项，申请人应自本部分裁决书送达之日起50日内履行完毕。

本裁决为部分裁决，为终局裁决的组成部分，自作出之日起生效。

【案件总结】

工程撤场，尤其是未完工程撤场一直是建设工程施工合同纠纷处理中的一大难题。由于工程争议事项尚未解决，施工人往往以尚未结算清工程款为由拒不退场，导致工程烂尾，造成社会资源浪费。

本案代理过程中，代理律师充分利用我国仲裁法第五十五条关于“仲裁庭仲裁纠纷时，其中一部分事实已经清楚，可以就该部分先行裁决”的规定，以及北京仲裁委员会原仲裁规则第四十四条第六项关于“仲裁庭认为必要或者当事人提出经仲裁庭同意时，可以在最终裁决作出前，就案件争议问题作出中间裁决或者部分裁决”的规定，提交了《关于请求对反请求申请书中的部分请求事项先行裁决的申请书》。同时，为了消除仲裁机构对解除合同后工程现场变化不利于鉴定的担忧，代理律师及时申请对现场工作界面和现场材料设备进行盘点。这一工作完成后，施工人的反对意见失去了证据支撑，矛盾得到了有效化解。正如仲裁机构在裁决书中的认定观点，“经鉴定部门现场盘点，工程完工部位和现场材料设备等已查明，解除合同的条件已经具备。至于申请人（施工人）所担心的造价鉴定时鉴定部门需考察现场的问题，因造价鉴定程序已着手进行，而解除合同并不导致施工现场当即变化，故申请人的抗辩理由不能成立”。上述仲裁策略推动仲裁庭在全案纠纷解决前，先行作出了解除施工合同、施工人撤场的裁决。虽然施工人后又穷尽法律途径进行阻挠，以致本案历经了仲裁、诉讼、复议、执行各环节后才得以实现撤场，但相较于全案纠纷解决后再行撤场，依然为发包人赢得了宝贵的复工时间。本案的代理效果充分体现了法律效果与社会效果的统一。正因如此，2013 年 7 月 17 日，《北京晚报》以《破解工程纠纷撤场难题，推动烂尾楼工程及时复工》为题，对代理人杨明律师的办案事迹进行了整版报道。

掩卷长思，面对这一案件二十余册厚厚的卷宗和一本长达六十多页的代理词，杨明律师认为，作为当事人不能躺在法律的权利上睡觉。先行部分裁决不能仅停留在法律规定层面，而应成为当事人尤其是发包人破解工程撤场难题的有力武器。对于代理人而言，诉讼、仲裁策略事关案件成败。胜诉不是目的，根据案件的具体情况去灵活务实地实现当事人的最大利益，避免社会资源的闲置与浪费，才是确立诉讼、仲裁策略的最高目标。

【承办律师简介】

杨明，北京市炜衡律师事务所高级合伙人、党委副书记、炜衡全国房地产与建设工程法律专业委员会主任。

毕业于中国人民大学法学院，硕士学位。自 1992 年起先后从事检察官与律师工作。现任北京市海淀区律师协会副会长、北京市律师协会房地产法律专业委员会副主任。被聘为最高人民检察院民事行政案件咨询专家、中国政法大学研究生联合导师、境内外多家公司独立董事等。曾荣立个人三等功，被评为北京市十佳房地产律师、“中国律师风云榜”上榜律师、北京市优秀律师党员等。

擅长房地产、建设工程、PPP、投融资等领域的重大诉讼仲裁业务，所办案件多次入选最高人民法院公报案例、最高人民法院商事审判指导案例等。发表专业文章 120 余篇，出版有《赢在庭外——诉讼策略的案例实证分析》《房产纠纷的法律对策》《婚恋中的房产问题》三部专著。

李秋莲律师毕业于中国政法大学，获法学学士学位。

2007 年至 2015 年执业于北京市炜衡律师事务所房地产与建设工程法律业务部，2015 年至今执业于北京大成律师事务所上海办公室。李律师长期致力于争议解决领域的法律实践，执业十年间在建设工程、房地产、公司投融资等专业方向累积了众多经验，并将争议解决积累的经验应用于相关行业公司日常法律风险管理中，致力于为客户提供高质而有价值的法律服务。

律师在建设工程案件鉴定中的有效沟通[①]

——A市政建设公司与丙集团公司等建设工程施工合同纠纷案

北京市炜衡律师事务所　刘爽律师

【争议焦点】

◆ *案涉付款条件是否成就？案涉工程价款数额如何确定？*

◆ *被告三是否是本案的适格被告？*

【关键词】

付款条件　审计期限　造价鉴定　工程款利息

【案情简介】

2011年6月，原告A公司与被告一甲公司、被告二乙公司（代建方）签订了《市政工程施工合同》（以下简称《施工合同》）。被告二系被告三丙公司设立的分公司，被告二不具有法人资格。被告一作为案涉工程的总承包方，将案涉丁医院某院区工程的红线内市政工程分包给原告施工，分包合同价款为人民币6595488元。

根据《施工合同》的约定，原告分包施工案涉工程；被告一提供案涉工程相关文件资料和设备设施，组织原告参加图纸会审，负责整个施工场地的管理工作以及向原告支付工程价款等事宜；被告二负责下达各种指令和批复、向原告支付工程款、批准变更索赔、组织竣工验收等工作；案涉工程使用人是丁医院。合同

---

① 案件来源：北京市昌平区人民法院（2017）京0114民初8700号民事判决书。

各方另就案涉工程分包范围、工期、质量、合同价款支付、违约责任等作出明确约定。

施工合同签订后，原告积极组织施工，施工过程中存在工程洽商变更的情况，各方当事人在原分包工程合同价款人民币6595488元基础上洽商增加工程款人民币2613363元，工程结算金额合计人民币9208851元。原告依约完成案涉工程，2013年6月，案涉工程全部移交使用人丁医院并投入使用。被告二、丁医院及监理公司均在《丁医院某院区工程移交单》上签字确认，案涉工程自移交后由丁医院投入使用。被告二向原告支付了《施工合同》约定价款的80%即5276390.4元后，剩余20%价款及因工程洽商变更产生的费用均未支付。原告多次向被告一、被告二索要工程款，两被告都以工程未经政府验收、审计为由拒绝支付余款，原告委托律师于2017年10月向法院提起诉讼。

【诉讼策略】

一、全盘考虑后制定诉讼策略

从较宽泛的意义上讲，诉讼策略包括要不要提起诉讼、起诉地的选择、起诉时机、起诉对象、案由、提出何种诉讼请求或抗辩、提出的诉请和抗辩所依据的基础是什么、事实和证据是否能够支持提出的诉请或抗辩、是否在诉讼中和解、和解方案是什么，以及庭审中的诉讼技巧等。宽泛的诉讼策略跳出了诉讼本身，将诉讼作为服务当事人实质需求的手段，而不是仅仅追求胜诉。较为狭窄意义上的诉讼策略则是以成功说服法官接受诉讼请求或者抗辩为目的，深入到诉讼的每一个环节，从规范到事实、从诉讼文书到庭审表达，都需要具体化地考虑问题。本案代理律师分别从宽泛和狭窄的意义上对案件诉讼策略进行了考量。经过与委托人多次沟通交流，在制定诉讼策略时综合考虑了委托人的需求以及实际情况，最终本案成功以胜诉结案。

二、详细制定诉讼方案

本案委托人找到代理律师时，对诉讼已经没有抱多大希望了。代理律师在了解基本情况后首先稳定当事人的心态，表示审查过材料后会及时沟通回复，争取给出一个当前状况下相对较优的方案。接收相关材料后，代理律师积极整理案件事实、寻找相关法律依据，在对案件有了整体的了解之后，依据多年的建设工程施工合同纠纷处理经验，综合考虑当事人的实质需求与目的，认为本案诉讼虽有一定难度，但仍是可行的，并在已有材料的基础上制定了诉讼方案。经与委托人沟通，委托人同意依该诉讼方案进行诉讼。

三、逐个解决不利问题

在确定诉讼后，就要针对本案几处对委托人不利的问题一一进行突破。

一是本案付款条件是否成就的问题。被告一直认为案涉工程尚未竣工结算完成审计，因而不具备支付工程款条件。代理律师从原告、被告、合同约定、相关案例以及约定的合理性等方面提出了反对理由。首先，从被告方面，本案中被告一和被告二作为案涉工程总承包方和代建方，未能全面履行把控工程规划和依法施工管理等义务，导致政府部门不同意进行规划验收及竣工验收备案，无法完成审计。由于两被告未能如约履行相应义务，工程发生超规划问题，导致案涉工程无法通过政府部门规划验收和竣工验收备案。过错在于两被告，两被告应承担由此造成的不利后果。在庭审过程中，两被告对工程存在的超规划事实也予以认可，同时表示与原告无关。因此两被告以案涉工程无法完成竣工为由拒绝和拖延支付工程余款，显然没有事实和法律根据。其次，从原告方面，原告已依约提交包括竣工图、技术资料、洽商部分结算书等案涉工程全部竣工结算资料，已满足被告进行竣工结算备案和政府审计部门进行审计的条件，但是由于前述超规划原因，导致无法进行竣工结算和审计，两被告不应该将由于其过错导致的不利后果让原告来承担。原告施工的案涉工程，并不存在违规情形。丁医院工程存在违规问题，原告是在 2015 年向被告催要工程余款时才知道的。被告在庭审中称原告对案涉工程可能存在规划违规无法验收的问题是预先知情的，没有事实根据。再次，从合同约定方面，施工合同中关于“竣工结算审计完成后”支付工程余款的约定，是三方对施工合同正常履行情况下的工程款支付进行的约定。而案涉工程施工合同于 2011 年 7 月签订，原告依约施工完毕并于 2013 年 9 月交付使用，从交付至诉讼已近 5 年之久。未进行竣工结算审计的原因在于两被告，根据《合同法》第四十五条规定：当事人对合同的效力可以约定附条件。当事人为自己的利益不正当地阻止条件成就的，视为条件已成就。因此三被告应向原告支付工程余款。复次，从相关案例来看，在案涉工程其他的诉讼案件中，被告二曾以未经审计付款条件未成就进行抗辩，而法院的终审判决认定“乙公司（被告二）关于工程项目尚未完成政府审计而不具备支付余款条件的意见没有法律和事实依据，本院不予支持”。该认定同样适用于本案。最后，在约定的合理性方面，2017 年全国人大常委会和住建部等相关部门发布了一系列影响建筑业发展的重要文件，这些文件中明确建设单位不得将未完成审计作为延期工程结算、拖欠工程款的理由。（1）建筑行业相关法规中有一条备受诟病的规定：政府投资和以政府投资为主的建设项目，以审计结果作为建设工程竣工结算依据。目前全国人大常委会针对上述条款正在进行全国范围的清理工作。（2）2017 年 7 月 11 日，住建部联合 18 个部委发布《贯彻落实〈国务院办公厅关于促进建筑业持续健康发展的意见〉重点任务分工方案》。该文件第四条“优化建筑市场环境”第（十）款规定，“规范工程价款结算。审计机关应依法加强对以政府投资为主的公共工程建设项目的审计监督，建设单位不得将未完成审计作为延期工程结算、拖欠工程款的理由”。本案中施工合同约定的以审计结果作为建设工程竣工结算依据，虽是各方合同约定，但同样存在上述问题，是被国家相关政策清理的对象。

二是超规划施工的责任主体问题。政府部门不同意进行规划验收及竣工验收备案的根本原因在于工程的超规划施工问题，故超规划施工的责任认定是关键。在与丁医院建设工程相关的另案民事判决书中，被告二曾向法院提交证据，显示丁医院工程在建设过程中存在超规划施工问题。有了这些信息，就能明确是两被告未能如约履行相应义务，才导致工程发生超规划问题，进而导致案涉工程无法通过政府部门规划验收和竣工验收备案。此外，代理律师还专程去了现场，主要核实超规划施工的问题。多项证据均证明超规划施工的过错在于两被告，两被告应承担由此造成的不利后果。在庭审过程中，两被告对工程存在的超规划事实也予以认可，同时表示与原告无关。

三是洽商变更单的证明力问题。洽商变更单上的部门签章有瑕疵，对方极有可能在庭审过程中提出签章瑕疵，否认洽商变更的真实性。为应对该问题，代理律师协助委托人查找竣工备案资料并进行了核实，从而对相关证据进行了补强。本案首次庭审过程中，鉴于原告与被告之间对工程结算金额存有异议，以及案涉工程尚未审计的事实，被告二乙公司提出鉴定申请，法院委托鉴定机构对案涉工程进行了鉴定，鉴定机构出具了《工程造价鉴定意见书》。因鉴定机构未将最终图纸作为鉴定依据，导致出现不利于原告的鉴定意见。对洽商变更单的证据补强在此处显现了作用，结合竣工图、工程洽商记录、城市建设档案移交现场查勘，可以确定洽商变更增项金额，从而解决了鉴定意见中的瑕疵问题。

关于三方是否就案涉工程价款达成一致的问题。原告、被告一和被告二对分包工程竣工结算费用金额达成一致，合同内金额659余万元、洽商增加费用260余万元，共计920余万元。（1）原告依约提交工程洽商记录和工程概预算书。案涉工程施工过程中，发生多次洽商变更，原告每次都在每周二开的监理协调会上提出，工程洽商记录经建设单位、监理单位、设计单位、施工单位签字确认。监理单位系受建设单位即被告二的委托，依法代替建设单位对承建单位的工程建设实施监控活动，建设单位对监理单位的签字是予以认可的。2012年11月前，原告按照合同约定和被告一、被告二的要求，向被告一报送了包括洽商部分结算书、竣工图及技术资料在内的涉案工程全部竣工资料。当时原告向被告一报送的洽商部分资料，最初报送金额为290余万元，被告一审核后报送监理单位和被告二审核批准，两被告核减了30余万元，最终确定洽商增加费用为261余万元。正常情况下，两被告应将核减事宜告知原告协商，但被告一直搁置，未通知原告。（2）原告依约提交案涉工程竣工结算资料后，被告一、被告二和监理公司审核确定洽商增加费用为261余万元，并于2015年在原告催款时向其出具了《单位工程竣工结算审核表》。因被告一直拖欠原告工程款项，直到2015年原告要求被告支付工程余款时，被告二的代理人才将加盖被告一公司公章的《单位工程竣工结算审核表》原件出示给原告，并告知原告洽商增加费用已确定为261余万元，加之合同内金额659余万元，工程款项总计920余万元，因未进行审计，无法支付该部分工程款项。因工程总承包中，原告作为分包单位，处于弱势地位，无论施工和结算，都是听从被告一、被告二的要求。两被告在没有征得原告同意的情况下，直接将《单位工程竣工结算审核表》中“总包审核”金额列明为920余万元，将“分包报审”金额也调整为920余万元，核减额一栏为0。当时原告向被告索要该审核表，被告二乙公司的代理人复印了审核表复印件，交给了原告。（3）自2012年10月、11月原告向被告一提交包括竣工图、技术资料、洽商部分结算书等工程竣工资料起算，至本次诉讼近5年之久，被告一、被告二对《单位工程竣工结算审核表》以及合同内金额和洽商部分金额未提出过异议，因为事实上两被告对此是认可的。2016年12月，原告向被告催要工程余款，被告二于2016年12月10日回复时，仍然没有提到对于工程款金额有异议，仅是提到未经审计没有达到付款条件。2017年1月被告二向原告发送《丁医院工程付款协议》，希望以调解方式解决本案诉讼。其中第一条明确了合同内金额659余万元，第二条明确了增加工程洽商费用261余万元。在本案首次开庭时，被告也没有提出工程款项金额异议，仅提出未经审计没有达到付款条件。虽然后来未调解成功，但足以对上述事实真相形成确信。

【代理词】

关于A市政建设公司与丙集团公司等建设工程施工合同纠纷案的代理词

尊敬的审判长：

首先非常感谢审判长对本案的审理及辛苦付出！

北京市炜衡律师事务所接受原告A公司的委托，指派我代理其与被告一甲公司、被告二乙公司、被告三丙公司建设工程施工合同纠纷一案。本案已经庭审开庭质证、辩论结束，现代理人针对本案焦点问题发表如下代理意见，供贵院参考：

一、关于付款条件是否成就

庭审中两被告认为因涉案工程尚未竣工结算完成审计，因而不具备支付工程款条件，被告的答辩意见没有事实和法律依据。

（一）本案中被告一甲公司和被告二乙公司作为涉案工程总包方和代建方，未能全面正当履行严格把控工程规划和依法施工管理等义务，丁医院工程存在超规划施工问题，导致相关政府部门不同意进行规划验收及竣工验收备案，无法完成审计，因此涉案工程无法完成竣工结算审计的过错在于两被告，两被告以此作为拒绝和拖延支付工程余款的理由，显然是没有事实和法律根据的，请求贵院不予采纳被告的该项意见。

1. 两被告负有把控工程规划和依法施工管理等义务。

《红线内市政工程施工合同》（简称施工合同，原告证据一）通用条款第二条“三方一般权利和义务”第 9 款（施工合同第 10 页）“甲方的工作”及专用条款第五条“合同价款与支付”第 21 款“合同价款的支付”（施工合同第 31 页）明确：被告一甲公司负有提供工程办理手续相关的证件、批件、各种资料，负责整个施工场地的管理工作以及支付工程款项等义务。

施工合同通用条款第二条“三方一般权利和义务”第十一款（施工合同第 12 页）“丙方的工作”明确：按照合同约定及时作出各种指令和批复、按照合同约定支付乙方工程款、批准变更 \ 索赔、组织竣工验收等。

根据上述约定，被告一甲公司和被告二乙公司负有确保工程规划和施工合法合规进行的义务，涉案工程目前无法竣工验收备案和审计的原因在于两被告，两被告应承担相应的法律责任。

2. 丁医院工程存在超规划施工问题。

在原告提交的证据四北京市第一中级人民法院民事判决书［案号：（2015）一中民（商）终字第 8002 号］中，被告二乙公司曾提交的新证据中有 2015 年 8 月 5 日《关于丁医院工程竣工验收事宜的函》，被告二乙公司明确该函显示存在的超规划施工问题，主要包括两方面：一是增加教学宿舍楼及液氧站建筑面积导致实测竣工后建筑面积超过规划批复面积；二是私自占用项目东侧红线外公共代征绿地，并违规在该地上建设门卫房及停车场等。

由于两被告未能如约履行相应义务，工程发生超规划问题，导致涉案工程无法通过相关政府部门规划验收和竣工验收备案，原因和过错在于两被告，两被告应承担由此造成的不利后果。本次庭审过程中，两被告对工程存在的超规划事实予以认可，同时也表示与原告无关。

（二）原告已依约提交包括竣工图、技术资料、洽商部分结算书等涉案工程全部竣工结算资料，已满足被告进行竣工结算备案和政府审计部门进行审计的条件，但是由于前述第（一）条的原因，导致无法进行竣工结算和审计。

按照施工合同通用条款第五条“合同价款与支付”第21.4款约定：工程通过整体竣工验收后，原告应在20天内将结算资料报被告一甲公司审核，被告一甲公司审核完毕后报监理及被告二乙公司批准并确定初步结算结果。初步结算完成后，被告二乙公司将相关资料提交政府审计部门进行审计。第24.2款约定：被告一甲公司收到原告按上述条款申报的结算资料并进行初步审核后统一报送被告二乙公司，以便进入结算审计程序。

施工合同专用条款第七条“竣工验收及结算”第23.1款约定：原告提供竣工图及竣工资料的日期为不迟于工程通过整体竣工验收前20天。第24.1款约定：原告在不迟于工程通过整体竣工验收前20天内向被告一甲公司及监理提交竣工结算报告及完整的结算资料。

本案中，原告已按照上述约定提交了完整的工程竣工结算资料，但由于被告原因导致无法进行竣工结算备案和审计，被告不应该将由于其过错导致的不利后果让原告来承担。

（三）施工合同中关于“竣工结算审计完成后”支付工程余款的约定，这是在施工合同正常履行情况下三方进行的约定，涉案工程施工合同于2011年6月28日签订，原告依约施工完毕并于2013年1月交付使用，自交付至今已近5年之久。基于本代理意见第一条（一）中所述，未进行竣工结算审计的原因在于两被告，根据《中华人民共和国合同法》第四十五条规定：当事人对合同的效力可以约定附条件。当事人为自己的利益不正当地阻止条件成就的，视为条件已成就。因此两被告应向原告支付工程余款。

（四）原告所施工的涉案工程，并不存在违规情形。丁医院工程存在违规问题，原告是迟至2014年向被告催要工程余款时才知道的。被告在庭审中称原告对涉案工程可能存在规划违规无法验收的问题是预先知情的，没有事实根据。

施工合同专用条款第21.2.2款（施工合同第32页）约定：待本工程竣工结算审计完成后30日内依据审定金额调整合同额并按约定扣除保修金及相应款项后一次性支付余款。

这是施工合同正常履行时三方进行的约定，按照上述约定，涉案工程审计完成时间应在工程质保期满前。但由于两被告原因，工程出现超规划问题，涉案工程的质保期于2015年6月就已经届满，如今质保期满2年后涉案工程仍无法进行竣工验收备案，审计更是遥遥无期。

由于被告拖欠原告工程余款，原告于2014年催要欠款时，被告才将工程超规划问题告知原告，至此原告才知道这一情况。

（五）同一工程其他公司的诉讼案件（原告证据四）中，被告以未经审计付款条件未成就进行抗辩，北京市第一中级人民法院民事判决书［案号：（2015）一中民（商）终字第8002号］终审判决认定，“乙公司关于工程项目尚未完成政府审计而不具备支付余款条件的意见没有法律和事实依据，本院不予支持”。这是同一法院针对同一工程、被告同一抗辩理由所作的终审判决认定，该认定同样适用于本案，恳请贵院予以采纳。

（六）2017年全国人大常委会和住建部等相关部门发布了影响建筑业发展的重要文件，提请审判长给予足够关注：

1. 建筑行业相关法规中有一条备受诟病的规定：政府投资和以政府投资为主的建设项目，以审计结果作为建设工程竣工结算依据。目前全国人大常委会针对上述条款正在进行全国范围的清理工作（见文件“多地审计条规受行业诟病，全国人大常委会审查后要求全国清理”）。

2. 2017年7月11日，住建部联合18个部委发布《贯彻落实〈国务院办公厅关于促进建筑业持续健康发展的意见〉重点任务分工方案》，该文件第四条“优化建筑市场环境”第十款规定，“规范工程价款结算。审计机关应依法加强对以政府投资为主的公共工程建设项目的审计监督，建设单位不得将未完成审计作为延期工程结算、拖欠工程款的理由”。（该文件与本代理意见一并提供给审判长）

本案中施工合同约定的以审计结果作为建设工程竣工结算依据，虽是各方合同约定，但同样存在上述诟病，是被清理的对象。同时目前建市（2017）137号文件中明确建设单位不得将未完成审计作为延期工程结算、拖欠工程款的理由。

综上，两被告关于涉案工程尚未完成政府审计而不具备支付余款条件的意见，没有法律和事实依据，本院应不予支持。

二、关于涉案工程价款三方是否达成一致

原告、被告对分包工程竣工结算费用金额达成一致，合同内金额6595488.00元，洽商增加费用2613363.00元，共计9208851.00元。

（一）原告依约提交工程洽商记录和工程概预算书。

涉案工程施工过程中，发生多次洽商变更，原告每次都会在每周二开的监理协调会上提出，工程洽商记录经建设单位、监理单位、设计单位、施工单位签字确认（原告证据7）。监理单位系受建设单位即被告二乙公司的委托，依法代替建设单位对承建单位的工程建设实施监控活动的，建设单位对监理单位的签字是予以认可的。

2012年11月前，原告按照合同约定和两被告的要求，向被告一甲公司报送了包括洽商部分结算书、竣工图及技术资料在内的涉案工程全部竣工资料（原告证据7、8、9）。当时原告向被告一甲公司报送的洽商部分资料，最初报送金额为290余万元，被告一甲公司审核后报送监理单位和被告二乙公司审核批准，两被告核减了30余万元，最终确定洽商增加费用为2613363.00元。正常情况下，两被告应将核减事宜告知原告协商，但被告一直搁置未通知原告。

（二）原告依约提交涉案工程竣工结算资料后，两被告和监理公司审核确定洽商增加费用为2613363.00元，并于2015年在原告催款时向其出具了《单位工程竣工结算审核表》（原告证据3）。

1. 因被告一直拖欠原告工程款项，直到2015年原告在向被告要求支付工程余款时，被告二乙公司刘某（本次诉讼中分公司代理人）才将加盖被告一甲公司公章的《单位工程竣工结算审核表》（简称审核表）原件出示给原告陶某，并告知原告洽商增加费用已确定为2613363.00元，加之合同内金额6595488.00元，工程款项总计 9208851.00 元，因未进行审计，无法支付该部分工程款项。

因工程总承包中，原告作为分包单位，处于弱势地位，无论施工和结算，都是听从两被告要求。两被告在没有征得原告同意和商量的情况下，直接将《单位工程竣工结算审核表》中“总包审核”金额列明为 9208851.00 元，将“分包报审”金额也调整为 9208851.00 元，核减额一栏为 0。当时原告向被告要该审核表，被告二乙公司刘某复印了审核表复印件，交给了原告陶某。

2. 关于审核表中“备注”，这是被告一甲公司在呈给监理单位和被告二乙公司时所作的说明和讨论，并不是针对原告的，备注部分是被告一甲公司不清楚、有疑问、待核实的问题，但最终两被告及监理单位将“总包审核”金额确定为 9208851.00 元。

3. 如果被告一甲公司和被告二乙公司对审核表有异议，应将意见在 14 天内反馈给原告，但自 2012 年原告提交洽商部分结算书等全部竣工资料至本次诉讼前，两被告从未提出任何异议，事实上三方已将洽商增加费用确定为 2613363.00 元，加之合同内金额 6595488.00 元，工程款项总计 9208851.00 元。

庭审中，被告一甲公司认可审核表确实是其公司加盖的公章，被告二乙公司刘某也认可其将审核表交给了原告代理人陶某的事实。但刘某辩解该份审核表是让原告和被告一甲公司核对金额，这是站不住脚的。首先，如果让原告和被告一甲公司核对金额，甲公司不会在审核表上盖章，也不会将总包审核金额明确为 9208851.00 元。其次，工程竣工结算金额报送审批程序是由原告报送给被告一甲公司，甲公司报给监理单位和被告二乙公司，也就是说被告二乙公司最终把关确定，而根本不涉及由被告二乙公司把审核表交给原告核对金额的问题。

（三）自 2012 年 10 月、11 月原告向被告一甲公司提交包括竣工图、技术资料、洽商部分结算书等工程竣工资料起算，至本次诉讼已近 5 年之久，被告对《单位工程竣工结算审核表》以及合同内金额和洽商部分金额未提出过异议，因为事实上两被告对此是认可的。

2016 年 12 月 5 日，原告向被告催要工程余款，被告二乙公司于 2016 年 12 月 16 日回复（原告证据 5）时，仍然没有提到对于工程款金额有异议，仅是提到未经审计没有达到付款条件。

2017年5月，今年端午节前被告二乙公司向原告发送《丁医院工程红线内市政项目付款协议》（原告证据6），希望以调解方式解决本案诉讼。其中第一条明确了合同内金额6595488元，第二条明确了增加工程洽商费用2613363元。在2017年6月12日首次开庭时，被告也没有提出工程款项金额异议，而仍然仅提出未经审计没有达到付款条件。虽然后来未调解成功，但我们相信，贵院对上述事实真相是能够确信的。

（四）庭审中，如被告不认可原告证据7的真实性或查明案件确有必要，请求贵院依职权向两被告或监理单位北京某咨询有限公司调取上述证据原件。

三、民事答辩状第三条中，被告认为“原告主张相应利息没有事实和法律依据”，被告的反驳意见严重错误。

1. 原告和被告已对涉案工程款金额达成一致，且已达到付款条件。

2.《最高人民法院关于审理建设工程施工合同纠纷案件适用法律问题的解释》第十七条规定：“当事人对欠付工程价款利息计付标准有约定的，按照约定处理；没有约定的，按照中国人民银行发布的同期同类贷款利率计息。”第十八条规定：“利息从应付工程价款之日计付。当事人对付款时间没有约定或者约定不明的，下列时间视为应付款时间：（一）建设工程已实际交付的，为交付之日；（二）建设工程没有交付的，为提交竣工结算文件之日；（三）建设工程未交付，工程价款也未结算的，为当事人起诉之日。”

根据上述规定，本案中两被告应向原告支付工程价款利息，利息从原告2012年11月向被告提交竣工结算文件之日计付。

四、被告三丙公司作为被告主体适格，被告的第四条答辩意见无法律依据。

被告二乙公司系被告三丙公司所设立的分公司，不具备法人资格，被告三丙公司应当与被告二乙公司一同承担涉案工程款及利息给付义务。

五、其他事实情况

（一）原告已依约将涉案工程施工完毕，交付了包括竣工图、洽商部分结算书、技术资料等工程全部竣工资料，并于2013年1月22日和2013年6月27日将涉案工程移交被告，工程移交单（原告证据二）上有原告、被告、使用人丁医院及监理单位相关人员共同签字确认。涉案工程交付使用至今，被告及使用人未提出任何异议，目前一直处于正常经营状态。

《最高人民法院关于审理建设工程施工合同纠纷案件适用法律问题的解释》第十三条规定：“建设工程未经竣工验收，发包人擅自使用后，又以使用部分质量不符合约定为由主张权利的，不予支持；但是承包人应当在建设工程的合理使用寿命内对地基基础工程和主体结构质量承担民事责任。”第十四条规定：“当事人对建设工程实际竣工日期有争议的，按照以下情形分别处理：（一）建设工程经竣工验收合格的，以竣工验收合格之日为竣工日期；（二）承包人已经提交竣工验收报告，发包人拖延验收的，以承包人提交验收报告之日为竣工日期；（三）建设工程未经竣工验收，发包人擅自使用的，以转移占有建设工程之日为竣工日期。”

因此涉案工程应视为已经竣工，并交付被告和使用人使用。

（二）按照《工程质量保修书》第二条，工程质量缺陷责任期为自丁医院工程整体竣工验收合格之日起2年，涉案工程质保期到2015年6月已经届满，被告应向原告支付全部工程余款。

（三）因被告拖欠原告工程余款近5年之久，原告每时每刻都在承受着材料商和施工工人追讨欠款的压力，恳请贵院尽快帮助原告解决本案诉讼问题。

综上所述，涉案工程已经完工并交付使用，原告已依约向被告交付全部工程竣工资料；原告和两被告已就工程价款总金额达成一致，自涉案工程完工至本次诉讼前，两被告从未对合同内金额和洽商金额提出异议；涉案工程至今未进行竣工结算备案和审计的原因在于两被告。本次诉讼中两被告以涉案工程金额未达成一致以及审计未完成不具备支付条件为由不支付涉案工程余款，显然是恶意辩解以达到拒绝和拖延付款的目的。因此恳请贵院明察秋毫，依法维护原告的合法权益！

【生效判决书】

北京市昌平区人民法院

民 事 判 决 书

（2017）京0114民初8700号

原告A公司诉被告一甲公司、被告二乙公司、被告三丙公司建设工程施工合同纠纷一案，本院受理后，依法适用普通程序，公开开庭进行了审理。原告A公司的委托诉讼代理人陶某、刘某1，被告一甲公司的委托诉讼代理人王某，被告二乙公司的委托诉讼代理人刘某、姜某，被告三丙公司的委托诉讼代理人姜某到庭参加诉讼。本案现已审理终结。

A公司向本院提出诉讼请求：1. 判令三被告共同向原告支付工程款合计3938851元；2. 判令三被告向原告支付前述工程款自2013年6月28日起至款项全部付清之日止的利息，按中国人民银行同期贷款利率计息；3. 判令三被告共同承担本案诉讼费用。事实和理由：2011年6月28日，原告A公司与被告一甲公司及被告二乙公司签订《丁医院工程红线内市政工程施工合同》（以下简称《施工合同》）。被告一甲公司作为总承包方，将丁医院工程的红线内市政工程分包给原告A公司施工，分包合同价款为6595488元。根据施工合同约定，原告A公司分包施工涉案工程；被告一甲公司提供分包工程相关文件资料和设备设施、组织原告参加图纸会审、负责整个施工场地的管理工作以及向原告支付工程价款等事宜；被告二乙公司负责下达各种指令和批复、向原告支付工程款、批准变更索赔、组织竣工验收等工作；涉案工程使用人是丁医院。合同三方另就涉案工程分包范围、工期、质量、合同价款支付、违约责任等作出明确约定。另外，被告二乙公司系丙公司于2006年8月15日设立的分公司，不具有法人资格。被告三丙公司的名称于2007年5月21日变更。施工合同签订后，原告A公司积极组织施工，施工中存在工程洽商变更，在原分包工程合同价款6595488元基础上洽商增加工程款2613363元，工程结算金额合计9208851元。被告一甲公司和被告二乙公司均予认可，且被告一甲公司在《单位工程竣工结算审核表》中盖章确认。原告A公司依约完成分包工程，并于2013年1月22日和2013年6月27日将分包工程全部移交给丁医院，原告A公司、被告二乙公司、使用人丁医院及监理方北京某有限公司均在《丁医院工程移交单》上签字确认，自2013年6月涉案工程已由丁医院投入使用至今，一直处于正常经营状态。综上，涉案工程结算金额合计9208851元，三被告仅向原告A公司支付工程款5270000元，剩余工程款3938851元至今未付。故提起本案诉讼，望判如所请。

甲公司辩称，本工程竣工结算没有经过政府审计，变更洽商单没有签字或者有签字不完整的情况。合同约定是14天内将金额以书面形式通知甲方，实际上只是报了技术变更的原因没有涉及金额。

乙公司及丙公司辩称，一、原告主张的支付剩余工程款的数额无法确定，且《施工合同》约定的付款条件尚未成就。1. 施工合同约定“合同采用固定总价方式；本工程的最终结算合同价以政府审计部门审计的数额为准；本工程竣工结算需经本工程政府审计部门进行审计，工程结算价款依据结算审计后的结果确定”。依据上述约定，工程结算价款应以审计结论为准，而目前政府审计尚未作出，双方结算金额无法确定，不存在符合合同约定的结算依据，无法进行结算。2. 施工合同约定“累计付款（包括预付款）不超过乙方中标价款的80%，待本工程竣工结算审计完成后30日内依据审定金额调整合同额并按约定扣除保修金及相应款项后一次性支付余款”，依据上述约定，支付工程款项的条件为“竣工结算审计完成后”方可支付，而该工程目前既未完成竣工结算，也没有完成政府部门审计，因此，前述剩余款项的付款条件尚未成就。3. 原告所述已付工程款的数额有误，施工合同约定累计付款不超过中标价款的80%，乙公司已依约向原告支付了80%的工程款，即5276390.4元，原告所述仅支付了5270000元与事实不符。二、原告主张的变更洽商部分未按照合同约定履行报批义务，依约对该部分增加的费用不予调整。1. 施工合同约定“涉及本工程的所有增补、工程变更、索赔及其相关费用均需经丙方批准；变更洽商的增减费用乙方需在合同约定的时间内上报甲方，否则增加的费用不予调整”。依上述约定，施工合同对变更洽商部分的确认有明确的报批程序的要求，而原告仅就部分技术内容向甲方和丙方提出过确认要求，但并未在技术内容确认后依上述约定履行相应价款的报批义务，故对其主张增加的变更洽商费用依约不予调整。2. 即使工程存在变更洽商的增加部分，该增加部分的费用也未达到施工合同约定的付款条件。合同约定“施工过程中不支付任何变更、洽商、签证及合同外工作内容等追加的费用，待竣工结算并审计完成后一并支付”。现工程未完成政府审计，变更洽商增加的费用尚未达到付款条件。三、因工程未经审计，余款数额无法确定且尚未达到付款条件，乙公司不存在拖延支付工程款的情形，原告主张相应利息没有事实和法律依据。四、本案丙公司作为被告主体不适格。

当事人围绕诉讼请求依法提交了证据，本院组织当事人进行了证据交换和质证。对当事人无异议的证据，本院予以确认并在卷佐证。对有争议的证据和事实，本院认定如下：乙公司系丙公司设立的分公司。2007 年 6 月 15 日，乙公司、丁医院、甲公司就丁医院工程签订《施工总承包合同》，乙公司为发包人，丁医院为使用人，甲公司为承包人。2011 年 6 月 28 日，甲公司（甲方）、A 公司（乙方）、乙公司（丙方）签订《施工合同》，甲公司作为总承包方，将丁医院工程的红线内市政工程分包给 A 公司施工，分包合同价款为 6595488 元。

关于合同价款及支付方式，《施工合同》第二部分通用条款 19. 1 约定“本合同采用固定总价方式。合同价款的调整方式在合同专用条款内约定”。第三部分专用条款 19. 6 约定“变更洽商等的增减费用乙方需在合同约定的时间内上报甲方，否则增加的费用不予调增，减少的费用以甲方确定的金额为准”。19. 8 约定“本工程竣工结算须经本工程政府审计部门进行审计，工程结算价款依据结算审计后的结果确定”。19. 11. 2“其他调整因素及调整方法”约定，“①增加（甲方、丙方提出）/减少合同承包内容；②由丙方提出的涉及面积、功能、标准的设计变更，且单个子目变更的费用（含累计）达到 1000 元人民币，对超出部分进行调整……④设计变更、洽商等确认或不可抗力发生后 7 天内，乙方将调整的原因、金额以书面的形式（附详细的估算和甲方、监理人要求的其他资料）报送甲方，监理人收到甲方报告后 14 天内审核完毕后报丙方，丙方在收到监理审核意见后 14

天内进行确认”。21.2.2 约定“累计付款（包括预付款）不超过乙方中标价款的80%，待本工程竣工结算审计完成后30日内依据审定金额调整合同额并按约定扣除保修金及相应款项后一次性支付余款”。21.2.4 约定“甲方向乙方支付合同外工程款、变更、洽商等的时间和方式：施工过程中不支付任何变更、洽商、签证及合同外工作内容等追加的费用，待竣工结算并审计完成后一并支付。若变更、洽商、签证及合同外工作内容等减少的费用，则在乙方当月的工程款中予以扣除”。此外，关于付款主体，合同第一部分协议书第九条约定“甲方向乙方承诺，在业主按期支付工程款前提下，按照合同约定的期限和方式，支付本合同约定的合同价款，以及其他应当支付的款项”。第二部分通用条款 11.2 约定“（丙方的工作）按照合同约定支付乙方工程款”。

施工过程中，由于设计变更、新增项目等原因，工程进行了洽商变更。2013年6月27日，本案所涉工程全部移交丁医院并投入使用。A 公司向甲公司提交了“单位工程竣工结算审核表”，甲公司进行了审核，出具了审核意见并提交乙公司。但由于丁医院在工程中擅自增加建筑面积，构成违法建设，导致此工程一直未能进行审计。乙公司支付了《施工合同》约定价款的 80% 即 5276390.4 元后，剩余 20% 价款及因工程洽商变更产生的费用均未支付。甲公司、丙公司亦未支付剩余款项。A 公司认可收到上述款项。

诉讼中，本院委托北京某工程管理有限公司对《施工合同》以外增加的洽商及签认部分工程量及工程造价进行鉴定。鉴定机构出具意见“洽商及工程量签认单金额合计增加 1385830.42 元”。A 公司对此意见提出异议，经鉴定机构核定及本院确认，鉴定结论调整为 1472407.24 元。

本院认为，甲公司、A 公司、乙公司签订的《施工合同》合法有效，当事人应当根据合同约定享有权利、履行义务。对于合同履行中产生的问题，本院认定如下：

（一）关于固定价款问题。当事人在通用条款中约定以固定价款结算工程款，但同时在专用条款中约定增加合同承包内容、设计变更等可以作为合同价款调整的因素。A 公司提交的洽商记录等材料虽部分存在瑕疵，但结合全案的证据，可以认定协商的真实性以及工程因设计变更、项目增加而增加费用的事实，工程洽商变更的内容符合价款调整的合同约定，因此增加的工程价款应据实支付。

（二）关于审计问题。施工合同约定工程的最终结算价以审计数额为准，且在审计完毕后支付。根据相关法律规定以及行业惯例，对本案所涉工程进行审计是确定发生的事实，A公司在签订审计条款时可以预见的风险是审计期限的长短以及审计数额的调整。而本案由于A公司可预见之外的原因导致工程在交付多年后一直未能进行审计，此风险不应由A公司承担。A公司已按照约定完成了施工，且向甲公司、乙公司报送了相关结算材料，工程已交付并投入使用，A公司应当履行的义务已经履行完毕。审计不能进行，不能归责于A公司。现工程已投入使用多年，在审计期限无法预测、审计数额无法确定的情况下，A公司应当获得工程款，工程款的数额应以鉴定机构的结论为依据。

（三）关于付款主体。合同约定甲公司、乙公司均有向A公司付款的义务，故甲公司、乙公司理应支付A公司相应的工程价款。乙公司系丙公司设立的分公司，不具有法人资格，A公司要求丙公司一并承担责任，符合法律规定，本院予以支持。

（四）关于利息。虽本院在工程未经审计的情况下支持了A公司主张工程款的诉讼请求，但该认定系本院根据案件客观情况基于公平原则对付款期限、条件进行的调整，在此之前，甲公司、乙公司、丙公司依据合同约定，以工程未进行审计为由拒付工程款，符合合同约定。故对A公司主张的工程款利息，本院不予支持。

综上所述，依照《中华人民共和国合同法》第五条、第一百零七条、第一百零九条、《中华人民共和国公司法》第十四条第一款、《最高人民法院关于审理建设工程施工合同纠纷案件适用法律问题的解释》第十六条第一款、第二款、第十九条规定，判决如下：

一、被告一甲公司、被告二乙公司、被告三丙公司于本判决生效后十日内给付原告A公司工程款2791504.84元。

二、驳回原告A公司其他诉讼请求。

如果未按本判决指定的期间履行给付金钱义务，应当依照《中华人民共和国民事诉讼法》第二百五十三条规定，加倍支付迟延履行期间的债务利息。

案件受理费42924元，由原告A公司负担13792元（已交纳），由被告一甲公司、被告二乙公司、被告三丙公司共同负担29132元，于本判决生效后十日内交纳。鉴定费132304.48元，由原告A公司负担38538.91元，于本判决生效后十日内交纳，由被告一甲公司、被告二乙公司、被告三丙公司共同负担93765.57元（已交纳）。

如不服本判决，可以在判决书送达之日起十五日内，向本院递交上诉状，并按照对方当事人的人数提出副本，上诉于北京市第一中级人民法院。

【案件总结】

代理律师认为本案有以下几点值得总结和参考：

一、如果双方约定的工程审计条款对己方不利，如何向法院充分阐述及有效论证，通过采取工程鉴定程序，突破对约定审计条款的适用

（一）工程审计所涉法律关系的性质

案涉工程属于法定审计范围，政府审计机关对工程结算的审计，是一种行政监督行为。根据审计法的规定及其立法宗旨，法律规定审计机关对政府投资和以政府投资为主的建设项目的预算执行情况和决算进行审计监督，目的在于维护国家财政经济秩序，提高财政资金使用效益，防止建设项目中出现违规行为。

尽管《施工合同》中原告与被告约定“本工程竣工结算需经本工程政府审计部门进行审计，工程结算价款依据结算审理后的结果确定”，但原告与被告之间关于案涉工程款的结算，属于平等民事主体之间的民事法律关系。因此，本案诉争工程款的结算，与法律规定的国家审计属于不同性质的法律关系问题，即无论案涉工程是否依法须经国家审计机关审计，均不能认为，国家审计机关的审计结论，是确定本案双方当事人之间结算的当然依据，即不能认为未经过审计程序，原告就无权要求支付工程款项。

（二）对以审计为结算条件条款的突破

政府审计涉及审计机关与发包人之间的法律关系，发包人可能存在故意拖延提交审计资料的情况，审计部门也可能因各种原因迟迟未将项目工程列入年度审计计划。当“以审计为准”条款阻碍了合同的正常、全面履行时，权利人应有权突破该条款的表面限制。在本案中，由于不能归责于原告的事由导致审计程序无法启动，人民法院突破了审计条款的约定，以司法鉴定的方式确定工程造价，支持了原告追偿工程款的诉求。

二、律师在本案鉴定中的沟通

（一）律师与当事人的沟通

在收到鉴定机构出具的《工程造价鉴定意见书》后，代理律师第一时间详细研读了该份鉴定书，找出了该份鉴定书认定的金额与我方预期结算金额之间在各项上的具体金额差异。明确了这些差异后，代理律师立即与当事人联系，向当事人提供了梳理出的信息，希望当事人补充证据并说明了其必要性。当事人也非常配合，向代理律师解释了其中的技术问题，提供了在有限时间内能够补充收集到的全部证据。

上述与当事人的沟通，为后续向法院申请鉴定异议、与鉴定机构进行面谈等提供了支撑，使得我方的异议主张更加有力。

（二）律师与法院的沟通

在完成上述准备工作后，代理律师即于 2018 年 2 月 1 日向法院递交了《鉴定异议书》，陈述了《工程造价鉴定书》中存在的问题，申请法院督促鉴定机构尽快安排答疑时间、就异议进行回复。鉴定机构于 2018 年 2 月 15 日作出《关于案子原告异议的回复》（首次），纠正对“洽商 008”鉴定金额的录入错误，对鉴定金额作了一些调整。

由于鉴定机构的答复没有解决我方在异议申请书中提出的全部问题，代理律师在与当事人充分交流沟通的基础上，于 2018 年 2 月 25 日再次对《关于案子原告异议的回复》（首次）提出异议，并向法院申请通知鉴定机构在法院监督下召开现场问询会。法院经审查，准予所请。鉴定机构于 2018 年 3 月 1 日召开了现场问询会，并于 2018 年 3 月 15 日出具《关于案子原告异议的回复》（最终）。鉴定机构的最终回复再次调整“洽商 008”的金额，对鉴定总金额又作了增加调整，并将其余争议洽商列为争议项，请法院判决。经过鉴定机构核定与法院确认，鉴定结论最终确定了增加的金额。

此外，在本案审理的过程中，原告方多次与主审法官沟通案件进展情况。代理律师及当事人都认真听取法官的意见、要求，尽快落实，给法官留下良好印象的同时也有利于查清案件事实，定分止争。

（三）律师与鉴定机构的沟通

代理律师在向法院递交的《鉴定异议书》中详细列明了我方对于《工程造价鉴定书》提出的异议与依据。经代理律师申请与法院安排，鉴定机构进行了多次现场问询与答疑。每一次的现场问询会、答疑会，代理律师都向当事人表示了望其出席的建议，当事人亦十分配合，派员出席并在现场仔细验看材料，与代理律师当场沟通。在这一过程中，代理律师与当事人发现被告方提交给鉴定机构的竣工图并非各方最终确认的竣工图，图上没有标示洽商增加的内容，也没有各方加盖印章与签字确认。这正是导致《工程造价鉴定书》错误的原因。

经过两次异议程序、三次现场问询会、多次与鉴定机构进行其他沟通，鉴定机构的最终回复对鉴定总金额作出了调整，并将其余争议洽商列为争议项。鉴定意见最终被法院采纳。

综上，代理律师通过与当事人、法院、鉴定机构的沟通，在鉴定程序中为当事人争取了较大的利益。

沟通是语言的艺术，艺术亦有其素材与技巧。律师在建设工程案件鉴定中，以案件材料为素材，以为当事人争取最大利益为目的，进行着“艺术的创作”。作为表达者，除了需要自己熟知案情外，亦应明确沟通的主题、沟通的思路。作为表达者，也需要明白沟通的效果取决于听者，故可以充分调用各种途径提高听者的体验。此外，律师也要学会做好倾听者，尊重当事人、法院的意见，通过沟通，实现意见的碰撞、交汇与融合。

【承办律师简介】

刘爽律师，毕业于中国政法大学法律系，学士学位。

自1999年起，先后从事法官和律师工作，曾任某中级人民法院法官，现任北京市炜衡律师事务所房地产与建筑工程部副主任，中国法学会会员，北京律协第九届、第十届、第十一届建设工程专业委员会委员，北京多元调解发展促进会调解员。执业16年来，专注于处理房地产与建筑工程领域相关法律事务，担任多家大型企业法律顾问，多次承办国内及涉外重大民商事诉讼与仲裁等法律业务，连年获得优秀律师的荣誉称号，作为2018年度优秀房地产建筑工程律师入选中国改革开放40周年《中国法律年鉴》年鉴人物。

自执业以来曾在律师学院、房地产集团、大型建筑公司、造价咨询机构等举办专业讲座近百起，并多次参与公益普法活动。

代理开发商成功应诉与反诉建设工程施工合同纠纷案的胜诉策略①

——四川乙建设有限公司诉四川某投资置业有限公司、四川某投资建设有限公司建设工程施工合同纠纷案

北京市炜衡（成都）律师事务所　谭军律师　伍勇律师

【争议焦点】

◆ *代理开发商应诉，在开发商将部分工程分解单独发包合同无效后，工程款的结算依据如何确定？*

【关键词】

建设工程施工合同无效　工程价款的结算依据　反诉运用

【案情简介】

本案原告为四川乙建设有限公司（以下简称乙公司），被告为四川某投资置业有限公司（以下简称置业公司）、四川某投资建设有限公司（以下简称建设公司）。

2007 年 10 月 27 日，置业公司与建设公司签订《建设工程施工合同》，约定由置业公司将位于双流县某社区的“某郡 E 区”项目建筑、安装工程发包给建设公司施工。2007 年 12 月 22 日，置业公司某郡 E 区项目部（甲方）与乙公司（乙方）签订《建筑工程合同》，约定：由甲方将“某郡 E 区 1 号楼”的土建、装饰、安装工程发包给乙方施工，工程造价暂定为 40000000 元，取费基准约定为“二类三级 II

---

① 案件来源：成都市中级人民法院（2011）成民初字第 752 号民事判决书。

档计算总价，总价（不含单调材料价差和未计价材料费、按实包干计算的费用、签证及设计变更、赶工补偿费、安全文明施工增加费和税金）下浮10%”。工程进度款支付约定为：“乙方垫资工程进度款到主体断水；在施工过程中，甲方取得预售证，收到销售房款首先支付乙方的垫资工程进度款，乙方按实际完成的工程量向甲方验收计价，甲方按乙方验收计价工程款的80%支付工程款。以后每月25号前乙方根据实际完成工程量验收计价，甲方按验收计价款的80%支付。”违约责任约定为：“乙方未按计划控制工期完成相关分段工程，乙方支付违约金每项每天10000元，合同履行中任何一方无正当理由而单方终止合同，均属单方毁约。毁约方除承担因此造成的对方的全部经济损失外，还必须向对方支付合同价款3%的违约金。”2007年12月25日，置业公司某郡E区项目部向原告乙公司发出通知，将施工项目部名称定为“某郡E区第六项目部”。某郡E区1号楼工程于2007年12月25日开工后至2009年11月11日，置业公司向原告乙公司支付工程款共计40184502.66元。

2009年12月11日，乙公司某郡E区第六项目部向置业公司某郡E区项目部发出《委托书》，乙公司表明：由于公司出现资金困难问题，委托置业公司接手某郡E区1号楼未完工程的后续工作。由此所产生的工程费用由置业公司按实结算后在工程结算价款中扣除。乙公司退场后，置业公司又陆续向其支付了4705203.44元工程款，截至起诉日置业公司已经向乙公司支付了44889107.1元工程款。另，置业公司还垫付了乙公司施工水电费244866元。

2009年9月10日，乙公司与置业公司某郡E区项目部达成《关于工程决算审计费支付办法》，约定：乙公司上报的工程决算由审计事务所审计。若审减额率在5%以内，审计费由置业公司支付。若审减额率超过5%，审计费全部由乙公司支付。2010年2月25日，成都一舟工程造价招投标代理咨询事务所有限责任公司受被告置业公司委托，对“某郡E区”1号楼建筑及安装工程进行审核并出具审计报告，审计结算金额为40634500.78元，较报送的金额50817406.91元审减了10182906.13元，已经远超5%。在审计金额上另行确认了变更增加的金额为715812.99元，置业公司支付了审计费320000元。依照审计确认的金额，置业公司已经超额支付了工程款。

2010 年 7 月 8 日，某郡 E 区 1 号楼及地下室工程通过竣工验收备案。因未按与商品房买受人约定的交房期限交付房屋，置业公司因迟延交付房屋而向杨荣、陈海、罗雪梅、彭章义赔偿违约金 49653.82 元。

2011 年，乙公司起诉至成都市中级人民法院，要求确认其与置业公司某郡 E 区项目部签订的《建筑工程合同》无效，并要求依照建设公司与置业公司之间的《建筑工程施工合同》确定结算标准、结算工程款，要求置业公司与建设公司向其支付工程款及利息 8037778.9 元。

【诉讼策略】

本案中，谭军、伍勇律师组团代理被告方置业公司应诉。代理律师分工协作，制定了相应的对策和方案。在充分了解案情后，代理律师建议委托方提起反诉，要求乙公司向置业公司返还多支付的工程款，代其支付的施工电费、劳务费等，逾期损失，审计费用等各项损失及违约金。这样一来赢得了宝贵的应诉准备时间，二来给原告方施加压力，争取在诉讼和调解中占据主动。上述建议被委托人采纳。

本诉中，乙公司有两项诉讼请求：1. 确认置业公司某郡 E 区项目部与乙公司签订的《建筑工程合同》无效；2. 要求置业公司与建设公司连带向其支付工程款及利息。乙公司意图以上述《建筑工程合同》可能违反法律法规强制性规定为突破口，通过确认此合同无效的方式来推翻双方已经达成的协议及工程价款结算书，进而要求以置业公司与建设公司签订的《建设工程施工合同》中的结算条款为准重新确定价款结算标准，以此牟取超额的经济利益。代理律师结合案件事实和法律规定，制定了诉讼策略，并围绕其组织证据，以维护置业公司的合法权益。

一、本诉应诉中的抗辩策略

（一）合同违反强制性法律规定的问题

置业公司与乙公司签订的《建筑工程合同》约定将某郡 E 区 1 号楼的土建、装饰、安装工程发包给乙公司施工。《合同法》第二百七十二条第一款规定：“发包人可以与总承包人订立建设工程合同，也可以分别与勘察人、设计人、施工人订立勘察、设计、施工承包合同。发包人不得将应当由一个承包人完成的建设工程肢解成若干部分发包给几个承包人。”某郡E区1号楼为项目的主体结构之一，置业公司将主体结构分别发包给建设公司、乙公司，且未经招投标，违反了合同法相关规定，合同应属无效。

代理律师认为，涉案合同效力存在诸多问题，违背了法律强制性规定，会被人民法院依法认定为无效合同。因此此处应当重点关注的是，合同无效后，工程款的结算依据问题。

（二）合同无效后的工程价款结算问题

本案中，2010年7月8日某郡E区1号楼及地下室工程已通过竣工验收。根据《最高人民法院关于审理建设工程施工合同纠纷案件适用法律问题的解释》第二条规定：“建设工程施工合同无效，但建设工程经竣工验收合格，承包人请求参照合同约定支付工程价款的，应予支持。”当施工合同被认定无效时，相关的价格结算条款也应当无效，但如该建设工程已经竣工验收合格，则应当依照上述规定参照施工合同支付工程价款。本案工程价款的支付参照的应当是置业公司项目部与乙公司之间签订的《建筑工程合同》，而非乙公司诉求中所指的置业公司与建设公司之间达成的《建设工程施工合同》。原因如下：首先，委托方作为建设单位，是发包一方，其将工程的一部分单独发包给乙公司，虽然所签合同是无效合同，但按照《最高人民法院关于审理建设工程施工合同纠纷案件适用法律问题的解释》的规定来看，即使合同无效，其工程款的支付也可以参照合同约定。因此，参照实际履行的合同确定工程价款最能体现当事人的合意。置业公司与建设公司之间实际履行的施工合同与乙公司履行的施工合同标的完全不同，乙公司与建设公司各自独立完成了不同的施工范围。因此，乙公司无权要求以置业公司与建设公司之间签订的施工合同作为结算依据。其次，乙公司在工程竣工验收合格后方与置业公司进行工程价款结算，双方已经对工程现状及工程价款等作出了真实的意思表示，现乙公司否认工程价款结算约定，有违诚实信用原则。

综上，代理律师认为乙公司要求以置业公司与建设公司之间的备案合同为依据计算工程价款无事实和法律依据。本案中《建筑工程合同》虽然无效，但依据法律规定仍应当参照其支付工程款。另外乙公司与置业公司之间的工程价款结算书，意思表达真实有效，从工程价款支付金额上来看，置业公司已经超额支付工程款。

二、本案的反诉策略

代理律师在认真阅读、分析相关合同和履行情况证据材料的基础上，有针对性地提出了对乙公司的反诉请求，要求乙公司向置业公司退还超额支付工程款，支付审计费、施工电费、劳务费、逾期损失等。

（一）审计费负担及退还超额支付工程款的问题

乙公司与某郡E区项目部之间于2009年9月10日签订《关于工程决算审计费支付办法》约定：乙公司上报的工程决算由审计事务所审计。若审减额率在5%以内，审计费由置业公司支付。若审减额率超过5%，审计费全部由乙公司支付。

成都一舟工程造价招投标代理咨询事务所有限责任公司对“某郡E区”1号楼建筑及安装工程进行审核并出具审计报告，审计结算金额为40634500.78元，加上变更增加的715812.99元，共计41350313.77元，较报送的金额50817406.91元审减了9467093.14元，审减金额超过5%。按照约定，此次审计费用应当由乙公司承担，故置业公司垫付的320000元审计费有权要求乙公司支付。

截至2011年6月，置业公司向乙公司支付了44889107.1元工程款，由于双方结算金额为41350313.77元，置业公司已经超额支付工程款，故置业公司有权主张返还。

（二）施工电费负担问题

置业公司与乙公司之间的《建筑工程合同》载明了计价标准为总价下浮10%。合同虽然没有对施工电费进行明确的约定，但依照建设工程计价行业习惯可以得知，建设工程施工计价工程中，每个单项工程费用实际上是对实施该工程所需的所有人工费、措施费、技术费等多种费用的综合体现，其中当然也包括了完成该工程必须要消耗的水电费用等。故在合同双方没有对施工水电费另行进行约定的情况下，可以认定双方已经将施工水电费计算在了合同的总价及单项工程的价格之中，置业公司支付的工程款中已经包含了施工水电费用。另外，依据《合同法》第六十二条第六项规定，“履行费用的负担不明确的，由履行义务一方负担”，故乙公司施工期间的水电费应当由其自行承担，置业公司有权要求其承担垫付的水电费。

（三）乙公司终止合同并退场后应当承担的费用

案涉工程实际于2017年12月25日开工，2009年12月11日乙公司某郡E区第六项目部向置业公司某郡E区项目部发出《委托书》，乙公司表明：由于公司出现资金困难问题，委托置业公司接手某郡E区1号楼未完工程的后续工作。由此所产生的工程费用由置业公司按实结算后在工程结算价款中扣除。此《委托书》是乙公司单方面作出的对合同解除后争议解决的承诺，意思表示真实有效。

代理律师认为，由于工程造价的结算具有一定的不可分割性，工程造价存在最小计价单位，若最小计价单元未完成施工，则无法准确计量费用。被告为准确计量费用先将未完成部分的单项工程量计算入应支付工程款，待安排其他人员进行施工完成此部分后，根据此处实际发生的费用从应付的工程款中扣除，是完全合理合法的。且乙公司在《承诺书》中已经就此种计价结算方式表示了认同，即同意在总的工程款中扣除后续工作产生的实际费用。但证据组织难度较大，要点在于证明我方主张的后续费用有具体明确的用途，扣除的工程款对应的工程在乙公司退场时尚未完成且已经包含在结算的总价之中。

（四）工期逾期损失问题

乙公司与置业公司约定的工程工期为330天。案涉工程实际于2017年12月25日开工，2009年12月11日乙公司退场。故乙公司退场时已经构成违约。由于置业公司已经按合同约定支付了进度款，故乙公司延误工期构成违约，应按照合同约定的违约金标准即每天10000元向置业公司承担违约责任。

若《建筑工程合同》为无效，此合同中的工期逾期违约金条款是否有效？此处在实践中存在争议。一种观点认为合同无效的情况下，由于违约条款属于合同的重要组成部分，故其也会被认定为无效。另外一种观点认为违约条款属于《合同法》第五十七条中规定的争议解决条款，即使合同无效，违约条款也继续适用。通常争议解决条款有以下几种：（1）合同中独立存在的有关解决争议方法的条款；（2）约定合同无效应返还由该合同取得的财产的条款；（3）约定有过错的一方应当赔偿对方因此所受到的损失，双方都有过错的应当各自承担相应责任的条款。代理律师认为建设工程施工合同中的逾期违约金条款本质上是对实际损害的一种预先约定，并不属于通常意义上的争议解决条款，故本案逾期违约金条款应当无效。但在建设工程施工过程中，逾期行为造成的损失是实际存在的，故应当参照无效的合同来认定逾期损失的计算标准。在本案中，由于乙公司延误工期导致置业公司延期53天向购房者交房，并向购房者支付了49653.82元违约金。故我方要求支付的工期逾期违约金可能会被法院调整至实际损害范围（即置业公司实际支付的49653.82元）。

（五）关于开具发票的问题

乙公司为一般纳税人，其在收到置业公司支付的工程款时有义务向其开具符合国家规定的相关发票。虽然合同双方未在合同中约定开具发票的相关事宜，但开具发票已经成为一项法定的合同附随义务，且置业公司已经实际支付了工程款。故置业公司要求开具工程款对应金额的发票的诉求应当得到法院支持。

【代理词】

北京市炜衡（成都）律师事务所
关于四川乙公司诉四川置业公司、四川建设公司
建设工程施工合同纠纷案的
代理词

尊敬的审判长、审判员：

北京市炜衡（成都）律师事务所依法接受置业公司委托授权并指派伍勇律师担任（2011）成民初字第752号案件的诉讼代理人。根据本案的客观事实、证据、庭审及调查情况，现针对乙公司（下称“原告”）诉置业公司（下称“被告”）建设工程施工合同纠纷一案，就本案的证据事实与法律的适用发表如下代理意见。

一、被告项目部与原告所签订的《建筑工程合同》形式虽有瑕疵，但本质属于公司内部经营行为

原告与被告签订的《建筑工程合同》表面形式虽为工程发包，但实际上为被告对自己所承建项目的内部安排，该行为属于企业经营的内部承包事宜。原告具有相应的施工企业资质，且其施工活动一直处在被告的监督和指导之下，所承建的工程也符合竣工验收的条件。故上述《建筑工程合同》虽然形式上存在瑕疵，但从合同本质及合同双方履行行为上看，其应属企业内部承包经营行为，并不违反法律规定。

原告明知合同形式存在瑕疵，仍然积极主动促成上述《建筑工程合同》的签订。其对合同的签订具有重大的故意，应负主要责任。若此合同经人民法院审查被认定为无效，所造成的法律后果应当由其自行承担。

二、原告主张依照被告与建设公司之间备案的《建设工程施工合同》确定价款计算方式无法律依据，不应予以支持

原告主张以备案的《建设工程施工合同》确定价款计算方式不应予以支持，原因如下：1. 上述备案合同是被告与建设公司之间达成的关于某郡 E 区工程的约定，从合同主体和内容上看，都与原告无关。2. 原告在工程竣工验收合格后方与被告进行工程价款结算，双方已经对工程现状及工程价款等作出了真实的意思表示，现原告否认工程价款结算，有违诚实信用原则。《最高人民法院关于审理建设工程施工合同纠纷案件适用法律问题的解释》第二条规定："建设工程施工合同无效，但建设工程经竣工验收合格，承包人请求参照合同约定支付工程价款的，应予支持。"虽然《建筑工程合同》无效，但该建设工程已经竣工验收合格，故应当依照上述规定参照此无效的《建筑工程合同》支付工程价款。

三、被告反诉要求原告退还超额支付工程款，支付审计费、施工电费、劳务费、逾期违约金等

1. 原告应当向被告支付审计费 320000 元，并退还被告超额支付的工程款 3539392. 33 元

2009 年 9 月 10 日原被告签订的《关于工程决算审计费支付办法》约定：原

告上报的工程决算由审计事务所审计。若审减额率在5%以内，审计费由甲方支付。若审减额率超过5%，审计费全部由乙方支付。成都一舟工程造价招投标代理咨询事务所有限责任公司对“某郡E区”1号楼建筑及安装工程进行审核并出具审计报告，审计结算金额为40634500.78元，加上变更增加的715812.99元共计41350313.77元，较报送的金额50817406.91元审减了9467093.14元，审减金额超过5%，按照双方达成的《关于工程决算费支付办法》，此次审计费用应当由乙公司承担，故置业公司垫付的320000元审计费有权要求乙公司支付。

截至2011年6月，置业公司向乙公司支付了44889107.1元工程款，由于双方结算金额为41350313.77，置业公司已经超额支付工程款3539392.33元，置业公司有权主张返还。

2. 原告应当向被告支付由被告垫付的施工电费271466.6元

原、被告双方已经对案涉项目的工程价款作了结算，工程价款结算书的价款总额实际上是实施该工程所需的所有人工、措施、技术费等多种费用的综合体现，其中当然也包括了完成该工程必须要消耗的水电费用等，其对价已经在工程款中支付，故施工中的水电费应当由原告方自行对外支付。另，依据《中华人民共和国合同法》第六十二条第（六）项规定，“履行费用的负担不明确的，由履行义务一方负担”，原告为施工义务履行一方，且《建筑工程合同》并未对水电费承担问题作出约定。综上，原告应当向被告支付水电费271466.6元。

3. 原告终止合同并退场，应当支付违约金1240509.41元，并支付后续施工等收尾费用518347.6元

原被告双方签订的《建筑工程合同》载明：合同履行中任何一方无正当理由而单方终止合同，均属单方毁约。毁约方除承担因此造成的对方的全部经济损失外，还必须向对方支付合同价款3%的违约金。2009年12月11日原告管理的某郡E区第六项目部向被告项目部发出《委托书》，乙公司表明：由于公司出现资金困难问题，委托被告接手某郡E区1号楼未完工程的后续工作。由此所产生的工程费用由置业公司按实结算后在工程结算价款中扣除。

《委托书》以通知的形式告知被告其欲单方面解除合同。另外《委托书》中

明确表示解除合同原因是原告自身资金不足。故原告行为违反合同约定，应当向被告支付违约金 1240509. 41 元。

由于工程造价结算具有一定的不可分割性，工程造价存在最小计价单位，若最小计价单元未完成，则无法准确计量费用。被告为准确计量费用只能先将未完成部分的单项工程量计算入应支付工程款，待安排其他人员进行施工完成此部分后，根据此处实际发生的费用从应付原告的工程款中扣除。原告在《委托书》中明确同意了此种结算计价方式，即同意在工程结算价款中扣除相关的后续费用。

根据意思自治、公平及诚实信用原则，被告要求原告支付 518347. 6 元后续费用合法合理。

4. 原告应当向被告支付工期逾期违约金 530000 元

乙公司与置业公司约定的工程工期为 330 天。案涉工程实际于 2017 年 12 月 25 日开工，2009 年 12 月 11 日乙公司退场。按照合同约定，工期每逾期一日支付违约金 10000 元，乙公司退场时已经构成违约。原告声称工期延误是由于被告未如期支付进度款，但其并未提供任何证据，且截至 2009 年 12 月 11 日被告共向原告支付了 40184502. 66 元（占工程结算金额 97%），已经超过合同约定的进度款支付标准即“超过工程结算金额 80%”。

由于原告延误工期，导致被告延期 53 天向购房者交房，并向购房者支付了 49653. 82 元违约金。原告的违约行为已经给被告造成了实际经济损失，故被告酌情要求按照 53 天（每天 10000 元）计算延误期限，要求原告支付被告工期逾期违约金 530000 元，合法合理。

四、原告应当按工程款最终结算金额向被告开具符合税务部门要求的发票

依照《中华人民共和国发票管理办法》第十九条规定：“销售商品、提供服务以及从事其他经营活动的单位和个人，对外发生经营业务收取款项，收款方应当向付款方开具发票；特殊情况下，由付款方向收款方开具发票。”虽然本案合同双方未在合同中约定开具发票的相关事宜，但开具发票已经成为一项法定的合同附随义务，且被告已经实际支付了工程款。故，原告应当向被告开具与工程款结算金额对应的符合税务机关要求的发票。

【生效判决书】

四川省成都市中级人民法院
民事判决书

(2011)成民初字第752号

原告乙公司与被告置业公司、建设公司建设工程施工合同纠纷一案，本院于2011年7月5日受理后，置业公司于2011年10月8日提起反诉，本院依法组成合议庭进行审理，并于2011年12月1日公开开庭进行了合并审理。原告乙公司的委托代理人王建根、王文根，被告置业公司的委托代理人伍勇、被告建设公司的委托代理人张雪艳到庭参加诉讼。本案现已审理终结。

原告乙公司诉称，2007年，被告置业公司取得位于双流县华阳街办伏龙社区辖区的土地使用权，从事商品房开发。项目名称定为：某郡E区。2007年10月27日，被告置业公司（建设单位）将该项目发包给被告建设公司（施工单位）组织施工，双方签订《建筑工程施工合同》，并在双流县规划和建设局办理了备案登记。2007年12月22日，置业公司某郡E区项目部与原告乙公司签订《建筑工程合同》。置业公司某郡E区项目部确定将“某郡E区1号楼”发包给原告乙公司承建，并于同年12月25日，以通知的形式确定中标。原告乙公司在结算之前对被告置业公司与被告建设公司已建立的合同关系并不知情。合同签订后，乙公司积极组织施工，并按约定保质保进度完成了竣工验收。其间，置业公司与置业公司某郡E区项目部向原告乙公司直接付款或委托付款共计40999236.1元。后原告乙公司与被告置业公司和置业公司某郡E区项目部在办理工程结算过程中，就如何确定取费标准、是否下浮取费基准产生了分歧。至此原告乙公司按被告置业公司备案合同结算工程款为48337015元，减去已支付的40999236.1元，尚有工程款7337778.9元未收。原告乙公司认为，被告置业公司在与被告建设公司签订《建筑工程施工合同》后，又以某郡E区项目部的名义将部分工程转包给乙公司，并签订《建设工程合同》，根据《建筑法》及相关司法解释的规定，属于应当招标而未招标的合同，应当确认该《建设工程合同》无效，同时，工程结算价格应以被告置业公司与建设公司备案确定的标准办理。由于《建设工程合同》无效，原告乙公司处于实际施工人的地位，有权向工程承包人建设公司及建设单位置业公司主张工程款。故原告乙公司起诉来院，请求：一、确认置业公司某郡E区项目部与原告乙公司签订的《建筑工程合同》无效；二、判令被告置业公司与被告建设公司连带向原告乙公司支付工程款7337778.9元、资金利息700000元；三、诉讼费由被告置业公司与被告建设公司承担。

被告置业公司辩称：一、被告置业公司以直接指定分包的形式确定乙公司为工程承包人，且原告乙公司具有相应的施工企业资质，置业公司某郡E区项目部亦得到了被告置业公司的授权，故双方签订的合同并不违反法律、行政法规的规定，是合法有效的；二、工程竣工后经审计单位审计工程结算价为40634500.78元，加上增加工程量金额715812.99元，工程总结算价应为41350313.77元（税前），原告乙公司以被告置业公司与第三人之间的工程合同备案价作为结算价无法律依据；三、截至2011年6月30日，被告置业公司向原告乙公司支付了工程款44889706.1元，加上代原告乙公司向第三人支付的各类工程款、费用、赔偿款1263468.02元，被告置业公司支付的金额已超过结算金额，原告乙公司诉称被告置业公司欠付工程款无事实依据。请求驳回原告乙公司的全部诉讼请求。

被告建设公司辩称，被告置业公司将某郡项目工程不同区域以不同形式分别发包给被告建设公司与原告乙公司，分别签订独立的建筑工程施工合同，且两者在施工项目上没有交叉。原告乙公司与被告置业公司在合同履行过程中发生的纠纷应根据双方在合同中的约定予以解决，不应以二被告之间约定的价款计算方式作为原告乙公司与被告置业公司之间的工程款结算依据，原告乙公司要求被告建设公司承担连带责任无法律依据，请求驳回原告乙公司的全部诉讼请求。

反诉原告置业公司诉称，2007年12月22日，置业公司授权某郡E区项目部与乙公司签订《建设工程合同》，约定由乙公司承建置业公司开发的“某郡E区1号楼”土建、装饰、安装工程。合同约定工期为2007年12月20日至2008年11月20日，工程总造价为40000000元。一、在合同履行过程中，乙公司因组织管理混乱、资金不足等原因将未完成的工程弃置，应按合同第十二条第二款约定承担合同总价款3%的违约金；二、因乙公司未完成工程，导致置业公司另行组织施工人员进行收尾施工，为此支出的施工费用518347.6元应由乙公司承担；三、乙公司在施工过程中产生的电费271466.6元应由其自行承担；四、按双方于2009年9月10日签订的《关于工程决算审计费支付办法》的约定，若审减额率超过5%，审计费由乙公司承担。由于审减额率已超过5%，置业公司已支付的审计费320000元应由乙公司承担；五、置业公司共计向乙公司支付了44889706.1元，比双方认可的结算价多支付了3539392.33元，乙公司应予退还；六、至2009年12月1日乙公司弃置工程前，工期已逾期265天，至2010年7月8日工程竣工验收合格时已逾期485天，置业公司仅要求乙公司承担53天的迟延交付责任，参照合同第三条第四款约定的节点工程迟延一日按10000元计算违约金的标准，乙公司应当承担迟延交付工程的违约金530000元；七、乙公司的迟延交付导致置业公司向购房业主交付迟延，并为此承担了相当的逾期交房违约金。此外，由于乙公司施工造成2单元601号房屋客厅净高存在偏差，导致置业公司向业主陶毅赔偿104000元，置业公司的上述直接损失应由乙公司予以赔偿。综上，置业公司提出以下反诉请求：一、判令乙公司承担单方终止合同违约金1240509.41元；二、判令乙公司支付置业公司代付施工等收尾费用518347.6元；三、判令乙公司支付置业公司代付施工电费271466.6元；四、判令乙公司支付置业公司代付结算审计费320000元；五、判令乙公司退还置业公司多支付工程款3539392.33元；六、判令乙公司承担逾期交付合格工程的违约金530000元；七、判令乙公司承担给置业公司造成的直接损失49653.82元；八、判令乙公司按工程结算金额向双流县税务部门缴纳其应缴税款，并按工程结算金额向置业公司开具双流县税务部门认可的发票；九、诉讼费由乙公司承担。

反诉被告乙公司辩称：一、因反诉原告置业公司拖延支付工程进度款，导致反诉被告乙公司无力继续垫资修建，反诉被告乙公司撤场系双方协商同意的结果，并非单方终止合同的行为，其不应承担单方终止合同的违约金和后续施工费用；二、反诉原告置业公司要求支付施工电费、审计费的诉请无事实依据；三、因施工期间发生了汶川地震这一不可抗力，加之反诉原告置业公司拖延支付工程进度款，因此导致工程延期竣工，故工程延期竣工不可归责于反诉被告乙公司，其不应承担相应违约责任；四、反诉原告置业公司并未足额支付工程款，其要求反诉被告乙公司退还其多支付的工程款无事实依据；五、税费应当由作为建设单位的反诉原告置业公司向税务机关缴纳，反诉被告乙公司不负有该项义务。

原告乙公司为证明其诉讼主张，向本院主要提交了以下证据：

一、《中标通知书》及二被告之间签订的《建筑工程施工合同》，拟证明建设公司与置业公司之间关于工程款的约定计价方式。被告置业公司与建设公司对证据的真实性无异议，但主张双方之后另行签订《建筑工程施工合同》并改变了工程款计算方式。本院认为，二被告之间签订的《建筑工程施工合同》与本案不具有关联性，对上述证据的真实性、合法性予以认定，对关联性不予认定。

二、《建筑工程施工许可证》及某郡E区1号楼部分竣工资料，拟证明：1.某郡E区的备案施工单位是建设公司；2. 某郡E区1号楼已经竣工验收合格。置业公司对上述证据的真实性无异议，但主张《建筑工程施工许可证》上记载的建设规模已超过乙公司在证据一《建筑工程施工合同》中约定的规模，足以证明建设公司与置业公司另行签订《建筑工程施工合同》。本院对上述证据的真实性、合法性、关联性予以认定。

三、置业公司某郡E区项目部发给乙公司的《通知》及双方签订的《某郡E区1#楼工程建设工程合同》，拟证明：1.《某郡E区1#楼工程建设工程合同》系由置业公司某郡E区项目部所签订，合同主体不合法，合同无效；2.《某郡E区1#楼工程建设工程合同》约定“总价下浮10%”，造成乙公司的工程价款比建设公司的工程价款低10%。置业公司对证据的真实性无异议，但认为某郡E区项目部获得了置业公司的授权，具有签约资格，《某郡E区1#楼工程建设工程合同》是双方当事人的真实意思表示，应按合同约定的计价方式确定工程价款。建设公司持相同意见。本院对上述证据的真实性、关联性、合法性予以确认。

四、结算书1份，拟证明某郡E区1#楼工程结算总价为48337015元。置业公司认为该结算书系乙公司单方制作，无置业公司签章确认。建设公司持相同质证意见。本院对该份证据及其证明目的不予确认。

反诉原告置业公司为证明其抗辩及反诉主张，向本院主要提交了以下证据：

1. 乙公司某郡E区第六项目部于2009年12月11日向置业公司某郡E区项目部出具的《委托书》及未完工程附件，《委托书》载明“由我公司负责承建的某郡E区1号楼土建及安装工程，现阶段由于我公司资金困难特委托置业公司由此接手某郡E区1号楼未完工程的后续工作（具体工作范围详见后附附件）。由此所产生的工程费用，由置业公司按实结算后在我公司某郡E区1号楼工程总价款中抵扣”，拟证明乙公司未完成某郡E区1号楼后续工作。乙公司认为乙公司某郡E区第六项目部印章系伪造，但没有提供相应证据。本院认为，《委托书》上不仅有乙公司某郡E区第六项目部盖章，更有王文根个人代表签字，而王文根系乙公司在《某郡E区1#楼工程建设工程合同》所指定的项目经理并作为乙公司委托代理人在该合同上签字，据此足以认定《委托书》的真实性。本院对该证据及其证明目的予以确认。

2. 竣工验收备案表，拟证明某郡E区1号楼于2010年7月8日通过竣工验收备案。乙公司对该证据的真实性未提出异议。本院对该证据的真实性、合法性、关联性予以确认。

3. 置业公司与杨国林签订的《工序承包合同》、收方结算表及杨国林向该公司出具的借条（70000元）1张、收条（55000元）1张，拟证明置业公司委托杨国林完成某郡E区1号楼后续工作并支出费用共125000元。乙公司除对借条予以认可外，对该组其余证据的真实性均提出异议。本院认为，结合《委托书》和竣工验收备案表各自所证明的事实，可以认定置业公司委托杨国林完成后续工作并因此产生相关费用，对上述证据的真实性、关联性、合法性予以确认。

4. 置业公司某郡E区项目部与四川鼎成建筑装饰工程有限公司签订的《装饰合同》1份及银行进账单等，拟证明置业公司委托四川鼎成建筑装饰工程有限公司完成某郡E区1号楼建筑装饰工程并支出费用共292947.6元。乙公司对上述证据及证明目的无异议，本院予以确认。

5. 工资表1张及借支单1张，拟证明置业公司代乙公司支付工人工资20400

元。乙公司对上述证据的真实性、关联性均提出异议。本院认为置业公司未提供其他证据予以佐证，对该组证据及其证明目的不予确认。

6.《1#楼2008年—2010年电费清单》，拟证明截至2010年5月，某郡E区1号楼工程施工期间共产生电费271466.6元，乙公司对该组证据及其证明目的无异议，但认为施工电费不应由乙公司承担，本院对该组证据及其证明目的予以确认。

7.《关于工程决算审计费支付办法》及审计费发票（320000元）等，拟证明审计费320000元应由乙公司支付。乙公司对该组证据的真实性无异议，但认为其不能实现证明目的。本院对该组证据的真实性、合法性、关联性予以确认。

8.《收款确认书》2份及收据25张，拟证明置业公司已向乙公司支付工程款共计44889706.1元，乙公司对该组证据的真实性无异议，但对关联性提出异议，认为上述工程款中有300余万元系资金利息，并非置业公司实际所付的工程款，但未提供证据证明其上述主张。本院认为，该组《收款确认书》及收据均有乙公司盖章确认，在乙公司未证明置业公司所付的款项中有300余万元不是工程款的情形下，应对该组证据及其证明目的予以确认。

经审理查明，2007年10月27日，被告置业公司与被告建设公司签订《建设工程施工合同》1份，约定由被告置业公司将某郡E区建筑安装工程发包给被告建设公司施工，并对工期、计价方式、违约责任等作了明确约定。2007年12月22日，置业公司某郡E区项目部作为甲方与作为乙方的原告乙公司签订《建设工程合同》1份，约定由置业公司某郡E区项目部将某郡E区1号楼的土建、装饰、安装工程发包给原告乙公司施工，开工日期为2007年12月20日（以实际开工报告为准），竣工日期为2008年11月20日，工程造价暂定为40000000元，取费基准约定为“二类三级II档计算总价；总价（不含单调材料价差和未计价材料费、按实包干计算的费用、签证及设计变更、赶工补偿费、安全文明施工增加费和税金）下浮10%”，工程进度款支付约定为“乙方垫资工程进度款到主体断水；在施工过程中，甲方取得预售证，收到销售房款，首先支付乙方的垫资工程进度款，乙方按实际完成的工程量向甲方验收计价，甲方按乙方验收计价工程款的80%支付工程款。以后每月25号前乙方根据实际完成工程量验收计价，甲方按验收计价款的80%支付”。违约责任约定的条款有“乙方未按计划控制工期完成相关分段工程，乙方支付违约金每项每天10000元”，“合同履行中，任何一方无正当理由而单方终止合同，均属单方毁约。毁约方除承担因此造成的对方的全部经济损失外，还必须向对方支付合同价款3%的违约金”。2007年12月25日，置业公司某郡E区项目部向原告乙公司发出通知，将施工项目部名称定为“某郡E区第六项目部”。某郡E区1号楼工程于2007年12月25日开工后，至2009年11月11日，被告置业公司向原告乙公司支付工程款共计40184502.66元。2009年12月11日，乙公司某郡E区第六项目部向置业公司某郡E区项目部发出《委托书》1份，上载明“由我公司负责承建的某郡E区1号楼土建及安装工程，现阶段由于我公司资金困难特委托置业公司由此接手某郡E区1号楼未完工程的后续工作。由此所产生的工程费用由置业公司按实结算后在我公司某郡E区1号楼工程总价款中抵扣”，置业公司某郡E区项目部在《委托书》上盖章确认。之后被告置业公司先后委托杨国林及四川鼎成建筑装饰工程有限公司完成了某郡E区1号楼的后续土建安装工程及装饰工程，共计支出费用417947.6元。2009年11月12日至2011年1月14日，被告置业公司又陆续向原告乙公司支付工程款4705203.44元，于2011年1月31日代乙公司某郡E区第六项目部向段长喜支付劳务费80000元。迄今为止，被告置业公司共计向原告乙公司支付工程款44889706.1元（不含代乙公司某郡E区第六项目部向段长喜支付的劳务费80000元）。截至2009年12月，原告乙公司在某郡E区1号楼施工过程中共产生施工电费244866.2元，此款亦由被告置业公司予以支付。

2009年9月10日，乙公司某郡E区第六项目部作为乙方与作为甲方的置业公司某郡E区项目部达成《关于工程决算审计费支付办法》，约定：“乙方上报的工程决算，由审计事务所审计。审减额率在5%以内，审计费由甲方支付。若审减额率超过5%，审计费全部由乙方支付。”2010年2月25日，成都一舟工程造价招投标代理咨询事务所有限责任公司受被告置业公司委托，对某郡E区1号楼建筑及安装工程进行审核并出具审计报告，审计结算金额为40634500.78元，较原告乙公司报送的结算价50817406.91元审减了10182906.13元。原告乙公司与被告置业公司均在《工程结算确认表（汇总）》盖章确认结算金额为40634500.78元，并在此结算金额之外另行确认因工程设计变更增加金额715812.99元。被告置业公司向成都一舟工程造价招投标代理咨询事务所有限责任公司支付了审计费320000元。

2010年7月8日，某郡E区1号楼及地下室工程通过竣工验收备案。因未按与商品房买受人约定的交房期限交付房屋，被告置业公司因迟延交付房屋而向杨荣、陈海、罗雪梅、彭章义赔偿违约金49653.82元。

本院认为，一、根据国家发展计划委员会《工程建设项目招标范围和规模标准》第三条、第七条之规定，施工单项超过2000000元或总投资超过30000000元的商品住宅建设合同必须进行招标。本案被告置业公司授权某郡E区项目部向原告乙公司发包的某郡E区1号楼的土建、装饰、安装工程为预算总价为40000000元的商品住宅建设工程，而被告置业公司系以指定而非招标的方式将该工程发包给原告乙公司，根据《最高人民法院关于审理建设工程施工合同纠纷案件适用法律问题的解释》第一条第（三）项“建设工程施工合同具有下列情形之一的，应当根据合同法第五十二条第（五）项的规定，认定无效：……（三）建设工程必须进行招标而未招标或者中标无效的……”之规定，原告乙公司与置业公司某郡E区项目部于2007年12月22日签订的《建设工程合同》无效。原告乙公司要求确认该合同无效的诉请具有事实和法律依据，本院予以支持。二、虽然原告乙公司与置业公司某郡E区项目部于2007年12月22日签订的《建设工程合同》系无效合同，但原告乙公司已履行了主要施工义务且工程已经竣工验收合格，根据《最高人民法院关于审理建设工程施工合同纠纷案件适用法律问题的解释》第二条“建设工程施工合同无效，但建设工程经竣工验收合格，承包人请求参照合同约定支付工程价款的，应予支持”之规定，原告乙公司有权就其施工部分向被告置业公司主张工程款。关于工程价款的确定，经审理查明原告乙公司与被告置业公司已于2011年1月10日签章确认了工程价款为40634500.78元，加上双方均认可的因设计变更导致工程量增加所对应的工程款715812.99元，双方确认的工程价款总计为41350313.77元。原告乙公司认为双方关于工程价款计算方式的约定因合同无效而应归于无效，并主张按被告置业公司与建设公司之间签订的备案合同中约定的价款计算方式计算原告乙公司应得的工程款，本院认为，《最高人民法院关于审理建设工程施工合同纠纷案件适用法律问题的解释》第二条规定了在建设工程竣工验收合格的情形下，双方可以参照无效合同的约定计算并支付工程价款。本案原告乙公司系在建设工程竣工验收合格后与被告置业公司进行工程价款结算，结算的价格既是双方当事人参照合同约定作出的真实意思表示，亦有《最高人民法院关于审理建设工程施工合同纠纷案件适用法律问题的解释》第二条作为法律依据，应当对此结算金额予以确认。原告乙公司关于结算无效、应当按二被告间的备案合同确定价款计算方法的主张无法律依据，且有违诚实信用原则，本院不予支持。因被告置业公司支付的工程款已经超过结算金额，故对原告乙公司要求二被告连带支付剩余工程款的诉请，本院不予支持。三、虽然审理查明原告乙公司并未完成其承包范围内的全部施工内容，后续工作系由被告置业公司另行委托杨国林等人完成，但原告乙公司与被告置业公司签订的《委托书》表明原告乙公司中途撤场系在双方协商一致后实施的行为，并非其单方无正当理由终止合同履行，故被告置业公司反诉要求原告乙公司赔偿单方终止合同违约金1240509.41元的诉请依据不足，本院不予支持。四、因后续施工费用并不是返工修复费用，故该费用的支出是被告置业公司作为建设单位的必然给付，原告乙公司的中途撤场只是将接受该项给付的主体由原告乙公司改变为杨国林等人，并未造成被告置业公司的额外支出。且原告乙公司与被告置业公司在结算工程款时亦是以原告乙公司完成的工程量作为计算依据，双方并未将原告乙公司未完成的后续施工内容纳入结算范畴，故被告置业公司也不会就后续施工费用产生重复支出。因此，原告乙公司的中途撤场与被告置业公司支出后续施工费用之间没有损害上的因果关系，对被告置业公司反诉要求原告乙公司支付后续施工费用的请求，本院不予支持。五、关于施工电费的负担，虽然原告乙公司与被告置业公司在《建设工程合同》中对施工期间电费由谁承担并无约定，但施工电费是原告乙公司为履行承包工程施工义务而产生的费用，根据《中华人民共和国合同法》第六十二条第（六）项“履行费用的负担不明确的，由履行义务一方负担”的规定，施工电费应由原告乙公司负担。对被告置业公司反诉要求原告乙公司支付施工电费的诉请，本院予以支持。但施工电费的计算期间应计算至原告乙公司撤场之日止，即2009年12月，而非被告置业公司主张的计算至2010年5月。六、关于审计费用的负担，成都一舟工程造价招投标代理咨询事务所有限责任公司作出的审计结算金额为40634500.78元，此金额加上双方最终确认增加的715812.99元后共计为41350313.77元，较原告乙公司报送的结算价50817406.91元审减了9467093.14元，审减额率已超过5%，根据原告乙公司与被告置业公司关于审减额率超过5%，审计费用即由原告乙公司负担的约定，应由原告乙公司负担审计费。对被告置业公司反诉要求原告乙公司支付审计费320000元的请求，本院予以支持。七、经审理查明原告乙公司应收取工程款为41350313.77元，被告置业公司已支付44889706.1元，超额支付3539392.33元，被告置业公司关于要求原告乙公司退还该3539392.33元的反诉请求具有事实依据，本院予以支持。八、关于逾期竣工违约金，原告乙公司与被告置业公司约定工程工期为330天，双方在诉讼中均认可案涉工程于2007年12月25日开工，故在2009年12月11日原告乙公司退出之时已构成逾期竣工。虽然原告乙公司抗辩称其逾期竣工的主要原因系被告置业公司未按约支付工程进度款及其指定的分包单位工作迟延，但原告乙公司并未举证证明，且本院审理查明置业公司在2009年12月11日前共向原告乙公司支付工程款40184502.66元，其已付款为工程款结算总金额的97%，已远远超过双方在施工合同中“工程竣工时甲方向乙方总支付工程款应付到合同总额的80%”的约定，故原告乙公司以被告置业公司未按约付款作为逾期竣工的抗辩理由与事实不符，本院不予采纳，对被告置业公司要求原告乙公司承担逾期竣工违约责任的反诉请求，本院予以支持。虽然原告乙公司逾期竣工的时间已超过53天，但由于被告置业公司只主张53天的逾期竣工违约责任，本院对其处分权利的意思表示不予干涉，按其主张的天数计算逾期竣工违约金。关于违约金的标准，双方当事人在施工合同中约定逾期竣工违约金标准为每天10000元，原告乙公司在反诉中抗辩违约金标准过高并要求调减，本院认为，从本案现有证据看，被告置业公司因逾期竣工遭受的损失远低于违约金约定的标准，本院先以其实际损失为基础，兼顾合同的履行情况、当事人的过错程度等综合因素将违约金标准调整为每天5000元，并根据此标准及被告置业公司主张的逾期天数（53天）计算逾期竣工违约金为265000元。九、被告置业公司主张的直接损失为其向购房人赔偿的逾期交房违约金49653.82元，本院认为，逾期交房违约金49653.82元的损失已通过原告乙公司向其赔偿的逾期竣工违约金予以填补，故本院对被告置业公司反诉要求原告乙公司赔偿该部分直接损失的请求不予支持。十、关于被告置业公司反诉请求判令乙公司按工程结算金额向置业公司开具发票的诉请，虽然原告乙公司答辩称合同并未约定其负有开具相应发票的义务，但本院认为一般纳税人向付款人开具正式发票是其负有的合同附随义务，尤其是在本案双方已经进行了工程款结算且被告置业公司已按结算金额付完工程款的情形下，即使合同无具体约定，原告乙公司仍应按工程结算金额向被告置业公司开具相应发票。对被告置业公司的该项诉请，本院予以支持。综上，依照《中华人民共和国合同法》第六十条、第五十二条第（五）项、第六十二条第（六）项、第一百一十四条之规定，判决如下：

一、原告乙公司于2007年12月22日与被告置业公司签订的《建设工程合同》无效；

二、驳回原告乙公司的其他诉讼请求；

三、反诉被告乙公司在本判决生效之日起二十日内向反诉原告置业公司支付施工电费244866.2元、审计费320000元，退还超额支付的工程款3539392.33元、赔偿逾期竣工违约金265000元；

四、反诉被告乙公司在本判决生效之日起六十日内向反诉原告置业公司开具金额为41350313.77元的发票；

五、驳回反诉原告置业公司的其他诉讼请求。

如果未按本判决指定的期间履行给付金钱义务，应当依照《中华人民共和国民事诉讼法》第二百三十二条之规定，加倍支付延迟履行期间的债务利息。

本案本诉案件受理费68064.45元，由原告乙公司负担。反诉案件受理费28906.8元，由反诉原告置业公司负担9692.8元，由反诉被告乙公司负担19214元。

如不服本判决，可在判决书送达之日起十五日内，向本院递交上诉状并按对方当事人的人数提出副本，上诉于四川省高级人民法院。

【案件总结】

本案本诉中，作为发包方的代理人首先请求确认施工合同无效。施工合同虽然无效，但按照《最高人民法院关于审理建设工程施工合同纠纷案件适用法律问题的解释》的相关规定来看，即使合同无效，其工程款的支付标准也可以参照合同确定。合同无效后，最高法院对工程款的支付标准确立的是折价补偿原则。因此，参照实际履行的合同约定确定工程款支付标准最能体现当事人的合意。即使发包方将发包给承包方的部分标段单独与实际施工人签订了施工合同，实际施工人也不得突破合同相对性，以发包方与承包方的施工合同作为结算依据。再者，实际施工人在工程竣工验收合格后方与发包方进行工程价款结算，双方已经对工程现状及工程价款等作出了真实的意思表示，现实际施工人否认工程价款结算，有违诚实信用原则。

综上，代理律师提出，乙公司要求以置业公司与建设公司之间的备案合同为依据计算工程价款无法律和事实依据。

本案中，代理律师积极运用反诉，最大限度地争取了应诉组织证据的时间，有利于法院查明案件事实，公正审判。同时，给本诉原告足够的压力，打乱了其事先安排的节奏和策略，从而在诉讼态势上取得了优势。后续的开庭审理及判决，进一步验证了代理律师的思路、判断和策略的正确性。经过法庭激烈的举证、质证和辩论，法院最终支持了我方的本诉抗辩意见和反诉大部分请求事项。委托人对代理律师的专业能力也十分地肯定。乙公司虽然提出了上诉，经二审法院的调解，也息诉服判，撤回了上诉。

【承办律师简介】

谭军律师毕业于四川大学，获得法律硕士学位。

2014 年 5 月成为北京炜衡（成都）律师事务所高级合伙人。成都仲裁委仲裁员、成都市律师协会高新分会副会长。

“专业、敬业、沟通”是谭军律师的执业理念。

谭军律师擅长于房地产、建设工程、民商事诉讼、执行、破产及不良资产处置、财富保护与传承等业务。主要客户包括国网四川省电力公司、中建三局西部投资有限公司、公安部四川天府消防工程有限公司、四川省人民医院城东病区、四川发展（控股）有限责任公司 、四川省金融控股集团有限公司、四川省发展融资担保有限责任公司、四川发展资产管理有限公司、中国水利电力第六局西南有限公司、成都瑞华一九九商业管理有限公司、成都市城乡房地产管理局、成都有轨电车有限公司、崇州市人民政府、成都金控融资租赁有限公司、成都博瑞眼界户外传媒有限公司、成都市锦江区国土局、成都市西汇投资有限公司、双流区公安分局、四川华西集团四川省安装公司第六分公司、四川中和达集团公司、四川鑫瑞建设集团公司、四川视觉奇迹科技有限公司、四川锦宏电力安装公司、台湾著名娱乐品牌 KTV 米乐星等。

团队已实现了对四级国资公司的诉讼和非诉业务的服务。分别是央企中建三局西部投资有限公司、国网四川省电力公司、省级最大平台四川发展（控股）有限公司、四川金融控股集团有限公司、市级最大平台成都交子金融控股集团有限公司、区级平台公司成都西汇投资有限公司。

2018 年所著《承租人破产程序中融资租赁人的权利行使》一文被省级刊物《四川法制建设》总第五十五期刊登。

错误行使停工抗辩权导致合同解除并返还已付工程款的胜诉策略与启示①

——A电梯公司与B公司建设工程合同纠纷案

北京市（苏州）炜衡律师事务所 刘汉文律师 宋丽琴律师

【争议焦点】

◆ *不同标段工程是否属于同一法律关系，可否因其他标段工程纠纷行使停工抗辩权？*

◆ *如何认定合同目的是否无法实现以及是否可行使法定解除权？*

◆ *如何认定工程停窝工的过错以及责任承担？*

【关键词】

停窝工 抗辩权 工期延误 根本违约 合同解除 返还工程款

【案情简介】

2013年4月，A电梯公司对其新建厂区实验塔和新建厂房工程进行招标，B公司投标并中标。2013年9月12日，A电梯公司与B公司就新建厂房工程签署一份《建设工程施工合同》，B公司于2013年9月26日开始新建厂房车间工程施工。2013年10月17日，A电梯公司与B公司就实验塔工程另签署一份《建设工程施工合同》，2014年5月23日，实验塔工程取得施工许可证，B公司开始施工，两项工程存在部分需交叉施工区域，其中实验塔工程与新建厂房工程中的配电房

① 案件来源：江苏省苏州市中级人民法院（2018）苏05民终9903号二审民事判决书。

工程为同一地基。

2015年7月，A电梯公司与B公司就新建厂房工程的验收备案及工程款支付事宜发生争议，B公司以A电梯公司未向其足额支付新建厂房工程的工程款为由停止实施实验塔工程。后双方就新建厂房工程纠纷诉至法院，B公司主张一并审理新建厂房工程与实验塔工程纠纷。北京市炜衡（苏州）律师事务所刘汉文、宋丽琴律师代理A电梯公司应诉并提出异议，认为两个案件属于不同法律关系，应当分开审理。就是否属于同一法律关系案件并合并审理，昆山市人民法院、苏州市中级人民法院经审理后，裁定分开审理。

新建厂房纠纷案件审理阶段，实验塔工程长期处于停工状态。2016年8月，B公司以A电梯公司违约为由起诉要求A电梯公司支付欠付工程款及逾期付款违约金、赔偿其停窝工损失。A电梯公司提起反诉，诉请要求：1. 解除双方签署的实验塔工程合同；2. 判令B公司撤出施工现场；3. B公司返还已付工程款9595500元；4. 要求B公司支付逾期完工违约金；5. 要求B公司支付监理费用16万元等。

2018年5月25日，昆山市人民法院作出一审判决，判令：1. 双方合同解除；2. B公司应撤离工地、移交施工资料；3. B公司返还A电梯公司已付3492894.21元工程款（在A电梯公司已付工程款基础上扣减A电梯公司承担过错责任部分以及A电梯公司延期付款违约金，停窝工损失金额部分）；4. A电梯公司承担停窝工损失2726707元及逾期付款违约金260300元（费用已在第3项中抵扣，无需另外支付）。

随后，A电梯公司、B公司向苏州市中级人民法院提出上诉。2019年6月6日，苏州市中级人民法院经审理后作出二审终审判决，驳回上诉，维持原判。

【诉讼策略】

做事讲求方法即可事半功倍，诉讼也不例外。律师在诉讼过程中，不仅需要还原事实、阐明法理，更需要运筹帷幄、把握攻防的时机和技巧，创造胜机。诉讼策略要以厘清法律关系为枢纽，以要件事实理论为支撑，将民事实体法、民事诉讼法和证据法的相关知识串联起来，再把律师代理案件的抽象思路分解成具体的工作步骤，标准化、结构化地展现出来，体系化、精细化地适用法律，方可达到不战而屈人之兵的效果。

刘汉文律师和宋丽琴律师认真研读了案件的所有相关材料，在了解和熟悉案情的基础上，充分准备诉讼材料，全面查找相关法律法规，为本案做了大量前期的诉讼准备工作。以熟悉掌握建设工程施工合同纠纷案件的流程和要点为导向，从剥离案件法律关系到形成解除合同的证据链，再到及时止损、实现当事人诉讼利益的最大化，由表及里、层层递进，前期的充分准备最终成为制胜关键。

一、剥离两个标段工程，反驳了B公司以A电梯公司未付清一标工程（新建厂房工程）款项为由主张有权停止二标工程（实验塔工程）施工的抗辩理由

本案中，A电梯公司在一标工程项目存在逾期付款情形，故该项目中的逾期付款行为是否可以构成B公司行使停工抗辩权的理由，是决定双方二标工程停工过错判定的基本前提。代理律师提出，B公司因A电梯公司“拖欠巨额工程款”（新建厂房工程中）而擅自停工（实验塔工程）的抗辩在合同法律关系上错位、在客观事实上存在错误、在权利行使上存在不当，故其抗辩及主张均不成立。

关于两个标段工程是否属于同一法律关系，双方在关联案件即一标工程合同纠纷案件中存在很大争议。仅关于是否属于同一法律关系及是否并案处理的问题，就经过了一审、二审法院两个阶段的审理。基于该法律关系认定的重要性，代理律师通过法理分析，以可视化图表的形式进行了充分论证。最终二审法院认定该两起案件属于不同法律关系，应分开进行审理，直接确定了B公司在施工过程中以一标工程款项未结清为由行使二标工程停工抗辩权的错误性，确定了B公司停工无正当理由的基本事实。

二、形成有权解除合同的有效证据链

B公司以其种种违约行为导致合同目的不能实现，是A电梯公司行使合同解除权的依据。首先，B公司以实验塔工程停止施工的行为明确表示不履行二标工程合同，其擅自停工缺少合法依据与事实支持。B公司以新建厂房工程拖欠工程款来证明实验塔工程停工的正当性，属于法律关系错位和抗辩权的错误使用。其次，B 公司部分施工工程存在质量问题，其未能提供报告或按设计要求落实整改。再次，B 公司明知其违约仍拒绝复工的行为存在主观恶意，属于重大违约行为。最后，实验塔工程不仅严重逾期还存在严重质量问题，导致合同目的已无法实现，A 电梯公司当然享有合同解除权。基于两标段工程之间存在交叉施工界面，且施工企业并未完全停止施工（现场常驻施工人员、偶尔间或性施工），而双方在合同中对于停工情形下合同的解除权未作出明确约定。据此，代理律师代表 A 电梯公司多次以书面函件通知 B 公司尽快组织施工，同时就工程施工现场反映的施工进度，通过对现场堆放材料、机械等阶段性拍摄视频等方式进行了存证。

三、及时止损，形成合同目的无法实现的事实基础

B 公司根本违约导致合同目的不能实现的事实是 A 电梯公司另行建造钢结构实验塔的前提，二标段工程未能按时施工给 A 电梯公司带来巨大经济损失是 A 电梯公司另行建造钢结构实验塔的重要节点。A 电梯公司另行建造钢结构实验塔属于避免损失扩大的自我救济行为，系建立在双方原合同已无实际履行必要的事实基础之上。由于工期延长增加的监理费，重新建设实验塔发生的费用等均是由 B 公司导致的直接损失，依法依约应当由其承担。二标段工程对于 A 电梯公司取得《特种设备制造许可证》至关重要，依据行业规定，若 A 电梯公司在 2016 年 12 月前不能拥有自己独立的电梯实验塔，将不能取得相应的《特种设备制造许可证》，也将无法生产且对外销售电梯，这将每月给 A 电梯公司造成几千万元的巨大销售损失，且该部分损失较难通过本案予以追偿。据此，代理律师在多次发函督促施工单位无果后，将策略调整为建设单位另造工程（另造实验塔虽然不能完全满足 A 电梯公司的生产试验要求，但建设周期相对较短），以保障申领许可证书，避免损失的进一步扩大。与此同时，也构成了双方原合同已无实际履行必要的事实基础，为主张施工企业返还已付工程款做了准备。

四、重点强化合同解除后已完工程不得已废弃的事实，争取获得了司法机关对于合同解除后“返还已付款项”的支持

根据法律法规及《最高人民法院关于审理建设工程施工合同纠纷案件适用法律问题的解释》第十条的规定，“施工合同解除后，已经完成的建设工程质量合格的，发包人应当按照约定支付相应的工程价款；已经完成的建设工程质量不合格的，参照本解释第三条规定处理。因一方违约导致合同解除的，违约方应当赔偿因此而给对方造成的损失。”在实践中，施工合同解除后多数采用按照已经完成的合格工程核算工程款，已经支付的工程款不再退还的处理原则。但就本案而言，由于本案合同解除后已经建设完成的工程需要废弃甚至拆除，不同于工程后续可以继续建设和使用的情形，相当于此前投入支付的款项属于A电梯公司发生的费用损失，且该等损失与B公司的重大违约行为存在直接的因果关系。最终司法机关采纳该观点，判令施工合同解除后，B公司返还A电梯公司已付工程款。

【代理词】

北京市炜衡（苏州）律师事务所

关于代理B建设工程有限公司与A电梯公司建设工程施工合同纠纷一案代理词

尊敬的审判长、审判员：

原告（反诉被告）B建设工程有限公司与被告（反诉原告）A电梯公司建设工程施工合同纠纷一案，北京市炜衡（苏州）律师事务所接受A电梯公司的委托，指派刘汉文律师、宋丽琴律师担任上述案件的代理人，经过参与本案的多次审理，现就本案争议的问题发表代理意见如下，请合议庭参考采纳。

由于案涉事实较多，故首先用简要观点总结本案争议的代理结论，方便合议庭参考索引，具体意见在后面部分详细阐述。

1. 原告主张的支付工程款事实不存在且条件不成就。

2. 根据厂房工程纠纷二审生效判决已经确认的事实及本案庭审显示，原告以被告“拖欠巨额工程款”（新建厂房）而擅自停工（实验塔工程）的抗辩在合同法律关系上错位、在客观事实上存在错误、在权利行使上存在不当，故其抗辩及主张均不成立。

3. 原告擅自停工则无权提出窝工损失主张，且相关所谓的损失资料虚假，鉴定部门严重不负责任，鉴定报告结论应不予采信。

4. 依据2014年7月4日双方协议约定，原告应于2014年9月9日前完成实验塔工程正负零，且任何情况影响开挖时间，都由原告承担所有损失，与被告均无关。（1）原告工程严重逾期，截止至今仍只完成上述正负零工程；（2）工程存在严重质量问题，不按设计要求整改并擅自停工的行为存在严重的主观恶意，属于重大违约行为；（3）涉及监理单位发出的停工期间属于原告工期延误期间的停工，应由原告承担责任。

5. 原告的严重违约行为导致合同目的无法实现，双方的合同应予以解除，原告应当承担相应的违约及损失赔偿责任。

6. 被告不存在向原告延期付款的情形，但假设法庭认为被告存在逾期付款的情形，则违约金的约定过高，被告在此申请对此违约金调整为以逾期付款金额为基数按照银行同期贷款利率计。

7. 被告另行建造钢结构实验塔属于避免损失扩大的自我救济行为，因此发生的损失应当由原告承担。原告擅自停工且不断扩大损失，即使其损失真实存在，也应由原告承担。

基于以上观点，现逐一作出以下相应阐述。

一、原告主张的支付工程款1170500元并未提供证据予以证明，相关事实不存在且条件不成就。

1. 根据付款凭证，涉及实验塔的节点款项及补充款项已经全部按期支付。

2. 关于双方在2015年2月17日签署的协议中的款项，其中的248万元“索赔款”并非为确定的应付工程款。实际上，被告针对该款项自始至终都没有确认过，即使在原告组织农民工大闹被告工厂，封堵大门，政府协调维稳给被告压力的情况下，被告也没有认可过原告所谓的索赔款。后在政府的协调压力下，被告勉强同意将上述款项写入双方的协议，当然，在协议中明确248万元为争议款项，最终通过司法途径确定责任。故经政府协调，被告借支153万元给原告，加上提前支付的基础完成工程款342万元、补充增加的工程款105万元，共计支付给原告600万元，该协议中尚有95万元未支付，加上借支的153万元刚好为争议的248万元。显而易见的是，上述款项并非确定的应付工程款。故假设原告主张其中的款项，其请求基于合同显然不能成立。

3. 根据原被告共同提供的证据显示，原告主张的248万元的所谓的“索赔款”缺少索赔基础，相关数据也缺少分项内容支持，且存在的监理要求停工本质上属于原告方的原因造成的。

（1）根据原告提供证据中的《工程暂停令》（编号B1－20140928）显示，监理发出停工的原因是“贵单位（原告）正在施工的A电梯公司实验塔工程，由于前期没有取得开工令和相关资料不全的原因，现通知你方必须……对本工程的实验塔基坑围护、土方开挖部位实施暂停施工”。显而易见，作为一个成熟的有经验的施工单位，取得开工令方可进行施工是常识，但原告却在没有取得开工令的前提下开工建设，监理要求停工及补充齐全相应资料符合流程及要求，其中并没有确定属于被告的原因。同时，监理在2014年12月7日向原告下发的《工程复工令》（编号A.0.12－20141206）通知原告“具备复工条件”、要求原告“恢复施工”。这两份完整的书证形成完整的证明逻辑，即因原告原因导致暂停施工，所以，关于停工的责任应当由原告承担。故其主张248万元“索赔款”缺少计算依据、没有索赔基础，责任属于己方，该部分索赔依法依约不能成立。

（2）上述原告主张的停窝工（2014年9月27日—2014年12月7日），属于原告未按期完工的延期期间发生。具体为：原告主张的该窝工期间，实际上实施的是实验塔地基基础工程，但依据双方2014年7月4日签署的补充协议，地基基础工程应当在2014年9月9日（协议签署后7日内开挖，60天完成正负零）前完成。相对应，上述所谓停窝工期间，产生的停窝工损失是在地基基础工程工期延期期间产生，应当由违约方自行承担。且原告在2014年7月4日签署的协议中，已明确放弃基于地基基础工程施工向被告主张索赔的权利。

4. 根据案件事实判断，被告不存在其他约定的应付节点款项及任何逾期支付。

故，原告主张被告支付工程款的请求不能成立，要求支付逾期付款违约金的事实也不成立。

二、根据厂房工程纠纷二审生效判决已经确认的事实及本案庭审显示，原告因被告“拖欠巨额工程款”而擅自停工的抗辩在合同法律关系上错位、在客观事实上存在错误、在权利行使上存在不当，故其抗辩及主张均不成立。

1. 原告以被告拖欠工程款为抗辩而擅自停工且主张窝工损失在法律关系上存在错位。在厂房工程案件与本案实验塔工程案件审理过程中，昆山法院与苏州中院已经将诉争的两个工程作为独立的法律关系来审理，也即根据合同的相对性原则，原告不能以实验塔工程中的行为来抗辩厂房工程中可能存在的被告“违约”，这显然属于抗辩权的错误、错位使用，或者说是抗辩权的滥用。

2. 即使原告基于两个工程与两份合同擅自停工的抗辩权存在，其抗辩的事实也不存在。根据厂房工程纠纷二审判决可知，被告拖欠工程款的时间为 2015 年 11 月 30 日，而且，这其中还包括了一大部分起诉时并未到期的工程质保金。但原告在 2014 年年底及 2015 年春节前后就已经擅自停工，从时间推理，当初的抗辩事实（拖欠款项）本身就不存在。

3. 被告不但在原告主张的厂房工程当期未拖欠工程款，实验塔工程也同样不拖欠工程款。被告在原告擅自停工前曾提前 51 天借支基础工程款项 342 万元，还提前借支至今未抵扣的工程款 153 万元，提前借支垫付桩基静载实验费用 25 万元，其他节点款项均按期支付。

三、原告擅自停工则无权提出窝工损失主张，且相关所谓的损失资料虚假，鉴定部门严重不负责任，鉴定报告结论应不予采信，窝工损失缺少实事与法律依据。

1. 原告擅自停工缺少合法依据与事实支持。原告在实验塔工程往来函件、专门律师函件、起诉状事实与理由中，均以厂房工程拖欠工程款来证明其停工的合法性，但据原、被告双方关于厂房工程纠纷的二审生效判决可显而易见地知道，其错误地理解了事实（本质上未拖欠款项），错误地行使了权利（以停工抗辩），其擅自停工的行为缺乏事实依据，完全无法成立。

2. 原告提供的擅自停工后的窝工损失依据严重虚假且与事实严重不符。就此，被告在针对鉴定报告的异议书与庭审中都有详细的阐述（详细参见鉴定报告异议书），原告的该部分证据材料在程序上未进行质证，在客观上与事实不符。其故意伪造诉讼证据，已涉嫌违法，故在此提请法庭对此严肃审核或移送公安机关审查，被告方有 2015 年 3 月以后实验塔施工现场的录像，也能证明原告上述证据资料是伪造的事实。

3. 案涉的窝工损失的鉴定机构严重不负责任，丧失基本专业性，其鉴定报告不能作为本案的定案依据。所谓鉴定，就是由具有相应资质的专门机构就普通大众无法判别的特殊问题发表有针对性的专业性意见。但显而易见的是，本案中窝工损失的鉴定机构做的是普通大众甚至是高年级小学生都可以完成的简单的加减乘除，其照搬原告的资料数据，仅仅做了将数据汇总的工作，完全不能体现其专业技能，这和原告自己将数据汇总别无二致。故该等鉴定完全丧失了基本的专业性，也丧失基本的公平性。

4. 法院对鉴定素材未进行举证质证，程序存在重大瑕疵，且不能“以鉴代审”，以完全丧失专业性的鉴定报告来认定原告所谓的窝工损失。首先，进行鉴定所依据的基础资料并未经过质证，法院在程序上未履行证据材料依法需要举证质证的流程，存在重大程序瑕疵；其次，法院并未经举证质证审核证据材料的真实性、合法性与关联性；再次，该未经举证质证的资料直接交由鉴定部门鉴定，而鉴定部门在鉴定报告中也描述并假设所有证据为真实。据此，法院剥夺了被告针对鉴定材料进行质证的权利，并将假设所有鉴定素材为真实的鉴定报告交由被告质证，本质上与直接认定原告递交的所有证据别无二致，且让被告没有机会对鉴定素材的真实性、合法性、关联性直接发表意见。这完全是一种“以鉴代审”的重大错误行为。

5. 原告停工缺乏正当性，故其主张的损失即使存在，也不应获得支持。从厂房工程纠纷判决书及以上分析，原告擅自停工本身缺少正当性，所以，无论其是否存在停工的损失，都不应获得法律的支持。

四、原告工程严重逾期，工程存在严重质量问题，其不按设计要求整改并擅自停工的行为存在严重的主观恶意，属于重大违约行为。

1. 原告施工的工程严重逾期，构成重大违约。按照合同约定的工期，实验塔工程的开工时间为2014年5月23日（施工许可证取得之日），工期为360个日历天，故工程的竣工时间应当在2015年5月18日左右。但事实上是，原告在2015年3月25日仅完成基础工程，其后基本没有施工进展，至2015年8月，完成至工程正负零并发生严重工程质量问题而停工至今。同时，原告在庭审中并未提供工期顺延的相应依据，故其已经构成严重的工程逾期，属于重大违约行为。

2. 原告施工的工程因为存在“地下室到一层楼梯施工错误、一层剪力墙轴线偏移过大、一层标高、轴线、钢筋偏位严重”等严重质量问题，至今没有整改，构成重大违约。就此问题，监理工程师在2015年8月20日、2015年10月14日、2015年10月16日、2015年10月23日、2015年10月30日、2015年12月5日向原告连续下发了六份工程联系单和监理工程师通知单，要求原告提供整改报告并进行整改，但原告均未能提供报告和落实整改。鉴于问题的严重性，被告与监理向昆山市建设工程质量监督站反映了此问题，昆山市建设工程质量监督站在2015年11月2日也下发了《整改通知书》，要求原告“进行全面检查，整改后将《整改完成报告书》报我站”，但原告也没有整改完成且递交完成报告。其间，工程处于停工状态。

3. 原告施工的工程存在严重质量问题不整改，却未经被告与监理同意擅自停工，虽经被告多次发函通知，原告均拒绝复工，构成重大违约。然而，在上述质量问题发生后，被告多次催促协调要求原告整改，原告均明确拒绝，后被告以书面函件的形式多次发函，敦促原告认识到问题的严重性及拖延施工已经对被告造成了巨大损失，其间，原告竟然以律师函（2015年8月25日）的形式回复认为被告欠款，从而拒绝复工，并主张原告停工是合法的。同时认为被告多次催促其整改工程质量问题、恢复施工及告知损失的发函仅仅是为了“制造”证据。

4. 根据原告的回复函件显示，原告对其违约行为是明知和故意的，其在主观上存在巨大恶意。由于工程工期严重拖延，工程质量存在重大问题，监理、质监站、被告均发函要求整改及敦促复工，但原告我行我素，对所有问题没有进行关注和改进。很显然，其知道相关行为的法律后果，该拒绝改进和以函件形式当然回绝的行为存在明显的主观恶意，依法应当承担相应的违约责任和赔偿责任。

五、原告的严重违约行为导致合同目的无法实现，双方的合同应予以解除，原告应当承担相应的违约责任。

1. 原告的重大违约行为导致被告为了减少损失及生产经营需要不得不另行建

设实验塔，否则，将造成被告不可逆转的巨大损失。由于原告本质上的恶意违约，导致被告本来在2015年3月即可竣工并交付使用的实验塔一直无法完成且竣工遥遥无期。而根据电梯生产企业行业主管部门的要求及被告公司的《特种设备制造许可证》反映的内容，若被告在2016年12月前不能拥有自己独立的电梯实验塔，将不能取得相应的《特种设备制造许可证》。也就是说，没有《特种设备制造许可证》，被告公司将无法生产且对外销售电梯，这将每月给被告造成几千万元的巨大销售损失及严重损害被告公司的商业信誉，这对于被告公司来说是致命的。事实上，在被告多次发函后，原告明确拒绝恢复施工，被告等待无望，为了避免巨大损失的发生，不得不选择另行建设钢结构实验塔（该等实验塔虽然不能完全满足被告公司的生产试验要求，但建设周期短），以保证被告公司《特种设备制造许可证》的取得。即使如此，被告方新的《特种设备制造许可证》也因新建实验塔没有完成的问题迟延三个月取得（2017年1月至3月被告没有许可证）。

2. 原告的多项重大违约行为导致合同目的无法实现，其应当依法依约承担逾期竣工的违约责任。根据双方在合同履行过程中于2014年7月4日签署的《补充协议》，原告逾期完成实验塔地基基础工程的，每逾期一天，承担一万元的违约金。该部分属于合同履行过程违约金，实际上原告逾期完成该分项工程197天，应当依照约定承担197万元的违约金，该部分违约金的承担不能因为合同的解除等原因而予以免除。同时，由于整个施工过程存在严重逾期且原告存在巨大主观恶意，原告还应按照合同约定支付合同约定工期至合同解除之日的违约金。

3. 原告的多项重大违约行为导致合同目的无法实现，给被告造成的损失与此存在直接的因果关系，该等损失应当由原告承担。由于工期延长增加的监理费，重新建设实验塔发生的费用等均属于上述行为导致的直接损失，依法依约应当由原告承担。

4. 由于本案合同解除后已经建设完成的工程需要废弃甚至拆除，故在合同解除后不适用双方返还所得及不能返还时的补偿原则。根据法律法规规定及最高法院关于审理建设工程施工合同的司法解释的规定，施工合同解除后，对于已经完成的合格工程，已经支付的工程款不再退还。但就本案而言，由于原告的严重违约行为，导致已经建设完成的工程需要废弃甚至拆除，其不同于工程后续可以继续建设和使用的情形，故被告在反诉中主张要求原告全额返还已经收取的款项符合法律规定。该部分工程废弃后，相当于之前投入的款项属于被告的损失，该等损失与原告的重大违约行为存在直接的因果关系，因此，原告应当依法退还已收取款项。

5. 合同解除后，原告应移交施工资料及撤出场地。移交施工资料是因为后期可能需要拆除废弃工程或在这里重新建设其他建筑，需要相关资料报批工程拆除、废弃及另行重建工作，同时，这也是合同解除后双方必须返还的内容。故为了后续项目拆除、其他项目规划建设等需要，应当判决原告移交所有施工资料。

6. 被告保留继续向原告追究损失赔偿的权利。

六、被告不存在向原告延期付款的情形，但假设法庭认为被告存在逾期付款的情形，则违约金的约定过高，被告在此申请对此违约金调整为以逾期付款金额为基数按照银行同期贷款利率计。

七、被告另行建造钢结构实验塔属于避免损失扩大的自我救济行为，因此发生的损失应当由原告承担。

被告重新建设新的实验塔的行为属于恰当的自救行为，否则将造成更加巨大的损失甚至导致被告公司倒闭。实验塔的建设完成，关系被告公司的生死存亡，若没有实验塔则导致被告无法取得许可证，将给被告造成无法估量的损失甚至公司市场丧失，被告公司将全面停产而无法运营。故在此特殊情形下，被告重新建设实验塔的行为属于恰当的自救行为，其相应的损失主张应当予以支持。

综上，原告（反诉被告）主张的工程款拖欠没有事实依据，窝工损失主张虚假且责任在原告，被告（反诉原告）多次提前借支款项，并不存在逾期付款。原告抗辩权行使不当、事实认知错误，且存在严重逾期、质量不合格及擅自停工等重大违约行为，同时具有严重的主观恶意，导致合同目的无法实现，因此造成的损失及违约责任均应由其承担。故请求法院依法驳回原告的诉请，支持被告的反诉请求。

以上意见，请合议庭采纳。

【生效判决书】

江苏省苏州市中级人民法院

民事判决书

（2018）苏05民终9903号

上诉人A电梯有限公司（以下简称A电梯公司）因与B建设工程有限公司（以下简称B公司）建设工程施工合同纠纷一案，不服江苏省昆山市人民法院作出的（2016）苏0583民初13127号民事判决，向本院提起上诉。本院立案受理后，依法组成合议庭进行了审理。本案现已审理终结。

A电梯公司上诉请求：撤销一审判决，依法改判驳回B公司的所有诉讼请求；依法改判支持A电梯公司的所有反诉请求；一、二审诉讼费及鉴定费等由B公司负担。事实和理由：一、关于工程款付款及延期违约金。一审法院审理认定A电梯公司延期付款38天事实认定错误，且按照合同总价万分之五/天计算违约金明显过高，应予以调低。关于合同首付款违约金，认定违约金明显高于损失，有违公平原则。一审法院认定A电梯公司延期付款7天应支付逾期付款违约金47950元，但B公司并未因该笔款项的延期支付受到损失。即使认定A电梯公司延期支付该笔款项，也应以欠付金额作为计算逾期付款违约金的基数。关于200万元延期付款违约金，存在款项性质认定错误，适用合同、法律错误的情形。该200万元A电梯公司以汇票形式已经按时提供给B公司，不存在延期付款的情形。该200万元不属于工程进度款，而属于提前于工程节点的借支支付款项，不应适用逾期付款违约责任。二、关于工期延误的责任及延期违约金。关于2014年9月9日—2014年12月6日、2014年12月6日—2015年3月25日、2015年3月25日之后三阶段工期延误的责任认定，一审法院均存在事实认定错误。关于延期违约金不予支持的处理，属于适用法律错误。一审法院认定监理工程师于2014年9月29日向B公司发出《工程暂停令》双方均有责任，属于事实认定错误；一审法院认定“工程复工（2014年12月6日）到基础分部验收合格期间（2015年3月25

日），造成工期延误的责任在于A电梯公司”，存在事实认定错误；一审法院认定“基础分部验收合格期间（2015年3月25日）至2014年6月2日，A电梯公司存在拖延配合确认施工方案的情形”，事实认定错误。关于延期责任的承担，一审法院判令逾期完工责任在解除合同后各方承担的责任中处理，不予支持，属于适用法律错误。涉案总工期延误464天之久（暂计算至B公司提起诉讼之日），涉案工程地基基础工期延误197天（计算至2015年3月25日），以上两项违约金的承担不应因为合同的解除而予以免除。三、关于合同解除的过错及责任承担比例，一审法院认定双方合同解除过错责任按照5∶5的比例承担，违约事实认定错误且判决显失公允。B公司施工工程严重逾期，构成延期违约和根本违约，是合同解除的唯一原因；B公司的重大违约行为导致A电梯公司为了减少损失及生产经营需要不得不另行建设实验塔，否则将造成A电梯公司不可逆转的巨大损失；一审法院关于合同解除理由的认定及责任判定存在自相矛盾之处，且严重偏离违约事实；合同的解除是由于B公司故意违约行为造成的，其应承担全部过错责任。四、关于停窝工损失及责任承担，一审法院认定事实和适用法律均存在明显错误。一审法院认定停窝工153天属于事实认定错误；停窝工损失金额的计算，一审法院的认定缺乏事实依据，B公司擅自停工后的窝工损失依据严重虚假且与事实不符；一审法院对鉴定素材未进行质证，程序存在重大瑕疵，且不能“以鉴代审”，以完全丧失专业性的鉴定报告来认定B公司所谓的窝工损失；涉案窝工损失的鉴定机构验证不负责任，鉴定报告不能作为本案的定案依据；另一案件中新建厂房工程中配电房工程，法院生效判决已经认定停窝工损失，配电房工程与实验塔工程停窝工期间重复，两项工程管理人员相同，实验塔工程不应再二次计算管理人员工资；一审法院判令A电梯公司承担B公司停窝工损失，是基于所谓A电梯公司存在“消极配合施工”，A电梯公司承担的责任明显不公平。

B公司辩称，请求依法驳回A电梯公司的上诉请求。一、A电梯公司有关延期付款违约金的上诉理由不能成立。涉案延期付款行为认定无误，约定违约金比例符合建筑行业惯例，与B公司实际损失相比过低。涉案工程在未取得施工许可证前，A电梯公司为抢赶工期就逼迫B公司进行施工，A电梯公司迟延支付首付款，势必给B公司的备料及前期施工造成实际损失，A电梯公司将工程取得施工许可证的时间混淆为工程的实际开工时间，目的是掩盖其违约行为，故意误导二审法院；涉案延期支付的200万元款项，是根据双方《补充协议》所约定，基于A电梯公司前期拖延支付应付的工程款及窝工损失费，本身就属于施工中实际产生的工程款的一部分，A电梯公司认为200万元不属于工程款的说法根本不能成立。双方施工合同中约定的延期付款每日相当于合同总价万分之五的违约金比例，既低于一审通过司法鉴定所确定的B公司的实际损失数额，也低于银行同期贷款利率四倍的标准，不属于过高。二、关于工期延误的原因及责任承担。一审法院认定《工程暂停令》双方均有责任，但应当认定A电梯公司承担主要责任；一审认定"工程复工（2014年12月6日）到基础分部验收合格期间（2015年3月25日），造成工期延误的责任在于A电梯公司"，责任认定正确；一审认定"基础分部验收合格期间（2015年3月25日）至2014年6月2日，A电梯公司存在拖延配合施工方案的情形"，认定正确；一审对A电梯公司向B公司所主张的违约金责任应当不予支持。三、本案的事实认定及法律适用均存在严重的错误，A电梯公司的全部诉请应依法全部驳回。A电梯公司为了节省多达1000余万元的建筑成本，为了拖延向B公司支付巨额工程款，以恶意阻却B公司施工、恶意诉讼、恶意保全的方式，逼迫B公司不能继续进行实验塔施工，其行为已经构成明示违约。涉案合同最终解除，是由于A电梯公司的单方违约所致，应当依法判令A电梯公司为其违约行为承担双方全部损失的赔偿责任。

B公司向一审法院起诉请求：1. 判令双方继续履行合同，若法院根据涉案A电梯公司违约另建实验塔，判定涉案实验塔工程不再继续履行，则请求法院判令A电梯公司承担B公司预期的利润损失，以及B公司进场撤场费用损失；2. 判令A电梯公司支付工程款1170500元；3. 判令A电梯公司赔偿B公司因其违约导致实验塔工程延误造成的窝工损失，自2014年12月31日起支付至实际赔偿之日；4. 判令A电梯公司赔偿B公司实验塔工程延期付款违约金，要求计算至实际给付之日；5. A电梯公司承担诉讼费。

A电梯公司向一审法院提出反诉请求：1. 请求法院依法确认解除双方于2013

年12月18日签订的建设工程施工合同；2. 请求法院依法判令B公司限期清理并撤离施工现场，限期向A电梯公司移交施工现场及已完工程所有施工资料；3. 请求法院依法判令B公司返还反诉已付工程款8065500元，返还提前借支款153万元，共计959.55万元；4. 请求法院判令B公司支付A电梯公司逾期完工违约金3929100元；5. 请求法院判令B公司承担延期竣工导致增加支出的监理费用16万元；6. 请求法院依法判令B公司赔偿A电梯公司因其违约行为给A电梯公司造成的损失147940元；7. 本案的反诉费由B公司承担。

……

一审法院认为，双方之间成立建设工程施工合同关系，双方均应依照合同约定，履行各自的义务。关于双方的争议事项，一审法院分析如下：

一、关于双方是否存在违约行为。

B公司主张A电梯公司存在违约的主要理由包括：1. A电梯公司延期支付工程款，包括未能按约支付工程预付款及工程节点款，未能按约支付新增工程款以及拖延支付前一标段车间工程的工程款，导致后续进行的实验塔标段工程因没有后续资金而被迫中断施工；2. A电梯公司未能按照B公司的要求进行施工配合，导致工程屡次出现停顿状态；3. A电梯公司突然单方提出要求解除双方的实验塔标段工程的施工合同，要求B公司无条件退出该标段施工，之后A电梯公司先是故意制造事端对B公司完成的整改部分施工不作检验结论，之后又强行撤走派驻施工现场的监理及甲方现场代表，导致B公司实验塔工程施工最终完全停止。

A电梯公司认为B公司存在违约的主要理由包括：1. B公司怠于施工、期间更擅自停止施工等种种原因，致使实验塔地基基础工程工期严重延误，迟至2015年3月25日，B公司才完成实验塔地基基础分项工程通过各方分项验收；2. B公司继续施工至地面标高，后以A电梯公司未按期支付工程款这一莫须有的理由故意拖延工程进度；3. B公司施工工程存在"一层标高、轴线、钢筋位置偏移太大"等严重质量问题，监理单位发文要求其整改后继续施工，但B公司拖延整改，更于2015年8月向A电梯公司发函明确表示将暂停施工，且暂停施工至今，A电梯公司再三发函要求B公司继续施工，但B公司均予以拒绝，更于2016年8

月向法院提起关于本合同的诉讼，实验塔工程复工无望，致使A电梯公司合同目的无法实现。

第一，工程款付款是否存在延迟。根据2013年12月18日合同约定，“13.1 双方约定工期顺延的其他情况：因承包人原因，工程不能按合同约定工期竣工，承包人应承担违约责任，应向发包人支付违约金，因承包人原因，相比较承包人的节点计划中，主要节点（基础、10层、20层、主体验收完成、竣工完成）的完成时间延误的，每延误一天，承包人向发包人支付违约金为本合同总额的万分之五”。根据该项约定，延迟付款的违约金为每日6850元。

B公司预主张的延期付款主要有两笔，一是合同首付款存在延迟付款，二是2015年2月16日的付款存在违约。根据双方约定，实验塔含税包干价为13700000元，双方约定合同签订后十五日内支付总额8%，基础验收合格后十五日内支付总额的25%……按照该项约定，A电梯公司最迟应当在2014年1月3日支付8%的工程款1096000元，2014年1月10日，A电梯公司付款1096000元，逾期7天。根据2014年7月4日，A电梯公司（甲方）、B公司（乙方）签订的补充协议：“甲方预付基坑围护总价的20%，即147元万×20% =29.4万元，乙方基坑施工完成，甲方支付至基坑围护总价的85%，余款并入实验塔总价，按原合同相应条款付款。5. 工程结算时，扣除原有报价单中的基坑围护费用，以本协议中的围护费为准。6. 本补充协议作为原双方签订的实验塔施工合同的补充。”2014年7月10日，A电梯公司付款294000元。2014年10月30日，A电梯公司付款955000元。双方并未约定付款时间，现有证据不足以证实，A电梯公司付款不存在违约。2014年11月28日，A电梯公司付款250000元，2015年6月29日A电梯公司付款800000元，2015年10月23日A电梯公司付款200000元，同样如此。

2015年2月16日，A电梯公司（甲方）与B公司（乙方）签订《补充协议》约定：甲方于签订本协议后即日支付乙方600万元整。2015年2月17日，A电梯公司付款3600000元和400000元，2015年3月19日，B公司陈述A电梯公司付款2000000元，总计600万元，其中实验塔基础节点款为342万元，桩基及基础变更款项确认为105万元、借支153万元。该协议中约定的款项中的200万元存在延期付款 31 天的情况。

综上，尽管 A 电梯公司存在延期付款的情形，但并不构成根本性违约。A 电梯公司就 1#厂房、2#厂房、传达室、配电间、公共卫生间工程和实验塔工程进行了分开招标，B 公司进行投标。双方就 1#厂房、2#厂房、传达室、配电间、公共卫生间和实验塔工程签署了两份建设工程施工合同，两份合同对工期、工程价款、工程款的支付条件等均作了不同的约定，后期双方对于两个项目的增加工程量也是分别核算的，且 1#厂房、2#厂房、传达室、配电间、公共卫生间与实验塔工程均分别办理了建设工程施工许可证，两份合同因发包方与承包方相同在付款及工程联系方面存在牵连，但从合同的履行情况来看，两份合同应当是独立的。B 公司以 A 电梯公司拖延给付厂房工程工程款导致实验塔工程延误，构成违约的理由不成立，其以此为由停止实验塔施工，不符合合同约定，也不符合先履行抗辩权行使的条件。

第二，关于延期施工的责任。

2014 年 5 月 23 日，昆山市住房和城乡建设局颁发了实验塔工程的施工许可证，施工许可证上载明的开工时间为 2014 年 5 月 23 日，竣工时间为 2015 年 4 月 23 日。

2013 年 10 月 31 日工地会议、2013 年 12 月 31 日实验塔桩基工程施工备忘录、2014 年 10 月 13 日 B 公司的工程联系单、2014 年 11 月 2 日 A 电梯公司的工程联系函，可以证实：实验塔桩基工程在实验塔建设工程施工许可证颁发前已经开始施工，在 2013 年 10 月 17 日试桩完成，2014 年元月进行桩基工程施工，于 2014 年 3 月桩基施工结束。因实验塔工程在 2014 年 5 月 23 日才取得施工许可证，2014 年 6 月 11 日昆山市质检站通知进行了技术交底，而桩基工程静载试验报告出自 2014 年 6 月 20 日。双方存在通谋规避法律法规的强制性规定的情形，在手续不全的情况下，强行施工，从而导致 2014 年 9 月 29 日江苏宏嘉工程项目管理有限公司向 B 公司发出《工程暂停令》，双方均有责任，因双方的故意行为造成的损失应由各自承担。

根据 2014 年 11 月 24 日 A 电梯公司的工程联络单、2014 年 12 月 5 日的两次工地例会，住建局2014年11月20日召开的协调会议，要求增加6根桩基静载试验，截至12月5日试验已经完成，基坑需要加固，实验塔施工计划重新制定。

2014年12月6日工程复工，2014年12月31日，实验塔桩基工程经B公司、A电梯公司、上海都市建筑设计有限公司、江苏宏嘉工程项目管理有限公司、昆山华一岩土勘察工程有限公司联合验收合格。

2015年1月12日B公司工程联系单，要求A电梯公司确认土方回填方案。2015年2月2日，朱某签字注明：同意此方案，请在施工前报价至我司确认。2015年2月3日，江苏宏嘉工程项目管理有限公司盖章，唐某美签字备注同意按此方案施工。2015年3月13日B公司发出工程联系单，称上述方案仍未通过确认，如2015年3月17日贵司还未解决上述问题，除延期工期顺延外，造成的延期误工损失费用每天按规定向贵司追偿。为了一期厂房如期进行及实验塔工程顺利进行，请贵司予以重视。2015年3月24日，A电梯公司向上海都市建筑设计有限公司就上述问题进行征询，该公司当日予以回复，并修改了相关方案，同日，监理同意此施工方案。2015年3月26日，实验塔工程基础部分，经屹江苏宏嘉工程项目管理有限公司张某彬、唐某美签字确认合格。

综上，从工程复工到地基与基础分部工程验收合格期间，造成工期延误的责任在于A电梯公司。

2015年3月25日，B公司发出工程联系单，要求A电梯公司配合解决塔吊问题。2015年6月2日，A电梯公司进行了回复。从上述往来函件的内容来看，A电梯公司存在拖延配合确认施工方案的情形。

2015年8月20日，江苏宏嘉工程项目管理有限公司向B公司发出工程联系单，载明：经检查发现实验塔地下室楼梯做法跟图纸设计的要求不相符，要求施工单位尽快出具详细的整改方案上报我监理组，得到确认后进行整改。从该日开始，实验塔工程停工。

2015年7月开始到2015年8月26日，双方在巴城镇建设管理所形成会议纪要，这期间双方一直因前期厂房工程付款问题产生矛盾，客观上也是导致实验塔工程停工的原因之一。

2015 年 10 月 14 日到 12 月 6 日监理公司发出一系列联系单，直至 2015 年 11 月 2 日，昆山市建设工程质量监督站向 A 电梯公司、B 公司发出整改通知书。可以看出，实验塔前期施工确实存在质量问题，且 B 公司存在擅自整改的情形，且整改不符合要求。

综上，在 2015 年 3 月 25 日之后至工程停工期间，在合同履行过程中双方均存在违约行为，A 电梯公司的消极配合行为仅仅导致工期延误，且该情形在 2015 年 6 月 2 日已经消除，而消极履行实验塔工程施工，且整改不符合要求的行为直接导致下一步工程施工无法进行。

2016 年 1 月 9 日，巴城镇政府组织 B 公司、A 电梯公司进行协商，A 电梯公司要求解除实验塔工程施工合同，B 公司予以拒绝，要求继续履行合同，经协调，B 公司同意有条件退出，但要求赔偿各项损失，巴城镇政府要求双方一周内出具初步方案，双方均表示同意。后双方未能达成一致意见。2016 年 2 月 26 日、5 月 3 日，A 电梯公司两次发函要求 B 公司复工，B 公司予以拒绝。

结合前面的分析，在这一阶段，B 公司以拖延支付厂房工程款为由拒绝复工，将厂房工程与实验塔工程混同，错误在实验塔施工合同中使用了厂房工程拖延付款的抗辩权，属抗辩权行使不当。据此，A 电梯公司于 2016 年 9 月 13 日发函要求解除合同，并另行筹建钢结构实验塔，属于自力救济行为，并无不当。

二、关于合同解除

A 电梯公司认为，其有权主张合同解除的理由有二点：1. 依据合同法关于根本违约的相关规定，工程严重逾期，经催告后仍然不履行相应义务的，A 电梯公司可依据《中华人民共和国合同法》第九十四条规定行使法定解除权；2. 根据合同 44.4 条约定“发包人、承包人可以解除合同：因一方违约（包括因发包人原因造成工程停建或缓建）致使合同无法履行”，A 电梯公司可行使合同约定解除权。本院认为：1. 关于法定解除权，从前述关于违约责任的分析可以看出，B 公司的违约行为导致 A 电梯公司的合同目的无法实现；2. 关于合同约定解除权，合同第 44.4 条可理解为因发包人欠付工程款造成工程停建或缓建，发包人也有权解除合同，该条款应当根据《中华人民共和国合同法》第四十条规定，视为“排除对方主要权利的”无效条款，或由人民法院解释为仅为承包人享有的合同解除权。同时考虑到本案工程已经停工逾三年，且A电梯公司已经另行建造钢结构实验塔，双方的合同不存在继续履行的事实基础，故一审法院确认双方于2013年12月18日签订的《建设工程施工合同》于2018年5月21日合同解除后，B公司应当配合移交工地及相关设施。

三、关于付款情况

2014年1月10日，A电梯公司付款1096000元，双方无议，计入已付工程款。

2014年7月10日，A电梯公司付款294000元。2014年10月30日，A电梯公司付款955000元，有2014年7月4日补充协议佐证，计入已付工程款。

2014年11月28日，A电梯公司付款250000元。根据2014年11月24日工程联络单的约定，计入已付工程款。

2015年2月17日，A电梯公司付款3600000元和400000元，2015年3月19日，B公司陈述A电梯公司付款2000000元，总计600万元，该款项系依据于2015年2月16日签署的双方协议书，其中实验塔基础节点款为342万元，桩基及基础变更款项确认为105万元、借支153万元。结合B公司自己提供的付款明细、2015年2月16日的协议书约定、（2017）苏05民终9509号民事判决书确认的付款情况，计入已付工程款。

关于2015年6月25日签订的补充协议中的工程增加费用100万元，2015年6月29日，A电梯公司付款800000元，2015年10月23日，A电梯公司付款200000元。根据（2016）苏0583民初80号民事判决书确认的付款情况，计入已付工程款。

综上，一审法院确认A电梯公司总计支付实验塔工程款9595000元。

四、关于工程总价

苏州泛亚万隆建设工程咨询有限公司于2018年3月12日出具鉴定意见书，鉴定结论认为，本工程鉴定内容经本公司鉴定的相关工程价款为：1. 鉴定金额不含材料调差为5516257.46元，含材料调差为5518384.80元，材料调差金额为2127.34元，按施工合同专用条款47.3、47.4条规定水泥及钢筋材差需作调整；

按施工合同补充条款（从属于专用条款的补充条款）第4条“工程总价中已含风险补偿金额，以后建材涨价总价不再调整”，材料不需调差；二个条款约定不一致，是否需材料调差，由发包人与承包人另行协商或由法院判定。2. 最终工程价款由法院判定。其中，2015年6月25日补充协议中增加的100万元工程款未计入鉴定工程款总额中。对于该份鉴定报告，本院认为：1. 材料调差问题，根据施工合同补充条款约定，“一、4. ……工程总价中已含风险补偿金额，以后建材涨价总价不再调整。预算缺项、漏项不再补偿”，同时，“二、4. 本补充协议条款系双方的真实意思表示，本补充协议条款可作为双方的建设工程施工合同补充，如备案的建设工程施工合同或其他协议与本协议条款不一致时，本补充协议条款视为对原合同的变更及补充，以本补充条款为准”，故对于材料不再调差。2. 最终工程价款总价问题。鉴定金额不含材料调差为5516257.46元，根据（2016）苏0583民初80号民事判决书对2015年6月25日的付款情况的确认，一审法院认定最终工程款总价为6216257.46元。

五、关于窝工损失

B公司申请对实验塔工程的窝工损失（2014年12月31日至2016年1月29日）及因A电梯公司违约导致实验塔工程可能不再继续履行造成的直接经济损失和可得利益损失进行鉴定。一审法院委托诚信金泰建设管理（苏州）有限公司进行鉴定，该公司于2017年5月15日出具鉴定报告书，鉴定情况载明，接受委托后，我公司鉴定人员根据法院移交的索赔资料，现将索赔鉴定建议如下：1. 根据施工单位单方面提供停工人数，根据合同约定的价格，施工人员工资5156600元（其中2015年1月至2015年6月2日的窝工损失金额为2494810元），管理人员工资422500元。2. 脚手架租赁根据B公司单方面提供钢管扣件等数量，根据合同约定价格，该部分损失80021元。3. 现场临时设施，根据B公司投标报价金额为120895.39元，下浮率按照投标报价（47111199.16元）与合同价（45500000元）的比值计算为3.42%，下浮后现场临时设施费为116760.77元。如果实验塔工程正常完工，则该部分不应计取。另外办公设备及铁床等也属于临时设施内容，不应重复计算。4. 铝塑模板，根据合同要求应按模板实际进场时间开始计算费用，由于施工单位未提供模板实际进场时间和所涉及人员数量，故无法计算模板搁置损失。如按施工方单方面提供的模板送货单时间 2015 年 9 月 28 日计算，截至 2016 年 1 月 29 日，合计 124 天，按施工单位与模板提供单位之间的合同约定搁置费每天 3600 元计，共 446400 元，合同是否有效，是否应计算该部分损失由法院裁定。5. 现场机械停工损失如按施工单位单方面提供的资料计入为 442120 元（其中塔吊从 2015 年 3 月 6 日计算至 2016 年 1 月 29 日为 376500 元），实际是否属实以及停滞时间由法院裁定。6. B 公司正常完成涉案工程的预期利润为 377447.56 元（已按 3.42% 下浮），未扣除已完工程部分所涉及利润。

从一审法院对于双方的违约责任的分析可以看出，在 2014 年 12 月 31 日至 2015 年 6 月 2 日期间，因 A 电梯公司消极配合施工，导致了工期延误，而在此期间，实验塔工程一直处于备工备料状态，故对于该段期间的窝工损失，一审法院予以支持，计算为 2494810 元。故对于停工起至 2016 年 1 月 29 日期间的窝工损失一审法院不予支持。同理，对于脚手架租赁损失、临时设施、机械停工损失均只支持 2014 年 12 月 31 日至 2015 年 6 月 2 日期间，计算为 231897.06 元［（80021 元 + 116760.77 元 + 442120 元 - 376500 元）×153 天 ÷ 316 天 + 376500 元 × 88 天 ÷ 316 天］。铝塑模板损失不予支持。

综上，A 电梯公司应当支付 B 公司的窝工损失金额为 2726707.06 元。关于预期利润损失，2015 年 8 月 20 日开始工程停工，且主要责任在于 B 公司，故对于该项损失一审法院不予支持。

六、关于违约金

B 公司主张的逾期付款违约金。根据 2013 年 12 月 18 日合同约定，“每延误一天，承包人向发包人支付违约金为本合同总额的万分之五”。根据该项约定，延迟付款的违约金为每日 6850 元。B 公司预主张的延期付款主要有两笔，一是合同首付款存在延迟付款，二是 2015 年 2 月 16 日的付款存在违约。根据双方约定，实验塔含税包干价为 13700000 元，双方约定合同签订后十五日内支付总额的 8%，基础验收合格后十五日内支付总额的 25%……。按照该项约定，A 电梯公司最迟应当在 2014 年 1 月 3 日支付 8% 的工程款 1096000 元，2014 年 1 月 10 日，A 电梯公司付款1096000元，逾期7天。2015年2月16日，A电梯公司（甲方）与B公司（乙方）签订《补充协议》约定：甲方于签订本协议后即日支付乙方600万元整。2015年2月17日，A电梯公司付款3600000元和400000元，2015年3月19日，B公司陈述A电梯公司付款2000000元，总计600万元，其中实验塔基础节点款为342万元，桩基及基础变更款项确认为105万元、借支153万元。该协议中约定的款项中的200万元存在延期付款31天的情况。故对于逾期付款违约金，A电梯公司应当支付B公司延期付款违约金260300元（38天×6850元）。A电梯公司诉请的违约金由两部分组成：第一部分依据的是2014年7月4日签署的补充协议，约定逾期完成实验塔地基基础工程应承担相应的违约金，每逾期一天承担1万元的违约金，从2014年的7月11日截止到2015年的3月25日是197天，按合同约定应当在2014年的9月10日完成，实际延期到2015年的3月25日才完成，所以计算总共197天的逾期，每延迟一天1万元总共197万元。第二部分是逾期竣工验收合格的违约金，按照合同约定，开工时间是2014年的5月23日，约定的工期为360个日历天。那么应当于2014年的5月20日左右竣工，但是截止到2016年的9月14日工期天数已经达到了843天，扣除前面第一项中我们说的197天，计算到解除合同通知发出之日。根据一审法院分析的双方的违约责任，在2014年12月6日之前的违约损失由各自承担，而从复工后到验收合格的违约责任在于A电梯公司，故对于其诉请的第一部分违约金，一审法院不予支持。第二部分，逾期验收合格的违约金，因双方的合同实际无法履行，而由一审法院判决解除，对于由此造成的损失，根据双方的违约程度进行承担，故对于该项损失将在各自应当承担的责任中进行处理，在此不予支持。

七、关于双方的损失

双方的合同解除后，涉案的实验塔工程只能做废弃处理。双方在合同履行过程中不能本着互尊互信、互谅互赢的原则处理争议问题，反而态度强硬导致损失持续扩大。B公司的违约行为直接导致合同目的无法实现，但A电梯公司舍弃实验塔已完工部分不用，另行修建钢结构实验塔，违反了物尽其用的原则，造成了大量人力物力资源的浪费，违背了节约资源、保护生态环境的民法原则，客观上导致了B公司损失的扩大，故一审法院从公平原则出发，对于双方因违约行为导致的实验塔废弃和A电梯公司的后续损失按照5∶5的比例由双方进行分担。

合同解除导致的损失包括：1. 已完工实验塔工程总价6216257.46元。2. 其他损失。另行修建钢结构实验塔的审图费3940元、勘察费10000元一审法院予以支持，2016年6月29日，A电梯公司向昆山市凯茂市政工程有限公司支付工程款16000元，无法证实与钢结构实验塔的关联性，一审法院不予支持。设计费无证据证实，一审法院不予支持。上述损失共计6230197.46元，由B公司承担3115098.73元，A电梯公司承担3115098.73元。

关于监理费。监理在2015年12月10日撤场，在监理过程中，双方均有违约，A电梯公司要求B公司承担延期竣工的监理费，事实依据和法律依据不足，一审法院不予支持。

八、小结

根据一审法院上述一到七项的分析，A电梯公司应当支付B公司的窝工损失金额为2726707.06元、延期付款违约金260300元（38天×6850元），同时B公司应当承担损失3115098.73元，A电梯公司承担3115098.73元，在3115098.73元范围内免除A电梯公司的工程款支付的责任，A电梯公司总计支付实验塔工程款9595000元，故B公司实际应当返还给A电梯公司3492894.21元。

据此，一审法院依照《中华人民共和国民法总则》第九条、《中华人民共和国合同法》第六十条、第一百零七条、第一百零九条、第一百一十条、第一百一十四条、第一百二十条、第二百六十九条、第二百七十五条、第二百八十四条、《中华人民共和国民事诉讼法》第六十四条之规定，判决：一、B公司与A电梯公司于2013年12月18日签订的建设工程施工合同于2018年5月21日解除。二、B公司于判决生效后十日内撤离A电梯公司位于昆山市巴城镇东荣路与东平路交叉口施工工地并移交施工资料。三、B公司于判决生效后十日内返还A电梯公司3492894.21元。四、A电梯公司于判决生效后十日内支付B公司窝工损失2726707.06元，以及逾期付款违约金260300元（已在上述第三项中一并核算，无需另行支付）。五、驳回B公司的其他诉讼请求。六、驳回A电梯公司的其他诉讼请求。本诉案件受理费218032元，鉴定费270000元，合计188032元，由B公司负担244016元，A电梯公司负担244016元。反诉案件受理费52000元，鉴定费86800元，保全费5000元，合计143800元，由A电梯公司负担107850元，B公司负担35950元。

二审中，B公司提供一份有关涉案实验塔工程和一期厂房的图纸，证明：第一，涉案车间工程和实验塔工程原本是一个总包合同下的两个合同，且在签订总包合同时为同一期建造的工程，仅因为实验塔的高度超过苏州市规划审批的权限，需要到江苏省规划部门进行审批，所以先行施工厂房工程和随后施工的实验塔工程在本质上并非两个决然独立的工程。B公司在客观上需要对整个工程的人员、机械以及资金进行整体规划。B公司对前期施工完毕的厂房工程收取回款后，用于随后进行的实验塔工程施工。第二，根据图纸可以证明一期厂房工程中的配电房工程与涉案实验塔工程属于同一地基。由于A电梯公司的原因导致一期配电房工程的地基施工方案长期拖延不能确定，导致涉案实验塔工程的地基施工遭到拖延。第三，该图纸由上海都市建筑设计有限公司进行绘制，证明上海都市有限公司系A电梯公司的设计单位。在实验塔工程出现施工质量整改问题时，B公司正是遵照上海都市建筑设计有限公司所提供的整改方案进行了质量整改。应当视为B公司按照A电梯公司的整改方案进行了质量整改。但整改完成后，A电梯公司人为阻挠工程继续施工，监理和A电梯公司的管理人员故意对已经完成的整改工程不予签字确认。

A电梯公司质证后认为：1. A电梯公司从来不否认两项工程，甚至和配电房工程在施工过程中具有关联性，但属于两个合同关系，因为两个合同内容不同、履行状况不同。在履行过程中主要针对的施工内容以及工程款支付，都是相独立的，而且在一审及厂房案件的二审中，双方都对厂房工程的付款与实验塔工程的付款进行了分别计算和核算，而且核算得很清楚。2. 配电房的问题属于厂房工程的问题，不涉及本案，与本案没有关联性。3. 关于质量整改，对设计图纸的主体我们没有异议，但不能以设计图纸主体做出来的设计方案来证明B公司已经完成了相应的整改工作。B公司是否完成整改工作，应当以最终验收合格为基本前提，而非仅提供图纸就证明完成了工程。且质量整改的时间是 2015 年 11 月，但在 2015 年 8 月，2016 年 7 月，B 公司都明确发函已经停止施工，且拒绝恢复施工，当时 B 公司属于停工状态。

以上事实，有图纸、调查笔录予以佐证。

本院二审查明的其他事实与一审法院认定的事实相一致。本院认为，A 电梯公司与 B 公司对于一审法院认定的双方于 2013 年 12 月 18 日签订的《建设工程施工合同》于 2018 年 5 月 21 日解除，均无异议，本院对此予以确认。合同解除后，根据履行情况和合同性质，当事人可以要求恢复原状、采取其他补救措施并有权要求赔偿损失。根据 2013 年 12 月 18 日《建设工程施工合同》第 35.1 条约定，发包人拖延付款，按照合同总价万分之五/天向承包人承担违约金，此赔偿额的支付并不能解除发包人本合同规定的其他合同义务和责任。按照双方合同约定，A 电梯公司最迟应当于 2014 年 1 月 3 日支付 8% 的工程款 109600 元，但 A 电梯公司于 2014 年 1 月 10 日才支付该款项，逾期 7 天，A 电梯公司应当支付逾期付款违约金。A 电梯公司另对 2015 年 2 月 16 日《补充协议》约定款项中的 200 万元存在逾期付款 31 天的情形，因《补充协议》中仅明确借支 153 万元，A 电梯公司关于该款项属于借支款、不属于工程进度款的上诉意见，缺乏事实依据，本院不予采信。一审法院认定 A 电梯公司应当承担的逾期付款违约金，符合双方合同约定和法律规定，本院予以维持。关于工期延误的责任承担。根据昆山市住房和城乡建设局颁发的实验塔施工许可证，载明的开工时间为 2014 年 5 月 23 日，但实验塔桩基工程早在 2013 年 10 月就已施工，从而导致监理方于 2014 年 9 月 29 日向 B 公司发出《工程暂停令》，A 电梯公司对此应承担相应责任。自 2014 年 12 月 6 日复工至 2015 年 3 月 25 日地基与基础分部工程验收合格期间，2015 年 1 月 12 日、2015 年 3 月 13 日的工程联系单表明由于 A 电梯公司未及时确认施工方案导致工期延误，A 电梯公司对工期延误负有责任。在 2015 年 3 月 25 日至 2014 年 6 月 2 日期间，B 公司于 2015 年 3 月 25 日、2015 年 4 月 9 日发出工程联系单，要求 A 电梯公司配合解决施工范围东侧高压线没有防护措施导致塔吊无法安装等问题，A 电梯公司于 2015 年 6 月 2 日才进行回复，客观上存在拖延配合施工的情形。因此，一审法院认定双方当事人对于工期延误均负有责任，事实清楚，本院予以确认。由于在合同履行过程中，双方当事人均存在违约行为，一审法院根据双方的违约情形，酌情认定按照5:5的比例分担合同解除导致的损失，尚属合理，本院予以维持。关于停窝工损失及责任承担。一审法院结合在案证据，认定的停窝工天数并无不当，A电梯公司对停窝工天数虽持有异议，但其异议缺乏充分证据予以支持，本院不予采信。一审法院委托诚信金泰建设（苏州）有限公司对涉案工程窝工损失进行鉴定，该鉴定机构具备相应资质，鉴定程序合法，一审法院依据鉴定意见认定的窝工损失合理有据，本院予以确认。A电梯公司对鉴定报告的异议，缺乏事实依据，本院不予采信。

综上所述，A电梯公司的上诉请求不能成立，应予驳回；一审判决认定事实清楚，适用法律正确，应予维持。依照《中华人民共和国民事诉讼法》第一百七十条第一款第一项规定，判决如下：

驳回上诉，维持原判。

本判决为终审判决。

【案件总结】

一、案件代理历程回顾

本案是一起较为典型的建设工程施工合同纠纷案件，案件核心点涵盖了工程价款、工期、工程质量、合同解除、停窝工等要素，两个标段工程共形成本诉、反诉四个案件。

代理律师在接手本案之初，即意识到一、二标段案件是否合并审理对本案的后期诉讼将会产生重大的影响。因此代理律师在代理一标段工程案件时对于施工企业试图通过反诉将一、二标段工程纳入同一案件合并审理予以高度关注，并通过剖析两起案件为两个法律关系，阻止了施工企业以一标段工程款未付为由行使对二标段工程的停工抗辩权，为二标段工程合同的解除及索赔奠定了法律关系基础。

二、停工解约案件代理的重要启示

（一）施工单位之风险防范要点

1. 施工单位对于施工过程中是否有权停工应当作出准确的判断与评估。本案中，B 公司以一标段工程的付款存有争议，主张己方享有对于二标段工程的停工权，属于不当行使抗辩权的行为。

2. 施工单位应充分预估己方停工对于项目造成的后果以及避免损失的进一步扩大。如本案中，施工单位的停工导致已建设工程不得不荒废，造成了极大的损失和资源浪费，施工单位因此也赔付了巨额损失。

3. 施工单位应做好工程停工后的施工现场存证工作，包括对于工程停工时的工程界面、现场堆放材料、机械、人员等证据的留存，为后期以建设单位原因导致停窝工为由进行索赔预留相应的证据。

（二）建设单位之风险防范要点

1. 注意和避免因违规指令、延误指令导致的工期延误责任承担。本案中，建设单位对于工程停窝工承担了部分过错责任，原因在于：（1）建设单位在施工条件尚不具备情形下指令施工单位先行施工，导致质监部门责令停工；（2）对于施工单位提出的要求建设单位确认的指令，建设单位未及时回复导致工程停滞，建设单位对此承担相应损失赔偿责任。

2. 对于施工单位怠于施工、工期停滞的行为，应通过定期发函、拍摄视频等形式及时督促，以形成工期延误的有效证据链。同时注意己方负有的止损义务，即应当采取适当措施防止损失的扩大。对于可能解除合同且工期紧张的工程，可在双方确认或通过公证等方式对已完工程施工界面保存证据的前提下，促使施工企业及早退场，以避免工程进度进一步受到影响。

【承办律师简介】

刘汉文律师，西北政法大学法学学士、北京大学 EMBA。

苏州仲裁委员会仲裁员，苏州市“领军型律师”，PPP 管理师，苏州工业园区律师协会建筑房地产专业委员会副主任。

具有近二十年专业法律服务经验，长期专注于建筑、房地产等专业领域的法律服务，为几十项大型地产开发项目、科技园区建设项目、大型公共基础设施建设项目提供全过程法律服务，并出色地代理了数百起建筑、房地产、公司、合同等方面的诉讼及仲裁案件。

撰写的《施工企业疑难法律问题解析 100 招》在《施工技术》杂志上连载发表，同时在不同范围内主讲了几十场有关工程建设等方面的讲座，多次接受电视台、报刊、网络等媒体就专业法律问题的采访，曾作为《建筑》杂志封面人物被推荐。

宋丽琴律师毕业于苏州大学法学院，硕士学位，苏州市“成长型律师”。

执业 7 年以上。一直专注于房地产开发、工程建设、合同等领域法律服务，目前为数十家房地产及工程公司提供常年非诉讼服务并代理各类诉讼、仲裁案件，在房地产开发、工程建筑领域积累了丰富的专业知识和法律服务经验。目前为阳光城、旭辉、龙湖、万科、中南、当代、港中旅、基业等十几家房地产及建筑工程类企业提供法律服务，并有为阳光城、九龙仓、万科等大型房企数十起收购、并购提供专项法律服务的经验。

建设工程存在质量问题但已使用情形下，应否支付工程价款[①]

——A 公司与 B 公司建设工程施工合同纠纷案

北京市炜衡（南通）律师事务所　郭艳妮律师　花丁香律师

【争议焦点】

◆ *建设工程付款条件尚未成就的情况下，承包人是否有权要求付款？*

◆ *若发包人擅自使用未经竣工验收且存在质量问题的建设工程，是否可排除承包人对建筑物主体承重结构质量承担的民事责任？*

◆ *发包人是否享有先履行抗辩权？*

【关键词】

付款条件　发包人未经验收擅自使用　主体结构质量责任　先履行抗辩权

【案情简介】

2014 年 4 月 12 日，A 公司、B 公司签订《建设工程施工合同协议书》，约定 B 公司承包某公司建设项目的土建、钢结构工程；开工日期为 2014 年 4 月 10 日，竣工日期为 2014 年 7 月 20 日，合同工期为总日历天数 100 日历天。合同约定工程质量标准为严格按照国家建筑安装工程有关施工规范合格标准。关于合同价款及付款方式，合同约定土建工程包括基础（图示尺寸），12cm 厚地面，外围标准砖墙 240mm、1.2 米高（所有砼采用商品砼强度 C25），土建工程以实际完成工程量结算；

---

① 案件来源：江苏省高级人民法院（2018）苏民申 4886 号二审民事判决书。

钢结构工程单位造价为270元/m^2，不含门窗；工程总造价约为7480000元，竣工以实际面积结算；土建基础工程完成后付款10%，钢结构、梁安装付款15%，地面浇筑完成后付10%，钢结构全部完成，验收合格交付使用后付25%，余款自交付使用后一年内分四期付清。该合同中方某以B公司委托代理人的身份签名，同时双方确认施工图纸。

2014年5月9日，方某以施工方B公司名义与A公司就上述工程签订补充协议，约定材料进场必须提供产品合格证及检测报告，经建设方验收合格方可施工，工期为100天，开工日期为2014年4月15日，竣工日期为2014年7月25日，每逾期一天，罚款10000元。但B公司没有加盖印章予以确认。

该工程主体完工后，2015年4月12日，A公司现场负责人胡某在工程基础平面布置图上签署：原基础面积21795m^2、现钢构面积18996m^2、现地面积17689m^2。该工程没有形成交付、验收手续。且工程至今未竣工，B公司尚未提交竣工报告，双方并未结算，合同约定的付款条件尚未成就，工程未验收合格。

B公司认为，A公司只支付了50万元工程款，尚欠工程款3462449.80元。经多次催要未付，B公司于2015年12月17日诉至法院，要求A公司支付剩余的工程款及利息。

北京市炜衡（南通）律师事务所郭艳妮律师［代理本案时，郭艳妮律师任江苏洲际英杰律师事务所合伙人，后转所至北京市炜衡（南通）律师事务所］代理A公司应诉，参与了本案一审、二审、再审三个阶段。2016年11月，南通市通州区人民法院作出一审判决，驳回了B公司的全部诉讼请求。随后，B公司向南通市中级人民法院提出上诉。2017年4月，南通市中级人民法院经审理后作出二审判决，驳回上诉，维持原判。B公司仍不服，向江苏省高级人民法院申请再审。2019年4月，江苏省高级人民法院裁定驳回B公司的再审申请。本案历经三个阶段，A公司均胜诉。

【诉讼策略】

一、本案一审诉讼策略要点

在认真梳理原告B公司提交的诉状、证据材料，并向A公司了解相关情况之后，郭艳妮律师结合自身丰富的诉讼经验，分析本案的关键点在于A公司作为发包人，在工程未竣工验收且存在质量问题的情况下擅自使用工程，是否能排除承包人B公司对建筑物主体承重结构质量应承担的民事责任，发包人是否享有先履行抗辩权。对此，郭艳妮律师提出本案的应诉策略重点如下：

重点一：申请进行质量鉴定。本案所涉B公司施工的某公司的土建、钢结构工程，存在严重质量问题，这是A公司变被动为主动的关键点。故本案首先应申请进行质量鉴定，将现存问题有效固定，化劣势为优势。

重点二：B公司存在违约行为，对此应提起反诉，变被动为主动。首先，B公司承包的工程至今未竣工，B公司应支付工期逾期违约金。其次，B公司施工的工程存在严重质量问题，进行修复将发生大于100万元的损失，故主张B公司因工程质量问题应赔偿A公司损失暂定人民币100万元。

（一）答辩策略

1. 本案事实较为复杂，既涉及发包人主体问题，也涉及实际施工人的问题。因而，本案答辩时，首先应该对案件事实作精炼陈述，让法官对于整个案件事实产生清晰全面的认识。

2. 本案工程总造价不明，案涉合同仅仅约定了土建、钢结构的单方造价，双方并未结算。B公司请求支付工程款2652449.8元，毫无依据。

3. 付款条件尚未成就，B公司无权要求付款。关于土建基础工程、钢结构和梁安装、地面浇筑，B公司并未提交已经完成工程的报告，A公司不清楚B公司是否完成。至于钢结构全部完成验收合格、工程交付使用，更是没有发生，工程并未验收合格更未交付使用。合同约定的付款条件尚未成就，A公司出于对原告的照顾，已经支付了72.8万元工程款（包括借款），且中成公司的法定代表人许某某安排支付了224万元工程款，累计支付了296.8万元，已经属于过付，当然不存在欠付工程款。

4. B公司施工过程中，工期、质量、材料进场等均存在违约且工程至今未竣工，给A公司造成了严重的经济损失，B公司应当承担违约责任。

5. 法律规定即便发包人使用了未经竣工验收的工程，也不能免除承包人对地基基础工程和主体结构质量应承担的民事责任。《最高人民法院关于审理建设工程施工合同纠纷案件适用法律问题的解释》第十三条规定，“建设工程未经竣工验收，发包人擅自使用后，又以使用部分质量不符合约定为由主张权利的，不予支持；但是承包人应当在工程的合理使用寿命内对地基基础工程和主体结构质量承担民事责任”。鉴定意见中确认的基础高度、钢柱垂直度偏差、柱间支撑、混凝土强度的质量问题，均是地基基础工程和主体结构的严重质量问题，可能导致房屋成为危房甚至发生倒塌，B 公司必须无条件更换、整改，直到工程质量符合国家标准为止。

（二）反诉策略

1. B 公司承包的工程至今未竣工且未向 A 公司提交竣工报告，从 2014 年 7 月 26 日暂算至 2016 年 1 月 11 日，工期已逾期 534 天，B 公司应支付工期逾期违约金 534 万元。目前，A 公司暂主张工期违约金 300 万元。

2. B 公司施工工程存在严重的质量问题，进行修复将发生大于 100 万元的损失。

二、本案二审诉讼策略要点

2016 年 11 月，南通市通州区人民法院作出一审判决，依法驳回了 B 公司的全部诉讼请求。B 公司不服，向南通市中级人民法院提出上诉。

B 公司上诉称，方某非案涉工程的实际施工人。A 公司未经竣工验收擅自使用了工程，不得以工程质量不合格为由拒付工程款。A 公司从未发出要求 B 公司对工程质量进行修复的通知，也未要求 B 公司维修，司法鉴定意见书的建议是定期进行检测。B 公司与 A 公司之间没有合作基础，不适合继续修复工程。

针对 B 公司的上诉观点，郭艳妮律师认为，二审阶段 A 公司的应诉要点如下：

第一，根据 2014 年 4 月 12 日《建设工程施工合同协议书》，2014 年 5 月 9 日《补充协议》，A 公司一审证据 6 和 13、7、8—11，方某 2016 年 1 月 6 日的《工程经过说明》以及 2016 年 1 月 15 日的《补充说明》，许某某在 2016 年 1 月 6 日、2016 年 1 月 15 日的《情况说明》，还有 A 公司和汇诚、中成公司的付款凭证，以及方某一审举证其购买混凝土并付款、购买钢材、支付挖机款、地坪工程款等证据，可以看出方某是案涉工程的实际施工人。

第二，B公司无证据证实A公司未经竣工验收擅自使用工程，且鉴定意见证实B公司施工工程存在严重质量问题。A公司一审还要求鉴定新发现的质量问题：整个工程全部严重漏雨，天沟和阳光瓦施工存在质量问题。这个质量问题是夏天大雨才被发现的。

第三，即便是发包人使用了未经竣工验收的工程，依据上述《最高人民法院关于审理建设工程施工合同纠纷案件适用法律问题的解释》第十三条规定，也不能免除承包人对地基基础工程和主体结构质量应承担的民事责任。

第四，本案的建设工程施工合同，被一审判决认定无效。法律规定合同无效情况下，建设工程经过竣工验收合格是工程价款结算的前提条件。

第五，根据合同法规定，B公司施工工程存在严重质量问题，A公司有权行使先履行抗辩权，拒绝其支付工程款的要求。

第六，根据《中华人民共和国建筑法》（以下简称《建筑法》）第五十八条、《最高人民法院关于审理建设工程施工合同纠纷案件适用法律问题的解释》第三条，修复工程直至竣工验收合格系B公司的法定义务，B公司必须完成修复工程。

三、再审阶段诉讼策略要点

2017年4月，南通市中级人民法院经审理后作出二审判决，驳回上诉，维持原判。B公司仍不服，向江苏省高级人民法院申请再审。

B公司认为：（1）本案一、二审的审判员有徇私舞弊、枉法裁判行为。（2）本案一、二审判决认定案涉工程主体承重结构因质量问题不能正常使用，缺乏证据证明。（3）本案一、二审认定方某有代表B公司收取工程款的权利，缺乏事实依据。（4）B公司在判决后到案涉工程现场实地查看，A公司已使用工程，现场照片证明B公司交付的工程完全符合质量要求。（5）B公司根据合同相对性原则主张工程款，不需要经过第三人方某的同意。

针对B公司的再审观点，郭艳妮律师认为，再审阶段A公司的应诉要点如下：

第一，方某是案涉工程的实际施工人，方某作为本案的无独立请求权的第三人，有权利选择出庭或者不出庭，其不出庭不影响对本案事实的认定。本案一、二审法院不存在徇私舞弊、枉法裁判的行为。

第二，本案鉴定意见等证据充分证明案涉工程质量存在严重问题，致使房屋成为危房可能发生倒塌。B 公司认为工程存在质量问题的原因在于 A 公司没有取得建设施工许可证且没有聘请监理公司，这是 B 公司推脱责任的说辞。

第三，方某是案涉项目工程的实际施工人，具有代表 B 公司收取工程款的权利。而 B 公司未经实际施工人方某认可单独主张工程款并排除实际施工人方某的权利，势必造成 A 公司重复支付，也与案件事实及法律规定相悖。

第四，B 公司提供的新证据并不能证明案涉工程符合 A 公司的质量要求。并且法律规定即便是发包人使用了未经竣工验收的工程，也不能免除承包人对地基基础工程和主体结构质量应承担的民事责任。

2019 年 4 月，江苏省高级人民法院裁定驳回 B 公司的再审申请。

【代理词】

关于代理 A 公司与 B 公司建设工程施工合同纠纷的
二审代理词

尊敬的审判长、审判员：

关于 B 公司诉 A 公司建设工程施工合同纠纷一案，我受 A 公司的委托和江苏洲际英杰律师事务所的指派，担任被告 A 公司的二审诉讼代理人，参与本案诉讼活动。现发表如下代理意见，敬请采纳。

一、本案基本案情

2014 年 4 月 15 日，A 公司和许忠公司订立《合作协议书》，约定双方共同出资设立新公司，以该新公司名义承租经营某产业园，并约定如需在租赁土地上新建厂房对外出租经营的，A 公司应同意并协助新公司办理相关手续。

由于上述合资成立的新公司（即后来成立的中成公司）要建设某工程，但是中成公司当时尚未注册成立，故2014年4月12日以A公司的名义与原告订立了《建设工程施工合同》，订立合同时口头约定，待A公司和许忠公司合资成立的新公司领取营业执照后，再将A公司与B公司订立的合同终止，由新公司与B公司订立《建设工程施工合同》。因此，本案工程发包方实际是中成公司，并非A公司。2015年4月中旬，方某根据以前的承诺作为承包人B公司的代理人和中成公司订立了建设工程施工协议书，合同内容与2014年4月12日A公司和B公司订立的建设工程施工合同完全一致，仅仅是将发包人从A公司变更为中成公司，但B公司没有在该新的合同上盖章。

A公司和B公司双方于2014年4月12日订立《建设工程施工合同》，约定B公司承包某公司的土建、钢结构工程；开工日期为2014年4月10日，竣工日期为2014年7月20日，合同工期为总日历天数100日历天。合同约定工程质量标准为严格按照国家建筑安装工程有关施工规范合格标准。关于合同价款及付款方式，合同约定土建工程包括基础（图示尺寸）、12cm厚地面、外围标准砖墙240mm，1.2米高（所有砼采用商品砼强度C25），土建工程以实际完成工程量结算；钢结构工程单位造价为270元/m^2，不含门窗；工程总造价约为7480000元，竣工以实际面积结算；土建基础工程完成付款10%，钢结构、梁安装完成付款15%，地面浇筑完成付10%，钢结构全部完成，验收合格交付使用付25%，余款自交付使用后一年内分四期付清。2014年5月9日，B公司代理人方某与A公司订立《补充协议》，约定材料进场必须提供产品合格证及检测报告，经建设方验收合格方可施工，工期为100天，开工日期为2014年4月15日，竣工日期为2014年7月25日，每逾期一天罚款10000元。

B公司施工过程中，工期、质量、材料进场等均存在违约且工程至今未竣工，B公司尚未提交竣工报告，双方并未结算，合同约定的付款条件尚未成就，工程未验收合格。而B公司居然来函催付工程款，A公司回复函指出B公司要求支付工程款不能成立，并指出B公司的违约行为，要求其承担违约责任。双方发生争议，B公司提起诉讼。

二、方某是案涉工程的实际施工人

1. 2014 年 4 月 12 日，方某作为 B 公司的“委托代理人”，在 B 公司与 A 公司订立的《建设工程施工合同协议书》上签字；2014 年 5 月 9 日方某又代表“施工方”在 B 公司与 A 公司订立的《补充协议》上签字。

2. A 公司一审证据 6 和 13、7、8—11，方某于 2016 年 1 月 6 日出具的《工程经过说明》以及 2016 年 1 月 15 日的《补充说明》，许某某分别于 2016 年 1 月 6 日、2016 年 1 月 15 日出具的《情况说明》，还有 A 公司、汇诚公司、中成公司的付款凭证，均证实 B 公司共计收到案涉工程款 296.8 万元，包括 B 公司直接进账，也包括方某收取或者其指定的收款人收取。

3. 方某是案涉工程土建部分的实际施工人。方某一审举证可以证实方某购买混凝土并付款、购买钢材、支付挖机款及地坪工程款（向朱某战支付）；方某找贺某某组织 17 名工人施工土建（地坪除外）；方某尚欠贺某某工人工资以及压路机费、黄砂款、水泥款、石子款、砖头款、模板款等款项未付。

4. 方某因案涉工程的土建材料与供货商存在诉讼纠纷，审理法院是南通市港闸区人民法院。

5. B 公司未能举出证据否定方某对案涉工程的土建部分进行了施工。

三、本案工程总造价不明

本案合同仅约定土建、钢结构的单价，双方并未进行结算。合同对于工程总造价的约定，不是固定总价，而是预算约 7480000 元，明确土建工程以实际完成工程量结算，钢结构工程竣工以实际面积结算。而 B 公司实际完成的工程量、面积到底是多少，B 公司没有提交工程竣工报告，也未提交工程竣工决算报告。至今案涉工程尚未竣工，双方之间也未进行竣工结算，在工程总造价尚不明确的情况下，B 公司要求支付工程款 2652449.8 元，没有事实根据和法律依据。

四、付款条件尚未成就，原告无权要求付款

关于土建基础工程、钢结构和梁安装、地面浇筑，B 公司并未提交已经完成的报告，A 公司不清楚原告是否完成。至于钢结构全部完成验收合格、工程交付使用更是无从谈起，案涉工程并未验收合格也未交付使用。合同约定的付款条件是：土建基础工程完成付款10%，钢结构、梁安装完成付款15%，地面浇筑完成付10%，钢结构全部完成验收合格交付使用付25%，余款自交付使用后一年内分四期付清。而B公司无证据证明其何时完成土建基础工程、何时安装钢结构和梁、何时完成地面浇筑，钢结构更是没有全部完成验收合格。合同约定的付款条件尚未成就，A公司出于对B公司的照顾，已经支付了72.8万元工程款（包括借款），且中成公司的法定代表人许某某安排支付了224万元工程款，累计支付了296.8万元，并非B公司诉称的131万元。A公司已经超付工程款，不存在欠付工程款的事实。

五、B公司声称A公司未经竣工验收擅自使用了工程，并据此主张A公司不得以工程质量不合格为由拒付工程款，该理由不成立

1. B公司无证据证明A公司未经竣工验收擅自使用工程。

2. 鉴定意见证实B公司施工的工程存在严重质量问题，并且鉴定意见有遗漏质量问题，处理建议不合理。

南通天平房屋安全司法鉴定所2016年6月22日出具的《司法鉴定意见书》（简称鉴定意见），第1、2、3、4点意见，证实工程质量存在严重问题：基础高度与施工图不符、钢柱垂直度偏差很大、柱间支撑所用材料与施工图不符、基础混凝土强度不满足协议书要求。

A公司对第5点鉴定意见有异议，该第5点列明15个点抽测区域的混凝土芯样抗压强度均大于C25，满足双方协议书约定的要求C25，这不是事实。

同时，该鉴定意见遗漏了多个质量问题：（1）南侧较多跨未施工柱间支撑。（2）图纸标注90米设2道柱间剪刀撑，仅仅做了1道。（3）第1点鉴定意见中，仅仅列明抽测区域的基础高度与施工图不符，实际上“基础高度与施工图不符”是整个工程普遍存在的问题。（4）第4点鉴定意见中，仅仅列明抽测区域的4个基础混凝土强度低于C20，不满足双方协议书约定的要求C25，实际上“基础混凝土强度低于C20，不满足双方协议书约定的要求C25”是整个工程普遍存在的问题。（5）整个工程混凝土芯样抗压强度均小于C25，不满足双方协议书约定要求。

A公司一审还要求鉴定新发现的质量问题：今年夏天大雨后才发现，整个工程全部严重漏雨，天沟和阳光瓦施工存在质量问题。

3. 法律规定即便是发包人使用了未经竣工验收的工程，也不能免除承包人对地基基础工程和主体结构质量应承担的民事责任。

《最高人民法院关于审理建设工程施工合同纠纷案件适用法律问题的解释》第十三条规定："建设工程未经竣工验收，发包人擅自使用后，又以使用部分质量不符合约定为由主张权利的，不予支持；但是承包人应当在工程的合理使用寿命内对地基基础工程和主体结构质量承担民事责任。"鉴定意见中确认的基础高度、钢柱垂直度偏差、柱间支撑、混凝土强度的质量问题，均是严重的地基基础工程和主体结构质量问题，致使房屋成为危房可能发生倒塌，B公司必须无条件更换、整改，直到工程质量符合国家标准为止。

案涉车间为一层排架全钢结构建筑。独立基础加短柱，上为全钢一层排架，中配13台桁车，围护墙为1.2m高砖墙，上为单层彩钢板墙。根据鉴定意见和现状，存在如下问题：

（1）基础总高度大部分欠缺，尤以第一阶高为主，基础高度h1均为100mm，严重不符合双方合同的约定。在自重、风载以及吊车荷载的联合作用下，基础会因高度不足，而无法抵抗由于剪矩和冲切对基础的破坏，外观尺寸不符合《混凝土结构施工质量验收规范》《建筑地基基础施工质量验收规范》的规定。B公司应及时整改到位，否则工程将会因结构不安全而发生倒塌。

（2）排架钢柱垂直度超标，不符合《钢结构工程施工质量验收规范》的规定，有的排架柱垂直度偏差竟达到80mm（H≤10M，允许偏差H/1000），上面还有桁车在操作，这种情况相当危险。由于柱自身的倾斜，加上桁车的压力，以及钢屋面荷载，对柱产生弯矩较大，柱脚螺栓的受力大大增加。在几种不利荷载组合下，排架柱会因锚柱被拔断而倒塌，需及时整改、调整，否则后果严重。

（3）北侧较多跨未施工柱间支撑。排架结构是空间体系，是由排架、系杆、屋顶水平支撑、柱间支撑共同组成的空间稳定体系。如果缺少柱间支撑，会因体系不完备无法顺利传递水平风力及地震力，使局部结构产生不均匀应力而造成破坏。

（4）基础混凝土强度检测为 C20（合同约定为 C25），不符合要求，严重影响建筑物承载力及设备承载重量。

（5）整个工程全部严重漏雨，天沟和阳光瓦施工存在质量问题。

4. 法律规定合同无效情况下，建设工程经过竣工验收合格是工程价款结算的前提条件。

《最高人民法院关于审理建设工程施工合同纠纷案件适用法律问题的解释》第二条规定："建设工程施工合同无效，但建设工程经竣工验收合格，承包人请求参照合同约定支付工程价款的，应予支持。"第三条第一款规定："建设工程施工合同无效，且建设工程经竣工验收不合格的，按照以下情形分别处理：（一）修复后的建设工程经竣工验收合格，发包人请求承包人承担修复费用的，应予支持；（二）修复后的建设工程经竣工验收不合格，承包人人请求支付工程价款的，不予支持。"显然，合同无效情况下，建设工程经过竣工验收合格是工程价款结算的前提条件。

5. 根据合同法规定，B 公司施工工程存在严重质量问题，A 公司有权拒绝其支付工程款的要求。

《合同法》第六十六条规定："当事人互负债务，没有先后履行顺序的，应当同时履行。一方在对方履行之前有权拒绝其履行要求。一方在对方履行债务不符合约定时，有权拒绝其相应的履行要求。"案涉工程未经竣工验收、质量不合格且尚未修复，A 公司有权拒绝 B 公司提出的支付工程款请求。

六、B 公司存在严重违约行为，应承担违约责任

1. 工期逾期。工程至今未竣工，B 公司亦未向 A 公司提交竣工报告。从 2014 年 7 月 26 日暂计至 2016 年 1 月 11 日，工期已经逾期 534 天，B 公司应支付工期逾期违约金 534 万元。

2. B 公司使用了不具备产品合格证和检测报告的材料，且材料未经 A 公司验收合格。

3. 如上所述，B 公司施工的工程存在严重质量问题，进行修复将发生大于

100 万元的损失。

七、B 公司应当承担修复工程直至竣工验收合格的法定义务

本案中，案涉工程的质量问题至今并未修复，即便是鉴定修复费用，又怎能判断支付修复费用后就一定能使得工程满足竣工验收合格的付款前提条件呢？所以，只能是 B 公司修复工程并竣工验收合格后，双方才能结算工程款，而不是简单地鉴定修复费用并在结算工程款中扣减修复费用。如此草率了事，对于 A 公司不公平，也剥夺了 A 公司的不安履行抗辩权，违反以上法律规定。

综上所述，B 公司的上诉没有事实根据和法律依据，请求驳回上诉，维持原判。

【生效判决书】

江苏省南通市中级人民法院

民事判决书

（2016）苏 06 民终 4875 号

上诉人 B 公司因与被上诉人 A 公司，原审第三人方某建设工程施工合同纠纷一案，不服江苏省南通市通州区人民法院（2015）通民初字第 00430 号民事判决，向本院提起上诉。本院受理后依法组成合议庭进行了审理，本案现已审理终结。

B 公司上诉请求：撤销一审判决，依法改判或发回重审，诉讼费用由被上诉人承担。事实和理由：方某非案涉工程的实际施工人。A 公司未经竣工验收擅自使用了工程，不得以工程质量不合格为由拒付工程款。A 公司从未发出要求 B 公司对工程质量进行修复的通知，也未要求维修，司法鉴定意见书的建议是定期进行检测。B 公司与 A 公司之间没有合作基础，不适合继续修复工程。

A 公司辩称，2014 年 4 月 12 日方某作为 B 公司委托代理人在 B 公司与 A 公司订立的建设工程施工合同协议书上签字，2014 年 5 月 9 日方某又代表施工方在 B 公司与 A 公司订立的补充协议上签字；B 公司收到的案涉工程款中包含方某收

取的工程款；方某一审举证证实了其购买了混凝土、钢材，支付了挖机款、地坪工程款等，方某并因案涉工程的土建材料与供货商存在诉讼纠纷，B公司未能举证否定方某对案涉工程的土建部分进行了施工，故方某是案涉工程的实际施工人。B公司无证据证实A公司未经竣工验收擅自使用案涉工程，法律规定即便是发包人使用了未经竣工验收的工程，也不能免除承包人对地基基础工程和主体结构质量承担的民事责任。法律规定合同无效情况下，建设工程经竣工验收合格是工程价款结算的前提条件。根据合同法规定，B公司施工工程存在严重质量问题，A公司有权拒绝其支付工程款的要求。B公司上诉称A公司从未要求修复质量问题，仅在起诉后提出质量问题违背事实，且发包人是否在起诉前提出质量问题不能免除承包人应对质量问题承担的责任。目前工程质量问题并未修复，即便鉴定了修复费用，也无法判断支付了修复费用是否一定能使得工程满足竣工验收合格的付款前提条件，只能是B公司修复工程并竣工验收合格后双方方能结算工程款，而不能简单地鉴定修复费用，在结算工程款中扣减修复费用，这样草率了事对A公司不公平。请求驳回上诉，维持原判。

原审第三人方某未答辩。

B公司向一审法院起诉请求：判令A公司立即支付工程款2652449.80元（一审审理中变更诉讼请求为已付款50万元，应付工程款3462449.80元）并承担自2015年3月1日起按中国人民银行同期贷款利率计算的利息。

一审法院认定事实：2014年4月12日B公司、A公司之间签订建设工程施工合同协议书约定：工程名称为某公司工程；工程内容为土建、钢结构工程；承包内容为钢结构、基础、地面、外砖墙；开工日期为2014年4月10日，竣工日期为2014年7月20日；工程质量标准为严格按照国家建筑安装工程有关施工规范合格标准；土建工程根据双方确定的施工图，包括基础（图示尺寸），12cm厚地面，外围标准砖墙240mm、1.2m高（所有砼采用商品砼强度C25），土建工程以65元/m^2，竣工以实际完成工程量结算；钢结构工程按双方确认的图纸要求，工程单位造价为270元/m^2（不含门窗）；工程总造价约为748万元，竣工以实际面积结算；土建基础工程完成付款10%，钢结构、梁安装付款15%，地面浇筑完成付10%，钢构全部完成验收合格交付使用付25%，余款自交付使用后在一年内分四期付清。该合同中方某以B公司委托代理人身份签名，同时双方确认施工图纸。

2014年5月9日方某以B公司施工方名义与A公司对上述工程签订补充协议，B公司没有加盖印章予以确认。

该工程主体完工后，2015年4月12日A公司现场负责人胡某在工程基础平面布置图上签署：原基础面积21795m^2、现钢构面积18996m^2、现地面积17689m^2。该工程没有形成交付、验收手续。

2015年11月12日B公司向A公司邮寄催款函，内容为：依照合同约定贵公司应于土建基础工程完成后付款10%即660408.30元，钢构柱、梁安装付款15%即990612.45元，地面浇筑完成付10%即660408.30元，钢构全部完成验收合格交付使用付25%即1651020.75元，余款自交付使用后一年内分四期付清即2641633.20元。我公司已于2014年6月10日完成土建基础工程，2014年6月19日开始钢构柱、梁安装，2014年9月15日完成地面浇筑，2015年3月1日通知贵公司进行验收，而贵公司也已经于2015年10月28日将某工程投入使用。但是贵公司除在2015年1月8日前分三笔向我公司支付114万元，2015年4月支付17万元外，时至今日仍未向我公司支付任何剩余款项。贵公司应在本函送达之日起7日内无条件地全额向我公司支付前述剩余款项2652449.80元及截至2015年11月12日的资金利息共计91778.43元。

2015年11月20日B公司又向A公司发出关于某公司工程结算函：兹有贵公司发包由我公司承建的某公司的工程已经全部完工，该车间于2015年10月28日实际投入使用，该工程应当进入结算阶段，但贵公司拒不与我公司进行结算，望贵公司于2015年11月25日之前与我公司商谈结算事宜，支付拖欠的工程款（二次催要）。

2015年11月21日A公司复函B公司，内容为：合同签订后贵司存在工期逾期、使用不具备产品合格证和检测报告的材料、工程存在严重质量问题等问题，导致某公司工程至今不能投入使用，合同仅仅约定了土建、钢结构的单方造价，双方并未结算。而且合同约定的付款条件尚未成就，工程并未验收合格，更未交付使用。我司出于对贵司的照顾，已经支付236万元。

2014年7月31日B公司领取方某签收的承兑汇票50万元。至诉讼中A公司还支付给方某22.8万元，中成公司安排支付给方某224万元。

审理中，B公司申请工程造价鉴定；A公司申请工程质量、评估鉴定。现场勘察发现A公司使用已建工程堆放石材等。B公司、方某因涉及该工程混凝土材料买卖合同与供货商发生诉讼纠纷。

2016年6月22日南通天平房屋安全司法鉴定所出具司法鉴定意见：南区车间抽测的基础高度与施工图不符；南区车间抽测的钢柱垂直度偏差均超过《钢结构工程施工质量验收规范》单层钢结构中柱安装的允许偏差；柱间支撑所用材料与施工图不符；南区车间抽测的5个基础中4个基础混凝土强度低于C20，不满足约定的要求等，同时建议对所抽测钢柱偏西向倾斜量较大问题进行定期检测。

另查明，2014年4月15日A公司与许忠公司为共同出资设立新公司并以该公司名义承租经营某产业园等签订合作协议书。2014年12月17日中成公司成立。

2015年4月中旬，方某以B公司委托代理人身份与中成公司就上述工程又签订建设工程施工协议书（落款时间为2014年4月12日）。

此外：1. B公司还提交钢结构部分报价单，采购材料、过磅清单，产品质量说明书等用以证明实际施工投入情况。A公司对此认为不能证明B公司履行合同项下全部义务。2. A公司还提供现场照片等并补充申请对漏雨等进行质量、修复鉴定。B公司对此认为该工程虽没有经过验收但A公司擅自使用，而对A公司补充申请没有必要再行鉴定，且可能导致房屋倒塌等严重质量问题也系A公司单方意见，并没有相应鉴定依据。3. 方某提交涉及土建部分材料采购、考勤表、土方施工等证据用以证明实际施工该工程。B公司对此认为土建工程施工与方某无关。A公司认为方某履行了部分施工合同义务。4. A公司还反诉工期违约金300万元及质量赔偿100万元，经法院释明作为抵销抗辩处理。5. A公司对开工建设土地领取有土地使用证，B公司予以认可。B公司、A公司均对合同具有法律效力没有争议。

一审法院认为：一、关于合同效力、实际施工人。B公司与A公司之间系建设工程施工合同关系，虽双方对该合同效力没有争议，但因A公司虽享有对土地的处分权但尚没有完备建设工程许可手续，该合同违反建设工程法律法规效力性强制性规定。且本案合同约定及履行情况可见，B公司仅能举证证明实际施工钢结构工程部分，而合同内容中又涉及土建工程，A公司也抗辩方某系实际施工人。从方某代表B公司签订建设工程施工合同协议书以及向A公司付款行为，结合方某递交的土建施工相应证据以及方某、B公司因土建材料与供货商的诉讼纠纷等可以分析，方某组织实施该工程中土建部分，应认定方某也系参与案涉工程的实际施工人。B公司、A公司之间建设工程施工合同关系也因涉及无建设工程施工资质的个人，亦应认定为无效。二、关于工程款支付。《中华人民共和国建筑法》第五十八条规定："建筑施工企业对工程的施工质量负责。建筑施工企业必须按照工程设计图纸和施工技术标准施工，不得偷工减料。工程设计的修改由原设计单位负责，建筑施工企业不得擅自修改工程设计。"而《最高人民法院关于审理建设工程施工合同纠纷案件适用法律问题的解释》第二条规定："建设工程施工合同无效，但建设工程经竣工验收合格，承包人请求参照合同约定支付工程价款的，应予支持。"第三条规定："建设工程施工合同无效，且建设工程经竣工验收不合格的，按照以下情形分别处理：（一）修复后的建设工程经竣工验收合格，发包人请求承包人承担修复费用的，应予支持；（二）修复后的建设工程经竣工验收不合格，承包人请求支付工程价款的，不予支持。因建设工程不合格造成的损失，发包人有过错的，也应承担相应的民事责任。"第十三条规定："建设工程未经竣工验收，发包人擅自使用后，又以使用部分质量不符合约定为由主张权利的，不予支持；但是承包人应当在建设工程的合理使用寿命内对地基基础工程和主体结构质量承担民事责任。"从上述法律及司法解释的规定可以看出，建设工程应以质量第一为原则，即使发包人擅自使用，法律上对发包人使用部分推定仅指接受一般质量瑕疵，也没有排除承包人对建筑物主体承重结构即建筑工程的基础，内外承重墙体、柱、梁、屋顶等承受主要荷载的建筑构件部位质量承担民事责任，由此也是判断发包人能否实现合同目的的重要标准，建设工程结算也应以竣工验收合格为前提条件。建设工程发生质量缺陷，承包人应按照国家强制性标准或合同约定承担修理或返工、改建等责任。对于已完工程质量不合格的，由承包人进行修复，修复后质量合格的，方可请求支付工程款。实际施工人在没有承担质量瑕疵责任前，发包人有权行使工程款支付的先履行抗辩权。而本案A公司主张已完钢结构工程存在质量问题，也通过信函通知B公司，该工程部分基础高度、强度、钢柱垂直度偏差及支撑所用材料等经司法鉴定存在不符合国家规范及约定要求的质量缺陷情形，也可以分析该质量缺陷与钢结构工程主体承重结构相关。主体结构工程必须满足足够强度、刚度、稳定性来承受承重建筑物上的各种荷载，涉案工程上述质量问题并不属于一般质量瑕疵，由此A公司对实际施工人施工质量安全隐患产生合理怀疑。且根据合同约定该质量问题与实际施工人施工有关，B公司并没有A公司对此存在过错的证据。据此不能免除B公司对该工程主体承重结构质量的民事责任，B公司应根据法律规定以及合同约定义务承担主体承重结构整改并交付工程的责任。B公司在将工程修复至合格之前，A公司有权行使先履行抗辩权并拒付工程款。且本案实际施工人还有方某，方某对完成该工程土建部分工程款也有独立请求的权利，而A公司也抗辩方某代表B公司支付大量工程款与方某作为实际施工人身份有关，B公司未经实际施工人方某认可单独主张工程款并排除实际施工人方某的权利，势必造成A公司重复支付，也与事实和法律相悖。综上，B公司的诉讼请求，缺乏事实和法律依据，不予支持。此外，B公司申请工程造价鉴定，因案涉工程款支付条件未完全成就，不予准许。A公司对违约金及质量损失提出反诉，而所主张标的旨在抵销B公司本诉本息标的，经当庭释明，该反诉作为本案抗辩处理为宜。并且A公司申请工程质量修复造价鉴定并请求赔偿损失，也应在通知B公司对质量问题进行整改，并取得B公司拒绝修复的表示后才可主张，对该请求亦不予准许；同时，A公司还请求B公司承担违约责任，因双方合同无效，也无法律依据，难以支持。另A公司还申请追加中成公司作为被告，但方某以B公司委托代理人身份在与中成公司合同中签字并未得到B公司确认，且该合同形成时间也在工程主体完工时，该合同变更履行主体属于改变建设工程施工合同主要条款，此时仅与工程款支付主体有关，B公司对合同权利义务转让也未予认可，A公司该请求没有事实依据，不予采纳。为此，依照

《中华人民共和国合同法》第五十二条、第六十七条、第二百六十九条，《中华人民共和国建筑法》第五十八条，《最高人民法院关于审理建设工程施工合同纠纷案件适用法律问题的解释》第二条、第三条、第十三条，《最高人民法院关于适用〈中华人民共和国民事诉讼法〉的解释》第九十条的规定，一审判决：驳回 B 公司的诉讼请求。案件受理费 34500 元，由 B 公司负担。

二审中，当事人没有提交新证据。经审理查明，原审查明的事实属实，本院予以确认。

二审中，B 公司申请对案涉工程存在的质量问题是否可以修复及修复费用进行鉴定。本院认为，鉴于案涉工程存在基础及主体结构方面的质量问题，在 B 公司尚未进行修复并使工程验收合格的情况下，上述鉴定申请于法无据，且 B 公司并未在一审中申请该鉴定，在二审中提出申请本院不予准许。

本院另查明，一审中，一审法院于 2016 年 2 月 25 日向一审第三人方某进行了调查，方某陈述，案涉工程是其介绍给 B 公司承接的，其作为 B 公司代理人签订了合同。B 公司委派其为工程现场负责人，其负责施工进度、材料进出、收款付款及工地上所有资料签证。A 公司提供资料中涉及方某的签名均属实，涉及方某经手向 A 公司收取工程款属实，是 B 公司口头委托方某收取的。案涉工程在 2014 年年底大部分结束，2015 年时还有部分扫尾工程，没有经过竣工验收，没有结算。

本院认为，B 公司上诉主张方某非案涉工程实际施工人，但该主张与方某以 B 公司委托代理人身份在 2014 年 4 月 12 日 B 公司与 A 公司所签建设工程施工合同上签字的事实不符，亦与 B 公司通过方某向 A 公司收取工程款的事实相左，根据一审中方某提供的证据材料及一审法院向方某所作调查，可以认定方某作为案涉工程实际施工人的身份，B 公司上述主张不能成立。根据一审法院委托鉴定机构对案涉工程质量鉴定的结果，案涉工程抽测的基础高度与施工图不符；抽测的钢柱垂直度偏差均超过《钢结构工程施工质量验收规范》单层钢结构中柱安装的允许偏差；柱间支撑所用材料与施工图不符；抽测的 5 个基础中 4 个基础混凝土强度低于 C20，不满足约定的要求等。可见案涉工程存在涉及基础及主体结构方面的严重质量问题，在 B 公司未能修复至验收合格前，A 公司有权行使相应抗辩权。因工程存在严重质量问题，双方无法结算，亦无法对工程量及造价进行审计，B公司要求支付工程款的条件并不具备。B公司作为工程承包方，有义务对工程质量进行监督管理及修复，其履行质量义务不以发包方是否发通知为前提。综上，B公司上诉理由不能成立，本院不予支持。依照《中华人民共和国民事诉讼法》第一百七十条第一款第一项规定，判决如下：

驳回上诉，维持原判。

二审案件受理费34500元，由上诉人B公司负担。

本判决为终审判决。

【案件总结】

本案系建设工程施工合同纠纷，历经一审、二审、再审程序，郭艳妮律师代理A公司，取得了本案三个诉讼程序的完胜。

接案之初，代理律师立即着手多方面收集证据，以厘清案件事实、寻找有利证据，为本案胜诉奠定了坚实的基础。

全盘了解案件事实情况后，代理律师意识到，应从全局角度出发分析本案，制定应诉策略，跳出原告所划定的圈子。鉴于委托人反映工程质量存在严重问题，代理律师提出本案必须申请工程质量鉴定，并就违约金及修复费用损失问题提出反诉。

在案件诉讼过程中，根据诉前收集的有利证据，代理律师有效反驳了对方的诉讼请求，并紧紧围绕本案以下焦点问题进行了充分论证，提出的抗辩观点得到三级法院的认可，从而取得了A公司胜诉的判决。

一、发包人擅自使用工程，是否可排除承包人对建筑物主体承重结构质量应承担的民事责任

代理律师认为，B公司施工工程存在严重质量问题，根据《最高人民法院关于审理建设工程施工合同纠纷案件适用法律问题的解释》第三条、第十三条规定，即便是发包人使用未经竣工验收的工程，也不能免除承包人对地基基础工程和主体结构质量应承担的民事责任。对于工程竣工验收不合格的，应当由承包人修复并经竣工验收合格后，方能支持承包人主张支付工程款的请求。代理律师的观点得到了三级法院的认可。江苏省高级人民法院认为，案涉工程存在与施工图纸不符且不符合施工质量验收规范的情形是客观事实，在B公司未能修复至验收合格前，A公司有权拒绝支付工程价款。一、二审判决驳回B公司的诉讼请求并无不当，B公司可在整改并符合质量验收要求后另行主张权利。

实践中，建筑物主体承重结构质量存在严重问题的情况屡屡发生，即使发包人已经使用建筑物，也并非任何情况下都必须向承包人支付全部工程款。本案例对此类问题的处理具有典型意义和指导意义。

二、发包人对于存在质量问题的工程，是否享有先履行抗辩权

代理律师认为，根据《合同法》第六十六条规定，B公司施工的工程存在严重质量问题，A公司有权行使先履行抗辩权，拒绝B公司提出的支付工程款的要求。只有经修复后工程质量合格，承包人方可请求支付工程款。代理律师提出的观点，得到三级法院的充分认可。

【承办律师简介】

郭艳妮律师，毕业于武汉大学国际法学院，法学学士学位。

现任北京市炜衡（南通）律师事务所合伙人、执委会执委，江苏省优秀律师，擅长专业领域为建设工程、房地产、公司法等。

1994年8月至2003年3月，在南通市对外经济律师事务所（后更名为南通英杰律师事务所）执业，后任合作人。2003年4月至2018年3月，任江苏洲际英杰律师事务所发起合伙人、副主任。2018年4月转所至炜衡所，任合伙人、执委会执委。现任江苏省律师协会惩戒工作委员会委员、南通市律师协会宣传与对外交流工作委员会主任。获得南通市律师协会优秀共产党员荣誉称号。兼任南通仲裁委员会仲裁员、南通市律师（公证）专业中级专业技术资格评审委员会成员。从业以来郭艳妮律师承办了1000余起各类案件，为当事人挽回数十亿元经济损失；先后为几十家企事业单位担任法律顾问，有效地维护了当事人的合法权益，获得业内外的一致好评。

花丁香律师，毕业于澳大利亚悉尼大学法学院，法学硕士学位。

2018 年起开始从事律师工作。英语水平优秀，曾获上海市高级口译证书，雅思 7 分。擅长演讲与写作，曾获南通市第十一期实习律师培训班演讲比赛一等奖、南通市律师协会“不忘初心守护正义——我心目中的律师”主题征文活动二等奖。参与协助办理建设工程、房地产、公司法领域的诸多案件。

真假实际施工人案胜诉策略[①]

——张某与A公司、姜某建设工程施工合同纠纷案

北京市炜衡（苏州）律师事务所　刘汉文律师　崇斯源律师

【争议焦点】

◆ *原告是否为案涉工程的实际施工人，是否有权以自己名义主张实际施工人的权利？*

【关键词】

实际施工人　履行辅助人

【案情简介】

原告张某向苏州工业园区人民法院诉称：2015年，B公司将其总包的C公司“某工业坊改造升级项目”中的室外景观绿化工程指定分包给A公司，A公司又将工程全部转包，整个景观绿化工程由张某实际施工。2015年8月26日，张某带领工人进场施工，但由于总包单位尚未施工完毕、无法移交施工场地，张某只能等待移交。等待期间，张某按业主C公司指令实施了老厂区道路维修和浇筑，对该部分工程，业主代表补了相应的指令单。2015年10月1日开始，张某按照业主要求对老厂区市政道路及景观绿化改造进行施工，张某保质保量完成业主委托，确保了业主20周年庆典的顺利完成。张某应业主要求施工的全部景观绿化工程在2016年4月15日完成施工，2016年4月30日通过竣工验收。后经张某与业主的

① 案件来源：江苏省苏州市中级人民法院（2018）苏05民终5743号二审民事判决书。

沟通、谈判，以A公司的名义与总包单位B公司进行了结算，确认总工程款为18864376.96元，但经过多次催要，张某通过各种途径仅收到9023498元的工程款。张某认为，扣除应交税款（暂按照总工程款的10%估算、以实际缴纳为准）及留存质保金（暂按总工程款的5%估算），被告A公司尚有工程款未付。因A公司未能及时付款，导致张某无法支付材料款及民工工资，张某因此诉讼至法院。

A公司被诉后通知第三人姜某处理相关争议，姜某委托代理律师后申请以第三人身份参加诉讼，并提出姜某才是案涉工程实际施工人的主张。法院审查后通知姜某作为第三人参与诉讼，一场“真假实际施工人”的辨析之争就此展开。

【诉讼策略】

思路决定出路，诉讼策略是诉讼思路的宏观体现，不同的诉讼策略可能导致不同的诉讼结果，只有选择正确的诉讼策略，才能使诉讼结果与委托人的诉讼目的在最大程度上达成一致。

本案代理律师刘律师和崇律师在接待委托人姜某时，一边梳理基本案情，一边与委托人沟通其最终目的，在委托人说出希望可以一劳永逸，直接确定其为实际施工人时，刘律师和崇律师深深感受到了压力：一方面来自法律、司法解释对于实际施工人没有明确的定义，对于其概念的内涵和外延并无具体评判标准，组织证据缺少规范基础；另一方面来自案件基本事实——张某确实组织了人员、购买了材料，参与了工程的整个施工过程，并且办理了最终的验收和竣工结算等，这些都符合“实际施工人”的字面意思，也符合通常的理解。那么如何才能打破常规，从成堆的材料中寻找转机呢？

两位律师坚信“所有的法律难题，最终都会回归到对法律概念的分析解读中”。经过分析后，代理律师决定，以对“实际施工人”概念的解构分析为突破口，制定“回归本质、还原真相”的诉讼策略。

所谓回归本质、还原真相，实际上就是对“实际施工人”的内涵进行解读，而后组织证据呈现案件事实，让事实更加契合法律内涵。由于“实际施工人”并非法定概念，而是由司法解释所创制的概念。因此，两位代理律师翻阅了自“实际施工人”概念诞生以来的几乎所有文献、最高法院解答、各级法院规范性文件中的解读，同时结合“权利义务对等”这一基本法律原则，得出“实际施工人其实并不是指行为外观上从事了组织人员、购买材料并完成工程实际施工的人，而是指完全取代形式上的承包人，实质上负担了工程建设过程中包括承担建设成本、进行施工管理、履行保修、承担工程质量责任等在内的所有义务的人”这一结论。正因承担了义务，所以对应的权利——获得工程价款，应当由其享有。遵循着这一思路，两位律师进而确定了先还原基本事实再进行法律论证的具体诉讼步骤。

关于还原基本事实方面，两位律师结合自身长期专注于建筑工程领域的优势和经验，制定了从签约前、签约中、履约中、履约后这四个阶段分别组织能够证明姜某实质上参与所有阶段并且每个阶段均处于绝对领导、支配地位的证据的方案。同时，两位律师坚持书面证据为主、当事人陈述以及证人证言为辅的举证策略。为此，两位律师加班加点地从高达一米多的工程资料、不少于100页的邮件以及长达数十个月不间断的微信、QQ聊天记录和短信中收集证据、组织证据、分步骤呈现证据。最终从合同签订、工程进度汇报推进、工程量变更补漏、施工费用、请付工程款、履约保证金的支付、施工做法、签证及开票、施工所用材料的采购、付款、与工程参建各方的联络沟通、税金的缴纳、履行质保义务等涉及工程施工的各个阶段全方位地将收集的证据进行分类，并一一呈现给法院，证明了姜某一直在案涉工程的施工过程中起到最终决策的作用，并承担了整个工程的所有风险——资金风险、安全风险、工程质量风险。在完成己方的书面举证义务后，在庭审中，两位律师也通过组织反驳证据，对张某提供的证据进行了有针对性的驳斥，对张某提供的证人，通过连续询问关键性问题的方式成功推翻了证人证言。在当事人陈述和证人证言方面，委托人姜某在两位律师的指导下向法庭陈述了从承接工程到履行质保整个过程的事实以及细节问题，证人也通过向法院进行陈述的方式，成功地使委托人姜某的案涉工程实际施工人的形象得以建立，基本使法院相信姜某才是“幕后”真正的“老板”。

在事实基本固定的情况下，两位律师又从法律规定入手，试图给法院判决提供一个能够自洽的演绎逻辑。两位律师一方面向法官解释、沟通“实际施工人”

的具体内涵，另一方面又从证明责任角度说服法官张某实际上并未充分举证证明其主张。两位律师之所以在还原事实的基础上仍然继续从证明责任角度着重进行阐述，最根本的原因就在于“实际施工人”法律定义的缺位。因为即便两位律师通过证据证明姜某对案涉工程的施工起到了最终决定作用，但是是否能够就此认定姜某为实际施工人仍然存在不确定性，两位律师实质上也是在考虑退一步的诉讼方案——即便不认定姜某为实际施工人，那也不能认定张某为实际施工人，这样一来至少A公司按照其和姜某之间的合同向姜某付款不会有任何法律障碍。于是在庭审过程中，两位律师又针对张某的证据逐一进行了驳斥，同时从整体上针对张某的证据进行了系统的论证，向法院展示出一个明晰的逻辑结果：即便按照张某所举证据所反映的事实进行归纳演绎，也无法推论出其与A公司或姜某中的任何一方存在建设工程转包、分包法律关系，从而更进一步使张某把案涉工程款据为己有的企图落空。

同时，两位律师更是回到司法解释创制“实际施工人”概念的出发点——保护农民工利益，从纠纷演变成诉讼的原因、纠纷发生过程中实际处理农民工欠薪问题的主体、庭审中双方所表现出的诚信度以及后续继续付款能力等多角度向法院阐明，认定姜某为实际施工人更加符合司法解释的目的，更加有利于对社会形成良好的示范效应。

通过两位代理律师的不懈努力与坚持，最终法院不但从证明责任角度驳回了张某的诉请，同时作出姜某为案涉工程实际施工人的认定，虽然张某提起了上诉，但终审判决依然维持了一审判决结果，委托人一劳永逸的诉讼目的得以达成。

【代理词】

北京市炜衡（苏州）律师事务所

关于代理姜某与张某、A公司建设工程施工合同纠纷案的代理词

尊敬的审判长、人民陪审员：

北京市炜衡（苏州）律师事务所受姜某委托，指派刘汉文律师、崇斯源律师作为其与张某、A 公司建设工程施工合同纠纷一案的代理人，现代理人就上述案件并围绕法庭总结的争议焦点及庭审重点，发表代理意见如下，望法庭考虑并予以采纳：

一、张某与 A 公司之间、与姜某之间均不存在转包关系，其并非本案的实际施工人，其仅是作为姜某的履行辅助人参与工程，其无权向包括姜某在内的任一方主张付款。

1. 张某并未提供证据证明其与 A 公司之间存在违法转包、非法分包的关系。

根据《最高人民法院关于审理建设工程施工合同纠纷案件适用法律问题的解释》第一条、第四条、第二十五条、第二十六条，《最高人民法院关于审理建设工程施工合同纠纷案件适用法律问题的解释》答记者问以及《〈关于审理建设工程施工合同纠纷案件适用法律问题的解释〉的理解与适用》中的规定分析，“实际施工人”是指无效建设工程施工合同中的承包人，但是并不包括承包人的履行辅助人。

A 公司无论是在庭审中，还是在工程实际施工过程中，自始至终都明确其是与姜某发生合同关系，签订施工合同，所有款项往来、工程管理均是与姜某直接对接，张某与 A 公司之间不存在任何书面合同，张某也确认其与 A 公司不存在任何书面或口头协议，其主张与 A 公司之间存在转包关系无合同和事实依据。同时，《中华人民共和国合同法》第二百七十条也规定：“建设工程合同应当采用书面形式。”张某主张案涉工程价款总造价达 18864376.96 元，对于如此规模的建设工程而言，如果张某为实际施工人，则其与 A 公司之间理应签订书面合同。但张某并无书面承包协议，又无与 A 公司之间的口头约定，此与常理不符。

同时，A 公司从未与张某发生过款项往来，A 公司均是与姜某直接对接。

更最关键的是，在存在转包、非法分包的情形下，实际施工人获取利益的根本是刨除管理费后的费用，实际施工人均会与相对方约定一定比例的管理费，但张某明确承认其与 A 公司之间没有关于管理费的约定，此更加与常理不符。

因此，张某主张是自 A 公司处承接工程明显无合同和事实依据，其也未提交证据证明其主张。

2. 姜某未将工程转包给张某，仅是任命其为履行辅助人。

首先，姜某与A公司就案涉工程签订了书面合同，其为实际施工人有合同依据。若姜某果真将工程转包给张某施工，则其必然会与张某签订书面合同，因为对姜某来说，其承接工程时与A公司签订了合同，对自己的利益有明确的书面合同约束的意识，其在转包时必然也会与张某签订书面合同，对自己的权利进行约定。而本案中并没有这样的协议，甚至连口头协议也没有，也就印证了姜某并无转包的意思表示的事实。

第二，张某以“A公司将工程全部转包、由张某施工”（见张某诉状事实与理由部分）为由提起本案诉讼，在庭审中其也主张是自A公司处承接涉案工程，其并未主张自姜某处转承包工程，在施工过程以及与姜某、证人毛某的沟通过程中，乃至在整个诉讼过程中（第一次庭审中称姜某为介绍人，第二次又称不清楚姜某与A公司的关系，第三次又称姜某和A公司是一起的），其自始至终也没有主张过其与姜某之间是转包关系，也就是说，张某也没有自姜某处转包承接工程的意思表示，其认可与姜某之间是不存在转包关系的。故姜某与张某均认为双方之间并不存在转包关系，法院不应违背双方真实意思表示作出事实认定和法律裁判。

第三，案涉工程实际履行过程中所需款项均由姜某出资垫付，姜某非但没有转包工程，反而出资为履行案涉工程支付了人工工资、材料款、税金、管理费、工人保险费用等，对整个施工过程进行了管理、掌控。

（1）虽然张某提供了诸如采购合同、人工费收据等材料以证明其为实际施工人，但应该注意的是，“项目经理”“履行辅助人（或被雇佣者）”“实际施工人”这三类主体在工程建设中因履行本职而均会持有该等材料，三者的身份存在混淆的可能。判断某一主体究竟是“项目经理”“履行辅助人（或被雇佣者）”还是“实际施工人”不能仅凭谁掌握组织人工、材料的资料这一外在表现形式，而应根据谁是承担人工费、材料费的主体这一内在实质进行判断，也即应当以谁是工程的实际垫资人来判断。本案中，张某虽然确实“购买”过材料、“组织”过人员，但“购买”“组织”仅是其履行辅助人职责的外在表现形式，核心的问题是，张某未提交任何证明其垫资施工的付款记录，其甚至没有提交任何一份由其本人付款的银行流水记录，实际上，其“购买”“组织”的背后均是由姜某在承担相关费用，工程是由姜某垫资建设完成，这一点从案涉工程的资金流时间顺序中也可对比印证。

而且，张某提供的购买材料的合同、收货单等书面材料，均无张某本人签名，这些证据根本无法证明是由其组织了人员、购买了材料，原件被其持有也仅是因为其是履行辅助人，张某持有材料充其量能够证明其在工程建设中有管理职责，但不代表其就可以取代姜某成为工程的实际施工人。

（2）案涉工程的管理均由姜某控制，工程量确认、选用材料、签证、结算等均由姜某把关，并与建设单位、监理单位、审计单位进行最终确认，张某及证人毛某在施工过程中也就工程管理方面的事宜请示姜某，经姜某确认后付诸实施。在张某与建设单位、其他施工单位发生冲突时也是由姜某出面协调解决，工程的维保也是由姜某负责。张某对工程建设并无最终管理权力，最终的决定权是由姜某行使，最终的工程质量责任也由姜某承担。

第四，如上所述，在存在转包、非法分包的情形下，实际施工人获取利益的根本是刨除管理费后的费用，实际施工人均会与相对方约定一定比例的管理费，但张某明确承认其与姜某之间也没有关于管理费的约定，此更加与工程转包的情形不符。

因此，如果姜某真的将涉案工程转包，其就不会再垫资施工、进行工程管理、协调各方关系、缴纳税金、处理危机事件，其也不可能再在工程施工过程中起到管理者的作用，也就不会得到各方的认可。姜某与张某之间并无转包工程的合意，不存在转包关系，姜某为实际施工人有合同依据、事实方面的履行依据。

3. 从实现“保护农民工工资利益”的立法目的及社会效果角度来看，认定姜某为实际施工人更加符合立法目的，也能取得更好的社会效果。

司法解释创设“实际施工人”的概念是为了保护农民工权益，从双方提交的证据及法院庭审中双方陈述的事实可以看出，在发生由张某主导的“讨薪”“堵门”等事件时，均是由姜某出面与各方协调并最终解决了所有的“事件”，且建管处、建设单位、A 公司、监理单位等均认可由姜某承担最终责任，并不认可张某。张某申请的证人在出庭作证时涉嫌串通伪造证据等妨碍司法审判的行为，更加可以说明张某并不具备承担工程最终责任的基本诚信基础。

而且，工程的所有垫资均是由姜某支付，张某虽然提交了付款流水，但其举证的转账总金额尚不足姜某给其转账金额的 25%，其也没有提交证明其垫资施工的付款记录，其甚至没有提交任何一份由其本人付款的银行流水记录，这些都明显可以证明张某并非实际施工人，其也不具备保障农民工工资的能力。

同时，案涉工程所需费用、工程质量责任实际均是由姜某支付和承担，而如果法院认定张某为实际施工人，则工程结算款的权益将由张某享有，也就是说，在张某并未出资建设工程、不对工程承担质量责任的情况下，反而让其享有了工程利益，这明显有违“权利义务对等”的基本法理、法律原则和法律规定，也是有违社会公众基本认知的，一旦判决公开将对社会产生较坏的示范效果。

因此，法院认定姜某为实际施工人更加符合司法解释的目的和基本法理、原则和规定，更能达到良好的社会效果。

二、张某主张以 A 公司与建设单位之间的结算价为基础向其支付款项无任何依据。

A 公司与建设单位之间的结算价乃姜某与 A 公司之间结算的依据，与张某无关，张某无权按此结算价主张付款（包括所谓的损失），其仅能就其在工程施工过程中实际的支出与姜某转账金额之间的差额主张权利。而在本案中，张某并未举证证明其在涉案工程中存在实际垫资行为，更加不用说其实际垫付了多少资金完成了工程建设。

如果张某可以以 A 公司与建设单位之间的结算价为依据主张付款，那实际上相当于法院认可张某可以越过姜某与 A 公司之间的合同约定主张权利，产生的后果将是，法律更加倾向于保护没签书面合同的当事人，不符合合同法规定施工合同应当签订书面合同的立法精神以及规范建筑市场秩序的立法要求，将起到较坏的示范作用。

三、本案中，张某、毛某、张某某等人存在捏造事实恶意提起民事诉讼、伪造证据等嫌疑，法院应当依法对有关人员作出处理，或将材料移送公安机关处理。

本案起源是张某虚构事实，利用法律规定的诉讼权利，以非法占有他人财产为目的提起的恶意诉讼，法院应当依法作出处理。本案实际是：张某利用姜某对其的信任，有意制造并扣留本该归还姜某的文件资料，并将姜某转给他让他代付给工人、材料商的款项私吞占为己用，导致工人、材料商未能及时收到款项。在事情败露后，张某不但不归还私吞款项，还恶意索要不属于他的钱财，并通过提起诉讼、查封 A 公司账户的行为胁迫姜某。

在庭审过程中，毛某、张某某作为张某的证人出庭作证，但是其证人证言与事实存在诸多不符，也与其在本案诉讼程序开始前、施工过程中反映真实情况的书面材料（邮件、微信、短信、收条）中的内容存在完全相反的情况，两位证人的证言基本是按照与张某主张相配合的方式组织，明显存在伪造证据的迹象，且本案涉案金额巨大，上述行为可能构成犯罪，法院应当将案件材料移送公安机关处理。同时，法院应待恶意诉讼、伪造证据等事实查明后再继续对本案作出判决，因为两个证人证言直接关系到法院对本案争议焦点（实际施工人身份）的认定。

综上所述，张某并非案涉工程的实际施工人，其无权向包括姜某在内的任一方主张付款，更无权按 A 公司与建设单位之间的结算价为基础主张付款。请求法院依法将可能涉及犯罪的材料移送公安机关，并驳回张某全部诉请。

【生效判决书】

江苏省苏州市人民法院民事判决书

（2018）苏 05 民终 5743 号

上诉人张某因与被上诉人 A 公司、原审第三人姜某建设工程施工合同纠纷一案，不服苏州工业园区人民法院作出的（2017）苏 0591 民初 2205 号民事判决，向本院提起上诉。本院于 2018 年 6 月 25 日立案受理后，依法组成合议庭进行了审理。本案现已审理终结。

张某上诉请求：撤销一审判决，依法改判支持张某的全部诉讼请求或发回重审；一、二审诉讼费由被上诉人负担。事实和理由：本案作为建设工程施工合同纠纷案件，当事方包括名义施工人A公司、次分包人姜某以及实际施工人张某。姜某没有实际施工，并未承担实际施工人的现场管理义务、没有承担项目的施工安全责任与风险、未垫付资金施工。一、本案实际施工人的认定应当从合同承发包法律关系、实际完成工程建设的主体等合同的实际履行情况来确定违法分包合同关系。根据诉讼过程中披露的证据，本案名义施工单位A公司向姜某支付工程款（含代付履约保证金）、向张某指定的材料商账户代为支付材料款，而姜某向张某支付工程款，完全符合姜某挂靠A公司后，将工程实际分包给张某由张某实际完成工程建设的事实。二、姜某将工程转包给张某由张某实际完成工程建设的事实有充分证据证实，张某在实际完成施工过程中承担了实际施工人的权利与义务也足以认定。本案景观绿化工程人员组织、机械、材料、工程日常管理等，均由张某及其指派毛某具体完成。张某从最开始即垫付455万余元进行施工的事实一审没有查明。毛某的证人证言反映了实际施工的客观情况，应予以认定，一审法院对张某某的证言不置一词是错误的。三、一审判决已明确认可张某实际组织劳务人员施工等实际施工人必须完成的工作，在姜某没有证据证实张某和毛某系其聘用的项目经理情况下，却以“上述事项上实际施工人和项目经理的身份会产生重合”，且张某所提供的“张某某付款明细列明中付款总额远低于姜某的已付款额”为由，否认张某的实际施工人身份，是完全错误的。四、姜某与毛某、张某之间的往来邮件和相关信息记录，更多是体现实际施工人向次发包人（或者挂靠人）正常工作上的沟通，一审将此认定为“姜某对各施工节点进行了管理，履行了分包人责任”缺乏事实和法律依据，是完全错误的。五、陈某某支付给张某的7169811.02万元，总共由8笔款项所构成，基本上都是整数支付，与工人工资和材料款的支付不能对应。从支付的时间、支付金额上看，符合工程进度款支付的特征。六、A公司与姜某之间的款项往来未进行查明，致使姜某是否垫付相关款项真相不明。工程的质量维保工作一直是张某在进行，姜某在2017年6月以后才通过A公司强行接管了工程维保；七、一审判决导致了各方权利、义务明显失衡，将使得A公司或者姜某获得不当利益。

A公司辩称，一审法院查明事实清楚、适用法律正确，请求驳回上诉、维持原判：一、张某不是涉案工程的实际施工人，无权向A公司提起诉讼。第一，根据A公司与姜某签订的《工程施工分包合同》，涉案工程的发包人是A公司，承包人是姜某，张某只是姜某所聘请的项目经理，主要职责就是对现场进行管理。第二，从事实与常理来看，张某也不符合实际施工人的条件。张某未能提供其与本案任何一方签订施工合同的证据。本案涉案工程金额高达1800多万元，如果张某为实际施工人，至少应当与被上诉人达成过口头约定，或至少对双方最关心的管理费、报酬等问题有所约定。张某未对上述事项进行过任何约定，明显不符合常理。对涉案工程项目的款项支付、现场管理以及与工程相关各方的协调均是由姜某承担。张某虽然提供了很多银行流水，但无任何一份证据证明是由张某支付相应款项。根据姜某与毛某、张某之间的往来邮件及相关信息记录，可以看出姜某对施工节点进行了管理，履行了分包人的管理职责。张某只是履行了组织劳务人员施工，以其名义采购，实际接触劳务分包人员和材料供应商等项目经理的责任。姜某在涉案工程施工过程中，以自己出资完成工程，对工程结果负责。从工程款的支付来看，均是由姜某先将工程款支付给张某，之后张某再支付材料商费用和工人工资。从施工结果看，指定分包人是要求姜某承担保修责任，并且在发生农民工工资拖欠事宜时也是通知姜某出面处理。第三，张某提交的多份工程签证单、数量确认单，表明张某在工程施工过程中一直以项目经理的身份对项目进行现场管理，而非实际施工人。二、张某未能尽到举证证明责任，应当承担不利后果。张某主张自己是实际施工人，但所提交的证据未能证明其主张，不能证明其与姜某、A公司之间存在工程转包或分包关系。

姜某述称，一审法院查明事实清楚、适用法律正确，请求驳回上诉、维持原判。第一，本案是由张某以其为转承包人为理由提起诉讼而产生，故其是否为案涉工程的实际施工人必然是法院需要查明的基本事实，一审法院将争议焦点归纳为张某是否为实际施工人完全正确，根据谁主张谁举证的原则，由张某承担相应的举证责任，完全符合法律规定。第二，张某在上诉状中关于与其发生法律关系的相对方的陈述是自相矛盾的，表明其对与自己发生实际关系的相对方并不明确。

首先张某在上诉状第二页第三段和第四段中称与A公司存在分包关系，认为姜某与A公司是等同的，但是在上诉状第二页第二段以及第三页第一段中却又称姜某承包了工程，明显与上述陈述相互矛盾。同时在上诉状第三页第一段中张某使用的是张某与A公司“斜杠”姜某，之间选择适用的是选择性的符号，表明其对相对方并不明确。在一审中张某自始至终并未提及姜某所谓的挂靠事宜，但其在上诉状中明确认为姜某系挂靠A公司且未提供任何证据，该描述与其在一审中的陈述存在明显矛盾。张某在一审起诉的时候并未将姜某列为被告，但在上诉状中却认为是姜某将工程转包给他，一审期间姜某是属于申请主动加入诉讼，若张某认为与姜某存在转分包合同关系，其自身应当明确姜某属于第一被告，但其在一审中拒不提及姜某的任何行为及事实，也说明其意图通过虚假的诉讼抛开姜某与A公司的法律关系，意图以一个项目工程管理人员来替代实际施工人的身份。第三，现有的关于款项支付、施工管理等证据并不能证明张某为实际施工人。关于款项的支付，第三页的首先这一段，张某举证的证据均显示并非由张某账户支出，垫资的款项来源是姜某。经过一审庭审质证已经可以明确，对于签署的合同会由张某经手，也与张某无关。第三页的其次部分，张某也并未提供证据证明其垫资的行为，对此法院不应予以采信。在一审过程当中，对于垫资的事宜一直是双方争议的焦点，张某并未提供任何证据。第四页的第三部分毛某的证人证言已经被姜某提供的书面证据驳斥，一审法院对此认定清楚，并无不当。张某某的证人证言也存在多处矛盾，签名与事实不符，一审法院不予采信，也完全正确。一审法院认可张某实施了组织人员购买材料的行为不代表张某是实际施工人。一审法院综合相关证据认定其并非实际施工人。姜某已经提供了证据，反映张某系其聘用的项目经理的事实，一审中已经提交了，由张某自行制作的工资表反映了该事实，而且一审法院是在综合了合同签订、施工过程当中的管理、垫资代付税金、履约保证金、承担维保义务以及工程其他参建各方的认可等事实基础上认定姜某对案涉工程进行了全面管理，故一审法院对此认定正确。姜某提供的邮件、微信及短信聊天记录也反映了姜某在施工各环节对工程进行把控，毛某、张某也均是向姜某请示工作。第四，张某主张陈某某向其所付款项为工程款，与工程实际不符。

工程款的支付一般会按照工程量对应的价款呈现一定的规律，而且金额基本是有零有整，而陈某某付给张某的款项基本上都是整数，反而可以说明所付的款项并非工程款性质。而且陈某某还与张某共同去税务局缴纳税金，姜某也支付部分税金，更加说明张某主张姜某将工程转包给张某，无任何事实依据。第五，对于张某所称一审未查明的事实，实际上一审法院均已查明，而且给予双方充分的举证时间，并不存在任何事实认定的错误。第六，一审法院判决认定姜某为实际施工人，符合司法解释创立实际施工人概念的立法目的，也更加有利于保护农民工工资利益的处罚目的和社会效果。第七，在本案审理过程当中，张某、毛某、张某某等人存在捏造事实、恶意诉讼、涉嫌伪造证据等嫌疑，一审法院对此未作处理。二审法院应当依法对有关人员作出处理或者将材料移送公安机关。综上，张某的上诉请求事实和理由均与事实不符，也无证据证明，请求二审法院依法驳回张某上诉，维持原判。

张某向一审法院起诉请求：1. 判决被告A公司立即支付张某工程款合计人民币7011222.4元（暂估，根据实际查明情况再行调整），并支付逾期付款导致张某的损失（自2016年5月1日起，以7011222.4元为基数，按照同期银行贷款利率的1.3倍计算至工程款支付完毕时止；暂计算至2017年2月28日为387370.03元）；2. 判决被告B公司、C公司在景观绿化工程欠付款范围内对A公司款项支付义务承担连带责任；3. 本案诉讼费由A公司承担。张某在一审庭审中明确诉讼请求如下：本案工程款总额为18864376.96元，在该基础上扣除5%的质保金，扣除10%的预留税款，A公司应支付的工程款金额是16033870.42元，扣除我方认可的已付工程款9319811.02元，本案中主张未付的工程款金额为6714059.4元，以该未付工程款为基数从2016年5月1日起按银行同期贷款利率的1.3倍支付逾期付款导致张某的损失。如果法庭认为被告将工程转包给了第三人，第三人再将工程转包给我方的话，我方要求被告与第三人向我方共同承担还款责任。

一审法院认定事实：2014年，C公司与B公司签订了《某工业坊改造升级项目总承包工程》，并向A公司发出中标意向书，将某工业坊改造升级项目室外景观绿化指定分包工程指定由A公司分包。2015年，B公司与A公司签订《某工业坊改造升级项目室外景观绿化指定分包工程施工合同》，合同价款为5786896.59元，为合同图纸及规范总价包干合同，工程缺陷保修期为总承包工程实际竣工后二十四个月，若法律最新规定工程某些项目的最低保养期限超过实际竣工期后二十四个月的，则从其规定。竣工验收通过，并获得工程师颁发的工程接受证书后，保留结算金额的5%作为保修金，其余无息退还，保修金在保修期完成后（如无工程缺陷），无息退还。

2016年1月25日，C公司、B公司、A公司因工程量变更增加工程款签订《补充协议》，工程内容为草坪铺贴、土方、路面改造，协议金额暂估为700万元。2016年4月15日，三方再次签订《补充协议》，工程内容为老厂区改造、彩色透水，协议金额暂估为292万元。

2016年，C公司、B公司、A公司签订《分包合同—补充协议书》，约定业主同意总承包商将该补充协议约定的项目补充分包给指定分包商，补充合同金额为3212176.44元，或者根据分包合同文件规定的方式及时间支付指定分包人应得的金额。

此后，B公司与A公司就《某工业坊改造升级项目室外景观绿化指定分包工程》签订最终结账书，确定该部分工程的最终结账金额为15652200.52元。双方就《分包工程—补充协议》签订最终结账书，确定该部分的最终结账金额为3212176.44元。上述最终结账书中确定的工程实际竣工日期为2016年4月30日。各方当事人均确认，A公司指定分包的室外景观绿化指定分包工程及补充分包工程的工程总价款为18864376.96元。

一审另查明，2015年12月22日，A公司（发包人）与姜某（承包人）签订《施工分包合同书》，A公司将其指定分包的涉案室外景观绿化指定分包工程整体转包给姜某施工，工程承包方式为分项工程全额承包（包工包料、包质量、包安全、包工期），工程暂定价为5786896.59元，约定的承包人项目经理为张某，约定的工程价款结算方式为：最终结算价以建设方审计价为结算依据，甲方收取承包方1.5%管理费、1.5%的企业所得税，开具工程款发票的相关税由承包人承担，并要求承包方提供符合税务要求的成本发票。合同约定：本合同工程内容上发生的所有成本、费用均由承包方自行负责，所有债务、债权均由承包方自己承担，发包方不承担连带责任。该份分包另附有张某的身份证复印件。A公司与姜某均认可A公司将其指定分包的涉案工程整体转包给姜某施工。

以上事实，有《某工业坊改造升级项目室外景观绿化指定分包工程施工合同》《补充协议》《分包工程—补充协议》、最终结账书、业主指令单、《施工分包合同书》以及当事人一审庭审陈述予以证实。

本案的争议焦点问题在于张某是否为涉案室外景观绿化指定分包工程的实际施工人，是否有权利以其名义主张实际施工人的权利。

张某陈述：其经人介绍认识了姜某，姜某说她在A公司承接了一个工程，问我愿不愿意承接，我也不清楚姜某与A公司之间是什么关系，我与姜某之间也没有谈过双方之间如何结算的事情。张某曾表示与姜某之间是分包关系，又表示系A公司将涉案工程分包给张某，不清楚B公司与姜某之间的关系，之后再认为是姜某代表A公司将涉案工程分包给张某施工，之前认为A公司与姜某是一起的，诉讼之后才知道双方存在分包关系。张某说明，其与第三人及A公司之间未签订任何分包协议，与上述两方之间也无收取管理费的约定，A公司曾代其向材料商付款，没有直接向张某支付款项。张某为证明上述事实，提交如下证据：

1. 业主工程师指令单、工程签证单、数量确认单，A公司项目经理处签字人为张某。

2. 张某志尾号为1520的建行卡的银行转账交易记录，证明张某通过其兄弟张某志的银行账户支付部分材料款、人工费，其聘用的项目经理为毛某，施工员为王某，由张某支付劳动报酬。本院庭后向张某志核实，其陈述：我在涉案工地上负责材料采购，是毛某和张某打款给我后让我负责支付材料款，由毛某审核以后，再交给张某审核，然后安排我付款；毛某是张某在这个项目聘用的项目经理，张某是老板。张某志陈述：涉案工程的人员及施工进度等事项是现场负责人毛某、张某一起安排的，没有在工地现场见到过姜某。

3. 涉及项目工程劳务的收款收据、收条、劳务人员的汇总表等，张某说明将劳务承包给张某某施工，其对工程量进行统计，支付款项后由张某某出具收条；

绿化工程承包给陈某施工，我方对出工人员进行统计，费用由我方支付。

4. 涉及土方、石子等工程材料的结账明细、送货单，张某说明上述材料由葛某林提供，货款由张某分批支付。

5. 涉及黄砂、瓜子片、砖、水泥等工程材料的结账汇总表、收款收据，张某说明上述材料向杨某等人采购，货款分批支付。

6、涉及采购混凝土的买卖合同及混凝土发货单，证明其向苏州某商品混凝土有限公司采购混凝土。关于沥青路面摊铺与苏州某路面工程有限公司签订的施工合同、成品料单、验收决算单。关于透水混凝土路面材料采购及施工与苏州市某建材有限公司签订的工程承包合同。与杭州某建材有限公司签订的预制构件加工定作合同，甲方签字人为毛某。张某均未在上述合同中签字。

7. 涉及苗木采购的送货单，张某说明苗木由陆某芳提供，货款以转账方式支付。

8. 关于挖机租赁的结账明细，张某说明工程使用的挖机由其租赁，费用由其支付。

9. 若干检测报告，张某说明工程使用的电力电缆、水泥等的检测由毛某送样，张某支付检测费用。

10. 专题纪要、维保记录表，证明张某在工程结束后进行维保，维保记录中维保人处签字人为毛某。

第三人姜某质证意见为：上述证据不能证明相关款项由张某支付、结算，毛某与张某志的往来均是向张某志账户存款，不存在向毛某发放工资的情况。

张某申请毛某出庭作证，证人毛某陈述：我是张某聘用的项目经理，大概一年二十万元，工资是转账方式付的，在该项目中对项目质量、安全、成本进行管理、控制，对现场的人员、班组、材料、机械等进行安排，对技术进行把关，我担任项目经理期间，所有的工程签证、与业主之间的工程结算均由我负责实施，工地上的管理人员包括我、施工员王某、材料员张某志等人。该项目的总成本包括张某及其老婆袁某转到我账户上资金，我再转给张某志，用于张某志购买材料以及工地开支，该项目的总成本记不清楚了。我在2015年年底才认识了姜某，工程刚开始是不认识的，曾经有过电子邮件联系，但不确定联系人是否为姜某，是张某给了我一个邮箱让我发材料，我不清楚姜某的身份，不清楚姜某在这个项目上与张某是什么关系，这个项目是张某落实的，姜某没有组织过施工。2016 年 2、3 月，我找张某需要购买一些成品如垃圾桶、石头等，据我所知，该部分成品是姜某购买的。毛某陈述：涉案工程中的劳务分包给了张某某，绿化的劳务是陈某做的；工地上使用的水泥、黄砂是张某志去砂石厂采购的，有一个送货人杨某某送了大约十几万元的货；混凝土的采购单位有三家，其中一家为某混凝土公司，大概是 270 万元；施工需要的石子是向葛某采购的；沥青路面施工是与苏州某公司签订的合同，合同中建设单位签字处是我签字；工地上的绿化、苗木等是向陆某采购的。上述材料和人工费大部分是由张某志支付的，还有部分是张某支付的。

张某申请张某某出庭作证，证人张某某陈述：我和张某的哥哥张某志是战友，经介绍在张某的工地上做劳务，劳务费大概 80 多万元，还欠 5 万元未结清，我做的主要为道路、混凝土浇筑、停车位铺装等。我在工地上的老板是张某，当时工地上的项目经理为毛某，负责工程进度，采购是张某志，施工员是王某，施工过程中没有见到过姜某，不清楚姜某在这个工地上的身份。

第三人姜某陈述：我大概在 2015 年 7 月参与工程投标，2015 年 8 月跟业主签订的合同，我当时招了张某过来，让他负责施工合同敲章，项目进场需要用到施工合同、图纸和其他的相关资料，我当时都给了张某，并且嘱咐他去复印一份，他留复印件，把原件给我，但一直到现在都没有把原件给我。2015 年 10 月我们才正式开始施工，进场时我是自己找了工人和材料商，让张某也找了，就让他把他找的工人和材料商的价格给我看一下，我看价格差不多，后来张某说就用他熟悉的人便于项目上管理，我就优先考虑用他找来的人，从项目进场之后我还进场去看过。2015 年 8 月，我经张某介绍认识了毛某，我同意毛某到现场做管理，我当时问了毛某他工资怎么发，毛某的意思说从张某那边一起走，这样整个管理架构就搭起来了。整个管理期间，包括从签署合同、购买材料、签证、现场管理和纠纷的处理以及款项支付均是由张某、毛某向我汇报，由我确定。我们三人期间还要碰头开会的，会议内容是由他们两个先向我汇报工程的进度和现场管理问题，由我给他们下工程管理指示，工期质量和成本控制均是三方碰头商议，我下指示，他们进行具体的实施，三方也有通过微信、短信和邮件沟通。签证的资料收集、递交、审计和对账工作均是张某和毛某做的，还有各个单位组织的项目工程例会我均是让他们参加的，签证过程中遇到的问题，包括金额的确认均需要我和审计、业主确认下来。我在2015年11月让陈某把备用款打给张某，让张某代我支付给工人和材料商，当时业主还没有把款项打到A公司的账上，A公司也未向我付款，工程款是我个人垫付的，我当时打款的时候交代过张某让他把工人和材料商应付款的资料和凭据拿过来交给我，直到现在张某还是没有交给我。到2016年年底，有几十个工人围着我要钱，还闹到了建管处，我和来要钱的工人进行对账，发现工人收到的款项跟我打给张某的备用款差了好几百万元，我跟张某说让他把差额部分的钱返还给我，由我来直接支付给工人，如果不返还，他也要付给我的项目上的工人，但是他两样都不肯。第三人姜某陈述，其支付工程款分两部分，一部分是指示陈某打款给张某，由张某代我付款；另一部分是张某、毛某向我汇报申请且我确认无误后，让A公司的会计从A公司账目上代付材料款，工程中的履约保证金、税金均由我支付，履约保证金是我让A公司会计从公司账上支付，税金是安排陈某带着张某去税务局开票刷卡支付。第三人姜某认为，张某仅为其聘用的项目经理，其提交证据如下：

1. 陈某的银行卡交易明细，交易明细中反映陈某、姜某、张某在2015年11月至2016年2月期间发生多笔款项往来，陈某收到姜某的转款后，于当日或次日向张某账户转款，其中：2016年1月14日，姜某转账116459.02元至陈某账户，备注为税金、民工保险费，陈某次日将同样金额的款项转账给张某；2016年1月28日，姜某转账30万元至陈某，陈某当日交纳税金168000元；2016年4月29日，陈某再次直接转账至税务部门交纳税金171360元。陈某出具的情况说明，内容为：在2015年11月至2017年1月期间有老板姜某向我银行卡内转备用金，用于支付某工业坊景观绿化工程的材料款、人员工资、保险费、税金等，姜某转给我之后，我再转给项目经理张某，分九笔共转账7384459.02元。姜某据此证明其指示陈某以其账户向张某及地税局的账户支付款项，其为工程的实际出资人。

第三人姜某申请陈某出庭作证，证人陈某陈述：上述情况说明内容是我出具，我主要给姜某开票、汇款、跑腿，汇款的款项来源于姜某，支付给张某用于购买材料、支付工人工资及税金等，我听姜总说张某是其聘用的项目经理，并且曾跟张某一起到税务局刷了自己的卡缴纳了税金。陈某表示，是姜某组织人员施工，但不清楚谁找的施工班组和材料商，其本人未参与工程施工。

张某起先陈述其不认识陈某，后来又表示陈某向其支付的款项均为工程款，并应姜某的要求对收到的款项向陈某出具了收条。

本案审理过程中，张某陈述上述168000元和116459.02元系用于支付开票的税金，并视为已收到的工程款。姜某表示其向张某支付了7384459.02元，并通过A公司代付材料款1935352元，张某认可收到第三人支付的工程款总额为9319811.02元。

2. 证人麦某的证人证言。证人麦某陈述：其为本案室外景观工程施工时C公司的总经理，已从C公司离职，姜某为A公司指定承包室外景观绿化和市政项目的负责人，姜某负责整个项目的协调联系，张某只是姜某手下的员工，施工现场是由甲方拟定工程进度，我们发给姜总，姜总再给其手下员工，姜总再向我方反馈结果。

3. 金某、张献某、黄某某出具的证明及整改通知单，主要内容为2016年6月左右，上述人员受姜某委托或指派在某工业坊进行路灯维修和绿化养护。张献某亦就其在2016年受姜某指派从事路灯维修事宜出庭作证。

张某认为，张献某的证人证言只能证明其2016年6月做过某项目的路灯维护，之前均由张某从事工程的维护保养工作。

4. 加班工资表复印件，其中张某、毛某、张某某、王某等均为领取工资的人员，第三人说明该加班工资表系张某制作后上报加班工资，张某仅为领取工资的管理人员。

张某对此证据真实性不予认可。

5. 情况说明，系园区清理建筑领域拖欠工程和农民工资问题协调工作领导小组办公室出具，证明2017年1月因某工业坊绿化工程项目工人讨要工资，A公司指派工程负责人姜某前来处理。

6. 邮件往来及附件、短信、微信记录，系第三人与 A 公司会计、行政、毛某、张某、建设单位、审计单位等的往来记录，该组证据证明姜某在合同的签署、施工过程中的材料准备与各单位之间的协调沟通，在施工工艺、工程质量、工期、结算、签证等与工程相关的所有事宜中，都是由姜某最终确认进行管理，指令毛某、张某具体实施，而且毛某、张某也明确姜某为“老板”，也说明了他们之间的雇佣关系及上下级关系，也进一步证明了毛某作为张某的证人出庭所陈述的所有事实都是虚假的和编造的。

上述邮件、短信及微信往来记录中主要反映如下内容：1. 2015 年 8 月 18 日，姜某向毛某邮箱发送施工合同范本，要求毛某仔细研究后回复。2. 2015 年 10 月 11 日，毛某发邮件向“姜总”要韩总等人的邮箱号，姜某次日予以回复。3. 2015 年 10 月 28 日，毛某向姜某发送进度汇报，姜某告知修改意见，毛某据此作出修改。4. 2015 年 10 月 29 日，毛某向姜某及其他人员发送了关于室外景观绿化工程当前进度汇报。5. 2015 年 12 月 16 日，毛某向姜某发送关于沥青及垫层道路的价格说明的邮件，并在邮件中称“请姜总审阅”。6. 2015 年 12 月 17 日，毛某向姜某发送关于部分费用说明及补报漏项部分的邮件，并在邮件中称“请姜总审阅，并指示下一步工作”。7. 2016 年 1 月 18 日，毛某向姜某发送关于备忘录的邮件，并抄送张某，并在邮件中称“请审阅，并修改或确认”。8. 2016 年 4 月 24 日，毛某向姜某发送关于补充协议的邮件，并在邮件中称“姜总，请看一下协议有无问题，明天我去找各单位盖章”。9. 2016 年 5 月 17 日，姜某发邮件给毛某，要求毛某将最终的绿化及道路竣工图电子档案及其他过程管理、竣工资料一并发送给姜某。10. 姜某与毛某、张某的短信、微信记录显示，张某就工程款付款审批问题询问姜某如何处理，并称姜某为姜总；毛某就工程进度、施工做法、土方报价、材料购买等事项询问姜某意见，姜某向其作出指示，毛某称姜某为“老板”；张某就支付 B 公司履约保证金的问题请姜某“定夺”，姜某负责安排付款。

张某对上述证据中大部分邮件的真实性予以认可，但认为：1. 邮件往来不能证明毛某认识姜某，毛某在 2015 年 12 月底之前没有见到过姜某的陈述是真实的。

2. 邮件中关于“请姜总审阅”等字样，是出于礼貌，姜某对于施工现场状况不了解，不能证明毛某或张某受雇于姜某。3. 毛某为张某聘用的项目经理，涉及款项支付需要A公司确认及以A公司开票事宜，需要向A公司通报，姜某系A公司的代表。

一审法院认为，“实际施工人”是依据法律规定被认定无效的施工合同中实际完成工程建设的主体，实际施工人首先应当是无效施工合同中的合同当事人。在本案中，张某以实际施工人的身份主张权利，首先应证明其与A公司或第三人之间存在工程转包或分包关系，其为施工合同的当事人，但张某在本案中并未就此提交充分证据，不足以认定其为实际施工人。

一、张某不能证明其与A公司存在工程违法转分包关系。

首先，张某与A公司未签订任何分包合同，张某也认可与A公司之间不存在口头约定。在工程违法转分包中与双方利害关系最紧密的管理费或利润分配问题，张某陈述就此事项未与A公司协商，也无法说明。张某陈述系经人介绍认识了姜某，并承接了该工程，可反映出张某在涉案工程之前与A公司不存在长期、稳定的合作关系或交易惯例。而涉案工程总价达1800多万元，如张某作为实际施工人，而对与其切身利益直接相关的事项与A公司未作任何约定，此点与常理明显不符。

其次，A公司不认可与张某之间工程转分包关系，不认可张某的实际施工人身份。根据现有证据表明，A公司将涉案的室外景观绿化工程转包给姜某施工，并与其签订了分包合同，认可姜某为分包合同的相对方。并且双方签订的分包合同也实际履行，A公司向姜某支付了工程款，并代姜某向供应商支付货款，而无直接向张某支付工程款的记录。张某认为姜某是代表A公司将工程分包，但姜某既不是A公司员工，A公司也未向张某直接付款，张某并未举证足以信赖姜某代表A公司的证据。

二、张某也无证据证明其与第三人姜某之间存在工程转分包关系。

首先，张某的诉请及陈述中反映出其并不认为与姜某之间存在工程转分包关系。如张某作为实际施工人，对工程的承接取得的经过及上一层转包人的身份应当是明知的，其起诉主张权利的对象也应当是明确的，而张某对姜某的身份的陈述是相互矛盾的，先是陈述姜某为工程介绍人，又称不清楚姜某与A公司的关系，再认为姜某代表了A公司。张某的上述各种陈述均未表达出其与姜某之间存在转分包关系的意思，起诉时也未将其作为主张权利的诉讼主体，在A公司提供了与姜某的分包合同后，也不认可该份合同，不认可工程从姜某处转分包，而坚持认为其本人为实际施工人。上述事实表明，张某自己并不认为其与姜某之间存在工程转分包关系。

其次，姜某与毛某、张某之间的往来邮件及相关信息记录可以反映出姜某对各施工节点进行了管理，履行了分包人管理的责任。

1. 姜某与毛某在2015年8月、10月就存在多次邮件往来记录，邮件中的内容涉及合同签订、工程进度等重要事项，毛某在邮件中明确称对方为“姜总”“请姜总审阅”，双方在2015年12月就工程变更补漏、施工价格往来商谈。这与毛某当庭关于在2015年年底才与姜某认识，且不确定邮件对方身份的陈述明显矛盾。双方邮件及短信往来的内容与涉案工程施工密切相关，毛某向姜某请示工作、确认方案，就工程施工的具体问题与姜某沟通，并称呼姜某为“老板”，这与毛某当庭所述的不清楚姜某在工地做什么的，该项目全部由张某落实的陈述明显不符。毛某的证人证言与事实不符，本院对其上述陈述事实不予采信。

2. 姜某提交的邮件、短信、微信等往来沟通记录反映出姜某从合同签订、工程进度汇报推进、工程量变更补漏、施工费用、请付工程款、履约保证金的支付、施工做法、签证及开票等涉及工程施工的各个阶段的事项与毛某、张某有沟通，基本上是毛某、张某向姜某请示意见，姜某给出确定意见，毛某、张某均称呼姜某“老板”或“姜总”，其称谓结合内容远远超出了礼节性称呼的范围。实际施工人并非需要对施工进度、人员安排等具体事宜亲力亲为，而可以通过对人的管理实现对事的管理。

张某提交的证据可以表明其实际组织劳务人员施工，以其名义采购材料，实际接触劳务分包人员或材料供应商，对外向劳务分包人或材料商结算价款，参与工程结算，并持有施工过程中产生的各类资料，在上述事项上实际施工人和项目经理的身份会产生重合。毛某作为张某聘用的项目经理，同样履行工程管理职责，与张某的身份在另一层面上也会产生重合。但实际施工人与项目经理身份相区分的核心在于是否自己出资完成工程，是否自负盈亏对工程结果负责。从本案证据上看，姜某举证其就工程施工直接支付张某730余万元，而张某举证列明的支付材料商或人工工资的时间在姜某向其付款之后，提交的张某志付款明细列明中付款总额远低于姜某的已付款额，也未举证其他付款项目。如张某为实际施工人，姜某也无合理理由为其直接支付税金，现有证据尚不足以证明张某以自己出资完成了工程。从施工完工结果上，指定分包人要求姜某承担保修责任，并在发生农民工工资拖欠事宜时，也是通知姜某出面处理，该工程施工产生的法律后果及责任也是由姜某承担。

综上，一审法院认为，当事人对自己提出的诉讼请求所依据的事实及反驳对方诉讼请求所依据的事实，应当提供证据加以证明。当事人未能提供证据或者证据不足以证明其事实主张的，由负有举证证明责任的当事人承担不利后果。张某以实际施工人的身份主张权利，未能证明其与A公司或第三人之间存在工程转包或分包关系，不能证明其为施工合同的当事人，而姜某的证据可以证明其对涉案工程项目实施有效管理，张某主张其为实际施工人并据此主张工程价款，一审法院不予支持。一审法院依据《中华人民共和国民事诉讼法》第六十四条、《最高人民法院关于审理建设工程施工合同纠纷案件适用法律问题的解释》第二十六条、《最高人民法院关于适用 < 中华人民共和国民事诉讼法 > 的解释》第九十条之规定，判决驳回张某张某的诉讼请求。案件受理费收取63590元，财产保全费5000元，由张某负担。

二审中，张某提供如下十二组证据：证据一：第1—3页，毛某与业主、监理、造价事务所、总包的往来邮件（2015. 10. 26，含附件两张），证明截至2015年10月25日已完成的产值6013456. 39元，均是由张某垫资完成，支付方式有现金、有欠款。工程款是从邮件发出后2015年11月开始收到的，邮件收件人：业主现场代表俞某、QS审计事务所代表王某某、总监郑某某、总包徐主任。抄送hby×××@163. com（A公司的缩写），发件人为张某所雇现场项目经理毛某。证明张某进场垫资施工，是工程实际施工人。

证据二：第4—130页，部分现金支出单据及记账凭证（共127张），证明张某2015年8、9、10月因承包工程施工（不完全统计）现金支付25余万元，证明张某的实际垫资行为和实施施工人的身份。

证据三：第131－133页，苏州某某建设项目管理有限公司工商简档（含股东构成）、张某社保缴纳证明，证明：1. 苏州某某建设项目管理有限公司由股东张某与袁某夫妇于2011年4月设立，目前仍在运营；2. 张某本身为老板，有自己的公司，不存在受雇于姜某的情形；3. 张某2015年12月2日 用自己的公司签订腾飞沥青采购合同，证明张某是工程实际施工人。自工程开工之日起，A公司、姜某提供不出任何与建设工程有关的施工现场财务资料，不是建设工程施工合同承建的实际履行方，而张某以本人的名义对外处理事务，包括聘用管理人员、工人、租赁设备、采购原材料，证明张某实际施工人身份。

证据四：光盘，2017年春节前张某及民工索要工程欠款视频，证明：1. A公司、姜某认可张某实际从事了全部施工行为；2. 姜某、A公司用社会人员阻拦、恐吓张某讨要工程款。证明张某是工程实际施工人。

证据五：第134－141页，部分欠款证明（王某、毛某、养护班组、某某路面公司），证明张某作为实际施工人因本案人员外欠人员工资、材料款等。

证据六：第142－144页，2017年年底对外支付证明（杨某某），证明在一审诉讼过程中，还有很多供应商向张某索要材料款，佐证张某是实际施工人，承担了材料款的支付义务。

证据七：第145页，证明C公司的现场代表罗某某确认张某是工程实际施工人。

证据八：第146－156页，毛某与业主的往来邮件11页，证明C公司一直认可毛某是实际施工人派驻项目的项目经理，联络毛某要求对所做工程履行质保义务。

证据九：第157－173页，张某与姜某的短信记录，证明：1. 姜某与张某沟通工程报价事宜，询问张某分包报价多少、沟通张某的转包报价能否再下浮等事项，包括报价中包含的绿化养护年限、沟通挂靠与分包管理费事项。2. 直到2015年10月19日，姜某并不认可毛某，而向张某询问老毛的具体名字。3. 2015年11月3日支付给张某的款项系工程款，而非姜某在法庭上所陈述的备用金或者代付材料款和人工费。4. 在2016年2月5日春节前小年夜张某还在向姜某索要工程款，后在2月6日除夕张某拿到60万元承兑汇票。5. 因张某索要工程款，姜某还找身份不明人员殴打张某。6. 短信中并没有涉及任何材料购买及支付、劳务结算及支付、机械租赁及支付。

证据十：第174－176页，张某与龚某某的微信记录，证明A公司的副总龚某某认可张某为实际施工人，直到2017年2月还要求张某对施工的工程进行保修，否则会从张某应得工程款中扣款。与姜某及龚某某之间的联系仅为对业主、监理等的行文及用印，短信及微信说明。

证据十一：第177－179页，袁某向丁某某转账记录、短信记录，证明2016年1月20日袁某（卡号为6236682000001××××××，建设银行××支行）向A公司会计唐某短信确认的账户丁某某（卡号为6214808601000××××××，浙江泰隆银行××支行）支付10万元。A公司确认丁某某账户收到袁某汇款后，将该笔款项10万元通过A公司账户汇入毛某指定的应付供应商（某某混凝土）账户内，以理顺财务付款关系，且张某垫资。手机号为1391266××××，手机号拥有人唐某某为A公司会计。证明：1. A公司作为名义上承包人，承认张某实际施工人的身份，并配合张某聘用的毛某代为对材料商付款。2. 张某以实际施工人的身份施工，并进行垫资。

证据十二：第180－193页，A公司支付工程款给苗木公司转账记录、苗木公司向袁某的转账记录、发票12张，证明张某作为实际施工人提供材料发票，A公司收到发票后向苗木公司付款1185352元，扣除税点及手续费之后苗木公司将款项1175820元转给张某。该1185352元视为A公司支付给张某工程款，张某提供了对应金额的材料发票。佐证A公司也认可张某是本案工程的实际施工人，才会通过此种方式支付工程款。一审判决书P20中“无直接向张某支付工程款的记录”是完全错误的。

A公司质证后认为：证据一并不能证明张某的证明目的，根据张某在一审诉状中明确，张某带领工人进场施工，但由于总包单位尚未施工完毕，无法移交施工场地，张某只能等待移交。自2015年10月1日开始，张某才开始进行实际施工；因此涉案工程的实际开工时间是2015年的10月1日。在短短一个月都不到的时间里完成所谓的产值600余万元是值得商榷的。同时上述证据亦不能证明张某有相应的垫资行为。对证据二真实性、关联性均不予认可。即便从其统计的2015年8、9、10月也只有现金支出二十五万余元，与整个工程的工程造价是极不匹配的，而且张某认可的收到的工程款有930余万元。但是现在历经一审四次开庭，现在已经到二审开庭其迟迟不肯拿出相应的所谓的垫资的证据，只能说明事实上其并不存在所谓的垫资行为。对证据三的关联性有异议，从涉案工程的资金流向看，均是以个人账户进行的，与该公司没有任何关系，也不能证明张某的实际施工人身份。证据四，视频原件没看到。对证据五的真实性不予认可。特别是关于其中毛某所出具的欠条，其出具的时间是2016年的10月21日，根据一审中张某志的转账记录可以体现，自2016年毛某向张某志账户里有多笔转账，且是由毛某向张某志进行转账，甚至在欠条出具之后不久的2016年11月5日毛某又向张某志的账户里存入了5万元，因此很明显该欠条是虚假的。证据六、七，都属于证人证言，需要相应的证人当庭接受质询，如果无法出庭的话，无法作为定案的依据。证据八、九、十、十一涉及的短信记录、微信记录，没有提供原始载体，对其真实性不认可。证据十二中的发票是复印件。

姜某质证后认为，张某在二审中提交的十二组证据在一审时已经客观存在，且一审经过多次庭审，张某完全有时间整理并向法院提交，这些证据不属于二审中的新证据，二审应全部不予采信。证据一，邮件形式上的真实性予以认可，但是对内容不认可。实际上2015年10月才开始进场，施工范围为厂区内一条道路，总产值只有一百万元左右。一审中姜某提交邮件第006、011—016页已经反映该情况，且不能证明张某存在垫资行为。证据二，对其真实性不予认可，关联性不予认可。记账凭证中不能证明所有记账项目与涉案工程有关，记账凭证后附发票也与记账凭证无法对应，记账凭证无法证明款项的实际支付，更加不能证明张某有付款或者垫资行为。证据三，真实性无异议，关联性不予认可。是否拥有公司与是否是实际施工人并无关联，姜某也同样拥有自己的公司且公司经营范围自2014年起就有绿化工程。持有材料不代表就是实际施工人，张某签署沥青采购合同、聘用人员等行为，一审时已经明确这些行为都是现场管理人员的本职工作，而采购工作及材料合同签署基本都是毛某所作。按张某的逻辑，毛某比张某更符合实际施工人身份。证据四，对其真实性不予认可，且实际上是由张某导演的虚假讨薪事件，从该视频中可以看出，实际上是由姜某出面向所谓讨薪人员作出承诺并代理A公司，一审中园区建管处的证明，也可以证明实际上是姜某负责处理民工讨薪事宜并承担最终的付款责任。欠条真实性、关联性、合法性均不予认可，张某提供的某某路面的对账单与一审时提交的结算单相互矛盾，不排除张某伪造证据的可能性。证据六，除证明以外，对其他证据真实性不予认可，关联性、合法性均不予认可。从该证据的证据形式上看，属于证人证言，应当由杨某某本人出庭作证，并接受质询人的质询。且在一审中杨某某已经出具情况说明，对该事宜进行了明确说明。证据七，对其真实性、关联性、合法性均不予认可。证据八，对其真实性无法确认，关联性不予认可，邮件内容只能证明C公司要求现场管理人员进行维修，不能达到张某的证明目的。实际上C公司一直都认可姜某为工程的实际施工人。一审中C公司的麦总也出庭作证说明相关事实。证据九，对其真实性、关联性、合法性均不予认可。证据十，对其真实性不予认可，且实际上维保义务一直都是姜某在履行，一审时也有负责维保的人员出庭证明该事实。证据十一，除转账记录外，对其余证据真实性不予认可，且该10万元只是因为姜某当天不方便安排付款，就由张某老婆代付，当天已经将10万元转还张某。一审中，姜某提供的2016年1月20日的转账凭证已经反映该事实。另姜某一审时提交的与毛某的聊天内容也证明某某商混的付款，毛某是向姜某汇报，姜某与A公司会计联系，只能证明A公司曾经付款给材料商，不能证明张某垫资。证据十二，对其真实性关联性不予认可，工程中的所有付给材料商的款项均是由姜某通知A公司付款，该组证据只能证明是A公司根据发票将相应款项付至苗木公司，并未直接转账至袁某的账户，一审法院对此认定正确。

以上事实，有邮件打印件、现金支出单据及记账凭证、社保缴纳证明、光盘、欠款证明、支付证明、短信记录、微信记录、转账记录等，以及调查笔录予以佐证。

本院二审认定事实与一审法院认定的事实相一致。

本院认为，主张法律关系存在的当事人，应当对产生该法律关系的基本事实承担举证证明责任；主张法律关系变更、消灭或者权利受到妨害的当事人，应当对给该法律关系变更、消灭或者权利受到妨害的基本事实承担举证证明责任。本案中，张某的诉请为要求A公司支付工程款，张某应就其与A公司之间存在的法律关系承担举证证明责任。张某认为是A公司将承包的涉案工程全部转包给其，但未能提供任何证据证明其与A公司之间曾签订转包合同或达成过口头转包合同。张某之后另提出其是从姜某处承包涉案工程，并认为姜某是挂靠在A公司，但对该主张既未能提供其与姜某之间签订转包合同或达成口头转包协议的相应证据，也未能提供姜某挂靠A公司的相应证据。此外，张某认为其指派毛某具体完成了相关施工工作，但姜某提供的邮件往来、短信、微信等证据足以证明毛某在一审中的证言不可信，一审法院未采信毛某的证言符合法律规定，张某的该项主张缺乏事实依据。张某又以其实际组织劳务人员施工为据证明其实际施工人地位，一方面该事实与项目经理的身份会重合，另一方面在发生项目工人讨要工资事宜时，前往处理的是姜某而非张某，张某的该主张亦难以成立。再从各方提供的款项往来来看，张某虽有向材料商等支付款项的证据，但姜某向张某支付的款项有730余万元，且姜某还直接支付税金，张某认为其垫资施工的主张证据不足，本院不予采信。鉴于张某对于其从何处承接涉案工程的说法前后不一，且未能提供充分证据证明其主张，一审法院未支持其诉讼请求，并无不当，本院予以确认。

综上所述，张某的上诉请求不能成立，应予驳回；一审判决认定事实清楚，适用法律正确，应予维持。依照《中华人民共和国民事诉讼法》第一百七十条第一款第一项规定，判决如下：

驳回上诉，维持原判。

二审案件受理费63590元，由张某负担。

本判决为终审判决。

【案件总结】

作为代理律师，本案最大的成就感在于，促使法院对“实际施工人”的认定标准发生了思维上的巨大转变，使得法院对实际施工人的认定不再单纯从外在表现形式去考量，而更多去探究隐藏在外在表现形式背后的实质性内容。这种思路会打破现有的裁判惯例，甚至会引致整个建筑行业发生改变，使那些意图通过掌握一线资料来取代他人的人没有任何可以施展的余地。

同时，从更宏观的层面来说，代理律师的代理思路对如何解释、理解没有明确定义的法律概念提供了一个完整的解决方案。通过这个案件，代理律师深刻感受到，在立法、司法解释创造一个法律概念时，其实都是有其背后的基本法律原则、基本法律概念作为支撑的。在进行法律解释时，要对该法律概念进行重构、解读，这种重构和解读不是纯主观的，而是要想办法把这些概念“装进”既有法律概念中去，即需要运用既有的法律概念去解读待解释的对象，把待解释的对象纳入既有法律概念的范畴中去。但是解释、解构法律概念又不仅仅是简单的语言文字工作，还需要结合这个概念的具体语境进行分析。

【承办律师简介】

刘汉文律师，西北政法大学法学学士、北京大学 EMBA。

苏州仲裁委员会仲裁员，苏州市“领军型律师”，PPP 管理师，苏州工业园区律师协会建筑房地产专业委员会副主任。

具有近二十年专业法律服务经验，长期专注于建筑、房地产等专业领域的法律服务，为几十项大型地产开发项目、科技园区建设项目、大型公共基础设施建设项目提供全过程法律服务，并出色地代理了数百起建筑、房地产、公司、合同等方面的诉讼及仲裁案件。

撰写的《施工企业疑难法律问题解析 100 招》在《施工技术》杂志上连载发

表，同时在不同范围内主讲了几十场有关工程建设等方面的讲座，多次接受电视台、报刊、网络等媒体就专业法律问题的采访，曾作为《建筑》杂志封面人物被推荐。

崇斯源律师从事法律服务行业5年，执业3年。主要执业领域为建筑工程、房地产、商事诉讼与仲裁以及企业日常经营管理。擅长商务合同起草、审查、修改与企业法律风控工作。崇律师为旭辉地产、鑫苑置业、万业房产、中南公司、阳光城、万科等多家大型房地产开发企业提供法律服务，同时负责处理房地产企业涉及的诉讼与仲裁案件逾百起。崇律师同时为苏州百联、昆仑绿建、龙元建设、泽丰建设、江苏春阳、理想建设、恒力基础等建筑施工企业提供法律服务，代理了数十起建设工程施工合同纠纷类诉讼案件。崇律师在提供法律服务过程中赢得了客户的一致好评。

发包人在欠付工程款的范围内如何向实际施工人承担责任①

——何某某与T建设公司、Y建筑公司建设工程施工合同纠纷案

北京市炜衡（西安）律师事务所　王云生律师　史万利律师

【争议焦点】

- *被告Y建筑公司是否欠付原告何某某工程款856786.32元?*
- *被告T建设公司是否已将工程款向被告Y建筑公司清结完毕?*
- *被告T建设公司是否应当承担696148.78元工程款的连带清偿责任?*

【关键词】

非法转包　实际施工人　工程款结算　发包人清偿责任　账务处理

【案情简介】

2012年11月27日，被告T建设公司将蒲城清洁能源项目公用工程综合楼等水暖电安装工程转包给被告Y建筑公司。被告Y建筑公司分别于2012年10月27日、2013年1月3日将其承包的蒲城清洁能源项目公用工程综合楼、中央控制室水暖电安装工程分包给原告何某某。原告何某某依约施工完毕，被告Y建筑公司向原告何某某支付部分工程款，原告何某某多次索要剩余工程款无果，向一审法院提起诉讼，请求判令二被告支付工程款，并退还履约保证金。

一审判决认为，本案的调查重点是被告Y建筑公司是否拖欠原告何某某工程

① 案件来源：陕西省高级人民法院（2019）陕民再29号再审民事判决书。

款。被告Y建筑公司将其从被告T建设公司承包的部分工程分包给无资质的原告何某某，分包合同应为无效。原告何某某至今未与被告Y建筑公司结算，涉案工程已交付使用，原告何某某要求被告Y建筑公司支付工程款，应予支持。现案涉工程质保期已届满，被告Y建筑公司应退还原告何某某缴纳的履约质保金。被告T建设公司在欠付工程款范围内对原告何某某承担清偿责任。

Y建筑公司和T建设公司不服一审判决，向上级法院提出上诉。Y建筑公司认为：一审审理程序不合法，事实认定错误，故要求撤销原判。T建设公司的上诉请求同上，其主张的事实和理由除Y建筑公司的意见之外，还提出T建设公司将工程发包给Y建筑公司，只与Y建筑公司之间存在合同关系，且双方工程款已经结算并清结，双方之间已无债权债务纠纷，T建设公司不应承担连带清偿责任。

二审判决认为，二上诉人之间的工程款已清结完毕，故T建设公司不应承担连带清偿责任。撤销一审判决，改判Y建筑公司承担全部工程款给付义务，退还履约保证金，并支付相应利息。

何某某不服二审判决申请再审，并委托北京市炜衡（西安）律师事务所王云生律师、史万利律师代理本案再审程序。代理人调阅本案一审、二审案卷材料，认真分析案件的争议焦点并确定代理方案后，向陕西省高级人民法院申请再审，请求撤销二审判决，维持一审判决。再审法院经审查后作出裁定，提审本案。

再审法院查明，2015年9月15日，Y建筑公司向案外人党某某出具授权委托书，载明委托党某某前往T建设公司全权处理蒲城清洁能源工程项目结算事宜，工程余款汇入党某某个人账户。T建设公司在收到该份授权委托书后，于2015年10月14日制作了转账凭证，记载转党某某工程款696148.78元。

再审判决认为，对于上述款项T建设公司只是进行了账务处理，并未实际向Y建筑公司和党某某支付。二审认定T建设公司已将全部工程款向Y建筑公司结清的事实错误，应予纠正。T建设公司应当在欠付Y建筑公司696148.78元的工程款范围内向何某某承担清偿责任。故，撤销二审判决，维持一审判决。

【诉讼策略】

本案中，关于T建设公司是否应当在欠付工程款的范围内向何某某承担清偿责任，一审、二审法院作出了截然不同的判决。王云生、史万利律师在接受何某某委托后，就上述问题从法律适用、发包人身份认定及工程款支付方式等不同角度进行充分论证，为申请再审打下坚实的事实与法律基础。

一审判决依据《最高人民法院关于审理建设工程施工合同纠纷案件适用法律问题的解释》第二十六条规定，判决T建设公司在欠付工程款的范围内向何某某承担连带清偿责任。本案申请再审期间，最高人民法院于2018年12月29日发布《最高人民法院关于审理建设工程施工合同纠纷案件适用法律问题的解释（二)》，该解释第二十四条规定了“实际施工人权利保护”。先后两个司法解释的有关规定，均涉及实际施工人的权益保护，而本案再审审理，必然面临对两个司法解释的规定如何正确理解、适用和取舍的问题。

首先，从法条内容分析，《最高人民法院关于审理建设工程施工合同纠纷案件适用法律问题的解释》第二十六条规定：“实际施工人以转包人、违法分包人为被告起诉的，人民法院应当依法受理。实际施工人以发包人为被告主张权利的，人民法院可以追加转包人或者违法分包人为本案当事人。发包人只在欠付工程价款范围内对实际施工人承担责任。”最高人民法院对该条款的权威解释为：“本条是有关保护实际施工人利益的特殊规定”。[①]《最高人民法院关于审理建设工程施工合同纠纷案件适用法律问题的解释（二)》第二十四条规定：“实际施工人以发包人为被告主张权利的，人民法院应当追加转包人或者违法分包人为本案第三人，在查明发包人欠付转包人或者违法分包人建设工程价款的数额后，判决发包人在欠付建设工程价款范围内对实际施工人承担责任。”最高人民法院就该条文的主旨归纳为：“该条是关于发包人向实际施工人承担责任的规定。”[②]

通过对比不难发现，最高人民法院对实际施工人突破合同相对性，以发包人为被告提起诉讼予以肯定，《最高人民法院关于审理建设工程施工合同纠纷案件适用法律问题的解释（二)》在《最高人民法院关于审理建设工程施工合同纠纷案

---

① 最高人民法院民事审判第一庭编著，《最高人民法院建设工程施工合同司法解释的理解与适用》，人民法院出版社2015年版，第181页。

② 最高人民法院民事审判第一庭编著，《最高人民法院建设工程施工合同司法解释（二）理解与适用》，人民法院出版社2019年版，第479页。

件适用法律问题的解释》的基础上进一步明确了发包人承担责任的方式。但是实践中，对上述条款的理解存在歧义。从条文内容来看，实际施工人向发包人主张权利有三个条件：一是实际施工人对转包人或者违法分包人享有债权；二是发包人欠付转包人或者违法分包人建设工程价款；三是实际施工人对发包人享有债权数额不超出发包人欠付转包人或者违法分包人建设工程价款。由此可见，此处的发包人为具有工程发包主体资格和支付工程价款能力的当事人，在实践中即为发包单位、建设单位或者项目业主，与我国《建筑法》《建设工程施工合同（示范文本)》关于发包人的定位相契合。我国《建筑法》对发包主体未采用“发包人”称谓，而是采用“发包单位”；《建设工程施工合同（示范文本)》（GF—2017—0201）通用条款中，对发包人的定义为：“与承包人签订合同协议书的当事人及取得该当事人资格的合法继承人”。换言之，适用《最高人民法院关于审理建设工程施工合同纠纷案件适用法律问题的解释》第二十六条、《最高人民法院关于审理建设工程施工合同纠纷案件适用法律问题的解释（二)》第二十四条的情形仅为，在一次转包或者违法分包情况下，实际施工人有权依据其与转包人或者违法分包人的转包或者分包关系，请求转包人或者违法分包人承担民事责任，请求发包人在欠付工程款的范围内承担清偿责任。然而，在建设工程市场中，存在大量的多次转包或者违法分包情况，对于多次转包或者违法分包情形下的实际施工人，能否向与其没有合同关系的转包人或者违法分包人主张权利，《最高人民法院关于审理建设工程施工合同纠纷案件适用法律问题的解释》并未作出规定，实践中对实际施工人此种权利主张存在争议。本案就是多次转包或者违法分包关系，何某某是违法分包关系中的实际施工人，T 建设公司是多次转包、违法分包关系中的违法分包人。具体到本案案情，实际施工人何某某向与其没有直接合同关系的 T 建设公司主张权利，人民法院能否适用《最高人民法院关于审理建设工程施工合同纠纷案件适用法律问题的解释》第二十六条、《最高人民法院关于审理建设工程施工合同纠纷案件适用法律问题的解释（二)》第二十四条，判决多次转包或者违法分包关系中的“发包人”，在欠付工程款的范围内承担清偿责任？如果可以适用上述条款进行维权，则上述条款中的发包人又应当如何理解呢？

本案中，T建设公司并不是蒲城清洁能源工程公用综合楼等项目的建设单位，在其与发包单位P化工有限公司签订的建设工程施工合同中，T建设公司是该项目的施工总承包人，且双方已结清全部工程款。但在T建设公司与Y建筑公司签订的分包合同中，T建设公司又是发包人，即T建设公司具有双重身份。如果对《最高人民法院关于审理建设工程施工合同纠纷案件适用法律问题的解释》第二十六条中的发包人作狭义理解，则一审法院适用该条规定判决T建设公司在欠付工程款的范围内承担清偿责任，构成适用法律错误。进一步来说，何某某与T建设公司不存在直接的合同关系，不能直接以T建设公司作为被告向其主张权利。何某某作为实际施工人，既不能直接依据《最高人民法院关于审理建设工程施工合同纠纷案件适用法律问题的解释》第二十六条，要求T建设公司承担责任，更无法根据民事合同法律关系，直接以T建设公司为被告提起民事诉讼。假设以上推定成立，在发包人已结清工程款情况下，多层转包或者违法分包合同中的实际施工人权益将无法得到维护，上述司法解释所确立的保护实际施工人权益的立法目的亦不能实现。因此，第二十六条和第二十四条中的“发包人”不应作狭义理解，而是应作广义理解，进行扩张解释，这样才能符合立法本意。代理人借鉴《中华人民共和国票据法》对票据持票人权益的保护方式，认为实际施工人可理解为票据法律关系中汇票的持票人，转包人、分包人、承包人可理解为背书人，发包人可理解为出票人。当实际施工人主张工程价款时，转包人、分包人、承包人、发包人作为其“前手”，只要没有履行完毕工程款的给付义务，都可以成为实际施工人行使“追索权”的对象。故此，本案一审判决认定事实清楚，适用法律正确。

其次，再审程序中，对T建设公司欠付Y建筑公司工程款的事实能否进行充分论证，是本案能否胜诉的关键。关于T建设公司与Y建筑公司的工程款是否清结完毕的问题，二审法院认定，2015年9月5日，Y建筑公司授权党某某全权处理其与T建设公司蒲城清洁能源工程项目结算事宜。根据Y建筑公司出具的授权委托书，T建设公司以向党某某转账支付工程款方式对其账务进行处理，T建设公司与Y建筑公司之间的工程款已经结清，T建设公司不用向何某某承担清偿责任。

但是，根据代理人查阅二审庭审笔录显示，T建设公司只是将欠付Y建筑公司的工程款进行账务处理（挂账），并未实际向Y建筑公司或党某某付款，没有发生实际的资金流转。上述司法解释的相关条款并未明确，工程款的清结结果到底应以账务处理为准，还是应以资金的实际流转作出认定。从财务会计角度而言，该笔工程款Y建筑公司并未实际收到，在账务中应作“应收账款”处理，而T建设公司由于没有实际付款，故无法依据转账凭证或Y建筑公司出具的发票进行平账，而只能作为公司负债科目下的内容，记载为“应付账款”。一般情况下，企业的账务处理只是记录本会计主体的资产、负债、利润等科目的变动情况，反映自身的经营业务成果，并不能直观反映该企业与其他主体之间债权债务实际履行情况。因此，T建设公司的账务处理不能推定已实际发生资金流转，更不能以此为由侵犯其他主体的合法权益。

再次，Y建筑公司出具授权委托书，指定将工程款转入党某某个人账户内的行为应属无效。依据《支付结算办法》第六十七条规定，公司和公司之间的账务只能转入单位存款账户，严禁转入储蓄卡和信用卡账户。Y建筑公司作为公司法人，应当清楚支付结算规定，其指定党某某接受T建设公司工程款的行为违反结算办法相关规定，进而造成国家税款流失，违反税收相关规定，该授权委托书应当认定为无效。授权委托书是Y建筑公司和T建设公司之间恶意串通的结果，既不能作为T建设公司账务处理的依据，亦不能作为认定案件事实的证据予以采信。

基于以上分析，依据司法解释规定，T建设公司未向Y建筑公司实际结清工程款，应当在欠付工程款范围内向实际施工人何某某承担清偿责任。二审判决认定两公司之间工程款清结完毕，T建设公司不承担连带清偿责任，认定事实错误。

【代理词】

关于何某某与陕西Y建筑公司、陕西T建设公司建设工程分包合同纠纷再审一案代理词

北京市炜衡（西安）律师事务所接受申请人（被上诉人）何某某的委托，指派我们担任其与陕西Y建筑工程有限公司、陕西T建设有限公司建设工程分包合同纠纷一案再审阶段的代理人。接受委托后，我们认真地查阅了本案的案件材料，并进行了必要的调查，现提出以下代理意见：

一、本案中申请人（被上诉人）何某某和Y建筑公司签订的分包合同虽然无效，但工程质量检验合格且已交付使用，申请人（被上诉人）何某某作为实际施工人有权取得工程款并要求Y建筑公司返还履约保证金10000元

经一审、二审认定，Y建筑公司至今尚欠何某某工程款850850.54元；另外，Y建筑公司应当返还何某某交纳的履约保证金10000元，两项合计860850.54元，双方当事人对该案件事实无争议。

二、Y建筑公司至今拖欠何某某860850.54元工程款是本案查明的事实，Y建筑公司有支付拖欠工程款的义务，T建设公司作为发包人，对860850.54元工程欠款是否应该承担连带责任，为本案的核心问题

依据《最高人民法院关于审理建设工程施工合同纠纷案件适用法律问题的解释》第二十六条规定，实际施工人以发包人为被告主张权利的，人民法院可以追加转包人或者违法分包人为当事人。发包人只在欠付工程价款范围内对实际施工人承担责任。那么作为工程发包人的T建设公司是否已经完全支付工程价款？据一审庭审笔录（第一次）第7页记载，T建设公司代理人称：“Y建筑公司委托党某某办理工程尾款，已经将工程款转给了党某某。财务上已经把这做进财务账里了，但实际上并没有转账。”第8页记载，一审主审法官释明：“被告方，你方未向Y建筑公司支付的工程款696148.78元，不得再向Y建筑公司支付。”T建设公司回答：“听清了。”二审庭审笔录第4页记载：“T建设公司2015年9月25日委

托支付的该笔款项领导已经审批，账务已作处理，但是因为公司没有钱未给付。”以上内容表明，T建设公司在一审、二审中均承认至今尚拖欠工程款696148.78元未支付给Y建筑公司。那么，T建设公司就应当在696148.78元范围内向申请人承担清偿责任。《最高人民法院关于审理建设工程施工合同纠纷案件适用法律问题的解释》第二十六条规定的立法目的，就是为了保护实际施工人的合法权益。现T建设公司承认该工程尚欠Y建筑公司696148.78元，只做了账务处理但没有实际支付，充分说明T建设公司欠付Y建筑公司工程款的事实。故，T建设公司应当在欠付工程款的范围内向申请人承担清偿责任，本案一审判决认定事实清楚，适用法律正确，应予以维持。

三、Y建筑公司向党某某出具的授权委托书无效

T建设公司和Y建筑公司作为公司法人签订建设工程分包合同，其工程款的结算应当按照支付结算的规定，把工程款汇至Y建筑公司的账户上。Y建筑公司出具授权委托书，指定将工程款转入党某某个人账户内的行为应属无效。依据《支付结算办法》第六十七条规定，公司和公司之间的账务只能转入单位的存款账户，严禁转入储蓄卡和信用卡账户。Y建筑公司作为公司法人，应当清楚支付结算的规定，其指定党某某接受T建设公司工程款的行为违反结算办法规定，进而造成国家税款流失，违反税收相关规定，该授权委托书应当认定为无效。申请人认为，授权委托书是Y建筑公司和T建设公司之间恶意串通的结果，T建设公司以虚假走账的形式抗辩主张不承担连带清偿责任，严重侵犯申请人（被上诉人）的合法权益。

四、二审程序严重违法

二审法院依职权调取了T建设公司内部转账凭证，在未经过法庭质证情况下，认定T建设公司已经清结完毕工程余款696148.78元，严重违法。代理人认为，二审法院严重违反《最高人民法院关于民事诉讼证据的若干规定》中关于人民法院调查、收集证据的规定。依据《中华人民共和国民事诉讼法》第二百条第四款之规定，本案原判决认定事实的主要证据未经质证，符合再审法定事由，应予再审。

综上所述，申请人（被上诉人）何某某诉T建设公司、Y建筑公司建设工程分包合同纠纷一案，事实清楚，证据确凿，Y建筑公司应向申请人（被上诉人）足额支付拖欠的工程款，T建设公司应当在欠付Y建筑公司工程款696148.78元范围内，向申请人（被上诉人）承担连带清偿责任。一审法院认定事实清楚，适用法律正确，请求省高院支持申请人的再审请求，维持一审判决。

何某某与陕西Y建筑公司、陕西T建设公司
建设工程分包合同纠纷再审一案
补充代理词

北京市炜衡（西安）律师事务所接受申请人（被上诉人）何某某的委托，指派我们担任其与陕西Y建筑工程有限公司、陕西T建设有限公司建设工程分包合同纠纷一案再审阶段的代理人，参与再审的审理程序。代理人现就审理过程中二审法院案卷里的三份材料及两份合同提出如下补充意见：

一、对于党某某书写的《情况说明》不应采信

党某某书写的关于供运销大楼安全环保大楼安装工程《情况说明》，时间为2017年8月20日，正是二审开庭审理时间。《情况说明》既然已经形成就应在庭审时当庭提交，但是在二审审理中，党某某作为证人出庭作证，其证言内容只是证明自己与T建设公司存在合同关系，授权委托书是自己亲自提交的。而《情况说明》的内容突破了党某某证人证言的内容，且未经法庭质证，所以申请人对该《情况说明》不予认可，该说明亦不应作为认定本案事实的证据予以采信。

二、党某某和刘某某签订的两份施工协议书提交程序违法，不应被采信

二审卷宗显示，党某某和刘某某于2012年2月7日签订了两份施工协议书，上述两份协议书内容一致，应作为一份合同予以认定。此两份协议书不符合证据的“三性”，不应作为证据予以采信。首先，申请人对该份证据的真实性有异议。二审庭审笔录中根本就没有对两份协议书的任何记载，且该协议书上刘某某的签名明显与授权委托书上的签名不是同一人所为，刘某某也当庭否认其签署了该协议。其次，申请人对该份证据的合法性不予认可。案卷中显示不出此份协议书的

具体提交情况，所以该份证据的取得及提交均不具有合法性。再次，该份证据与本案的事实没有关联性。

三、对于何某某及其二审诉讼代理人庭审后的补充意见，并不是何某某对授权委托书、《情况说明》、协议书发表的质证意见

上述补充意见，只是表明申请人对案件中696148.78元欠款性质的看法，认为该笔款项属于应当支付给何某某的工程款，不能支付给党某某个人。同时，查阅二审庭审笔录，何某某对授权委托书并未发表任何质证意见。

对二审主审法官调取的T建设公司696148.78元的会计凭证，以及2017年11月23日二审法官对于T建设公司员工王某某的调查笔录，申请人均不予认可，具体理由在代理词和再审申请书中已经阐明，不再重复，该两份证据不能作为认定本案事实的证据。

综上，对于二审案卷里出现的上述未经质证的证据材料，申请人（被上诉人）何某某在一审、二审庭审中均未见到，庭审笔录里也没有任何一处显示上述证据曾经当庭出示过，更不用说质证了。因而上述证据的提交程序违法，法庭不应将其作为认定案件事实的证据予以采信。而遗憾的是，本案二审正是依据上述证据材料重新认定了案件的基本事实，并在此基础上对一审判决予以改判，二审判决结果实难让人信服。

【生效判决书】

陕西省高级人民法院

民事判决书

（2019）陕民再29号

再审申请人何某某因与被申请人陕西Y建筑工程有限公司（以下简称Y建筑公司）、陕西T建设有限公司（以下简称T建设公司）建设工程施工合同纠纷一案，不服渭南市中级人民法院（2017）陕05民终第1583号民事判决，向本院申请再审。本院作出（2018）陕民申1878号民事裁定，提审本案。本院依法组成合

议庭，公开开庭审理了本案。再审申请人何某某及其委托诉讼代理人王云山、史万利，被申请人Y建筑公司法定代表人刘某某、委托诉讼代理人张某某，被申请人T建设公司委托诉讼代理人王某、于某到庭参加诉讼。本案现已审理终结。

何某某申请再审称，至本案一审起诉之日，T建设公司尚有696148.78元的工程款未支付给Y建筑公司，二审认定T建设公司已于2015年10月14日支付了该笔款项，证据不足，程序违法，事实错误，T建设公司应在欠付的范围内对申请人承担付款责任。请求：撤销二审判决第一项、第二项；维持一审判决；一、二审案件受理费由Y建筑公司和T建设公司承担。

Y建筑公司辩称，一审法院未合法传唤或通知Y建筑公司参加诉讼，程序违法；二审法院依职权调取的证据未经质证即作为定案依据，程序违法；T建设公司仅向Y建筑公司账户支付过5万元，2015年6月25日Y建筑公司向T建设公司发函，撤销对党某某、王某某的全部授权委托书，要求T建设公司将工程款汇入Y建筑公司公户。因此，此后T建设公司向党某某的付款与Y建筑公司没有关系，Y建筑公司不予认可。

T建设公司辩称，其自2013年2月6日至2015年10月14日分16次向Y建筑公司支付工程款4406648.78元，工程款已足额支付完毕。其中的696148.78元工程款，T建设公司于2015年9月15日根据Y建筑公司出具的授权委托书，履行了付款手续。该委托付款申请在没有经过撤销或宣布无效的情况下是有效的民事行为，Y建筑公司亦对该付款行为予以认可。T建设公司根据Y建筑公司的授权委托意思表示，将剩余工程款支付给党某某个人账户，履行了付款责任，产生的付款后果应由Y建筑公司承担。因此，T建设公司与Y建筑公司的工程款已经结清，不应承担连带清偿责任。二审判决事实清楚，应予维持。

何某某向一审法院起诉请求：1. 依法判令二被告立即支付原告工程款856786.32元、退还合同履约金10000元，合计866786.32元，并支付利息损失（按同期银行贷款利率计算，自2014年9月30日计至付清之日）；2. 案件受理费、诉前保全申请费由被告负担。

一审法院认定事实：T建设公司将其承建的蒲城清洁能源项目水暖电安装工

程分包给Y建筑公司。Y建筑公司将其中的蒲城清洁能源项目公用工程综合楼、中央控制室水暖电安装工程分包给何某某。1. 2012年11月27日，T建设公司（甲方）与Y建筑公司（乙方）签订了蒲城清洁能源项目公用工程综合楼水暖电安装工程分包合同。合同约定，工期：2012年10月14日—2013年4月15日。工程质量：合格。合同价款，4－1承包单价：执行《全国统一安装工程预算定额陕西省价目表》（2001年版本）（若与招标文件的计价依据不一致，按招标文件计价）。4－2承包方式：包工包料包机械。乙方向甲方上缴水电安装决算工程总价（扣除工程3.41%税）的15%（由乙方提供工程类税票）管理费（含配合费）。2012年10月27日，Y建筑公司（甲方）与何某某（乙方）签订了蒲城清洁能源项目公用工程综合楼水暖电安装工程分包合同。合同约定，工期：2012年10月14日—2013年4月15日；工程质量：合格。合同价款，4－1承包单价：执行《全国统一安装工程预算定额陕西省价目表》（2001年版本）（若与招标文件的计价依据不一致，按招标文件计价）。4－2承包方式：包工包料包机械。乙方向甲方上缴水电安装决算工程总价（扣除工程3.41%税）的20%（由乙方提供工程类税票）管理费（含配合费）。2012年10月31日，时任Y建筑公司法定代表人刘某某收取了何某某履约质保金10000元。2. 2013年1月3日，Y建筑公司（甲方）与何某某（乙方）签订了蒲城清洁能源项目中央控制室水暖电安装工程分包合同。合同约定，工期：2013年1月15日—2013年7月15日。工程质量：合格。合同价款，4－1承包单价：执行《全国统一安装工程预算定额陕西省价目表》（2001年版本）（若与招标文件的计价依据不一致，按招标文件计价）。4－2承包方式：包工包料包机械。乙方向甲方上缴水电安装决算工程总价20%的管理费（含配合费）（由乙方提供工程款、劳务分包税及材料税的税票）。

T建设公司与Y建筑公司经结算，T建设公司应付Y建筑公司蒲城清洁能源项目公用工程综合楼水暖电安装工程款1417368.68元（1681181.75元×85%－审计费11635.81元）；应付Y建筑公司蒲城清洁能源项目中央控制室水暖电安装工程款2200179.84元（2533342.38元×85%＋签证变更70588.50元×85%－罚款7800元－审计费5361.41元）。现T建设公司尚欠Y建筑公司工程款696148.78元未付。该涉案工程已交付使用，质保期已届满。Y 建筑公司已付何某某工程款 2406320 元。

一审法院认为，Y 建筑公司将其从 T 建设公司分包的工程部分分包于无资质的自然人何某某，分包合同依法无效。何某某至今未与 Y 建筑公司结算，涉案工程已交付使用，现何某某要求按合同约定支付工程款，应予支持。Y 建筑公司与何某某签订的蒲城清洁能源项目中央控制室水暖电安装工程分包合同，约定何某某向 Y 建筑公司上缴水电安装决算工程总价 20% 的管理费。现何某某自认工程款除应扣除管理费外，还应扣除工程 3.41% 税，属对自己不利的自认，予以确认。Y 建筑公司应付何某某蒲城清洁能源项目公用工程综合楼水暖电安装工程款为 1681181.75 元 - 1681181.75 元 ×（3.41% + 20%） - 11635.81 元 = 1275981.29 元，应付何某某蒲城清洁能源项目中央控制室水暖电安装工程款为（2533342.38 元 + 70588.50 元） - （2533342.38 元 + 70588.50 元） ×（3.41% + 20%） - 7800 元 - 5361.41 元 = 1981189.25 元，两项合计 3257170.54 元，减去已付工程款 2406320 元，Y 建筑公司尚欠何某某工程款 850850.54 元。现涉案工程质保期已届满，Y 建筑公司应退还何某某所交履约质保金 10000 元。何某某主张工程款及履约质保金的利息，依法应从其起诉之日起按年利率 6% 计算至付清之日。T 建设公司在欠付工程款 696148.78 元的范围内对何某某承担清偿责任。判决：一、由被告 Y 建筑公司清偿原告何某某工程款 850850.54 元，退还履约质保金 10000 元，共计 860850.54 元，并支付利息（自 2017 年 2 月 24 日起按年利率 6% 计至付清之日止）。被告 T 建设公司对工程款 696148.78 元承担连带清偿责任。于本判决生效后十日内履行完毕。二、驳回原告何某某的其他诉讼请求。案件受理费 12467 元，减半收取 6233.50 元，诉前保全费 4854 元，共计 11087.50 元，由何某某负担 50 元，被告 Y 建筑公司负担 11037.50 元。

一审宣判后，Y 建筑公司、T 建设公司均提出上诉。Y 建筑公司上诉称：1. Y 建筑公司及法定代表人刘某某未收到起诉状副本及开庭传票，一审法院缺席审理程序违法。2. 一审既已认定何某某与 Y 建筑公司双方未结算，即应由双方对工程造价进行结算，但一审法院在 Y 建筑公司未参与诉讼的情况下进行结算，认定事实错误。3. 对何某某提供的项目工程费汇总表、项目部结算单等证据，T建设公司未发表实质性质证意见、Y建筑公司未到庭质证，一审未对上述证据的真实性进行核实，导致判决错误。请求：撤销一审判决；一、二审诉讼费由何某某承担。

T建设公司上诉称：1. 一审审理程序违法。T建设公司和Y建筑公司存在合同关系，与何某某没有法律上的利害关系，Y建筑公司没有参加诉讼，导致无法查明案件事实。2. 一审认定事实错误，导致判决错误。T建设公司将工程发包给Y建筑公司，只和Y建筑公司发生往来，与何某某没有关联。且T建设公司与Y建筑公司的工程款已经结清，不应承担连带清偿责任。请求：撤销一审判决，驳回何某某对T建设公司的诉讼请求；一、二审诉讼费及其他费用由何某某承担。

二审法院认定事实：1. 一审法院以EMS国内特快专递给Y建筑公司邮寄送达起诉状副本、应诉通知及开庭传票，Y建筑公司以到法院领取为由拒收，邮件退回，一审送达及缺席审理程序合法。2. 关于T建设公司是否将工程款向Y建筑公司清结完毕的问题。2015年9月15日，Y建筑公司给党某某出具授权委托书。内容为"委托人：Y建筑公司。受委托人：党某某。现委托我公司党某某同志前往T建设公司全权处理蒲城清洁能源工程项目结算事宜，工程项目包括供运销工程、安环工程、公用工程、中心控制室工程。工程余款696148.78元请汇入党某某个人账号（户名：党某某；开户行：中国建设银行；账号：62170041400＊＊＊＊＊＊＊＊）。此委托产生的一切法律后果由我公司承担"。根据上述Y建筑公司给党某某出具授权委托书，T建设公司2015年10月14日转账凭证第0020号作了转党某某工程款569082.91元、83065.87元、45000.00元的处理，以上共计696148.78元。另查明，T建设公司与Y建筑公司经结算，T建设公司应付Y建筑公司蒲城清洁能源项目公用工程综合楼水暖电安装工程款1417368.68元（1681181.75元×85%－审计费11635.81元）；应付Y建筑公司蒲城清洁能源项目中央控制室水暖电安装工程款2200179.84元（2533342.38元×85%＋签证变更70588.50元×85%－罚款7800元－审计费5361.41元）。该涉案工程已交付使用，现质保期已届满。Y建筑公司已付何某某工程款2406320元。其余事实同一审判决认定事实，予以确认。

二审法院认为，T 建设公司将其承建的蒲城清洁能源项目水暖电安装工程分包给 Y 建筑公司后，Y 建筑公司将其中的蒲城清洁能源项目公用工程综合楼、中央控制室水暖电安装工程分包给自然人何某某。该分包合同因违反双方合同中不得转包其他施工单位的约定无效。因涉案工程现已交付使用，实际施工人何某某要求按合同约定支付工程款的请求，应予支持。Y 建筑公司尚欠何某某工程款 850850.54 元。现涉案工程质保期已届满，Y 建筑公司应退还何某某所交履约质保金 10000 元。何某某主张工程款及履约质保金的利息，应从其起诉之日起按年利率 6% 计算至付清之日。关于 T 建设公司是否给 Y 建筑公司将工程款清结完毕、T 建设公司是否应承担 696148.78 元的连带清偿责任的问题。《“蒲城清洁能源项目”结算金额明细单》及十九份《工程验收结算单》证明涉案项目完成后应付工程款 4406628.78 元。《“蒲城清洁能源项目”T 建设公司向 Y 建筑公司工程款明细单》及十六份《付款凭证》已证明 T 建设公司自 2013 年 2 月 6 日至 2015 年 10 月 14 日已向 Y 建筑公司共支付工程款 4406648.78 元。工程款已清结完毕，故 T 建设公司不应再承担 696148.78 元的连带清偿责任。一审判决 T 建设公司对工程款 696148.78 元承担连带清偿责任不妥，应予纠正。二审改判：一、撤销一审判决第一项、第二项；二、Y 建筑公司清偿何某某工程款 850850.54 元，退还履约质保金 10000 元，共计 860850.54 元，并支付利息（利息自 2017 年 2 月 24 日起按年利率 6% 计至付清之日止）。于本判决生效后十日内履行完毕。三、驳回何某某的其他诉讼请求。二审受理费 23169 元，一审诉前保全费及一、二审受理费共计 34256.50 元，由何某某负担 4854 元，Y 建筑公司负担 29402.50 元。

本院再审查明：关于 T 建设公司于 2015 年 10 月 14 日是否向 Y 建筑公司支付 696148.78 元的工程款的问题，2015 年 9 月 15 日 Y 建筑公司向党某某出具授权委托书，载明“现委托我公司党某某同志前往 T 建设公司全权处理蒲城清洁能源工程项目结算事宜，工程项目包括供运销工程、安环工程、公用工程、中心控制室工程。工程余款 696148.78 元请汇入党某某个人账号（户名：党某某；开户行：中国建设银行；账号：62170041400＊＊＊＊＊＊＊＊）。此委托产生的一切法律后果由我公司承担。委托人：Y 建筑公司。受委托人：党某某”。T 建设公司收到该授权委托书，于 2015 年 10 月 14 日在其公司财务记账凭证册制作转账凭证，分别记载转党某某工程款 569082.91 元、83065.87 元和 45000.00 元，共计 696148.78 元。该记载的 696148.78 元未实际向党某某或 Y 建筑公司支付。

原审查明的其他事实属实，本院予以确认。

本院认为，本案争议焦点是：T 建设公司是否欠付 Y 建筑公司 696148.78 元工程款，并应在此范围内向何某某承担连带清偿责任。T 建设公司与 Y 建筑公司签订劳务分包合同，T 建设公司系涉案工程的发包人，Y 建筑公司系分包人，Y 建筑公司将涉案工程分包给不具有建筑施工资质的何某某，应属违法分包，Y 建筑公司与何某某的分包合同无效。何某某作为涉案工程的实际施工人，有权请求发包人 T 建设公司和违法分包人 Y 建筑公司支付案涉工程款。因涉案工程已经交付使用，质保期已满，Y 建筑公司应当向何某某给付尚欠工程款 850850.54 元，退还履约质保金 10000 元，共计 860850.54 元，并支付利息。T 建设公司应当在欠付 Y 建筑公司的工程价款范围内向何某某承担清偿责任；T 建设公司收到 Y 建筑公司向党某某出具的授权委托书，要求其向受委托人党某某支付 696148.78 元工程款，但 T 建设公司对该笔工程款自行进行了财务记账处理，并未实际向 Y 建筑公司和党某某支付。原审认定 T 建设公司已将全部工程款向 Y 建筑公司结清的事实错误，应予纠正。T 建设公司应在欠付 Y 建筑公司的工程款 696148.78 元范围内向何某某承担清偿责任。一审法院向 Y 建筑公司邮寄送达起诉状副本、应诉通知及开庭传票，程序合法，Y 建筑公司关于程序违法的辩解理由不能成立。

依照《中华人民共和国民事诉讼法》第二百零七条、第一百七十条第一款第（二）项之规定，判决如下：

一、撤销二审判决；

二、维持一审判决。

二审受理费 23169 元，由 Y 建筑公司负担 11500 元，T 建设公司负担 11500 元，何某某负担 169 元。

本判决为终审判决。

【案件总结】

实际施工人利益的保护，不应局限于一次转包或违法分包合同关系，毕竟多次转包或违法分包的情形也较为常见，无论是一次还是多次违法转包或分包，实际施工人的地位是相同的，财产、劳务的物化结果是相似的。如果将《最高人民法院关于审理建设工程施工合同纠纷案件适用法律问题的解释》第二十六条、《最高人民法院关于审理建设工程施工合同纠纷案件适用法律问题的解释（二）》第二十四条作狭义理解，将发包人定位为建设单位、发包单位、业主、项目法人，只会使司法解释的目的落空，多次转包或违法分包中实际施工人的权益将无法得到全面维护。因此，作为实际施工人一方的代理人，应当打破“绝对身份”思维，认识到发包人、承包人、违法分包人、转包人身份的双重性，借鉴汇票“追索权”的行使方式，最大限度地维护当事人利益。

“实质重于形式”是一种公平、公正的意识形态，本案中账务的处理不应当推定出实际发生了资金的流转。如果已作账务处理便认定债权债务关系产生和消灭，不仅侵害了国家税收利益、破坏了经济市场秩序，同时也曲解了法律，违背了合同法公平诚信、等价有偿的基本原则。

通过代理本案，并在再审中取得胜诉结果，代理律师认识到在建设工程施工合同纠纷中，责任主体的正确界定、工程款清结情况的正确把握对实际施工人利益的保护意义深远。当然，本案还涉及发包人在欠付工程款范围内向实际施工人承担清偿责任，此工程款是否包含相应的利息或逾期付款违约金的问题，因篇幅问题，不再展开。

【承办律师简介】

王云生律师现为北京市炜衡（西安）律师事务所高级合伙人、建筑房地产部负责人，北京市炜衡律师事务所房地产与建设工程法律专业委员会副主任，西安市律师协会建筑房地产委员会委员。

专注于建筑、房地产领域法律新课题的研究，学习实践建设工程、房地产领域的律师实务，并于 2011 年取得国家一级建造师资格，为西安筑邦建设工程总公司、天津林海建设集团有限公司、长业建设集团有限公司西安分公司等诸多建筑施工企业担任法律顾问并处理非诉讼法律事务，为江西建工第三建筑有限责任公司、西安长柳建筑工程有限公司等建设施工企业处理诉讼事务，在此过程中，积累了丰富的实务经验。

史万利律师，西北政法大学法学学士。1997 年毕业后，一直从事基层法律服务工作，2010 年至 2017 年，在陕西睿诚律师事务所及陕西海普睿诚律师事务所执业，2017 年 10 月至今在北京市炜衡（西安）律师事务所执业。担任陕西泾渭建材有限公司、陕西华新建工集团有限公司、西安藻露堂药业集团藻露堂药业连锁有限公司、西安船舶重工集团公司第七〇五研究所等公司法律顾问，代理了大量的诉讼、非诉业务，积累了丰富的从业经验。

建设工程内部承包合同纠纷案件三级审理胜诉策略[①]

——陈某某与浙江某建设集团有限公司建设工程施工合同纠纷案

北京炜衡（杭州）律师事务所　底世清律师　钱思洋律师

【争议焦点】

◆ *案涉建设工程内部承包合同是否有效？*

◆ *若内部承包合同无效，原、被告之间的权利义务关系如何确定？*

◆ *如何区分内部承包与挂靠、转包？*

◆ *被告是否需退还案涉工程保证金？*

【关键词】

建设工程　内部承包合同效力　工程保证金　挂靠　转包

【案情简介】

2012年5月2日，陈某某与浙江某建设集团有限公司（以下简称浙江某建设公司）签订了全日制劳动合同，合同期限自2012年5月1日至2017年4月30日，工作内容为从事现场施工管理，工作地点随工作需要而变更。浙江某建设公司为陈某某缴纳了社会保险。

2012年5月8日，常州某房地产有限公司（以下简称常州某房地产公司）向江苏某建设有限公司（以下简称江苏某建设公司）发出投标邀请书，邀请江苏某

---

① 案件来源：常州经济开发区人民法院（2016）苏0492民初91号一审民事判决书、常州市中级人民法院（2018）苏04民终45号二审民事判决书、江苏省高级人民法院（2018）苏民申3944号再审民事裁定书。

建设公司参加常州园城豪景家园项目投标。2012年5月9日，陈某某以江苏某建设公司的名义与常州某房地产公司签订了《常州园城豪景花园工程补充协议》，约定由江苏某建设公司承建常州某房地产公司的常州园城豪景家园项目，并规定该补充协议作为备案合同的补充条款。该协议还约定江苏某建设公司向常州某房地产公司缴纳工程保证金1100万元。

2012年5月11日，江苏某建设公司与陈某某签订《工程内部承包责任制合同》，约定"本工程由陈某某任工程负责人，并以内部承包方式，独立核算，自负盈亏，工程款专款专用"。该协议还约定陈某某向江苏某建设公司缴纳工程保证金1100万元。协议签订后，陈某某于2012年5月31日、10月10日向江苏某建设公司缴纳了保证金1100万元；江苏某建设公司自2012年5月31日至2012年10月26日陆续向常州某房地产公司缴纳了保证金1100万元。

2012年10月23日，常州某房地产公司向江苏某建设公司发出中标通知书，双方签订了《建设工程施工合同》。2013年2月3日，陈某某作为江苏某建设公司代理人，与常州某房地产公司签订了《常州园城豪景花园工程补充协议(二)》，约定"本补充协议条款与备案合同及《常州园城豪景花园工程补充协议》存在不一致的条款，均以本补充协议为准"。该协议第二条还约定，江苏某建设公司缴纳的1100万元履约保证金，常州某房地产公司必须在2013年12月31日前全额返还，并约定了分期付款方案。

2013年2月20日，浙江某建设公司吸收合并了江苏某建设公司，江苏某建设公司于2013年4月17日注销。

2013年11月21日，浙江某建设公司向杭州市滨江区人民法院起诉，要求解除《建设工程施工合同》及《常州园城豪景花园工程补充协议》，并要求常州某房地产公司支付工程款、立即退还保证金1100万元及逾期付款违约金等。杭州市滨江区人民法院作出一审判决后，常州某房地产公司不服判决提起上诉。杭州市中级人民法院于2014年8月作出二审判决：解除《建设工程施工合同》及《常州园城豪景花园工程补充协议》，确认浙江某建设公司对常州某房地产公司享有债权52060687.64元（其中包括工程款3262000元及利息4174108.82元，返还保证金

11000000元及赔偿逾期付款违约金1407578.82元）。

2014年5月12日，常州市戚墅堰区人民法院裁定受理了常州某房地产公司重整申请，并于2015年3月2日裁定终止重整程序，宣告常州某房地产公司破产。债权申报期内，浙江某建设公司向常州某房地产公司破产管理人申报了债权52060687.64元并获确认，但债权清偿比例为零。

2016年4月，陈某某向常州市戚墅堰区人民法院起诉浙江某建设公司，要求确认签订于2012年5月11日的《工程内部承包责任制合同》无效，并要求浙江某建设公司返还保证金1100万元，赔偿损失535.72万元。后因行政区域调整，戚墅堰区人民法院更名为常州经济开发区人民法院。北京炜衡（杭州）律师事务所底世清、钱思洋律师代理浙江某建设公司应诉。2017年11月，常州经济开发区人民法院作出一审判决，驳回陈某某的全部诉讼请求。随后，陈某某向常州市中级人民法院提出上诉。2018年5月，常州市中级人民法院作出二审判决，在事实认定上对一审判决进行了部分纠正后，驳回上诉，维持原判。陈某某仍不服二审判决，向江苏省高级人民法院提起再审申请，江苏省高级人民法院受理再审申请后，维持了二审判决，驳回陈某某的再审申请。

【诉讼策略】

陈某某与浙江某建设公司建设工程施工合同纠纷一案经历了一审、二审和再审三个诉讼阶段，之所以取得了三连胜，主要是得益于代理律师扎实的法律素养、丰富的代理经验和对诉讼全局的有效把握。三个诉讼阶段环环相扣，代理律师的诉讼策略也是一脉相承，从诉前准备到一审代理，再到二审代理、再审答辩，秉承着提供全面、优质、高效的法律服务的理念，代理律师力求做到尽善尽美，最大限度地维护当事人权益。本案主要采用了如下诉讼策略：

一、时间为轴，把握事实——扎实准备反驳对方质疑

事实是案件的生命，也是诉讼代理的出发点和落脚点。律师代理诉讼案件的第一步就是要厘清案件事实，进而才能收集有利证据，最终制定出有效的诉讼策略。由于本案前后时间跨度较大，并且还涉及主体合并及第三方破产等复杂因素，

因此，代理律师在接到案件后第一时间采用“鱼骨图”形式，以时间为轴，将案件事实一一列举。

通过对案件事实的详细列举，代理律师发现其中存在两组特殊时间节点，可能会被原告用来作为支撑其诉讼请求的“事实”依据：

一是江苏某建设公司与常州某房地产公司签订《常州园城豪景花园工程补充协议》的时间为2012年5月9日，而江苏某建设公司与陈某某签订《工程内部承包责任制合同》的时间为2012年5月11日，常州某房地产公司向江苏某建设公司发出中标通知书的时间为2012年10月23日。代理律师敏锐地发现了这组时间节点，凭借在建设工程领域多年的代理经验，判断出其中一定存在特殊情况，并向当事人进行了详细询问和求证。

因此，当陈某某在庭审中主张“《常州园城豪景花园工程补充协议》虽名为补充协议，看似主合同的附件，但江苏某建设公司与常州某房地产公司通过该补充协议已将本案工程价格、施工范围、技术质量标准、工期等重要承发包条件予以确定，由此可见，通过签订该补充协议，江苏某建设公司与常州某房地产公司已经确立了承发包关系，江苏某建设公司已经实际将案涉工程承接下来”，并表示自己没有参与也不知情，从而要求认定江苏某建设公司作为承包方将工程承接下来后与其签订工程内包合同，属于非法转包行为时，代理律师抓住《常州园城豪景花园工程补充协议》是陈某某以江苏某建设公司的名义与常州某房地产公司签订的，并且常州园城豪景家园项目一直是由陈某某在与常州某房地产公司沟通、协调，以及该项目工程款的结算方式等要点，有力地反驳了陈某某要求认定签订工程内包合同为非法转包行为的主张。

二是陈某某于2012年5月2日与浙江某建设公司签订了全日制劳动合同，而后参与到江苏某建设公司的工作中；2013年2月20日，浙江某建设公司吸收合并了江苏某建设公司，江苏某建设公司于2013年4月17日注销。

从中可以看出，陈某某并未与江苏某建设公司签订过劳动合同，这一点也成为其主张自己不具有签订工程内包合同主体资格的“事实”依据。在庭审中，陈某某主张“从未与江苏某建设公司建立过劳动关系，与江苏某建设公司签订《工程内部承包责任制合同》时，江苏某建设公司与浙江某建设公司尚未合并，两者是完全独立的企业法人”，故自己不具有签订企业内部承包合同的主体资格。对此，代理律师通过向法庭论述江苏某建设公司与浙江某建设公司的关系（浙江某建设公司持有江苏某建设公司 95% 的股份），提交常州园城豪景家园项目《施工技术交底纲要》及《工程质量安全整改联系单》等证据（系由浙江某建设公司盖章），同时从法理上论证公司合并对权利义务概括承受等原则，有力地反驳了陈某某要求认定其不具有主体资格的主张。

正是基于前期扎实的事实梳理和情况准备，才能够做到在庭审中对相关细节一一进行有力反驳，从而为诉讼焦点的辩驳打下坚实基础。

二、层层推进，各个击破——有理有据回应诉讼焦点

本案的诉讼焦点主要有两点：一是陈某某与江苏某建设公司签订的《工程内部承包责任制合同》是否有效；二是浙江某建设公司是否需要退还陈某某工程保证金 1100 万元并赔偿相应损失。

围绕《工程内部承包责任制合同》是否有效的问题，代理律师通过法理分析并结合大量举证列明事实的方式，对该合同的有效性进行了论证。

从法理上看，内部承包属于企业内部经营方式，在符合一定要件的情况下，是合法有效的；本案中的《工程内部承包责任制合同》符合内部承包合同的要件，因此也应当是合法有效的。由于本案在江苏省内法院审理，代理律师还特地查找了《江苏省高级人民法院建设工程施工合同案件审理指南》的相关规定作为参考资料提交给法庭。

从事实上看，其一，陈某某具有与江苏某建设公司签订工程内包合同的主体资格，原因在上文已有论述，并且陈某某自己提交给法庭的保证金收据（系由浙江某建设公司出具）也证明了江苏某建设公司与浙江某建设公司存在财产及人员的交叉，陈某某确实是在为江苏某建设公司提供劳动，其与公司签订工程内包合同符合法律规定。其二，江苏某建设公司对施工过程、工程质量、签订合同进行管理，并对陈某某提供财务支持，包括在其资金不足情况下，为其垫付大量工程费用等，履行了公司的管理义务。其三，《工程内部承包责任制合同》对双方的权利义务约定是公平且合理的。

围绕是否需要退还工程保证金及赔偿损失的问题，代理律师同样开展了有效的辩驳。

从合同约定及实际履行上看，其一，江苏某建设公司仅是代陈某某缴纳工程保证金，根据《工程内部承包责任制合同》约定，交付给常州某房地产公司的工程保证金1100万元由陈某某承担，只因陈某某未与常州某房地产公司签订合同，不能直接以自己名义向常州某房地产公司付款，因而只能通过江苏某建设公司账户进行付款；其二，工程内包合同明确约定该1100万元保证金不是陈某某向浙江某建设公司缴纳的保证金，并且在实际履行过程中，由于常州某房地产公司未能按照《常州园城豪景花园工程补充协议（二）》（陈某某作为江苏某建设公司代理人与常州某房地产公司签订）的约定及时退还保证金，由此产生的利息近600万元也均由陈某某取得。

从保证金性质及诚实信用原则上看，保证金的性质决定了应当由其实际收取者来进行退还。根据诚实信用原则，工程内包合同是双方真实意思表示，而该合同中并不包括当保证金无法退还时由浙江某建设公司来偿还的意思表示，仅是约定了浙江某建设公司有协助陈某某向常州某房地产公司催款的义务。实际履行中，浙江某建设公司不仅起诉常州某房地产公司要求支付工程款、立即退还保证金1100万元及逾期付款违约金等，还在常州某房地产公司宣告破产重整后，申报了债权并获确认。

代理律师牢牢抓住了以上事实和依据，就陈某某无权要求浙江某建设公司退还工程保证金及赔偿损失的抗辩得到了一审、二审法院的采纳，虽然二审在事实认定上对一审判决进行了部分纠正，但无论是在庭审中，还是在判决结果中，对退还工程保证金及赔偿损失的问题两级法院均持不予支持的态度。

三、预留后手，调整策略——从力求合同有效到力争内容真实

基于对案件复杂性及对方态度的判断，代理律师在一审期间已经意识到如果一审判决驳回了对方的诉讼请求，则对方有极大的可能会提起上诉。因此，代理律师立足于最大限度维护当事人权益，不断根据案件走向的变化调整诉讼策略，经历了从一审的力求合同有效到二审的力争内容真实的合理转变。

一审期间，代理律师就《工程内部承包责任制合同》的有效性问题向法庭提交了大量证据和参考资料，力求达到让法庭认定工程内包合同有效的代理目标。同时，代理律师基于多年的建设工程领域案件代理经验，以及对建设工程领域施工合同实践操作的深度了解和对本案事实的高度把握，判断出案涉工程内包合同并非十全十美，存在有一定瑕疵。因此，代理律师在主张工程内包合同有效的同时，对陈某某主张签订工程内包合同为非法转包行为进行了有力反驳，为后续诉讼代理的开展预留了后手。

随着二审期间陈某某申请证人出庭，证人证言等新证据的出现，代理律师及时调整诉讼策略，不再纠缠于认定工程内包合同有效性的问题，而是极力主张该工程内包行为属于挂靠而非转包，因为若属于挂靠关系，即便合同无效，双方之间的权利义务仍应参照合同处理；而若属于转包关系，则在合同无效时，双方之间的权利义务约定也会无效，陈某某可以实际施工人身份直接向江苏某建设公司主张权利。代理律师围绕介入工程的时间节点、对工程的介入程度、工程相关费用的承担和工程款的结算方式等主要焦点展开辩驳，力争合同内容有效的主张被二审法院采纳，最终二审判决仅纠正了一审判决中认定的部分事实，将涉案内部承包合同认定为名为内部承包实为挂靠，法院据此认为内包合同中关于双方权利义务的约定，在本案中仍可参照适用，故以此为理由驳回了陈某某的上诉。

及至再审期间，代理律师结合一审、二审的庭审情况及判决结果，提交了书面答辩意见，向再审法院详细阐述了案件事实和法律依据，答辩意见获得采纳，再审法院裁定驳回了陈某某的再审申请。

【代理词】①

陈某某与浙江某建设集团有限公司建设工程施工合同纠纷
一审代理词

审判长、人民陪审员：

我们作为被告的代理人，结合刚才的庭审情况，就本案发表代理意见如下：

---

① 因本案经历了一审、二审和再审申请，为了更全面、有效地反映案件情况和审理经过，故附上三个审级的代理词、答辩状，以供参考。

一、原、被告之间签订的《工程内部承包责任制合同》（以下称内包合同）合法有效，依法应得到尊重。

首先，工程内包合同实际上就是工程承包人就其承包的全部或部分工程与其下属分支机构或职工签订的工程承包合同，属于建筑施工企业的一种内部经营方式。

代理人充分注意到：至少到目前为止，我们国家的所有相关法律和行政法规对此并不禁止。无论是被告所在的浙江法院，还是工程所在地的江苏法院，以及其他诸如北京、福建等地的法院，对内包合同的效力均是认可的。

江苏省高院《建设工程施工合同案件审理指南》第六条第二款第二项的规定，非常明确地认可内部承包也是施工企业的重要经营方式，并认可其法律效力。只不过规定对企业要求承包人承担的义务明显不适当、责任过重的相关条款应予否定或调整。但其本身并没有否认内包合同的效力。

至于浙江省高院，更是直接确认了内包合同的效力。此外，福建、北京等地高院也是如此规定。对此，我们庭后会提交相关规定供法庭参考。

二、结合本案的实际情况来看，内包合同也符合相关法律规定，是依法界定双方权利义务的重要依据。

1. 双方在项目承做前就签订有相关劳动合同，并办理了社保、发放了工资。很显然，原告就是公司的员工，其与公司签订内包合同不违反任何强制性的法律规定，完全是合法的。

至于原告所主张的原告不是与江苏某建设公司签订劳动合同的问题，代理人认为：该两公司虽然是两个独立的法人，但从原告提交的保证金收据来看，该收据却是由被告出具的；若按原告主张两者无关，则原告并没有按照与江苏某建设公司签订的内包合同向江苏某建设公司交纳保证金，江苏某建设公司也完全有理由认为自己根本就没有收到涉案保证金。

再从原告提交的园城豪景家园项目《施工技术交底纲要》及《工程质量安全整改联系单》等证据来看，也是由被告盖章办理的。若两公司无关，则所有的施工行为均应由江苏某建设公司进行，被告并不会参与实际施工和出具材料。若在施工过程中，原告认为两公司相互之间没有关联，原告当时也不可能根据被告的指示进场施工，原告的施工行为也可以证明其认为被告与江苏某建设公司就是一个整体。但在庭审过程中，原告显然是有选择性地进行主张，对自己有利的认可，对自己不利的予以否认。

被告持有江苏某建设公司95%的股权，是江苏某建设公司的控股母公司。很显然，这些已经充分地证明：两公司实际上就属于对内一套班子，对外两块牌子的情况。

因此，不论原告是哪个公司的员工，其签订的合同就是内包合同的这一客观事实是真实存在的，原告并不是与被告无任何关联的第三方。更何况，被告也已经吸收合并了江苏某建设公司，继续争论是谁的员工无任何法律意义。

2. 被告（包括江苏某建设公司）也全程对施工过程、工程质量、签订合同等进行了管理，并对被告提供财务支持，履行了自己的管理义务，完全符合内包合同的法律特征。

首先，被告为原告提供了人力及技术上的支持。工程中标后，被告设立了项目部，并委派了项目经理、质量员、安全员等工作人员，保证项目正常运营。

被告也通过安全生产管理、要求技术交底、随时检查并对不合格项目要求整改的方式，对工程质量进行管理。

其次，原告对被告进行了财务上的管理。原告对外以被告名义签订合同，被告也要求原告就合同内容向被告进行汇报，并对合同进行审核，以保证工程款专款专用。

不但如此，被告也为原告提供了资金上的支持。被告在原告资金不足的情况下，为其垫付了大量的工程款项，以保证工程的顺利进行。

对以上所述，被告也已经提交了相关证据予以佐证。这些证据也充分证明了双方属于内包承包的事实。

3. 内包合同内容也公平、公正，原、被告权利义务也是一致的，不存在原告义务明显失当、责任过重的情况。

首先，原告作为工程内部承包人负责工程的实际施工，其是工程款的实际受益人，当然也是风险的主要承担人。被告收取的仅是2.5%的管理费。与之相对应，工程的保证金以及施工费用也当然应由原告承担。

其次，被告作为施工单位，也已经履行了对工程的监督管理等义务，并协助原告追讨了拖欠的工程款。因此，被告享有2.5%的管理费合情合理。

很显然，涉案内包合同约定的原被告权利义务是平等的，不存在对任何一方严重不公平的情况。

综上，该内包合同完全就是企业内部的一种经营方式，这种内包约定没有任何被国家的法律和行政法规所禁止的情形，其法律效力理应得到尊重。

三、涉案内包合同不符合转包的法律特征，依法不属于无效合同。原告的相关理由不能成立。

根据《建筑工程施工转包违法分包等违法行为认定查处管理办法（试行）》第六条的规定，所谓转包，是指施工单位承包工程后，不履行合同约定的责任和义务，将其承包的全部工程或者将其承包的全部工程肢解后以分包的名义分别转给其他单位或个人施工的行为。它包括两部分：1. 不履行合同约定的责任和义务；2. 转给其他单位或个人施工的行为。

但从本案的实际情况分析，以上两点均不符合。

首先，原告本身就是公司的员工，依法根本不属于办法中规定的其他单位或个人。这一点不再赘述。

其次，正如上文所言，原告已经在人力、技术支持、施工、财务管理以及资金支持等方面履行了各项义务，并确保了被告的顺利施工，也不存在不履行合同约定的责任和义务一说。

因此，代理人认为：认定该合同是否属于转包，不能忽视原告是被告员工这一特殊身份。该内包合同即使不能对抗合同之外的第三人，但在原告、被告之间还是合法有效的。不能把内部的承包行为与外部的转包行为混为一谈。

四、本案保证金实际收取者为常州某房地产公司，根据保证金自身性质，也应当由保证金实际收取者返还保证金。

首先，代理人想强调的是：不管内包合同是否有效，并不影响合同本身所载明的事实内容表述。

从合同相关内容来看，至少以下几点是双方的真实意思表示：

1. 该项目是由原告实际来施工的。2. 原告是独立核算，自负盈亏的。3. 所有的款项，包括1100万元保证金都是由原告来承担的。4. 被告有义务协助原告催款。

以上事实情况不会因为合同有效或无效而消灭。从上述事实可以看出：该项目交由原告负责施工，并自行承担相关款项，包括向常州某房地产公司缴纳1100万元保证金，对此原告自始至终都是明知的。这从合同第四条第八款、第五条以及第六条第三款，都可以得到证实。原告非常清楚地知道保证金的收取方不是被告，受益方或占有控制方也不是被告，而是业主常州某房地产公司，在合同履行期间，原告也是一直向常州某房地产公司收取该保证金利息的。只是因为原告不是《建设工程施工合同》的签约主体，故只能通过江苏某建设公司代收代缴而已。

认定保证金由谁退还，应根据谁是保证金的实际收取者进行分析，在原告与江苏某建设公司明确约定“常州某房地产公司”系本案保证金的收款人，且江苏某建设公司也代原告将款项交付给了“常州某房地产公司”的情况下，不能仅凭原告提交的整个交款环节中的一部分收据及转账记录来确定保证金还款责任方。

另外，我们要特别指出的是：保证金的性质同工程款的性质是完全不同的。保证金仅是起到担保的作用，是要根据施工的具体节点由业主方按照约定予以返还的，是永远不会物化成建筑物的。这就决定了保证金的返还与工程款的结算支付是完全不同的，必须要根据交款时的具体约定和谁是实际收取方进行综合评判，即按“谁实际享有谁负责退还”的原则进行办理。

从本合同的具体内容来看：原告非常清楚地知道该款项是由业主方收取，被告只是代收代付而已；江苏某建设公司实际上也确实将该款项交付给了业主。因此，原告要求被告退还依法不应得到支持。

关于上述意见，最高法院的相关案例已有明确论述意见，对此，我们也会提交给法庭参考。

其次，从内包合同的具体内容来看，原告所缴纳的1100万元是工程合同保证金，并不是为保证内包合同履行而向被告缴纳的保证金，原告的主张显然也将此两笔保证金混为了一谈。

根据内包合同第六条第三款规定：在建设单位返还工程履约保证金时，公司仅暂扣人民币壹佰万元作为本合同的履行保证金；并于建设工程施工总包合同施工任务结束后一周内无息退还给原告。从上述合同约定不难看出：若是被告收取保证金，被告所能够占有或收取的保证金金额也至多为100万元，而不是1100万元。原告起诉主张的1100万元保证金显然不是被告要收取的，否则，上述条款也不可能如此明确地予以列明。该100万元保证金也是在常州某房地产公司退还原告工程合同保证金时，被告再从退还的部分中予以暂扣100万元。该条款非常明确地区分了原告交给常州某房地产公司的工程合同保证金与被告收取的保证金。对此，我们也希望法庭给予充分的注意。在本案中，由于常州某房地产公司未退还保证金，被告也未实际收取该100万元保证金，依法当然也不可能向原告退还。

最后，在合同履行期间，常州某房地产公司也已经实际支付了850万元保证金利息给原告。该保证金的收益也已经均由原告享有，而被告并未获得任何收益。这也足以证明对涉案的1100万元的工程合同保证金，原告是非常清楚地知道这是他的，且实际收取者就是常州某房地产公司。

在合同履行过程中，由于常州某房地产公司未能及时退还涉案保证金，原告已经从常州某房地产公司处领取了保证金利息850万元。这在原告提交的第二组证据中的第5份、第6份以及我们提交的第8组证据可以得到证实。

代理人认为，如果这笔保证金的实际收取人是被告，原告也不可能从业主方收取该保证金利息，该利息也应当由被告享有。

因此，自始至终，原告都非常明确地知道该1100万元保证金的实际缴纳人和收取者是原告自己和业主方，否则原告也不可能从常州某房地产公司处享受该保证金所带来的收益。被告只是代原告缴纳而已。

很显然，今天原告的主张和此前的行为存在矛盾。原告既然在收取保证金利息时享受了利益，自然也应负担保证金不能返还时带来的风险，而不能仅选择对自己有利的方面主张权利。

综上，原告诉讼请求没有事实和法律依据，望贵院依法予以驳回。

陈某某与浙江某建设集团有限公司建设工程施工合同纠纷二审代理词

审判长、审判员：

本案代理人就本案发表代理意见如下：

一、本案内部承包责任制合同属于企业内部经营方式，是合法有效的。

江苏省高级人民法院《建设工程施工合同案件审理指南》第六条第二款第二项规定了内部承包产生的内部责任。实际生活中，内部承包也是施工企业的重要经营方式，内部承包合同通常设定项目经理应当达到的绩效指标，施工企业按绩效指标的完成情况给予项目经理一定比例的提成，或者规定项目经理上缴利润，给企业造成损失的给予一定的惩罚。而《杭州市中级人民法院民一庭关于审理建设工程及房屋相关纠纷案件若干实务问题的解答》更是明确规定，对于建设单位内部承包合同，应当认定为是工程承包人就其承包的全部或部分工程与其下属分支机构或职工签订的工程承包合同，属建筑施工企业的一种内部经营方式，法律和行政法规对此并不禁止，该承包人应对工程施工过程及质量等进行管理，对外承担施工合同的权利义务。当事人一方以内部承包合同中的承包方无施工资质为由主张该内部承包合同无效的，不予支持。

由此可见，我国法律对建设单位与其职工签订的工程内部承包合同的效力是认可的。本案中，上诉人与被上诉人之间签订的《工程内容承包责任制合同》属于内部承包合同，也是合法有效的。主要理由如下：

1. 被上诉人为江苏某建设公司提供劳动，其与公司签订内部承包合同符合法律规定。

上诉人与被上诉人签订劳动合同，是被上诉人的职工。而被上诉人持有江苏某建设公司95%的股份，属于江苏某建设公司的母公司与实际控制人。根据上诉人提交的保证金收据（系被上诉人出具）以及上诉人提交的园城豪景家园项目

《施工技术交底纲要》及《工程质量安全整改联系单》等证据（系由被上诉人盖章），也可以证明江苏某建设公司与被上诉人存在财产及人员的交叉。因此，上诉人在事实上也为江苏某建设公司提供劳动，有权与江苏某建设公司签订内部承包合同。

2. 江苏某建设公司对施工过程、工程质量、签订合同进行管理，并对上诉人提供财务支持，履行了公司的管理义务。

首先，被上诉人为上诉人提供人力及技术上的支持。在工程中标后，被上诉人设立了项目部，并委派了项目经理、质量员、安全员等工作人员，保证项目正常运营。被上诉人也通过安全生产管理、要求技术交底、随时检查并对不合格项目要求整改的方式，对工程质量进行管理。

其次，上诉人对被上诉人进行财务上的管理。上诉人对外以被上诉人名义签订合同，被上诉人也要求上诉人就合同内容向上诉人进行汇报，并对合同进行审核，以保证工程款专款专用。同时，被上诉人也为上诉人提供了资金上的支持。被上诉人在上诉人资金不足的情况下，为其垫付了大量的工程费用，以保证工程的顺利进行。

3.《工程内部承包责任制合同》内容公平，上诉人与被上诉人权利义务是一致的。

首先，上诉人作为工程内部承包人负责工程的实际施工，因此其有权获得施工单位支付的绝大部分工程款。与之相对应，工程的保证金以及施工费用也应当由上诉人承担。

其次，被上诉人作为施工单位，需要负责前期的招投标事宜，履行自己对工程的监督管理义务，并要协助上诉人追讨拖欠的工程款。因此，被上诉人根据自己提供的管理服务，有权向上诉人收取工程总造价2.5%的管理费。

涉案内部承包责任制合同约定的上诉上与被上诉人权利义务是平等的，不存在对任何一方严重不公平的情况。

二、即使内部承包合同无效，上诉人与被上诉人之间属于挂靠而非转包关系。

退一步说，即使本案上诉人与被上诉人签订的内包合同无效，根据该合同的性质来看，也属于挂靠而非转包合同。

1. 从参与工程的时间来看，上诉人全程参与了工程的招、投标，并非在江苏某建设公司中标后再将工程外包给上诉人。

2. 从合同约定的责任来看，合同第三条约定被上诉人配合上诉人向建设方催讨工程款，涉案工程款支付的主体是常州某房地产公司，上诉人无权向被上诉人主张工程款。如果双方属于分包关系，则上诉人有权向被上诉人主张工程款，被上诉人的责任只能是向上诉人支付工程款，而不可能仅仅是协助上诉人向常州某房地产公司催款。而上诉人的责任是以江苏某建设公司的工程负责人名义施工，由此更能证明上诉人系借用江苏某建设公司资质，且在施工过程中上诉人也多以江苏某建设公司的名义与第三方签订合同。

3. 从工程款结算上看，如果由被上诉人向上诉人分包工程，被上诉人取得的必然是承包工程与转包工程之间的固定差价，该金额也是相对较大的。而本案合同约定被上诉人只是收取管理费，且管理费仅为2.5%，该费用的收取方式更符合挂靠费用的收取方式。

4. 从双方在合同中的其他约定来看，工程发生的相关费用，均由上诉人承担。如果上诉人是从被上诉人处转包工程，则按约定的方式结算所施工的工程款即可，无需分担工程发生的其他相关费用。

5. 如果上诉人从被上诉人处转包工程，则交给建设单位的保证金不应由其承担，其仅仅支付100万元的上诉人与被上诉人合同约定的保证金即可，而上诉人支付了全部保证金，也可以证明其借用被上诉人的名义承接工程。

6. 从保证金利息的支付来看，上诉人与被上诉人之间并未约定如果常州某房地产公司未能及时返还保证金，被上诉人需要向上诉人支付保证金利息，只是约定常州某房地产公司还保证金后被上诉人将款项交付给上诉人。如果本案上诉人与被上诉人之间系分包关系，由于分包合同对保证金的逾期利息没有任何约定，则被上诉人无权从上诉人或者常州某房地产公司处取得任何保证金利息。而只有在上诉人与被上诉人之间系挂靠关系的情况下，上诉人作为挂靠人享有《建设工程施工合同》的全部权利、义务，故其能享有保证金利息。

7. 上诉人长期从事建设工程相关工作，对建设工程具有丰富的从业经验，且涉案项目也经过上诉人与被上诉人的多次磋商，才最终予以确定。由此可见，涉案内包合同是双方当事人的真实意思表示。

如果真如上诉人所说，当时被上诉人向其承诺由被上诉人而非常州某房地产公司支付工程款、保证金，则双方肯定会以合同或补充合同的方式进行约定。但上诉人却未能提供相应证据，证明双方在内包合同之外对于工程款保证金的支付存在其他约定，也足以证明当时双方的真实意思就是上诉人通过被上诉人直接从常州某房地产公司处取得工程款，这也更符合挂靠的表现形式。

三、若上诉人与被上诉人之间为挂靠关系，即便合同无效，双方之间的结算仍应参照协议处理。

江苏省高级人民法院《建设工程施工合同案件审理指南》第六条对挂靠关系产生的内部责任有明确规定。在挂靠关系中，实际承包人与施工企业主体地位平等，因挂靠关系产生的债权债务关系应属民事权利义务关系。建设工程领域的挂靠行为属于借用资质、出借资质的一种，应为违法行为。但不论建设工程合同是否有效，已经履行的建设工程合同一般不能恢复原状，因此挂靠关系中实际承包人与施工企业之间的债权债务应当参照挂靠协议处理，施工企业取得的工程价款应归实际承包人所有，施工企业为实际承包人支出的费用应由实际承包人承担。

根据上诉人与被上诉人签订的《工程内部承包责任制合同》约定，该项目由保证人自负盈亏，保证金由上诉人自行承担，如款项不能收回，所有经济损失由上诉人承担。因此，即使在上诉人与被上诉人签订的内包合同无效的情况下，法院也应当参照该合同约定，来确定上诉人、被上诉人间的权利义务关系，而根据合同约定，1100 万元保证金是由常州某房地产公司返还被上诉人后，再由被上诉人转交给上诉人，因此目前上诉人无权向被上诉人主张返还保证金。

四、本案保证金实际上系由上诉人支付给常州某房地产公司，被上诉人只是代上诉人进行付款。

首先，《工程内部承包责任制合同》明确约定交付给常州某房地产公司的保证金由上诉人承担。根据合同第四条第八款约定，工程所需的保证金及带资、垫资款均由上诉人自行解决。如需江苏某建设公司帮助解决，上诉人需承担利息。如因不可抗力原因造成上述款项无法收回，所有的经济损失均由上诉人承担。第五条约定，乙方向甲方缴纳本工程的保证金1100万元。

由此可见，上诉人对于涉案工程的保证金是1100万元是明知的，也愿意支付该保证金并承担保证金不能收回的风险。只是因为其并未与常州某房地产公司签订合同，不能直接以自己的名义向常州某房地产公司付款，故只能通过江苏某建设公司账户向常州某房地产公司付款，江苏某建设公司仅仅是代上诉人缴纳保证金。对此，上诉人在庭审过程中也是没有异议的。

其次，《工程内部承包责任制合同》明确约定了上诉人应向被上诉人缴纳责任制合同保证金，进一步说明上诉人缴纳的1100万元并不是其向被上诉人缴纳的保证金。

根据责任制合同第六条第三款规定，在建设单位返还工程履约保证金时，江苏某建设公司暂扣人民币壹佰万元整作为本合同履行保证金，于建设工程施工总包合同施工任务结束，上诉人结清对外欠款后一周内，等额无息退还。

由此可见，江苏某建设公司能够从上诉人处收取的保证金为一百万元，该款项是在常州某房地产公司退还上诉人缴纳的1100万元保证金后暂扣。该条款明确区分了上诉人交给常州某房地产公司的保证金和交给被上诉人的保证金。由于常州某房地产公司无法退还保证金，上诉人也未从被上诉人处收取100万元保证金，自然不可能向上诉人退还保证金。

同时，在合同履行过程中，上诉人从常州某房地产公司处取得了保证金利息，也可以证明上诉人将保证金缴纳给了常州某房地产公司，并享受了保证金的利益。

在合同履行过程中，由于常州某房地产公司未能及时返还保证金，上诉人从常州某房地产公司处领取了保证金利息近600万元。如果该保证金是上诉人交付给江苏某建设公司的，则根据《工程内部承包责任制合同》约定，该保证金并不计息，上诉人无权获取保证金利息，该保证金利息应当由被上诉人收取并享有。而建设单位支付保证金的依据，是上诉人、被上诉人及建设单位均认可，该1100万元保证金是上诉人通过江苏某建设公司交付给建设单位的，其实际出资人为上诉人，而建设单位也收到了该笔保证金。因此，在建设单位无法及时归还该笔保证金时，上诉人能从建设单位处获得该保证金利息。

因此，上诉人是该保证金的支付主体，也从建设单位处享受了保证金带来的利息收益，自然应当承担保证金不能返还的风险。

五、上诉人无权向被上诉人主张保证金利息。

首先，根据内部承包合同约定，被上诉人在收到建设单位返还的保证金后再支付给上诉人，且保证金不计利息。由于本案系建设单位破产，导致保证金及工程款均无法支付，因此，上诉人要求被上诉人支付保证金利息没有依据。

其次，上诉人主张保证金依据的是被上诉人与建设单位签订的补充协议，该合同系常州某房地产公司对上诉人作出的承诺，上诉人也据此从常州某房地产公司处领取了部分利息。但被上诉人对上诉人没有进行过任何承诺，上诉人以建设单位的承诺为依据要求被上诉人支付利息显然是没有依据的。

六、本案保证金实际收取者为常州某房地产公司，根据保证金自身性质及诚实信用原则，应当由保证金实际收取者返还保证金。

首先，代理人想强调的是：不管内包合同是否有效，都并不影响合同本身所载明的事实内容表述。

根据《民法总则》第七条规定，民事主体从事民事活动，应当遵循诚信原则，秉持诚实，恪守承诺。

从合同相关内容来看，至少以下几点是双方的真实意思表示：

1. 该项目是由上诉人来施工的。2. 上诉人是独立核算的，自负盈亏。3. 所有的款项，包括1100万元保证金都应由上诉人承担。4. 被上诉人协助上诉人向建设单位催款而不承担支付工程款及返还保证金的责任。以上事实情况属于上诉人与被上诉人之间的真实意思表示，不会因为合同无效而消灭。

从上述事实可以看出：该项目由上诉人负责施工，并自行承担相关款项，包括向常州某房地产公司缴纳1100万元保证金，对此上诉人自始至终都是明知的。这从合同第四条第八款、第五条以及第六条第三款，都可以得到证实。上诉人非常清楚地知道保证金的收取方不是被上诉人，受益方或占有控制方也不是被上诉人，而是业主常州某房地产公司。在合同履行期间，上诉人也是一直从常州某房地产公司收取因该保证金未能及时归还所产生的利息。只是因为上诉人不是《建设工程施工合同》的签约主体，故只能通过江苏某建设公司及被上诉人代收代缴而已。

认定保证金由谁退还，应根据谁是保证金的实际收取者进行分析，在上诉人与江苏某建设公司明确约定常州某房地产公司系本案保证金收款者，且江苏某建设公司也将款项代付给常州某房地产公司的情况下，不能仅凭上诉人提交整个交款环节中一部分的收据及转账记录确定保证金还款责任方。

另外，我们要特别指出的是：保证金的性质同工程款的性质是完全不同的。保证金仅是担保性质，是要根据施工节点由业主方按照约定予以返还的，其永远不会物化成建筑物。

这就决定了保证金的返还与工程款的结算支付是完全不同的，必须要根据交款时的具体约定和谁是实际收取方进行综合评判，即按“谁实际享有谁负责退还”的原则进行办理。

根据本合同的具体内容来看，上诉人是非常清楚地知道该款项是由常州某房地产公司收取的，被上诉人只是代收；被上诉人及江苏某建设公司在实际上也将该款项交付给了常州某房地产公司。因此，上诉人要求被上诉人退还依法不应得到支持，也不符合诚实信用的法律原则。

综上，上诉人的上诉请求没有事实和法律依据，望贵院依法维持原审判决，驳回上诉人的上诉请求。

陈某某与浙江某建设集团有限公司建设工程施工合同纠纷
再审答辩状

答辩人：浙江某建设集团有限公司。

法定代表人：徐某某，职务：董事长。

因再审申请人陈某某就其诉浙江某建设集团有限公司建设工程施工合同纠纷一案，向贵院提起再审申请。故答辩人就再审申请人的再审申请答辩如下：

一、原二审法院认定申请人陈某某与答辩人之间系挂靠关系是正确的，陈某某主张其与答辩人之间为转包关系与事实不符。

（一）陈某某存在借用答辩人资质的情况。

根据陈某某与答辩人（因江苏某建设公司被浙江某建设公司以合并方式吸收，以下答辩人包括江苏某建设公司及浙江某建设公司）签订的《工程内部承包责任制合同》（以下简称《工程内包合同》）内容来看，该合同约定陈某某作为答辩人“豪景家园”项目的项目负责人，通过内部承包的方式对外以答辩人名义承揽该工程并负责工程的实际施工。

由此可见，陈某某存在借用答辩人资质的情况。

（二）涉案工程是由陈某某所承揽的。

1. 从介入时间来看，陈某某介入涉案工程的全部阶段。

（1）“豪景家园项目”是由陈某某先行与建设单位常州某房地产公司协商，答辩人是配合、协助陈某某与常州某房地产公司进行沟通，并根据陈某某的指示与常州某房地产公司签订了《常州园城豪景华园工程补充协议》（以下简称《补充协议》）。在陈某某提交的《民事再审申请书》中，也明确承认该工程是由案外人马某某先告知其本人，再由江苏某建设公司与常州某房地产公司进行协商的。

而陈某某也只有在答辩人根据其指示与常州某房地产公司签订该补充协议的情况下，才同意与答辩人签订《工程内包合同》。虽然《工程内包合同》的形成时间晚于《补充协议》，但陈某某在签订《工程内包合同》之前，就已经参与了该项目的谈判，答辩人只是根据其要求进行配合、协助。

更何况，《补充协议》只是就涉案工程与常州某房地产公司的施工进行初步协商，如果没有此后支付保证金、工程招投标及签订正式合同等行为，答辩人也无法与常州某房地产公司签订《建设工程施工合同》并成为涉案工程的施工单位。而在支付保证金、工程招投标及签订正式合同时，陈某某已经与答辩人签订了《工程内包合同》，陈某某也全程参与了支付保证金、工程招投标等环节，而支付工程保证金的款项也是由陈某某提供，并通过答辩人转交给常州某房地产公司的。

因此，陈某某参与了投标、订立合同、办理有关施工手续、从事施工，而答辩人仅仅是根据陈某某的要求对其进行协助、配合。

（2）所谓中介费，通常是指介绍人或居间人在合同签订成功后向签订合同一方相对人收取的费用。

而答辩人在与陈某某签订的《工程内包合同》中，约定陈某某需要支付介绍费，恰恰可以说明答辩人仅仅是根据陈某某的指示与常州某房地产公司签订《建设工程施工合同》，该合同的最终权利义务在扣除相关费用后均归属于陈某某个人。答辩人只是对陈某某予以协助，因此才会在合同中约定由陈某某向答辩人支付中介费。

这恰恰可以说明，涉案工程施工合同的实际主体是陈某某，而答辩人只是将自己资质借用给陈某某用于签订合同。

2. 从工程承接中的地位及作用来看，陈某某也在合同履行过程中起着主导作用。

如前所述，《补充协议》等一系列协议的签订，均是答辩人根据陈某某指示进行的，而且涉案工程的保证金也是由陈某某缴纳的，只是因为涉案工程借用答辩人资质故必须通过答辩人账户进行走账。由此可见，陈某某对涉案工程合同的签订起到了决定性的作用。

3. 从《工程内包合同》的内容及合同实际履行情况来看，双方之间也属于挂靠关系。

（1）从参与工程的时间来看。陈某某全程参与了工程的招、投标，并非答辩人在中标后再将工程外包给陈某某。

（2）从合同约定的责任来看，合同第三条第五款约定答辩人配合陈某某向建设方催讨工程款，涉案工程款支付的主体是常州某房地产公司，陈某某无权向答辩人主张工程款。如果双方属于分包关系，则陈某某有权向答辩人主张工程款，答辩人的责任只会是向陈某某支付工程款，而不可能是仅仅协助陈某某向常州某房地产公司催款。而陈某某的责任是以答辩人的工程负责人名义施工，由此更能证明其系借用答辩人资质，且在施工过程中，陈某某也以答辩人的名义与建材供应商签订合同。

（3）从工程款结算来看，如果答辩人向陈某某分包工程，答辩人取得的必然是承包工程与转包工程之间的固定差价，该金额也是相对较大的。而本案合同约定答辩人只是收取管理费，且管理费仅为2.5%，该费用的收取方式更符合挂靠费用的收取方式。

（4）从双方在合同中的其他约定来看，工程发生的相关费用，均由陈某某承担。如果陈某某是从答辩人处转包工程，则按约定的方式结算所施工的工程款即可，无需分担工程发生的其他相关费用。

（5）如果陈某某从答辩人处转包工程，则交给建设单位的保证金不应由其承担，其仅仅支付答辩人与其合同约定的100万元保证金即可，陈某某支付全部保证金，可以证明其借用答辩人名义承接工程。

（6）从保证金利息的支付来看，陈某某与答辩人之间并未约定如果常州某房地产公司未能及时返还保证金，答辩人需要向陈某某支付保证金利息，只是约定常州某房地产公司归还保证金后答辩人将款项交付给陈某某。如果陈某某与答辩人之间系分包关系，由于分包合同对保证金的逾期利息没有任何约定，则陈某某无权从答辩人或者常州某房地产公司处取得任何保证金利息。而只有在陈某某与答辩人之间系挂靠关系的情况下，陈某某作为挂靠人享有《建设工程施工合同》的权利、义务，故其能从常州某房地产公司处取得保证金利息。

（7）陈某某长期从事建设工程相关工作，对建设工程具有丰富的从业经验，且涉案项目也经过陈某某与答辩人多次磋商，才最终予以确定。由此可见，《工程内包合同》是双方当事人的真实意思表示。

如果真如陈某某所说，当时答辩人向其承诺由答辩人而非常州某房地产公司支付工程款、保证金，则双方肯定会以合同或补充合同的方式进行约定。但陈某某却未能提供相应证据，证明双方在内包合同之外对于工程款、保证金的支付存在其他约定，也足以证明当时双方的真实意思就是陈某某通过答辩人直接从常州某房地产公司处取得工程款，这也更符合挂靠的表现形式。

（三）虽然案涉工程的《建设工程施工合同》被生效法律文书认定为有效，

但该法律文书形成时并未发现陈某某与答辩人之间存在《工程内包合同》，该文书是在未考虑《工程内包合同》的情况下作出的。而在本案中，该法律文书仅仅是一份证据，在有与该文书形成时不一致事实的情况下，法院仍可以依据案件实际情况作出新的判决。

综上所述，在本案中陈某某存在以答辩人名义，参与投标、订立合同、办理有关施工手续、从事施工等活动的情况，陈某某与答辩人之间属于挂靠关系。

2. 因陈某某与答辩人之间的《工程内包合同》为挂靠关系，即使合同无效，但双方之间的结算仍应参照挂靠协议处理。

江苏省高级人民法院《建设工程施工合同案件审理指南》第六条第二款规定，不论建设工程合同是否有效，已经履行的建设工程合同一般不能恢复原状，因此挂靠关系中实际承包人与施工企业之间的债权债务应当参照挂靠协议处理，施工企业取得的工程价款应归实际承包人所有，施工企业为实际承包人支出的费用应由实际承包人承担。

根据陈某某与答辩人签订的《工程内包合同》约定，该项目由保证人自负盈亏，保证金由陈某某自行承担，如款项不能收回所有经济损失由陈某某承担。

因此，即使在陈某某与答辩人签订的内包合同无效的情况下，法院应当参照该合同约定，来确定陈某某、答辩人间的权利义务关系，而根据合同约定，1100万元保证金是由常州某房地产公司返还答辩人后，再由答辩人转交给陈某某，因此目前陈某某无权向答辩人主张返还保证金。

二、本案保证金实际上系由陈某某支付给常州某房地产公司，答辩人只是代陈某某进行付款，陈某某应当承担常州某房地产公司无法归还保证金的风险。

（一）《工程内包合同》明确约定交付给常州某房地产公司的保证金由陈某某承担。

根据合同第四条第八款约定，工程所需的保证金及带资、垫资款均由陈某某自行解决。如需答辩人帮助解决，陈某某需承担利息。如因不可抗力原因造成上述款项无法收回，所有的经济损失均由陈某某承担。第五条约定，陈某某向答辩人缴纳本工程的保证金1100万元。

由此可见，陈某某对于涉案工程的保证金是1100万元是明知的，也愿意支付该保证金并承担保证金不能收回的风险。只是因为其并未与常州某房地产公司签订合同，不能直接以自己的名义向常州某房地产公司付款，故只能通过答辩人账户向常州某房地产公司付款，答辩人仅仅是代陈某某缴纳保证金。对此，陈某某在庭审过程中也是没有异议的。

（二）《工程内包合同》明确约定了陈某某应向答辩人缴纳责任制合同保证金，进一步说明陈某某支付的1100万元并不是其向答辩人缴纳的保证金。

根据合同第六条规定，在建设单位返还工程履约保证金时，答辩人暂扣人民币壹佰万元整作为本合同履行保证金，于建设工程施工总包合同施工任务结束，陈某某结清对外欠款后一周内，等额无息退还。

由此可见，答辩人应从陈某某处收取的保证金为100万元，该款项是在常州某房地产公司退还陈某某缴纳的1100万元保证金后答辩人从退款中暂扣。该条款明确区分了陈某某交给常州某房地产公司的保证金和交给答辩人的保证金。由于常州某房地产公司无法退还保证金，答辩人也未从陈某某处收取100万元保证金，自然不可能向陈某某退还保证金。

（三）在合同履行过程中，陈某某从常州某房地产公司处取得了保证金利息，也可以证明是陈某某将保证金交付给常州某房地产公司，并享受了保证金的利益。

在合同履行过程中，由于常州某房地产公司未能及时返还保证金，陈某某从常州某房地产公司处领取了保证金利息近600万元。如果该保证金是陈某某交付给答辩人的，则根据《工程内包合同》约定，该保证金并不计息，陈某某无权获取保证金利息，该保证金利息应当由答辩人收取并享有。

而陈某某从建设单位收取保证金利息的前提，就是陈某某、答辩人及建设单位均认可，该1100万元保证金是陈某某通过答辩人交付给建设单位的，实际交款人为陈某某，答辩人只是代为交纳，而建设单位也收到了陈某某交纳的该笔保证金。因此，在建设单位无法及时归还该笔保证金时，陈某某才能从建设单位处获得该保证金利息。

因此，陈某某是该保证金的交纳主体，也从建设单位处享受了保证金带来的利息收益，自然应当承担保证金不能返还的风险。

四、本案保证金实际收取者为常州某房地产公司，根据保证金自身性质及诚实信用原则，应当由保证金实际收取者返还保证金。

不管内包合同是否有效，并不影响合同本身所载明的事实内容表述。根据《民法总则》第七条规定，民事主体从事民事活动，应当遵循诚信原则，秉持诚实，恪守承诺。

从合同相关内容来看，至少以下几点是双方的真实意思表示：

1. 该项目是由陈某某来施工的。2. 陈某某是独立核算的，自负盈亏。3. 所有的款项，包括1100万元保证金都应由陈某某承担。4. 答辩人协助陈某某向建设单位催款而不承担支付工程款及返还保证金的责任。以上事实情况属于陈某某与答辩人之间的真实意思表示，不会因为合同无效而消灭。

从上述事实可以看出：该项目由陈某某负责施工，并自行承担相关款项，包括向常州某房地产公司缴纳1100万元保证金，对此陈某某自始至终都是明知的。这从合同第四条第八款、第五条以及第六条第三款，都可以得到证实。陈某某非常清楚地知道保证金的收取方不是答辩人，受益方或占有控制方也不是答辩人，而是业主常州某房地产公司。在合同履行期间，陈某某也是一直从常州某房地产公司收取因该保证金未能及时归还所产生的利息。只是因为陈某某不是《建设工程施工合同》的签约主体，故只能通过答辩人代收代付款项而已。

认定保证金由谁退还，应根据谁是保证金的实际收取者进行分析，在陈某某与答辩人明确约定常州某房地产公司系本案保证金收款者，且答辩人也将款项代付给常州某房地产公司的情况下，不能仅凭陈某某提交整个交款环节中一部分的收据及转账记录来确定保证金还款责任方。

另外，我们要特别指出的是：保证金的性质同工程款的性质是完全不同的。保证金仅是担保性质，是要根据施工节点由业主方按照约定予以返还，其永远不会物化成建筑物。

这就决定了保证金的返还与工程款的结算支付是完全不同的，必须要根据交款时的具体约定和谁是实际收取方进行综合评判，即按“谁实际享有谁负责退还”的原则进行办理。

根据本合同的具体内容来看，陈某某非常清楚地知道该款项是由常州某房地产公司收取的，答辩人只是代收；答辩人及江苏某建设公司在实际上也将该款项交付给了常州某房地产公司。因此，陈某某要求答辩人退还保证金依法不应得到支持，也不符合诚实信用的法律原则。

综上，陈某某的再审申请没有事实和法律依据，望贵院依法维持原审判决，驳回陈某某的再审申请。

【判决书】①

常州经济开发区人民法院

一审民事判决书

（2016）苏0492民初91号

原告陈某某与被告浙江某建设集团有限公司（以下简称浙江某建设公司）建设工程施工合同纠纷一案，常州市戚墅堰区人民法院于2016年4月12日立案，后因行政区域调整移送至本院继续审理。因浙江某建设公司在答辩期内提出管辖权异议，本院于2016年5月20日、10月8日，2017年6月8日组织了证据交换，后依法组成合议庭，适用普通程序于2017年8月29日公开开庭进行了审理。原告陈某某的委托诉讼代理人郑某荷、何某川，被告浙江某建设公司的委托诉讼代理人底世清、钱思洋到庭参加诉讼。本案现已审理终结。

原告陈某某向本院提出诉讼请求：1. 判令被告返还原告保证金人民币1100万元。2. 判令被告赔偿原告损失人民币535.72万元。3. 本案诉讼费用依法由被告承担。后增加一项诉讼请求：要求确认原告与被告于2012年5月11日签订的工程内部承包责任制合同无效。事实与理由：江苏某建设有限公司（以下简称江苏某建设公司）原系常州某房地产有限公司（以下简称常州某房地产公司）园城豪

① 因本案经历了一审、二审和再审申请，为了更全面、有效地反映案件情况和审理经过，故附上三个审级的判决书、裁定书，以供参考。

景家园工程项目的工程承包人，为此，江苏某建设公司与常州某房地产公司于2012年签订了《常州园城豪景花园工程补充协议》及《建设工程施工合同》。江苏某建设公司承接该项目后，又以内部承包的形式将该项目转包给原告施工，双方签订了《工程内部承包责任制合同》。合同签订后，原告依约向江苏某建设公司支付了1100万元保证金，并自行筹措资金、组织安排相关人员进场施工。期间江苏某建设公司被浙江某建设公司吸收合并，相关权利义务均由被告承担。因常州某房地产公司未能按约支付工程款及退还保证金，浙江某建设公司向杭州市滨江区人民法院提起诉讼，经判决浙江某建设公司与常州某房地产公司合同解除，浙江某建设公司对常州某房地产公司享有债权52060687.64元。现常州某房地产公司因资不抵债，被法院裁定破产终结。鉴于常州某房地产公司已破产终结，且浙江某建设公司与常州某房地产公司施工合同已经解除，故浙江某建设公司依法有义务将相应的工程款及保证金支付给原告。

被告浙江某建设公司辩称，原告与江苏某建设公司签订的《工程内部承包责任制合同》合法有效，本案所涉保证金仅系江苏某建设公司代为缴纳，原告要求被告归还缺乏法律和事实依据。被告已积极按照内包合同约定代原告履行了相关义务，并及时通过诉讼的方式向常州某房地产公司主张了相关权利，导致其款项无法收回的原因系常州某房地产公司破产，被告对此并不存在任何过错。建设施工合同履行过程中，常州某房地产公司直接将该保证金利息支付给原告，原告取得利益的同时应当承担相应的风险。原告在诉讼中主张的1100万元保证金，本身还包括工程分包人的保证金。

双方当事人围绕诉讼请求依法提交了证据，本院组织当事人进行了证据交换和质证。对当事人无异议的证据，本院予以确认并在卷佐证。

本院经审查认定事实如下：

2012年5月8日，常州某房地产公司向江苏某建设公司发出投标邀请书，邀请江苏某建设公司参加常州园城豪景家园项目投标。2012年5月9日常州某房地产公司与江苏某建设公司签订了《常州园城豪景花园工程补充协议》，就工程概况及承包范围、质量标准、工期、工程造价及结算方式、工程分包及总承包管理、付款方式、工程履约保证金等进行了约定，并规定该补充协议作为备案合同的补充条款。该协议约定江苏某建设公司应向常州某房地产公司缴纳工程保证金1100万元。协议签订后，江苏某建设公司自2012年5月31日至2012年10月26日陆续向常州某房地产公司缴纳1100万元。

2012年5月11日，江苏某建设公司与陈某某签订了《工程内部承包责任制合同》，约定“本工程由陈某某任工程负责人，并以内部承包方式，独立核算，自负盈亏，工程款专款专用”，同时对工程概况、主要目标、甲方（江苏某建设公司）权利与责任、乙方权利与责任、工程合同保证金、担保、合同履约奖罚措施等进行了约定。该协议约定陈某某应向江苏某建设公司缴纳工程保证金为1100万元。协议签订后，陈某某于2012年5月31日、10月10日向浙江某建设公司缴纳了1100万元。

2012年10月23日，常州某房地产公司向江苏某建设公司发出中标通知书，签订了《建设工程施工合同》。施工期自2012年10月28日至2014年9月18日。

2013年2月3日，陈某某作为江苏某建设公司代理人，与常州某房地产公司签订了《常州园城豪景花园工程补充协议（二）》，约定“本补充协议条款与备案合同及《常州园城豪景花园工程补充协议》存在不一致的条款，均以本补充协议为准”。该协议第二条还约定，江苏某建设公司缴纳的1100万元履约保证金常州某房地产公司必须在2013年12月31日前全额付清，并约定了分期付款方案。2013年11月11日，常州某房地产公司、江苏某建设公司、浙江某建设公司签订了《关于工程款支付暨抵押协议书》，对1100万元履约保证金重新约定了分期付款方案。2013年11月21日，浙江某建设公司向杭州市滨江区人民法院起诉，要求解除《建设施工合同》及《常州园城豪景花园工程补充协议》，并要求常州某房地产公司支付工程款、立即退还保证金1100万元及逾期付款违约金等。杭州市滨江区人民法院作出一审判决后，常州某房地产公司不服判决提起上诉。杭州市中级人民法院于2014年8月14日作出了终审判决：解除《建设施工合同》及《常州园城豪景花园工程补充协议》，确认浙江某建设公司对常州某房地产公司享有债权52060687.64元（其中包括工程款3262000元及利息4174108.82元、返还保证金11000000元及赔偿逾期付款违约金1407578.82元），浙江某建设公司在

32620000 元的工程款范围内享有优先受偿权。

2014 年 5 月 12 日，常州市戚墅堰区人民法院裁定受理了常州某房地产公司重整申请，并于 2015 年 3 月 2 日裁定终止重整程序，宣告常州某房地产公司破产。债权申报期内，浙江某建设公司向常州某房地产公司破产管理人申报了债权 52060687.64 元并获确认，2015 年 9 月 23 日，常州市戚墅堰区人民法院裁定认可了《常州某房地产有限公司破产财产的分配方案》，该方案明确豪景家园建设工程价款优先债权清偿比例为零。该案一般债权清偿工作尚未结束。

2013 年 2 月 20 日浙江某建设公司吸收合并了江苏某建设公司，江苏某建设公司于 2013 年 4 月 17 日注销。

2012 年 5 月 2 日，陈某某与浙江某建设公司签订了全日制劳动合同，劳动合同期限自 2012 年 5 月 1 日至 2017 年 4 月 30 日，工作内容为从事现场施工管理，工作地点随工作需要而变更。浙江某建设公司为陈某某缴纳了社会保险。

本案争议焦点为：陈某某与江苏某建设公司签订的《工程内部承包责任制合同》是否有效，建设施工合同履约保证金 1100 万元是否应由被告退还。

关于陈某某与江苏某建设公司签订的《工程内部承包责任制合同》是否有效。本院认为，原、被告签订了劳动合同，该合同未被撤销，被告为原告缴纳了社会保险，故双方存在劳动关系，原告是被告的职工。被告系江苏某建设公司股东，持股达 95%，原、被告签订的劳动合同亦约定工作地点随工作需要而变更，故被告派遣原告去江苏某建设公司从事相关工作是企业内部管理行为，不违反法律规定。工程内包行为属于施工企业经营方式的一种，法律和行政法规对此没有禁止性规定。原告作为建筑行业从业人员，与江苏某建设公司签订工程内部承包协议不违反法律、法规相关规定。陈某某抗辩常州某房地产公司与江苏某建设公司于 2012 年 5 月 9 日签订的《常州园城豪景花园工程补充协议》，属于先有建设施工合同然后转包。而本案涉及的豪景家园施工属于豪景家园二期工程，常州某房地产公司作为发包方从豪景家园整体规划、施工考虑，采取什么样的招标形式是常州某房地产公司的企业行为，且该协议明确为建设施工合同的附件，而非独立存在的协议，故原告该抗辩意见不足以说明内部承包合同属于转包。陈某某与江苏某建设公司签订的《工程内部承包责任制合同》是双方当事人真实意思表示，不违反法律法规禁止性规定，合法有效。

关于建设施工合同履约保证金1100万元是否应由被告退还。合法有效的合同对双方当事人均有约束力。被告吸收了江苏某建设公司，承继了江苏某建设公司的权利义务，故原告与江苏某建设公司签订的《工程内部承包责任制合同》，对本案原、被告均具有法律约束力。该合同约定了承包方式为独立核算，自负盈亏，被告对向建设方催要工程款负有配合义务。原告交给被告的1100万元，原告已经以江苏某建设公司的名义缴纳给了常州某房地产公司，对此原告是明知的。原告积极参与了对常州某房地产公司催要返还保证金的相关事宜，还作为被告的代理人与常州某房地产公司达成分期返还方案，故原告对自己缴纳的合同履约保证金返还主体应当是常州某房地产公司也是明知的。杭州市中级人民法院对该笔保证金1100万元的返还已经作出了生效判决，被告也以该判决为依据向常州某房地产公司破产管理人申报了债权并获确认，只是该笔债权尚未获得清偿。被告积极履行了自己的催要义务，原告在被告尚未获得该笔款项的时候要求由被告承担返还义务，缺乏法律依据。

综上所述，原告要求确认与被告于2012年5月11日签订的《工程内部承包责任制合同》无效的诉讼请求，本院不予支持；原告要求被告返还保证金1100万元并赔偿其损失535.72万元的诉讼请求，本院不予支持。依照《中华人民共和国合同法》第六条、第八条、第五十二条的规定，判决如下：

驳回原告陈某某的诉讼请求。

案件受理费119944元、保全费5000元，合计124944元，由原告陈某某负担。

如不服本判决，可在判决书送达之日起十五日内，向本院递交上诉状，并按对方当事人的人数提出副本，上诉于江苏省常州市中级人民法院，同时向该院预交上诉案件受理费。

常州市中级人民法院
二审民事判决书

（2018）苏04民终45号

上诉人陈某某因与被上诉人浙江某建设集团有限公司（以下简称浙江某建设公司）建设工程施工合同纠纷一案，不服江苏省常州经济开发区人民法院（2016）苏0492民初91号民事判决，向本院提起上诉。本院于2018年1月3日立案后，依法组成合议庭，对本案进行了审理。本案现已审理终结。

上诉人陈某某上诉请求：撤销原判，依法改判支持上诉人的一审诉讼请求，本案诉讼费用由被上诉人承担。事实和理由：一、上诉人从未与江苏某建设有限公司（以下简称江苏某建设公司）建立过劳动关系，上诉人与江苏某建设公司签订《工程内部承包责任制合同》时，江苏某建设公司与被上诉人尚未合并，被上诉人只是江苏某建设公司的股东，两者是完全独立的企业法人，因此上诉人不符合签订企业内部承包合同的主体资格。一审认定被上诉人派遣上诉人到江苏某建设公司工作缺乏证据证明，认定上诉人具有签订内部承包合同的主体资格错误。且上诉人不是被上诉人的真正员工，只是为了承包工程需要，才应被上诉人要求在空白的劳动合同上签名。该劳动合同也未实际履行。被上诉人从未向上诉人发放过岗位工资，社会保险只是以被上诉人名义缴纳，最终仍要由上诉人自己承担，且上诉人全家五人皆以被上诉人名义缴纳社保。二、要认定建筑企业工程内部承包合同有效，企业必须在资金、技术、设备、人力等方面给予充分的支持和管理。在技术方面，应当为内部承包人配备相应的专业技术人才，组成专业团队对工程施工进行指导和帮助。在设备和资金方面，应当为内部承包人提供符合要求的工程施工所需装备，同时给予资金支持以保证项目的顺利推进。否则，不论是否为企业在册职工，都只能认定是缺乏合法资质的个人承包行为，相应的合同应当认定无效。本案工程施工过程中所需要的技术、设备、资金、人力等，均由上诉人自己负责解决，江苏某建设公司几乎没有任何支持，显然违背我国建筑法关于工程建设主体资质要求的强制性规定，再结合第一点上诉理由，应认定本案中的工程内包合同无效。三、常州某房地产有限公司（以下简称常州某房地产公司）与江苏某建设公司于2012年5月9日签订的《常州园城豪景花园工程补充协议》虽名为补充协议，看似主合同的附件。但江苏某建设公司与常州某房地产公司通过该补充协议已将本案工程价格、施工范围、技术质量标准、工期等重要承发包条件予以确定。双方在该补充协议中还约定，如备案主合同与该补充协议不一致，以该补充协议为准。由此可见，通过签订该补充协议，江苏某建设公司与常州某房地产公司已经确立了承发包关系，江苏某建设公司已经实际将案涉工程承接下来。之后的工程招投标采用定向邀标方式，以及建设工程施工合同签订，只是走形式，且都是江苏某建设公司和常州某房地产公司商谈议定，上诉人没有参与也不知情。江苏某建设公司作为承包方将工程承接下来后，没有履行合同，而是与上诉人签订工程内包合同，以内部承包的形式将工程建设的基本内容全部转包给缺乏资质的上诉人，属于非法转包的行为，一审判决工程内包合同有效违背法律规定。四、被上诉人应当返还上诉人1100万元保证金。上诉人与常州某房地产公司之间没有承发包关系，上诉人不会认为或明知自己交付给被上诉人1100万元保证金的返还主体应当是常州某房地产公司。根据我国合同法第五十八条规定，江苏某建设公司依据无效的工程内包合同收取上诉人保证金1100万元，应当依法返还。因被上诉人吸收合并了江苏某建设公司，被上诉人应负该返还义务。上诉人要求被上诉人返还保证金，是基于工程内包合同无效，不受常州某房地产公司有否归还被上诉人1100万元工程保证金的影响。被上诉人要求常州某房地产公司归还保证金是基于该两方之间的建设工程承包合同，与工程内包合同是不同的法律关系。且造成保证金不能归还和工程款损失的过错责任在被上诉人。本案工程转包之前，上诉人对常州某房地产公司及案涉工程项目并不了解，也没有能力对建设单位和项目的情况进行核查，完全是基于对江苏某建设公司的信任才接受其转包。江苏某建设公司与常州某房地产公司签订《常州园城豪景花园工程补充协议》确立承发包关系，是一个逐渐发展的过程，期间双方接触磋商，对常州某房地产公司经济状况和诚信度的调查以及对本案工程项目的考察等订立合同前的准备工作，皆由江苏某建设公司负责。从要求常州中良房地产开发有限公司和华建永邦工程担保有限公司提供担保的情况分析，当时江苏某建设公司对常州某房地产公司的经济状况就应该有所担忧。但江苏某建设公司却未将该情况告知上诉人，通过签订工程内包合同将可能发生亏损的风险转嫁给上诉人，再通过所谓的管理费获取固定收益。现今正是由于常州某房地产公司经济状况恶化，无力归还保证金和支付工程款，才导致本案工程目前的巨额亏损，造成重大经济损失。五、退一步说，假设认定工程内包合同有效，被上诉人也应当返还上诉人 1100 万元保证金。根据工程内包合同第八条约定，只有在发生法定不可抗力的情况下，造成被上诉人无法收回保证金，被上诉人才不承担返还上诉人保证金的责任。而常州某房地产公司破产导致无法追偿，不属于法定的不可抗力事件。

被上诉人浙江某建设公司辩称：一、上诉人与江苏某建设公司、浙江某建设公司均存在劳动关系。江苏某建设公司系浙江某建设公司与其关联公司成立的公司，浙江某建设公司持有江苏某建设公司 95% 股份，为控股公司。在世纪园城施工项目中，浙江某建设公司指派工作人员对该项目的施工进行管理，并在资金技术上予以支持，也将部分人员派遣至江苏某建设公司工作。该行为属于正常的企业经营行为，上诉人也是因此为江苏某建设公司提供劳动，并非与江苏某建设公司无关的第三人。且在世纪园城项目施工过程中，江苏某建设公司于 2013 年 4 月被浙江某建设公司吸收合并，权利义务由浙江某建设公司概括承受。退一万步说，即使浙江某建设公司、江苏某建设公司与上诉人之间的劳动关系存在瑕疵，该情形在合同履行过程中也得到了补正。2012 年 5 月 1 日，上诉人与浙江某建设公司签订劳动合同，约定其从事工程管理等工作，此后上诉人与江苏某建设公司签订内包合同，担任世纪园城项目负责人，上诉人根据两合同的约定，为江苏某建设公司与浙江某建设公司提供服务，浙江某建设公司也为上诉人缴纳了社保，发放了工资。二、上诉人与江苏某建设公司签订的工程内包合同合法有效，上诉人是江苏世纪园城项目的负责人。首先，工程内包合同属于企业经营模式，是合法有效的。无论是浙江法院，还是江苏法院，对内包合同效力均予以认可。根据江苏省建设工程施工合同案件审理指南第 6.2.2.2 规定，只有在企业要求承包人承担的义务明显失当、责任过重的情况下可以对相关条款予以调整。其次，在内包合同履行过程中，浙江某建设公司及江苏某建设公司全程对施工过程、工程质量、对外签订采购合同等情况进行监督管理，并对上诉人提供财务支持，履行了自己的合同义务。在工程中标后，江苏某建设公司设立了项目部，并委派了项目经理、质量员、安全员等工作人员，保证施工正常运行。且浙江某建设公司总工程师丛国清对工程施工进行整体监督，同时，浙江某建设公司及江苏某建设公司对工程进行财务管理，上诉人对外系以江苏某建设公司的名义签订合同，江苏某建设公司也要求上诉人就合同内容进行汇报，并对合同进行审查，以保证专款专用。浙江某建设公司及江苏某建设公司也为上诉人提供了资金的支持，据初步统计，为上诉人的工程财务支出约为3500余万元。最后，内包合同内容公平公正，双方权利义务一致，上诉人作为工程内部承包人，负责工程实际施工，是工程款的实际受益人，当然也是风险的主要承担者。被上诉人为该工程提供相应的管理，仅仅收取2.5%的管理费。且浙江某建设公司及江苏某建设公司也已经履行了自己的监督管理义务，并协助上诉人追讨拖欠工程款。综上，本案内包合同符合法律的规定，是有效的。三、上诉人与浙江某建设公司及江苏某建设公司之间不存在所谓的转包或挂靠情况。首先，上诉人本身就是浙江某建设公司及江苏某建设公司的员工，并非独立于公司的其他单位和个人。其次，浙江某建设公司及江苏某建设公司已经根据内包合同约定，在人力、技术支持、施工、财务管理以及资金支持等方面履行了自己的义务。同时，从工程款的结算方式来看，内包合同一般约定建设单位支付的工程款由上诉人收取，公司只收取固定比例的管理费。如果双方属于转包关系，则公司应当从建设单位收取工程款后，按照固定金额向上诉人支付工程款，并赚取其中的差价。如为挂靠，则公司没有必要对工程进行管理以作为收取管理费的对价，且该管理费的收费比例相对挂靠明显偏低。而且在工程实际施工中所发生的相关费用，大部分均由公司垫付，如果是转包或挂靠，则该款项公司完全没有必要垫付。退一万步说，即使公司与上诉人之间为挂靠关系，根据江苏省高院建设工程施工合同案件审理指南第6.2.2.2条规定，挂靠关系中实际承包人与施工企业之间的债权债务应当参照挂靠协议处理。因此，作为挂靠协议的内部承包合同，应当作为确定上诉人与公司权利义务的参照依据。四、上诉人无权要求公司返还保证金1100万元。首先，江苏某建设公司与上诉人签订的内包合同合法有效，工程保证金由上诉人自筹，上诉人自负盈亏，根据内包合同约定，上诉人无权要求公司返还保证金。退一步说，无论内包合同是否有效，该合同所记载的内容确实是各方的真实意思表示。从合同第四条第八款、第五条、第六条第三款的约定可以看出，上诉人签订合同时就知道保证金的收取方不是公司而是建设单位，只是因为上诉人不是建设工程施工合同的签约主体，故只能通过公司代缴保证金。认定保证金由谁返还，应当确定谁是保证金的收取者。在内包合同中约定建设单位系本案1100万元保证金收款者，且公司也将保证金交付给建设单位的情况下，公司仅是该款项的经手人，而非该款项的实际占有使用人，不应承担还款义务。最后，公司与上诉人签订的内包合同，未约定保证金不能按时归还时，上诉人能收取任何利息。但在合同履行期间，建设单位向上诉人支付保证金利息600余万元、工程款利息200余万元，该保证金及工程款利息收益均由上诉人享有，被上诉人分文未得。由此可见，在合同履行过程中，无论是上诉人还是公司，均认为该1100万元保证金是上诉人缴纳给建设单位的，因此是上诉人而不是公司取得了保证金的利息。同时，上诉人在本案中主张的保证金利息，其依据也是建设公司在建设工程施工合同履行过程中作出的承诺。公司从未对上诉人承诺向其支付保证金利息。因此上诉人的诉讼请求与其在合同履行过程中的行为显然存在矛盾。上诉人既然在收取保证金利息时享受了收益，基于公平，也应负担保证金不能返还的风险，而不能仅选择对自己有利的方面主张权益。

……

本院二审期间，当事人围绕上诉请求依法提交了证据。本院组织当事人进行了证据交换和质证。对当事人二审争议的事实，本院认定如下：

2012年5月11日江苏某建设公司作为甲方与陈某某作为乙方签订的《工程内部承包责任制合同》中载明，甲方应配合乙方向建设方催讨工程款（第三条第五款）；甲方应审批项目班子组成名单，检查个人的工作能力及岗位证书，对不称职人员或无岗位证书的人员，甲方有权向乙方提出撤换、补全（第三条第七款）；竣工结算时，甲方有权要求乙方提供该项目的所有对外应付款清单，并承诺清单外账款与甲方无关，甲方经核实后，在建设方汇入后7天内划归乙方，如有亏损，亏损款均由乙方承担，竣工结算后的首笔工程款内甲方有权扣清甲方应得的所有费用（第三条第九款）；乙方向甲方上缴工程结算总造价2.5%的管理费，税金由甲方代扣负责按实交纳，税管费在每月的工程进度款中按比例扣留（第四条第三款）；工程结算盈利由乙方享受，结算亏损，乙方不能偿还甲方款项的，甲方有权用乙方家庭财产及工程保证金等其他资金来抵偿（第四条第六款）；所有工程款必须汇入甲方账户，再由甲方扣除管理费及乙方应承担的费用后支付给乙方（第四条第七款）；工程所需的保证金及带资、垫资款均由乙方自行解决，如需甲方帮助解决，乙方需承担利息，并经集团公司总裁审批后方可实施，如因不可抗力原因造成上述款项无法收回的，所有经济损失均由乙方承担（第四条第八款）；乙方向甲方缴纳本工程的保证金1100万元，工程中介费100万元由乙方承担（第五条）；在建设单位返还工程履约保证金时，甲方暂扣人民币壹佰万元整作为本合同履约担保金，于建设工程施工总承包合同施工任务结束，乙方结清对外欠款后一周内，等额无息退还（第六条第三款）。

2012年10月23日，常州某房地产公司向江苏某建设公司发出的中标通知书中载明，案涉工程项目经理为刘国亮，技术负责人为何某，质量员为来杰，造价编制员为邹迎杰，安全员为王建、来丹明、汪姣。

2012年11月14日，浙江某建设公司就案涉工程进行施工技术总交底，形成《浙江某建设公司施工技术总交底纲要》一份。该纲要上载明，案涉工程项目经理为刘国亮，项目副经理为何某，项目技术负责人为章裕，施工员为陈金宝，技术员为舒显武，专职质检员为周双喜，专职安全员一栏空白。浙江某建设公司作为交底方、丛国涛作为交底人在纲要落款处盖章、签名，何某作为接受交底方负责人在纲要落款处签名，章裕、舒显武、陈金宝、吴盼丽作为接受交底方其他人员在纲要落款处签名。

另查明，丛国涛为一级建造师，自2010年12月22日起至2012年3月13日受江苏某建设公司聘用，自2012年3月14日起至今受浙江某建设公司聘用，在两家公司担任的职位均为总工程师。

二审庭审中，浙江某建设公司主张中标通知书中记载的人员均实际参与了案涉工程的施工管理。陈某某主张上述人员中只有何某实际参与了工程的施工管理，且何某系陈某某自行聘请，是案涉工程实际上的项目经理，整个施工现场由其负责，案涉工程施工现场管理人员还包括陈某、陈东才、钟德龙、陈才土、章裕等人，其中陈某相当于项目副经理，协助何某管理现场，同时兼安全管理，陈东才负责质量管理，章裕是技术管理人员，这些人员都不是浙江某建设公司或江苏某建设公司的员工，除何某有工程师资质证书外，其他人员都没有相应资质。

二审庭审中，陈某某自认其没有承接案涉工程的相关资质，并申请证人何某、陈某到庭作证。证人何某陈述：一、其接受陈某某个人委任，在案涉工程中担任项目经理，刘国亮没有到施工现场，但由于工程备案挂证时用的是刘国亮的证，因此工程质检时刘国亮会来，但一共就两三次，其还付给刘国亮劳务费；二、中标通知书上的管理人员中只有其在施工现场，刘国亮偶尔来，其他人都没有来过；三、陈某在案涉工程中担任采购，施工资料上刘国亮的名字系由陈某代签；四、2012年11月14日施工技术总交底纲要上接受交底方的签名都是相应人员本人所签，这些人都是陈某某聘请的，当时丛国涛带人来常州对包括案涉工程在内的三个项目工地进行巡查，在巡查案涉工程项目工地过程中形成了这份交底材料；五、案涉工程的备案系浙江某建设公司一位姓葛的员工操作，案涉工程中诸如办理施工许可证、人员备案、项目经理备案等所有手续都系浙江某建设公司办理；六、浙江某建设公司和江苏某建设公司对案涉工程所有的管理行为仅体现在几份工程质量安全整改联系单上。证人陈某陈述：一、其由陈某某个人聘请，在案涉工程中担任项目副经理兼材料员，何某是项目经理，刘国亮没有来施工现场上班，工程款支付进度表上刘国亮的签名是其代签；二、刘国亮一共来过案涉项目工地大约两次，是常州建设局来工地例行检查时，刘国亮必须要到，所以才去工地。

二审庭审中，陈某某还陈述，之所以在《工程内部承包责任制合同》第五条中约定由其承担工程中介费100万元，是因为案涉工程最早是案外人马友松了解到后告诉浙江某建设公司，再由马友松和浙江某建设公司的徐金林去与常州某房地产公司商谈的，由于马友松无力承担保证金，所以没有负责案涉工程实际施工，但说好要支付给他100万元中介费，后来在实际进场时支付了10万元还是20万元的中介费给马友松。

上述事实，有浙江某建设公司一审提交的工程内部承包责任制合同、中标通知书、施工技术总交底纲要，二审提交的一级建造师证书、陈某某二审提交的证人证言及双方当事人庭审陈述在卷佐证。

二审查明的其他案件事实与一审相一致，本院依法予以确认。

本院认为，第一，关于陈某某与浙江某建设公司之间所形成法律关系的性质认定问题。就本案而言，上诉人陈某某主张其与浙江某建设公司之间并非内部承包合同关系，其与江苏某建设公司签订的《工程内部承包责任制合同》应认定为无效，为此提交了证人何某、陈某的证人证言及其他证据加以佐证。根据一、二审中双方当事人提交的证据可以确认，与江苏某建设公司签订《工程内部承包责任制合同》的陈某某既非江苏某建设公司的员工，也没有相应的施工资质，同时也不是案涉工程项目部的班组人员。虽然案涉工程以江苏某建设公司名义成立了项目部，但中标通知书和施工技术总交底纲要上载明的案涉工程项目经理刘国亮实际并未参与现场施工管理，现场实际的主要管理人员系何某、陈某及其他与江苏某建设公司没有劳动关系的个人，这些人员均系陈某某个人聘请，不具有相应的施工管理资质。此外虽有证据显示江苏某建设公司以及浙江某建设公司对案涉工程存在施工技术交底、租赁设备合同审批以及六次工程现场质量安全检查等行为，但这些行为不足以证明江苏某建设公司和浙江某建设公司对案涉工程施工进行了实质性的管理。综合上述情形，案涉工程实际上系没有资质的实际施工人陈某某借用有资质的建筑施工企业江苏某建设公司名义承接施工，江苏某建设公司向陈某某收取相应的管理费，陈某某与江苏某建设公司之间形成的法律关系名为内部承包，实为挂靠。一审认定陈某某与江苏某建设公司签订的《工程内部承包责任制合同》合法有效不当，本院依法予以纠正。

第二，关于浙江某建设公司是否应向陈某某退还建设施工合同履约保证金

1100万元的问题。鉴于陈某某与江苏某建设公司之间形成挂靠关系，双方之间的债权债务应当参照挂靠协议、即《工程内部承包责任制合同》的约定处理。根据该合同约定，案涉工程由陈某某独立核算，自负盈亏，江苏某建设公司配合陈某某向常州某房地产公司催讨工程款。因陈某某系借用江苏某建设公司的名义和资质实际承接案涉工程，在江苏某建设公司及其权利义务继受人浙江某建设公司已经积极履行向常州某房地产公司催讨保证金和工程款义务的情况下，因常州某房地产公司破产、相应债权未获清偿导致浙江某建设公司未能取得应由常州某房地产公司返还的保证金，该风险应由陈某某个人承担。故陈某某要求浙江某建设公司承担返还保证金的责任，缺乏相应的事实依据和法律依据，一审法院不予支持并无不当。

综上所述，陈某某的上诉请求不能成立，应予驳回；一审判决认定事实清楚，适用法律正确，应予维持。依照《中华人民共和国民事诉讼法》第一百七十条第一款第一项规定，判决如下：

驳回上诉，维持原判。

二审案件受理费119944元，由陈某某负担。

本判决为终审判决。

江苏省高级人民法院
再审民事裁定书

（2018）苏民申3944号

再审申请人陈某某因与被申请人浙江某建设集团有限公司（以下简称浙江某建设公司）建设工程施工合同纠纷一案，不服江苏省常州市中级人民法院（2018）苏04民终45号民事判决，向本院申请再审。本院依法组成合议庭进行了审查，现已审查终结。

陈某某申请再审称：1. 陈某某与江苏某建设有限公司（以下简称江苏某建设公司）之间应为转包关系。挂靠关系是施工人借用施工单位的资质，直接从发包人处承揽工程。而《工程内部承包责任制合同》（以下简称内部承包合同）并未约定陈某某以江苏某建设公司名义承揽涉案工程。江苏某建设公司与常州某房地产有限公司（以下简称常州某房地产公司）的《常州园城豪景花园工程补充协议》签订于内部承包合同之前。因此，案涉工程前期的考察、磋商、谈判、招投标和补充协议的签订均没有陈某某参与。内部承包合同约定陈某某支付100万元中介费，陈某某并非江苏某建设公司员工，江苏某建设公司未进行现场管理，所有人员均是陈某某聘请，表明陈某某与江苏某建设公司是转包关系。挂靠关系会导致施工合同无效，而江苏某建设公司与常州某房地产公司的施工合同已经被生效的（2014）浙杭民终字第1586号民事判决书认定为合法有效，印证陈某某与江苏某建设公司并非挂靠关系。无论转包还是挂靠关系，转包人或被挂靠人均以管理费的方式赚取利润，不能依据江苏某建设公司收取陈某某管理费认定双方为挂靠关系。2. 内部承包合同约定的自负盈亏仅适用于工程款，履约保证金属于应当全额返还的款项，不适用盈亏自负的约定。二审判决认定内部承包合同无效，则江苏某建设公司依据该合同向陈某某收取的1100万元工程保证金应予返还。常州某房地产公司向陈某某退还保证金系基于建设工程施工合同关系，与本案陈某某向浙江某建设公司主张返还保证金，两者请求权不同。3. 浙江某建设公司并未在常州某房地产公司债权人会议上积极争取优先受偿权，是浙江某建设公司的过错导致该保证金债权不能得到受偿。4. 生效判决已经确认浙江某建设公司享有1100万元保证金债权，如将来该笔债权得到清偿，按照二审判决，陈某某也无法获取退还的保证金，因此二审判决有违公平原则。综上，陈某某依照《中华人民共和国民事诉讼法》第二百条第二项、第六项的规定申请本案再审。

浙江某建设公司提交意见称：1. 涉案工程由陈某某先行与常州某房地产公司协商后承接，浙江某建设公司仅予以配合、协助，并根据陈某某的指示与常州某房地产公司签订补充协议。陈某某签订内部承包合同后，才支付保证金、进行工程招投标及签订施工合同。内部承包合同的内容包括陈某某支付100万元中介费的约定，表明陈某某对外以江苏某建设公司名义承揽工程并负责施工。收取2.5%管理费的约定，更符合挂靠的费用收取方式。2. 内部承包合同约定浙江某建设公司配合陈某某向建设方催讨工程款，因此陈某某无权向浙江某建设公司主张工程款。3.（2014）浙杭民终字第1586号民事判决作出时，并未发现有内部承包合同，不能以该判决对合同效力的认定推定双方的法律关系。即使内部承包合同无效，仍应按照双方约定，在常州某房地产公司返还1100万元保证金给浙江某建设公司后，再转交给陈某某。陈某某对保证金不能收回的风险是明知的。4. 保证金具有担保性质，本案中实际由常州某房地产公司收取，江苏某建设公司仅为代收，应根据谁实际享有谁负责退还的原则处理。且陈某某已从常州某房地产公司领取了逾期返还保证金的利息近600万元。综上，请求驳回陈某某的再审申请。

本院经审查认为，本案陈某某提出要求浙江某建设公司返还1100万元履约保证金的诉讼请求。对此，陈某某与浙江某建设公司对于陈某某与江苏某建设公司签订的内部承包合同真实性均无异议，该合同是双方真实意思表示，双方权利义务应据此确定。该合同约定陈某某以内部承包方式，独立核算，自负盈亏。第四条第八款规定，工程所需的保证金及带资、垫资款均由陈某某自行解决。如需江苏某建设公司帮助解决，陈某某需承担利息，并经集团公司总裁审批后方可实施。如因不可抗力原因造成上述款项无法收回的，所有经济损失均由陈某某承担。陈某某向江苏某建设公司缴纳了1100万元保证金后，江苏某建设公司交付给了发包方常州某房地产公司。此后，浙江某建设公司提起诉讼，经生效的（2014）浙杭民终字第1586号民事判决确认其对常州某房地产公司享有的工程款债权，包括1100万元履约保证金。该债权尚未在常州某房地产公司的破产程序中获得清偿，应认定属于内部承包合同约定的保证金不能获得返还的风险，应依约由陈某某承担。陈某某在本案中要求浙江某建设公司直接给付1100万元保证金，缺乏事实及法律依据。但此后陈某某如有证据证明，浙江某建设公司就该债权已经全部或部分获得清偿，仍可以向浙江某建设公司主张。

依照《中华人民共和国民事诉讼法》第二百零四条第一款，《最高人民法院关于适用〈中华人民共和国民事诉讼法〉的解释》第三百九十五条第二款规定，裁定如下：

驳回陈某某的再审申请。

【案件总结】

本案主要有两大诉讼焦点：一是案涉工程内包合同的效力问题；二是案涉工程保证金的退还问题。其中，工程内包合同的效力又是本案焦点中的焦点，如何认定工程内包合同的效力以及如何认定合同内容的效力直接影响和决定了包括工程保证金在内的所有双方权利义务履行的问题。

北京炜衡（杭州）律师事务所底世清、钱思洋律师在本案代理过程中正是牢牢抓住了这些核心要点，从而掌握了整个案件的主动权，为三级审理均胜诉打下了基础。现将代理律师如何把握工程内包合同效力等问题总结如下：

一、如何认定建设工程内部承包合同及其效力

承包单位在建设工程施工过程中，常常会将全部或部分工程交由第三方来完成。此时，承包单位为了规避风险，以及明确双方权利义务，一般会与实际施工单位签订建设工程内部承包合同，该类合同及其效力应当如何认定？这是律师代理建设工程领域案件必然会碰到的问题，同时也是本案代理律师关注的焦点。

通过详细查阅相关法律法规并结合实践情况，代理律师根据签约对象的不同，将建设工程内部承包合同分为三类：一是企业与其内部职能部门、分支机构或职工签订的内包合同；二是企业作为被挂靠人与挂靠人签订的内包合同；三是企业作为转包人与转包施工人签订的内包合同。第一类是狭义的内包合同，也就是通常所指严格意义上的内包合同；第二、三类则是广义的内包合同，因为我国法律法规中是不允许挂靠和转包的，故承包单位与实际施工单位常通过签订内包合同的形式来进行实际操作。

关于该三类内包合同的效力问题，代理律师也进行了深入研究：

1. 对于签约对象为企业内部职能部门、分支机构或职工的建设工程内部承包合同，在符合法定条件的情况下应被认定为有效。对此，浙江、北京、河北、安徽四地高级人民法院均有明确规定。[①] 而法定条件则是指签约对象为企业内部部门或职工，以及企业需在资金、技术、人力等方面提供支持。实践中，要认定签约对象为内部部门或职工，一般需通过提供书面劳动合同、社保缴纳凭证、工资发放证明等予以证明，并且缺一不可，而企业提供的支持则范围比较广。

2. 对于签约对象为挂靠人的建设工程内部承包合同，虽然合同会被认定为无效，但合同内容仍可作为法院裁判的参考。

3. 对于签约对象为转包施工人的建设工程内部承包合同，合同会被认定为无效，对双方均不具有约束力，建设公司应向转包施工人支付全部工程款。

综上，代理律师在本案一审期间定下的诉讼策略就是力争案涉工程内包合同有效。代理律师通过向法庭提交劳动合同、社保证明、安全综合管理目标责任书、施工技术交底纲要、工程质量安全整改联系单、合同审批流转表及合同等证据材料，证明陈某某系浙江某建设公司员工，以及浙江某建设公司在资金、技术等方面为陈某某提供了支持。虽然在二审期间随着新证据的出现，部分事实认定被纠正，但一审的诉讼策略是当时情况下最大限度维护当事人权益的最优选择，并且也获得了一审法院的认可和采纳。

二、如何区别挂靠与转包[②]并选取于己有利的诉讼策略

二审期间，随着新证据的出现，案情发生了一定的变化，案涉工程内包合同的争议焦点从合同是否有效转变为该行为属于挂靠还是转包。在诉讼代理的准备和一审阶段，代理律师已经详细研究过内包（狭义）、挂靠和转包的表现形式及效力状况，因此，代理律师果断调整了诉讼策略，将重点放在力证案涉工程内包合同系挂靠而非转包之上，主要通过以下四方面的分析最终说服了法庭：

（一）介入工程的时间节点

一般情况下，挂靠人在施工单位尚未承揽工程时，便开始介入工程的前期谈

① 参见《浙江省高级人民法院民事审判第一庭关于审理建设工程施工合同纠纷案件若干疑难问题的解答》一，《北京市高级人民法院关于审理建设工程施工合同纠纷案件若干疑难问题的解答》5，《河北省高级人民法院建设工程施工合同案件审理指南》4，《安徽省高级人民法院关于审理建设工程施工合同纠纷案件适用法律问题的指导意见》第一条相关规定。

② 参见《建筑工程施工发包与承包违法行为认定查处管理办法》第七条至第十条相关规定。

判，挂靠人与施工单位内部承包合同的签订时间一般也早于招投标流程开始的时间。而转包施工人是在施工单位承揽工程后再介入工程，一般是在施工单位与发包人签订建设工程施工合同之后，施工单位再将工程转包给转包施工人，并与转包施工人签订内部承包合同。本案中，陈某某全程参与了案涉工程的招投标，并非建设单位中标后再将工程外包。

（二）对建设工程施工合同的介入程度

挂靠人一般会主导施工单位与发包人签订建设工程施工合同的整个流程，其常以施工单位代表人的身份签名确认，施工单位也是根据挂靠人的要求来确定建设工程施工合同的主要内容。而转包施工人对施工单位与发包人签订建设工程施工合同并没有太多的干涉权利，施工单位是根据其自身意志与发包人签订合同，建设工程施工合同的内容与转包施工人无关，转包施工人的权利义务由其与施工单位之间的合同来确定。本案中，陈某某不仅参与了建设工程施工合同签订的全过程，还作为江苏某建设公司代理人，与常州某房地产公司签订了《常州园城豪景花园工程补充协议（二）》。

（三）工程相关费用的承担

挂靠人一般需要通过被挂靠施工单位向发包人缴纳工程的相关费用及保证金，工程的中标及施工均是为了挂靠人的利益。而转包施工人只需按约定的方式与施工单位结算工程款即可，不需要承担施工单位向发包人支付的施工过程中需要交纳的相关费用及保证金，施工单位仅能依靠与其签订的合同，要求其向施工单位缴纳保证转包人顺利施工的保证金。本案中，陈某某正是通过江苏某建设公司的账户向常州某房地产公司缴纳了1100万元的工程保证金，并且实际取得了常州某房地产公司因未能按期退还保证金而支付的利息，故该1100万元工程保证金并非陈某某向江苏某建设公司缴纳的保证金，因而无权向其要求退还。

（四）工程款的结算方式

挂靠人一般是为取得整个工程的全部工程款，仅仅会基于挂靠需要而按照总工程款的一定比例向施工单位支付管理费，且管理费比例一般较低。而转包施工人多是从施工单位处取得固定收益，施工单位会利用其作为中标人的地位压低转包价格，并通过中标合同与转包的差价牟取高额利润。本案中，浙江某建设公司仅收取了2.5%的管理费，该费用的收取方式明显更符合挂靠的特征。

在认定了案涉工程内包合同属于挂靠关系之后，合同虽然无效，但双方的权利义务仍应当参照挂靠协议即案涉工程内包合同的约定处理，进而本案的另一个诉讼焦点即工程保证金的退还问题也就迎刃而解了。根据工程内包合同第四条第八款规定，工程所需的保证金及带资、垫资款均由陈某某自行解决；如需江苏某建设公司帮助解决，陈某某需承担利息，并经集团公司总裁审批后方可实施；如因不可抗力原因造成上述款项无法收回的，所有经济损失均由陈某某承担。

最终，不仅二审法院支持了代理律师的主张，再审法院也在裁定中表明“浙江某建设公司提起诉讼，经生效的（2014）浙杭民终字第1586号民事判决确认其对常州某房地产公司享有的工程款债权，包括1100万元履约保证金。该债权尚未在常州某房地产公司的破产程序中获得清偿，应认定属于内部承包合同约定的保证金不能获得返还的风险，应依约由陈某某承担。其在本案中要求浙江某建设公司直接给付1100万元保证金，缺乏事实及法律依据”，驳回了陈某某的再审申请。至此，本案三级审理程序完毕，代理律师取得了案件代理的三连胜。

【承办律师简介】

底世清律师毕业于中国政法大学法学院，学士学位。

1994年参加工作，曾就职于万向集团法务部；1999年正式开始律师执业。现任北京炜衡（杭州）律师事务所执行主任、高级合伙人。系杭州市律师协会第九届理事会理事、建设工程专业委员会副主任、中共杭州市江干区第十次代表大会代表、江干区委法律顾问、杭州仲裁委员会仲裁员、南京仲裁委员会仲裁员。曾获共产党员先锋岗、中国政法大学杰出校友等称号，并被浙江大学光华法学院聘为实务导师，被江苏师范大学法学院聘为兼职教授。

在建筑房地产、商事公司、知识产权方面有较深的研究。成功代理过数百起各类诉讼案件，目前，除担任了杭州市规划和自然资源局、嘉善县自然资源和规划局等政府机关的法律顾问外，还担任了众多国有或民营企业，如浙江东冠建设集团、浙江链家房地产经纪有限公司、浙江杭万汽车零部件实业公司、浙江国泰密封材料公司等数十家大中型企业的常年法律顾问，持续为社会各界提供优质的法律服务。

钱思洋律师自 2008 年起开始从事律师工作。现任炜衡律师事务所房地产与建设工程法律专业委员会委员、军民融合专业委员会委员，以及杭州市律师协会建设工程专业委员会委员。

擅长房地产、建设工程领域以及疑难、复杂民商事案件的处理，担任多家建设、施工单位以及政府部门的法律顾问。

以环境保护为抗辩思路的 EMC 合同纠纷胜诉经验[①]

——A 公司与 B 公司、C 公司 EMC 合同纠纷案

北京市炜衡（西安）律师事务所　王小涛律师

【争议焦点】

◆ *《EMC 合同》《技术协议》《担保函》效力如何认定?*

◆ *《EMC 合同》应否解除或继续履行?*

◆ *B 公司应否向 A 公司返项目投入款、赔偿利息损失?*

◆ *B 公司应否赔偿 A 公司可得利益损失?*

◆ *C 公司应否对 B 公司债务承担一般保证责任?*

【关键词】

合同能源管理　管辖权再审

【案情简介】

2012 年 4 月 17 日，A 公司与 B 公司签订《60 万吨兰炭尾气余热发电装置合同能源管理（EMC）合同》（以下简称《EMC 合同》），拟利用 B 公司年产 60 万吨半焦（兰炭）生产线收集到的尾气。由 A 公司投资建设一套兰炭尾气余热发电装置，以达到资源循环综合利用、节能减排、保护环境的目的。

合同约定：(1) 本项目所产生的收益，在归还完本项目投资后，由双方共同分享；(2) 项目投运后，B 公司应尽量保证 30000Nm^3/H，每年 2.56 亿 N 的兰炭尾气

① 案件来源：浙江省高级人民法院（2015）浙商初字第 11 号民事判决书。

稳定供给A公司，实现发电净收益不低于4500万元人民币/年；（3）还贷期内，当每月的发电净收益低于375万元时，B公司必须在向A公司支付时补足差额。

合同中约定，由A公司负责本项目工程设计、设备及材料采购、工程安装、软件编程、调试、试车、达产达标、组织竣工验收、环保、消防、绿化、人员培训、运行、服务等全过程工作。

同时，C公司向A公司出具了《担保函》，承诺对“B公司保障六台焦化炉正常工作，以保证供气量不低于18000Nm^3/H，以及其在不能兑现最低供气量时应承担的义务和责任”承担一般保证责任。

2013年10月5日，B公司、A公司与安装单位、设计单位、总包单位、监理单位在60万吨/年兰炭发电装置工程竣工验收证明书上签字盖章。

2013年10月至2014年4月，案涉发电装置项目进行了试生产，2014年4月1日停止兰炭生产供气。

2014年11月20日，A公司将B公司、C公司起诉至浙江省杭州市中级人民法院，主张A公司依照合同约定，完成了兰炭尾气余热发电装置工程建设，于2013年10月5日通过竣工验收，并完成试运行。试运行期间，B公司断断续续供气一段时间，自2014年4月开始，彻底停止了供气。B公司既未按合同约定保证煤气供应，未实现A公司发电净收益，也未按约每月支付补足最低发电收益款375万元，直接导致无法实现合同经济目的，已构成严重违约，请求判令：解除《EMC合同》，要求B公司立即支付A公司工程总投入、利息损失、可得利益损失等各项合计共4.3亿元，并且由C公司承担一般担保责任。

B公司和C公司经过多方咨询和考察，均委托北京市炜衡（西安）律师事务所王小涛律师作为本案诉讼代理人。代理律师代理B公司提出如下五点答辩意见：（1）A公司应当按照榆林市环保局签发的《关于神木县B公司煤深加工综合利用循环经济项目变更环境影响报告书的批复》（以下简称《环评批复》）完成环保设施建设。（2）A公司挪用约9000万元资金，没有按照《环评批复》完成环境保护设施建设，EMC发电装置未完工。（3）EMC发电装置未按照规定的条件和程序完成竣工验收。（4）EMC发电装置未完成环保设施等工程建设，受到神木县环保局行政处罚，

B 公司被迫停止兰炭生产供气。(5) A 公司以 B 公司未履行供气义务为由要求解除《EMC 合同》，理由不能成立，请求依法驳回 A 公司全部诉讼请求。同时，B 公司提起反诉，请求判令 A 公司继续履行《EMC 合同》，按照《环评批复》完成环保设施等工程建设，请求判令 A 公司向 B 公司支付违约金、赔偿经济损失。

此外，王小涛律师查阅分析案件级别管辖的法律规定，提出管辖权异议，在异议被驳回后，申请再审。2015 年 4 月 23 日至 24 日，浙江省杭州市中级人民法院对本案一审开庭审理，即将作出一审判决。2015 年 4 月 29 日，最高人民法院书面通知受理管辖权异议再审申请，代理律师紧急要求杭州市中级人民法院中止案件审理，挽回不利诉讼局面。2015 年 11 月 17 日，最高人民法院作出（2015）民提字第 191 号民事裁定：撤销原审管辖权异议裁定，将本案由浙江省杭州市中级人民法院移送浙江省高级人民法院审理。

2017 年 5 月 23 日，浙江省高级人民法院作出（2015）浙商初字第 11 号民事判决书，判决：一、A 公司与 B 公司签订的《EMC 合同》继续履行。二、驳回 A 公司的诉讼请求。三、驳回 B 公司的其他反诉诉讼请求。本诉受理费由 A 公司承担。

宣判后，A 公司向最高人民法院提出上诉，后自行撤诉。一审判决生效。

【诉讼策略】

了解本案案情后，代理律师分别从管辖部分与实体部分着手，提出了一套详尽的诉讼应对策略。

一、案件级别管辖问题

本案诉讼标的额为 4.3 亿元，一审、二审均在原告住所地浙江省杭州市中级人民法院、浙江省高级人民法院审理，若案件能够提高审判级别管辖，一审由浙江省高级人民法院审理、二审由最高人民法院审理，将有助于案件公正审判。因此，代理律师查阅分析案件级别管辖的法律规定，提出管辖权异议，在异议被驳回后，申请再审，最终获得最高人民法院支持，保障了案件公正审理。

第一，《浙江省高级人民法院关于第一审民事和商事案件级别管辖的规定》（浙高法〔2008〕361 号）经最高人民法院批准后印发，应当作为确定本案级别管辖的依据。

《最高人民法院关于审理民事级别管辖异议案件若干问题的规定》(法释〔2009〕17号)第十条规定：经最高人民法院批准的第一审民事案件级别管辖标准的规定，应当作为审理民事级别管辖异议案件的依据。《浙江省高级人民法院关于第一审民事和商事案件级别管辖的规定》，报经最高人民法院批准，自2009年1月1日起开始实施，应当作为确定本案级别管辖的依据。

第二，根据《浙江省高级人民法院关于第一审民事和商事案件级别管辖的规定》规定，本案依法应当移交浙江省高级人民法院审理。

《浙江省高级人民法院关于第一审民事和商事案件级别管辖的规定》第一条第一款规定：省高级人民法院管辖争议标的金额在人民币2亿元以上且当事人一方住所地不在本辖区或者涉外和涉港、澳、台的第一审民事和商事案件。本案争议标的额为4.3亿元，依法应当移交浙江省高级人民法院审理。

第三，《浙江省高级人民法院关于试行浙江省各级法院第一审民商事案件级别管辖标准的通知》(浙高法〔2012〕177号)未经最高人民法院批准，不得作为确定案件级别管辖的依据。

2012年7月18日，浙江省高级人民法院印发《关于试行浙江省各级法院第一审民商事案件级别管辖标准的通知》规定："省高级人民法院管辖下列第一审民事和商事案件：(一)争议标的金额在人民币2亿元以上的涉外和涉港、澳、台的第一审民事和商事案件；(二)最高人民法院指定省高级人民法院审理的第一审民事和商事案件。"该规定印发后，浙江省各级人民法院均作为确定案件级别管辖的依据。根据该规定，浙江省杭州市中级人民法院对本案有管辖权。但代理人认为，该规定未经最高人民法院批准，不得作为确定案件级别管辖的依据。

第四，B公司、C公司依法向最高人民法院申请管辖权异议再审并获得支持。

鉴于浙江省杭州市中级人民法院、浙江省高级人民法院分别裁定驳回管辖权异议申请，B公司、C公司向最高人民法院申请再审。

2015年4月23日至24日，浙江省杭州市中级人民法院对本案一审开庭审理，即将作出一审判决。2015年4月29日，最高人民法院书面通知受理再审申请，代理人紧急要求杭州市中级人民法院中止案件审理，挽回不利诉讼局面。2015 年 11 月 17 日，最高人民法院作出（2015）民提字第 191 号民事裁定，撤销原审管辖权异议裁定，将本案由浙江省杭州市中级人民法院移送浙江省高级人民法院审理。

二、案件实体部分争议焦点——《EMC 合同》解除条件是否成就

初步审阅本案证据资料，似乎证明 60 万吨/年兰炭发电装置已经竣工验收完成，开始试生产并产生发电收益，B 公司停止生产供气，直接导致了 A 公司无法及时收回项目投资，无法实现合同经济目的，已构成严重违约，似乎 A 公司请求解除合同，要求 B 公司支付各项损失 4.3 亿元，证据上占有一定优势，B 公司、C 公司应诉压力非常大。

根据王小涛律师提出的意见，B 公司、C 公司组织参与兰炭尾气余热发电装置工程项目合作的工程人员、财务人员、现场管理人进行了多次座谈论证，王小涛律师在充分了解案件事实，收集梳理证据材料后，形成了以环境保护为切入点的完整的抗辩、反诉方案和证据链条。

（一）A 公司应当按照《环评批复》完成环保设施建设

《EMC 合同》附件《技术协议》约定，“A 公司承包范围……包括脱硫系统，不包括脱硝系统”。同时约定，根据我国《火电厂大气污染物排放标准》规定，电厂锅炉排出的烟气应采取脱硝措施。2012 年 8 月 7 日，A 公司向 B 公司发送《关于 B 公司发电装置项目新增工程项目及要求核保的函》，说明新建发电建设项目脱硝属于强制验收内容，新增列支 1500 万元。2013 年 9 月 3 日，榆林市环境保护局作出《环评批复》，要求“发电车间锅炉烟气经氨法脱硫（后置脱硫），SCR 法脱硝后由 80M 高烟囱达标排放”。《中华人民共和国环境保护法》第四十一条规定，防治污染的设施应当符合经批准的环境影响评价文件的要求，不得擅自拆除或者闲置。可见，兰炭尾气余热发电装置工程脱硫、脱销属于国家环保强制要求，A 公司、B 公司应当严格执行，按照《环评批复》要求完成环保设施建设。

（二）A 公司挪用约 9000 万元资金，没有按照《环评批复》完成环境保护设施建设，EMC 发电装置未完工

《EMC 合同》第二条约定，本发电装置项目总投资暂定 23000 万元人民币。

《环评批复》规定，项目总投资2.4亿元，其中环保投资2442.31万元。2012年6月11日、2012年8月29日，A公司分别与民生银行、光大银行签订《流动资金贷款借款合同》，共计获得借款2.4亿元，专项用于B公司60万吨兰炭尾气余热发电装置项目的建设。

根据A公司提交的《60万吨兰炭尾气余热电站总承包合同》及款项支付凭证，A公司支付的承包费为1.496亿元，挪用约9000万元资金。根据工程现场勘查，A公司没有按照《环评批复》的“氨法脱硫”（后置脱硫），对原设计方案“干法脱硫”（前置脱硫）进行设计变更，不符合《环评批复》规定；没有按照《环评批复》的“SCR法脱硝”完成“脱硝系统”建设。可见，A公司已经取得2.4亿元银行贷款资金，但挪用约9000万元资金，没有按照《环评批复》完成环境保护设施建设，EMC发电装置未完工。

（三）EMC发电装置未按照规定的条件和程序完成竣工验收

神木县环保局《环评批复》要求，项目竣工后，必须向我局书面提交试生产申请，经检查同意后方可进行试生产，试生产三个月内向我局申请验收，验收合格后，才能正式投入运行。《建设项目（工程）竣工验收办法》① 第三条规定，“进行竣工验收必须符合以下要求：……5. 环境保护设施、劳动安全卫生设施、消防设施已按设计要求与主体工程同时建成使用”。《火力发电建设工程启动试运及验收规程》第5.0.1条规定：凡新建、扩建、改建的火力发电工程，已按批准的设计文件所规定的内容全部建成，在本期工程的最后一台机组考核期结束，完成行政主管部门组织的各专项验收且竣工决算审定后，由建设单位按规定申请组织工程竣工验收。

目前，A公司投资建设的EMC发电装置，尚未经过电力建设质量监督机构检查监督，尚未完成行政主管部门组织的环境保护设施、劳动安全卫生设施、消防设施各专项验收，竣工验收尚未完成。

---

① 该文件已于2016年1月1日被废止。

（四）EMC发电装置不具备运行条件并受到行政处罚，A公司无权要求解除《EMC合同》，无权要求B公司承担违约赔偿责任

2014年3月20日，神木县环保局向B公司送达《环境违法行为限期整改通知书》，内容提及“经查神木B公司余气发电厂，该厂无试生产批复，脱硫设施在线监测未通过环保部门批准验收，责令有关单位改正环境违法行为”。2014年12月1日，神木县环境保护局向B公司送达《关于责令B公司限期达标排放的通知》，内容提及“检查发现发电项目脱硝设施未完成建设，氮氧化物超标排放，责令限期整改，于2014年12月31日前完成脱硝设施建设，并实现达标排放”。

根据《建设项目环境保护管理条例》规定，建设项目需要配套建设的环境保护设施经验收合格，该建设项目方可正式投入生产或者使用。可见，《EMC合同》履行期间，因A公司没有按照《环评批复》完成环保设施等工程建设，受到环保部门行政处罚，B公司被迫于2014年4月1日停止兰炭生产供气。A公司违约在先，无权要求解除《EMC合同》，无权要求B公司承担违约赔偿责任。

（五）B公司供应兰炭尾气的条件尚未成就，C公司承担一般担保责任的条件也尚未成就

EMC发电装置环境保护设施未完工，EMC发电装置不具备试运行条件，不具备竣工验收条件，不得进行试运行，也不得投入正式运行。且A公司因EMC发电装置不具备运行条件已受到环保部门行政处罚，B公司供应兰炭尾气的条件尚未达到，C公司承担一般担保责任的条件也尚未达到。

【代理词】

北京市炜衡（西安）律师事务所

关于代理A公司与B公司、C公司EMC合同纠纷案的

代理词

尊敬的审判长、审判员：

北京市炜衡律师事务所西安分所接受B公司委托，指派王小涛、杜春暖律师

担任A公司与B公司、C公司合同纠纷案件本诉和反诉审理中B公司的诉讼代理人，经过参加本案的法庭调查和举证质证，现就本案发表如下代理意见：

一、《EMC合同》《技术协议》条款基本有效，但约定不进行脱硝系统建设的条款违反法律强制性、禁止性规定而无效，B公司保证实现发电经营净收益不低于4500万元/年的联营合同保底条款无效。

1.《EMC合同》《技术协议》条款基本有效。

2012年4月17日，B公司与A公司签订的《EMC合同》第一条约定：本项目拟利用甲方年产60万吨半焦（兰炭）生产线收集到的尾气，由乙方投资建设一套兰炭尾气余热发电装置，以达到资源循环利用、节能减排、保护环境的目的。

合同能源管理机制（Energy Performance Contracting，简称EPC，国内简称EMC）是一种以节省的能源费用来支付节能项目全部成本的节能投资方式。这种节能投资方式允许用户使用未来的节能收益为工厂和设备升级，降低目前的运行成本，提高能源的利用效率。本《EMC合同》签订的根本目的，在于A公司投资建设EMC发电装置，解决B公司兰炭生产尾气直接排放造成的环境污染与能源浪费问题，《EMC合同》条款基本有效。

2.《EMC合同》《技术协议》约定不进行脱硝系统建设的条款违反法律强制性禁止性规定而无效。

《技术协议》第2.2.1条约定：设计范围，本项目为合同能源管理项目，乙方将负责电站红线范围内的所有设计，包括……脱硫系统、脱硝系统……

A公司提供反诉证据（6）《工程设计图纸》，证明A公司组织工程施工图纸设计，已经设计脱硝系统方案。

《技术协议》第一部分工程概况第2.1.2条约定：乙方（A公司）承包范围……包括脱硫系统，不包括脱硝系统。

第三部分工程方案第3.5条约定：烟气脱硝系统：……根据我国《火电厂大气污染物排放标准》（GB13223－2011）规定，燃气锅炉NO_2不大于$200mg/Nm^3$，因此，电厂锅炉排出的烟气采取脱硝措施……

《合同法》第五十二条规定：“有下列情形之一的，合同无效：（一）一方以欺诈、胁迫的手段订立合同，损害国家利益；（二）恶意串通，损害国家、集体或者第三人利益；（三）以合法形式掩盖非法目的；（四）损害社会公共利益；（五）违反法律、行政法规的强制性规定。”《最高人民法院关于适用〈中华人民共和国合同法〉若干问题的解释（二）》第十四条规定：“合同法第五十二条第（五）项规定的‘强制性规定’，是指效力性强制性规定。”《最高人民法院印发〈关于当前形势下审理民商事合同纠纷案件若干问题的指导意见〉的通知》（法发〔2009〕40号）第五条规定，如果强制性规范规制的是合同行为本身即只要该合同行为发生即绝对地损害国家利益或者社会公共利益的，人民法院应当认定合同无效。

可见，脱硝措施属于燃气锅炉环境保护设施建设强制内容，《EMC合同》《技术协议》约定不进行脱硝系统建设严重损害国家利益和社会公共利益，该条款因违反法律强制性、禁止性规定而无效。

3.《EMC合同》约定B公司保证实现发电经营净收益不低于4500万元/年，A公司不承担经营风险，收取保底固定利润。该约定应当认定为联营合同保底条款而无效。

《EMC合同》第三条约定：本项目所产生的收益，在归还完本项目投资后，双方共同分享收益。第4.5条约定：甲方应尽量保证30000Nm^3/H，每年稳定供给7200小时以上，每年2.56亿Nm^3的兰炭尾气供给乙方，实现发电净收益不低于4500万元人民币/年的水平。根据A公司提交的第八组证据，可得利益损失按照4500万元的50%，即每年2250万元折现后计算，共计2.40165亿元。

《最高人民法院关于审理联营合同纠纷案件若干问题的解答》第四条“关于联营合同中的保底条款问题”规定，联营合同中的保底条款，通常是指联营一方虽向联营体投资，并参与共同经营，分享联营的盈利，但不承担联营的亏损责任，在联营体亏损时，仍要收回其出资和收取固定利润的条款。保底条款违背了联营活动中应当遵循的共负盈亏、共担风险的原则，损害了其他联营方和联营体的债权人的合法权益，因此，应当确认无效。

我们认为，根据《EMC合同》约定的合作方式，A公司投资建设EMC发电装置，参与共同经营，B公司和A公司属于联营合同关系。但EMC发电装置发电净收益金额受国际社会能源供应结构、电力市场需求、政府确定的电价标准等因素影响，《EMC 合同》约定 B 公司保证实现发电经营净收益不低于 4500 万元/年，A 公司不承担经营风险，收取保底固定利润，应当认定为联营合同保底条款而无效，A 公司据此主张可得利益损失，应当予以驳回。

二、A 公司基本完成发电装置主体工程建设，继续建设环境保护设施投资占比较小且技术上具有可行性，《EMC 合同》具备可履行性，应当继续履行。

1. A 公司基本完成发电装置主体工程建设。

《EMC 合同》第二条约定：工程规模及范围，本发电装置项目建设规模为 1 套 100t/h 的高温高压煤气锅炉 +1 套 25MW 凝汽式汽轮发电机组及相应的辅助系统。本发电装置项目总投资暂定 23000 万元人民币，其中项目工程总造价为 16000 万元人民币（包括本项目可行性研究、勘察设计、初步设计、施工图设计、外网接入系统的设计和施工、设备及材料采购、界区红线范围内的土建施工、工程安装、调试、试车、达产达标、竣工验收、发电站及其发电附属系统的建设，设备具体配套标准详见《技术协议》)，其他费用经双方审核确认后据实列支。

目前，A 公司基本完成 EMC 发电装置土建工程建设、主要设备采购安装（100t/h 的高温高压煤气锅炉 +1 套 25MW 凝汽式汽轮发电机组）及部分辅助系统建设。根据 B 公司现场核查，虽然 EMC 发电装置工程质量存在诸多问题（详见第七组证据《B 公司 EMC 电厂设备核查问题清单》《B 公司 EMC 电厂土建工程核查问题清单》)，但从工程进度方面，应当客观认定 A 公司基本完成发电装置主体工程建设。

2. A 公司尚未完成 EMC 发电装置环境保护设施建设。

2013 年 9 月 3 日，榆林市环境保护局签发《关于神木县 B 公司煤深加工综合利用循环经济项目变更环境影响报告书的批复》[榆政环发（2013）201 号，以下简称（2013）201 号《环评批复》]，提及项目内容包括：兰炭装置 96 万吨/年，焦油加工 12 万吨/年及 2×25MW 空冷凝汽式发电机组、2×100t/h 燃气锅炉及相关配套辅助设置，同时原项目荒煤气脱硫及污水处理工艺也相应发生变化；要求严格执行环保“三同时”制度；要求“发电车间锅炉以荒煤气为燃料，烟气经氨法脱硫，SCR法脱硝后由80M高烟囱达标排放，安装烟气在线监测装置，并与市县环保部门联网”。

根据我们核查，A公司至今尚未完成的EMC发电装置环境保护设施主要包括：

（1）A公司没有按照环评批复的“氨法脱硫”（后置脱硫），对原设计方案“干法脱硫”（前置脱硫）进行变更，导致“脱硫系统”建设不符合环评批复规定。

（2）A公司没有按照环评批复的“SCR法脱硝”完成“脱硝系统”建设。

（3）A公司没有按照环评批复的80M高度完成烟囱建设，烟囱实际高度为60M。

（4）A公司没有按照环评批复安装烟气在线监测装置。

（5）A公司没有按照环评批复建设小型膜生物反应器处理生活污水和化验废水，没有设置足够规模的事故水池和雨水收集池，各类装置区、管廊等，没有采取有效的防渗和事故水收集措施，确保废水不外排。

（6）A公司没有按照环评批复购买SO_2（二氧化硫）143.56t/a，NOx（氮氧化物）266 t/a和排放指标。

3. A公司已经取得银行贷款资金2.4亿元，继续投资建设环境保护设施投资占比较小，且技术上具有可行性。

榆政环发（2013）201号《环评批复》规定：项目总投资2.4亿元，其中环保投资2442.31万元，占总投资额的10.18%。

2012年6月11日，A公司与民生银行签订《流动资金贷款借款合同》，取得借款1.6亿元；2012年8月29日，A公司与光大银行签订《流动资金贷款合同》，取得贷款8000万元，A公司共计取得银行贷款资金2.4亿元。根据A公司提供的第六组证据，其主张EMC发电装置主体项目工程投入资金1.496亿元。本案审理期间，B公司委派专人核查测算，EMC发电装置环保设施整改达标，共需要投入资金约2200万元。

《技术协议》第2.2.1条约定：设计范围，本项目为合同能源管理项目，乙方将负责电站红线范围内的所有设计，包括汽水系统、烟风系统、煤气输送、放散系统、脱硫系统、脱硝系统、辅机循环冷却水系统、直接空冷系统、取样加药系统、化水系统、电厂110KW升站、电气系统、仪表及控制系统、通讯系统、消防系统、制氮系统、土建系统等。A公司提供反诉证据（6）《工程设计图纸》，证明A公司组织工程施工图纸设计，已经设计脱硝系统方案。

可见，A公司可供用于继续投资建设环境保护设施的资金余额尚有约9000万元，A公司有能力继续完成环保设施建设，继续投资建设环境保护设施投资占比较小，且技术上具有可行性。

4. D公司“100万吨/年煤焦油加氢综合利用项目”（以下简称“煤焦油加氢项目”）一期已经建成，B公司“煤深加工综合利用循环经济项目”（以下简称“循环经济项目”）继续运行能够产生更高的经济效益。

B公司“循环经济项目”建设内容包括：96万吨/年兰炭、12万吨/年煤焦油加工及2×25MW的荒煤气发电。C公司投资的D公司“煤焦油加氢项目”为陕西省重点建设项目，计划总投资80亿元，项目一期已实际投入资金21.44亿元，目前项目一期已经建成。B公司“循环经济项目”和D公司“煤焦油加氢项目”均位于榆林市锦界工业园区，B公司“循环经济项目”生产的煤焦油，直接配套D公司“煤焦油加氢项目”生产所需煤焦油原材料供应。D公司“煤焦油加氢项目”一期已经建成，煤焦油需求旺盛，B公司“循环经济项目”继续运行能够产生更高的经济效益。

5. B公司曾经多次发函及通过提起反诉要求A公司继续履行合同。

2013年9月10日，B公司向A公司发送《关于兰炭尾气发电装置建设及运营事宜的函告》，认为项目基础设计文件不完善，环保设施、安全设施的合规性存在异议，对项目贷款资金使用提出异议，对项目不能如期完成提出异议，要求尽快完善。

2013年9月18日，B公司向A公司发送《关于杭州A公司兰炭尾气发电项目按期支付银行贷款事宜的回复》，要求A公司对项目不能如期完成承担责任，指出项目不具备试车条件，要求整改。

2013年9月18日，B公司向A公司发送《关于兰炭尾气发电项目运行相关事宜的函》，对项目贷款资金使用提出异议，认为项目不具备试车条件。

2014 年 2 月 19 日，B 公司向 A 公司发送《关于杭州 A 公司尽快完善发电运行手续及相关事项的函件》，告知发电装置主体虽已完工，但发电许可证尚未办理，消防、环保等也未完成验收，会影响到发电装置的正常运行，督促尽快办理；对贷款结余资金使用提出异议。

2015 年 3 月 25 日，B 公司向杭州市中级人民法院提起反诉，请求法院判令 A 公司继续履行《EMC 合同》，按照榆政环发（2013）201 号《环评批复》完成环保设施等工程建设。

综上，A 公司继续投资建设环境保护设施投资占比较小，且技术上具有可行性，B 公司“循环经济项目”继续运行能够产生更高的经济效益，B 公司曾经多次发函及通过提起反诉要求 A 公司继续履行合同，《EMC 合同》具备可履行性，应当继续履行。

三、原告主张的违约及行为不成立，被告主张的违约及行为成立。

1. A 公司应当按照榆政环发（2013）201 号《环评批复》完成环保设施建设。

2012 年 4 月 17 日，B 公司与 A 公司签订的《EMC 合同》第 5.3 条约定：乙方安装和调试相关设备、设施应符合国家、行业有关施工管理法律法规和与项目相对应的技术标准规范要求。《技术协议》第一部分工程概况第 2.1.2 条约定：乙方（A 公司）承包范围……包括脱硫系统，不包括脱硝系统。第三部分工程方案第 3.4 条约定：煤气输送、脱硫系统：……干法脱硫……。第 3.5 条约定：烟气脱硝系统：……根据我国《火电厂大气污染物排放标准》（GB13223 – 2011）规定，燃气锅炉 NO_2 不大于 $200mg/Nm^3$，因此，电厂锅炉排出的烟气采取脱硝措施……

2012 年 8 月 7 日，A 公司向 B 公司发送《关于 B 公司发电装置项目新增工程项目及要求核保的函》，说明……新建发电建设项目脱硝属于强制验收内容，新增列支 1500 万元……需要向光大银行申请贷款 8000 万元，要求 B 公司提供连带责任保证担保。

根据 2015 年 4 月 1 日杭州市中级人民法院的《证据交换笔录》（第 8 卷第 27 –

28页)，A公司代理人尤校进律师对《关于B公司发电装置项目新增工程项目及要求核保的函》质证认为，如果该证据形式上是不真实的，那么其内容也是不真实的，是原、被告为了解决资金困局而虚拟了一些事实，目的是用于贷款。

我们认为，A公司代理人尤校进律师的质证意见实际认可了《关于B公司发电装置项目新增工程项目及要求核保的函》的真实性，但其主张该证据用于骗取银行贷款非常不严肃且缺乏证据支持；B公司根据《关于B公司发电装置项目新增工程项目及要求核保的函》要求提供连带责任保证担保，A公司取得8000万元银行贷款后，即应当认定双方对《EMC合同》《技术协议》关于A公司承包范围和投资额达成变更协议，A公司新建发电建设项目脱硝系统，新增列支1500万元，脱硝系统属于A公司建设范围。

2013年9月3日，榆林市环境保护局签发(2013)201号《环评批复》，要求“发电车间锅炉以荒煤气为燃料，烟气经氨法脱硫(后置脱硫)，SCR法脱硝后由80M高烟囱达标排放，安装烟气在线监测装置，并与市县环保部门联网”；要求“生活污水和化验废水进入小型膜生物反应器处理后，回用于熄焦、绿化和洒扫路面。设置足够规模的事故水池和雨水收集池，各类装置区、管廊等，必须采取有效的防渗和事故水收集措施，确保废水不外排”；要求“项目新增的排放总量SO_2(二氧化硫)143.56t/a，NOx(氮氧化物)266 t/a，在交易中解决，未取得指标前，项目不得投运”。

《中华人民共和国环境保护法》第四十一条规定：建设项目中防治污染的设施，应当与主体工程同时设计、同时施工、同时投产使用。防治污染的设施应当符合经批准的环境影响评价文件的要求，不得擅自拆除或者闲置。可见，A公司建设EMC发电装置环境保护设施必须符合(2013)201号《环评批复》的要求，当《技术协议》约定的“脱硫系统”设计方案与(2013)201号《环评批复》的方案不一致时，A公司必须按照(2013)201号《环评批复》，将“脱硫系统”建设方案由“干法脱硫”(前置脱硫)变更为“氨法脱硫”(后置脱硫)。

另外，虽然EMC合同《技术协议》约定，A公司承包范围不包括“脱硝系统”建设，但《EMC合同》同时约定乙方安装和调试相关设备、设施应当符合国家标准规范，《火电厂大气污染物排放标准》（GB13223－2011）规定必须采取“脱硝措施”，（2013）201号《环评批复》规定必须建设“脱硝系统”，并且2012年8月7日A公司向B公司发送《关于B公司发电装置项目新增工程项目及要求核保的函》，承诺增建“脱硝系统”，因此，“脱硝系统”属于A公司必须完成的环境保护设施建设内容。

综上，A公司应当按照（2013）201号《环评批复》完成环境保护设施建设。

2. A公司按照伪造的“（2012）109号《环评批复》”进行EMC发电装置环境保护设施的设计、施工，是非常严重的环境违法行为，直接导致EMC发电装置环境保护设施不符合法律规定。

根据B公司提供的第四组证据《关于神木县B公司煤深加工综合利用循环经济示范项目环境影响报告书的批复》[陕环批复（2008）139号，以下简称（2008）139号《环评批复》]，同意B公司建设煤深加工综合利用循环经济示范项目，包括主体工程（预炭化工段、煤焦油加工状指、型焦成型工段、型焦炭化工段）、辅助工程、公用工程、储运工程、环保工程等。可见，（2008）139号《环评批复》的建设内容不包括发电装置建设。

根据B公司提供的第四组证据（2013）201号《环评批复》显示，（2008）139号《环评批复》和陕环函（2009）22号文件，对项目进行了批复，建设内容包括96万吨/年兰炭、12万吨/年焦油加工、4万吨/年金属镁和4×30000KVA硅铁生产线；本次（2013）201号《环评批复》变更内容包括2×25MW空冷凝汽式发电机组、2×100t/h燃气锅炉。

可见，陕环函（2009）22号文件批准的建设内容也不包括发电装置建设，（2013）201号《环评批复》变更环评批复方案，增加发电装置建设内容。

2015年4月1日，杭州市中级人民法院的《证据交换笔录》（第8卷第29页），A公司代理人尤校进律师提交反诉抗辩证据1《榆林市环境保护局关于同意神木县B公司煤深加工综合利用项目生产线环境影响报告书的批复》[以下简称（2012）109号《环评批复》]，证明“原被告双方签订的技术协议中相关内容（包括前置脱硫和建造60米高的烟囱）符合当时的环保要求。从而反驳了被告认为原告没有按环保要求建设的指控”。

2015年4月13日，榆林市环境保护局证明，我局批复的榆政环发（2012）109号文件为《榆林市环境保护局关于榆林高新区供排水有限公司供水厂二期项目环境影响报告表的批复》，说明A公司提供的（2012）109号《环评批复》是伪造的国家机关公文。

2015年4月15日，B公司向杭州市中级人民法院递交《关于移送犯罪线索申请书》，请求将本案涉及的伪造国家机关公文印章犯罪线索和材料移交公安机关。现B公司仍旧坚持要求浙江省高级人民法院在本案审理过程中，将本案涉及的伪造国家机关公文印章犯罪线索和材料移交公安机关。

《建设项目环境保护管理条例》第十七条规定：建设项目的初步设计，应当按照环境保护设计规范的要求，编制环境保护篇章，并依据经批准的建设项目环境影响报告书或者环境影响报告表，在环境保护篇章中落实防治环境污染和生态破坏的措施以及环境保护设施投资概算。可见，EMC发电装置“初步设计”必须依据“经批准的建设项目环境影响报告书”，“施工图设计、外网接入系统设计和施工、设备及材料采购、土建施工、工程安装、调试、试车、达产达标、组织竣工验收”均必须符合“经批准的建设项目环境影响报告书”的要求。

我们认为，2013年9月3日榆林市环境保护局签发（2013）201号《环评批复》之前，（2008）139号《环评批复》和陕环函（2009）22号文件批复的建设内容不包括发电装置建设，A公司按照伪造的“（2012）109号《环评批复》”进行EMC发电装置环境保护设施的设计、施工，是非常严重的环境违法行为，直接导致EMC发电装置环境保护设施不符合法律规定。

3. A公司挪用约9000万元资金，其中提供给田某平2600万元，没有按照（2013）201号《环评批复》完成环境保护设施建设，EMC发电装置未完工。

《EMC合同》第二条约定：……本发电装置项目总投资暂定23000万元人民币，其中项目工程总造价为16000万元人民币（包括本项目可行性研究、勘察设计、初步设计、施工图设计、外网接入系统的设计和施工、设备及材料采购、界区红线范围内的土建施工、工程安装、调试、试车、达产达标、竣工验收、发电站及其发电附属系统的建设，设备具体配套标准详见《技术协议》)，其他费用经双方审核确认后据实列支。

(2013) 201号《环评批复》规定：……项目总投资2.4亿元，其中环保投资2442.31万元，占总投资的10.18%……

2012年6月11日，A公司与民生银行签订《流动资金贷款借款合同》，借款1.6亿元，用途为“专项用于陕西B公司60万吨兰炭尾气余热发电装置项目的建设”，B公司承担连带责任保证担保。2012年8月29日，A公司与光大银行签订《流动资金贷款合同》，贷款8000万元，用途为“支付设备款、工程款”，A公司提供机器设备作抵押担保，B公司承担连带责任保证担保。

2015年4月1日，杭州市中级人民法院的《证据交换笔录》(第8卷第26页)记载，A公司代理人尤校进律师对《EMC合同》《技术协议》《担保函》质证认为，“《EMC合同》尽管有‘暂定投资额2.3亿元’的约定，但A公司贷款2.4亿元，那是原告与银行的关系，与本案无关。更何况贷款中预留部分款项作为备用金及利息的支付并没有违反国家禁止性规定；而且实际贷出只有2.1亿元，余额被银行留作保证金。另通过原告法定代表人个人账户借支给被告3000万元，被告由田某平个人账户接收”。

杭州市上城区法院(2015)杭上商初字第2532号《民事调解书》显示，2012年6月26日，A公司股东夏某冰约定向田某平提供借款2000万元，2012年9月30日确定实际借款金额为2600万元，2015年9月23日，夏某冰将全部债权转让给A公司。

上述事实可以证明，A公司从民生银行、光大银行共计取得2.4亿元贷款，A公司通过股东夏某冰在民生银行办理贷款后向田某平提供2000万元借款，在光大银行办理贷款后向田某平追加提供600万元借款，最后确定实际借款2600万元。

可见，A公司取得民生银行和光大银行共计2.4亿元贷款资金后，仅实际支付1.496亿元用于EMC发电装置主体工程建设，剩余约9000万元资金被A公司挪作他用，其中提供给田某平2600万元，没有按照(2013) 201号《环评批复》完成环保设施建设。

另外，以上事实可以说明，A 公司与田某平个人在银行贷款办理及提供担保过程中相互勾结，私分银行贷款资金，主观上即存在截留挪用环境保护设施建设资金的直接故意，A 公司应当对 EMC 发电装置环保设施未完工承担法律责任。

4. EMC 发电装置未按照《建设项目（工程）竣工验收办法》《火力发电建设工程启动试运及验收规程》（DL/T 5437－2009）规定的条件和程序竣工验收合格。

《建设项目（工程）竣工验收办法》第三条规定：进行竣工验收必须符合以下要求：……5. 环境保护设施、劳动安全卫生设施、消防设施已按设计要求与主体工程同时建成使用。《火力发电建设工程启动试运及验收规程》（DL/T 5437－2009）第 2. 0. 1 条规定：机组移交生产前，必须完成单机试运、分系统试运和整套启动试运，并办理相应的质量验收手续。第 2. 0. 4 条规定：移交生产的机组，在完成全部涉网试验项目验收、符合并网及商业运行相关规定并办理相关手续之后，可转入商业运行。第 3. 1. 5 条规定：机组进入整套启动试运前，必须经过电力建设质量监督机构的监督认可。第 3. 1. 7 条规定：机组整套启动试运结束后，应由电力建设质量监督机构进行质量监督评价。第 3. 4. 3. 4 条规定：满负荷试运……同时满足下列要求后，机组才能进入满负荷试运：……脱硫、脱硝系统已投运。第 5. 0. 1 条规定：凡新建、扩建、改建的火力发电工程，已按批准的设计文件所规定的内容全部建成，在本期工程的最后一台机组考核期结束，完成行政主管部门组织的各专项验收且竣工决算审定后，由建设单位按规定申请组织工程竣工验收。《开发建设项目水土保持设施验收管理办法》第八条规定：开发建设项目土建工程完成后，应当及时开展水土保持设施的验收工作。建设单位应当会同水土保持方案编制单位，依据批复的水土保持方案报告书、设计文件的内容和工程量，对水土保持设施完成情况进行检查，编制水土保持方案实施工作总结报告和水土保持设施竣工验收技术报告（编制提纲见附件）。对于符合本办法第七条所列验收合格条件的，方可向审批该水土保持方案的机关提出水土保持设施验收申请。

《中华人民共和国强制检定的工作计量器具检定管理办法》第二条规定：强

制检定是指由县级以上人民政府计量行政部门所属或者授权的计量检定机构，对用于贸易结算、安全防护、医疗卫生、环境监测方面，并列入本办法所附《中华人民共和国强制检定的工作计量器具目录》的计量器具实行定点定期检定。

《中华人民共和国强制检定的工作计量器具明细目录》规定，计量器具实行定点定期检定，具体项目为：23. 水表：水表；24. 流量计：液体流量计、气体流量计、蒸气流量计；25. 压力表：压力表、风压表、氧气表；34. 绝缘电阻、接地电阻测量仪：绝缘电阻测量仪、接地电阻测量仪；51. 烟尘、粉尘测量仪：烟尘测量仪、粉尘测量仪；52. 水质污染监测仪：水质监测仪、水质综合分析仪、测氰仪、溶氧测定仪。

可见，根据《建设项目（工程）竣工验收办法》《火力发电建设工程启动试运及验收规程》（DL/T 5437－2009）《开发建设项目水土保持设施验收管理办法》《中华人民共和国强制检定的工作计量器具检定管理办法》及相关规定，火力发电项目满负荷试运必须要求脱硫、脱硝系统已投运，进行竣工验收前完成行政主管部门组织的环境保护设施、劳动安全卫生设施、消防设施、水土保持设施等专项验收，且竣工决算审定；水表、流量计、压力表、绝缘电阻、接地电阻测量仪、烟尘、粉尘测量仪、水质污染监测仪属于强制检定内容。

目前，A 公司投资建设的 EMC 发电装置，尚未完成环境保护脱硫、脱硝设施及烟气在线监测系统建设，竣工验收前尚未完成行政主管部门组织的环境保护设施、水土保持设施、劳动安全卫生设施专项验收，且尚未完成竣工决算审定；水表、流量计、压力表、绝缘电阻、接地电阻测量仪、烟尘、粉尘测量仪、水质污染监测仪尚未完成检定。

5. C 公司为保障 B 公司生产运营提供了巨额资金支持，A 公司主张 B 公司缺少流动资金导致 2014 年 4 月 1 日停止生产经营，没有事实和法律依据。

根据 B 公司提交的第五组证据《内部借款合同》及付款凭证，为满足 B 公司在 EMC 发电装置试运行阶段流动资金需求，2013 年 8 月 23 日，C 公司与 B 公司签订《内部借款合同》，约定 C 公司向 B 公司提供 1000 万元，用于发电项目试车周转金，2013 年 9 月 12 日发放借款 1000 万元；2014 年 2 月 25 日，C 公司与 B 公司签订《内部借款合同》，约定C公司向B公司提供3000万元，用于B公司经营周转，分别于2014年2月25日发放500万元，2014年3月10日发放500万元，2014年3月20日发放900万元。

2014年4月1日，B公司获悉神木县环保局发出《环境违法行为限期整改通知书》[神环限改字（2014）027号]，停止兰炭生产，C公司才停止继续发放借款。2014年6月17日，C公司提供担保，B公司从重庆银行借款2000万元，办理承兑汇票4000万元，B公司共计取得6000万元流动资金。

可见，C公司为保障B公司生产运营提供了巨额资金支持，A公司主张B公司缺少流动资金导致2014年4月1日停止生产经营，没有事实和法律依据。

6. A公司没有按照（2013）201号《环评批复》完成环保设施等工程建设，EMC发电装置不具备运行条件并受到行政处罚，导致《EMC合同》履行受阻。

2013年9月3日，榆林市环境保护局签发的（2013）201号《环评批复》要求“项目新增的排放总量 SO_2（二氧化硫）143.56t/a，NOx（氮氧化物）266 t/a，在交易中解决，未取得指标前，项目不得投运”；规定项目竣工后，必须向我局书面提交试生产申请，经检查同意后方可进行试生产，试生产三个月内向我局申请验收，验收合格后，才能正式投入运行。

《EMC合同》履行期间，A公司没有按照（2013）201号《环评批复》购买 SO_2（二氧化硫）143.56t/a，NOx（氮氧化物）266 t/a和排放指标，EMC发电装置不得投运；A公司没有按照（2013）201号《环评批复》完成“脱硫系统”“脱硝系统”等环境保护设施及烟气在线监测系统建设，EMC发电装置工程未完工，未取得试生产批复，未经竣工验收合格，不得试运行，也不得正式投入运行。

2014年3月20日，神木县环保局向B公司送达神环限改字（2014027）号《环境违法行为限期整改通知书》通知：经查神木B公司余气发电厂，该厂无视生产批复，脱硫设施在线监测未通过环保部门批准验收，违反了《建设项目环境保护管理条例》第十六条、第十八条，责令有关单位改正环境违法行为。

2014年12月1日，神木县环境保护局向B公司送达《神木县环境保护局关于责令B公司限期达标排放的通知》[神环发（2014）270号]，通知：检查发现发电项目脱硝设施未完成建设，氮氧化物超标排放，责令限期整改，于2014年12月31日前完成脱硝设施建设，并实现达标排放。

2016年4月27日，神木县环境保护局对B公司进行调查，发现余气电厂未建脱硫、脱硝装置，发出《神木县环境保护局责令改正违法行为决定书》［神环限改（2016）103号］责令改正违法行为，建设脱硫、脱硝装置。

2016年4月27日，神木县环境保护局对B公司进行调查，发现余气电厂未安装自动监测设备，《神木县环境保护局责令改正违法行为决定书》［神环限改（2016）104号］责令改正违法行为，安装自动监测设备。

2016年5月5日，《神木县环境保护局关于不同意B公司余热电厂边生产边建设环保设施的函》，要求B公司尽快完成环境保护设施建设，环保设施未建成前，项目不得投运。

《EMC合同》履行期间，因A公司没有按照（2013）201号《环评批复》完成环保设施等工程建设，2014年3月20日，神木县环保局送达神环限改字（2014）027号《环境违法行为限期整改通知书》，B公司被迫于2014年4月1日停止兰炭生产供气。

《建设项目环境保护管理条例》第二十三条规定：建设项目需要配套建设的环境保护设施经验收合格，该建设项目方可正式投入生产或者使用。第二十八条规定：违反本条例规定，建设项目需要配套建设的环境保护设施未建成、未经验收或者经验收不合格，主体工程正式投入生产或者使用的，由审批该建设项目环境影响报告书、环境影响报告表或者环境影响登记表的环境保护行政主管部门责令停止生产或者使用，可以处10万元以下的罚款。

可见，A公司没有按照（2013）201号《环评批复》完成环保设施等工程建设，EMC发电装置不具备运行条件并受到行政处罚，导致《EMC合同》履行受阻。

7. A公司应当继续履行合同，完成环保设施建设，无权以B公司未履行供气义务为由要求解除《EMC合同》，无权要求B公司承担违约赔偿责任。

《合同法》第六十七条规定：当事人互负债务，有先后履行顺序，先履行一方未履行的，后履行一方有权拒绝其履行要求。先履行一方履行债务不符合约定的，后履行一方有权拒绝其相应的履行要求。

《EMC 合同》第 5. 9. 2 条约定，乙方负责的内容：本项目工程设计（含方案设计、初步设计、施工图设计、非标件设计等）、设备及材料采购、工程安装、软件编程、调试、试车、达产达标、组织竣工验收、环保、消防、绿化、人员培训、运行、服务等全过程工作，由乙方采用合同能源管理（EMC）模式按本合同约定内容向甲方提供服务，乙方对工程的整体性负责，对工程设计、技术、质量、工期、进度、费用、安全、施工、环保、达产达效负全责。

可见，根据《EMC 合同》约定的履行顺序，A 公司负责发电装置及环保设施的投资、建设、竣工验收、达产达效；A 公司完成发电装置及环保设施建设，具备运行条件后，B 公司才应当按照《EMC 合同》约定履行兰炭尾气供气义务。A 公司没有按照（2013）201 号《环评批复》完成环境保护设施建设，EMC 发电装置不具备运行条件并受到行政处罚，B 公司被迫停止生产供气，《EMC 合同》履行受阻的法律责任应当由 A 公司完全承担。

我们认为，A 公司应当继续履行合同，完成环保设施建设，A 公司未履行在先义务的情况下，无权要求 B 公司履行供气义务，更无权以 B 公司未履行供气义务为由要求解除《EMC 合同》，无权要求 B 公司承担违约赔偿责任。

四、A 公司主张的损失不能成立，应当予以驳回。

1. A 公司主张的工程总投入损失 1. 6 亿元及资金占用利息 2968 万元不能成立。

（1）A 公司与浙江西子公司签订的《60 万吨兰炭尾气余热电站总承包合同》未经过招投标，属于无效合同。

《中华人民共和国招标投标法》第三条第一款规定，大型基础设施、公用事业等关系社会公共利益、公众安全的项目建设，必须进行招标。

《工程建设项目招标范围和规模标准规定》（2000 年 4 月 4 日国务院批准）第二条第一项规定：关系社会公共利益、公众安全的基础设施项目的范围包括：煤炭、石油、天然气、电力、新能源等能源项目。第七条规定：本规定第二条至第六条规定范围内的各类工程建设项目，包括项目的勘察、设计、施工、监理以及与工程建设有关的重要设备、材料等的采购，项目总投资额在3000万元人民币以上的，必须进行招标。《最高人民法院关于审理建设工程施工合同纠纷案件适用法律问题的解释》第一条规定：建设工程必须进行招标而未招标或者中标无效的，建设工程施工合同应认定无效。

《EMC合同》属于电力项目，EMC发电装置勘察、设计、施工、监理以及与工程建设有关的重要设备、材料等的采购依法均必须招投标。2012年5月，A公司与浙江西子联合工程有限公司、浙江西子联合设备成套有限公司签订的《60万吨兰炭尾气余热电站总承包合同》未经招投标，属于无效合同。

（2）承包合同无效，工程必须经竣工验收合格，才能支付工程价款，否则不应支付工程价款。

《最高人民法院关于审理建设工程施工合同纠纷案件适用法律问题的解释》第二条规定：建设工程施工合同无效，但建设工程经竣工验收合格，承包人请求参照合同约定支付工程价款的，应予支持。第三条规定：建设工程施工合同无效，且建设工程经竣工验收不合格的，修复后的建设工程经竣工验收合格，发包人请求承包人承担修复费用的，应予支持；修复后的建设工程经竣工验收不合格，承包人请求支付工程价款的，不予支持。

因此，鉴于承包合同无效，EMC发电装置必须经竣工验收合格，才能支付工程价款，否则不应支付工程价款。

（3）EMC发电装置没有按照《建设项目（工程）竣工验收办法》《火力发电建设工程启动试运及验收规程》（DL/T 5437－2009）规定的条件和程序竣工验收合格，且存在严重工程质量问题，不应当支付工程款。

2015年3月6日至3月9日期间，B公司按照附件一技术协议、发电装置设计图纸和环评批复方案现场核对工程量，发现EMC发电装置不仅环境保护设施未完工，设备及土建工程也存在严重质量问题。《技术协议》约定输送电设备电压等级为110KV，现场输电设备实际电压等级为35KV，不符合《技术协议》约定标准；压力变送器现场设备与竣工图不符；环评批复要求的烟囱高度为80米，实际建设高度为60米；主要设备铭牌标识错误且信息不完整；主控室、电子设备室地面设计不符合规范要求，不能防除静电，存在安全隐患；380V 配电室配电柜前端无绝缘垫，室内管道缺少介质走向标识，厂区缺少远动自动化设施，不符合相关规范要求；氨水排放管道未接入氨水池，存在直接排放造成污染隐患，厂区内未按照规范要求安装避雷针。详见 B 公司提供的第七组证据《B 公司 EMC 电厂设备核查问题清单》《B 公司 EMC 电厂土建工程核查问题清单》。

另外，A 公司未能提供设备采购、付款资料，未能提供产品质量合格证、检查报告、特种设备使用登记证、设备整体调试报告等资料，未能提供监理资料，未能提供竣工验收资料。

综上，EMC 发电装置没有按照《建设项目（工程）竣工验收办法》《火力发电建设工程启动试运及验收规程》（DL/T 5437－2009）规定的条件和程序竣工验收合格，且存在严重工程质量问题，不应当支付工程款。

（4）根据《EMC 合同》约定，A 公司承担项目方案设计、建设、运营以及维护义务，在投资收回期，项目所有权归 A 公司所有，A 公司作为所有权人应当自行承担项目建设费用。

《EMC 合同》第 7.1 条约定："本项目由乙方（A 公司）采购并安装的设备、设施、仪器等，以及乙方出资形成的全部资产的所有权，未完全付清乙方的本项目投资之前，完全属于乙方，无论其产权是否在甲方（B 公司）名下；在完全付清乙方的本项目投资之后，甲乙双方各占 50%。"第 7.2 条款约定"项目财产的所有权不因甲方违约或者本合同的提前解除而转移。在本合同提前解除时，项目财产依照合同约定处理"。

根据双方的合同约定，在投资收回期，该项目的所有权归 A 公司所有。合同本身就约定由 A 公司负责项目的设计、建设、运营，B 公司和 A 公司之间是合作关系，B 公司的主要义务是供气，两者并非发包与承包法律关系，A 公司作为项目的产权人，其要求 B 公司承担项目建设费既无法律依据又无合同约定。

（5）A 公司主张的工程总投入损失 1.6 亿元及资金占用利息 2968 万元真实性存疑，B 公司对该数据不予认可。

①A 公司与承包人之间存在约 2.4 亿元往来款项，1.496 亿元仅为往来款项其

中一部分，实际付款金额未经承包人对账、核实，真实性存疑。

根据 A 公司与银行签订的《流动资金贷款合同》约定，民生银行 1.6 亿元贷款资金采用银行受托支付，光大银行贷款 8000 万元，单笔金额大于 1000 万元的贷款资金采用银行受托支付。

目前银行贷款已经发放完毕，说明 A 公司通过银行受托支付方式向承包人共计付款约 2.4 亿元资金，资金往来凭证金额应当是 2.4 亿元。本案中 A 公司主张已经支付的承包费为 1.496 亿元，仅为资金往来凭证的一部分，我们认为 A 公司应当提供全部银行受托支付凭证，以及与承包人资金往来凭证进行对账，最终确定 A 公司支付承包费的金额，A 公司主张已经支付总承包费 1.496 亿元需对账核实。

②对承包合同中设备材料购置费 7000 万元不予认可。

《EMC 合同》第 2.2 条约定：甲乙双方应当按照本合同附件一《技术协议》及本合同的规定进行项目的实施，四大主机和主要设备选型采购，由双方共同协商确定。

发电装置工程建设过程中，A 公司在四大主机和主要设备选型采购时未按照《EMC 合同》约定经双方共同协商确定。根据 B 公司委托中介机构审核，四大主机和主要设备选型采购价格远远高于市场同类产品价格，且 A 公司拒不提供四大主机和主要设备选型采购合同及付款凭证、产品质检报告、技术文件等资料。

（6）根据 B 公司委托第三方专业机构就项目投资出具的专项审计报告，A 公司对项目的实际工程投资仅为 9449.1345 万元。

因 A 公司未按照环评批复建设环保设施，四大主机和主要设备选型采购未与 B 公司协商确定，且工程质量存在严重问题，B 公司委托第三方专业机构希格玛会计事务所就该项目投资额核定进行专项审计。2014 年 12 月 27 日，希格玛会计师事务所出具《60 万吨/年兰炭尾气发电工程项目投资额核定专项审计报告》［希会审字（2014）1807 号］，A 公司申报总投资额 1.9648 亿元，核定 1.1261 亿元，其中申报建安投资 1.496 亿元，核定 9449.1345 万元，申报待摊投资 4688.2739 万元，核定 1812.3711 万元。该审计报告系第三方专业机构作出，应以此作为计算

A公司实际工程投入的依据。

2. A公司主张可得利益损失2.40165亿元，应当予以驳回。

（1）EMC发电装置环境保护设施未完工，未按照《火力发电建设工程启动试运及验收规程》（DL/T 5437－2009）竣工验收完成，不得投入试运行，也不得投入正式运行。

A公司没有按照（2013）201号《环评批复》完成EMC发电装置脱硫、脱硝设施、烟气在线监测系统等环境保护设施建设，整套装置启动试运尚未经过电力建设质量监督机构检查监督，竣工验收前尚未完成行政主管部门组织的环境保护设施、劳动安全卫生设施、消防设施各专项验收，不符合整套装置启动试运条件，未达到竣工验收条件，EMC发电装置不得投入试运行，也不得投入正式运行。

（2）A公司委派人员隐瞒环保设施未完工事实，以欺骗手段取得《电力业务许可证》，发电机组不具备运行条件。

2013年6月，A公司委派人员以B公司名义向国家能源局西北监管局递交《电力业务许可证申请材料附件8》，其中包括《建设项目符合环境保护规定的自评报告》，该自评报告中A公司按照伪造的国家机关公文榆政环发（2012）109号《环评批复》，自评认定各项环境保护措施已按《环评批复》要求落实，各项环境保护指标均符合《环评批复》的要求，隐瞒了EMC发电装置环境保护设施没有按照榆政环发（2013）201号《环评批复》建设完工的事实，以欺骗手段取得《电力业务许可证》。

可见，A公司委派人员隐瞒环保设施未完工事实，以欺骗手段取得《电力业务许可证》，发电机组不具备运行条件。

（3）A公司未完成EMC发电装置脱硫、脱硝设施、烟气在线监测系统等环境保护设施建设，环境保护部门多次处罚，并且明确告知环保设施未建成前，项目不得投运，EMC发电装置尚未产生法律上认可的收益，A公司主张的可得利益损失，不具有可期待性。

鉴于A公司未完成EMC发电装置脱硫、脱硝设施、烟气在线监测系统等环境保护设施建设，神木县环境保护局分别于2014年3月20日、2014年12月1日、

2016 年 4 月 27 日、2016 年 5 月 5 日责令限期整改，并明确告知环保设施未建成前，项目不得投运。

截至目前，A 公司依然没有完成 EMC 发电装置脱硫、脱硝设施、烟气在线监测系统等环境保护设施建设，发电装置不得投运，A 公司主张的可得利益损失，不具有可期待性。

另外，2013 年 9 月至 2014 年 3 月期间，A 公司在 EMC 环境保护设施未完工，EMC 发电装置未按照《火力发电建设工程启动试运及验收规程》（DL/T5437－2009）竣工验收完成，未取得环境保护部门试生产批复的情况下，组织 EMC 发电装置试运行，虽然取得部分收入，但不属于法律意义上的收益。

财政部《企业会计制度》（财会［2000］25 号）第三十一条规定：工程达到预定可使用状态前因进行试运转所发生的净支出，计入工程成本。企业的在建工程项目在达到预定可使用状态前所取得的试运转过程中形成的、能够对外销售的产品，其发生的成本，计入在建工程成本，销售或转为库存商品时，按实际销售收入或按预计售价冲减工程成本。可见，EMC 发电装置试运行期间产生的支出应当计入工程成本，产生的收入应当冲减工程成本，尚未产生发电收益，EMC 发电装置环境保护设施未建设完成，不具备发电运行条件，A 公司要求支付可得利益损失没有法律依据。

（4）《EMC 合同》约定 A 公司投资建设 EMC 发电装置，参与共同经营，B 公司保证实现发电经营净收益不低于 4500 万元/年，A 公司不承担经营风险，收取保底固定利润，应当认定为联营合同保底条款而无效，A 公司据此主张可得利益损失，应当予以驳回。

五、B 公司反诉主张的违约金和经济损失应当予以支持。

《EMC 合同》第 2.5 条约定：本项目的建设期为 14 个月，自 2012 年 5 月 8 日至 2013 年 7 月 8 日止。第 2.6 条约定：效益分享期的起始日为 2013 年 7 月 8 日。第 8.5 条约定：如果乙方未能按照本合同和附件所规定的时间和要求完成项目的建设，除非该等延误是由于不可抗力或者是甲方的过错造成，每天按正常每日供电收入的 3% 向甲方支付违约金。第 8.8 条约定：因乙方原因造成项目停止（政府政策或不可抗力除外），相应缩短乙方的收益分享期，并由乙方承担违约责任……违约行为发生在建设期内，乙方除返还甲方实际投入本项目的款项外，还须支付甲方实际投入款项20%的违约金。

截至2013年7月8日，A公司未能按本合同和附件所规定的时间和要求完成项目的建设，应当向B公司支付未能完成工程项目违约金2298750.00元（每天按正常日供电收入的3%计算，从2013年7月8日计算至2015年3月16日，应计算至工程项目完工之日）。

自2013年7月8日至提起反诉之日，A公司未能按本合同和附件所规定的时间和要求完成项目的建设导致B公司兰炭生产装置不能正常运行，发生B公司资产折旧经济损失20380293.53元（从2013年7月8日计算至2015年2月28日，应计算至工程项目完工之日）。

2014年5月至7月期间，B公司向A公司分6次共计付款5410458.60元，A公司应当予以返还。

六、B公司请求浙江高院调查本案应专项用于脱硝环保设施建设的1500万元资金去向，查明A公司违反合同约定，私自挪用环保设施专项建设资金，导致涉案项目多次被环保部门处罚，B公司无法履行供气义务的案件事实。

2012年8月7日，A公司向B公司发送《关于B公司发电装置项目新增工程项目及要求核保的函》，说明新建发电建设项目脱硝属于强制验收内容，新增列支1500万元……需要向光大银行申请贷款8000万元，要求B公司提供连带责任保证担保。2012年8月29日，A公司与光大银行杭州分行签订《流动资金贷款合同》，光大银行向A公司提供8000万元贷款，约定“借款人只能用于流动资金周转，具体用途为支付设备款、工程款”。同日，B公司与光大银行杭州分行签订《保证合同》，由B公司为A公司上述借款承担连带责任担保。根据现有证据可以判断B公司和A公司关于1500万元建设脱硝装置的约定已经历了要约、承诺，是EMC能源合同之外，一份完整、合法有效的合同。现A公司没有按照双方约定建设脱硝装置，私自挪用资金，构成违约，但目前所有贷款发放、领取凭证均由银行和A公司保存，B公司无法取得该部分证据，特请求法院依法调查1500万元建设脱硝装置专项资金去向，以查明案件事实，并恳请法院将调查过程中发现的相关人员涉嫌骗取贷款罪的犯罪线索移交公安机关处理。

七、补充代理意见。

1. A 公司引用 B 公司提供的应诉资料第 191 页、193 页、197 页证明 B 公司缺乏流动资金、兰炭产品积压市场倒挂严重而停产理由不能成立。

B 公司提供的应诉资料第 191 页显示：2013 年 9 月 10 日，B 公司向 A 公司发函称，项目总投资 2.3 亿元，其中建设资金 1.6 亿元，其他资金是用作运营的流动资金，但流动资金贷款一直未予落实，请贵方（A 公司）尽快落实。

B 公司提供的应诉资料第 193 页显示：2013 年 9 月 18 日，B 公司向 A 公司发函称，贷款授信 2.3 亿元，其中建设费用 1.6 亿元，其余 7000 万元用于流动资金，至今 A 公司不提供该笔资金，导致兰炭炉无法开工，恳请尽快想办法落实，保证兰炭炉后续高负荷运转。

根据 B 公司提交的第五组证据《内部借款合同》及付款凭证，为满足 B 公司在 EMC 发电装置试运行阶段流动资金需求，2013 年 8 月 23 日，C 公司与 B 公司签订《内部借款合同》，约定 C 公司向 B 公司提供借款 1000 万元，实际发放借款 1000 万元；2014 年 2 月 25 日，签订《内部借款合同》，约定 C 公司提供借款 3000 万元，截至 2014 年 3 月 20 日实际发放 1900 万元。

可见，2013 年 9 月至 2014 年 4 月期间，B 公司曾经存在流动资金困难，C 公司提供借款解决了流动资金需求，A 公司引用 B 公司提供的应诉资料第 191 页、193 页，证明 B 公司缺乏流动资金而停产理由不能成立。

B 公司提供的应诉资料第 196 页至 197 页显示：2014 年 4 月 15 日，B 公司向 A 公司发函称，已完工实体中存在低标劣质工程，望贵方（A 公司）高度重视，利用停车时间，彻底检查工程质量不合格项，督促承建商彻底消除不合格项，在尾项不合格项消除之前，我方将不接受再次供气的请求；环保验收中的脱硫设施与在线监测由贵公司负责。由于装置不齐全或不符合要求而未能通过验收，责任应由贵公司（A 公司）承担；发电许可证还未办理，试生产手续未完善，现只是进入联动试运行阶段，我方（B 公司）主张尽快完善相关手续及尾项消缺工作，而后进入试生产阶段，否则由此产生的不良后果由贵方承担；若由于贵方未能按预期完善以上事项，由此造成发电装置不能正常进入试生产运行，责任由贵方承担。同时，在以上事项未落实前不接受贵方供气请求。

可见，应诉资料第 196 页至 197 页说明，B 公司停止生产供气的原因包括工程低标劣质部分未能限期消除，环保设施未完工、未通过验收，试生产手续未完善等综合因素，A 公司依据应诉资料第 197 页主张 B 公司因兰炭产品积压市场倒挂严重而停产，系断章取义，误导视听，其主张不能成立。

2. A 公司提供的补强证据《试运行后检查报告》不能作为认定 B 公司停产原因的依据。

经现场核对证据原件，《试运行后检查报告》仅首页盖章且内容不完整，没有专家签名、没有骑缝章，B 公司对其真实性、合法性不予认可。陕西省电力建设工程质量监督中心站工作职责，是负责对并入陕西省电网的水电、火电、送变电建设工程质量进行监督，无权对机组停运原因作出分析鉴定。另外，陕西省电力建设工程质量监督中心站仅证明“无兰炭尾气供给，机组停止运行”，并没有对 2014 年 4 月，B 公司停止兰炭尾气供应原因作出分析判断，对该证据关联性不予认可。

A 公司提供的补强证据《试运行后检查报告》不能作为认定 B 公司停产原因的依据。

3. A 公司提供的补强证据 B 公司董事长刘某国“承诺书”及 B 公司从国家能源局西北监管局调取的《建设项目符合环境保护规定的自评报告》均为复印件，不能认定刘某国签名及 B 公司印章的真实性，不能证明发电许可证办理过程中的虚假文件是 B 公司提交。

A 公司提供的补强证据 B 公司董事长刘某国“承诺书”及 B 公司从国家能源局西北监管局调取的《建设项目符合环境保护规定的自评报告》，均系 A 公司委托的工程总包单位浙江西子联合工程有限公司总工程师周某平（发电许可证办理的联系人），向国家能源局西北监管局申请办理发电许可证期间递交的资料，国家能源局西北监管局存档资料均为复印件，不能认定刘某国签名及 B 公司印章的真实性，不能证明发电许可证办理过程中的虚假文件是 B 公司提交。

综上所述，A 公司挪用银行贷款资金，没有按照（2013）201 号《环评批复》完成环保设施等工程建设，EMC 发电装置未完工，EMC 发电装置不具备运行条件并受到行政处罚，导致《EMC 合同》履行受阻，A 公司应当承担全部责任。B 公司请求依法驳回 A 公司要求解除《EMC 合同》、支付工程总投入、支付实际投入所占用的利息费用、支付项目管理及运行费用、赔偿可得利益损失等全部诉讼请求，请求判决支持 B 公司反诉请求！

【生效判决书】

浙江省高级人民法院民事判决书

（2015）浙商初字第 11 号

原告（反诉被告）A 公司与被告（反诉原告）B 公司、被告 C 公司合同纠纷一案，A 公司于 2014 年 11 月 20 日向浙江省杭州市中级人民法院提起诉讼，被告 B 公司、C 公司提出管辖异议，浙江省杭州市中级人民法院以（2014）浙杭商初字第 85 号民事裁定驳回了两被告提出的管辖异议。两被告向本院提起上诉后，本院于 2015 年 2 月 10 日以（2015）浙辖终字第 14 号民事裁定，驳回两被告的上诉，维持浙江省杭州市（2014）浙杭商初字第 85 号民事裁定。两被告向最高人民法院申请再审，最高人民法院于 2015 年 7 月 2 日作出（2015）民申字第 1173 号民事裁定，本案由最高人民法院提审，提审期间，中止原裁定的执行。最高人民法院于 2015 年 11 月 17 日作出（2015）民提字第 191 号民事裁定：一、撤销浙江省高级人民法院（2015）浙辖终字第 14 号民事裁定及杭州市中级人民法院（2014）杭商初字第 85 号裁定；二、本案由浙江省高级人民法院按照第一审程序审理。后浙江省杭州市中级人民法院将本案移送本院。本院于 2015 年 12 月 10 日受理后，依法组成由审判员汤玲丽担任审判长，代理审判员钱晓红、樊清正参加评议的合议庭，于2016年6月8日公开开庭进行了审理。原告A公司委托诉讼代理人尤校进，被告B公司、C公司的共同委托诉讼代理人王小涛、杜春暖到庭参加诉讼。本案审理期间，经本院院长批准，审限延长六个月，后各方当事人向本院提出和解、调解延长审限至2017年5月5日。经最高人民法院批准，本案审理期限延长6个月。本案现已审理终结。

原告A公司起诉称……A公司在庭审中变更诉讼请求为：一、判令解除《EMC合同》。二、判令B公司立即支付A公司工程总投入16000万元。三、判令B公司承担并立即支付A公司利息损失26791333元（截至2014年10月20日），并支付从2014年11月21日起至判决支付日止的利息损失（以上述本息186791333元为基数，按照中国人民银行同期同类贷款基准利率的1.5倍计算）。四、判令B公司一次性赔偿A公司可得利益损失240165000元（已包括违约金）。以上各项合计430165000元。五、判令C公司对B公司的上述法律责任承担一般担保责任。六、本案受理费、保全费等全部由B公司、C公司承担。

B公司答辩称：一、A公司应当按照《关于神木县B公司有限公司煤深加工综合利用循环经济项目变更环境影响报告书的批复》[榆政环发（2013）201号]（以下简称《环评批复》）完成环保设施建设。二、A公司挪用约9000万元资金，其中提供给田某平2600万元，没有按照《环评批复》完成环境保护设施建设，EMC发电装置未完工。三、EMC发电装置未按照《建设项目（工程）竣工验收办法》《火力发电建设工程启动试运及验收规程》（DL/T5437－2009）规定的条件和程序竣工验收合格。四、A公司没有按照《环评批复》完成环保设施等工程建设，EMC发电装置不具备运行条件并受到行政处罚，导致《EMC合同》履行受阻，A公司应当继续履行合同，完成环保设施建设，无权以B公司未履行供气义务为由要求解除《EMC合同》，无权要求B公司承担违约赔偿责任。五、2014年度B公司流动资金充足，A公司主张B公司缺少流动资金导致2014年4月1日停止生产经营，没有事实和法律依据。六、A公司主张可得利益损失2.40165亿元，应当予以驳回。1. EMC发电装置环境保护设施未完工，未按照《火力发电建设工程启动试运及验收规程》（DL/T5437－2009）竣工验收完成，不得投入试运行，也不得投入正式运行。A 公司没有按照《环评批复》完成 EMC 发电装置脱硫、脱硝设施、烟气在线监测系统等环境保护设施建设，整套启动试运尚未经过电力建设质量监督机构检查监督，竣工验收前尚未完成行政主管部门组织的环境保护设施、劳动安全卫生设施、消防设施各专项验收，不符合整套启动试运条件，未达到竣工验收条件，EMC 发电装置不得投入试运行，也不得投入正式运行。2. A 公司委派人员隐瞒环保设施未完工事实，以欺骗手段取得《电力业务许可证》，且未取得发电机组进入商业运营意见书，不具备发电机组商业运行条件。2013 年 6 月，A 公司委派人员以 B 公司名义向国家能源局西北监管局递交《电力业务许可证申请材料附件 8》，其中包括《建设项目符合环境保护规定的自评报告》，该自评报告中 A 公司按照伪造的国家机关公文［榆政环发（2012）109 号］环评批复，自评认定各项环境保护措施已按环评批复要求落实，各项环境保护指标均符合环评批复的要求，隐瞒了 EMC 发电装置环境保护设施没有按照《环评批复》建设完工的事实，以欺骗手段取得《电力业务许可证》。《西北区域发电机组进入及退出商业运营管理实施细则》第十一条规定，发电机组进入商业运营前应当完成以下工作：新建火力发电机组按《火力发电建设工程启动试运及验收规程》（DL/T5437－2009）要求完成分部试运、整套启动试运；新建水力发电机组按《水电站基本建设工程验收规程》（DL/T5123－2000）要求完成带负荷连续运行、可靠性运行；新建风力发电项目按《风力发电场项目建设工程验收规程》（DL/T5191－2004）要求完成单台机组调试启动试运、工程整套启动试运。第十二条规定，发电机组进入商业运营应具备下列条件：（一）签署机组启动验收交接书或鉴定书。（二）完成并网运行必需的试验项目，电力调度机构已出具发电机组和接入系统设备（装置）满足电网安全稳定运行技术要求和调度管理要求的意见。（三）通过电力监管机构组织的并网安全性评价。（四）签订并网调度协议和购售电合同，并报电力监管机构备案。（五）取得电力业务许可证（发电类）。（六）水电站大坝已经国家认定的机构注册或备案，或取得水电站枢纽工程蓄水安全鉴定报告。（七）火电机组烟气脱硫（脱硝）在线监测系统已按要求连接至电力调度机构与电力监管机构。第十四条规定电力监管机构在收到发电企业申请后 10 个工作日内完成审核工作，经审核认定符合条件的，出具发电机组进入商业运营意见书，并通知电网企业和电力调度交易机构。可见，A公司委派人员隐瞒环保设施未完工事实，以欺骗手段取得《电力业务许可证》，且未取得发电机组进入商业运营意见书，不具备发电机组商业运行条件。3. A公司未完成EMC发电装置脱硫、脱硝设施、烟气在线监测系统等环境保护设施建设，环境保护部门多次处罚，并且明确告知环保设施未建成前，项目不得投运，EMC发电装置尚未产生法律上认可的收益，A公司主张的可得利益损失，不具有可期待性。鉴于A公司未完成EMC发电装置脱硫、脱硝设施、烟气在线监测系统等环境保护设施建设，神木县环境保护局分别于2014年3月20日、2014年12月1日、2016年4月27日、2016年5月5日，责令限期整改，并明确告知环保设施未建成前，项目不得投运。截至目前，A公司依然没有完成EMC发电装置脱硫、脱硝设施、烟气在线监测系统等环境保护设施建设，发电装置不得投运，A公司主张的可得利益损失，不具有可期待性。另外，2013年9月至2014年3月期间，A公司在EMC环境保护设施未完工，EMC发电装置未按照《火力发电建设工程启动试运及验收规程》（DL/T5437－2009）竣工验收完成，未取得环境保护部门试生产批复的情况下，组织EMC发电装置试运行，虽然取得部分收入，但不属于法律意义上的收益。财政部《企业会计制度》（财会［2000］25号）第三十一条规定：工程达到预定可使用状态前因进行试运转所发生的净支出，计入工程成本。企业的在建工程项目在达到预定可使用状态前所取得的试运转过程中形成的、能够对外销售的产品，其发生的成本，计入在建工程成本，销售或转为库存商品时，按实际销售收入或按预计售价冲减工程成本。可见，EMC发电装置试运行期间产生的支出应当计入工程成本，产生的收入应当冲减工程成本，尚未产生发电收益，EMC发电装置环境保护设施未建设完成，不具备发电运行条件，A公司要求支付可得利益损失没有法律依据。4.《EMC合同》约定A公司投资建设EMC发电装置，参与共同经营，B公司保证实现发电经营净收益不低于4500万元/年，A公司不承担经营风险，收取保底固定利润，应当认定为联营合同保底条款而无效，A公司据此主张可得利益损失，应当予以驳回。《EMC合同》第一条约定，本项目拟利用甲方年产60万吨半焦

（兰炭）生产线收集到的尾气，由乙方投资建设一套兰炭尾气余热发电装置，以达到资源循环利用、节能减排、保护环境的目的。第三条约定：本项目所产生的收益，在归还完本项目投资后，双方共同分享收益。第 4.5 条约定：甲方应尽量保证 30000Nm^3/H，每年稳定供给 7200 小时以上，每年 2.56 亿 N 的兰炭尾气供给乙方，实现发电净收益不低于 4500 万元人民币/年的水平。根据 A 公司提交的第八组证据，可得利益损失按照 4500 万元的 50%，即每年 2250 万元折现后计算，共计 2.40165 亿元。《最高人民法院关于审理联营合同纠纷案件若干问题的解答》第四条“关于联营合同中的保底条款问题”规定：联营合同中的保底条款，通常是指联营一方虽向联营体投资，并参与共同经营，分享联营的盈利，但不承担联营的亏损责任，在联营体亏损时，仍要收回其出资和收取固定利润的条款。保底条款违背了联营活动中应当遵循的共负盈亏、共担风险的原则，损害了其他联营方和联营体的债权人的合法权益，因此，应当确认无效。我们认为，从《EMC 合同》约定的合作方式分析，A 公司投资建设 EMC 发电装置，参与共同经营，B 公司和 A 公司属于联营合同关系。但 EMC 发电装置发电净收益金额，受国际社会能源供应结构、电力市场需求，以及市场电价等因素影响，《EMC 合同》约定 B 公司保证实现发电经营净收益不低于 4500 万元/年，A 公司不承担经营风险，收取保底固定利润，应当认定为联营合同保底条款而无效，A 公司据此主张可得利益损失，应当予以驳回。

综上所述，A 公司挪用银行贷款资金，没有按照《环评批复》完成环保设施等工程建设，EMC 发电装置未完工，EMC 发电装置不具备运行条件并受到行政处罚，导致《EMC 合同》不能继续履行，A 公司应当承担完全责任。B 公司请求依法驳回 A 公司要求解除《EMC 合同》、支付工程总投入、支付实际投入所占用的利息费用、支付项目管理及运行费用、赔偿可得利益损失等全部诉讼请求。

C 公司答辩称：一、A 公司应当按照《环评批复》完成环保设施建设。二、A 公司挪用约 9000 万元资金，其中提供给田某平 2600 万元，没有按照《环评批复》完成环境保护设施建设，EMC 发电装置未完工。三、EMC 发电装置未按照《建设项目（工程）竣工验收办法》《火力发电建设工程启动试运及验收规程》（DL/

T5437－2009）规定的条件和程序竣工验收合格。四、A公司没有按照《环评批复》完成环保设施等工程建设，EMC发电装置不具备运行条件并受到行政处罚，导致《EMC合同》履行受阻，A公司应当继续履行合同，完成环保设施建设，无权以B公司未履行供气义务为由要求解除《EMC合同》，无权要求B公司承担违约赔偿责任。五、2014年度B公司流动资金充足，A公司主张B公司缺少流动资金导致2014年4月1日停止生产经营，没有事实和法律依据。六、A公司主张可得利益损失2.40165亿元，应当予以驳回。1. EMC发电装置环境保护设施未完工，未按照《火力发电建设工程启动试运及验收规程》（DL/T5437－2009）竣工验收完成，不得投入试运行，也不得投入正式运行。2. A公司委派人员隐瞒环保设施未完工事实，以欺骗手段取得《电力业务许可证》，且未取得发电机组进入商业运营意见书，不具备发电机组商业运行条件。3. A公司未完成EMC发电装置脱硫、脱硝设施、烟气在线监测系统等环境保护设施建设，环境保护部门多次处罚，并且明确告知环保设施未建成前，项目不得投运，EMC发电装置尚未产生法律上认可的收益，A公司主张的可得利益损失，不具有可期待性。4.《EMC合同》约定A公司投资建设EMC发电装置，参与共同经营，B公司保证实现发电经营净收益不低于4500万元/年，A公司不承担经营风险，收取保底固定利润，应当认定为联营合同保底条款而无效，A公司据此主张可得利益损失，应当予以驳回。七、A公司没有按照《环评批复》完成环境保护设施建设，EMC发电装置不具备运行条件并受到行政处罚，环保设施未建成前，项目不得投运，B公司供应兰炭尾气的义务尚未产生，C公司承担一般担保责任的义务也未产生。鉴于A公司未完成EMC发电装置脱硫、脱硝设施、烟气在线监测系统等环境保护设施建设，神木县环境保护局分别于2014年3月20日、2014年12月1日、2016年4月27日、2016年5月5日责令限期整改，并明确告知环保设施未建成前，项目不得投运。

《担保函》约定，C公司对“B公司保障六台焦化炉正常工作，以保证供气量不低于18000Nm^3/H，以及其在不能兑现最低供气量时应承担的义务和责任”承担一般保证责任。《中华人民共和国担保法》第六条规定：本法所称保证，是指保证人和债权人约定，当债务人不履行债务时，保证人按照约定履行债务或者承担责任的行为。第十七条规定：当事人在保证合同中约定，债务人不能履行债务时，由保证人承担保证责任的，为一般保证。一般保证的保证人在主合同纠纷未经审判或者仲裁，并就债务人财产依法强制执行仍不能履行债务前，对债权人可以拒绝承担保证责任。《建设项目环境保护管理条例》（国务院令第235号）第二十三条规定：建设项目需要配套建设的环境保护设施经验收合格，该建设项目方可正式投入生产或者使用。第二十八条规定：违反本条例规定，建设项目需要配套建设的环境保护设施未建成、未经验收或者经验收不合格，主体工程正式投入生产或者使用的，由审批该建设项目环境影响报告书、环境影响报告表或者环境影响登记表的环境保护行政主管部门责令停止生产或者使用，可以处10万元以下的罚款。《中华人民共和国合同法》第六十七条规定：当事人互负债务，有先后履行顺序，先履行一方未履行的，后履行一方有权拒绝其履行要求。先履行一方履行债务不符合约定的，后履行一方有权拒绝其相应的履行要求。可见，根据《担保法》规定及《担保函》约定，当B公司违反《EMC合同》约定，在EMC发电装置依法正式投入运行后，未能保证供气量不低于18000Nm^3/H，应当向A公司承担违约赔偿责任而不能履行债务时，C公司才对B公司应当承担的债务承担一般保证责任。本案中，根据《EMC合同》约定的履行顺序，A公司负责发电装置及环保设施的投资、建设、竣工验收、达产达效；A公司完成发电装置及环保设施建设，具备运行条件后，B公司才应当按照《EMC合同》约定履行兰炭尾气供气义务。A公司没有按照《环评批复》完成环境保护设施建设，EMC发电装置不具备运行条件并受到行政处罚，B公司被迫停止生产供气，《EMC合同》履行受阻的法律责任应当由A公司完全承担。A公司未履行在先义务的情况下，无权要求B公司履行供气义务。C公司在B公司没有供气义务的情况下，自然不应当承担一般保证责任，A公司无权要求B公司承担违约赔偿责任，无权要求C公司承担一般保证责任。

B公司提出反诉称：……

综上，B公司认为，A公司已经按照《环评批复》的项目总投资额取得2.4亿元银行贷款资金，但因A公司挪用资金，EMC发电装置环保设施未完工，EMC

发电装置未完工，未取得试生产批复，不具备运行条件并受到行政处罚，A 公司应当承担完全责任，故 B 公司提起反诉，反诉请求：1. 请求判令 A 公司继续履行《EMC 合同》，按照《环评批复》完成环保设施等工程建设。2. 判令 A 公司向 B 公司支付未能完成工程项目违约金 2298750.00 元（每天按正常日供电收入的 3% 计算，从 2013 年 7 月 8 日计算至 2015 年 3 月 16 日，应计算至工程项目完工之日）。3. 请求判令 A 公司向 B 公司赔偿经济损失 20380293.00 元（从 2013 年 7 月 8 日计算至 2015 年 2 月 28 日，应计算至工程项目完工之日）。4. 请求判令 A 公司向 B 公司返还合同履行期间收取的款项 5410458.60 元。5. 请求判令本案反诉费用及其他相关费用由 A 公司承担。

A 公司对 B 公司提出的反诉答辩称：一、B 公司的诉请根本不符合相关的事实依据，即双方签订的《EMC 合同》《技术协议》以及其他在履行合同过程中所形成的一系列的证据，包括书证、物证等，A 公司有无违反合同的规定，应该以双方签订的合同为依据。因为今天是合同纠纷，不是所谓的政策纠纷。二、B 公司所主张强调的就一点，说 A 公司没有按《环评批复》文件的规定来进行整改，对该问题，答辩意见是：1. 首先《EMC 合同》和《技术协议》是如何规定的。2. 这份环保文件是否真实的。退一步说，即使文件是真实的，但对 A 公司有无约束力，对双方的权利义务有无溯及力。我公司特别注意一点，这个文件上面署名的时间是 2013 年 9 月 3 日，B 公司拿到该文件肯定是 3 日之后，所以我们必须尊重一个事实，2013 年 9 月 3 日之后项目的整体工程已全部完工。退一步说，即使 B 公司要求 A 公司对相关的一些技术手段、环保要求进行整改，从法律层面上讲，那是合同外的事情，双方应进一步协商解决。如果 A 公司不予配合，不予合作，那 B 公司完全可以寻找其他的合作单位予以整改。这里有一个疑问，从 2013 年 9 月开始，B 公司口口声声认为不符合环保的要求，项目不能发电、运行，但在这之后，B 公司又进行了大量的试运行、验收等工作，不仅 B 公司自己在 2013 年 10 月给 A 公司及其他的承建单位出具了竣工验收证明，而且接受了所有的移交，同时又聘请了陕西省电力建设工程质量监督中心站，这个国家最权威的电力中心出具了机组整套启动质量监督检查报告，证明项目的安装完全符合国家规定。那么再退一步说，B公司认为项目确实不符合环保要求，尤其是B公司提交法庭的一份2012年12月1日神环发（2014）170号文件，这里B公司被要求整改，整改时间是1个月，这里就首先明确了整改的主体是B公司，而非A公司，那么从2013年9月开始，B公司如果知道了项目不符合环保要求，应及时整改，因为整改的主体是B公司，时至今日在长达将近三年的时间内B公司并无整改。反而把时间花在不十分善意的诉讼上，跟A公司纠缠。我们认为B公司反诉请求一是违背了相关事实，二是违反法律规定，三是违反了商业诚信。A公司在庭审中又补充：一、继续履行本案《EMC合同》没有可能。1. 从主观上讲，B公司根本不想履行该合同，B公司提交的自己发给A公司的相应证据材料中都明确地说到了资金不够，市场倒挂严重，产品大量积压，生产难以为继等问题，从这些材料可以看出，合同无法履行的原因不完全是环保部门的处罚，证明了B公司现处于管理混乱的状态，这样一个公司僵局怎么履行合同？2. 从客观上讲，B公司从停工到现在已两年时间，从诉讼开始到现在有1年8个月，对方没有做履行合同的事情，也没有做恢复合同的事情。两年的时间内也没有进行整改，至于整改的义务方到底是谁，我们到辩论阶段再展开，所以继续履行合同已不可能。如果有可能，A公司愿意履行，但是有条件的，三年前的履行按合同来，三年后再履行，前面的投资怎么办？二、关于反诉要求A公司支付违约金的问题，这要看是谁违约，如果A公司没有违约，A公司就不需要承担违约金。三、对于要求A公司支付500万元的问题，为了让法庭理顺思路，我们把零散的辅助工程、工资等金额加起来计算，这块金额远远高于500万元，所以希望B公司能够尊重事实。如果对方坚持这个问题，那我们也坚持原来的理由和请求。

C公司对B公司提出的反诉答辩称：我同意B公司提出的反诉意见。但说明一下：一、从事实方面，A公司遗漏了一个事实，我们《EMC合同》签订时间是2012年4月17日，在2012年8月7日A公司向我公司发了一个函，该函中讲到“脱硝设施即使属于强制内容，A公司脱硝设施追加投资1500万元，需要设立项目备用金，因此需要向光大银行借款8000万元，要求B公司提供连带责任保证担保”。在2012年8月29日A公司与光大银行签订了一个《流动资金贷款合同》，

A公司在合同履行期间通过发函件的行为，要求新增脱硝设施建设，要求新增列支1500万元，用途为“支付设备款、工程款”，但A公司至今没有完成脱硝设施的建设，A公司有义务完成脱硝设施的建设。

……

本院认为，根据A公司、B公司、C公司的诉辩主张，本案争议的焦点是：一、本案《EMC合同》《技术协议》《担保函》的效力；二、本案《EMC合同》应否解除或继续履行；三、关于B公司应否向A公司返回项目投入款、赔偿利息损失；四、关于B公司应否一次性赔偿A公司可得利益损失240165000元（已包括违约金）；五、C公司应否对B公司给付债务承担一般保证责任；六、A公司应否支付给B公司未能完成的项目违约金2298750元及经济损失20380293.53元；七、A公司应否返还B公司在合同履行期间支付款项5410458.60元。

一、关于本案《EMC合同》《技术协议》《担保函》的效力。

B公司认为，《EMC合同》约定的A公司投资建设EMC发电装置，参与共同经营，B公司保证实现发电经营净收益不低于4500万元/年，A公司不承担经营风险，属于收取保底固定利润，应当认定为联营合同保底条款而无效。首先，双方签订的合同名称为《EMC合同》，约定的合作方式为按照“合同能源管理”模式，建设60万吨兰炭尾气余热发电装置，项目所产生的收益，在归还本项目投资后，双方共同分享收益。而对于案涉项目的收益数额，系双方经过科学论证后所确定，即每年的发电收益约为5800万元，总节能发电收益为19.57亿元。其次，合同第4.6条约定，在还贷期内B公司保证每年稳定供给2.56亿N兰炭尾气，而该尾气数量能实现发电收益每年4500万元，该收益明显低于论证的每年发电收益5800万元。且合同第5.5条约定，A公司保证每年7200小时发电设备正常运行及发电，否则承担相应的损失。既然合同约定A公司要承担损失，则不存在一方只享有权利而不承担义务的保底条款，故合同第4.6条约定内容，不属于A公司不承担经营风险收取保底固定利润之情形，该约定内容未违反法律、行政法规的效力性强制性规定，应认定有效。A公司与B公司签订的《EMC合同》系双方真实意思表示，内容不违反法律、行政法规的禁止性规定，应认定有效。《担保函》系

C 公司自愿为 B 公司在收到电力公司支付的并网供应电费后按月与 A 公司结算并支付分享收益及 B 公司保证供气量不低于 18000Nm³/H，以及在其不能兑现最低供气量时应承担义务承担一般保证责任，意思表示真实，内容合法，亦确认有效。A 公司与 B 公司签订的《技术协议》，双方当事人意思表示真实，内容除与《环评批复》不一致外，其他内容不违反法律、行政法规的强制性规定，应依法确认有效。

二、本案《EMC 合同》应否解除或继续履行。A 公司主张，案涉兰炭尾气余热发电装置工程建设竣工验收后进行了试运行，但 B 公司未按照合同约定的每月供气量 18000Nm³/H 供气，致使无法正常发电不能产生预期收益，导致 A 公司无法及时收回项目投资，无法实现签订合同的目的，本案《EMC 合同》依法予以解除。B 公司则主张，本案《EMC 合同》应继续履行。第一，保护环境是一切单位和个人的义务。国务院《建设项目环境保护管理条例》第七条第（一）项、第（二）项规定，建设项目对环境可能造成重大影响的，应当编制环境影响报告书，对建设项目产生的污染和对环境的影响进行全面、详细的评价；建设项目对环境可能造成轻度影响的，应当编制环境影响报告表，对建设项目产生的污染和对环境的影响进行分析或者专项评价。第九条规定，建设单位应当在建设项目可行性研究阶段报批建设项目环境影响报告书、环境影响报告表或者环境影响登记表。第十条第一款规定，建设项目环境影响报告书、环境影响报告表或者环境影响登记表，由建设单位报有审批权的环境保护行政主管部门审批。第十八条规定，建设项目的主体工程完工后，需要进行试生产的，其配套建设的环境保护设施必须与主体工程同时投入试运行。第二十条规定，建设项目竣工后，建设单位应当向审批该建设项目环境影响报告书、环境影响报告表或者环境影响登记表的环境保护行政主管部门，申请该建设项目需要配套建设的环境保护设施竣工验收。环境保护设施竣工验收，应当与主体工程竣工验收同时进行。需要进行试生产的建设项目，建设单位应当自建设项目投入试生产之日起 3 个月内，向审批该建设项目环境影响报告书、环境影响报告表或者环境影响登记表的环境保护行政主管部门，申请该建设项目需要配套建设的环境保护设施竣工验收。第二十三条规定，建设项目需要配套建设的环境保护设施经验收合格，该建设项目方可正式投入生产或者使用。本案中，经查，A公司与B公司于2012年4月17日签订了《EMC合同》和《技术协议》，约定B公司现有年产60万吨半焦（兰炭）生产线，每年有大量的兰炭尾气对外排放，既污染环境又浪费资源。案涉项目是利用B公司年产60万吨半焦（兰炭）生产线收集到的尾气，由A公司投资建设一套兰炭尾气余热发电装置，实现资源循环综合利用、节能减排、保护环境。签订本案合同时，A公司、B公司均知晓案涉项目属于环境保护类的建设项目，合同亦约定了案涉工程的各类标准和规范，其中明确必须符合国家《火电厂大气污染物排放标准》（G1313223－2011）。双方签订的案涉项目工程，属于国务院《建设项目环境保护管理条例》调整的范畴，案涉项目的建设必须符合该行政法规的相关规定。因此本案双方约定的发电装置项目在建设施工前，须向环保部门申报建设项目环境影响报告书和办理相关的环评审批手续，并按照环保部门的环评审批意见进行建设和施工。A公司在本案诉讼中，提供一份榆林市环境保护局（2012）109号环评批复复印件，经查实后系虚假公文。据此可以推定A公司在签订案涉合同时系明知案涉发电装置项目须有环保部门出具的环评审批意见。该（2012）109号环评批复A公司如何取得，其不能作出合理解释。故对该虚假公文存有的犯罪嫌疑线索，本院依法向有关部门提供。A公司在明知案涉项目未通过当地环保部门的环评审批手续情况下，仍继续进行施工建设，且案涉发电装置项目竣工后亦未按照《建设项目环境保护管理条例》的规定，由法定的环保部门进行验收。第二，案涉发电装置项目工程申报建设项目环境影响报告书及办理相关的环评审批、验收是A公司、B公司共同的法定义务，不因当事人是否约定而免除，双方当事人均负有履行该行政法规规定的义务。A公司虽在2013年10月6日就案涉项目工程进行竣工验收，但案涉项目工程的验收单上仅由建设单位、生产单位、安装单位、设计单位、总包单位、监理单位盖章确认，未有案涉发电装置项目审批的榆林市环境保护局的竣工验收。第三，本案发电装置项目在环保部门未进行验收合格的情况下，双方当事人进行试生产，违反了国务院《建设项目环境保护管理条例》的上述规定，属于违法行为。第四，本案《EMC合同》第2.3条约定，案涉发电装置项目建设工程验收，应按照国家相关验收规范标准执行，但案涉项目竣工时双方当事人未按照《建设项目环境保护管理条例》的规定，取得环保部门验收合格以及环保部门同意试生产或生产的审批手续。因此，案涉发电装置项目在 2013 年 10 月至 2014 年 4 月期间的试生产属于违法行为，违法试生产而产生的发电收益不应受法律的保护。A 公司虽依照《EMC 合同》第 4.6 条的约定，享有发电装置项目相应的收益权利，但该收益系在合法试生产或生产的前提下享有，而案涉发电装置项目在 2013 年 10 月至 2014 年 4 月期间的试生产属于违法行为，A 公司不享有该约定的收益。换言之，案涉发电装置项目试生产的违法性，不具有当事人的获益性。因此即使 B 公司存有 2013 年 10 月至 2014 年 4 月期间未供足兰炭尾气的供气量给 A 公司用于发电，B 公司供气量不足的行为并非 A 公司合同目的不能实现之原因。第五，根据查明的事实，案涉发电装置项目至今未取得环保部门的合法竣工验收，致使案涉项目不得进行试生产或生产，故 A 公司主张 B 公司未按照合同约定的每月供气量 $18000Nm^3/H$ 供气，致使无法正常发电不能产生预期收益，导致其无法实现签订合同的目，《EMC 合同》应予解除的主张，与事实不符，依据不充分。最后，本案诉讼期间，各方当事人均认可案涉项目可以按照榆林市环境保护局的《环评批复》进行整改，可达到《环评批复》的要求。为对案涉发电装置项目设施进行合理利用，避免生产资源的浪费，且 A 公司与 B 公司未就合同解除达成一致意见，A 公司主张解除案涉合同，既不符合约定解除条件也不符合法定解除条件，其诉请不能成立。故本案《EMC 合同》应继续履行。

三、关于 B 公司应否向 A 公司返回项目投入款、赔偿利息损失。A 公司主张 B 公司返还其项目投入的 1.6 亿元并赔偿利息损失 26791333 元及从 2014 年 11 月 21 日起至判决支付日止以 186791333 元为基数按银行贷款基准利率 1.5 倍计算的利息损失，A 公司的该主张是以本案合同解除为请求权基础而提出的“恢复原状和赔偿损失”的法律后果，但由于本案合同不应解除，A 公司基于合同解除而提出的上述诉请，无事实和法律依据，不予支持。

四、关于 B 公司应否一次性赔偿 A 公司可得利益损失 240165000 元（已包括违约金）。根据《中华人民共和国合同法》第一百一十三条的规定，当事人一方不履行合同义务或者履行合同义务不符合约定，给对方造成损失的，损失赔偿额应当相当于因违约所造成的损失，包括合同利息和可以获得的利益，但不得超过违反合同一方订立合同时预见到或者应当预见到的因违反合同可能造成的损失。结合本案查明的事实，案涉合同履行过程中，发电项目建设和施工时未取得环保部门的环评批复，项目施工竣工后亦未经法定的环保部门验收，致使案涉发电装置项目不能合法和正常生产，对此，A公司与B公司均存有违约，故根据合同法第一百二十条的规定，应当各自承担相应的责任。A公司主张B公司赔偿其可得利益损失，依据不充分。

五、关于C公司应否对A公司主张的B公司给付债务承担一般保证责任。

C公司向A公司出具担保函，承诺对B公司承担一般保证责任的范围为：一、B公司在收到电力公司支付的并网供应电费后，按月与你公司结算并支付分享收益。二、B公司保障6台焦化炉正常工作，以保证供气量不低于18000Nm^3/H以及其在不能兑现最低供气量时应承担的义务和责任。根据查明的事实，案涉发电装置项目未经过法定程序予以验收合格，不能进行合法生产，据此，B公司供气量不低于18000Nm^3/H前提条件不具备，故C公司对此无需承担一般保证责任。A公司主张C公司对B公司的给付债务承担一般保证责任无相应依据，该诉请不予支持。

六、A公司应否支付给B公司未能完成的项目违约金2298750元及经济损失20380293.53元。

B公司反诉主张，A公司取得民生银行和光大银行共计2.4亿元贷款资金后，仅实际支付1.496亿元用于EMC发电装置主体工程建设，剩余约9000万元资金挪作他用，且未按照《环评批复》完成环评设施等工程建设，导致B公司兰炭生产装置不能正常运行，造成其经济损失20380293.53元。本院认为，首先，本案《EMC合同》第4.3条约定，B公司应根据项目方案的相关规定，及时协助A公司完成项目的试运行和验收，并协助完成相关验收合格批复文件取证。同时《技术协议》第2.2条约定，B公司负责项目建议及立项手续、用地手续、环评及审批手续，报建及项目备案手续、消防设计送审手续等。其次，《EMC合同》第2.5条和2.6条约定，案涉发电装置项目的建设期为14个月，自2012年5月8日至

2013年7月8日。效益分享期的起始日为2013年7月8日。而B公司完成案涉发电装置项目的环境影响报告书的技术评估报告是2013年6月28日，榆林市环境保护局的（2013）201号《环评批复》出具时间是2013年9月3日，明显迟于案涉项目建设期和发电装置项目效益分享期的起始时间，B公司未在案涉发电装置建设施工期限内提供环保部门的环评意见书，存有违约行为，造成完工的案涉发电装置项目的环保设施不符合《环评批复》的要求，致使案涉发电装置项目无法通过环保部门的验收合格后进行正常生产。再次，A公司向民生银行杭州分行贷款1.6亿元是2012年6月26日，向光大银行贷款8000万元是2012年8月29日，两次贷款时间均早于榆林市环境保护局的《环评批复》，且贷款合同的贷款用途未约定用于《环评批复》涉及的环保设施建设，双方亦未就取得的贷款用于《环评批复》环保设施建设达成一致的协议。最后，《环评批复》的环保设施要求与《技术协议》约定环保设施不一致，即增加了脱硝设施和后脱硫设施、80米烟囱高度等内容，而脱硝设施不属于《EMC合同》约定A公司承建项目范围，因此对于该脱硝设施和需整改的后脱硫设施并增高烟囱高度的费用，双方应按照《EMC合同》第二条、第6.8条约定，进行审核确认后据实列支，对设施进行技术改造进行协商，改造费用由双方承担。B公司主张A公司存有违约行为造成其损失，应支付违约金2298750元及赔偿其损失20380293.53元，无相应依据。

七、A公司应否返还B公司在合同履行期间给付的5410458.60元款项。B公司主张其在2014年5月至7月向A公司已支付5410458.60元款项，该款项应由A公司予以返还。经查，B公司支付给A公司的支付凭证上，四份用途载明为发电收入或发电收益，二份用途载明为借款。而本案审理系基于双方签订的《EMC合同》《技术协议》《担保函》产生的合同法律关系，对于用途为借款的250万元的款项，B公司未就该250万元系其与A公司存有的借款关系而提出诉请，故对此款项予以返还的主张，不予支持。至于另2910458.60元的款项，系B公司按照《EMC合同》的约定将案涉项目的发电收入支付给A公司，而B公司主张本案合同继续履行，故B公司主张该发电收入款项予以返还，不符合约定。在本案合同应当继续履行的情况下，双方当事人之间的款项往来，亦可在今后合同继续履行中予以一并清理结算。

综上，A公司提出的诉请无相应事实依据和法律依据，不予支持。B公司提出的反诉请求除本案合同继续履行予以支持外，其他反诉请求亦无事实依据，不予支持。依照《中华人民共和国合同法》第七条、第八条、第六十条、第一百二十条、《中华人民共和国民事诉讼法》第六十四条、第一百四十二条、《最高人民法院关于适用〈中华人民共和国民事诉讼法〉的解释》第九十条的规定，判决如下：

一、A公司与B公司签订的《B公司60万吨兰炭尾气余热发电装置合同能源管理（EMC）合同书》继续履行。

二、驳回A公司的诉讼请求。

三、驳回B公司的其他反诉诉讼请求。

本诉案件受理费2226994元，由原告A公司负担。反诉案件受理费91124元，由被告B公司负担。

如不服本判决，可在本判决书送达之日起15日内，向本院递交上诉状，并按对方当事人的人数提出副本，上诉于中华人民共和国最高人民法院。

【案件总结】

本案代理人王小涛律师认为本案有两大处理难点，即管辖与案件事实。

一、挑战浙江省各级法院第一审民商事案件级别管辖标准的合法性，通过最高人民法院管辖权异议再审，改变案件级别管辖

最初，杭州市中级人民法院、浙江省高级人民法院均依据《关于试行浙江省各级法院第一审民商事案件级别管辖标准的通知》认为，杭州市中级人民法院对案件有管辖权，但律师通过论证认为，该规定未经最高人民法院批准，不得作为确定案件级别管辖的依据。

对于管辖权异议裁定是否可申请再审问题，法律没有作出明确规定。《最高人民法院关于适用〈中华人民共和国民事诉讼法〉的解释》第三百八十一条仅规定：当事人认为发生法律效力的不予受理、驳回起诉的裁定错误的，可以申请再审。但代理律师通过查阅大量案例，确定最高人民法院曾经受理管辖权异议再审申请并作出裁决。最终案件管辖权再审获得最高人民法院支持，最大限度保障了案件的公正审理。

二、详细梳理案件事实，完整收集证据材料，确定以环保设施未完工为突破点进行抗辩，最终获得法院支持

代理律师根据案件初步证据资料，判断对 B 公司、C 公司不利的情况下，建议 B 公司、C 公司组织参与兰炭尾气余热发电装置工程项目合作的工程人员、财务人员、现场管理人进行了多次座谈论证，充分了解案件事实，收集梳理证据材料，了解合同能源管理，以及电力工程设计、规划、建设、验收的审批流程，结合多年服务于电力能源行业积累的知识和经验，最终形成了以环境保护为切入点的完整的抗辩、反诉方案和证据链条，为最终胜诉奠定坚实基础。

代理律师在案件的办理和推进过程中，抽丝剥茧层层推进，经过多次论证与研讨设计了多种方案，最终找到突破口取得实质性进展和最后的胜诉，这一成功经验告诉我们律师法律服务工作应当做到极致。最高法院对于管辖的再审裁定，也告诉我们要树立对司法公正的信心，对中国法治的信心，坚定法治信仰、法治情怀，发挥律师提供法律服务的社会价值，为中国法治的建设做出积极贡献。

【承办律师简介】

王小涛律师毕业于西北政法大学，硕士学位。从 2000 年起从事律师工作，2000 年取得律师执业资格，2016 年取得基金从业资格。现任炜衡律师集团管委会成员、炜衡西安分所主任、西安仲裁委员会仲裁员，受聘担任世界 500 强企业延长石油集团培训中心外聘讲师。曾有多篇论文获奖。擅长房地产、建设工程、PPP、公司法律事务等领域的重大诉讼仲裁业务，常年法律顾问单位包括陕西延长石油（集团）有限责任公司、陕西延长石油（集团）有限责任公司销售公司、陕西延长石油（集团）有限责任公司酒店公司、绿地控股集团西北房地产事业部、世纪金花股份有限公司、西安真爱投资集团有限公司等。

图书在版编目（CIP）数据

房地产与建设工程纠纷案件胜诉策略／杨明，李君主编．—北京：中国法制出版社，2020.4
ISBN 978－7－5216－0998－1

Ⅰ.①房… Ⅱ.①杨…②李… Ⅲ.①房屋纠纷－案例－中国②建筑工程－工程施工－合同纠纷－案例－中国 Ⅳ.①D922.385②D923.65

中国版本图书馆 CIP 数据核字（2020）第 057636 号

责任编辑：李璞娜　　封面设计：杨泽江

房地产与建设工程纠纷案件胜诉策略

FANGDICHAN YU JIANSHE GONGCHENG JIUFEN ANJIAN SHENGSU CELÜE

主编/杨明，李君
经销/新华书店
印刷/三河市紫恒印装有限公司
开本/710 毫米×1000 毫米　16 开　　印张/36　字数/468 千
版次/2020 年 4 月第 1 版　　2020 年 4 月第 1 次印刷

中国法制出版社出版
书号 ISBN 978－7－5216－0998－1　　定价：128.00 元

北京西单横二条 2 号
邮政编码 100031　　传真：010－66031119
网址：http：//www.zgfzs.com　　**编辑部电话：010－66066627**
市场营销部电话：010－66033393　　**邮购部电话：010－66033288**